Jochen Güngerich
Juli 2017

# Edelsteine

121 Sternstunden deutscher Sprache
vom Nibelungenlied bis Einstein,
von Mozart bis Loriot

herausgegeben von

Max Behland, Walter Krämer und Reiner Pogarell

3. Auflage

Bibliographische Information der Deutschen Bibliothek

Die Deutsche Bibliothek verzeichnet diese Publikation in der Deutschen Nationalbibliographie: Detaillierte bibliographische Daten sind im Internet über http://dnd.ddp.de abrufbar.


Druck: Lensing Druck, Dortmund
ISBN 978-3-942409-57-5

## Inhalt

## Vorwort

Deutsch als Muttersprache von fast 100 Millionen Menschen ist eine große Kultursprache. Wie weit sie sich in Zukunft behaupten kann, ist ungewiss. Vielleicht hilft es in Zeiten der Verunsicherung, einmal innezuhalten und zurückzublicken auf das, was war, welche große Bedeutung die deutsche Sprache hatte und als Ausdrucksmittel filigraner Gedanken und großartiger Weltentwürfe auch heute noch hat. Dazu haben wir hier Texte aus mehr als zwölf Jahrhunderten ausgewählt – neben schöner Literatur auch große Reden und Reportagen, weltverändernde Patentanmeldungen, erstaunliche Briefe und grandiose Libretti. Nicht zu vergessen den Radiosprecher, der die Grammatik der Begeisterung unterordnet. Wir erleben die deutsche Sprache in ihrer ganzen Pracht und Schlichtheit, in ihrer Vielfalt und Genauigkeit, in ihrer Schönheit und in ihrem Witz.

Die Auswahl ist uns nicht leicht gefallen. Für die Aufnahme haben wir uns drei Kriterien ausgewählt: Der Originaltext soll durch seine sprachliche Eleganz bestechen, er soll die Epoche seiner Entstehung widerspiegeln und er soll die Gesellschaft, die Kultur, die Wissenschaft, die Technik oder die Politik nachhaltig mitgestalten oder mitgestaltet haben. Diesen Ansprüchen genügen nur wenige Texte in gleicher Weise. Goethes Faust gehört sicher dazu. Der Text ist sprachlich gewaltig, er steht für eine zentrale Epoche der europäischen Geistesgeschichte und er hat die europäische Literatur maßgeblich mitgeprägt. Andere Texte erfüllten nur ein Kriterium, dieses aber in herausragender Weise. Der Beipackzettel zur Antibabypille beispielsweise. Er hat zusammen mit dem Produkt, das er beschreibt, das Verhältnis der Geschlechter zueinander grundlegend verändert. Solche Texte müssen sich nicht reimen. Es sind Edelsteine auch in ungeschliffener Gestalt.

Die hier vorgestellte Auswahl sprachlicher Edelsteine spiegelt die kulturelle Identität der deutschsprachigen Menschen unabhängig von ihrer Staatsbürgerschaft. Das ist unser gemeinsamer Reichtum. Manche Leser und Leserinnen werden

den einen oder anderen Text vermissen oder das Fehlen eines bedeutenden Autors bedauern. Auch entstehen allein schon dadurch gewisse Ungleichgewichte, dass beispielsweise der Dichter, der zu Goethes Zeiten erhabene Texte schuf, wesentlich mehr Konkurrenz hatte als der Mönch, der im neunten Jahrhundert die deutsche Sprache mitgestaltete. Je näher die Gegenwart, desto größer ist diese Auswahl und desto geringer die Gewähr, wirklich einen Edelstein vorgestellt zu haben. Dieses Risiko gehen wir gern ein.

Hamburg, Dortmund und Paderborn, im November 2014

*Max Behland* *Walter Krämer* *Reiner Pogarell*

## Vorwort zur zweiten + dritten Auflage

Wir freuen uns, so schnell nach der ersten Edition eine gründlich veränderte und erweiterte Neuauflage vorlegen zu können. Denn schneller als erwartet waren die *Edelsteine* vergriffen, und das Echo war überwältigend.

Für diese Ausgabe haben wir wertvolle Anregungen aus dem Leserkreis hinzugezogen und auch weniger bekannte, aber überraschende, manchmal sogar weltbewegende Texte jenseits von Dichtung und Belletristik aufgenommen.

In Ihren Händen liegt nun eine umfassende und kompakte, erhellende und kurzweilige Sammlung von Werken, welche die deutsche Sprache wie einen Edelstein in allen Facetten leuchten lassen.

Hamburg, Dortmund und Paderborn, im März 2017

*Max Behland* *Walter Krämer* *Reiner Pogarell*

## Das Werden der deutschen Sprache

Atta Unsar
Wulfila
um 370

Von einer Sternstunde der deutschen Sprache im Jahre 370 nach Christus zu reden bedarf der Begründung. Natürlich ist das hier vorgestellte Beispiel nicht im eigentlichen Sinne ein deutschsprachiger, sondern ein ostgotischer Text. Und doch gibt es keine deutsche Sprachgeschichte, die Wulfilas *Vaterunser* nicht ganz weit vorn zitiert. Tatsächlich müssen wir, um die Ursprünge unserer Sprache erleben zu können, auch deren Vorgänger, die germanischen Dialekte, betrachten. Die frühen Wurzeln der deutschen Sprache liegen irgendwo in Skandinavien. Die ersten schriftlichen Belege germanischer Sprachen finden wir in römischen Beschreibungen der Berührungen und Auseinandersetzungen mit den germanischen Stämmen, wobei es sich meist um einzelne Wörter und Namen handelt. Tacitus' *Germania* ist hier unsere wichtigste Informationsquelle, auch wenn diese in Einzelheiten mit Vorsicht zu genießen sein dürfte. Von Tacitus wissen wir, dass die Germanen eine umfangreiche Literatur aus Heldenliedern, Zaubersprüchen und Rätseln besaßen, aber kein Bedürfnis hatten, diese aufzuschreiben.

Der germanische Stamm der Goten ist ebenfalls aus Skandinavien, doch wanderte er bereits um Christi Geburt in den mittleren Teil Europas ein. Die Weichselgegend gilt als erstes Siedlungsgebiet der Goten außerhalb Skandinaviens. Nach vielfältigen Spaltungen und Wanderungsbewegungen besiedelten sie große Gebiete West-, Mittel- und Osteuropas. Von den letzten gotischen Resten wurde im 16. Jahrhundert auf der Krim berichtet. Eineinhalb Jahrtausende prägten die Goten in weiten Bereichen das Gesicht Europas mit.

Von der gotischen Sprache wissen wir verhältnismäßig viel, die schriftlichen Quellen sind vielgestaltig. Die wichtigste frühe Quelle ist dabei die Bibelübersetzung Wulfilas. Wulfila (= kleiner Wolf) wurde um 311 im Gotengebiet nördlich der

Donau geboren, er starb 383 in Konstantinopel. 341 wurde er vom Bischof von Konstantinopel zum Bischof der Goten geweiht. Daneben war er auch der weltliche Führer der Gotengruppe in Mösien (etwa dem heutigen Ostserbien und Nordbulgarien). Neben der Sprache seines Volkes beherrschte er die Kultursprachen Griechisch und Latein.

Zu Wulfilas Lebenszeit hatte die christliche Religion sicherlich ihre ganz große Bewährungszeit bereits überstanden. Aus dem Sektenstadium war sie herausgetreten. Wichtige gesellschaftliche und politische Bereiche waren bereits erobert. Doch von einem christlichen Europa war die Kirche sehr weit entfernt. In den Gebieten nördlich der Staaten des Römischen Reiches waren die autochthonen Religionen lebendig. Germanische, slawische, keltische und andere Götter wurden überall verehrt und angebetet. Die noch neue christliche Religion mit ihren befremdlichen Bräuchen und Botschaften, die aus einer fremden Vorstellungswelt stammten, hatte es schwer.

Wulfilas Bischofstätigkeit war daher in erster Linie eine Missionstätigkeit. Die Aufgabe, die Bibel in die Sprache der Goten zu übersetzen, war eine ungeheure Herausforderung. Es gab weder vergleichbare Beispiele noch irgendwelche Hilfsmittel. Vollkommen fremde biblische Begriffe und biblische Denkweisen mussten in germanische Begriffe und Denkweisen übertragen werden. Wulfilas Tätigkeit konnte daher nur sprachschöpferisch sein, er wirkte am Werden einer neuen Kultursprache mit. Weite Teile seiner Bibelübersetzung sind uns erhalten geblieben, das Vaterunser gehört zu den bekanntesten und verbreitetsten Texten dieser heiligen Schrift:

| | |
|---|---|
| Atta unsar, | Vater unser, |
| þu in himinam. | du in den Himmeln. |
| weihnai namo þein. | Geweiht werde dein Name. |
| quimai þiudinassus þeins. | Dein Königreich komme, |
| wairþai wilja þeins, | dein Wille werde |
| swe in himina | wie im Himmel |
| jah ana airþai. | auch auf der Erde. |
| hlaif unsarana | Unser Brot |
| þana sinteinan | das tägliche |
| gif uns | gib uns |
| himma daga. | an diesem Tage. |
| jah aflet uns | Auch erlass uns, |
| þatei skulans sijaima | dass Schuldige wir seien, |
| swaswe jah weis afletam | wie auch wir erlassen |
| þaim skulam unsaraim. | den unseren Schuldnern. |
| jah ni | Auch nicht |
| briggais uns in | bringe uns in |
| fraistubnjai, | Treulosigkeit, |
| ak lausei uns | sondern löse uns |
| af þamma ubilin. | von dem Üblen. |
| unte þeina | Denn dein |
| ist þiudangardi | ist das Königreich, |
| jah mahts | auch die Macht, |
| jah wulþus | auch die Wonne |
| in aiwins. | in Ewigkeit. |
| Amen. | Amen |

Nur ein Wort bleibt unübersetzt. Das hebräische ‚Amen' steht auch im griechischen Quelltext in der Originalsprache (wie überhaupt in allen Bibelausgaben). Ansonsten musste der Übersetzer einige sprachliche Leistungen auf der Wortebene bewältigen. Wörter und Begriffe wie ‚Versuchung' und ‚Herrlichkeit' gab es ja so nicht. Wulfila schaffte es, aus dem vorhandenen Wortmaterial die Wörter auszuwählen, welche die entsprechenden Inhalte der Zielgruppe nahebringen konnten.

Zu Wulfilas Zeiten gab es fünf große germanische Gruppen: Die Nordgermanen in Skandinavien (ihre Nachfahren sind

u. a. die Dänen, Norweger, Schweden und die Isländer), die Nordseegermanen (Nachfahren sind die heutigen Friesen, die Angelsachsen und auch unsere Festlandsachsen), die Weser-Rhein-Germanen (etwa die späteren Franken), die Elbgermanen (zu denen auch Baiern, Alemannen und Langobarden zählen) sowie die Oder-Weichsel-Germanen, deren Kerngruppe die Goten waren. Die Germanen verfügten nicht einmal über Ansätze einer gemeinsamen politischen Organisation. Sie lebten in unzähligen Stämmen und Sippen. Den vereinigenden Eigenbegriff ‚deutsch' (= ‚zum Volke oder zum Stamm gehörend') gab es zwar schon, doch wurde er eher auf den engeren Stammesbereich bezogen; als Sprachbezeichnung war er – soweit wir das wissen – noch unbekannt.

Doch gab es auch Gemeinsamkeiten. So gerne man sich in normalen Zeiten auch gegenseitig beraubte – wenn es zum Beispiel gegen die Römer ging, verbündete man sich unverzüglich. Die Lebens- und Denkweisen der vielen Gruppen waren so ähnlich wie ihre gemeinsamen Götter. Die Germanen hatten verhältnismäßig unabhängig von Rom und Griechenland, aber im engen Kontakt mit den Kelten, eine eigene Kultur mit gemeinsamen Sitten und Regeln entwickelt. Es gab ein gemeinsames Rechtssystem mit strengen Regeln, die den Mitgliedern der Gemeinschaften so etwas wie Rechtssicherheit gaben. Es gab sogar schon Geldstrafen (das ‚Wergeld'), um Blutrache und Sippenfehden einzudämmen. Ein Germane konnte überall im germanischen Siedlungsgebiet Gastfreundschaft erwarten. Das Recht beruhte dabei – im Gegensatz zum römischen Recht – auf dem gesprochenen Wort und überlieferten Gewohnheiten, nicht auf geschriebenen Texten, obwohl die Germanen mit den Runen über eine eigene Schrift verfügten. Das Wort galt als Beweis, nicht der Buchstabe.

Die Götterwelt war zwar nicht monotheistisch, doch im krassen Unterschied zu einer Naturreligion überschaubar. Es gab, wie in Griechenland, einen Hauptgott und einige Nebengötter mit fest umrissenen Aufgabengebieten. Unsere Wochentagsnamen haben uns einige der wichtigsten Götter bewahrt:

Der Donnerstag steht für den germanischen Wettergott Donar, der Freitag für die germanische Göttin Fria. Unser Dienstag geht auf den Kriegsgott Thingsus zurück. Auch sprachlich standen sich die Germanen sehr nahe, die Dialekte waren eng verwandt. Viele der im gotischen Vaterunser aufgeführten Wörter waren so oder so ähnlich im gesamten germanischen Siedlungsgebiet bekannt. ‚Skulan' hieß im altbairischen ‚scolom', ‚airþai' findet sich im altsächsischen Wort ‚erthan' ebenso wieder wie im altenglischen ‚erthan'. Andere Wörter erkennen wir noch heute als wenig veränderte Bestandteile unserer Sprache wieder. Dies gilt sogar für das gotische Wort ‚hlaif' für ‚Brot', das wir in unserem ‚Brotlaib' wiederfinden.

Die Fixierung auf das gesprochene Wort verhinderte allerdings die Entwicklung einer übergeordneten Literatur- und Verkehrssprache. Das, was es an Gemeinsamkeiten gab, war auf die gemeinsame Herkunft und den dünnen Verkehr und Handel zurückzuführen. Es gab keine wichtigen schriftlichen Texte, an denen sich die Sprachgemeinschaft orientieren konnte, keine gemeinsame Richtlinie. So konnte jeder Dialekt seine eigene Entwicklung einschlagen, ohne die anderen Gruppen nennenswert zu beeinflussen. Ein mündlich verbreitetes Heldengedicht konnte von jedem Erzähler an jedem Ort an die jeweiligen sprachlichen Gegebenheiten angepasst werden. Das Gedicht wurde von den Dialekten beeinflusst, es selbst beeinflusste die örtliche Sprache wenig.

Man kann nun verstehen, welchen wichtigen Einfluss Wulfilas Bibeltexte (sowie viele weitere spätere Texte) auf das Werden der deutschen Sprache hatten. Gerade das hier abgedruckte Vaterunser erfreute sich weiter Verbreitung und wurde immer wieder abgeschrieben. Es gab nun einen Text von zentraler Bedeutung, an dem sich diejenigen Germanen orientieren konnten, die der christlichen Botschaft gegenüber aufgeschlossen waren. Damit wird auch die Rolle des Christentums für das Werden der deutschen Sprache deutlich. Das Christentum ist eine Religion des geschriebenen Wortes. Die Religion lebt zwar auch in Riten, Regeln, Bräuchen und Kulten, doch steht in ihrem Mittelpunkt ein großer geschriebener Text, die Heilige Schrift. Wer immer sich zum Christentum bekennt, kommt zumindest um einige wenige Kerntexte der beiden Testamente nicht herum. Möglicherweise ist das Vaterunser der wichtigste Text des Christentums, jedenfalls ist es ein Text von höchster Spiritualität. Kein ernsthafter Übersetzer hat sich jemals größere sprachliche Freiheiten erlaubt (auch wenn asiatische Übersetzer das Brot sinnvollerweise durch Reis ersetzen). Gleichgültig welcher christlichen Auslegung der Schreiber auch ist, er wird sich eng an den Originaltext halten. Dagegen wurde das ebenso wichtige, aber nachbiblische Glaubensbekenntnis wesentlich großzügiger von den verschiedenen Übersetzern interpretiert.

Mit dem Christentum konnten sich das Vaterunser und viele andere christliche Texte im gesamten germanischen Sprachgebiet verbreiten. Es ist kein Wagnis zu behaupten, dass es ohne den Sieg des Christentums die heutigen germanischen Kultursprachen nicht gäbe. Norm und Richtlinie fanden sich nun im Vaterunser, in der Schöpfungsgeschichte, in den zehn Geboten, den Geschichten von Sodom und der Arche Noah. Es sollte sehr lange dauern, bis die germanischen Völker eigene Texte von ähnlicher Wichtigkeit und Größe entwickelten.

Wulfilas Übersetzung zeigt uns eine germanische Sprache in ihrem Werden. Das gotische *Atta Unsar* steht noch vor dem Beginn der eigentlichen deutschen Sprachgeschichte. Und doch lässt es uns seine erste überlieferte Sternstunde ahnen.

*Reiner Pogarell*

## Das Recht der Germanen

Das Langobardengesetz
643

Die Entwicklung der in Mittel- und Osteuropa gesprochenen germanischen Sprachen wurde durch die sogenannte Völkerwanderung für Jahrhunderte beeinflusst. Ausgelöst durch den Einfall der Hunnen nach Europa im vierten Jahrhundert nach Christus, kam es zu zahlreichen Wanderungsbewegungen von Teilen der germanischen Stämme der Goten, Franken, Burgunden, Vandalen, Langobarden, Sueben, Jüten, Angeln und Sachsen. Nicht so selten scheinen tatsächlich ganze Völkerschaften auf Wanderschaft gegangen zu sein, so dass der Begriff „Völkerwanderung" nicht ganz falsch ist.

Meist handelte es sich um germanische Ansiedlungen innerhalb des weströmischen Reichs. Oft wurde einigen Stämmen Asyl und Siedlungsrecht gewährt, teils wurden germanische Soldaten zur Grenzsicherung angeworben. Als Ergebnis dieser Veränderungen versank das römische Imperium im Westen. Es entstanden auf dessen Gebiet in Gallien, Iberien, Italien und Nordafrika mehrere neue Staaten und rechtlich selbständige Gebiete, die in aller Regel germanisch-romanisch geprägt waren. Romanisch war ein Teil der Bevölkerung, romanisch aber war vor allem der politische, rechtliche und wirtschaftliche Rahmen mit seiner großen Kultursprache Latein. Latein war mit Abstand die unbestritten wichtigste Schriftsprache. Irgendwie inzwischen romanisch war auch die neue und attraktive, eigentlich griechisch-hebräische Religion des Christentums. Germanisch waren neben vielen neuen Bewohnern die neuen Herrscher, die neue Rechtsvorstellungen und Regeln des Zusammenlebens mitbrachten.

Als sich die neuen staatlichen Einheiten festigten, begannen sie damit, ihre Ordnungen schriftlich zu fixieren. Dabei bedienten sie sich ganz selbstverständlich der lateinischen Sprache. Lateinisch geschriebenes Recht war modernes und auch außerhalb der eigenen Gemeinschaft anerkanntes Recht. Das alte mündlich überlieferte Recht der Germanen war zwar nach wie vor die Grundlage jeder gemeinsamer Ordnung, aber die Mündlichkeit hatte ihre Unbedingtheit inzwischen eingebüßt. Wahrscheinlich wird auch das Streben nach einer Gleichwertigkeit mit der immer noch bewunderten römischen Welt eine Rolle gespielt haben. Jedenfalls galt nun neben und sogar vor dem Wort die Schrift, und die war Latein.

Allerdings nicht ausschließlich. Ohne germanische Wörter und Wendungen kamen die Texte nicht aus, weil sie sonst vor Gericht unbrauchbar gewesen wären. Es mussten gelegentlich die Dinge und Sachverhalte so benannt werden, wie sie auch im Volk hießen. Dadurch geben die Gesetze nicht nur Auskunft über das staatliche Leben, sondern auch Einblicke in die Sprache unserer Vorfahren. Ein besonders bekanntes Beispiel ist die Lex Salica, die zwischen 507 und 511 unter dem Merowingerkönig Chlodwig I. das Recht des germanischen Stamms der Salfranken regelte.

Zwischen 568 und 774 eroberte und beherrschte das ursprünglich von der Elbe stammende germanische Volk der Langobarden (Langbärte) große Teile Italiens. Das Langobardenreich war bis zu seiner Eroberung durch Karl den Großen ein wesentlicher europäischer Machtfaktor. Der Name der italienischen Landschaft Lombardia erinnert noch an diesen Staat. Im Jahr 643 setzte das „Gairething", das „Thing", also die langobardische Volksversammlung das „Edictum Rothari" in Kraft. Es handelte sich dabei um eine umfangreiche Gesetzessammlung des Langobardenkönigs Rothari, die zahlreiche Bereiche des Lebens im Reich regelte.

Die Sprache des Textes ist natürlich Latein. Sprachlich interessant ist das Gesetz aber wegen seiner germanischen Rechtswörter, die von vielen Forschern als althochdeutsche Wörter bezeichnet werden. Fast einhundert Fundstellen geben Auskunft über Sprache und Recht des Jahres 643. Zum Beispiel im elften Artikel:

> **11**. De consilio mortis. Si hominis liberi inter se in morte alterius consiliaverint sine regis consilio et ex ipso

tractato mortuus non fuerit, conponat unusquisque, ut supra, solidos viginti; et si ex ipso consilio mortuus fuerit, tunc ille, qui homicida est, conponat ipsum mortuum, sicut adpraetiatus fuerit, id est uuergild.

Auch Inhaber des großen Latinums müssen sich nicht grämen, wenn sie den Text nicht auf Anhieb übersetzen können. Es geht offenbar um Mord und dessen Bestrafung in bestimmten Fällen, das ist klar. Aber das letzte Wort des Textes hat nie ein Lateinschüler lernen müssen. „Uuergild" ist ja auch kein lateinisches, sondern ein germanisches Wort. Es handelt sich um eine langobardische Geldstrafe, das Wergeld. Weitere Funde:

Actugild – Achtgeld, die achtfache Vergeltung einer Straftat

Anagrift – Angriff (Hier ist nicht der Beginn einer kriegerischen Handlung gemeint, sondern das unkeusche Antasten, das heutige Begrabschen.)

Plodraub – Blutraub (das Berauben von getöteten Menschen, Plünderung)

Faderfio – Vatergut, eigentlich Vatervieh, die Aussteuer
fulcfree – volkfrei, frei wie das Volk

Gafant – derjenige, der gepfändet werden kann, zum Beispiel der gesetzliche Erbe

Gairethinx – Gerthing, Thing, eine Versammlung, zu der man mit einem Ger, also bewaffnet erschien, eine hochoffizielle Veranstaltung

Gasindius – Gesinde

Gysil – Geisel, aber auch im Sinne von Bürge
Handegawerc – Handgerät, Handgewerk, etwa im Sinne von Werkzeug

Harimanna – Heeresmännin, gemeint ist eine freie Frau.

Launegild – Lohngeld, eigentlich Gegenleistung für eine Schenkung

Marhuorf – Mährenwurf, das Herabwerfen von einem Pferd

Morgingab – Morgengabe

Mordh – Mord

Mundualdo – Mündelnder, Vormund

Plouus – Pflug

Sala – Saal, gemeint sind aber Haus und Hof.

Sculdhais – Schultheiß, also der Vollzugsbeamte

Snaida - Schneide

thingare – als Verb etwa thingen, dingen, eine Handlung vor dem Thing, der gesetzgebenden Versammlung vollziehen

Stubla – Stoppeln

Treuua – Treue, gemeint ist das Treuegelöbnis

Uuaregang – Wegversperrung

Uuergild – Wergeld

Faszinierend ist die Ähnlichkeit mit dem Deutsch der Gegenwart. Lässt man sich von den orthographischen Behelfen der damaligen Zeit nicht beirren, sind die meisten Wörter problemlos zu verstehen. Sie sind Teil unserer Sprachgeschichte.

*Reiner Pogarell*

## Eiris sâzun Idisi

Die Merseburger Zaubersprüche
Verfasser unbekannt
um 750

Im Jahr 1841 wurde in der Stiftsbibliothek des Merseburger Doms eine Sammlung theologischer Schriften aus dem Mittelalter gefunden. Unter ihnen waren zwei Zauberformeln, in denen es um gefesselte Krieger sowie um die Verletzung eines Pferdes ging. Wegen ihres Fundorts heißen sie die *Merseburger Zaubersprüche*. Die Fachgelehrten streiten über die zeitliche Einordnung. Sie nennen Daten vom 2. Jahrhundert für germanische Vorstufen bis zum 10. Jahrhundert für den überlieferten Text. Einiges spricht dafür, dass die beiden Sprüche in der Zeit um 750 auf- und um 950 abgeschrieben wurden.

In unsere heutige Schrift übertragen, sieht der Text so aus:

> Eiris sâzun idisi, sâzun hêra duoder.
> suma hapt heptidun, suma heri lezidun,
> suma clûbôdun umbi cuoniouuidi:
> insprinc haptbandun, inuar uîgandun!·
>
> Phol ende uuôdan uuorun zi holza.
> dû uuart demo Baldares uolon sîn uuoz birenki*t*.
> thû biguolen Sin*th*gunt, Sunna era suister,
> thû biguolen Frîia, Uolla era suister;
> thû biguolen Uuôdan sô hê uuola conda:
>
> sôse bênrenkî, sôse bluotrenkî,
> sôse lidirenkî:
> bên zi bêna, bluot zi bluoda
> lid zi geliden, sôse gelimida sin!

Wir verstehen kaum etwas. Zur Not *sâzun*. Das Wort ähnelt dem heutigen ‚saßen' und bedeutet dasselbe. *Eiris* heißt ‚einst', wir lernen es. Aber *idisi*? Die *Idisen*, Rachegöttinnen, den Walküren ähnlich? So steht es in der Literatur. ‚Einst saßen Rachegöttinnen‘ wäre dann die Übersetzung. Eine erste Schlußfolgerung läßt sich ziehen: Das ist kein christlicher Text – da gibt es keine Rachegötter – sondern einer aus heidnischem Stoff.

## Althochdeutsch

Was wir hier vor uns haben ist Althochdeutsch. Das ist der Abschnitt der deutschen Sprachgeschichte, den die Experten auf die Zeit zwischen 500 und 1050 datieren. Davor sprachen die Menschen germanische Dialekte. Danach Mittelhochdeutsch, das sich zu unserem heutigen Deutsch entwickelte.

Ein Beispielsatz mag das veranschaulichen: In einem germanischen, das heißt gotischen Text, der um 370 geschriebenen *Wulfila*-Bibel, steht *Jah hairdjos wesun in þamma samin landa*. Das Zeichen *þ* ist die sogenannte Dornenrune und wird wie englisch *th* ausgesprochen. Der gleiche Satz lautet im Althochdeutschen *Inti hirta wārum in dēmo feldo*. Daraus wurde im Mittelhochdeutschen *Unde hirte waren in deme velde*. Und heute heißt es: Und Hirten waren auf dem Felde. Der erste Satz ist uns fremd. Die beiden folgenden weniger. Wir verstehen sie einigermaßen. Über den vierten ist nichts zu sagen.

Der entscheidende Vorgang, mit dem das frühe Deutsch sich vom Germanischen absetzte, war die hochdeutsche Lautverschiebung. Sie bedeutet, daß die Menschen zwischen St. Gallen und Köln, Trier und Halberstadt einige Laute des Germanischen anders aussprachen. Statt *tīd* sagten sie *zīt*, aus *ik* wurde *ich*, *pund* machten sie zu *pfund*. Ähnlich wandelte sich ein germanisches *blōd* zu *bluot* oder *fōt* zu *fuoz*. Aus einem *laus* wurde *lōs*, aus *haull* entstand *hōla*. Das war das Wort für Leistenbruch, welches sich nicht bis ins Neuhochdeutsche gehalten hat.

Diese Veränderungen, aus denen eine neue Sprache hervorging, vollzogen sich überwiegend im Süden und in der Mitte des deutschen Sprachgebiets. Das ist grob gesprochen, denn in Thüringen verlief die Entwicklung – wenn auch im wesentlichen vergleichbar – anders als in Bayern oder im Elsaß, in Mainz anders als in Wien. Die Schreibung war ungeregelt. Die lese- und schreibkundigen Mönche des frühen Mittelalters hatten keinen Duden. Weder die Grammatik noch das Wörterbuch. Gott war *cot* im Kloster Wessobrunn unweit des Lech, *got* in Fulda und *gode* in Straßburg. Der Berg hieß im Allgemeinen *berg*, in Bayern *pereg*. Auch der Wortgebrauch war nicht überall gleich. Für das Kreuz Christi gab es im süddeutschen Sprachgebiet das Wort *crūzi*, in den übrigen Gegenden aber *galgo*. Eine Einheitssprache entstand erst später – und dann auch nicht flächendeckend – als mittelhochdeutsche Dichtersprache. Die Menschen im Norden machten die Lautverschiebung nicht oder nur teilweise mit. Sie sprachen Altniederdeutsch, das dem Germanischen noch ähnelte. Aus ihm wurde unser Platt mit seinen Variationen.

Als ältestes Zeugnis des Althochdeutschen gilt eine Runeninschrift. Sie steht auf einem Speerblatt, das 1926 bei Gleisarbeiten in der Nähe des Dorfes Wurmlingen im Badischen gefunden wurde. Es trägt das Bruchstück eines Wortes, nämlich die Silbe *-rih*, der zweite Teil des Namens *Idorih*. Das bedeutet *reich*, auszusprechen *rīch,* und steht für das germanische *-rik*. Das wäre der früheste schriftliche Beleg für das Althochdeutsche. Er stammt vom Ende des 6. Jahrhunderts. Aber davor wurde mit Sicherheit schon Althochdeutsch gesprochen.

## Übersetzung

Die Merseburger Zaubersprüche werden der mittelfränkischen Mundart zugerechnet. Sie zeigen die beschriebenen sprachlichen Veränderungen – in Wirklichkeit tat sich noch viel mehr – nicht in reiner Form. Es gibt den Brauch, solchen Texten ihre Fremdheit zu nehmen, indem wir sie ‚normalisieren'. Das heißt, sie so zu verändern, daß sie in das lautliche und schriftliche System einer einheitlichen althochdeutschen Sprache passen. Das ist nur ein Konstrukt, ein fiktiver Sprachzustand. Er macht die Texte jedoch lesbarer. Dabei kommt dann heraus:

Eiris sâzun Idisi, sâzun hêra duoder.
suma haft heftidun, suma heri lêzidun,
suma clûbodun umbi cuniowidi:
insprinc haftbandun, infar wîgandun.

Phôl ende Wuodan fuorun zi holza.
dû wart demo balderes folon sîn fuoz birenkit.
thû biguol en Sinthgunt, Sunna era swister;
thû biguol en Frîja, Folla era swister;
thû biguol en Wuodan, sô hê wola conda:
sôse bênrenki, sôse bluotrenki, sôse lidirenki:
bên zi bêna, bluot zi bluoda, lid zi geliden,
sôse gelîmida sîn.

Wir ahnen die Bedeutung von *haft*, *heri*, *birenkit*, *wola*, *conda*. Oder der Wörter *fuorun zi holza*, *folon* und *swister*. Der Ausdruck *suma* wird uns zugänglich über das englische *some*. Er hat es nicht bis ins heutige Deutsch geschafft. Wir sagen *einige*.

**Hochdeutsch**

Die Befreiung von Gefangenen

Einst saßen Idisen, setzten sich hierher und dorthin.
Einige knüpften Fesseln, einige hielten das Heer auf,
Einige lösten die Volkesfesseln:
Entspringe den Fesseln, entkomme den Feinden.

Pferdeheilung

Phol und Wotan ritten in den Wald.
Da verrenkte sich Balders Fohlen einen Fuß.
Da besprach ihn Sinthgunt, die Schwester der Sunna;
Da besprach ihn Frija, die Schwester der Volla;
Da besprach ihn Wotan, wie er es wohl konnte:
So Beinrenkung, so Blutrenkung,
So Gliedrenkung:
Bein zu Bein, Blut zu Blut,
Glied zu Glied, wie wenn sie geleimt wären.

Unter den althochdeutschen Texten finden wir mehrere Zaubersprüche. Es sind Beschwörungen – auch in Gestalt von Gebeten – mit deren Hilfe Segen erfleht oder ein Übel abgewendet werden soll. Bekannt sind der *Lorscher Bienensegen*, der *Wiener Hundesegen* oder der *Weingartner Reisesegen*. Es gab auch einen *Trierer Pferdesegen*, in dem Gott um Beistand für das Pferd des heiligen Stephanus gebeten wird.

Im Unterschied zu den Merseburger Zaubersprüchen sind das christliche Texte. Gott erscheint als *Pater noster*; Christus, der Heilige Geist oder Maria werden angesprochen. In den Merseburger Zaubersprüchen haben wir dagegen Wotan, den Göttervater und obersten Gott der Germanen und seine Gemahlin Frija. Beider Sohn ist Baldur, der Gott des Lichtes und der Wahrheit. Der wird hinter „Balderes“ vermutet. Die erwähnte Volla, Freias Dienerin gehört ebenfalls in die Götterfamilie.

Rätselhaft sind die Idisen im ersten Zauberspruch. In einigen Übersetzungen erscheinen sie als die Walküren. Das wären die Schlachtjungfrauen. Sie wählen aus den toten Kriegern die Helden aus, die in die Ruhmeshalle Walhalla eingehen. In anderen Fassungen werden sie einfach mit ‚Frauen‘ übersetzt. Es könnten auch die *Disen* sein, Figuren aus der nordischen Mythologie. Sie waren Göttinnen der Fruchtbarkeit, der Geburtshilfe und des Kampfes. In der altnordischen *Edda* kommen sie vor.

## Reim

Der Weingartner Reisesegen aus dem 12. Jahrhundert ist ein kleines Gedicht mit reimenden Versenden. In den älteren Merseburger Zaubersprüchen herrscht der alte germanische Stabreim vor. Die Anfangskonsonanten der betonten Silben stimmen überein. Heute zum Beispiel Wohl und Wehe, Samt und Seide. Bei Richard Wagner hören wir: *In des Herzens Schwere schwur ich den Eid, / Würd' ein Mann den Mord nicht sühnen, / Wollt ich Magd mich dess' erkühnen.* (Tristan und Isolde). Und in den *Zaubersprüchen* haben wir die Stabreime *haft .. heftidun, fuoron .. folon .. fuoz*. Aber *lezidun – wigandun* oder *bluotberenki .. lidirenki* werden als Beispiele für Endreime gehandelt.

Im Aufbau ähneln sich beide Sprüche. Sie sind jeweils zweiteilig. Einer kleinen Geschichte folgt die Beschwörungs- oder Zauberformel. Etwa im zweiten Spruch: Ausritt in den Wald und Verletzung des Pferdes – Wotans heilende Formel.

Dergleichen Zaubersprüche haben wir heute noch. Jeder kennt *Simsalabim*, *Hokuspokus* oder *Abrakadabra.* Das sind zum Teil alte Zauberworte, die eine lange Geschichte haben. *Simsalabim* geht auf das arabische *Bismillahi rahmani rahimi* (Im Namen Allahs, des Barmherzigen und Gnädigen) zurück, mit dem Moslems sich dem Willen Allahs empfehlen. Aus dem lateinischen *Hoc est corpus meum* (Das ist mein Leib) aus der christlichen Liturgie, das die Leute nicht verstanden, machten sie ein *Hokuspokus.* Hinter dem Spruch *Heile, heile Segen, / drei Tage Regen, / drei Tage Schnee, / tut nimmer weh*, mit dem wir Kinder trösten, die sich weh getan haben, steht der Wunsch nach Linderung von Schmerzen. Das ähnelt in Spuren der zweiten Merseburger Zauberformel von der Heilung eines verletzten Pferdes.

Die fernen Verse haben heutige Künstler zu Parodien oder Nachbildungen angeregt. Der Dichter Peter Rühmkorf (1929 bis 2008) schrieb den Text *Auf einen alten Klang*. Darin heißt es: *Eiris sazun idi- / si und trieben lidi- / renki vor der Tür. / Flüsterten die Merse- / burger Zauberverse, / waren gut zu mir.* Die Mittelalterbegeisterung gegen Ende des 20. Jahrhunderts inspirierte Pop- und Rockmusiker zu Vertonungen und Darbietungen der Merseburger Zaubersprüche. Frank Wulff von der Gruppe Ougenweide, deren Mitglieder sich in alte Gewänder kleideten, komponierte eine rockige Melodie auf *Eiris sazun Idisi*. Bei anderen Sängern und Musikern klingen die althochdeutschen Verse lieblich-zart, auch stampfend und mal wie feierlicher Kirchengesang. Nicht jeder wird das mögen. Aber das sind beeindruckende und hörenswerte Wiederbelebungen der über 1200 Jahre alten Zauberworte.

*Gerd Schrammen*

## Das erste deutsche Buch – ein Wörterbuch

Abrogans
Verfasser unbekannt
um 765

Latein war Mitte des 8. Jahrhunderts innerhalb der europäischen Christenwelt die unbestrittene Sprache der Kirche, der Wissenschaft, der schriftlichen Überlieferung, ja überhaupt des Buches. Wer an dem gesammelten Wissen der Zeit teilhaben wollte, musste diese Sprache erlernen. Wenn es überhaupt im deutschsprachigen Gebiet des Abendlandes eine nennenswerte Schriftsprache neben dem Lateinischen gab, dann war es Griechisch. Die Bildungsträger der Zeit waren in erster Linie die Klöster, die auch die Bibliotheken betrieben. Vor allem aber waren die Klöster die Produzenten der Schriftliteratur, in ihren Skriptorien wurden die bekannten Bücher abgeschrieben und anschließend verkauft, getauscht oder verschenkt. So fanden wichtige Texte des christlichen Abendlandes weite Verbreitung.

Die Wissenschaft hatte nicht den geringsten Grund, von ihrer Orientierung auf die lateinische Sprache abzuweichen. Es gab keine deutschsprachige Wissenschaft. Eigentlich gab es ja auch keine deutschsprachige christliche Politik oder eine deutschsprachige Kirche. Und doch hatten Politik und Kirche immer wieder Gründe, auch die Sprache des gemeinen Volkes zu berücksichtigen.

Die Politik kam nie so richtig um die Volkssprache herum. Was nutzten den Herrschenden Gesetze und Urteile, die von den Betroffenen nicht verstanden wurden? Die Kirche hatte es da scheinbar leichter. Ihre gesprochenen und gelesenen heiligen Worte konnten auch ohne wörtliches Verständnis allein durch den Klang Wirkung entfalten. Noch heute stoßen lateinische Gottesdienste auch bei Lateinunkundigen auf rege Nachfrage. Der Islam verzichtet außerhalb des arabischen Sprachraumes vollkommen auf Verständlichkeit; Übersetzungen des Korans gelten als verboten und nicht anerkannt. Die

Anhänger indischer Sekten singen mit großer Inbrunst altindische Texte, von denen sie kein Wort verstehen. Religion ist keine Verstandesangelegenheit, sie kann auch hochintellektuelle Menschen ohne Ratio überzeugen. Für die Inszenierung eines Gottesdienstes, für Taufe oder Sterbesakrament benötigte die Kirche die deutsche Sprache also nicht.

Und doch. Die Kirche hatte den Anspruch, ihren Anhängern für alle Lebenslagen Richtlinien und Regeln anbieten zu können. Das konnte nur gehen, wenn die kirchlichen Aktivisten in der Lage waren, die entscheidenden Aussagen zumindest mündlich übersetzen zu können. Auch war es sehr nützlich, den Gläubigen die Inhalte der Riten und heiligen Texte erklären zu können. Wie sollten den Frischbekehrten die Auswirkungen ihres Handelns – Sünde oder gute Tat – in einer Sprache verdeutlicht werden, die sie nicht verstanden?

Folglich waren alle Glaubensverkünder gezwungen, sich mit Übersetzungsfragen zu befassen. So kennen wir die meisten frühen Belege unserer Sprache aus Zwischen- und Randbemerkungen, die meist unbekannte Mönche an den Rand lateinischer Texte anfügten oder sogar unmittelbar über die lateinischen Wörter schrieben. Auch kleinere Wortlisten tauchten immer wieder auf. Die Ordensgelehrten müssen eine unglaubliche Mühe darauf verwendet haben, Sachverhalte und Vorstellungen der christlichen in die deutsche Welt der oft nur oberflächlich missionierten Baiern, Franken, Langobarden, Goten oder Sachsen zu übertragen.

Das hier vorgestellte Werk ist die erste größere deutsche Wortliste, welche die Bezeichnung Buch verdient. Ihren Namen *Abrogans* hat die Liste vom ersten Worteintrag bekommen; es gab weder einen anderen Titel noch ein Titelblatt noch einen Autor. Dabei war das Buch ursprünglich keineswegs als lateinisch-deutsches Wörterbuch angelegt worden. Der *Abrogans* war in Wirklichkeit ein spätantikes lateinisches Synonymwörterbuch und kann durchaus als modern bezeichnet werden. Unter einem Oberbegriff (hier mit großen Anfangsbuchstaben) finden sich mehrere ähnliche Wörter und Wendungen (hier mit Kleinbuchstaben), die einen ähnlichen Sachverhalt wiedergaben. Unsere heutigen Feldwörterbücher von Dornseiff oder Wehrle-Eggers sind zwar wesentlich umfangreicher, aber im Kern nach demselben System aufgebaut. Auch der Thesaurus einer guten Textverarbeitung funktioniert so.

Die Anregung oder der Auftrag zu dem deutschen *Abrogans* kam wahrscheinlich von Bischof Arbeo von Freising, einem guten Kenner der lateinischen Sprache und Benutzer des Originalwerkes. Das Kloster Freising dürfte auch der Entstehungsort gewesen sein; der eigentliche Übersetzer ist unbekannt. Von der Anlage her folgt der deutsche Text der lateinischen Vorlage, das Werk kann also wie ein Verdeutschungswörterbuch verwendet werden. Diese Funktion hat es dann auch in vielen Kopien erfüllt. Der Benutzer konnte durch Nachschlagen einen lateinischen Text Stück für Stück in die deutsche Sprache übertragen. Das war ein vollkommen neues Hilfsmittel für den Übersetzer, das es vorher noch nicht gab. Es muss eine ungeheure Erleichterung für diejenigen gewesen sein, die lateinisch niedergeschriebene Denkweisen in althochdeutschen Worten wiedergeben mussten.

Das Werk fand weite Verbreitung, kurze Zeit später wurden in anderen Klöstern (so in St. Gallen) eigene und sogar bessere Listen angefertigt. Verbesserungswürdig war der deutsche *Abrogans* tatsächlich. Dem Übersetzer unterliefen nicht wenige Übersetzungsfehler. Schon das Titelwort ‚Abrogans‘ wurde mit ‚demütig‘ nur ungefähr übersetzt, eigentlich müsste es ‚reumütig, um Verzeihung bittend‘ übertragen werden. Diese Aussage darf natürlich nicht als Kritik gewertet werden. Man muss einfach die riesigen Schwierigkeiten bedenken, mit denen sich der Verfasser auseinanderzusetzen hatte. Er musste nicht nur eine Sprache in die andere übertragen, er musste eine Kultur in die andere übersetzen.

Der folgende Textausschnitt gibt den Anfang des Werkes bis zum Wort ‚remotum‘ wieder, danach folgen einige verstreute Auszüge. Die erste Spalte zeigt das lateinische Original, die folgende zweite Spalte die Freisinger althochdeutsche Übersetzung. Die dritte Spalte mit der neuhochdeutschen Erklärung dient zur aktuellen Verständlichkeit.

| **Latein** | **Althochdeutsch** | **Neuhochdeutsch** |
|---|---|---|
| Abrogans | aotmot | demütig |
| humilis | samftmoat | sanftmütig |
| Abba | faterlih | väterlich |
| pater | fater | Vater |
| Abnuere | pauhnen | zeichnen |
| renuere | pipauhnen | bezeichnen |
| recusare | faruuazzan | verfluchen |
| refutare | fartripan | vertreiben |
| Absque foedere | uzzena moatscaffi | ohne Zuneigung |
| absque amicitia | uzzena friuntscaffi | ohne Freundschaft |
| Abingruentes | ana sciupanti | anschiebend |
| abinmittentes | ana lacgente | anlegende |
| Absit | fer si | es sei ferne |
| longe sit | rumo si | es sei Raum |
| Abest | fram ist | es ist davon |
| deest | uuan ist | es ist leer |
| Abdicat | farquithit | sagt ab |
| abhominat | faruuazzit | verflucht |
| denegat | farsahhit | streitet ab |
| repudiat | fartripit | vertreibt |
| Abstrusum | ungafori | ungebührlich |
| clandestinum | uuitharzoami | unziemlich |
| latens | caporgan | geborgen |
| occultum | tuncli | Dunkelheit |
| remotum | cahroarit | berührt |
| (...) | (...) | (...) |

| | | |
|---|---|---|
| Algor | glati, chaldi | Kälte |
| frigus | frost | Frost |
| Arduus | uuidarpece | schwierig |
| altus | haoh, hoh | hoch |
| grauis | súar, souuar | schwer |
| difficilis | unsest (= unsenf-ti), unodhi | schwierig |
| Arua (terra) | angar | Anger (Ackerland) |
| fuma | ruchi, rucchi, ruihki | Rauch, Dampf |
| humus | fuhti | feucht |
| Arces | maistar | Meister |
| aedificia | cimbro | Baumeister |
| summa | hohostono, haohosta | höchste |
| uel palatia muni ta | edo phalance ca-fastinot | oder befestigter Palast |
| Arces | chraf, hchraft | Kraft |
| iuga | iocho | Joch |
| summa | haohi, hohi | Höhe |
| montium | pergo | der Berge |
| Architector | trisuues pigankeo, trisouuer pi-gangeo, tresoes pigengio | Baumeister |
| qui domum tegit | der daz hus dachit, ther thaz hus thac-chit, der hus deickit | der das Haus deckt |
| Arcessire | soahhen, sua-hchan, sohan | suchen |
| accire | halon, holon | holen |

(Auswahl und Übersetzungen orientieren sich an: Mettke, Heinz (Hrsg.), Älteste deutsche Dichtung und Prosa, Leipzig: Verlag Philipp Reclam 1976 und Eggers, Hans, Deutsche Sprachgeschichte I, Reinbek: Rowohlt Taschenbuch Verlag 1963)

Der *Abrogans* gehört zu unseren wichtigsten Informationsquellen über die althochdeutsche Sprache. Wir finden darin allein rund siebenhundert Wörter, die an keiner anderen Stelle belegt sind. So wichtig aber das Buch für unsere heutige germanistische Forschung ist, für die frühe deutsche Sprache war es eine große Errungenschaft. Jeder, der einen lateinischen Text wörtlich oder sinngemäß für eine deutschsprachige Öffentlichkeit aufbereiten wollte, hatte nun ein zwar nicht perfektes, aber taugliches Hilfsmittel zur Verfügung. Ein richtiges Wörterbuch Lateinisch-Deutsch war nun zugänglich. Es dürfte auch der deutschen Sprache einen neuen Stellenwert verschafft haben. Dem Argument, man müsse halt lateinisch reden, weil man wichtige Dinge nicht in deutscher Sprache ausdrücken kann, dürfte mit dem *Abrogans* leichter zu begegnen gewesen sein.

Die besterhaltene Kopie ist eine Abschrift aus Murbach, die wohl um 810 entstanden ist. Sie wurde für Karl den Großen angefertigt. Das erste deutsche Buch hatte offensichtlich Karriere gemacht.

*Reiner Pogarell*

## Zwei neue Sprachen stellen sich vor

Die Straßburger Eide
Nithard
843

Die Straßburger Eide sind uns überliefert durch einen lateinisch geschriebenen Bericht aus dem Jahr 843. Verfasst hat ihn der Geschichtsschreiber und Enkel Karls des Großen mit dem Namen Nithard (gestorben 844). Wahrscheinlich war Nithard Ohrenzeuge der Eide, es gibt auch Spekulationen, er habe an den Formulierungen mitgearbeitet.

Im Jahre 842 treffen sich am 14. Februar in Straßburg die verfeindeten Herrscher Ludwig der Deutsche und Karl der Kahle, um sich gegen ihren gemeinsamen Bruder Lothar den Ersten zu verbünden. Karl der Kahle ist der Herrscher vorwiegend romanisch sprechender Teile des verfallenden fränkischen Reiches, Ludwig der Deutsche beherrscht überwiegend deutschsprachige Gebiete. Beide Könige leisten ihre Eide, in denen sie sich Frieden und Brüderlichkeit versprechen, nicht in ihrer eigenen Sprache, sondern in der Sprache des Vertragspartners. Sie wollten von den Anhängern der jeweiligen Gegenseite gehört und verstanden werden.

Was sind das für Sprachen? Im romanischsprachigen Teil des Frankenreiches müsste eigentlich lateinisch gesprochen worden sein. Latein war die offizielle Sprache aller staatlichen, wissenschaftlichen und kirchlichen Stellen im gesamten fränkischen Reich, im westlichen Teil (ganz grob dem heutigen Frankreich) sollte es auch die Sprache des Volkes gewesen sein. Die ursprüngliche Sprache dieses Gebietes, das keltische Gallisch, war schon seit einigen Jahrhunderten bis auf wenige Reste von der Sprache der römischen Besatzer und Besiedler verdrängt worden. Trotzdem spricht Ludwig nicht wirklich lateinisch. Die Sprache des einst mächtigen Roms hatte sich im einstigen Gallien erheblich verändert.

Im östlichen Teil (ganz grob dem heutigen Deutschland) wurden unterschiedliche Dialekte gesprochen. Quellen sprechen oft – neben anderen – von der fränkischen und der sächsischen Sprache. Ganz selten war man bereit, diese unterschiedlichen Sprachformen einer einzigen Sprache zuzuordnen und diese dann als „deutsch“ zu bezeichnen.

Nithards Text gibt zunächst in lateinischer Sprache die Rede vor der Eidesleistung wieder, in der die Straßburger Bevölkerung die Gründe des Treffens erfährt. Die eigentlichen Eide werden von Nithard ebenfalls lateinisch eingeleitet:

| | |
|---|---|
| Lodhuuicus, quoniam maior natu erat, prior haec deinde se servaturum testatus est: | Da Ludwig älter war, beschwor er als erster, dass er fortan Folgendes einhalten werde: |
| Pro deo amur et pro christian poblo et nostro commun salvament, d'ist di in avant, in quant deus savir et podir me dunant, si salvarai eo cist meon fradre Karlo et in aiudha et in cadhuna cosa, si cum om per dreit son fradra salvar dist, in o quid il mi altresi fazet, et ab Ludher nul plaid numquam prindrai, qui meon vol cist meon fradre Karle in damno sit. | Um der Liebe Gottes willen und für das Christenvolk und unser gemeinsames Seelenheil werde ich von diesem Tag an, so mir Gott die Einsicht und die Fähigkeit verleiht, diesen meinen Bruder so beschirmen, wie ein Mann von Rechts wegen seinen Bruder schützen soll, damit er an mir ebenso handle, und ich werde mit Lothar keine Abmachung eingehen, durch die ich absichtlich Karl einen Schaden zufügen könnte. |

Das ist eine neue Sprache. Es finden sich zwar lateinische Wörter, aber Lateinisch kann dieser Text nicht genannt werden. Es ist die erste Sternstunde des Französischen, das erste vollständige Dokument der altfranzösischen Sprache, der offizielle Beginn der französischen Sprachgeschichte. Natürlich bildet das Dokument nur das Ergebnis einer Jahrhunderte langen Entwicklung ab, doch hier zeigt sich die französische

Sprache erstmals voll entwickelt und in einer hochoffiziellen Funktion.

| | |
|---|---|
| Quod cum Lodhuuicus explesset, Karolus teudisca lingua sic haec eadem verba testatus est: | Als Ludwig geendet hatte, leistete Karl ebenso in deutscher Sprache den folgenden Eid: |
| In godes minna ind in thes christânes folches ind unser bêdhero gehaltnissî, fon thesemo dage frammordes, sô fram sô mir got geuuizci indi mahd furgibit, so haldih thesan mînan bruodher, sôso man mit rehtu sînan bruodher scal, in thiu thaz er mig sô sama duo, indi mit Lûdheren in nohheiniu thing ne gegango, the mînan uuillon imo ce scadhen uuerdhen. | Aus Liebe zu Gott und für das Christenvolk und unser gemeinsames Seelenheil werde ich von diesem Tag an, so mir Gott die Einsicht und die Fähigkeit verleiht, diesen meinen Bruder so beschirmen, wie ein Mann von Rechts wegen seinen Bruder schützen soll, damit er an mir ebenso handle, und ich werde mit Lothar keine Abmachung eingehen, durch die ich ihm absichtlich einen Schaden zufügen könnte. |

Zusammen mit der ersten Sternstunde der französischen Sprache erlebt auch die deutsche Sprache eine große Stunde. Wir erleben hier die althochdeutsche Sprache nicht als Sprache der Glaubensverkündung oder Belehrung für das einfache Volk, sondern als Sprache staatlicher Politik. Auf dem Gebiet des ehemaligen Frankenreiches hatten sich somit zwei Sprachen herausgebildet, die wichtig genug waren, für so einen bedeutenden Anlass als Arbeits- und Amtssprache zu dienen. Die geheiligte Sprache des römischen Reiches, die in Staat, Kirche, Wissenschaft und Handel eine so übermächtige Rolle eingenommen hatte, musste erstmals in einem so wichtigen Moment europäischer Geschichte den neuen nationalen Sprachen weichen.

Nach den Eiden der beiden Herrscher schworen auch die beiden Heere einen öffentlichen Eid. Allerdings sprachen beide Teile die Eidesformel nun in ihren eigenen Sprachen. Sie mussten ja nicht fürchten, von einem der beiden Könige nicht verstanden zu werden. Zunächst legte das romanische Heer seinen Eid ab:

| | |
|---|---|
| Si Lodhuuigs sagrament, que son fradre Karlo iurat, conservat, et Karlus meos sendra de suo part non los tanit, si io returnar non l'int pois: ne io ne neuls, cui eo returnar int pois, in nulla aiudha contra Lodhuuig nun li iu er. | Wenn Ludwig den Eid hält, den er seinem Bruder Karl geschworen hat, und Karl, mein Herr, den Eid, den er ihm geschworen hat, bricht, wenn ich ihn davon nicht abbringen kann: Weder ich noch irgendeiner, den ich davon zurückhalten kann, werden ihm gegen Ludwig zu Hilfe kommen. |

Die Formel des deutschsprachigen Heeres lautet:

| | |
|---|---|
| Oba Karl then eid, then er sînemo bruodher Lûdhuuîge gesuor, geleistit, indi Lûdhuuîg mîn hêrro then er imo gesuor forbrihchit, ob ih inan es iruuenden ne mag: | Wenn Karl den Eid, den er seinem Bruder Ludwig geschworen hat, hält und Ludwig, mein Herr, den Eid, den er ihm geschworen hat, bricht, wenn ich ihn davon nicht abbringen kann: |
| noh ih noh thero nohhein, then ih es iruuenden mag, uuidhar Karle imo ce follusti ne uuirdhit. | Weder ich noch irgendeiner, den ich davon abhalten kann, werden ihm gegen Karl zu Hilfe kommen. |

Spannend gerade an diesem letzten Beispiel ist der hohe Grad an Verstehbarkeit auch für Menschen, die niemals die althochdeutsche Sprache erlernt haben. Es ist nur ein wenig Einfühlungsvermögen und eine gewisse Unbefangenheit im Umgang mit der Rechtschreibung notwendig, um den Text lesen zu können. Schreiber, die Althochdeutsch zu Papier bringen wollten, standen vor der Schwierigkeit, mit einem Alphabet arbeiten zu müssen, welches vor vielen Jahrhunderten für die lateinische Sprache entwickelt wurde. Die Zuordnung der Buchstaben zu den deutschen Lauten hing daher vom Gutdünken der Schreiber ab und verlangte von ihnen einige Kreativität. Selbstverständlich gab es keine genormte Orthographie, an der sich ein Verfasser orientieren konnte. Wenn man aber weiß, dass ‚uu' als ‚w' gelesen werden sollte und das ‚h' auch die Funktion des ‚ch' übernehmen kann, dann sind mehr als die Hälfte der Wörter trotz ihres stolzen Alters von rund 1150 Jahren verstehbar.

Es gibt aber auch Wörter, bei denen um mehrere Ecken gedacht werden muss. Das althochdeutsche Wort „follust" bedeutet „Hilfe", „Unterstützung", „Beistand". Eine Ähnlichkeit zwischen „Hilfe" und „follust" besteht nicht. Wir lesen „follust" wie „voll Lust" und liegen damit sehr nahe an der tatsächlichen Wortbedeutung. „Fol" bedeutet „voll", „ganz dabei", „lust" eben „Lust", „Begierde", „Freude". Ganz bei einer Sache sein, für einen anderen Menschen also. Der letzte Teil der Aussage muss mitgedacht werden. Das bedeutet Hilfe.

Die Endungen vieler althochdeutscher Wörter sind noch viel ausgeprägter als in unserer heutigen Sprache. Jedoch erkennen wir mühelos in „herro" unser Wort „Herr" und in „imo" unser Pronomen „ihm". Und sieht man sich dann ein Wort wie „iruuenden" einmal in Ruhe an, dann erkennt auch ein philologischer Laie, dass „irrwenden" recht nahe an dem Wort „abwenden" steht. Wenn man dann noch betrachtet, wie nahe die Wörter „ob" und „wenn" noch heute zueinander stehen, dann können wir – wenn auch mit etwas Mühe – ein frühes Dokument der deutschen Sprache im Original lesen.

Nithard beendet diese große Stunde der französischen und deutschen Sprache durch einen lapidaren Ausklang, aus dem wir nebenbei noch einige deutsche Ortsbezeichnungen in einer lateinisch / althochdeutschen Fassung kennen lernen:

| | |
|---|---|
| Quibus peractis Lodhuuuicus Renotenus per Spiram et Karolus iuxta Uuasagum per Uuizzunburg Uuarmatiam iter direxit. | Nach diesen Ereignissen ging Ludwig rheinabwärts über Speyer, Karl an den Vogesen entlang über Weißenburg nach Worms. |

Alle Beteiligten gehen ihrer Wege. Für sie stand in Straßburg die Politik im Vordergrund. Vermutlich wird weder ein Herrscher noch ein Untertan bemerkt haben, welch wichtigem und wohl einmaligem sprachlichen Ereignis sie beigewohnt haben. Zwei große europäische Sprachen haben sich gleichzeitig und gemeinsam auf einer politischen Bühne vorgestellt.

*Reiner Pogarell*

## Lob der Sprache der Franken

Das Evangelien-Buch
Otfried von Weißenburg
868

Wer, vom Oberrhein oder von der Pfalz kommend, gleich hinter der französischen Grenze von einer Anhöhe hinunter auf Wissembourg schaut, ist entzückt von dem Anblick, der sich ihm bietet: ein kleines Städtchen von 7000 Einwohnern, mittelalterlich verschachtelt und malerisch in einer Senke im Hügelland zwischen Pfälzerwald und Vogesen gelegen. Ein altertümliches Stadtbild, beherrscht von der gotischen St. Peter-und-Paul-Kirche, Fachwerkhäuser, gewundene Gassen, kleine Stege über die Flussarme der Lauter, Mühlräder – ein Bild, das zugleich altdeutsche Romantik wie auch den verschlafenen Charme französischer Provinzstädtchen ausstrahlt. Die ehemals Freie Reichsstadt Weißenburg war 1697 – wie vorher schon Straßburg – im Zuge der Annexionspolitik Ludwigs XIV. (der sogenannten Reunionen) Frankreich einverleibt worden.

Der (sprach)geschichtlich interessierte Besucher erlebt allerdings eine Enttäuschung. Fast nichts erinnert mehr an einen berühmten Bewohner dieser Stadt und an das alte Benediktinerkloster, in dem er im 9. Jahrhundert wirkte: an den Magister Otfried von Weißenburg. Otfried hatte hier etwa zwischen 863 und 868 eines der ganz großen Zeugnisse der althochdeutschen Literatur geschaffen. Eigentlich sind es sogar zwei Pioniertaten, die er vollbracht hat. Zum einen besaß er den Mut, gegen den damals herrschenden Zeitgeist sein Evangelienbuch, eine poetische Nacherzählung des Lebens Jesu, nicht in Latein, sondern in seiner Muttersprache zu schreiben. Und zweitens ersetzte er den bis dahin in der Poesie verwendeten Stabreim durch den Endreim.

Heute findet man freilich kaum noch etwas von seiner Wirkungsstätte, dem im 7. Jahrhundert gegründeten Kloster, vor. Außer ein paar Fundamentresten unter der St. Peter-und-Paul-

Kirche sind von der Klosteranlage keine Spuren mehr vorhanden. Nichts erinnert mehr daran, wo sich sein Skriptorium befunden haben oder wo seine Grabstelle sein könnte. Nur eine unscheinbare Steinplatte an der Mauer der Zehntscheuer weist auf seinen Namen hin. Und in der französischen Ausgabe des Michelin-Führers für das Elsass ist nicht einmal der erwähnt.

Was war das Besondere an Otfrieds Werk? Geschrieben wurde ja in fränkischer, alemannischer oder bairischer Volkssprache schon seit dem Ende des 8. Jahrhunderts, und wenig später auch in Altsächsisch (Altniederdeutsch). Man denke nur an die großen Isidor- und Tatian-Übersetzungen, an das Wessobrunner Gebet und das Hildebrandslied oder an den Heliand. Aber die Autoren dieser frühen Schriftzeugnisse blieben anonym, und bei keinem von ihnen findet sich ein Indiz für den auffallenden Sprachstolz und die sprachpatriotische Zielsetzung, wie sie uns im Werk des Magisters aus Weißenburg begegnen.

Otfrieds Evangelienbuch ist ungewöhnlich gut überliefert. Es existieren drei vollständige zeitgenössische Handschriften, darunter in der Österreichischen Nationalbibliothek in Wien das Original, das Otfried selbst noch korrigiert hat. Daneben sind fünf Abschriften als Fragmente erhalten.

Im Gegensatz zum Werk weiß man jedoch über das Leben des Autors nicht viel. 830 wird er zum ersten Mal als Konventsangehöriger in Weißenburg aufgeführt, einem Königskloster, das damals zur fränkischen Diözese Speyer gehörte. Anfang der 830er Jahre ist er dort als Urkundenschreiber zu entdecken, dann jedoch erst wieder 851 – nun schon vom Fuldaer Stil beeinflusst. Weil Otfried sich in einem späteren Schreiben an den Erzbischof von Mainz als Schüler des Fuldaer Abts und großen Gelehrten Hrabanus Maurus bekennt, wird er wohl in den 830er Jahren, jedenfalls vor 842, als Hrabanus sein Amt aufgibt, in Fulda ausgebildet worden sein. Seine Bekanntschaft mit Salomon, dem Konstanzer Bischof und früheren Leiter der Hofkapelle und Erzkanzler König Ludwigs des Deutschen, legt die Vermutung nahe, dass er zeitweilig ebenfalls in der Hofkapelle arbeitete. Gegen 847 dürfte er wieder nach Weißenburg zurückgekehrt sein, wo er nun – als Magister – das Skriptorium leitete und die Klosterbibliothek ausbaute.

Erst später, nach einer Anzahl kleinerer Schriften, begann er mit der Abfassung seines Evangelienbuchs, das zugleich theologisches Lehrbuch wie poetische Schöpfung ist. In einer programmatischen Vorrede legt der Autor dar, warum er das Buch nicht in Latein, sondern in der fränkischen Muttersprache geschrieben hat.

> „Warum sollen die Franken darauf verzichten, Gottes Lob in fränkischer Sprache zu singen?“

fragt er rhetorisch. Er räumt zwar ein, dass

> „diese Sprache bisher nicht zu solcher Dichtung benützt und noch nicht in Reime gefasst wurde, (aber) sie besitzt doch Geradlinigkeit in schöner Schlichtheit ... (Geben wir ihr) Versfüße, metrische Zeit und Ordnung der Teile, dann erhält sie das Maß, dass sie zu Gottes eigener Predigt wird ... Warum sollten die Franken zu solcher Leistung nicht fähig sein?! ... Sie sind so tapfer wie die Römer, und auch die Griechen machen ihnen darin den Rang nicht streitig ... Sie besitzen die gleiche Geisteskraft ... und sie leben mit allem ausgestattet in einem gesegneten Land. Sie brauchen sich wahrlich nicht zu schämen!“

Otfrieds bewusste Entscheidung für die Volkssprache bei einem neu verfassten (nicht nur übersetzten) theologischen Werk war zu seiner Zeit höchst ungewöhnlich. Deshalb rechtfertigt er seinen Schritt in seinem lateinischen Widmungsschreiben (um 868) an den Mainzer Erzbischof Liutbert in einer geschickt aufgebauten Argumentation. Zunächst beruft er sich auf Freunde und Mitbrüder, die ihn gedrängt hätten, das Werk in der heimischen Sprache zu verfassen, damit auch Laien den Text beim Vorlesen verstünden. Er betont also den seelsorgerischen Aspekt, Gottes Wort auch jenen nahe zu bringen, die es „in einer anderen Sprache nicht verstehen können“.

Anschließend erfüllt er fast schon ein Übersoll an Lob der lateinischen Sprache, mit deren Präzision, Kultiviertheit und Eleganz die „bäuerische“ Volkssprache der Franken nicht zu vergleichen sei. Um an seinem Status eines kultivierten Lateiners keinerlei Zweifel aufkommen zu lassen, beschwört er die großen Vorbilder der Antike wie Vergil, Lukan und Ovid und christliche Poeten wie Juvencus, Arator und Prudentius.

Danach folgt die Auseinandersetzung mit der noch „unkultivierten“ fränkischen Volkssprache, die „es nicht gewöhnt (ist), sich dem lenkenden Zügel der Grammatik zu fügen.“ Auch sei bei vielen Wörtern „wegen der Häufung von Buchstaben (und) ihrer ungewöhnlichen Lautung“ die Schreibung schwierig. Als Beispiel nennt er die Notwendigkeit, drei u hintereinander zu verwenden (weil das w durch uu ausgedrückt wird), oder die Verwendung von z und k zur Wiedergabe des dentalen Zischlautes oder des Rachenlauts, Buchstaben, die von den lateinischen Grammatikern für überflüssig gehalten würden. Auch die doppelte Negation, die im Lateinischen der Verstärkung einer Aussage dient, aber in der heimischen Sprache eine Verneinung bedeutet, habe er, so schreibt er wörtlich, „mit Rücksicht auf unseren Sprachgebrauch“ beibehalten. Schließlich betont er in dem Schreiben an den Erzbischof noch, dass er ganz bewusst keine volkssprachlichen Wortbeispiele aufgeführt habe, weil das Einstreuen „ungeschliffener Worte einer bäurischen Sprache in die feine Glätte des Lateinischen ... bei den Lesern spöttisches Gelächter hervorrufen“ könnte.

Nachdem er nun aber seinen Respekt vor dem Lateinischen ausreichend bezeugt zu haben glaubt, kommt er zum eigentlichen Anliegen. Er erklärt den unzureichenden Entwicklungsstand der Muttersprache damit, dass sie „von denen, die sie sprechen, zu keiner Zeit durch schriftliche Fixierung oder durch irgendeine Art grammatisch-rhetorischer Studien kultiviert wurde“. Er kritisiert das fehlende Sprach- und Geschichtsbewusstsein, und damit letztlich das geringe Selbstbewusstsein und den mangelnden Stolz der fränkischen Eliten, indem er klagt:

> „Unsere Landsleute überliefern nämlich nicht, wie viele andere Völker, die Geschichte der eigenen Vorfahren der Nachwelt, und sie verherrlichen auch nicht deren Taten und Leben in liebevoller Bewunderung ihres verdienten Ruhms. Wo dies, selten genug, doch einmal geschieht, wählen sie für ihre Darstellung lieber die Sprache fremder Völker, das heißt der Römer oder Griechen. Sie hüten sich vor Fehlern in den fremden Sprachen, in der eigenen aber scheuen sie sie nicht ... Es ist erstaunlich, dass ... Männer von außergewöhnlichem Urteilsvermögen und voller geistiger Beweglichkeit, groß durch Weisheit und hervorragend durch Frömmigkeit ... alle diese Fähigkeiten zum Ruhm einer fremden Sprache einsetzen und im Schreiben der eigenen keine Übung haben ... (Dabei habe) der Schöpfer ihnen das Instrument Sprache gegeben, damit sie in ihr sein Lob erklingen lassen. Er erwartet von uns ja nicht die Schmeichelei glatter Worte ... (und) nicht leeren Lippendienst.“

Dreierlei wird in diesen Ausführungen deutlich. Einerseits sind Otfried die stilistischen und grammatischen Mängel, die seine Muttersprache (im Vergleich mit dem Lateinischen) zu dieser Zeit noch besitzt, bewusst. Andererseits klingt auch eine positive Wertung der Muttersprache an, in der das Gotteslob quasi ehrlicher und gehaltvoller ausgedrückt werden könne als in der „Schmeichelei glatter Worte“ – womit er zweifellos den Lateingebrauch meint, auch wenn er die Sprache nicht beim Namen nennt.

Das Lob der fränkischen Sprache selbst bleibt bei Otfried aber – anders als später bei den Humanisten und den barocken Sprachgesellschaften des Deutschen – eher implizit. Im Evangelienbuch werden ihr immerhin „rihti in sconeru slihtti“ (Geradlinigkeit in schöner Schlichtheit) attestiert und das Potential zugesprochen, zu „gotes selbes brediga“ (Gottes eigener Predigt) zu werden. Hauptsächlich vollzieht das Sprachlob sich aber über das Lob des fränkischen Sprachvolks. Die Franken sind tapfer und von vornehmer Abstammung, besitzen hohe Geisteskraft, keiner wagt es, sie anzugreifen und zu beherrschen, sie selbst aber gebieten über die benachbarten Völker. Kurzum: Sie sind ein Volk, das stolz auf sich sein kann und sich – deshalb – auch seiner Sprache nicht zu schämen braucht.

*Franz Stark*

## In diutiskun = auf Deutsch

Notker III, der Deutsche
um 1000 in Sankt Gallen

Die Klosterschule Sankt Gallen im Norden der Schweiz war im Frühmittelalter eines der führenden Zentren der Gelehrsamkeit. Seine Magister und die Leiter der Schule stammten aus dem vornehmen thurgauischen Adel und trugen häufig Namen wie Notker oder Ekkehart. Der Notker, um den es hier geht, war der dritte dieses Namens und lebte von ca. 950 bis 1022. Wegen seiner breiten Lippen trug er den Beinamen Labeo.

Das Neue an ihm war, dass er das Adjektiv „deutsch" nicht mehr nur als lateinisches „theodisce" oder in neuerer Form als „teutonice", sondern auch auf Deutsch verwendete. Genauer in der althochdeutschen Form *in diutiskun*, und das sechsmal. Deshalb wird er auch Notker Teutonicus, Notker der Deutsche, genannt. Als Nachweis der Bewusstwerdung einer Gruppe als Sprach- oder Volksgemeinschaft gilt erst, wenn sie eine Eigenbezeichnung in der *eigenen* Sprache besitzt.

Die lateinische Bezeichnung „theodisce" mit der Bedeutung „germanisch-volkssprachlich" ist wesentlich älter. Erstmals wurde es in karolingerzeitlichen Dokumenten verwendet, 786 (für altenglisch, nur einmal) und ab 788 (für althochdeutsch, fortan häufig). Gemeint war eine Sammelbezeichnung für die Sprachen der Franken, Alemannen, Baiern und Langobarden, später auch der (Alt-)Sachsen. Es hatte schon in der zweiten Hälfte des 8. Jahrhunderts eine Art Wörterbuch und wenig später Texte und Dichtung in diesen Stammessprachen gegeben. Es war eine Bezeichnung für diese Sprachen, ohne dass man sie schon als Überdachung von *Deutsch* erkannt hätte. Auch wenn die Germanistik aus Ordnungsgründen dafür den Sammelbegriff Althochdeutsch gebraucht.

Diese Überdachung geschah erstmals etwa zeitgleich mit Notkers Texten, wenn auch nur auf Lateinisch. Im Jahr 1001 hatte Kaiser Otto III. in einer Art Wutrede von einem Turm herab zu den aufständischen Römern in einer Weise klargestellt, dass er sich selbst nicht nur als Sächsisch-Sprechender, sondern als *Deutsch-Sprechender* bezeichnete. Wie der Augenzeuge und Chronist Thangmar in seiner Vita Bernwardi berichtet, habe der Kaiser den rebellischen Römern vorgeworfen: „Seid ihr nicht meine Römer? Euretwegen habe ich mein Land, meine Verwandten verlassen! Aus Liebe zu euch habe ich meine Sachsen und *alle Deutschen*, mein Blut, verschmäht" („ ... meos Saxones et *cunctos Theotiscos*, sanguinem meum, proieci" (Freiherr-vom-Stein-Gedächtnisausgabe, Band XXII, Kap. 25).

Hier meint „theodiscus" nicht nur seine Stammessprache (Sächsisch), sondern alle „Theodisci", die die gemeinsame Sprache sprechen, also die Sprachgemeinschaft. Ja, mehr noch: Der Zusatz „mein Blut" lässt sogar eine ethnische Interpretation vermuten. Die Deutschen bilden neben den Romanen und Slawen, die im Reich leben, eine durch ihre Abstammung, ihr Blut, gekennzeichnete Gemeinschaft.

Trotzdem erfüllte diese Äußerung in lateinischer Sprache noch nicht den Grad der Bewusstwerdung als gemeinsame Sprachgruppe. Es war erst Notker III., der als erster überlieferter Autor diese Bezeichnung auf Deutsch, „in diutiskun", verwendete. Dabei war seine Muttersprache das Alemannische. Notker aber nannte sie in einem lateinisch verfassten Schreiben an seinen Bischof Hugo von Sitten (vor 1017) *unsere Sprache* (latine scripta in nostram linguam). Dazu führte er aus, dass diese deutsche Sprachwahl dem Bischof zunächst wohl ungewohnt vorkomme. Aber wenn er sie erst einmal kennen gelernt habe, würden die Schriften auf Deutsch „Euch vielleicht belieben und Ihr werdet sie zu lesen vermögen und erkennen, wie schnell man in der Muttersprache begreift, was man in einer fremden Sprache kaum oder nicht völlig erfassen kann". Und in der Übersetzung der Abhandlung der Rhetorik in Boethius' „De consolatione philosophiae" schreibt er volkssprachlich: „ ... man êr nîeht pechénnen nemág iro dulcedinem, êr man sîa selbûn bechénnet". Auf Neuhochdeutsch: „ ...

dass man ihre Süße nicht zu begreifen vermag, bevor man sie selbst begriffen hat“ (Gesamtausgabe: *Notker der Deutsche. Die Werke*. Neu hrsg. von J. C. King und P. W. Tax, Tübingen 1972f. Gute Auszüge in: W. Braune/E. Ebbinghaus: *Althochdeutsches Lesebuch*, 16. Aufl., Tübingen 1979, S. 61-75).

Neben diesem bewusstseinsgeschichtlichen Faktum, dass Notker die Sprache der Alemannen, Baiern, Franken und Altsachsen als Ausprägungen des überdachenden Deutsch erkennt, liegt seine überragende Bedeutung für die deutsche Sprachgeschichte auch in seiner sprachschöpferischen Arbeit. Notker ist Übersetzer, Wissenschaftler, Sprachlehrer und Poet in einem. Sein Werk umfasst Übersetzungen lateinischer Bibeltexte (vor allem des Psalters des Alten Testaments), theologischer Schriften und philosophischer und literarischer Werke. Darunter sind der schon erwähnte Boethius, Schriften des Aristoteles, Dichtungen Vergils und eine Abhandlung über Musik. Das eigentliche Ziel von Notkers Spracharbeit ist es, den Schülern ein tieferes Verständnis lateinischer Werke durch eine sprachlich gleichwertige Übertragung in die Volkssprache oder mithilfe längerer volkssprachiger Erläuterungen zu vermitteln. Aber er tut dies aus didaktischen Gründen ganz bewusst in einer Mischsprache aus Latein und Deutsch.

Um nicht aus dieser Mischsprache zu zitieren, wählen wir als Beispiel aus seinen volkssprachlichen Spruchweisheiten und Sinnsprüche aus, die damals in der mündlichen Kultur einen hohen Rang einnahmen. (Aus Gründen drucktechnischer Vereinfachung lassen wir die diakritischen Zeichen weg):

| | |
|---|---|
| Ube man alliu dier furtin sal, | Wenn man auch alle Tiere fürchten muss, |
| nehein so harto so den man | [doch] keines so sehr wie den Menschen |
| Tu nemaht nieht mit einero dohter | Weder kannst du mit einer Tochter |
| zewena eidima machon | zwei Eidame [Schwiegersöhne] erwerben |

| | |
|---|---|
| noh tu ne maht nieht follen munt haben<br>melues unde doh blasen | noch kannst du den Mund voll Mehl haben<br>und trotzdem blasen |
| Tar der ist ein funt ubelero fendingo<br>Tar nist deheiner guot<br>Unde dar der ist ein hus follez<br>ubelero liuto<br>Tar ist neheiner chustic | Da, wo ein Pfund schlechter Pfennige ist,<br>da ist nicht einer gut;<br>und da, wo ein Haus voll schlechter Leute<br>ist,<br>da ist nicht einer recht-schaffen |
| Ubilo tuo bezzeres ne wane | Tu Schlechtes, erwarte [dann] nichts Besseres |
| Dir scolo dir scofficit io<br>Unde dir gouh der guccot io | Der Schuldner, der macht immer Ausflüchte,<br>und der Kuckuck, der ruft immer ‚Kuckuck' |
| Ube dir we ist<br>Nist dir aber nieht wola | Wenn dir weh ist,<br>dann ist dir bestimmt nicht wohl |
| Ter der sturzzet der uallet | Wer stürzt, der fällt |
| Soz regenot so naz-zent ti bouma<br>So iz uuat so uuagot iz | Wenn es regnet, dann tropfen die Bäume;<br>wenn es weht, dann schwankt es |

(Althochdeutsche poetische Texte, ausgewählt und übersetzt von K. A. Wipf, Stuttgart: Reclam 1992, S. 62f)

Notkers Übersetzungen sind oft frei bis zur Paraphrase, sie wollen weniger Übersetzung als Verständnishilfe sein. Der Literaturwissenschaftler Helmut de Boor führt in der „Geschichte der deutschen Literatur" dazu aus: „Notkers deutsche Sprache weckt Bewunderung. Jede Schwierigkeit des Übersetzens scheint überwunden. Notker steht dem Grundtext in voller Freiheit gegenüber ... Es sind immer wieder sprachliche Schöpfungsakte, die er vollzieht ... Namentlich an der Bewältigung der Abstrakta wird seine Sprachmeisterschaft klar“ (De Boor/Newald (1979): Geschichte der deutschen Literatur, Band I. München, S. 111).

Diese Eindeutschung gelehrter lateinischer Abstrakta durch Notker stellt auch einen sensationell frühen Versuch dar, schon um die Jahrtausendwende eine deutsche *Wissenschaftsterminologie* zu erzeugen. Beispiele dafür (wiedergegeben in heutiger Wortform) sind etwa *engste Begrenzung* für lat. *definitio*, *Glaublichkeit* für *argumentum*, *äußerer Sinn* für *sensus*, *Widerspruch* für *contradictio* oder *Schlussrede* für *syllogismus* (Beispiele nach Wolfgang Haubrichs (1995): Die Anfänge: Versuche volkssprachiger Schriftlichkeit im frühen Mittelalter. Tübingen: Niemeyer, S. 225).

Lange kreist er in der Boethius-Übersetzung um das Thema der Willensfreiheit und die im lateinischen Textteil verwendeten Wörter *liber* und *libertas*. Dabei wechselt er mehrmals zwischen verschiedenen Wortschöpfungen, bis er sich schließlich für *fri* entscheidet und damit auch zum Schöpfer unseres Wortes Freiheit (ahd. *friheit*) wird. Leider ist dieser frühe Ansatz einer deutschen Wissenschaftsterminologie von seinen Nachfolgern nicht fortgeführt worden.

Die Spracharbeit Notkers bestand, wie Wolfgang Haubrichs schreibt, nicht nur darin, dass er die Muttersprache instrumentell gebrauchte, um sie zu lehren, „sondern sie in bewusster pädagogischer Reflexion als Partnerin des Lateins zu ihrem eigenen Recht und ihrer eigenen Kunst kommen ließ“ (op. cit., 221). Und Helmut de Boor würdigt Notkers Wirken als „Eroberung der ganzen geistigen Welt der christlichen Antike, der profanen wie der heiligen Wissenschaft, ihre Verbreitung in deutscher Sprache und damit Erziehung der deutschen Sprache zur Lösung und Beherrschung dieser schweren Aufgabe. Deutsch ist hier wirklich zu einer europäischen Sprache geworden“ (op.cit., 112).

Bemerkenswert bleibt aber, dass Notker zwar für die eigene Sprache das Adjektiv diutisk/deutsch verwendet, nicht aber das Substantiv Diutiske/Deutsche für ihre Sprecher. Diese bezeichnet er immer noch mit dem lateinischen Wort *Teutones*, etwa wenn er schreibt: „mugin uuir teutones cheden" = „... können wir Teutonen sagen". Die Träger der gemeinsamen Sprache erkennt – wie Otto III. in seiner Wutrede – zwar auch Notker als ethnische Einheit, als Volk (eben als *teutones*), aber der Volksname existiert für ihn in der eigenen Sprache noch nicht. Es dauert noch einmal sechs oder sieben Jahrzehnte, bis das Wort deutsch im *Annolied* aus dem Kloster Siegburg in seiner ganzen Bedeutungsbreite verwendet wird: neben der Sprache auch für die Menschen und das Land, in dem sie wohnen. In diesem um 1090 verfassten Text finden wir Wendungen wie *diutschin sprechin*, *diutischi liute* und *diutschi man* (= Menschen), und Köln wird als die schönste Stadt *in diutischemi lande* gepriesen. Und um 1150 erscheint dann zum ersten Mal auch das eingliedrige Substantiv *Diustiske = die Deutschen*, und zwar in der in Regensburg abgeschlossenen Kaiserchronik. In ihr berichtet der unbekannte Chronist von einer Schlacht, in der viele *Deutsche* ums Leben kamen: „der diutisken wart do vil erslagen".

Der Landesname bleibt aber auch dann noch eine attributive Fügung und meist im Plural: *diutschiu lant = deutsche Lande*, eine Widerspiegelung der föderalen Struktur. Erst seit dem 15. Jahrhundert wird das eingliedrige Substantiv Deutschland üblich. Und am Ende desselben Jahrhunderts begegnet uns der Begriff erstmals auch im Staatsnamen: Heiliges Römisches Reich deutscher Nation.

*Franz Stark*

## Das Herzblut einer Jungfrau

Der arme Heinrich
Hartmann von Aue
1195

Das Herzblut einer Jungfrau soll ihn retten. Herr Heinrich ist an der *miselsucht* erkrankt. Gott hat ihm den Aussatz geschickt. Mitten im prachtvollen Leben überkommt den jungen, schönen, gebildeten und reichen Ritter die furchtbare Krankheit. Es sieht aus, als wolle Gott ihn strafen, aber wofür? Das bleibt offen. Vielleicht weil Heinrich über den Freuden seines weltlichen Daseins nicht mehr an Gott gedacht, ihn ganz vergessen hat. Aber die Geschichte des beklagenswerten Ritters Heinrich schildert weniger ein Vergehen, das bestraft wird, als eine Bewährungsprobe, in die Gott zwei Menschen schickt.

Die Jungfrau findet sich. Nach dem Ausbruch seiner Krankheit hat Heinrich seine gesamte Habe weggegeben und ist bei freundlichen Meiersleuten untergekommen. Deren Tochter ist ihm in treuer Anhänglichkeit zugetan, seine kindliche Braut. Die schickt sich an, für ihren Herrn zu sterben. Beide machen sich auf nach Salerno in Süditalien, wo ein fähiger Arzt sein grausames Werk verrichten soll. Salerno war im Mittelalter eine Hochburg der Medizin. Unter Nutzung des medizinischen Wissens der Araber nahmen Ärzte Schädelöffnungen vor oder nähten beschädigte Luftröhren. Sie kannten auch die Narkose, bei der die Patienten die Ausdünstungen von mit Opium getränkten „Schlafschwämmen" einatmeten.

Aus solchem Stoff hat Hartmann eine spannende Geschichte gemacht. Sie besteht aus 1520 vierhebigen Versen, die sich paarweise reimen. Der Text ist in mittelhochdeutscher Dichtersprache geschrieben, eine Art Hochsprache mit wenig Mundart für das gebildete Publikum an den adligen Höfen. Der *Tristan* Gottfrieds von Straßburg, Wolframs *Parzival*, das *Nibelungenlied* oder die Minnelieder Walthers von der Vogelweide sind in dieser Sprache überliefert.

Der heutige Leser wird Hartmanns Text zum Teil verstehen. Sätze wie *Er laz daz selbe mære, / wie ein herre wæere / ze Swâben gesezzen* oder *Nû lâc bî im ein / harte guot wetzestein* werden ihm zugänglich sein. Vorsicht ist geboten bei Wörtern, die wir heute gebrauchen, die im Mittelalter aber eine abweichende oder völlig andere Bedeutung hatten. Das Wort *milte* bedeutet ‚Freigebigkeit', *arbeit* ist neben ‚Arbeit' auch ‚Not', *ernern* heißt ‚heilen' oder ‚retten'. Bei Ausdrücken wie *mâge* (Verwandtschaft), *brœde* (schwach, hinfällig), *witze* (Klugheit, Verstand) oder *phelle* (Seide) hilft nur noch das mittelhochdeutsche Wörterbuch – oder eine Übersetzung. Wer eine zweisprachige Ausgabe erwirbt, kann den alten Text genießen und zugleich verstehen. Dieses Deutsch aus fernen Zeiten mit seinen Abweichungen von unserer heutigen Sprache rührt uns, weil es anders ist und doch so ähnlich.

Das Mädchen – es hat übrigens keinen Namen und heißt nur *maget* oder *kint*, einmal auch *fröuwelîn,* womit sie zur kleinen Adligen wird – ist geradezu versessen darauf, sich für Heinrich zu opfern und so das ewige Leben zu erwerben. Mit klugen Argumenten zerstreut es die Bedenken der Eltern und versucht deren Schmerz über den Verlust der Tochter zu mindern. Den Arzt, der zögert, die blutige Tat zu vollbringen, schilt sie einen Angsthasen: *ir sît eines hasen genôz*. Das kann man „Heilsegoismus" nennen.

Es geht in dieser Geschichte nicht nur hehr und heilig zu, an einigen Stellen eher erdennah und praktisch. Die Eltern denken an die Armut, in die sie zurückfallen, wenn Heinrich an der Krankheit stirbt, und wünschen seine Heilung. Der Raum, in dem der Arzt das nackte und gefesselte Mädchen auf einen Tisch bettet, ist fest verriegelt. Niemand soll ihn bei seinem Handwerk stören. Das Messer wird geschliffen, damit es besser schneidet. Die Wand hat Risse. Heinrich späht hindurch und ist entzückt vom Liebreiz des Mädchens und seinem jungen Leib. Die völlige Nacktheit des Mädchens entspricht nicht der damaligen medizinischen Praxis. Die Entblößung der Brust hätte ausgereicht. Dass in Hartmanns Erzählung das

Mädchen ganz unbekleidet erscheint, ist ein Stück Erotik in der hochreligiösen Geschichte, wurde aber auch als Zeichen für kindliche Unschuld verstanden.

Den Leser bewegt die Frage: Wie ist das mit dem Herzblut der jungen Frau? Im Text finden wir: *der maget herzebluot: / daz wære vür iuwer sucht guot.* Sollen mit dem Blut der reinen Jungfrau die Schwären an Heinrichs Körper bestrichen und geheilt werden? Soll er es trinken oder gar das Herz verzehren? Das Trinken von Blut gibt es in der abendländischen Literatur und in älteren heidnischen Kulturen. Genau betrachtet auch im christlichen Abendmahl. Die Vampirgeschichten um Graf Dracula gehen auf rumänische Volkssagen zurück. Wir haben Filme gesehen wie *Tanz der Vampire* mit Roman Polanski oder Klaus Kinski in *Nosferatu*. Die Spanier berichteten über die mittelamerikanischen Azteken und Maya, dass sie Menschen opferten, um mit deren Blut die Götter am Leben zu erhalten. Ein Abglanz barbarischer Bräuche steckt allemal im christlichen Abendmahl, wenn die Gläubigen aus dem Kelch trinken und der Pfarrer die Worte Jesu murmelt: „Das ist mein Blut." Bei Matthäus steht: „Und er nahm den Kelch und sprach: Trinket alle daraus; das ist mein Blut." Heinrich besinnt sich:

| | |
|---|---|
| Nû er sî alsô schœne sach, | Als er sie in ihrer Schönheit sah, |
| wider sich selben er dô sprach: | sagte er zu sich selbst: |
| ‚dû hâst einen tumben gedanc, | „Es ist töricht von dir, zu denken, |
| daz dû sunder sînen danc | daß du ohne dessen Zustimmung |
| gerst ze lebenne einen tac, | auch nur einen Tag leben willst, |
| wider den nieman niht enmac. | gegen den keiner etwas ausrichten kann. |
| dû enweist ouch rehte, waz dû tuost, | Du weißt auch nicht recht, was du tust, |

| | |
|---|---|
| sît dû benamen ersterben muost, | da du doch bestimmt sterben mußt, |
| daz dû diz lasterlîche leben, | wenn du dieses schändliche Leben, |
| daz dir got hât gegeben, | das dir Gott gegeben hat, |
| niht vil willeclîchen treist | nicht ganz bereitwillig trägst, |
| und ouch dar zuo niene weist, | und wo du außerdem nicht weißt, |
| ob dich des kindes tôt ernert. | ob dich der Tod des Kindes rettet. |
| swaz dir got hât beschert, | Alles, was dir Gott gegeben hat, |
| daz lâ allez geschehen. | das laß geschehen. |
| ich enwil des kindes tôt niht sehen'. | Ich will den Tod des Kindes nicht sehen." |
| Des bewac er sich zehant | Dazu entschloß er sich sogleich, |
| und begunde bôzen an die want: | und er begann, an die Wand zu klopfen: |
| er hiez sich lâzen dar in. | Er verlangte, hereingelassen zu werden |
| dâ er die maget gebunden sach. | wo er das Mädchen gebunden sah. |
| zuo dem meister er dô sprach: | Zu dem Meister sagte er: |
| ,diz kint ist alsô wünneclich: | „Dieses Kind ist so wunderschön, |
| zewâre jâ enmac ich | wahrhaftig, ich kann |
| sînen tôt niht gesehen. | ihren Tod nicht mit ansehen. |
| gotes wille müeze an mir geschehen! | Gottes Wille soll an mir geschehen! |
| wir suln sî wider ûf lân. | Nun lassen wir sie wieder frei. |
| als ich mit iu gedinget hân, | Wie ich es mit Euch verabredet habe, |
| daz silber daz wil ich iu geben. | will ich Euch mit Silber bezahlen. |

| | |
|---|---|
| ir sult die maget lâzen leben.‘ | Laßt das Mädchen am Leben.“ |
| daz hôrte vil gerne | Das hörte sehr gerne |
| der meister von Salerne | der Meister von Salerno, |
| und volgete im zehant. | und er folgte ihm sogleich. |
| die maget er wider ûf bant. | Er band das Mädchen wieder los. |
| Dô diu maget rehte ersach, | Als das Mädchen erkannte, |
| daz ir ze sterbenne niht geschach. | daß ihm der Tod nicht bevorstand, |
| dâ was ir muot beswæret mite. | da wurden ihre Gedanken schwer. |
| sî brach ir zuht und ir site. | Sie verstieß gegen ihre Erziehung und Sitte. |
| sî hete leides genuoc: | Denn sie litt über alle Maßen: |
| zuo den brüsten sî sich sluoc, | sie schlug auf ihre Brüste, |
| sî zarte unde ruofte sich. | sie zerrte und raufte sich. |
| ir gebærde wart sô jæmerlich, | Sie führte sich so bedauernswert auf, |
| daz sî nieman hete gesehen, | daß niemand sie hätte ansehen können, |
| im enwære ze weinenne geschehen. | ohne in Tränen ausbrechen zu müssen. |
| vil bitterlîchen sî schrê: | Völlig verbittert schrie sie: |
| ‚wê mir vil armen und ouwê! | „Weh mir Armen, ach o weh! |
| wie sol ez mir nû ergân, | Wie wird es mir jetzt ergehen? |
| muoz ich alsus verlorn hân | Soll ich so verloren haben |
| die rîchen himelkrône? | die mächtige Himmelskrone? |

Die Frage nach dem Herzblut erweist sich am Ende als müßig. Da kommt die grausame Handlung zum Stehen und schlägt um. Der Arzt hebt das Messer, aber Heinrich fordert ihn auf, die blutige Tat nicht auszuführen. Alles war nur eine von Gott auferlegte Prüfung. Heinrich und das Mädchen haben sie bestanden. Heinrich wird geheilt. Beide kehren nach Schwaben zurück und heiraten. So wenden die schlimmen Ereignisse sich zum erbaulichen Exempel und haben eine Lehre: Opfersinn ist gefragt bis zum Äußersten. Das gilt für das Mädchen. Und Heinrich widersteht der Versuchung, das Opfer anzunehmen. Damit haben sich beide Figuren bewährt, und Gott belohnt sie mit Gesundheit und Glück.

*Der Arme Heinrich* ist vielfach nachgedichtet und umgedeutet worden. Die Liebesgeschichte zwischen dem aussätzigen Ritter und der Bauerntochter, das unverfälschte Denken und Empfinden des einfachen Volkes und dessen Frömmigkeit haben Literaten des 19. und 20. Jahrhunderts zu Neuschöpfungen angeregt. In Adalbert von Chamissos umfangreicher Ballade von 1839 lesen wir über Ketten und ein krummes Messer, das der Arzt mehrmals schärft, um das Herzblut des Mädchens zu gewinnen. Die Brüder Grimm nahmen den *Armen Heinrich* in ihre Kinder- und Hausmärchen (1812) auf. Hans Pfitzner komponierte 1895 eine Oper über den Stoff des *Armen Heinrich.* Ludwig Richter malte Bilder zu Hartmanns Text.

Eine schöne Nachdichtung, die den mittelhochdeutschen Versen folgt, hat Rainer Malkowski geschrieben (2003): *Er kaufte Spiegel, bunte Bänder, / Gürtel, hübsche Ringe - / alles, was zu haben war / und ihr Freude machte. So wurden sie noch vertrauter miteinander, / Und er sagte lächelnd: / Meine Braut.*

Es ist keine Zeitverschwendung, sich in Hartmanns erbauliche Geschichte zu vertiefen. Sehr geeignet dazu ist die zweisprachige Ausgabe *Der arme Heinrich, Mittelhochdeutsch / Neuhochdeutsch,* übersetzt von Siegfried Grosse, herausgegeben von Ursula Rautenberg, 2005 bei Reclam.

*Gerd Schrammen*

## Ich saß auf einem Steine

Erster Reichston
Walther von der Vogelweide
um 1198

„Ich saz ûf eime steine
und dahte bein mit beine.
dar ûf satzt ich den ellenbogen;
ich hete in mîne hant gesmogen
daz kinne und ein mîn wange.“

Diese Verse von Walther von der Vogelweide (~ 1170 bis ~ 1230) entwerfen ein seit der Antike gängiges Bild eines kritischen und reflektierenden Betrachters. Und Anlass zum kritischen Reflektieren und Betrachten gab es im Deutschland des 12./13. Jahrhunderts mehr als genug. Nachdem im Jahr 1197 Kaiser Heinrich VI., der Sohn des berühmten Staufers Friedrich Barbarossa, mit 31 Jahren nach nur kurzer Regierungszeit gestorben war, hatte in dessen Reich eine Zeit voller Unruhen und Rivalitäten begonnen. Wer sollte neuer Kaiser werden? Während sich die antistaufische Partei auf Otto von Poitou, den Sohn des Barbarossa-Widersachers Heinrich der Löwe, einigte und diesen im Juli am traditionellen und „rechten“ Ort Aachen durch den Erzbischof zu Köln mit neuen Insignien zum Kaiser krönen ließ, kürten die Anhänger des Hauses Staufen den jungen Barbarossa-Sohn Philipp von Schwaben zum König. Seine Krönung im September wurde jedoch am „falschen“ Ort, nämlich zu Mainz, und durch einen „falschen“ Bischof, nämlich den Erzbischof von Burgund, dafür allerdings mit den „richtigen“ Herrschaftszeichen vollzogen. Auch hatte Philipp die Mehrheit der deutschen Fürsten auf seiner Seite und dank des großen Reichsschatzes, der im Trifels aufbewahrt wurde, beträchtliche finanzielle Mittel. Doch auch Otto genoss finanzkräftige Unterstützung durch seinen Onkel Richard Löwenherz. Und so blieb zur Entscheidung der königlichen Machtfrage nach dem Verständnis der damaligen Zeit nur noch der Appell an das Schwert.

Der just in diesem Jahr neu gewählte Papst Innozenz III. verhielt sich zunächst neutral, entschied sich aber 1201 für die Welfenpartei. Im Gegenzug verzichtete Otto auf seine Rechte in Mittel- und Süditalien. Obwohl Innozenz zeitgleich mit der Anerkennung Ottos dessen Widersacher Philipp mit dem Bann belegt hatte, blieben die deutschen Fürsten dem Barbarossa-Sohn treu und brachten Otto im Jahr 1206 eine endgültige militärische Niederlage bei. Doch bevor Papst Innozenz sein Versprechen einlösen konnte, Philipp im Jahr 1208 als deutschen König anzuerkennen und zum Kaiser zu krönen, wurde der Thronanwärter durch Otto von Wittelsbach in einem Ehrenhandel erschlagen. Damit öffnete sich für Otto erneut der Weg zur Königskrone, und noch im Jahr 1208 wählten ihn die deutschen Fürsten – diesmal einmütig – zum deutschen König, gefolgt von der Kaiserkrönung im Dezember 1209.

In diese wechselvolle Zeit fällt auch das Schaffen Walthers von der Vogelweide. Über sein Leben liegen keine Zeugnisse im dokumentarischen Sinne vor, seine Herkunft wie auch die Herleitung seines Namens oder seine Standeszugehörigkeit sind bis heute ungeklärt. Unbestritten war Walther von der Vogelweide aber wohl der erste deutsche Dichter, der von seiner Dichtkunst leben wollte und auch konnte. So ist etwa in den Akten des Bischofs Wolger von Passau eine Notiz zu finden, dass Walther 1203 „fünf lange Schillinge" erhielt. Und um 1220 erhielt er schließlich ein langersehntes Lehen des Stauferkaisers Friedrich II., für den er ebenso dichtete wie für Philipp den Schwaben, Kaiser Otto IV. und andere Mächtige seiner Zeit.

*Ich hân mîn lêhen, al die*
*werlt, ich hân mîn lêhen.*
*nû enfürhte ich niht den*
*hornunc an die zêhen*
*und will alle bœse hêr-*
*ren dester minre flêhen.*

Ich habe mein Lehen, ju-
belnd sag ich's der Welt:
ich habe mein Lehen. Nun-
fürchten meine Zehen den
Februar nicht mehr, und all
die geizigen Herren will ich

*Der edel künec, der*
*milte künec hât mich*
*berâten, daz ich den*
*sumer luft und in dem*
*winter hitze hân,*

um nichts mehr bitten. Der gebefreudige, edle König hat für mich gesorgt: im Sommer hab ich kühle Luft, im Winter Wärme, (Übersetzung: Joerg Schaefer)

Über 500 Strophen von Walthers Werk sind in mehr als 25 Handschriften erhalten geblieben. Dieses weist eine außerordentliche Bandbreite auf, Walther verfasste Minnelieder wie lyrische Werke zu religiösen Themen wie vor allem weltliche Sangsprüche, die aber anders als bis dato weniger die Weisheits- und Tugendlehre oder das Herrscherlob, sondern aktuelle politische Fragen zum Schwerpunkte hatten. Damit läutete Walther die politische Dichtung in Deutschland ein. Die Doppelkönigswahl 1198 und die damit verbundenen Wirren kommentierte er zum Beispiel so:

*Ich saz ûf eime steine*
*und dahte bein mit beine,*
*dar ûf satzt ich den ellenbogen;*
*ich hete in mîne hant gesmogen*
*daz kinne und ein mîn wange.*
*dô dâhte ich mir vil ange,*
*wie man zer welte solte leben.*
*deheinen rât kond ich gegeben,*
*wie man driu dinc erwurbe,*
*der keines niht verdurbe.*
*diu zwei sint êre und varnde guot,*
*daz dicke ein ander schaden tuot.*
*daz dritte ist gotes hulde,*

Ich saß auf einem Stein, hatte Bein über Bein geschlagen, den Ellbogen darauf gestützt, in die Hand schmiegte ich Kinn und Wange. Mit allen Gedanken fragte ich mich, wie man auf der Welt leben sollte. Ich wußte keinen Rat, wie man drei Dinge gewinnen kann und keins verlieren und verderben. Zwei sind Ehre und Güter der Welt, die beide sich oft befeinden, das dritte ist Gottes Gnade, in ihrem Goldglanz beide überstrahlend. Gern hätte ich sie alle in

*der zweier übergulde.*
*die wolte ich gerne in einen schrîn:*
*jâ leider desn mac niht gesîn,*
*daz guot und weltlich êre*
*und gotes hulde mêre*
*zesamene in ein herze komen.*
*stîg unde wege sint in benomen;*
*untriuwe ist in der sâze,*
*gewalt vert ûf der strâze:*
*fride unde reht sind sêre wunt.*
*diu driu enhabent geleites niht,*
*diu zwei enwerden ê gesunt.*

einem Gefäß. Doch ach, es kann nicht sein, daß weltliche Güter und Ehre und dazu Gottes Gnade in einem Herzen sich finden. Stege und Wege sind ihnen verstellt, Verrat liegt im Hinterhalt, auf den Straßen herrscht die Gewalt, Friede und Recht sind auf den Tod verwundet.
Bevor die zwei nicht genesen sind, gibt es für die drei nicht Schutz noch Sicherheit. (Übersetzung: Joerg Schaefer)

Der Dichter bekennt zunächst seine Ratlosigkeit: wie soll er ein ideales weltliches, aber auch gottgefälliges Leben führen, wie die drei Werte *êre*, *varnde guot* und *gotes hulde* in Harmonie vereinen? Das Streben nach dem *guot*, sprich nach weltlicher Habe, kann dem öffentlichen Ansehen, der *êre*, Schaden zufügen. Und doch gehören beide Werte für Walther von der Vogelweide wie auch für die mittelalterliche Welt schlechthin zu einem idealen Leben; *gotes hulde*, die Gnade Gottes, überstrahlt allerdings alles weltliche Ansehen und allen weltlichen Besitz.

Die Wirren des Reiches allerdings hindern den Menschen an einer Umsetzung der drei Werte, sie können nicht gleichberechtigt in seinen *schrîn* gelangen. *untriuwe* und *gewalt* herrschen allenthalben auf den Straßen, muss Walther von der Vogelweide feststellen und mag dabei wohl auch aus der eigenen Erfahrung als fahrender Dichter sprechen. Erst wenn *fride* und *reht* wiederhergestellt, *untriuwe* und *gewalt* beseitigt sind, dann können auch *êre*, *guot* und *gotes hulde* verwirklicht werden.

Ein ethisch vollkommenes Leben ist für den Einzelnen also nur dann möglich, wenn es die gesellschaftlichen Umstände zulassen. Das ist die zentrale Aussage dieser politischen Strophe. Mit indirekter, aber deutlicher Kritik an den konkurrierenden und sich bekriegenden Königen Otto IV. und Philipp von Schwaben fordert Walther eine gut funktionierende Zentralgewalt – ein Ruf, den er wenig später am Schluss des zweiten Reichstons mit Nachdruck wiederholt:

| | |
|---|---|
| *sô wê dir, tiuschiu zunge,<br>wie stêt dîn ordenunge!<br>daz nû diu mugge ir künec hât,<br>und daz dîn êre alsô zergât!<br>bekêra dich, bekêre,<br>die cirkel sint ze hêre,<br>die armen künege dringent dich.<br>Philippe setze den weisen ûf, und heiz sie treten hinder sich!* | Du aber, ach Deutschland, wie steht's um die Ordnung in deinem Reich? Daß die Biene jetzt ihren König hat und daß dein Glanz so vergeht. O kehre, kehre doch um! Fremde Kronen recken sich, Vasallenkönige bedrängen dich. Die Kaiserkrone setze dem Philipp aufs Haupt und weise die andern zurück.<br>(Übersetzung: Joerg Schaefer) |

*Jutta Steinmetz*

## Von alten Mären – ein Heldenepos

Das Nibelungenlied
Verfasser unbekannt
1205

„Uns ist in alten mæren wunders vil geseit
von helden lobebæren, von grôzer arebeit,
von fröuden, hôchgezîten, von weinen und von klagen,
von küener recken strîten muget ír nu wunder hœren sagen“.

So beginnt das *Nibelungenlied*: Ruhmreiche Helden, glückliche Feste, aber auch Mühsal, Schmerz und Klage klingen an.

Der niederländische Königssohn Siegfried wirbt um Kriemhild, die Schwester der Burgunderkönige Gunther, Gernot und Giselher. Erst nachdem er die isländische Königin Brünhild mit Hilfe seiner Tarnkappe überwinden und für Gunther zur Frau gewinnen kann, erhält Siegfried die schöne Kriemhild zur Frau. Diese gibt in einem Streit mit Brünhild das Geheimnis preis, deshalb beschließt der starke Mann des burgundischen Hofes, Hagen von Tronje, Siegfried zu töten. Unter einem Vorwand entlockt er der Gattin die verwundbare Stelle Siegfrieds und tötet diesen dann tatsächlich auf der Jagd.

Kriemhild heiratet den Hunnenkönig Etzel und sinnt auf Rache. Hagen hatte ihr auch den Nibelungenschatz gestohlen. Auf einem Fest am hunnischen Hof kommt es zu einem grausamen Kampf, alle Helden auf beiden Seiten sterben. Nur Gunther und Hagen überleben und werden von Dietrich von Bern gefangen genommen. Kriemhild fordert den Nibelungenhort, dies wird ihr verwehrt; sie lässt ihren Bruder Gunther töten und enthauptet ihren großen Widersacher Hagen selbst. Voller Zorn erschlägt sie darauf der alte Waffenmeister Dietrichs, Hildebrand.

Der herre wart gebunden von Dietrîches hant,
swie künege niene solden lîden solhiu bant.
er dâht‘ ob er si lieze, den künec und sînen man,
alle die si fünden, die müesen tôt von in bestân.

Dietrîch von Berne der nam in bî der hant,
dô fuort‘ er in gebunden da er Kríemhílde vant.
dô was mit sînem leide ir sorgen vil erwant.
si sprach: „wíllekomen Gunther ûzer Burgonden lant.“

Er sprach: „ich solt‘ iu nîgen, vil liebiu swester mîn,
ob iuwer grüezen möhte genædeclîcher sîn.
ich weiz iuch, küneginne, sô zórnéc gemuot,
daz ir mir únde Hagenen vil swachez grǘezén getuot.“

Dô sprach der helt von Berne: „vil edeles küneges wîp,
ez enwárt nie gîsel mêre sô guoter ritter lîp,
als ich iu, vrouwe hêre, an in gegeben hân.
nu súlt ír die éllénden mîn vil wol geniezen lân.“

Si jach si tæt’ iz gerne. dô gie her Dietrîch
mit wéinénden ougen von den hélden lobelîch.
sît rach sich grimmeclîchen daz Étzélen wîp.
den ûz erwelten degenen nam si béidén den lîp.

Si lie si ligen sunder durch ir ungemach,
daz ir sît dewedere den andern nie gesach,
unz si ir bruoder houbet hin für Hagenen truoc.
der Kriemhilde râche wart an in béidén genuoc.

Dô gie diu küneginne dâ si Hagenen sach.
wie rehte fientlîche si zuo dem helde sprach:
„welt ir mir geben widere daz ir mir habt genomen,
sô muget ir noch wol lebende héim zen Búrgónden komen.“

Dô sprach der grimme Hagene: „diu rede ist gar verlorn,
vil edeliu küneginne. jâ hân ich des gesworn,

daz ich den hort iht zeige die wîle daz si leben,
deheiner mîner herren, sô sól ich in níeméne geben.“

„Ich bringez an ein ende“, sô sprach daz edel wîp.
dô hiez si ir bruoder némen dén lîp.
man sluoc im ab daz houbet. bî dem hâre si ez truoc
für den helt von Tronege. dô wart im léidé genuoc.

Alsô der ungemuote sînes hérren houbet sach,
wider Kriemhilde dô der recke sprach:
„du hâst ez nâch dînem willen z‘ einem ende brâht,
und ist ouch rehte ergangen als ich mir heté gedâht.

Nu ist von Burgonden der edel künec tôt,
Gîselher der junge, und ouch her Gêrnot.
den schaz den weiz nu niemen wan got unde mîn:
der sol dich, vâlandinne, immer wol verholn sîn!“

Si sprach: „sô habt ir übele geltes mich gewert.
sô wil ich doch behalten daz Sîfrides swert.
daz truoc mîn holder vriedel, dô ich in jungest sach,
an dem mîr herzeleide von iuwern schúldén geschach.“

Si zôh iz von der scheiden, daz kunde er niht erwern.
dô dâhte sie den recken des lîbes wol behern.
si huob ez mit ir handen, daz houpt si im ab sluoc.
daz sach der künec Etzel: dô was im léidé genuoc.

„Wâfen“, sprach der fürste, „wie ist nu tôt gelegen
von eines wîbes handen der aller beste degen,
der íe kom ze sturme oder íe schílt getruoc!
swie vîent ich im wære, ez ist mir léidé genuoc.“

Dô sprach der alte Hildebrand: „ja geníuzet si es niht,

daz si in slahen torste, swaz halt mir geschiht.
swie er mich selben bræhte in angestlîche nôt,
idoch sô wil ich rechen des küenen Tronegæres tôt.“

Hildebrant mit zorne zuo Kriemhilde spranc,
er sluoc der küneginne einen swæren swertes swanc.
jâ tet ir diu sorge von Hildebrande wê.
waz mohte si gehelfen daz si sô grœzlîchen schrê?

Dô was gelegen aller dâ der veigen lîp.
ze stücken was gehouwen dô daz edele wîp.
Dietrich und Etzel weinen dô began,
si klagten inneclîche beide mâge únde man.

Diu vil michel êre was dâ gelegen tôt.
die liute heten alle jâmer unde nôt.
mit leide was verendet des küneges hôhgezît,
als ie diu liebe leide z‘ aller júngéste gît.

Ine kân iu niht bescheiden, waz sider dâ geschach,
wan ritter unde frouwen weinen man dâ sach,
dar zuo die edeln knehte, ir lieben friunde tôt.
hie hât daz mære ein ende: daz ist der Nibelunge nôt.

In der Übersetzung von Helmut Brackert liest sich das Ganze so:

Dietrich von Bern nahm Gunther bei der Hand. Da führte er ihn gebunden zu Kriemhild. Da war ihre Not durch die Schmach Gunthers beendet. Sie sagte: „Willkommen Gunther aus dem Burgundenland!“

Er sagte: „Ich sollte mich vor Euch verneigen, teure Schwester, wenn Euer Gruß etwas freundlicher gemeint wäre. Ich weiß aber, Königin, Ihr seid so zornig, daß Ihr mir und Hagen nur einen kühlen Gruß gewährt.“

Da sagte der Held von Bern: „Gemahlin des edlen Königs, so treffliche Ritter, wie ich sie Euch, erhabene Frau, übergeben habe, wurden niemals vorher zu Geiseln gemacht. Nun sollt Ihr die heimatlosen Männer um meinetwillen schonen."

Sie sagte, sie täte es gerne. Da ging Herr Dietrich mit Tränen in den Augen von den ruhmvollen Helden fort. Schon kurze Zeit danach nahm die Gemahlin Etzels blutige Rache. Den beiden erlesenen Helden nahm sie das Leben.

Um ihnen auch nicht die geringste Freude zu gewähren, ließ sie jeden für sich einkerkern, so dass keiner von ihnen den anderen später wiedersah, bis die den Kopf ihres Bruders vor Hagen brachte. An ihnen beiden nahm Kriemhild blutige Rache.

Da ging die Königin zu Hagen. Mit welchem Hass sagte sie zu dem Helden: „Wenn Ihr mir wiedergebt, was Ihr mir genommen habt, dann könnt Ihr unversehrt ins Burgundenland zurückkehren."

Da sagte der grimmige Hagen: „Spart Euer Reden, edle Königin. Wahrhaftig, ich habe geschworen, daß ich den Hort nicht zeige, solange einer meiner Herren am Leben ist: solange werde ich ihn niemandem geben."

„Ich erreiche jetzt endlich mein Ziel", sagte die edle Frau. Da ließ sie ihrem Bruder das Leben nehmen. Man schlug ihm den Kopf ab. An den Haaren trug sie ihn vor den Helden von Tronje. Da ergriff ihn wilder Schmerz.

Als der schmerzerfüllte Mann das Haupt seines Herrn erkannte, da sagte der Recke zu Kriemhild: „Wie Du es wolltest, hast Du jetzt Dein Ziel erreicht, und es ist auch alles genauso gekommen, wie ich es mir gedacht habe. Nun sind der edle König von Burgundenland, der junge Giselher und auch Herr Gernot tot. Jetzt weiß niemand außer Gott und mir, wo der Schatz liegt. Der wird Dir, Du Teufelin, für immer verborgen bleiben!"

Sie sagte: „Dann habt Ihr mir schlecht vergolten, was Ihr mir schuldig wart. So bleibt mir denn nichts mehr als Siegfrieds Schwert. Das trug mein geliebter Mann, als ich ihn zum letzten Male sah, den ich zu meinem tiefen Schmerz durch Eure Schuld verloren habe."

Sie zog das Schwert aus der Scheide. Er konnte sich dem nicht widersetzen. Da wollte sie dem Recken das Leben nehmen. Sie hob es mit ihren Händen. Den Kopf schlug sie ihm ab. Das sah der König Etzel. Es ging ihm sehr zu Herzen.

„Weh", sagte der Fürst, „wie darf es sein, daß der tapferste Held, der jemals in einer Schlacht stand oder einen Schild trug, jetzt hier von der Hand einer Frau erschlagen liegt. Wie sehr ich ihm auch feind war, das geht mir doch sehr zu Herzen."

Da sagte der alte Hildebrand: „Was mir auch geschieht, es soll ihr nicht durchgehen, daß sie es wagte, den Helden zu erschlagen. Wenn er mich selbst auch in Lebensgefahr brachte, dennoch will ich den Tod des tapferen Tronjers rächen."

In großem Zorn sprang Hildebrand zu Kriemhild. Er versetzte der Königin einen schweren Schlag mit dem Schwert. Sie hatte furchtbare Angst vor Hildebrand. Aber was konnte es ihr helfen, daß sie so gellend schrie?

Da lagen nun alle, denen bestimmt war zu sterben, tot am Boden. Die edle Frau war in Stücke gehauen. Dietrich und Etzel weinten. Sie klagten von Herzen um Verwandte und Gefolgsleute.

Alle, auf die ihre Ehre sich gegründet hatte, lagen erschlagen. Die Leute klagten und weinten. Unter großem Jammer fand das Fest des Königs seinen Abschluß, wie ja immer Freude am Ende mit Leid bezahlt wird.

Ich kann Euch nicht sagen, was danach geschah, nur soviel kann ich sagen, daß man sah, wie Ritter, Frauen und edle Knappen den Tod ihrer teuren Freunde beweinten. Hier findet die Geschichte ihr Ende. Das ist „Der Nibelungen Not".

Während Siegfrieds Werben um Kriemhild, seine Vermählung und seine Ermordung den ersten großen Handlungskomplex der Heldendichtung bilden, steht der zweite Teil ganz im Zeichen von Kriemhilds Rache und dem Untergang der Nibelungen. Für diesen lässt sich ein historisches Ereignis der Völkerwanderungszeit, nämlich der Sieg der Hunnen über die Burgunden unter König Gundahar im Jahr 436, als Ausgangspunkt erkennen. Zudem werden in der Dichtung historisch verbürgte Namen aus eben dieser Zeit, wie Gislahar (Giselher), Gundomar (Gernot) oder Attila (Etzel) ebenso aufgegriffen wie der Tod des Hunnenkönigs Attila, der 453 in der Hochzeitsnacht an den Folgen eines Blutsturzes starb – ein Ereignis, das zu der Sage führte, Attila sei von einer jungen Frau ermordet worden. Die Siegfried-Erzählung des ersten Teils weist dagegen nicht direkt auf ein bestimmtes historisches Ereignis zurück.

Weitaus konkreter als die Entstehungssituation lässt sich die massive Kritik des Dichters an den politischen Zeitverhältnissen greifen. Der burgundische Königshof, nach außen ein Muster an höfischer Ordnung und Prachtentfaltung, wird regiert von Hass, Betrug, Machtgier und Verrat, eine unmissverständliche Anspielung auf die Wirren der Stauferherrschaft zu Ende des 12 Jahrhunderts. Besonders nach dem Tod Heinrichs VI. und der Doppelwahl im Jahr 1198 war bei vielen Zeitgenossen der Wunsch nach Recht und Ordnung stark verbreitet.

Der Dichter ist unbekannt, war literarisch hoch gebildet und lebte wohl an der Donau zwischen Passau und Wien. Manche glauben, der Gönner Walthers von der Vogelweide, Bischof Wolfger von Erla, hätte auch dieses berühmte Heldenepos initiiert. Das Werk hatte schon zur Entstehungszeit einen fast unglaublichen Erfolg und ist in elf mehr oder weniger vollständigen Handschriften sowie in 23 Fragmenten aus dem 13. bis 16. Jahrhundert erhalten geblieben.

*Jutta Steinmetz*

## Gott hat die Sachsen wohl bedacht

Der Sachsenspiegel (Spiegel der Sassen)
Eike von Repgow
1221-1227/28

Recht wurde bis in das Hochmittelalter mündlich überliefert; weise Männer entschieden nach bisheriger Handhabung und überlieferten Sitten, was „zu Recht" geschah und was nicht. Als Eike von Repgow im frühen 13. Jahrhundert dieses Recht aufschrieb – als Privatarbeit, nicht als offizielles Rechtsbuch – wollte er keine neuen Gesetze schaffen, sondern die wirklichen Verhältnisse wiedergeben, eben spiegeln: Der Sachsenspiegel entstand.

Eike von Repgow war ein um 1180 geborener ostsächsischer Ritter. Über sein Leben weiß man wenig. Seinen Namen hat er nach dem Dorf Reppichau bei Dessau. Er war Vasall derer von Falkenstein; so nennt Eike auch den Quedlinburger Stiftsvogt Hoyer von Falkenstein als seinen Förderer, der die Niederschrift des Sachsenspiegels initiierte. Seinen genauen Stand und seine Ausbildung kennen wir nicht. Aus den wenigen verfügbaren Informationen geht jedoch hervor, dass er fließend Latein sprach, sich in kanonischem Recht, der Bibel, in deutscher und lateinischer Literatur auskannte sowie in Politik und Recht sehr gut unterrichtet war. Diese Rechtsgeschäfte führten ihn als Zeugen, vielleicht auch als Schöffen, durch das ganze Gebiet der Askanier und Wettiner, grob umrissen die heutigen ostdeutschen Bundesländer. Nach 1233 verliert sich seine Spur.

Die erste, heute nicht mehr erhaltene Fassung des *Sachsenspiegels* entstand noch auf Latein. Auf Anraten seines Förderers Hoyer von Falkenstein übersetzte Eike sein Werk dann ins Deutsche. Da er den sächsischen Landfrieden von 1221 mit berücksichtigt hat, eine wesentliche Regelung zur Bannung von 1227 aber fehlt, ist die Entstehungszeit zwischen diesen Jahren anzusetzen. Vier von ursprünglich sieben leicht abweichenden Bilderhandschriften des Werkes sind erhalten und nach ihrem Aufbewahrungsort benannt: der *Heidelberger* (erstellt 1300), *Oldenburger* (1336), *Dresdener* (1350) und *Wolfenbütteler Sachsenspiegel* (1350-1375). Von bis zu 400 weiteren Abschriften über die Jahrhunderte hinweg existieren Textfragmente unterschiedlicher Länge.

Den Titel des Werkes erläutert Eicke in seiner Einführung:

> „Spegel der Sassen"
> Scal dit buk sin genant,
> went Sassen recht is hir an bekannt,
> Alse an eneme spegele die vrowen
> er antlite scowen.
>
> („Spiegel der Sachsen" sei dieses Buch genannt, weil mit ihm das Recht der Sachsen bekannt (verkündet) wird, wie in einem Spiegel die Frauen ihr Antlitz anschauen. Reimvorrede, Zeile 178-182)

Dieses Verkünden des Rechts gelang ihm freilich nicht vollständig, da das Recht ja auf Einzelurteilen beruhte. Aber er klassifizierte und systematisierte die ihm bekannten Urteile und unterschied dabei zwischen Land- und Lehnsrecht. Das Lehnsrecht befasst sich mit rechtlichen Fragen zwischen Adligen und staatsrechtlichen Angelegenheiten. Das Landrecht ist verzweigter und gibt Auskunft über die rechtliche Beziehung zwischen Landbesteller und Lehnsherr, es umfasst die Themenkomplexe Friedensordnung, Gerichtsverfassung, Rechtsordnung des bäuerlichen Lebens, Straf-, Stände-, Personen-, Erb-, Schuld- und Sachenrecht. Als einen Erschaffer des Rechts sah Eicke sich dabei nicht, das Recht war nach seiner und seiner Zeitgenossen Ansicht nicht des Menschen, sondern Gottes Werk:

> Got is selve recht, dar umme is em recht lef.
>
> (Gott ist selbst das Recht, darum ist ihm das Recht teuer. Textvorrede, Zeile 9)

Als erster Autor weltlicher mittelalterlicher Rechtsliteratur gibt Eike damit eine metaphysische Begründung der menschlichen Gesetze und ihrer Rechtmäßigkeit: Sie entspringen alle göttlichem Willen. Aber auch auf seine eigene Leistung war Eike stolz:

> Got hevet de Sassen wol bedacht,
> sint dit buk is vorebracht.
>
> (Gott hat die Sachsen wohl bedacht, da dieses Buch erschienen ist. Reimvorrede, Zeile 97-98)

Der Sachsenspiegel wurde ein großer Erfolg. Er wurde auch ins Niederländische und in slawische Sprachen übersetzt und diente als Grundlage für Verfassungen bei der Ostmigration deutscher Siedler, auch viele Städteverfassungen gründeten auf ihm. In Anhalt und Thüringen war er bis 1900 Rechtsgrundlage; die letzte aktenkundige Erwähnung einer Rechtsprechung auf der Grundlage des Sachsenspiegels datiert von 1932. Noch bis heute finden sich im Vereins- und Erbrecht Paragraphen, die auf den Sachsenspiegel zurückzuführen sind.

Viele Paragraphen des *Sachsenspiegels* werden durch ausgearbeitete, in sich strukturierte Bilder erläutert, mit gleichen Farben für etwa gleiche Sachverhalte. Beziehungen im Lehnsrecht etwa erkennt man an der grünen Farbe der Gewänder als Farbe des niederen Adels. Rote Gewänder symbolisieren den Hochadel, Gott oder Jesus tragen rot-grüne Gewänder, um zu zeigen, dass sie über beiden Gruppen stehen. Gegenstände als Symbole sind einfach zu erkennen: die Hacke für den Bauer, der Schleier für die Witwe oder Ehefrau.

Abgesehen vom Händedruck als Zeichen für einen Vertragsabschluss kommen in den Bildern kaum Gebärden oder Mimik vor. Eike wollte sich wohl auf die rechtlichen, sachlichen Elemente konzentrieren, um die Bilder so einfach wie möglich zu halten. Nur die Ehrerbietung, da sie ja auch den religiösen Aspekt betrifft, wird bildlich dargestellt: Schließlich kommt für Eike von Repgow das Recht von niemand anderem als von Gott.

Doch auch textlich sollte Eike von Repgow Maßstäbe setzen. Viele Rechtsbegriffe gab es bis dato nur auf Latein, sie mussten ins Deutsche umgeschrieben werden. Der Beklagte war so „jemand, gegen den die Klage erhoben wurde“. Auch das Wort Eigentum war unbekannt, im Sachsenspiegel ist statt Eigentumsrecht von Sachenrecht (nicht zu verwechseln mit Sachsenrecht) die Rede, und der Eigentümer ist „der, dem die Sache gehört“. Deutsch als Rechtssprache musste erst kultiviert werden. Mit seinem Sachsenspiegel machte Eike den ersten Schritt.

Die Sprache des *Sachsenspiegels* hat sich bis in die heutige Zeit in Sprichwörtern und Redensarten erhalten.

> der er zu der mul komt, der melt e.
>
> (Wer zuerst zur Mühle kommt, der mahlt zuerst. II, Art. 59, §4)

Das ist bis heute eines der geläufigsten Sprichwörter; es wurde in weiteren Rechtssammlungen, wie dem *Schwabenspiegel*, fast wörtlich übernommen. Im 16. Jahrhundert findet sich in Luthers Sprichwortsammlung der erste Beleg für das Zitat ohne Nennung der Mühle, so wie es sich bis heute erhalten hat.

Auch die Gleichberechtigung war vor 800 Jahren schon Gegenstand von Gesetzen. So weiß Eike zu berichten:

> Man unde wif ne hebben nen tweit gut to erme live.
>
> (Mann und Frau haben kein geteiltes Gut zu ihren Lebzeiten. I, Art. 31, §1)

Alles, was erwirtschaftet wird, gehört beiden gleichermaßen, ebenso wie das, was sie mit in die Ehe bringen. Und auch für unser Rechtsverständnis rabiat anmutende Grundsätze sind hier festgelegt. Auf Diebstahl etwa stand der Tod:

> Swe des nachts korn stelet, de verscult des galgen;
>
> (Wer nächtens Korn stiehlt, der verschuldet den Galgen. II, Art. 39, §1)

Oder kurz und bündig:

> Den def scal men hengen.
> (Den Dieb soll man hängen. II, Art. 13, §1)

Eike von Repgow wusste, dass seine Sammlung nicht allen Ansprüchen gerecht werden konnte. Zum einen waren nicht alle Einzelfälle aufgeführt, zum anderen riefen allfällige Kaisersprüche ständig Veränderungen der Rechtslage hervor. Seine Mahnung aus der Vorrede des Buches hat jedoch Bestand und gilt nicht nur für Gesetzestexte.

> Alle lude mane ek dar to,
> dat se dit buk nutten so,
> Als it en to'n eren nicht missesta
> unde ok gnediklechen irga,
> Dat se nicht ne ruwe diu vart,
> swenne got den spegel umme kart
> Unde unsik mischet to der erden
> unde lonen scal na werden.

> (Ich mahne alle Leute, dass sie das Buch so nutzen, dass es ihrer Ehre nicht entgegensteht und es ihnen auch gnädig ergeht, damit sie die letzte Fahrt nicht reut, wenn Gott ihnen den Spiegel zeigt und uns mit der Erde mischt und uns nach unserem Wert entlohnt. Reimvorrede, Zeile 184-190)

*Markus Schröder*

# Mystik im Kloster

Das fließende Licht der Gottheit
Mechthild von Magdeburg
1250-1280

Das Mittelalter kennt nur wenige Frauen, die ihr Wissen in Schriftform überliefert haben. In der von Männern dominierten Gesellschaft galten die geistigen Erkenntnisse einer Frau als minderwertig, und so sind aus dieser Zeit nur wenige Schriftstellerinnen bekannt, neben Hildegard von Bingen vor allem Mechthild von Magdeburg. Ihr Werk ist historisch, sprachgeschichtlich und theologisch weitaus interessanter – und das nur wegen der einen, ihrer einzigen, Schrift „ein vliessendes lieht der gotheit“, in neuhochdeutscher Übersetzung: *Das fließende Licht der Gottheit.*

Mechthild wurde um 1207 bei Magdeburg geboren. Schon mit zwölf Jahren machte sie erste mystische Erfahrungen, mit ungefähr 20 Jahren verließ sie ihr Elternhaus (einen vermutlich wohlhabenden Bürgerhaushalt) und schloss sich einer Beginengemeinschaft an. Das waren reine Frauengemeinschaften, die von Näh- und Webarbeiten sowie Almosen lebten. Unter dem Schutz eines Männerordens – zumeist Franziskaner oder Dominikaner – waren die Beginen gesellschaftlich akzeptiert, mussten sich aber nicht den strengen Regeln eines Klosters unterwerfen und konnten so auch die Ausschweifungen des Klerus und andere Missstände in der Kirche kritisieren.

Über ihren jüngeren Bruder Balduin, der den Dominikanern beigetreten war, wurde Heinrich von Halle Mechthilds Beichtvater und Ratgeber. Nach einer schweren Erkrankung entschied sie sich dann auch selbst für ein Leben im Kloster, der Zisterzienserinnenabtei Helfta. Dort lebten bereits zwei andere große Visionärinnen der Zeit: Gertrud (die Große) von Helfta und Mechthild von Hackeborn. Zwischen 1282 und 1294 ist Mechthild, fast erblindet, nach langer Krankheit gestorben.

*Das fließende Licht der Gottheit* erschien in drei Abschnitten ab dem Jahr 1250. Mechthild hat nur dieses eine Werk hinterlassen. Der Originaltext ist nicht erhalten, es gibt nur eine Abschrift von 1343/45 aus Basel und eine lateinische Übersetzung mit unklarer Datierung. Die Veröffentlichung der Schrift war für Mechthild schwer genug, da sich das Werk deutlich von anderen mystischen Texten unterschied und mit seiner Komplexität der Literatur und auch dem Glauben neue Wege wies. Mechthild musste also vorsichtig sein, um nicht den Unmut ihrer Gönner zu erregen. Umso erstaunlicher ist die Offenheit des Werkes, die auch ein weiterer Grund für Mechthild gewesen sein könnte, das Leben in der Beginengemeinschaft aufzugeben und in ein Kloster einzutreten.

Der erste Abschnitt mit Buch I-V entstand wohl in den 1250er-Jahren, Buch VI in den 60ern und Buch VII in den 70ern. Alle zusammen schildern als eine Art innerer Autobiographie die Geschichte der Gotteserfahrung Mechthilds und ihre Suche nach der richtigen Lebensweise („die minnende Seele“). Das Buch verknüpft mystische mit theologischen Elementen, und stellt immer wieder klar, dass es hier um den Glauben geht: Mechthild ist sehr darauf bedacht, sich als Werkzeug Gottes darzustellen, um nicht in den Verruf zu kommen, eigenständig religiöse Inhalte interpretieren zu wollen. Im zweiten Buch schildert sie ihre erste Vision:

> „Allen minen lebtagen, e ich dises bûches began, und ob sin von gotte ein einig wort in mine sele kam, do was ich der einfaligosten menschen eines, das je in geistlichen lebende erschien. Von des túfels bosheit wiste ich nit, der welte krancheit kante ich nit, geistlicher lúte valscheit was mir ôch vnkundig. Ich mûs sprechen got ze eren und ôch durch des buches lere. Ich vnwirdige súnderin wart gegrusset von dem heiligen geiste in minem zwolften jare.“
>
> (Mein ganzes Leben, bevor ich dieses Buch begann und von Gott ein einzig Wort in meine Seele kam, war ich einer der geistlich einfältigsten Menschen, der je gelebt

hat. Von des Teufels Bosheit wusste ich nichts, der Welten Krankheit kannte ich nicht, geistlicher Leute Falschheit war mir auch fremd. Ich muss sprechen, Gott zu ehren und euch durch das Buch zu lehren. Ich unwürdige Sünderin wurde von dem Heiligen Geist gegrüßt in meinem zwölften Lebensjahr.)

Auch das sechste Buch noch beendet sie mit dem Hinweis, dass sie nur ein Werkzeug höherer Mächte sei:

> „Dise schrift die in disem buche stat, die ist gevlossen vs von der lebenden gotheit in Swester Mehtilden herze und ist also getrúwelich hie gesetzet, also si vs von irme herzen gegeben ist von gotte und geschriben von iren henden. Deo gratias.“

> (Diese Schrift, die in diesem Buche steht, die ist zu uns von der lebenden Gottheit in Schwester Mechthilds Herzen geflossen und ist hier getreulich gesetzt, so wie es ihrem Herzen von Gott gegeben und von ihren Händen geschrieben worden ist. Deo gratias [Gott zum Dank].)

Sprachlich bietet das Werk alles auf, was zu Mechthilds Zeiten möglich war. Es ist in sieben unterschiedlich lange Bücher unterteilt, einige reine Prosa, einige in Versen, auch rhythmisch strukturierte Mischformen kommen vor. Die Überschriften scheinen nicht immer zu den Kapiteln zu passen, und es wird bezweifelt, dass sie von Mechthild stammen. Die Bücher I bis VI wurden von Heinrich von Halle herausgegeben, er soll die entsprechenden Kapitelüberschriften eingefügt haben. Die Überschriften in Buch VII unterscheiden sich davon stilistisch sehr, bedingt durch eine andere Herausgeberschaft. Sie werden den Klosterschwestern in Helfta zugeschrieben.

Gerade im ersten, zwischen 1250 und 1255 entstandenen Teil gibt es vielfache erotische Anspielungen durch Annäherungen an das Hohelied oder den Minnesang. Liebesdialoge, innere Gespräche und neuartige Allegorien und Personifikationen vermengen sich zu einer bis dato unbekannten Komplexität. So zeigt das zweite Buch unter anderem folgende Verse, die sich vor Mechthild kaum jemand zu schreiben getraut hätte:

„O we, min vil liber, ich bin heiser in der kelen meiner kuscheit,
Mere das zukker diner sussen miltekeit
Hat min kelen erschellet das ich nu singen mag,
Alsust, herre: [...]
Din kleit und min ist ist ein unbevleket,
Din munt und miner ist ein vnkúst etc.
Dis sint du wort des sanges miner stime."

(O weh, mein Liebster, ich bin heiser in der Kehle meiner Keuschheit / weil der Zucker deiner süßen Gnade / meine Kehle erschallen ließ, dass ich nun singen mag, / O Herr: [...] / Dein Kleid und meines ist ein unbeflecktes, / Dein Mund und meiner ist ein ungeküsster usw. / Dies sind die Worte des Gesanges meiner Stimme.)

Spätere Abschnitte enthalten hauptsächlich Visionen und lehrhafte Passagen (Merkverse, Lehrgedichte, Allegorien), die darauf hindeuten, dass Mechthild als Ratgeberin sehr gefragt war. Aber sie hatte auch ihre Kritiker, wie das letzte Kapitel von Buch II zeigt:

„Ich wart vor disem buoche gewarnet,
und wart von menschen also gesaget;
Wolte man es nit bewaren,
da moehte ein brant úbervaren."

(Ich wurde vor diesem Buch gewarnt, / und von Menschen wurde mir gesagt: / Wenn man nicht darauf aufpasst, / könnte ein Feuer darüber gehen.)

Das Werk Mechthilds von Magdeburg trat im Laufe der Jahrhunderte hinter die Schriften von Hildegard von Bingen zurück. Zu Unrecht, wie ihre Wiederentdeckung in den letzten Jahren zeigt.

*Markus Schröder*

## Persönliche Worte über weite Distanzen

Der erste – noch erhaltene – deutschsprachige Brief
Elisabeth von Baierbrunn
1305

Wie schon in der Spätantike, so erkannte man auch im Mittelalter den Wert der unmittelbaren Kommunikation zwischen lokal entfernten Partnern über die schriftlich fixierte Sprache im Brief. Ohne das Mitwissen eines Dritten konnten zwischen Absender und Adressat Nachrichten übermittelt werden. Boten und Reisende nahmen die Briefe mit und übergaben sie den Empfängern.

Waren bei den Römern noch Wachstäfelchen und Papyrus die gebräuchlichen Medien zum Fixieren schriftlicher Nachrichten, diente im Mittelalter Pergament als bevorzugter Beschreibstoff. Durch Falten und Verschließen versuchte man das Risiko zu verringern, dass unterwegs ein Brief von Unbefugten geöffnet wurde. In karolingischer Zeit war es üblich, Briefe mehrmals gefaltet und von einer Schnur mit Siegel zusammengehalten auf die Reise zu schicken. Im Hochmittelalter kannte man eine noch raffiniertere Verschlusstechnik: Der gefaltete Brief wurde an mehreren Stellen durchlöchert, durch die Löcher zog man Pergamentstreifen, die ein Siegel zusammenhielt. Im Spätmittelalter löste das Papier, gewonnen in einem Herstellungsverfahren durch Papiermühlen, mehr und mehr das teure Pergament als Beschreibstoff ab.

Als Zeugnisse eines ersten deutschen Briefverkehrs gelten die Liebesbriefe aus der Zeit der Kreuzzüge im 11. bis 13. Jahrhundert. Im Rahmen des Minnedienstes entfaltete sich zwischen Ritter und Dame ein Briefverkehr, der in hoher, poetischer Form der platonischen Liebe Ausdruck gab. Die Briefe enthielten Grüße, Liebesbeteuerungen und -klagen. In Versform abgefasst, konnten sie auch aus einem abgeschriebenen Liebeslied bestehen.

Frauen verfassten ihre Briefe eigenhändig, Männer ließen sie durch berufliche Schreiber ausführen. Die Frauen entwickelten dadurch gegenüber den Männern eine größere Gewandtheit in der Briefschreibkunst.

Unter dem Titel *Deutsche Privatbriefe des Mittelalters* hat G. Steinhausen eine umfangreiche Sammlung ältester deutscher Briefe in zwei Bänden zusammengetragen. Es handelt sich um Briefe aus spätmittelalterlicher Zeit, dem 14. und 15. Jahrhundert. Der älteste erhaltene deutschsprachige Brief ist bei Steinhausen auf das Jahr 1305 datiert. Er stammt aus der Feder einer adligen Frau, Elisabeth von Baierbrunn, und ist an die Kastnerin Diemut, Klosterfrau in München, gerichtet. (Vergleiche: Steinhausen (Hg.): Deutsche Privatbriefe, Bd. 1: Fürsten, Magnaten, Edle und Ritter, Gaertner, Berlin 1899, S. VII / 347) Die Kastnerin war für den Kasten, den Ort, wo die Abgaben der Untertanen gesammelt wurden, zuständig:

> „Ich Elspet von Pæiersbrune enpiut der lieben und der getriwen, der chastenærein, getrawelich mine driwen dienst. Und wizet, daz mich gar hart nach iuch petraget an mine mueterlin, daz ich mienen waize daz Munch, da mich als hart nach pelange, als nach dir, liebin Diemut. Der enzwai prach mir daz herze mine, den lieze ich iuch vile liebin miten trine sehen mit iwen pelzen und mit iwen chursen allen und mit iwern grozen schuhen: si muzen aver schon gewischet sin. Damit plege iwer der suze got! Gruzet mir diu Mulhausærein!“
>
> (Ich Elisabeth von Baierbrunn entbiete der lieben und treuen Kastnerin getreulich meine treuen Dienste. Ihr sollt wissen, dass ich sehr bekümmert bin um Euch in meinem Gemüte, weil ich nicht bei Euch in München sein kann, da es mich nach niemandem so sehr verlangt, als nach Euch. Doch ehe mir noch das Herz entzwei bricht, lasse ich Euch reichlich Lieblichkeit übermitteln mit Euren Pelzen und Euren Pelzröcken und mächtigen Schuhen: die wollen aber gut geputzt sein. So beschütze Euch der gütige Gott! Grüßt mir auch die Mühlhäuserin!)

Wie eine Selbstvergewisserung erscheint uns die sich nur mühsam erschließende Sprache. Der Versuch, das Gesprochene in die Schrift, die Laute in die Lettern des Alphabets hinein zu formen, wirkt auf uns heute, wo die gesprochene Sprache ungehindert ins Schriftliche fließen kann, vielleicht etwas unbeholfen, jedoch außerordentlich anrührend. Es muss das Gefühl eines gewaltigen Fortschritts gewesen sein, das in dieser Zeit das erste Gelingen eines Übertragens der eigenen Muttersprache ins Schriftliche begleitet haben mag.

*Katrin Bibiella*

## Daz buoch von guoter spise

Das erste Kochbuch in deutscher Sprache
im Hausbuch des Michael de Leone
um 1350

Beim ältesten deutschen Kochbuch würde man wohl eher an eine Sammlung von Wildgerichten für den Adel denken als an einen Text mit literarischen Ambitionen, der die Küche der städtischen Oberschicht widerspiegelt. Und doch ist dies bei dem um 1350 in Würzburg in einen Pergamentkodex eingetragenen mit einem gereimten Prolog und zwei Rezeptparodien versehenen Text der Fall.

Das Buch beginnt wie folgt:

> „Diz buoch sagt / von guoter spise
> Daz machet / die vnverrihtigen [unerfahrenen] koeche
> wise.
> Ich wil vech vnderwisen.
> von den kochespisen.
> der sin niht versten kan.
> der sol diz buoch sehen an.
> wie er groez gerihte kuenne machen.
> von vil kleinen sachen.
> dise lere merke er vil eben.
> die im diz buoch wil geben.
> wanne ez kan wol berihten.
> von manigerleie gerihten.
> von groezzen vnd von kleinen.
> wie sie sich vereinen.
> vnd wie sie sich besachen.
> daz sie klein gethrahte zvo hoher spise machen.
> der sol diz buoch vernemen.
> vnd sol sich niht enschemen.
> ob er fraget des er niht enkan.
> des bescheit in schier ein wiser man.
> wer denne kochen woelle lerne.
> der sol diz buoch merken gerne.“

Ohne Umschweife tritt hier gleich der didaktische Charakter des Werkes zu Tage, das den Neuling unterweisen will, wie man aus kleinen Zutaten große Gerichte bereitet. Anders als moderne Kochrezepte, mit ihrer Liste von Zutaten, Mengenangaben, Temperatureinstellungen und Garzeiten gleichen mittelalterliche Kochrezepte mehr den kurzen, handgeschriebenen Einträgen in Großmutters Kochbuch. Die Erwartung war offensichtlich, dass man den Rest in der Küche lernte und den Geschmack des Gerichtes kannte. Dieses erste deutsche Kochbuch versucht zwar zu Anfang noch, soviel Information wie möglich über Zutaten, Maße und Gewichte zu vermitteln, fällt aber relativ bald auf das alte Muster zurück, das einen eher erfahrenen Koch voraussetzt, der instinktiv die Temperaturen und Garzeiten richtig traf. Das war damals keine Kleinigkeit, ohne Thermometer und Uhren in der Küche.

Dem Prolog folgen 55 ernst gemeinte und dann zwei Scherzrezepte, das erste in Prosa und das zweite wie der Prolog in Reimen:

„[A53] Ein guot lecker koestelin.

So mache zvom iuengesten ein klein. lecker koestelin. von stichellinges magin vnd mucken fuezze vnd lovinken [Finken] zvngen meysen beyn vnd froesche an der keln [Froschkehlen]. so mahtu lange on sorgen leben.

[A 54] Ein guot gerihte. der ez gern izzet.

Wilt du machen ein guot bigeriht.
so nim sydeln sweyz.
daz macht den magen gar heiz.
vnd. nim kiselinges smaltz.
daz ist den meiden guot die do sin hueffehaltz [hüftenlahm]:
vnd nim bromber vnd bresteling [Erdbeeren].
daz ist daz aller beste ding.
bist du niht an sinnen taup.
so nim gruen wingart laup.
du solt nemen binzen [Binsen].

luebstickel vnd minzzen.
daz sint guote wuertze.
fuer die grozzen furtze.
nim stigelitzes versen.
vnd mucken fuozze.
daz macht das koestlin alles suezze.
daz ist guot vnd mag wol sin.
ein guot lecker spigerihtelin.
Ach, vnd versaltz nuer niht.
wanne ez ist ein guot geriht."

Bei dem ersten Beispiel für Küchenhumor ist die Winzigkeit der Zutaten bestimmend, beim zweiten – gereimten – Rezept der Hang zum Paradoxen, der das Gericht dann auch zu einem guten, leckeren „Speigerichtlein" macht. Der anschließende Satz „Diz ist ein guot lere von guoter spise" bildete wohl den Abschluss des ersten Kochbuchteils.

Es folgt noch ein zweiter Teil mit 44 weiteren, für eine etwas exklusivere Küche gedachten – zu erkennen an den teuren Importwaren Mandeln, Reis und Zucker – und auch im Stil grundlegend verschiedenen Rezepten. Regieren etwa im ersten Teil zumeist die Du-Form und der Imperativ, so herrscht im zweiten Teil das unpersönliche Passiv vor. Und der häufige Gebrauch von Sammelbegriffen wie *wuertze* und *krut* im zweiten Teil und das weitgehende Fehlen von Mengenangaben deuten hier eindeutig auf einen professionellen Koch als Autor oder Zielgruppe hin.

Bei der Anordnung der Rezepte sucht man in mittelalterlichen Kochbüchern vergeblich nach Kategorien wie Vorspeisen, Hauptspeisen oder Desserts. Im ersten Teil des Würzburger Kochbuchs, der auf eine ältere deutsche Küche weist, werden Rezepte bisweilen nach Zutaten, Zutatenkombinationen, Zubereitungsarten, Konsistenz oder Herkunft assoziativ gruppiert, während im zweiten Teil eine weitgehende Trennung von Fleisch- und Fastenspeisen angestrebt wird, was einen wohlhabenden klerikalen Haushalt wie etwa den des Bischofs von Würzburg als Entstehungsort vermuten lässt.

Gewürzt wird in erster Linie mit Salz und Pfeffer, dicht gefolgt von Safran, der gut und gern sieben Mal so teuer war wie Pfeffer. Auch beliebt waren Ingwer, Anis, Kümmel und die heimischen Kräuter Salbei und Petersilie. Viele Rezepte enden mit einer Warnung vor Versalzen, was auch im zweiten Scherzrezept parodiert wird. Bei den Süßstoffen halten sich Honig und Zucker die Waage. Fast ein Drittel der Speisen wird gesüßt, vielen wird aber auch Wein, Essig oder der Saft von unreifen Früchten beigegeben. Bei den Nüssen ist eindeutig die Mandel führend, aus der die beliebte Mandelmilch gemacht wurde. Fast ein Fünftel der Rezepte enthält Äpfel, weit abgeschlagen folgen Birnen und Kirschen. Zum Binden von Soßen verwendete das Mittelalter nicht wie wir heute die Mehlschwitze, sondern Eier, Brot, Getreide- oder Reismehl. Gemüse und Hülsenfrüchte werden selten in den Kochbüchern der Zeit genannt.

Dass wir es hier sicher nicht mit einer mediterranen Küche zu tun haben, geht aus den verwendeten Fetten hervor, nämlich Schmalz und Butter. Baumöl, also Olivenöl, wird nur ein einziges Mal erwähnt. Statt Wildbret, das relativ selten in Erscheinung tritt, verlangt fast ein Viertel der Rezepte Hühnerfleisch. Auch Schweinefleisch und Speck spielen noch eine gewisse Rolle, Rind, Kalb und Lamm dagegen kaum. Die Binnenlage Würzburgs ist wohl der Grund, warum bis auf Stockfisch, also getrockneten Kabeljau, Meeresfische weitgehend fehlen. Fastengerichte basieren zumeist auf Hecht, Barsch, Lachs, Brasse, Forelle, Aal und Lamprete.

Die Geschmacksrichtung der Speisen könnte man durch die Kombination von Salz mit süßen und sauren Zutaten als süßsauer bezeichnen. Gefärbt wurden die Speisen in erster Linie mit Safran, Petersilie, Veilchen und Kirschen, bei der Konsistenz waren Mus und Brei des deutschen Kochs liebstes Kind, was einen Experten dazu verleitete, die Rezepte als eine Küche der Zahnlosen zu bezeichnen. Aber auch Fladen und Krapfen wie die folgenden waren recht beliebt:

„[A 92] Einen fladen.

Der einen fladen woelle machen von fleische von lumbeln [Lenden] gemaht der siedez wol vnd hackez cleine vnd ribe keses genuoc drin vnd slahe eyer auch genuoc drin vnd wuertz ez wol. vnd mache ein blat von teyge gesetz dri ecken von basteln [Art Brot oder Kuchen] als ein schilt in den fladen vnd mit huenren gefue lt vnd versaltz niht vnd gibz hin.

[A 59] Einen krapfen.
So du wilt einen vasten krapfen machen. so nim nuezze. vnd stoez sie in einem mörser. vnd nim epfele als vil vnd snide sie drin wuerfeleht. vnd menge sie mit wue rtzen, wellerley sie sin vnd fuelle daz in die krapfen. vnd lege sie in ein pfannen. vnd la sie backen."

Mehrfaches Kochen von Gerichten ist besonders für den ersten Teil charakteristisch, wo es schon einmal vorkommen konnte, dass das Fleisch eines Spanferkels zuerst gekocht, dann wieder in die Tierhaut gefüllt, gesotten und zu guter Letzt am Rost gegrillt wurde.

Über den Auftraggeber der Rezeptesammlung wissen wir für mittelalterliche Verhältnisse erstaunlich viel. Es war der Jurist Michael de Leone, vermutlich aus einer Familie getaufter, von Köln über Mainz nach Würzburg gekommener Juden. Nach einem Studium der Rechte in Bologna in den 20er Jahren des 14. Jahrhunderts wirkte Michael in Würzburg als Notar, kaufte 1332 den dortigen Löwenhof und wurde 1336 Protonotar, das heißt höchster Notar in der Kanzlei des Bischofs von Würzburg. Anstatt „de Moguncia" (von Mainz) nannte er sich fortan „de Leone" (vom Löwen). Von ein paar späteren Zusätzen abgesehen wurde der Kodex, in dem sich auch das erste deutsche Kochbuch befindet, in den Jahren 1347 bis 1350 zusammengestellt, genau in der Zeit also, als sich die Pest in Europa verbreitete. Das mag ein Grund gewesen sein, die im Kodex enthaltenen Schriften für die Nachwelt aufzuzeichnen.

Von der ursprünglich zweibändigen Sammlung ist uns heute nur der zweite, als *Hausbuch des [Michela] Michael von Leone* bekannte Band vollständig erhalten. Er wird in der Universitätsbibliothek München unter der Signatur 2° Cod. ms. 731, Cim. 4 aufbewahrt. Die zwei Bände waren wohl von dem kinderlosen Michael de Leone so konzipiert, dass sie zusammen mit dem Löwenhof an die zukünftigen Besitzer weitervererbt werden sollten. Neben erbaulicher Literatur enthielten sie auch Texte religiöser, historischer, pädagogischer, philosophischer, wirtschaftlicher, medizinischer und eben kulinarischer Natur. Die Kochrezepte wurden im 15. Jahrhundert fleißig kopiert und diverse Gerichte auch in viele spätere Kochbücher übernommen.

Das Kochbuch endet mit dem Satz: „Hie get vz die lere von der kocherie".

*Melitta Weiss Adamson*

## Das Regelwerk der Neuzeit

Das Narren Schyff
Sebastian Brant
1494

Die Frage nach Recht und Unrecht, nach Richtig und Falsch war für die Menschen des späten Mittelalters alles andere als leicht. Waren ihre heidnischen Vorfahren noch durch die Regeln und Gesetze ihres Stammes vor Zweifeln und Unsicherheiten geschützt, wurden die Verhältnisse gegen Ende des Mittelalters komplizierter. Durch frühe Glaubenskämpfe – lange vor Luther – hatte die Kirche zumindest in irdischen Fragen an Autorität eingebüßt, neue Berufe entstanden, andere starben aus, staatliche Autoritäten kämpften mit lokalen Machthabern, neue Umgangsformen erlaubten Dinge, die gestern noch anstößig oder verboten waren.

Es bestand somit eine Nachfrage nach Halt und Orientierung, nach Beratung und Beistand. Und wie jede Nachfrage erzeugte auch diese ein vielfältiges Angebot: Apokalyptische Prediger, Hellseher und Astrologen aller Prägungen standen bereit, dem verunsicherten Volk den Weg zu zeigen. Diese Gemengelage erklärt den unglaublichen Erfolg des Brant'schen Narrenschiffs.

Der Jurist und Dichter Sebastian Brant wurde 1457 in Straßburg geboren, wo er auch 1521 starb. Er arbeitete in Basel als Buchdruckerberater und in Straßburg als Stadtschreiber und brachte es bis zum Professor für römisches und kanonisches Recht. Brant verfasste zahlreiche Flugblätter, deutsche und lateinische Gedichte sowie juristische Abhandlungen. Sein 1494 veröffentlichtes *Narrenschiff* verschaffte ihm weit über seinen Tod hinaus den Ruf des größten Denkers deutscher Sprache.

Das Versepos umfasst 112 Kapitel, denen jeweils ein erläuternder Dreizeiler und ein interpretierender Holzschnitt vorangestellt sind. An den Holzschnitten war maßgeblich der junge Dürer beteiligt. Das Buch war somit hervorragend ausgestattet.

In der Einleitung „versammelt“ Brant in einem neuartigen Kunstgriff alle Narren auf einem Schiff. Dann beschreibt er Kapitel für Kapitel jeden einzelnen Narren und kann so zeittypische Fehlleistungen, Bubenstücke, Übertretungen, Unsitten, Schwächen, Laster, Vergehen, Verbrechen, Schandtaten und Sünden bildhaft und nachvollziehbar personifizieren. Als Gliederungselemente dienen die sieben Todsünden Hoffart, Wollust, Völlerei, Neid, Trägheit, Geiz und Zorn sowie die Zehn Gebote. Der folgende Textausschnitt behandelt die Todsünde ‚Neid‘:

„Von Neid und Haß
Feindschaft und Neid macht Narren viel,
von den ich auch hier sagen will,
der doch entspringt davon allein,
daß du mißgönnst mir, was ist mein,
und hättest gern, was mir gehört,
oder ich bin dir sonst nichts wert.
Es ist Neid ein so tödlich Wund,
die nimmermehr wird recht gesund
und hat an sich die Eigenschaft,
wenn er auf etwas setzt die Kraft,
so hat kein Ruh er Tag und Nacht,
bis er den Anschlag hat vollbracht.
So lieb ist ihm kein Schlaf noch Freud,
daß er vergäß seins Herzens Leid;
drum hat er einen bleichen Mund,
dürr, mager ist er wie ein Hund;
die Augen rot und sieht niemand
mit ganzen vollen Blicken an.
An Saul mit David traf das ein
und Joseph mit den Brüdern sein.
Neid lacht nit, als wenn untergeht
das Schiff, das er ertränken tät;
und wenn Neid beißt und nagt lang Zeit,
so ißt er sich, sich selbst aus Neid,
wie Ätna sich verzehrt allein.

Drum ward Aglauros zu ei'm Stein.
Welch Gift hab in sich Neid und Haß,
man spüret zwischen Brüdern das:

Kain, Esau und Thyestes,
Jakobs Söhn und Eteokles
waren von größerm Neid besessen,
als wären sie nit Brüder g'wesen;
denn wird entzündt verwandtes Blut,
ist um so stärker seine Glut."

Brant zeigt hier ganz und gar, dass er die Techniken beherrscht, die von einem Wissenschaftler seiner Zeit erwartet werden. Neid ist eine Sünde. Bewiesen wird diese Aussage durch entsprechende Belege aus der Bibel und aus der griechischen Mythologie. Neid hatte bei Adams Söhnen zu tödlichen Ergebnissen geführt. Den Söhnen Ödipus´ erging es nicht besser. Genau deshalb ist Neid zu verdammen, weil es in den großen autoritären Büchern steht. Diese Beweisführung machte einen Wissenschaftler aus. Eigene Gedanken waren nicht nur unnötig, sondern geradezu unerwünscht, es stand ja schon alles irgendwo in den großen Werken.

Bei Brant taucht diese traditionelle Beweisführung aber erst gegen Ende auf. An erster Stelle entwickelt er frei und souverän seine eigenen Gedanken. Seine Sprache ist klar, bildkräftig und volksnah, er verzichtet auf jedes wissenschaftliche Gehabe. Seine Beweisführung knüpft an allgemein zugängliche Erfahrungen an. Wer sich der Sünde des Neides schuldig macht, kann sich mühelos erkennen, wie auch die Ursachen, die Symptome und die Auswirkungen seines Fehlverhaltens. Erst dann wird das Phänomen Neid von der religiösen und der wissenschaftlichen Seite her beleuchtet und dessen Verwerflichkeit sozusagen abschließend bewiesen.

Diese Reihenfolge darf also keineswegs als Distanzierung von den religiösen und kulturellen Errungenschaften der Zeit gelesen werden. Für Brant standen die biblischen Aussagen außer Frage. Die Vorhersagen des Neuen Testaments waren für ihn zeitnahe Realität. Er ehrte das griechische und lateinische Erbe der Antike. Die überlieferten Werte stellte er nicht in Frage, er sah sie jedoch durch den allgegenwärtigen Sitten- und Werteverfall gefährdet. Allerdings glaubte er nicht daran, lediglich durch zeitübliche Predigten und Traktate Besserung zu erwirken. So entwickelte er diese neue literarische Agitationsform.

Damit verband der Autor die alte mittelalterliche Wissenschaft mit der kommenden Lehre der frühen Neuzeit. Buchauslegung und Realitätsanalyse standen einträchtig nebeneinander. Das Ergebnis war eine umfassende, zudem angenehm lesbare Beweisführung, die sich aus Alltagserfahrungen, logischen Schlüssen und Buchbelegen zusammensetzte. Ja, Neid ist eine Sünde. Jetzt musste man das nicht mehr glauben, man konnte es nachvollziehen. Nach dieser Methode behandelte Brant auch alle anderen Sünden seiner Zeit: unnütze Bücher, törichte Moden, Zwietrachtstiften, Buhlschaft, Prasserei, unnützer Reichtum, Schwätzerei, zuviel Sorge, Ehebruch, Rechthaberei, Lärm in der Kirche, Kritikunfähigkeit, Undankbarkeit, Selbstgefälligkeit, Bettelei, Streitsucht, mangelnde Vorsorge, Gottesverachtung, Gotteslästerung, Wucher, Trägheit usw. Der Leser musste nur die aufgeführten Narreteien unterlassen, dann verhielt er sich angemessen im Sinne der neuen Zeit.

Darauf hatte das verunsicherte Volk gewartet. Das *Narrenschiff* wurde ein beispielloser Bucherfolg. Zu Brants Lebzeiten erschienen zwölf verschiedene Ausgaben und Nachdrucke sowie französische, englische, niederländische, niederdeutsche und lateinische Übersetzungen. Auch diese erreichten jeweils mehrere Auflagen und machten das *Narrenschiff* zum ersten deutschsprachigen Publikumserfolg in Europa. Erst Goethes Werther konnte diesen Erfolg übertreffen.

*Reiner Pogarell*

## Naturwissenschaft in deutscher Sprache

Das Buch der wahren Kunst zu destillieren
Hieronymus Brunschwig
1512

Im frühen 16. Jahrhundert hatte die deutsche Sprache bereits in vielen, bisher dem Latein vorbehaltenen Bereichen des öffentlichen Lebens Eingang gefunden. Es gab deutschsprachige Lyrik, politische Flugschriften, Handelsverträge, und auch der Staat hatte sich in einigen Gebieten der deutschen Sprache geöffnet. Aber ein festes Bollwerk der alten Kultursprachen Latein und Griechisch war nach wie vor die Wissenschaft.

Eine Ausnahme war die Medizin. Hier gelang es der deutschen Sprache verhältnismäßig früh, einzelne Bereiche für sich zu erobern – was übrigens dem Englischen bis heute nicht gelungen ist; dort haben auch im Alltag viele Krankheiten noch immer lateinische Namen. Ein Grund für das frühe Vordringen des Deutschen in der Medizin war wohl deren seinerzeit recht handwerklicher Charakter – Medizin wurde als öffentliche Unterhaltung auf Marktplätzen praktiziert, sie war nicht selten eine Nebenbeschäftigung ansonsten ernsthafter Berufe wie der des Baders oder der Hebamme. Die alltägliche Wirklichkeit der Krankenheilung existierte parallel zur universitär gebildeten Medizin, die Praktiker waren nur selten wissenschaftlich ausgebildet.

Aber es hatte sich aus der tatsächlichen medizinischen Ausübung vielfältiges Wissen angehäuft. Manches wurde als Geheimwissen unter Verschluss gehalten, aber in anderen Fällen drängte es den Autor aus Eitelkeit oder Nächstenliebe zur Veröffentlichung. So entstanden viele kleine medizinische Schriften und Abhandlungen in deutscher Sprache, bis dann Mitte des 16. Jahrhunderts der berühmte Paracelsus endgültig das Deutsche als ernstzunehmende Sprache in der Medizin etablierte.

Über Leben und Wirken des ähnlich einflussreichen umherziehenden Arztes, Botanikers und Chemikers Hieronymus

Brunschwig wissen wir dagegen verhältnismäßig wenig. Er wurde wahrscheinlich um 1430 in Straßburg geboren (nur das renommierte *Lexikon des Mittelalters* nennt abweichend 1450), war als Soldat an den Burgunderkriegen beteiligt und wurde danach in seiner Geburtsstadt sesshaft; er selbst bezeichnet sich im Vorwort seines Hauptwerkes als „Wundartzt der keyserliche[n] freie[n] stat Straßburg". Seine vier Werke sind alle im Original erhalten Das *Buch der Cirurgia* erschien 1497 und wurde sofort ein Erfolg. Es folgten das Pestbuch *Liber pestilentialis de venenis epidemie* und zwei Abhandlungen über Arzneien und ihre Destillation. Das erste „Kleine Destillierbuch" – *Liber de arte distillandi de simplicibus* – erschien 1500. Nach mehreren Auflagen und Verbesserungen erschien 1512 in Straßburg im Verlag J. Grüninger eine erweiterte Fassung, die auf mehrere Arten der wissenschaftlichen Arzneikunde die Richtung wies. Der vollständige Titel lautet:

> „Liber de arte distillandi de Compositis. Das bûch der waren kunst zu distillieren. die Composita un simplicia / und dz Buch thesaurus pauperii / Ein schatz d arme[n] gena[n]t Micariu / die brosamlin gefallen vo[n] de[n] büchern d Artzny / vnd durch Experime[n]t vo[n] mir Heronimo bruschwick vff geclubt vñ geofffenbart zu trost dene[n]n die es begere[n]."

In diesem seinem großen Werk geht Hieronymus Brunschwig auf Wundbehandlung und Therapeutik ein und erläutert umfassend die Gerätschaften einer Apotheke und eines Destillierlabors. Beides war neu. Tingelnde Ärzte hatten nicht die Möglichkeiten, sich großer Apparaturen zu bedienen, erst die Sesshaftigkeit von Ärzten wie Brunschwig machte aus der Kunst der Medizin eine Wissenschaft.

Speziell das Destillieren von Arzneien war eine ganz neue Wissenschaft, die durch Brunschwigs Werk in kürzester Zeit bekannt wurde. Niederländische (1517) und englische (1527) Übersetzungen erschienen schnell, und auszugsweise wurde das Buch fast 300 Jahre lang verwendet. Es ist Lehrbuch, Ratgeber und technische Dokumentation in einem. Brunschwig beschreibt Pflanzen, die vor ihm niemand für Arzneien verwendet hat, ihre Einsatzmöglichkeiten und die Kunst, Medikamente daraus herzustellen. Die Rezepte für verschiedenste Tinkturen und Salben werden ebenso detailliert gegeben wie die Möglichkeit, verschiedene Krankheiten zu erkennen. Brunschwig erläutert auch die einzelnen Apparate eines Labors oder einer Apotheke und versieht die Beschreibungen mit Abbildungen, so dass jeder Arzt seine Praxis aufbauen und kostengünstig Medikamente herstellen konnte.

Der Aufbau des Werkes erscheint uns selbst heute noch wissenschaftlich. Nach der Vorrede folgt ein Register, das den Inhalt der folgenden Bücher beschreibt. Das erste behandelt die Destillation, das zweite die Anwendungsbereiche und Heilkräfte der Destillate. Das dritte Buch erläutert in Wasser aufgelöste Arzneien, das vierte die für die Chirurgie benötigten Destillate, und das letzte Buch listet alle günstigen Arzneien für Menschen auf, die sich keinen Arzt leisten können:

> „Das funfft buch welches genant würt Micarium medicine / oder Thesaurus pauperum / Der Schatz der armen / oder das Buch der brosemlin / welch da sein gefalle durch experiment / Als die erfarniß der Artzney mit gar keinem kosten / Welches fast wol zugehörig ist / den armen und nithabenden menschen / Und auch welche die ertzet / noch die artzeney nit haben möchten / Und hat .xlv. Capit. anfahet an dem .ccxxxiii. blat“

Nach der Vorstellung der einzelnen Bücher geht Brunschwig ins Detail. So beispielsweise das dritte Buch:

> „Hie anfahen die Capittel des dritte[n] buchs / in welche[n] du finden wirst alle wasser wie man die distillieren sol / zu ailen kranckheite[n] des leibs vo[n] dem haubt biß zu den füssen.

> Das erst Capit. von den wassern zu dem har .cci
> Ein wasser macht har wachsen .cci
> Ein wasser das gel har macht .cci
> So du schwarz oder grau farb har wilt gel machen 'am selben blat
> Ein gemein wasser für die grauheit .ccii.
> Ein wasser für schüpen vnd cleyen vff dem haubt am selben blat
> Ein wasser für lüß vff de haubt. Cciii"

Brunschwig beschreibt auch alle nötigen Gerätschaften und fügt eine Zeichnung bei:

> „Hernach soit du haben für setz gleser / die oben gantz vn in der mite[n] ein ror haben dadurch das gedistilliert zu entpfahen / vff dz die spiritus sich oberlich vff sublimieren nit vorroche werden / auch genant Receptackeln / darumb das sie für gesetzt werden / Deren figur also ist."

Auch ein Merkmal moderner Technikdokumente findet sich hier schon vor fünfhundert Jahren: Symbole zum Hervorheben wichtiger Textstellen, hauptsächlich Hände, die auf die wichtige Textpassage zeigten.

> „☞ zum erste ist noturfft zu habe[n] Instrument / von gleserin / yrderin / kupfferin / zinnin / genant Cucurbit / Darumb das sie gleich sein den Kürbßen / groß vnd clein / vnd in tütscher zungen Kolben / Deren figur also ist."

Der große Erfolg von Brunschwig war, dass er mehrere Leistungen vereinte. Er verhalf der Destillation zum Durchbruch und revolutionierte die Herstellung chemischer Präparate. Das Buch gab den niederlassungswilligen Ärzten eine unentbehrliche Hilfe zum Aufbau ihrer Apotheke, es nannte Tricks und Kniffe zur Begrenzung der Kosten und half so seiner Wissenschaft, aus einem kleinen Kreis der Wissenden herauszutreten und einer breiten Öffentlichkeit bekannt zu werden.

*Markus Schröder*

## Die Welt des Rechts als Volksbuch

Ein kurzweilig lesen von Dyl Ulenspiegel
Verfasser unbekannt
1515

Der vollständige Titel des berühmten Buches von Til Eulenspiegel lautet so: *Ein kurzweilig lesen von Dyl Ulenspiegel geboren uß dem land zu Brunßwick. Wie er sein Leben vollbracht hatt. XCVI seiner geschichten.* Veröffentlicht wurde die erste hochdeutsche Übersetzung im Jahre 1515 in Straßburg von Johann Grieninger. Zumindest ist dies das älteste erhaltene Exemplar. Wahrscheinlich gab es ältere niederdeutsche Vorgänger, auf jeden Fall gibt es zahlreiche Nachfolger in anderen Sprachen. Noch im 16. Jahrhundert erschienen Übersetzungen ins Niederländische, Englische, Französische und Dänische, das französische Wort für Schalk „espigele“ geht auf den Eulenspiegel zurück.

Laut Vorwort wurde ein unbekannter Schreiber aufgefordert, die Geschichten des Til Eulenspiegel zu sammeln. Der soll in Kneitlingen, dem heutigen Braunschweig, geboren worden sein. Ausgedehnte Wanderungen hätten ihn durch die deutschen Lande, nach Polen und Dänemark, nach Rom und Prag geführt. Er wäre aber immer wieder in seine Heimat zurückgekehrt, wo er wohl an der Pest „Anno Domini MCCCL“ (im Jahre 1350) starb.

Eulenspiegels mit Spiegel und Eule verzierter Grabstein steht seit dem 16. Jahrhundert in Mölln. Es gibt allerdings keine gesicherten Quellen, die einen historischen Til Eulenspiegel bestätigen, und viele der Figuren in seinen Schwänken lebten vor und auch nach seiner vermeintlichen Lebenszeit. Trotzdem erlebte das Buch eine ungeheure Verbreitung und wurde in zahlreichen Nachdrucken und Varianten immer wieder verbreitet, interpretiert und konsumiert. In einer Zeit, die geprägt war von Aufständen und blutigen Unruhen, überlebte nur, wer sich mit List und Ausdauer den schwankenden Lebensverhältnissen anzupassen wusste. Und das konnte niemand besser als Til Eulenspiegel.

Die Schwänke beruhen meist auf Wortwitz, auf der wörtlichen Ausführung eines bildlichen Befehls, und zeigen oft die Überlegenheit des bäuerlichen Mutterwitzes über das städtische Bürgertum. So will sich ein Wirt in Köln dafür bezahlen lassen, dass Til – er hatte es voreilig geäußert – vom Geruch des Bratens satt geworden sei. Im Gegenzug schlägt Eulenspiegel vor, die Rechnung mit dem Klang des Geldes zu begleichen.

| | |
|---|---|
| Die LXXX. historì sagt<br>wie vlenspiegel den würt<br>mit dem klang von dem<br>gelt bezalt. | Die 80. Geschichte erzählt,<br>wie Eulenspiegel den Wirt<br>mit dem Klang des Geldes<br>bezahlt. |
| Lang zeit was vlenspiegel<br>zu Coeln in der herberg<br>da begab es sich an einem<br>tag die kost ward also spat<br>zů dem füer brocht<br>so dz es hoch mittag wart<br>ee die girecht ward Dz<br>verdroß Vlenspiegeln<br>ganzt ser das er so lang solt<br>vasten.<br>Da sahe vnd vernam der<br>wirt wol an im dz in dz<br>verdroß. | Lange Zeit war Eulenspie-<br>gel in der Herberge zu<br>Köln. An einem Tag begab<br>es sich, dass man das Es-<br>sen so spät zum Feuer<br>brachte, dass es später<br>Mittag wurde, ehe die Kost<br>fertig war. Eulenspiegel<br>verdross sehr, dass er so<br>lange fasten sollte.<br>Da sah und vernahm der<br>Wirt wohl an ihm, dass ihn<br>das verdross. |
| Vnd der wirt sprach zů im<br>wer nit beiten kindt bis die<br>gar gerecht würt der<br>moecht essen wz er het. | Und der Wirt sprach zu<br>ihm: wer nicht warten<br>kann, bis die Speise ge-<br>richtet wird, der möchte<br>essen was er hat. |
| Vlenspiegel gieng an ein<br>end vnd aß ein truckne | Eulenspiegel ging in eine<br>Ecke und aß eine trockene |

simlen vff vnd gieng do sitzen vff den hert vnd bedroefft den braten biß solang dz er gar genůg het vnd das es zwelfft schlůg. Der disch ward dedeckt / die kost ward daruff bracht / der wirt gieng it den gesten sitzen / vnd Vlenspiegel bleib in der küchen sitzen vff dem hert der wirt sprach wie. Vlenspiegel wiltu nit zů disch sitzen. Nein sprach er ich mag nit essen ich bin des geschmacks von dem gebrotes vol worden /

Semmel auf
und ging auf den Herd sitzen und beträufelte den Braten solange, bis er gar genug war und das es zwölf schlug. Der Tisch war gedeckt / die Kost war darauf gebracht / der Wirt ging zu den Gästen sitzen / und Eulenspiegel blieb in der Küche sitzen auf dem Herd / der Wirt sprach: Eulenspiegel willst du nicht zu Tisch sitzen? Nein sprach er ich mag nichts essen / ich bin durch den Geruch des Bratens satt geworden /

der würt schweig vnd aß mit den gesten vnd nach essens zeit / bezalten dieürten / der ein wandert / der ander blib vnd Vlenspiegel saß bei dem füer / da kumpt der mit dem zalbret / vnd wz zornig / vnd sprach zů Vlenspiegeln / das er vff legt zwen Coelische wyßpfening für dz mal Vlenspiegel sprach. Herwirt / seind ir ein solich man dz ir gelt nemen von einem der da üwere kost nit ißt. Der wirt sprach / das er das gelt gebe /

der Wirt schweigt und aß mit den Gästen die nach dem Essen bezahlten / der eine ging / der andere blieb und Eulenspiegel saß bei dem Feuer / da kam er mit dem Zahlbrett / und war zornig und sprach zu Eulenspiegel / er möge zwei kölsche Weißpfennige für das Mahl darauflegen. Eulenspiegel sprach: Herr Wirt / seid Ihr ein solcher Mann dass Ihr Geld nehmt von einem der Eure Kost nicht ißt? Der Wirt sprach / er müsse das Geld geben /

het er da nit gessen / so

hätte er auch nichts geges-

wer er doch des geschmacks vol worden / er wer da gesessen vber dem braten / das wer so vil als wer er über der tafelen gesessen / vnd het dar von gessen / das wolt er im für ein mal rechen. Vlenspiegel zoch harfür ein Coelischen wyßpfenning / vnd warff den vff den banck / vnd sprache.

sen / so wär er doch von dem Geruch satt geworden er hat beim Braten gesessen / das wär soviel als hätte er am Tisch gesessen und gegessen / das wollte er ihm für ein Mahl anrechnen. Eulenspiegel zog hierfür einen kölschen Weißpfennig / und warf ihn auf die Bank und sprach:

Herwirt hoeren ir wol dißen klang. Der wirt sprach / dißen klang hoer ich wol. Vlenspiegel was endlichen vy dem pfenning vnd stieß den wider in den seckel / vnd sagt. So vil als vch der klang hilfft von dem pfenning / so vil hilfft mich der geroch von dem braten in meinem buch. Der wirt ward vnwürß / dan er wolt den wyßpfenning haben / vnd Vlenspiegel wolt im den nit geben / vnd stelt das in kz recht /

Herr Wirt hört Ihr wohl diesen Klang. Der Wirt sprach / diesen Klang hör ich wohl. Eulenspiegel nahm den Pfennig wieder auf und stieß ihn zurück in das Säckchen / und sagt: Soviel Euch der Klang des Pfennigs hilft / soviel hilft mir der Geruch von dem Braten in meinem Bauch. Der Wirt war unwirsch / denn er wollte den Weißpfennig haben / und Eulenspiegel wollte ihm den nicht geben / und das Gericht entscheiden lassen /

der Wirt übergab das vnd wolt für das recht nit / im wz leid dz er in bezalt het / also er thet mit der tafelen / vnd ließ in mit gůt faren.

der Wirt gab auf und wollte nicht vor Gericht / er befürchtete dass Eulenspiegel es ihm so heimzahlen würde wie mit dem Klapptisch / ließ ihn im guten fortgehen

| | |
|---|---|
| Vnd Vlenspiegel zoch von dannen / so dz in der wirt eret mit der zerung / vnd hůb sich wider vff von dem. Rein vnd zoh wider in das land zů Sachsen. | Und Eulenspiegel zog von dannen, wanderte fort vom Rhein und zog wieder in das Land Sachsen. |

Für seine Leser lebte Eulenspiegel alles aus, was diese sich selbst niemals getraut hätten. So wurde das Buch ein Ventil der Entlastung und Befreiung für alle, die in ihrem eigenen Alltag nur wenig zu lachen hatten.

Zahlreiche Künstler, etwa Richard Strauss oder Josef Hegenbarth, haben dem mittelalterlichen Schalk ein musikalisches oder grafisches Denkmal gesetzt. Das Till-Eulenspiegel-Museum von Schöppenstedt besitzt über 1600 Schriften und mehr als 400 weitere Ausstellungsstücke (Notgeldscheine, Wandteppiche, Porzellanfiguren etc.), und jährlich kommen gut 100 Geschenke aus aller Welt hinzu.

Seine Schwänke haben Til Eulenspiegel zu einem der beliebtesten Narren der Welt gemacht. Er verkörpert den Wunschtraum vieler Menschen: als Schwächerer den Mächtigen überlegen zu sein und in unsicheren Zeiten mit Gelassenheit und Witz den Alltag zu meistern.

*Myriam Grobe*

## Zu keinem pier merer dan gersten, hopfen und wasser

Das Reinheitsgebot
Wilhelm IV. von Bayern
1516

Wenn man verschiedenen Umfragen glauben darf, verbinden viele Ausländer mit Deutschland – wenn sie nicht gerade an Hitler und die Nazis denken – vor allem Autos, Fußball, Wurst und ganz besonders Bier. Einen guten Teil dieses guten Rufes zieht das deutsche Bier aus dem berühmten Reinheitsgebot. Ins Bier gehören Hopfen, Malz und Wasser. Und zwar nur Hopfen, (Gersten)Malz und Wasser. So dekretierte Herzog Wilhelm IV. von Bayern im Jahr 1516 in dem ältesten noch heute gültigen Lebensmittelschutzgesetz der Welt:

> „Item wir ordnen / setzen / und wöllen mit Rathe unnser Lanndtschaft / das füran allennthalben in dem Fürstenthumb Bayrn / auff dem Lande / auch in unnsern Stettn unn Märckthen / da deßhalb hieuor kain sonndere ordnung ist / von Michaelis biß auff Georij / ain mass oder kopffpiers über ainen pfenning Müncher werung / unn von sant Jorgentag / biß auff Michaelis / die mass über zwen pfenning derselben werung / und derenden der kopff ist / über drey haller / bey nachgesetzter Pene / nicht gegeben noch außgeschenckht sol werden. Wo auch ainer nit Mertzn / sonder annder pier prawen / oder sonst haben würde / sol Er d och das / kains wegs höher / dann die maß umb ainen pfenning schencken / und verkauffen. Wir wöllen auch sonderlichen / das füran allenthalben in unsern Stetten / Märckthen / unn auf dem Lannde / zu kainem Pier / merer stückh / dann allain Gersten / Hopfen / unn wasser / genommen unn gepraucht sölle werdn."

Wir verordnen, dass überall im Fürstentum Bayern sowohl auf dem Lande wie auch in unseren Städten und

> Märkten, die keine besondere Ordnung dafür haben, von Michaeli (29. September) bis Georgi (23. April) eine Maß oder ein Kopf Bier für nicht mehr als einen Pfennig Münchener Währung und von Georgi bis Michaeli die Maß für nicht mehr als zwei Pfennig derselben Währung, der Kopf für nicht mehr als drei Heller ausgeschenkt werden soll. Wo aber einer nicht Märzen, sondern anderes Bier brauen oder sonstwie haben würde, soll er es keineswegs höher als um einen Pfennig die Maß ausschenken und verkaufen. Ganz besonders wollen wir, dass forthin allenthalben in unseren Städten, Märkten und auf dem Lande zu keinem Bier mehr Stücke als allein Gersten, Hopfen und Wasser verwendet und gebraucht werden sollen.

Wie zu sehen, ging es in dieser Verordnung vor allem um Preise; die Vorschriften betreffend Inhalt kommen eher am Rande vor und auch nicht, wie viele glauben, allein zur Sicherung der Qualität – anderes Getreide als Gerste war zu knapp, es wurde für Brot gebraucht.

Ähnliche Verordnungen gab es auch schon vor 1516 in Augsburg, Nürnberg oder Regensburg, vor allem, um Biertrinker vor Preistreibern zu schützen. Denn im Beifügen von Zutaten und im Abkassieren ihrer Kunden waren die Bierbrauer des Mittelalters recht erfinderisch. Sauer gewordenes Bier zum Beispiel wurde gern durch Kreide wieder trinkbar gemacht; dunkles Bier, das damals teurer war als helles, durch Zugabe von Ruß erzeugt. Da war ein Reinheitsgebot durchaus angebracht. Das Wort „Reinheitsgebot" selbst im Zusammenhang mit Bier kommt erstmals in einem Sitzungsprotokoll des bayrischen Landtags vom 4. März 1918 vor.

*Walter Krämer*

## All Ding sind Gift und nichts ist ohn Gift

Paramirum
Paracelsus – Theophrastus Bombastus von Hohenheim
1530

> All Ding sind Gift und nichts ist ohn Gift; allein die Dosis macht, daß ein Ding kein Gift ist.

Diese Erkenntnis des Arztes, Naturforschers und Philosophen Theophrastus Bombastus von Hohenheim, besser bekannt als Paracelsus, war zu ihrer Zeit bahnbrechend und gilt noch heute. Bahnbrechend war aber auch, dass Paracelsus mit seiner sozialen Umwelt als einer der ersten Wissenschaftler deutsch gesprochen hat. So rannte er gegen den konventionellen Zeitgeist seiner lateinisch fachsimpelnden Kollegen an, die in ihrer gelehrten Sprache „wie die Katze um den heißen Brei herumgingen“. Dieses Suchen nach eigenem sprachlichen Ausdruck ist höchst erstaunlich zu einer Zeit, die ausschließlich Latein als Sprache der Wissenschaft anerkannte.

Paracelsus war einer der modernsten Naturforscher am Übergang vom Spätmittelalter zur Neuzeit, er hat die Chemie von der Alchemie erlöst und zu einer Dienerin der Heilkunde gemacht. Und von denen, die er heilen wollte, also vom Volk, wollte er verstanden werden. Das Volk sprach deutsch, und er selbst verstand sich, obgleich Sohn eines Adligen, als Mann des Volkes. Deshalb bediente er sich zur Mitteilung seiner heute noch gültigen medizinischen, chemisch-pharmazeutischen und philosophischen Erkenntnisse der deutschen, genauer, der mittelneuhochdeutschen Sprache.

Seine Muttersprache war ihm aber weit mehr als nur Informations-, Kommunikations- und Erkenntnismittel. Er identifizierte sich mit ihr auch in kultureller Hinsicht, und zwar mehrere Jahrhunderte, bevor die Menschen deutscher Muttersprache sich in Europa als Kulturvolk und Nation endlich auf die Hochsprache Deutsch verständigen sollten. Denen, die ihn wegen seines sprachlichen Eigensinns fachlich und persönlich angriffen, erklärte er sich so:

„Weil ich deutsch bin – weil ich neu bin – weil ich allein bin!“

Dabei stammte er nicht einmal aus einem Ort des Gebietes, das in der Moderne einmal Deutschland genannt werden sollte. Das „Land meiner Geburt“, wie er es nannte, ist die Gegend um den Wallfahrtsort Einsiedeln in der Nähe des Zürichsees in der Schweiz. Er liebte es sein Leben lang. An der Sihl im Haus an der Teufelsbrücke wurde er am 17.12.1493 geboren. Sein Vater, Wilhelm Bombast von Hohenheim, war ein schwäbischer Adliger und tüchtiger Arzt. Er mied den unter Medizinern auch damals schon modischen Nimbus des Geheimnisvollen. Er übertrug diese Aufrichtigkeit auf den Sohn, den er nach dem großen griechischen Botaniker Theophrastus benannte.

Er selbst nannte sich „para Celsus“, also „an der Seite“ des von ihm anerkannten römischen Arztes A. Cornelius Celsus, und studierte an deutschen, französischen und italienischen Hochschulen (Promotion vermutlich in Ferrara 1515). Lange gehalten hat es den seine Sprache und Heimat doch so liebenden Kosmopoliten aber nirgendwo. Wir treffen ihn in Spanien, Italien, Holland, Dänemark, Ungarn, Polen und natürlich in allen deutschsprechenden Landen. Er machte viele Kriege mit, an denen auch damals kein Mangel herrschte, um als Chirurg und Wundarzt Erfahrungen zu sammeln, denn:

„wo der Physicus nicht auch ein Chirurgus ist, steht er da als ein Ölgötz“.

Als wagemutiger junger Mann verteidigt er sein „Landfahren“ in einem – auch sprachlich – ganz ungestümen Bekenntnis zum Wert der eigenen Erfahrung:

„Die Kunst geht keinem nach – aber ihr muß nachgegangen werden. Darumb hab ich Fug und Verstand, daß ich sie suchen muß und sie mich nicht. Wie mag hinter dem Ofen ein guter Cosmographus wachsen oder ein guter Geograph? So sein doch die Künst' nicht alle verschlossen in eines Vaterland, sondern sie seindt aufge-

> teilt durch die ganze Welt. Was sagt der Birnbrater hinter dem Ofen? Was kann der Zimmermann sagen ohn' Kundschaft seines Gesichts? Dann Ursach – die Krankheiten wandern hin und her – will einer die Krankheiten erkennen – so wander' er auch! Wandere er weit, so erfahrt er viel und lernt viel erkennen – kompt dann ein solch' fremder Gast in sein Vaterland, so kennt er ihn! Wo er ihn aber nicht kennen würde, wäre ihm spöttisch und ein großer Schand – denn er künnt seinen Nächsten das nicht halten, das er sich berühmt hat zu wissen."

Doch nicht nur provinzielles Aufschneidertum, auch die ärztlichen Praktiken seiner Zeit geißelte er unbarmherzig und sarkastisch und forderte eine Oberaufsicht über Apotheken und Ärzteschaft. Deren Vertreter brächten die Patienten durch Quecksilber, Aderlässe und Abführmittel zu Tode. Er sah die Apotheker dadurch reich werden und sich selbst als deren Feind, weil er sich weigerte, ihre Bestände aufzubrauchen. Er vertraut auf die Kraft der Natur zur Selbstheilung, denn seiner Vorstellung nach gibt es im Himmel und auf Erden keine Kraft, die nicht auch im Menschen enthalten ist. Die von ihm selbst auf Grundlage von Beobachtungen am Krankenbett entwickelten Heilmittel behält er Notfällen vor. Er rechnet sich zu den spagyrischen (chemisch arbeitenden) Ärzten,

> „denn die gehen nicht um mit Faullenzen und also prächtig in Samt und Seide. Was nur mit Fantasieren zugeht, macht freilich kein Blattern an den Händen. Ein Arzt soll wohl gekleidet gehen? Talar und rotes Paletlin? Gehörnte akademische Bacchanten sein das – so sie nicht gemalt gingen, wie ein Butzi in der Fastnacht, wer wollt sie für Ärzt erkennen? O du meine Liebe – o du mein Herr Doktor – das ist physica, ist das jusjurandum Hypokratis – ist das chirurgia – ist das die Kunst? Ist das der Grund? – o du Katzensilber!"

Berufliche Redlichkeit sowie ärztliche Erfahrung und Beobachtung im Dienst des Patienten standen für ihn an erster Stelle. Hippokrates war ihm nur ethische, nicht fachliche Autorität. Von berufener Seite wurde er als „der in den letzten tausend Jahren vielleicht größte Befreier der Menschheit von den Ketten des sklavischen Gehorsams gegenüber der Autorität" bezeichnet [Inglis, 1965]. Die Ärzte der alten Schule versuchten, diesen „Lutherus medicorum" an seiner Berufsausübung zu hindern, ihm per Schmähschrift sein Doktorexamen abzuerkennen, ihm sein Ordinariat an der Baseler Universität, wo er wohl auch in provokativer Absicht auf deutsch lehrte, zu entziehen und ihm die Privatpraxis zu verbieten. Wegen der gegen ihn umschlagenden Stimmung verließ er 1528 Basel nach nur zwei Jahren und ging nach Straßburg. Doch auch von dort scheint er weggeekelt worden zu sein, weil er Krankheiten, die bis dahin das „Privileg" der Chirurgen gewesen waren, erfolgreich mit seinen neuen Heilmitteln (Pflanzenextrakte und Salze) zu behandeln begonnen hatte.

In Colmar dann schrieb er ab 1530 seine wichtigsten Bücher „von französischen Blattern, Lähmen, Beulen – darin die kleine Chirurgie begriffen", „von offenen Schäden, so aus der Natur geboren werden", das „Spitalbuch" und weitere. Kennzeichnend für seinen wissenschaftlichen Stil ist dabei das Ringen um deutschsprachigen Ausdruck für neue Beobachtungen und Begriffe. Von der „Quinta Essentia" heißt es zum Beispiel:

> „Nachdem wir zu verstehen haben geben von der ‚Quinta Essentia', die dann in allen Dingen ist, sol doch das am ersten verstanden werden, was ‚Quinta Essentia' sei. Q. E. sei ein materia, die da corporalisch wird ausgezogen aus allen Gewächsen und aus all dem, in dem das Leben ist, gescheiden von aller Unreinigkeit. Nun ist zu verstehen, daß Q. E. ist allein die Natur, Kraft, Tugendt, Arzenei, die da in dem Ding ist – verfasst ohn ein Herberg und frembde Inkorporierung."

In dem ersten Werk der arbeitsmedizinischen Weltliteratur, seiner Schrift *Die Bergsucht und andere Bergkrankheiten*, unterscheidet Paracelsus bereits zwischen der chronischen und der akuten Vergiftung mit Arsen:

> „Wenn Arsenik eingenommen wird, ist ein schneller plötzlicher Tod da – da hilft nichts, es ist, als wenn der Kopf abgehauen würde. – Wenn aber nicht der Körper [des Arsenik, HHD] eingenommen wird – sondern nur sein Spiritus, macht dieser aus einer Stunden ein Jahr und mehr. Das ist was der Körper in zehn Stunden vollbringt, macht sein Spiritus in zehn Jahren. Es tritt auch nicht ein so gräulicher Tod ein. Wer Erkenntnis der Bergkrankheiten erlangen will, der muß auch die schnelle Krankheit und ihren Tod wohl kennen, mit allen Zeichen, die dadurch entstehen, an ihnen kann er erkennen, welche Art von Bergsucht es ist. Solche vom Gift infizierten Bergleute neigen leicht zu anderen Krankheiten wie Fieber, Schwindsucht, Tobsucht und zur Bräune."

Selbstverständlich hat sich Paracelsus auch der lateinischen Fachausdrücke und der „lingua franca" der damaligen traditionellen Medizin zu bedienen gewusst. Dies musste er schon deshalb, um sich in seinem Fach Gehör zu verschaffen. Darüber hinaus hat er jedoch, wie Martin Luther, auch bahnbrechend sprachschöpferisch gewirkt: Für neue Krankheiten, Gifte und Gegenmittel fand er neue deutsche Namen und Bezeichnungen. Er schuf sich seinen eigenen, überhaupt nicht bequemen oder gar zeitgeistigen Sprachstil. Man kann nicht behaupten, sein Deutsch besitze einen besonderen sprachästhetischen Reiz oder ausdrucklichen Schliff. Seine deutschsprachigen wissenschaftlichen Texte wirken oft umständlich, suchend, tastend – „in statu nascendi" eben – doch insofern auf jeden Fall sympathisch. Seine ehrlich suchende (mitunter gesuchte) Ausdrucksweise ist aber bezeichnend für seine wissenschaftshistorische Situation. Es ist eine Sprache, in der zwar keine sprachliche Sternstunde, dafür aber eine ganz neue Welt am Sprachgestirn aufgeht.

Wo Paracelsus schreiben kann (und will), wie ihm Volkes Schnabel gewachsen ist, sitzt dagegen schon damals jedes Wort. Seine Salzmischung „sal peregrini“ pries er ausdruckssicher als Mittel gegen die Seekrankheit an, denn

> „wer es nimmt, der kotzet nicht.“

Über Glück oder Unglück schreibt er sarkastisch und doch entwaffnend logisch:

> „Der zum Fenster auf die Straßen herausspringt, und bricht ein Bein – hat der Unglück? Nein, denn es gehört zum Wesen des Falles, daß ihm also geschieht. Wer ins Wasser geht und ertrinkt, hat er auch kein Unglück – wenn er aber auf trockener Erde ertränke, könnte er von Unglück sagen.“ [...]

Sein Fazit, um scheinbarem und tatsächlichem Unglück aus dem Weg zu gehen:

> „Können, Wissen und Geschick – dieses sind die drei Dinge, die dem Menschen zu den Dingen helfen, deren er bedarf.“

Paracelsus war ein außerordentlich vielseitiger und unbequemer Wissenschaftler. Dazuhin war er auch Philosoph, ein liebender Arzt und ein unruhiger Mensch. Mit seinen Gedanken und seinem Vertrauen in die Ausdruckskraft seiner Muttersprache war er seiner Zeit als Wissenschaftler um einige Jahrhunderte voraus. Mit dem Gemüt dagegen war er bei den kranken Menschen seiner Gegenwart:

> „Der höchste Grund der Arznei ist die Liebe.“

*Hermann H. Dieter*

## Die Vorstellung einer neuen Kultursprache

Biblia. Das ist: Die gantze Heilige Schrifft Deudsch
Martin Luther
1534

Martin Luther wurde 1483 in Eisleben geboren, wo er auch 1546 starb. Aufgrund eines Gelübdes während eines Gewitters trat er 1505 in das Kloster der Augustinereremiten in Erfurt ein. 1507 wurde er zum Priester geweiht und begann das Studium der Theologie. 1512 erwarb er den Doktortitel und wurde Professor für Bibelauslegung an der Universität Wittenberg. In seinen Vorlesungen vertrat er unter anderem die Ansicht, dass Gottes Gnade nicht durch eigenes Zutun zu erwerben sei. Diese sei ein Geschenk, welches der Mensch nur in Demut hinnehmen könne.

Damit stand Luther im Gegensatz zu einigen kirchlichen Aussagen und Praktiken, unter anderem dem damals üblichen Ablasshandel. 1517 veröffentlichte er seine berühmten 95 Thesen zum Ablass, um eine wissenschaftliche Disputation zu diesem Thema herauszufordern. Die Thesen hatten ein gewaltiges öffentliches Echo und führten zu einer Anklage wegen Ketzerei. 1518 wurde die Verhandlung in Augsburg ergebnislos durchgeführt, den verlangten Widerruf sprach Luther nicht aus.

Es folgten weitere Verhandlungen und öffentliche Auseinandersetzungen, deren Ton sich immer mehr verschärfte. 1521 schließlich wurde über den inzwischen bekannten Kirchenkritiker und seine Anhänger die Reichsacht verhängt. Luthers Landesherr, Kurfürst Friedrich der Weise, ließ ihn scheinbar gefangennehmen und auf der Wartburg in Sicherheit bringen. In den zehn Monaten Burgaufenthalt verfasste Luther zahlreiche wichtige theologische Schriften und übersetzte das Neue Testament in einer neuen Art und Weise in die deutsche Sprache.

Während der folgenden Jahre musste sich Luther mit zahlreichen Gegnern und Angriffen aus verschiedenen Lagern auseinandersetzen, während er und prominente Anhänger am Aufbau einer reformierten Kirche arbeiteten (unter anderem an der Entwicklung einer deutschen Messe). Luther verfasste unzählige Schriften zu theologischen und politischen Themen und arbeitete dabei bis zur Vollendung 1534 an der vollständigen Übersetzung der Bibel. Diese wurde noch im selben Jahr in Wittenberg gedruckt und erwies sich schnell als ein sensationeller Erfolg. Allein bis zu Luthers Tod erschienen über 400 Ausgaben!

Wie kam es – nach rund 1000 Jahren verschiedenster Übersetzungsversuche – zu diesem ungeheuren Erfolg? Der folgende Ausschnitt entspricht dem eigentlichen Bibelanfang, der Genesis aus dem ersten Buch Mose. Zitiert habe ich aus der von Hans Volz u. a. 1974 veröffentlichten Ausgabe der dtv text-bibliothek, die der letzten zu Luthers Lebzeiten veröffentlichten Ausgabe von 1545 entspricht:

> „AM ANFANG SCHUFF GOTT HIMEL VND ERDEN. Vnd die Erde war wüst vnd leer / vnd es war finster auff der Tieffe / Vnd der Geist Gottes schwebet auff dem Wasser.
>
> VND Gott sprach / Es werde Liecht / Vnd es ward Liecht. Vnd Gott sahe / das das Liecht gut war / Da scheidet Gott das Liecht vom Finsternis / vnd nennet das liecht / Tag / vnd die finsternis / Nacht. Da ward aus abend vnd morgen der erste Tag.
>
> VND Gott sprach / Es werde eine Feste zwischen den Wassern / vnd die sey ein Vnterscheid zwischen den Wassern. Da machet Gott die Feste / vnd scheidet das Wasser vnter der Festen / von dem wasser vber der Festen / Vnd es geschach also. Vnd Gott nennet die Festen / Himel. Da ward aus abend vnd morgen der ander Tag.
>
> VND Gott sprach / Es samle sich das Wasser vnter dem Himel / an sondere Orter / das man das Trocken sehe / Vnd es geschach also. Vnd Gott nennet das trocken / Erde / vnd die samlung der Wasser nennet er / Meer. Vnd Gott sahe das es gut war.

VND Gott sprach / Es lasse die Erde auffgehen Gras vnd Kraut / das sich besame / vnd fruchtbare Bewme / da ein jglicher nach seiner art Frucht trage / vnd habe seinen eigen Samen bey jm selbs / auff Erden / Vnd es geschach also. Vnd die Erde lies auffgehen / Gras vnd Kraut / das sich besamet / ein jglichs nach seiner art / vnd Bewme die da Frucht trugen / vnd jren eigen Samen bey sich selbs hatten / ein jglicher nach seiner art. Vnd Gott sahe das es gut war. Da ward aus abend vnd morgen der dritte Tag.

VND Gott sprach / Es werden Liechter an der Feste des Himels / vnd scheiden tag vnd nacht / vnd geben / Zeichen / Zeiten / Tage vnd Jare / vnd seien Liechter an der Feste des Himels / das sie scheinen auff Erden / Vnd es geschach also. Vnd Gott machet zwey grosse Liechter / ein gros Liecht / das den Tag regiere / vnd ein klein Liecht / das die Nacht regiere / dazu auch Sternen. Vnd Gott setzt sie an die Feste des Himels / das sie schienen auff die Erde vnd den Tag vnd die Nacht regierten / vnd scheideten Liecht vnd Finsternis. Vnd Gott sahe das es gut war. Da ward aus abend vnd morgen der vierde Tag.

VND Gott sprach / Es errege sich das Wasser mit webenden vnd lebendigen Thieren / vnd mit Geuogel / das auff Erden vnter der Feste des Himels fleuget. Vnd Gott schuff grosse Walfische vnd allerley Thier / das da lebt vnd webt / vnd vom Wasser erreget ward / ein jglichs nach seiner art/ vnd allerley gefidderts Geuogel / ein jglichs nach seiner art / Vnd Gott sahe das es gut war. Vnd Gott segenet sie / vnd sprach / Seid fruchtbar vnd mehret euch vnd erfüllet das Wasser im Meer / Vnd das Geuogel mehre sich auff Erden. Da ward aus abend vnd morgen der fünffte Tag.

VND Gott sprach / Die Erde bringe erfür lebendige Thier / ein jglichs nach seiner art / Vieh / Gewürm vnd Thier auff Erden / ein jglichs nach seiner art / Vnd es geschach also. Vnd Gott machet die Thier auff Erden /

> ein jglichs / nach seiner art / vnd das Vieh nach seiner art / vnd allerley Gewürm auff Erden / nach seiner art. Vnd Gott sahe das es gut war.
>
> VND GOTT SPRACH / LASST VNS MENSCHEN MACHEN / EIN BILD / DAS VNS GLEICH SEY / Die da herrschen vber die Fisch im Meer / vnd vber die Vogel vnter dem Himel / vnd vber das Vieh / vnd vber die gantzen Erde / vnd vber alles Gewürm das auff Erden kreucht.
>
> VND GOTT SCHUFF DEN MENSCHEN JM ZUM BILDE / ZUM BILDE GOTTES SCHUFF ER JN / VND SCHUFF SIE EIN MENLEIN VND FREWLIN. Vnd Gott segenet sie / vnd sprach zu jnen / SEID FRUCHTBAR VND MEHRET EUCH VND FÜLLET DIE ERDEN / vnd macht sie euch vnterthan. Vnd herrschet vber Fisch im Meer / vnd vber Vogel vnter dem Himel / vnd vber alles Thier das auff Erden kreucht."

Was ist das für eine wunderbare Sprache! Und sie ist – trotz ihres stolzen Alters – modern. Auf eine Übersetzung können wir verzichten. Wir sehen hier unsere aktuelle Sprache nahezu vollständig ausgebildet. Wenn wir den Textausschnitt mit zeitnahen Textdokumenten vergleichen (zum Beispiel mit den Eulenspiegel-Ausschnitten in diesem Buch), können wir den ungeheuren Fortschritt der lutherischen Schreibweise erahnen. Eine schlichte und gleichzeitig unvergleichlich schöne Sprache stellt sich hier vor. Zwei Verfahren waren es vor allem, die Luthers Erfolg ermöglichten: seine eigene Übersetzungstechnik und die Wahl seiner dialektalen Grundlage.

Sehen wir uns zunächst seine Übersetzungstechnik näher an. Luthers wichtigste – aber keineswegs alleinige – Übersetzungsgrundlage war die in der Kirche gebräuchliche lateinische *Biblia Sacra Vulgata*. Der Anfang der Schöpfungsgeschichte lautet dort so: „In principio creavit Deus caelum et terram / terra autem erat inanis et vacua / et tenebrae super faciem abyssi et spiritus Dei ferebatur super aquas." Zwar war zur Zeit Luthers kein Wort dieses Ausschnittes mehr unübersetzt, doch hatte Luther bei mehreren Wörtern durchaus die Qual der Wahl. Eine wirkliche Herausforderung war das Wort „spiritus“. Es bedeutet in dieser Reihenfolge „Luft“, „Atem“, „Lebenshauch“ oder auch „Seufzer“. In anderen Übersetzungen wurde gerne das Wort „Wind“ gewählt. Luthers Bemerkung dazu: „Wind ist da zumal noch nicht gewest / darumb mus es den heiligen Geist deuten.“ Diese Herangehensweise kann nur genial genannt werden. Jede andere Übersetzungsmöglichkeit musste den Leser in fruchtlose Grübelei bringen. Was sollte das denn sein, ein auf dem Wasser schwebender Wind oder Atem?

Das Wort „inanis“ bedeutet eigentlich „leer“, was eine Übersetzung von der Qualität „Die Erde war leer und leer („vacua“) zur Folge gehabt hätte. Andere gängige Übersetzungen von „inanis“ waren „unbeschrieben“, „arm“, „ausgesogen“, „hohl“, „wertlos“, „nichtig“, „nutzlos“ und „erfolglos“. All das ergab in der deutschen Sprache keinen Sinn. Luther entschied sich daher für ein Wort, welches den Sachverhalt nahe den angeführten Übersetzungsmöglichkeiten wiedergibt, ohne auf eines der Wörter zurückzugreifen. Das Wort „wüst“ gab es schon sehr lange in der deutschen Sprache. Seine Bedeutung war „öde“ und „unbebaut“. Das war es! Die Erde war natürlich nicht wertlos oder nutzlos, sie war nur unbebaut. Wüst also.

Luther übersetzte also sehr frei. Er klebte nicht an der lateinischen, griechischen oder hebräischen Vorlage. Er orientierte sich daran, wie die deutsche Sprache im Volk gesprochen wurde. In seinem *Sendbrief vom Dolmetschen* (Ein Sendbrieff D.M. Luthers. von Dolmetzschen ..., 1530) führt er zahlreiche Beispiele für seine Übersetzungsmethode auf: „Als wenn Christus spricht: Ex abundanita cordis os loquitur. Wenn ich den Eseln sol folgen, die werden mir die buchstaben furlegen vnd also dolmetzschen: Auß dem Vberflus des hertzen redet der mund. Sage mir, Ist das deutsch geredt?“ Genau darum ging es Luther aber. Er fragt sich, was der „gemeine man“ und die „mutter ym haus“ an dieser Stelle gesagt hätten. Seine

Antwort: „Wes das hertz vol ist, des gehet der mund vber, das heist gut deutsch geredt, des ich mich geflissen..." Luthers Übersetzungsgrundsätze dürften heute zum Grundwissen jedes Übersetzers zählen.

Ebenso genial war Luthers Wahl der dialektalen Grundlage. Eine richtige hochdeutsche Kultursprache im eigentlichen Sinne gab es ja noch nicht. Wenn wir einen zeitgleichen oder früheren Text zur Hand nehmen, können wir immer schnell sagen, ob es sich um einen bairischen, alemannischen, fränkischen oder thüringischen Text handelt. Alle Regionen sprachen ihre eigenen Dialekte.

Es gab auch schon zahlreiche Bemühungen, diese dialektale Vielfalt zu überwinden. Die Kaufleute und Politiker zum Beispiel hatten vitales Interesse an einer Sprache, mit der man sich in weiten europäischen Gebieten verständigen konnte. Latein konnte dies nicht sein, denn das war nicht die Sprache der einfachen Händler und Reisenden. Daher hatten die großen Kanzleien in Wien, Prag, Augsburg, Nürnberg oder Meißen bereits eine eigene überregionale deutsche Verkehrssprache entwickelt. Sie war – der Aufgabe entsprechend – steif und trocken. Wegen ihrer weiträumigen Verständlichkeit griff Luther jedoch gerne auf die sächsische Kanzleisprache zurück. Die Druckereien benötigten ebenfalls eine überregionale Ausdrucksweise, denn sie wollten ihre Produkte möglichst in allen deutschen Landen verkaufen (70 Prozent aller Drucke waren allerdings noch in lateinischer Sprache verfasst). Sie bemühten sich daher, ihre deutschen Texte so gut wie möglich von regionalen Eigenheiten zu befreien. Der Erfolg war angesichts der kurzen Zeit seit Erfindung des Buchdrucks jedoch eher bescheiden.

Aufgrund seiner zahlreichen Reisen durch Deutschland war der Reformator mit vielen deutschen Dialekten vertraut. Er wusste, welche Wörter überall verstanden wurden. Zudem stand ihm ein Dialektgebiet zur Verfügung, in dem so etwas wie ein sprachlicher Ausgleich begonnen hatte. Im Zuge der Ostkolonisation hatten sich in Ostmitteldeutschland Siedler aus vielen deutschen Dialektgebieten niedergelassen. Es entstand dort eine Sprachmischung, die am ehesten geeignet war, von allen Deutschen verstanden zu werden. Auf diese Mischung stützte sich Luther. Zusammen mit seinen eigenen Bemühungen entstand so die Sprache, die wir heute die hochdeutsche Sprache nennen.

Luthers Leistungen für unsere Sprache können kaum hoch genug eingeschätzt werden. Schon zu Lebzeiten prägte er die Sprache seiner Zeitgenossen allein durch die Menge seiner Texte. Im Jahre 1523 erschienen 935 Drucke in deutscher Sprache – 392 davon waren Lutherschriften. Durch Quantität und Qualität erreichte Luther, dass die deutsche Sprache nun gleichberechtigt neben den heiligen Sprachen Griechisch, Hebräisch und Latein stand, denn auch Luthers Gegner waren nun gezwungen, ihre Angriffe und Antworten immer häufiger in der Sprache des Volkes zu formulieren.

Luther ist sicherlich nicht der alleinige Schöpfer der hochdeutschen Sprache. Viele Bemühungen von vielen anderen Menschen und Institutionen mussten hinzukommen. Doch verdanken wir ihm vielleicht die wichtigste Sternstunde auf dem Weg zu unserer Kultursprache. Nebenbei bedeutete die Lutherbibel den Durchbruch für viele andere europäische und außereuropäische Sprachen, für die die Lutherbibel als Übersetzungsgrundlage diente. Dass die Volkssprachen taugliche Kultursprachen sein konnten, das hatte Luther bewiesen.

*Reiner Pogarell*

## Die deutsche Sprache hält Einzug in die Schule

„Memorial“ an den Reichstag in Frankfurt am Main
Wolfgang Ratke (Ratichius)
1612

Die deutsche Sprache hatte im 16. und zu Beginn des 17. Jahrhunderts erheblich an Boden gewonnen. Die Schulen machten da keine Ausnahme. In den immer wichtigeren sogenannten Elementarschulen war Deutsch die Sprache und in gewissem Maß auch schon der Gegenstand des Unterrichts. Der gewachsene Handel, die gestiegenen Anforderungen an die öffentlichen Verwaltungen sowie die nun öffentlich und schriftlich ausgetragenen politischen und religiösen Diskurse verlangten nach Menschen, die lesen, schreiben und rechnen konnten. Diesen Bedarf konnten die Klosterschulen nicht mehr decken.

Zahlreiche Schulverordnungen befaßten sich damals bereits mit der Schul- und Unterrichtsorganisation sowie der Ausbildung der Lehrer. In Wilhelm Zeppers 1590 verfasster Abhandlung *Von der Anordnung und Bestellung deutscher Schulen in den Städten, Flecken und Dörfern* finden sich zum Beispiel genaue didaktische Anweisungen „wie die Schulmeister in Unterweisungen der Kinder sich verhalten sollen“ und „welche Personen zu solchem Dienste zu gebrauchen“ sind. Aber eine wirklich überregionale oder gar nationale Schulpolitik gab es nicht, dazu waren die staatlichen Institutionen zu schwach. Deshalb war Wolfgang Radkes *Memorial* der erste Versuch, auf nationaler Ebene eine moderne Schule durchzusetzen.

Der Schulreformer Ratke (latinisiert Ratichius), 1571 in Wilster geboren und 1635 in Erfurt gestorben, verfasste mehrere Schulbücher wie das *Lesebüchlein* und die *Allgemeine Sprachlehre*. Und im Jahr 1612 legte er dem Reichstag zu Frankfurt die folgende Denkschrift vor:

„Memorial,

welches zu Frankfurt auf dem Wahltag A[nn]o 1612 den 7. Mai dem deutschen Reich übergeben

Wolfg. Ratichius weiß mit göttlicher Hilfe zu Dienst und Wohlfahrt der ganzen Christenheit Anleitung zu geben.

1. Wie die hebräische, griechische, lateinische und andere Sprachen mehr, in gar kurzer Zeit, sowohl bei Alten als Jungen leichtlich zu lernen und fortzupflanzen seien.
2. Wie nicht allein in hochdeutscher, sondern auch in allen anderen Sprachen eine Schule anzurichten, darinnen alle Künste und Fakultäten ausführlich können gelernet und propagiert werden.
3. Wie im ganzen Reich ein einträchtige Sprach, ein einträchtige Regierung und endlich auch ein einträchtige Religion bequemlich einzuführen und friedlich zu erhalten sei.

Solches desto besser zu beweisen, kann er auch ein Spezimen in hebräischer, chaldäischer, syrischer, arabischer, griechischer, lateinischer und hochdeutscher Sprache schriftlich zeigen, woraus vom ganzen Werk gründlich kann geurteilt werden.

Erklärung

Der allgemeine Gebrauch, so in allen Schulen des Reichs bis anhero noch erhalten wird, ist dieser, daß die Künste und Fakultäten zum ersten in lateinischer, dann in griechischer und hernach, wiewohl gar wenig, in hebräischer Sprache durch allerhand Lectiones, aus vielfältigen Büchern der lieben Jugend fast mit Gewalt, doch nicht sonder große Mühe und Arbeit, werden eingetrieben.

Die vornehmsten Mittel aber, wodurch die liebe Jugend solchs tut fassen und behalten, sind diese: Erstens müssen sie mannigerhand Lectiones auswendig lernen, auch dieselbigen vielmals wiederholen und aufsagen. Darnach müssen sie Deutsch zu Latein, Latein zu Griechisch etc. oder ... viel Exercitia täglichs machen und sich darin üben.

Ein solcher Gebrauch, wie denn auch die Mittel, ist beid der Natur und Sprache nicht allein ganz und gar zuwider, sondern noch darzu hochschädlich und sehr beschwerlich [...].

Nu ist der rechte Gebrauch und Laut der Natur, daß die liebe Jugend, zum ersten ihr angeborne Muttersprache, welche bei uns die deutsche, recht und fertig lesen, schreiben und sprechen lerne, damit sie ihre Lehrer in andern Sprachen künftig desto besser verstehen und begreifen können, darzu die deutsche Bibel mit sonderlichem Nutz kann gebraucht werden.

Darnach muß die hebräische, weil sie eine Mutter aller Sprachen, aus der hebräischen Bibel der Jugend treulich gelehret und eingepflanzet werden.

Zum dritten ist die griechische aus dem Neuen Testament wohl zu lernen, auf daß die liebe Jugend Gottes Wort und Willen allein aus Gottes Wort von Jugend auf möge lernen, verstehen und folgen.

Zum vierten kann die lateinische aus den Komödien des Terentii mit Lust und Kurzweil werden gelernet [...].

Hie stehet nun ferner zu bedenken, wie die Künste und Fakultäten an keine Sprachen, und hergegen die Sprachen an keine Künste oder Fakultäten gebunden sind. So haben auch die lieben Deutschen jetziger Zeit, Gott sei gelobet, nicht allein das Licht der Natur, sondern auch das Evangelii und die wahre Erkenntnis Gotts, dazu mangelts auch nicht an Büchern und gelehrten Leuten, kann derhalben ein vollenkommne Schule in hochdeutscher Sprach sehr wohl angerichtet werden, wodurch die deutsch Sprach und Nation merklich zu bessern und zu erheben stehet [...].

> So können auch die Rechtsgelehrten in allen Städten in deutscher Sprach sehr wohl erkennen, was recht ist, auch in derselbigen ein Corpus Juris, welchs Gotts Wort konform verfertigen, darinnen alle Ungerechtigkeit abgeschafft, auf daß allein die Gerechtigkeit im Reich gepfleget und erhalten werde.
>
> Desgleichen kann ein Medicus den Leib wohl auf gut deutsch kurieren und versorgen, all geschieht es nicht auf griechisch oder arabisch, in welchen Sprachen doch der meisten Teil selber unerfahren. [...]“

Diese Denkschrift enthält einige revolutionäre Neuerungen. Zunächst stellt Ratke die deutsche Sprache an den Anfang und in den Mittelpunkt der Schuldidaktik; an die Stelle des Herunterleierns unverstandener Texte setzt er den bewussten Umgang mit verstandener Sprache. Das war eine ganz neue Pädagogik. Die eigene Sprache zuerst, dann eine Hierarchie wichtiger Fremdsprachen. Außerdem erklärt Radke die Schulentwicklung zur nationale Aufgabe, von der beide – Nation und Sprache – profitieren könnten. Durch die Bevorzugung der deutschen Sprache würde das allgemeine Bildungsniveau schneller steigen, es sei zwecklos, Schüler in einer Fremdsprache zu quälen, wenn doch deren späterer Beruf vor allem muttersprachliche Fertigkeiten verlange.

Die Erfolge seiner Denkschrift erlebte Wolfgang Ratke nicht. Aber er hatte großen Einfluss auf spätere Reformer wie Comenius, und auch die Sprachgesellschaften griffen auf seine Vorschläge zurück. Damit ist er einer der Mitbegründer unserer moderen Schule.

*Myriam Grobe*

## Alles zu Nutzen

Das Programm der Fruchtbringenden Gesellschaft
Fürst Ludwig von Anhalt-Köthen
1622/1629

Im Jahr 1617, am Vorabend des Dreißigjährigen Krieges, gründete Fürst Ludwig von Anhalt-Köthen mit seinem Sohn Ludwig dem Jüngeren und drei Fürsten aus Sachsen-Weimar sowie drei Hofmarschällen die erste und mit bald rund 890 Mitgliedern größte deutsche Sprachakademie, die Fruchtbringende Gesellschaft. Dazu hatte ihn die bereits 1583 in Florenz eingerichtete *Accademia della Crusca* („Akademie der Kleie") angeregt. Dem Vorbild dieser ältesten europäischen Sprachgesellschaft entsprechend, die bis heute „das Studium und die Wahrung der italienischen Sprache" verfolgt, gab sich auch die deutsche Sprachgesellschaft ein Leitwort. Dieses lautete „Alles zu Nutzen" und wurde nach Ludwigs Auffassung in idealer Weise durch den Indianischen Palmbaum verkörpert. Er wählte ihn daher zum Symbol der Fruchtbringenden Gesellschaft.

Das Gründungsdokument findet sich in der Einleitung des Gesellschaftsbuchs von 1622, des ersten Mitgliederverzeichnisses der Vereinigung. Es trägt den Titel *Kurtzer Bericht der Fruchtbringenden Gesellschafft Zweck und Vorhaben*. Darin erläutert der Fürst diesen Namen und die Symbolik wie folgt:

> […] „Und weil bey dergleichen Zusammenthuung nicht ungewöhnlich und zu mehrer auffmunterung dienlich / daß anfänglich die gantze Gesellschaft / nicht allein auff eine besondere Matery ihren Nahmen richten / sondern auch ein darzu bequemes Gemähld ihnen wehlen / und ein darauff sich wolschickendes Wort / den zweck und die bedeutung meldende / drüber außtrücken lasse / wie solchem zufolge ein jedweder Gesellschafter / der hinein zu treten gesinnet / auch zuthun schuldig: Also ist diese Gesellschaft / die Fruchtbringende / genennet / ihr zum Gemählde ein Indianischer Nußbaum Cocos ge-

nand / verordnet / und zum Wort / Alles zu Nutzen / gesetzet worden.

Der Name Fruchtbringende darümb / damit ein jedweder / so sich hinein begiebet oder zubegeben gewillet / anders auch nicht als was fruchtmessig zu Früchten / Bäumen / Blumen / Kräutern oder dergleichen gehörig / und aus der Erde wachsende / und darvon entstehend / ihme erwehlen könne / und darneben überall frucht zuschaffen gefliessen seyn solle.

Das Gemählde aus ursachen / daß wie bey den Thieren keines gefunden wird / so in allem / auch den geringsten / nützlicher zu gebrauchen / als das Schaff / dergleichen ebenergestalt bey diesem Indianischen Nußbaum vollkömlich sich ereuge / inmassen die Bäum- un[d] Käuterbücher / sonderlich aber die OstIndianische Beschreibungen / mit mehren solches bezeugen.

Das Wort aber zu dem ende / daß in und bey dieser Gesellschafft alles zu nutzen / frommen / und ergetzung / niemand aber zu leide / schaden oder verdruß gerichtet seyn sol."

Ab dem Jahr 1629 hat diese Darstellung die Form eines Sonetts; entsprechend dem Anspruch der Fruchtbringenden Gesellschaft, anstelle von Fremdwörtern deutsche Bezeichnungen zu verwenden, nannte man es „Klinggedicht". Darin mahnt Fürst Ludwig die Mitglieder, dem Vorbild des Palmbaums zu folgen.

„Kompt / lernt vom Palmenbaum / ihr die ihr euch begeben
In die Geselschaftwolt / wie ihr es stellet an
Daß euch Fruchtbringend heiß und halt ein jederman /
Ihr müsset seiner frucht in allem folgen eben:
Fast alles / was bedarff / der Mensch / in seinem leben
Bringt vor der baum / draus man Nehnadeln machen kann /
Garn / Stricke / Seide / Schiff / auch Mast / und Segel dran
Wein / Essig / Brandtewein / öhl seine früchte geben /

Brot / Zucker / Butter / Milch / Kees: Aus der Rinde wird
Ein Becher / Leffel / Topff; Ein blat von ihm formirt
Dachschindeln / Matten auch von ihm geflochten werden:
In jedem Monat er / vor- neue Früchte bringt:
Wol dem / dergleich wie er darnach nur strebt und ringt
Daß er / in allem frucht und nutzen bring aufferden."

Der Kurtze Bericht fasst das Programm der Fruchtbringenden Gesellschaft in zwei wesentlichen Punkten zusammen. Der erste nimmt Bezug auf das tugendhafte Verhalten der Gesellschaftsmitglieder:

„Worauff dann folgends also bald unterschiedliche Personen in diese Gesellschaft eingetretten / und deren eigentlicher zweck und meynung kürtzlich auff nechst folgende zwey Puncten gerichtet / und zusammen gezogen worden.

Erstlichen daß sich ein jedweder in dieser Gesellschafft / erbar / nütz- und ergetzlich bezeigen / und also überall handeln sole / bey Zusammenkünfften gütig / frölig / lustig und erträglich in worten und wercken sein / auch wie darbey keiner dem andern ein ergetzlich wort für übel auffzunehmen / also sol man sich aller groben verdrießlichen reden / und schertzes darbey enthalten."

Das hier geforderte Verhalten ist die Grundlage eines funktionierenden Gemeinwesens. Den Begründern der Fruchtbringenden Gesellschaft ging es darüber hinaus um Verhaltensformen, die ebenso wie das Tragen eines Gesellschaftspfennigs am „sittich-grünen seidenen Band" und das Führen von Gesellschaftsnamen ständische Unterschiede überbrücken und jedes Mitglied auf eine tugendhafte Verhaltensweise verpflichten sollten. So waren aus dem Bürgertum stammende Sprachgelehrte ebenso gesellschaftswürdig wie Adlige; höfische und bürgerlich-gelehrte Kultur gingen in der Fruchtbringenden Gesellschaft eine Verbindung ein. Durch ihre auf den Nutzen ausgerichteten stände-, konfessions- und territorial übergreifenden Bestrebungen entwirft man ein Gemeinwesen, das nicht territorial oder religiös, sondern durch die Sprache bestimmt ist.

In einer Zeit, in der bei Hofe Französisch, in den Wissenschaften und im kirchlichen Umfeld Latein die vorherrschenden Sprachen waren und die Autoren der griechisch-lateinischen Antike als literarische Vorbilder verehrt wurden, wollte die Fruchtbringende Gesellschaft das Deutsche als Literatursprache entwickeln und die im Deutschen selbst angelegten Ausdrucksmöglichkeiten nutzen. So heißt es im Kurtze[n] Bericht weiter:

> „Fürs ander / daß man die Hochdeutsche Sprache in ihren rechten wesen und standt / ohne einmischung frembder außländischer wort / auffs möglichste und thunlichste erhalte / un[d] sich so wohl der beste[n] außsprache im reden / alß der reinesten art im schreiben un[d] Reimendichten befleissigen.“

Anders als die florentinische Sprachakademie, die Crusca, und die 1635 gegründete Académie Française verwendete die Fruchtbringende Gesellschaft die Bezeichnung „Akademie“ lediglich in italienisch oder französisch verfassten Briefen. Wie aus dem Kurtze[n] Bericht hervorgeht, setzte man die im Deutschen als „Gesellschaft“ bezeichnete Vereinigung den fremdländischen Akademiegründungen gleich:

> „Nachdem ihrer viel von der Fruchtbringenden Gesellschaft / was dero eigentlicher zweck / auch wie un[d] worzu sie auffgerichtet und angestellet / bericht zu haben / begehren; Als ist gut gefunden worden / nachfolgendes kürtzlich zu jedes begehrenden unterricht / zuverfassen.
>
> Jst also zu wissen / daß im Jahr 1617. bey einer vornehme[n] / wiewol traurigen Fürstlicher und Adelicher Personen zusammenkunfft / zu ergetzung vorgangenen Leids / und anreitzung der löblichen Jugend / zu allerley hohen Tugenden / unterschiedener Academien, die in frembden Landen / beydes zuerhaltung guten vertra-

> wens / erbawung wolanstendiger Sitten / als nützlicher außübung jedes Volcks LandsSprachen / auffgerichtet / erwehnung geschehen / darbey aber ferner erwogen worden / weil unsere weitgeehrte hochdeutsche Muttersprache / so wol an alter / schönen und zierlichen Reden / als auch an überfluß eigentlicher und wolbedeutlicher Wort / so jede Sachen besser als die Frembden recht zu verstehen geben können / einen nicht geringen vorzug hat / daß ebener gestalt darauff möchte gedacht werden / wie eine sothane Gesellschaft zu erwecken und anzustellen / darinnen man in gut rein deutsch reden / schreiben / auch anders so bey dergleichen zusam[m]ensetzung und erhebung der Muttersprache (darzu jeder von Natur verpflichtet) gebräuchlich un[d] dienlich / vornehmen möchte."

Fürst Ludwig und seine Freunde hatten die gemeinsame Muttersprache als ein einendes und identitätsstiftendes Band erkannt, mit dem die konfessionellen Auseinandersetzungen des Dreißigjährigen Kriegs überwunden werden konnten. Die Fruchtbringende Gesellschaft wurde so in den dreißiger und vierziger Jahren des 17. Jahrhunderts zum Zentrum der Sprach- und Literaturdebatte in Deutschland, die Sprachgelehrten Christian Gueintz, Georg Philipp Harsdörffer und Justus Georg Schottelius sowie der Kirchenlieddichter und Schriftsteller Philipp von Zesen nahmen durch Übersetzungen, durch Wortneubildungen und die Herausbildung einer deutschen grammatischen Wissenschaftssprache daran erfolgreich teil. Durch diese Stärkung des Deutschen als Literatursprache und die Schaffung der Grundlagen für eine fachsprachliche Textproduktion verhalf die Fruchtbringende Gesellschaft der deutschen Sprache im 17. Jahrhundert zu Ansehen, sie bereitete den Weg für die Aufklärung und ebnete den Weg zu einer deutschen Nationalkultur.

*Uta Seewald-Heeg*

## Deutsch – richtig und schön!

Buch von der Deutschen Poeterey
Martin Opitz
1624

In etlichen deutschen Städten gibt es eine Opitzstraße. Wem erweisen wir diese Ehre?

Martin Opitz wurde 1597 im nordschlesischen Städtchen Bunzlau geboren. Als Schüler begeisterte er sich für die Literatur der Römer und veröffentlichte lateinische Gedichte. Aber schon als Zwanzigjähriger verfasste er einen nachdrücklichen Aufruf, doch besser auf Deutsch zu dichten. Auf einer Bildungsreise hatte er im niederländischen Leiden den Dichter Daniel Heinsius und dessen *Nederduytsche Poemata* kennengelernt (1616) und diese zum Vorbild für seinen Einsatz für eine zeitgemäße deutsche Dichtersprache genommen.

Wieder in Schlesien, konnte er zunächst keine Anstellung finden und ging als Gymnasialprofessor nach Siebenbürgen. Ein Jahr später kehrte er nach Breslau zurück und wurde zum herzoglichen Hofrat berufen. Diese Position ließ ihm Zeit für vielfältige schriftstellerische Arbeiten, für Wissenschaftliches und für seine Dichtungen. 1636 ernannte ihn der polnische König zum offiziellen Geschichtsschreiber mit Sitz in Danzig. Dort starb Opitz 1639 an der Pest.

Zum großen Helden seiner zeitgenössischen Dichterkollegen wurde Opitz durch sein im Jahr 1624 erschienenes *Buch von der Deutschen Poeterey*. Damit hatte er die Dichter der Zeit überzeugt und so den sprachlichen Parcours für die große deutsche Barock-Lyrik der folgenden Jahrzehnte geglättet. Opitz ahnte es:

> „Vieleichte werden noch die bahn so ich gebrochen /
> Geschicktere dann ich nach mir zue bessern suchen."

In dieser Passage der Poeterey erinnert Opitz mahnend daran, dass deutschsprachige Dichter nicht „auff art der griechen vnnd lateiner eine gewisse grösse der sylben können in acht nehmen; sondern das wir aus den accenten vnnd dem thone erkennen / welche sylbe hoch vnnd welche niedrig gesetzt soll werden.“

In anderen Worten: Wenn deutsche Dichter aus fremden Sprachen übernommene Versmaße benutzen, dann muss die natürliche deutsche Betonung der Silben und Wörter unserer Prosa-Betonung auch im Vers erhalten bleiben. Andernfalls, so Opitz’ abschreckendes Beispiel, entsteht Hässliches à la „Venus die hat Juno nicht vermocht zue obsiegen“: korrekt sechsmal die Folge ‚unbetont – betont‘, ein sogenannter Alexandriner, ein damals gern aus dem Französischen kopiertes Versmaß, aber eine Vergewaltigung der deutschen Sprache. Opitz’ Regel bedeutet: Dem Leser oder Rezitator dürfen nicht, um eines fremden Versmaßes willen, falsche Betonungen abverlangt werden.

> „Wiewol nun meines wissens noch niemand / ich auch vor der zeit selber nicht dieses genawe in acht genommen / scheint es doch so hoch von nöthen zue sein / als hoch von nöthen ist / das die Lateiner nach den quantitatibus oder grössen der sylben jhre verse richten vnd reguliren.“

Das ist das zentrale, doch nicht das einzige Verdienst seiner Poeterey. Im Nachwort entschuldigt sich Opitz:

> „So viel ist es / was ich von vnserer Poesie aufsetzen wollen. Wiewol ich keinen zweiffel trage / es sey noch allerseits eines vnd das andere zue erinnern / welches nicht weniger notwendig seyn mag / als etwas von denen sachen / derer ich erwehne. Es kann auch wol sein / das mir in dem eilen (denn ich vor fünff tagen / wie meine freunde wissen / die feder erst angesetzt habe) diß vnd jenes mag einkommen sein / das entweder gar außengelassen / oder ja im minsten verbessert sollte werden. Ich hoffe aber / es wird mir der guethertzige Leser / in betrachtung der kurtzen zeit so ich hierbey

> verschlossen / etwas vbersehen / vnd bedenken / Rom sey nicht auff einen tag gebawet worden."

Wirklich nur „fünff tage"? Jedenfalls ist Opitz auf gerade einmal 79 kleinen Seiten (14,5 x 18,3 cm), die zu einem guten Teil auch noch umfangreiche Gedichtzitate enthalten, sowohl eine recht vollständige Beschreibung der damals gängigen Gedichtformen gelungen als auch – im zweiten, normativen Teil – eine Art Regelwerk für den Umgang der Dichter mit der deutschen Sprache. So schreibt er etwa zum Reim:

> „Erstlich / weil offte ein Buchstabe eines doppelten lautes ist / soll man sehen / das er in schliessung der reimen nicht vermenget werde. Zum exempel: Das e in dem Worte ehren wird wie ein griechisch ε / in dem worte nehren wie ein η außgesprochen: kann ich also mit diesen zweyen keinen reim schliessen."

Oder zum Apostroph:

> „Das e / wann es vor einem anderen selbstlautenden Buchstaben zue ende des wortes vorher gehet / es sey in wasserley versen es wolte / wird nicht geschrieben vnd außgesprochen / sondern an seine statt ein solches zeichen ' darfür gesetzt [...] Wann auff das e ein Consonans oder mitlautender Buchstabe folget / soll es nicht aussen gelassen werden: ob schon niemandt bißher nicht gewesen ist / der in diesem nicht verstossen. Ich kann nicht recht sagen: Die wäll der starcken Stadt vnnd auch jhr tieffe Graben; Weil es die Wälle vnd jhre Graben sein soll. [...] Welchem die reime nicht besser als so von statten gehen / mag es künlich bleiben lassen: Denn er nur die vnschuldigen wörter / den Leser vnd sich selbst darzue martert vnnd quelet.
>
> Wiewol es nicht so gemeinet ist / das man das e niemals aussenlassen möge: Weil es in Cancelleyen (welche die rechten lehrerinn der reinen sprache sind) vnd sonsten vblich / auch im außreden nicht verhinderlich ist. Vnnd

kann ich wol sagen / vom für von dem / zum für zue dem / vnd dergleichen.“

Auch zum Wohlklang weiß Opitz manchen Rat. Ausgangspunkt ist wieder eine fremde Sprache:

> „Weil ein Buchstabe einen andern klang von sich giebet als der andere / soll man sehen / das man diese zum offteren gebrauche / die sich zue der sache welche wir für uns haben am besten schicken. Als wie Virgilius von dem berge Etna redet / braucht er alles harte vnd gleichsam knallende buchstaben.“ Das findet Opitz angemessen für den feuerspeienden Vulkan. Aber „So / weil das L vnd R fließende buchstaben sein kan ich mir sie in beschreibung der bäche vnd wäßer wol nütze machen / als Der klare brunnen quilt mitt lieblichem gerausche etc.
>
> Wie nun bißweilen eine solche zuesammenstoßung der buchstaben recht vnd guet ist; soll man sie doch sonsten mitt einander so wißen zue vermengen / das nicht die rede dadurch gar zue raw oder zue linde werde. Eben dieses ist es auch / wann eine syllabe oder wort zue offte wiederholet wird; als: Die die dir diese dinge sagen.“

Noch 1624, im selben Jahr wie die Poeterey, erschienen *Martini Opicii Teutsche Poemata*. Wie auch spätere Ausgaben von Opitz’ Gedichten mag diese Sammlung seine Leser beeindruckt, seine dichtenden Zeitgenossen inspiriert haben. Heute wirken diese Poemata vor allem als Bestätigung, dass sich alle damals bekannten und bewunderten fremden Gedichtformen auch in deutscher Sprache verwirklichen ließen. Das war immerhin der Beweis, dass Deutsch eine gleichberechtigte Rolle im mehrstimmigen Konzert der europäischen Kultursprachen des 17. Jahrhunderts spielen konnte. Bald nach dem doppelten Opitz-Jahr 1624 stand die deutsche Barock-Lyrik in voller Blüte.

*Cornelius Sommer*

## „Hafen Käs“ und „Gfräß“

Gesichte Philanders von Sittewald
Johann Michael Moscherosch
1640

Das Dunkel, das jenseits der Klassik herrscht, hat, wie fast alle Dichter des Barock, so auch Johann Michael Moscherosch (1601-1669) verschluckt. Dabei war er lange Zeit berühmter als Grimmelshausen, der Autor des *Simplicissimus*. Er trat in Wilstaedt bei Kehl seine bewegte, mehrfach vom Dreißigjährigen Krieg durchkreuzte Lebensbahn an; der Geburtsort spendete ihm durch Umstellung der Buchstaben den zweiten Teil seines Pseudonyms: Philander von Sittewald. Seine geistige Prägung empfing er aus dem nahen Straßburg: durch die humanistische Gelehrsamkeit einer der angesehensten Schulen im damaligen deutschen Sprachraum und durch eine reiche literarische Tradition, mit Namen wie Brant, Murner und Fischart. Und wie sie tat sich auch Moscherosch vor allem als Satiriker hervor; seinem Hauptwerk, der *Gesichte Philanders von Sittewald* (1640/43), ist das hier abgedruckte Gedicht entnommen.

Fast jeder Schneider
Will jetzt und leider
Der Sprach erfahren sein
Und redt Latein
Wälsch und Französisch,
Halb Japonesisch,
Wann er ist doll und voll
Der grobe Knoll.

Der Knecht Matthies
Spricht: bonae dies,
Wann er guten Morgen sagt
Und grüßt die Magd;
Die wendt den Kragen,
Tut ihm Dank sagen,
Spricht: Deo gratias, Herr Hippocras.

Ihr böse Teutschen.
Man sollt euch peutschen,
Daß ihr die Muttersprach
So wenig acht.
Ihr liebe Herren,
Das heißt nicht mehren,
Die Sprach verkehren
Und zerstören.

Ihr tut alles mischen
Mit faulen Fischen,
Und macht Misch-Gemäsch
Ein wüste Wäsch,
Ich muß es sagen,
Mit Unmut klagen,
Ein faulen Hafen Käs,
Ein selzams Gfräß.

Wir hans verstanden
Mit Spott und Schanden,
Wie man die Sprach verkehrt
Und ganz zerstört.
Ihr böse Teutschen,
Man sollt euch peutschen.
In unserm Vatterland;
Pfui dich der Schand.

Das Gedicht enthält eine Anklage, eine Schelte, in jambischen Versen, die genau aufeinander abgestimmt sind. Stets folgt auf ein sich reimendes Paar mit unbetontem Ausgang eines mit betonten Schlüssen, und der Rhythmus beschleunigt sich, wie zu einem empörten Ausruf. Nur die mittlere Strophe macht hiervon mit ihrem vierfachen sanften Reim eine Ausnahme. Zum Schmähgedicht gehören keifende Klang- und Wortwiederholungen. Die Strophen drei bis fünf sind voll davon: von der Neubildung „Misch Gemäsch" bis zu dem Vers „Ihr böse Teutschen...". Der Rost der Jahrhunderte hat dem Vokabular zugesetzt. „Wälsch" steht hier für das Italienische, und „voll" für betrunken. Mit „Kragen“ bezeichnete noch Goethe den Hals. „Verkehren“ war gleichbedeutend mit entstellen, und „faule Fische“ dienten als Bild für Lügen oder Flausen. „Wäsch“ im Sinne von Gerede, ein „Hafen Käs“ für einen Topf Quark und „Gfräß“ für Mischmasch haben die Sprachmengerei zur Zielscheibe. Der Schneider will besonders fein sein und erweist sich als „grober Knoll“; der Knecht spricht Küchenlatein, und die Magd erhöht ihn zum „Hippocras“ („Herrscher der Rosse“). So das gewöhnliche Volk, das dafür die Peitsche verdient hat; den Regierenden hingegen (man lebt in einer Ständegesellschaft) naht man sich mit sanftem Tadel: „Ihr liebe Herren“.

Im siebzehnten Jahrhundert war das Deutsche von zwei Seiten her bedroht: durch die Universitäten, die lateinisch, und die Höfe, die französisch sprachen. Die aus diesen Quellen gespeiste Fremdwörterflut fand reichen Widerhall in der sogenannten Alamode-Literatur, und die rief ihrerseits die Sprachgesellschaften auf den Plan, zu deren Programm die Reinerhaltung des Wortschatzes gehörte.

Moscherosch hat das „Gesicht“ (die Vision, die phantastische Satire), der das Schmähgedicht entstammt, „Alamode Kehraus“ genannt; er wurde bald darauf Mitglied der Fruchtbringenden Gesellschaft, der angesehenen Sprachschützervereinigung. Gleichwohl gibt seine Schelte nicht schlichtweg seine Meinung wieder. Sie ist Teil einer Standpauke, die der „urdeutsche“ Herrscher Ariovist als Prototyp vollmundigen Nationalbewusstseins dem wegen seiner Fremdtümelei angeklagten Philander hält. Der Ort im Ganzen der Satire rückt somit den Inhalt des Gedichts ins Zwielicht der Ironie. Und schon die Schelte selbst lässt wegen des kapuzinerpredigtartigen Tones an der Ernsthaftigkeit ihrer Botschaft zweifeln. Moscherosch konnte kein Freund der Sprachmengerei sein: Er war jedoch offenbar auch kein Freund eines allzu patriotisch gefärbten Purismus.

*Manfred Fuhrmann*

## Die Uhralte Hauptsprache der Teutschen

Teutsche Sprachkunst
Justus Georg Schottelius
1641

Die deutsche Sprache und Kultur der ersten Hälfte des 17. Jahrhunderts hatte sich in hohem Maße den französischen Nachbarn zum Vorbild genommen (die sogenannte Alamodezeit, aus frz. á la mode). Französische Wörter, Titel und Namen waren angesagt und wurden ins Deutsche übernommen. Französisch wurde die Sprache bei Hofe, in der Politik und in der feineren Gesellschaft. Dagegen setzte Justus Georg Schottelius einen Kontrapunkt.

Schottelius wurde am 23. Juni 1612 als Sohn des lutherischen Pfarrers Johannes Schottelius in der alten Hansestadt Einbeck geboren. Sein Bildungsweg führte ihn an die Universitäten in Hamburg, Groningen und Leiden, der damals bedeutendsten in Europa, und über Leipzig und Wittenberg dann nach Braunschweig, als Erzieher und Lehrer für die Kinder des regierenden Herzogs August d. J. zu Braunschweig und Lüneburg.

In den 37 Jahren, die er am herzoglichen Hof verbrachte, betrieb Schottelius umfangreiche Studien – überwiegend zur deutschen Sprache. In der Zeit nach der Entlassung aus dem Amt als Prinzenerzieher im Jahre 1646 liegt seine Hauptschaffensperiode, in der die meisten seiner 15 Monographien und eine Vielzahl von Aufsätzen und Einblattdrucken entstanden. Vor allem mit Sprache und Literatur beschäftigte er sich und schrieb sogar Schauspiele für seine Schüler. Aber auch Schriften zu den Rechts- und Geschichtswissenschaften sowie zur Philosophie und Theologie stammen aus seiner Feder. Schottelius starb am 26. Oktober 1676 im Alter von 64 Jahren in Wolfenbüttel.

Schottelius war ein universaler Barockgelehrter. Den größten Teil seines Werkes nehmen seine sprachtheoretischen Arbeiten ein – fast zwanzig eigenständige Schriften zu grammatischen, sprachpflegerischen und sprachgeschichtlichen Themen. Sein erstes großes Buch mit 654 Seiten erschien 1641 zum ersten Mal in Braunschweig bei Balthasar Gruber unter dem Titel:

> „IVSTI GEORGII SCHOTELII, Einbeccensis, Teutsche Sprachkunst, darinn die Allerwortreichste, Prächtigste, reinlichste, vollkommene, uhralte Hauptsprache der Teutschen auß ihren Gründen erhoben, dero Eigenschafften und Kunststücke völliglich entdeckt, und also in eine richtige Form der Kunst zum ersten mahle gebracht worden. Abgetheilet in Drey Bücher."

Eine zweite Auflage erschien zehn Jahre später. Die *Teutsche Sprachkunst* bildet auch einen Hauptteil der 1663 erschienenen *Ausführliche*[n] *Arbeit von der Teutschen HaubtSprache*, ein Werk mit fast 1500 Seiten.

Die *Teutsche Sprachkunst* besteht aus drei Büchern. Von Seite 1 bis 172 hält der Verfasser neun Lobreden auf die deutsche Sprache. Sie sind gekennzeichnet durch eine Sprachauffassung und ein Sprachprogramm, das Schottelius' eigenständige Reflexion über grammatische Zusammenhänge widerspiegelt. Er führt aus, dass die deutsche Sprache seiner Zeit von ihrer Herkunft und ihrem Aufbau her eine lange historische Dimension hat und, dass dem Deutschen eine große Bedeutung unter den damals wichtigen Sprachen zukomme. Ihm fällt der große Einfluss des Französischen auf, und er fordert, dass das Deutsche von überflüssigen und fremden Bestandteilen befreit werden müsse, um so in ihrer Reinheit und Schönheit neu erstehen zu können. Als Hauptaufgabe des Grammatikers bezeichnet Schottelius in der ersten Lobrede die Feststellung der *Grundrichtigkeit der deutschen Sprache*, ihre Gesetzmäßigkeit, ihr unveränderliches Wesen in Rechtschreibung, Wortbildung und Satzbau. Dieser Grundrichtigkeit stünde der Sprachgebrauch gegenüber. Es gebe keinen deutschen Dialekt, in dem die perfekte Hochsprache realisiert sei. Er schreibt:

„Wan wir aber unsere Muttersprache also und derogestallt / wie sie von mancherley Landarten gebraucht / von unwissenden hunderterley weise gehandhabt / und von der blinden wackelnden Gewonheit zerzogen wird / wolten abmessen und rechtfertigen; würden wir doch meistentheils ein ungewisses zerrüttetes Wesen in dieser Sprache aufbauen / die doch auff gewissen Gründen festiglich beruhtet / und in die Würzelen der Natur gepflanzt ist (...)"

Die zweite Lobrede trägt die Überschrift „Die Zeugnissen vieler hoher und vortreflicher Männer / die sie von ihrer Teutschen Muttersprache gethan / und dazu so eifferig uns angemahnet haben / samt Widerlegung des irrigen Uhrtheils / und Deuteley so unterschiedliche vornehme Ausländer in ihren Schriften über die Teutsche Sprache hinterlassen". Schottelius stellt darin Aussagen Gelehrter über die Bedeutung der deutschen Sprache vor. Er nennt wissenschaftliche und politische Schriften, in denen das Deutsche verwendet wurde und zitiert den Grammatiker Valtentin Ickelsamer, der bereits 1534 eine deutsche Grammatik veröffentlicht hatte.

In der dritten Lobrede „Von der Uhralten Hauptsprache der Teutschen / begreifft Deroselben Uhrankunft und Uhraltertum" betrachtet er die Anfänge des Deutschen aus sprachhistorischer Sicht und gibt Beispiele für älteste Zeugnisse des Deutschen.

Ursprung „und vortrefliche Eigenschaften der Teutschen Stammwörter" beschreibt Schottelius in der vierten Lobrede. Er führt den Begriff der Stammwörter ein, die in jeder Sprache begrenzt sind, aber die Grundlage für Wortbildungsmöglichkeiten darstellen. Ein Wort, das den Zusammenhang anderer Wörter zu einer Wortfamilie beschreibt, wird auch heute noch als Stamm- oder Wurzelwort bezeichnet (zum Beispiel [Haus] in Haustür, häuslich, hausen). In diesen Wortfamilien glaubt er die Grundfesten der Sprache zu erkennen.

„Ein jedes standfestes Gebäu beruhet auf seinen unbeweglichen wolbepfälten Gründen: Also einer jeglichen

Sprache Kunstgebäu bestehet gründlich in jhren uhrsprünglichen natürlichen Stammwörtern: welche als stets saftvolle Würzelen den gantzen Sprachbaum durchfeuchten / dessen Spräslein / Ast- und Aderreiche Zweige in schönester Reinligkeit / steter Gewisheit und unergründender Mannigfaltigkeit / reumiglich und hoch ausbreiten lassen."

Das zweite Buch ist betitelt mit „Wortforschung der Teutschen Sprache / Samt vielen merk- und denkwürdigen Sachen". Es stellt eine vollständige systematische Grammatik des Deutschen auf hohem wissenschaftlichen Niveau dar. In Form von Regeln und Lehrsätzen und mit vielen Sprachbeispielen verdeutlicht und behandelt Schottelius orthographische Fragen, beschäftigt sich mit Wortarten und Flexion und erklärt deren morphologische Struktur. Das morphologische Prinzip, bei dem die Schreibung der Wörter einer Wortfamilie möglichst ähnlich gehalten wird, auch wenn sie sich von der gesprochenen Form unterscheiden, beschreibt er folgendermaßen:

„Pferd / Pferdt / Pfert / ist die Ausrede fast gleich / weil aber die Geschlechtsendung heisset des Pferdes / und die mehrere Zahl die Pferde / als ersiehet man / daß es Pferd / mit einem d müsse geschrieben werden. also: Swert / nicht Swerd / den es heisset die Schwerter."

Schottelius erkannte auch die reichen Wortbildungsmöglichkeiten des Deutschen, die es zu einem flexiblen Kommunikationsmittel machen. In der Wortbildungslehre des Deutschen liegt deswegen auch Schottelius' größte Bedeutung für die Sprachwissenschaft. Die Wortbildungsarten Derivation *(Ableitung)* und Komposition (*Verdopplung*) wurden vor ihm in ähnlich theoretischer Systematik nicht erfasst.

„Die Ableitung ist eine Anzeige / wie und welcher Gestalt die entspringlichen Nennwörter von ihren Stammworte heraus machen / und richtig abgeleitet werden. (...) Es sind aber der Hauptendungen zwo und zwanzig / und alle einlautend / als: bar / er / haft / ig / lich / ei / el /

en / ern / isch / icht / ling / lein / niß / schaft / sal / sam / ung / heit / keit / inn / tuhm: (...)

So oft nun eine / aus diesen Hauptendungen / bey einem Worte gefunden wird / ist unfehlbarlich zu sliessen / das es ein abgeleitetes Nennwort sey / welches durch wegwerfung solcher Hauptendung / zu seinem wesentlichen Buchstaben / oder zu seinem Stammworte kan gebracht werden (...)“

Die Wortbildungsart Komposition wird in der *Teutsche[n] Sprachkunst* in der sechsten Lobrede ausführlich erklärt und im zweiten Buch anhand einer nach Stammwörtern geordneten Wortliste veranschaulicht. Schottelius beschreibt an deutsch-lateinischen Wortgleichungen, wie

„Straffampt / Corrigendi aut infligendi poenas officium Amptstraffe / Poenas, qua ratione officij alicui debetur”

eine Stärke des Deutschen – nämlich seine Fähigkeit, bestimmte Sachverhalte kurz und treffend zu benennen. Schottelius sagt, dass

„frömde Sprachen versuchen / ob sie die Doppelungen also wechselen / Kraft der Grundwörter die Deutungen mit den Wörteren umkehren / und das natürliche Wesen aufs füglichste / aufs kürzeste / aufs lieblichste in den Verstand also legen können / wie das Teutsche solches ausspricht.“

Schottelius’ konsequentes theoretisches und praktisches Bemühen um die deutsche Sprache hat die Entwicklung der germanistischen Sprachwissenschaft maßgeblich beeinflusst. Die in seinem Werk dargelegte Beschreibung der Wortbildungszusammenhänge zeichnet sich durch eine zuvor nie erreichte Systematik aus. Zwar ist Schottelius noch nicht in der Lage, aufgrund seiner Sprachstudien zu Ergebnissen, wie etwa den Lautgesetzen Grimms, zu kommen, viele seiner Ansätze bei der Sprachbetrachtung und beim Sprachvergleich führen aber, konsequent weitergedacht, zu richtigen Einsichten. Nicht unerwähnt bleiben soll aber die Tatsache, dass Schottelius an manchen Stellen seines Werkes zu falschen Schlüssen kommt, die andere vor ihm bereits richtig dargestellt hatten. Zu nennen wären hier beispielsweise Aussagen zur Wortetymologie. So erweisen sich die von ihm dargestellten Beziehungen verschiedener Lehnwörter aus dem Lateinischen zum Deutschen als falsch. Der Augsburger Lexikograph Georg Henisch kommt in seiner *Teutsche Sprach und Weißheit*, die bereits 1616 erschienen war, zu einer korrekten Herleitung lateinischer Lehnwörter. Schottelius behauptet einen umgekehrten Entlehnungsweg.

Solche Fehler sollen aber die beachtliche Gesamtleistung seines Werkes nicht schmälern. Die *Teutsche Sprachkunst* war das sprachwissenschaftliche Hauptwerk seiner Zeit. Viele Gelehrte nach ihm bezogen sich darauf, besonders Leibniz. Die Bedeutung, die Justus Georg Schottelius für die deutsche Sprache und ihre wissenschaftliche Untersuchung hatte, lässt sich schließlich mit einem Satz des Braunschweiger Lehrers Caspar Elias Reichard zusammenfassen, der in seinem 1747 in Hamburg gedruckten *Versuch einer Historie der deutschen Sprachkunst* die Entwicklung einer wissenschaftlichen und schulischen Beschäftigung mit der deutschen Sprache beschreibt: „Seine deutsche Sprachkunst, oder seine ausführliche Arbeit von der deutschen Haubtsprache ist allein hinlänglich, uns das Bekenntniß anzunöthigen, daß er sich unsterblich verdient gemacht, und daß wenige werden auftreten und sich rühmen können, es ihm in diesem Stücke gleich gethan zu haben.“ (aus: Reichard, Caspar E., Versuch einer Historie der deutschen Sprachkunst)

*Holger Klatte*

## Denckt doch! ein teutsch Programma an das lateinische schwartze Bret der Universität

Die erste Universitätsvorlesung in deutscher Sprache
Christian Thomasius
1687

Es war der 31. Oktober, der Reformationstag 1687, als der gerade mal 32-jährige Juraprofessor Christian Thomasius am schwarzen Brett der Leipziger Universität allen, die es lesen wollten, zu verstehen gab, dass er beabsichtige, eine Vorlesung in deutscher Sprache abzuhalten. „Was war da nicht für ein entsetzliches lamentiren!“ erinnerte sich Thomasius dreißig Jahre später: „ein teutsch Programma an das lateinische schwartze Bret der löbl. Universität. Ein solcher Greuel ist nicht erhöret worden, weil die Universität gestanden. Ich muste damahls in Gefahr stehen, daß man nicht gar solemni processione das löbliche schwartze Bret mit Weyhwasser besprengte.“

Thomasius’ Thema war *Discours Welcher Gestalt man denen Frantzosen in gemeinem Leben und Wandel nachahmen solle?* Der Untertitel lautete: Ein Collegium über des Gratians Grund-Reguln / Vernünfftig / klug und artig zu leben. Die Vorlesung wurde einige Jahre später bei Georg Weidemann in Leipzig gedruckt; sie beginnt wie folgt:

> „Meine Herren“ [Damen waren damals an den Universitäten noch nicht zugelassen], „es ist kein Zweiffel / und schon von vielen angemercket worden / daß wenn unsere Vorfahren die alten Teutschen anitzo auferstehen und in Teutschland kommen sollten / ihnen im geringsten nicht düncken würde / daß sie in ihren Vaterlande und bey ihren Landsleuten wären / sondern sie würden sich vielmehr einbilden / daß sie in einem frembden Lande bey unbekannten und ganz anderen Menschen sich aufhielten; so grosse Enderungen sind / ich will nicht sagen / in tausend / sondern nur in etlichen hundert Jahren darinnen fürgegangen / unter welchen nicht die geringste

> ist / daß dafür diesem die Frantzosen bey denen Teutschen in keine sonderliche Hochachtung komen / heut zu Tage alles bey uns Frantzösisch seyn muß."

So wie heute das Englische hatte damals das Französische das geistige Leben des Landes fest im Griff, und Thomasius argumentierte, dass dies ebendiesem geistigen Leben eher schade. Hier war er sich mit dem größten Wissenschaftler des Jahrhunderts, Gottfried Wilhelm Leibniz, einig, der zwischen Sprachgebrauch und Erkenntnisfortschritt ebenfalls enge Parallelen sah:

> „Wir Teutschen hätten einen sonderbahren Probierstein der Gedancken, der andern unbekandt; und wann sie denn begierig gewesen etwas davon zu wissen, so habe ich ihnen bedeutet, dass es unsere Sprache selbst sey, denn was sich darinn ohne entlehnte und ungebrauchliche Worte vernehmlich sagen lasse, das seye würcklich was Rechtschaffenes; aber leere Worte, da nichts hinter, und gleichsam nur ein leichter Schaum müssiger Gedancken, nehme die reine Teutsche Sprache nicht an."

Ähnlich Tomasius. Seine Vorlesung fährt fort:

> „Frantzösische Kleider / Frantzösische Speisen / Frantzösischer Hausrath / Frantzösische Sprachen / Frantzösische Sitten / Frantzösische Sünden ja gar Frantzösische Krankheit sind durchgehends im Schwange. Solten wir uns nun nicht billig schämen (so wir ja nichts anders bedencken wolten) daß wenn unsere Vorfahren einen Blick in die ietzige Welt thun solten / sie an statt ihres gleichen in Teutschland anzutreffen dasselbige mit teutschen Frantz-Männern besetzet finden würden / welche von denen uralten Gebräuchen so gar abgewichen sind / daß von selbigen fast nicht das geringste mehr / welches uns von den vorigen eine Anzeigung geben könte / übrig blieben: ich meine ja sie würden uns als unechte Kinder und Bastardte anspeyen / und uns eher mit unsern Frantzösischen Bärtgen für fei-

> ge und weibische Memmen als ansehnliche wackere Männer achten; ich meine sie würden uns entweder einen derben und nachdrücklichen Verweiß geben; oder aber uns nicht einmahl ihres Zorns würdig achtende mit einen bitteren Gelächter von sich stossen."

Dieser These setzt Thomasius aber sogleich eine Antithese entgegen:

> „Auff diese Weise pflegt man öffters von unserer heutigen Lebens-Art und Wandel zu urtheilen; aber meines Bedünckens / wenn man keine andere Ursachen wieder dieselbige fürbringen kan / möchte man wohl mit diesen in Ruhe stehen / und die guten alten Teutschen in ihren Gräbern ebenmäßig ruhen lassen. Es ist von Anfang der Welt in denen meisten Republiqen so hergegangen / daß die Sitten und Manieren zu leben sich hin und wieder verändert haben; eines einzelnen Menschen Wille ist veränderlich / wie solten denn so viele Menschen / aus welchen das gemeine Wesen bestehet stets während einerley Lebens-Art behalten? Aenderungen sind wohl insgemein gefährlich / aber deswegen nicht allemahl zu verwerffen / weil man auch daß gute selten ohne Gefahr erhalten kan. Dannenhero ist unbereimbt / wenn man ein geändertes Leben bloß wegen der Aenderung tadeln will ohne zu sehen ob man das Gute mit bösen / oder dieses mit jenem verwechselt habe. Die alten Teutschen waren wegen eines und andern billig für und zu loben; aber wer wolte leugnen / daß wir nicht auch in vielen Stucken einen mercklichen Vortheil für ihnen auffzuweisen hätten? Solte nun ein Teutscher von der Gattung wie sie uns Tacitus beschreibet / oder Dieterich von Berne der edle Held elende (wie ihn das so genante Helden-Buch zum öfftern betittelt) uns unsere Gebräuche durchhecheln wollen; so halte ich gäntzlich dafür / dass ihnen ängster werden sollte / als dem alten Hildebrand gewesen / da ihn der Riese bei seinem Bart erwüschte / und über die Achseln schleuderte."

Im weiteren Verlauf der Vorlesung spielt Thomasius dann diese Sichtweisen gegeneinander aus, wie es sich für einen geübten Rhetoriker geziemt. Diese Debatte hat sich seitdem vielfach wiederholt und ist hier von eher historischem Interesse. Worauf es ankommt: Hier hat jemand erstmals öffentlich argumentiert, dass Fortschritt in der Wissenschaft am besten in der Muttersprache möglich sei. Auch andere Gelehrte hatten schon vor Thomasius mit ihren Studierenden Deutsch gesprochen (so etwa der berühmte Paracelsus zu seiner Zeit als Stadtarzt und Professor in Basel), aber der Auftritt von Thomasius an der Universität von Leipzig war der erste nicht zu überhörende einschlägige Paukenschlag.

*Walter Krämer*

## Madame sein ist ein ellendes Handwerck

Briefe einer deutschen Prinzessin am Hofe von Versailles
Liselotte von der Pfalz
1689

Im Jahr 1671 verheiratete Kurfürst Karl Ludwig von der Pfalz seine 19-jährige Tochter Elisabeth Charlotte an den Bruder des Sonnenkönigs in Paris; man erhoffte sich von dieser Verbindung etwas Ruhe an der Franzosenfront – allerdings vergeblich, wie sich später herausstellen sollte. In gewisser Weise war daran niemand anderes als Elisabeth Charlotte, kurz Liselotte, selber schuld. Denn als 1685 mit Liselottes Bruder der letzte männliche Pfälzer Kurfürst starb, erhob Liselottes angeheirateter französischer Schwager Anspruch auf das Land, und der pfälzische Erbfolgekrieg begann.

Weitab in Versailles brach das Liselotte fast das Herz („Das macht mir das Herz bluten, und man nimmt mir es noch hoch vor Übel, dass ich traurig drüber bin.") Und auch sonst ließ sie am Hofleben des Sonnenkönigs („dick und alt, wird von Tag zu Tag faltiger") kaum ein gutes Haar; Ludwigs bevorzugte Mätresse, Madame de Maintenon, war für sie nur „die alte Vettel, die alte Schlump". Statt Fasanen und Rebhühner hätte sie lieber Sauerkraut gegessen, und ihre maximale Verachtung galt allen Landsleuten, die nach Überschreiten der Landesgrenze anfingen, sich als Franzosen aufzuführen: „Ich kann nicht vertragen, Deutsche zu finden, die ihre Muttersprache so verachten, dass sie nie mit anderen deutsch reden und schreiben wollen."

Bis zu ihrem Tod schrieb Lieselotte geschätzte 60.000 Briefe, auch der große Philosoph Gottfried Wilhelm Leibniz war unter den Empfängern. Rund 5.000 dieser Briefe sind erhalten, sie zählen zu den erfrischendsten und bewegendsten Schriftdokumenten ihrer Zeit. „Die Briefe der Liselotte sind zuweilen flüchtig hingeworfen", schreibt Leopold von Ranke, „unter ihnen sind aber auch viele, die, durch den Gegenstand geadelt, drastisch und treffend, auch im Ausdruck zu den besten gehören, die in deutscher Sprache geschrieben sind."

Als pars pro toto hier ein Brief, den Liselotte im Jahre 1689 an ihre Tante, die Herzogin Sophie von Hannover, geschrieben hat, kurz nachdem sie von den Verwüstungen der Pfalz erfuhr:

> [Versailles, den 20. März 1689] „Euer Liebden wissen wohl, daß ich nichts ungerners tue als lamentieren, und allebenwohl, wenn man so traurig ist, als ich leider seit einer langen Zeit her bin, kann man sich dessen schwerlich enthalten, und wes das Herz voll ist, geht der Mund leicht über. Mir kommt die Traurigkeit noch schwerer an als andern, denn meine herzliebe Tante weiß wohl, daß ich es nicht von Natur bin, allein wenn einen das Unglück so auf allen Seiten überhäuft, kann man doch nicht lassen, solches zu empfinden. Kaum hatte ich mich über des armen Carllutz Tod ein wenig erholt, so ist das erschreckliche und erbärmliche Elend in der armen Pfalz angangen, und was mich am meisten daran schmerzt, ist, daß man sich meines Namens gebraucht, um die armen Leute ins äußerste Unglück zu stürzen. Und wenn ich darüber schreie, weiß man mirs gar großen Undank und man protzt mit mir darüber. Sollte man mir aber das Leben darüber nehmen wollen, so kann ich doch nicht lassen, zu bedauern und zu beweinen, daß ich sozusagen meines Vaterlands Untergang bin und über das alle des Kurfürsten, meines Herrn Vater seligen Sorge und Mühe auf einmal so über einen Haufen geworfen zu sehen an dem armen Mannheim.
>
> Ja ich habe einen solchen Abscheu vor allem, so man abgesprengt hat, daß alle Nacht, sobald ich ein wenig einschlafe, deucht mir, ich sei zu Heidelberg oder zu Mannheim und sähe alle die Verwüstung, und dann fahr ich im Schlaf auf und kann in 2 ganzen Stunden nicht wieder einschlafen. Dann kommt mir in Sinn, wie alles zu meiner Zeit war, in welchem Stand es nun ist, ja in welchem Stand ich selber bin, und dann kann ich mich

> des Flennens nicht enthalten. Was mir noch schmerzlich ist, ist, daß der König just gewartet hat, um alles ins letzte Elend zu bringen, bis ich vor Heidelberg und Mannheim gebeten. Und noch dazu nimmt man übel, daß ich betrübt drüber bin, aber ich kanns wahrlich nicht lassen."

Liselotte sollte ihre Heimat niemals wiedersehen. Im Jahr 1722 ist sie in Saint-Cloud bei Paris gestorben.

*Walter Krämer*

## Eine continuierliche beständige und nachhaltende Nutzung

Die Sylvicultura Oeconomica und die Erfindung des Waldes
Hanns Carl von Carlowitz
1713

„In keinem anderen europäischen Land hat sich ein derart tiefes Bewusstsein für die Heimat der Bäume entwickelt wie bei den Nachfahren der Germanen". So kommentierte die Süddeutsche Zeitung einmal eine Ausstellung „Unter Bäumen" im Berliner Historischen Museum. Aber dieses Bewusstsein wuchs erst spät, als Kind der deutschen Romantik des 19. Jahrhunderts.

Schon mehr als hundert Jahre früher war es ein anderer Deutscher, der sächsische Oberberghauptmann Hanns Carl von Carlowitz, der weltweit als erster den Wald als eine wichtige und schonenswerte Ressource definierte. Seine Schrift *Sylvicultura Oeconomica – Hausswirthliche Nachricht und Naturmäßige Anweisung zur Wilden Baum-Zucht* aus dem Jahr 1713 ist das erste forstwissenschaftliche Buch der Welt; der moderne Begriff der Nachhaltigkeit geht auf dieses Buch zurück, das auf 423 Text- und 23 Registerseiten die langjährigen Erfahrungen seines Autors als „Königlich Pohln. und Churfürstl. Sächs. Cammer-Rath und Ober-Berg-Hauptmann" zusammenfasst. Carlowitz setzt sich darin vor allem mit dem Holznachschub für den Bergbau auseinander. Denn der war damals in allen europäischen Bergbauregionen ein großes Problem. Statt wie bis dato munter draufloszuholzen, schlug Carlowitz ein Verfahren zur Sicherung eines beständigen Nachschubs vor. Bei der Rodung von Wäldern etwa müsse man „bedenken [...] wo ihre Nachkommen Holz hernehmen sollen". Denn „wenn die Holtz und Waldung erst einmal ruinirt / so bleiben auch die Einkünffte auff unendliche Jahre hinaus zurücke / und das Cammer=Wesen wird dadurch gäntzlich erschöpffet / daß also unter gleichen scheinbaren Profit ein unersetzlicher Schade liegt." Carlowitz mahnte an, dass man „mit dem Holz pfleglich umgehe, und alle unnütze Verschwendung und Verderbung desselben, so viel wie möglich verhüte.“ Oder um ein altes Sprichwort zu benutzen: „Man soll keine alte Kleider wegwerffen / bis man neue hat / also soll man den Vorrath an ausgewachsenen Holtz nicht eher abtreiben / bis man siehet / daß dagegen gnugsamer Wiederwachs vorhanden“.

Dann folgt der berühmte Absatz, in dem erstmals der Begriff der Nachhaltigkeit auftaucht:

> „Wird derhalben die größte Kunst/Wissenschaft/Fleiß und Einrichtung hiesiger Lande darinnen beruhen / wie eine sothane Conservation und Anbau des Holtzes anzustellen / daß es eine continuierliche beständige und nachhaltende Nutzung gebe / weil es eine unentberliche Sache ist / ohne welche das Land in seinem Esse nicht bleiben mag.“

Carlowitz nutzt hier das Wort „nachhaltend“, vom Verb „nachhalten“ = für längere Zeit anhalten oder bestehen bleiben. Das zugehörige Substantiv ist das mittlerweile veraltete Wort „Nachhalt“ – etwas, das zurückgehalten wird, das man für schlechte Zeiten aufbewahrt. Insbesondere darf man natürlich nicht mehr Holz schlagen als später nachwächst. Das erscheint uns heute offensichtlich, war damals aber neu.

Es sollten noch mehrere Jahrzehnte vergehen, bis diese Ideen zum Allgemeingut der Forstwirtschaft in Deutschland und im Rest der Erde wurden. Der preußische Oberlandforstmeister Georg Ludwig Hartig, der Begründer der Forstwissenschaft, übersetzte Carlowitz‘ Ideen in seinem Standardwerk *Anweisung zur Taxation der Forste oder zur Bestimmung des Holzertrags der Wälder* wie folgt:

> „Es läßt sich keine dauerhafte Forstwirtschaft denken und erwarten, wenn die Holzabgabe aus den Wäldern nicht auf Nachhaltigkeit berechnet ist. Jede weise Forstdirektion muss daher die Waldungen [...] so hoch als möglich, doch so zu benutzen suchen, dass die Nach-

> kommenschaft wenigstens ebensoviel Vorteil daraus ziehen kann, wie sich die jetzt lebende Generation zueignet.“

Fast 200 Jahre später schrieb die UNO in ihrer Helsinki-Resolution – nicht wörtlich, aber sinngemäß – von Hartig und damit indirekt von Carlowitz ab, sie definiert die nachhaltige Waldwirtschaft als

> „die Behandlung und Nutzung von Wäldern auf eine Weise und in einem Ausmaß, das deren biologische Vielfalt, Produktivität, Verjüngungsfähigkeit, Vitalität sowie deren Fähigkeit, die relevanten ökologischen, wirtschaftlichen und sozialen Funktionen gegenwärtig und in der Zukunft auf lokaler, nationaler und globaler Ebene zu erfüllen gewährleistet, ohne anderen Ökosystemen Schaden zuzufügen.“

So kam ein sächsischer Oberberghauptman bis nach Helsinki.

*Walter Krämer*

## Ein tiefer Blick hinter den Schein des Seins

Die Monadenlehre
Gottfried Wilhelm Leibniz
1720

Leibniz galt schon als Kind als ungewöhnlich begabt, Latein lernte er zum Beispiel ohne Lehrer, sozusagen nebenbei. Von 1661 bis 1666 studierte er in seiner Heimatstadt Leipzig, den Studienabschluss als Doktor beider Rechte absolvierte er aber in Altdorf, denn der Universität Leipzig war der damals Zwanzigjährige zu jung. Danach ging Leibniz nach Mainz und wurde dort 1670 Revisionsrat am Oberappellationsgericht.

Die Jahre von 1672 bis 1676 verbrachte Leibniz in Paris; dort traf er Huygens und andere wissenschaftlichen Größen dieser Zeit. Auch ein bedeutender Meilenstein in der Geschichte der Mathematik, die Entdeckung der Infinitesimalrechnung, fiel in diese Jahre; veröffentlicht wurde sie aber erst 1684. Die späteren Lebensjahre von Leibniz waren dann von dem bekannten Prioritätenstreit mit Isaac Newton über diese Entdeckung überschattet. In Paris lernte Leibniz auch seinen späteren Dienstherrn, Herzog Johann Friedrich von Braunschweig-Lüneburg, kennen. Im Oktober 1676 verließ Leibniz Paris und erreichte über mehrere Zwischenstationen (London, Amsterdam und Den Haag) Hannover, das für viele Jahre sein Lebensmittelpunkt werden sollte.

Seinen vielseitigen Talenten angemessen, beschäftigte sich Leibniz mit Problemen des Bergbaus, des Bibliothekswesens (ab 1691 war er Leiter der Wolfenbütteler Bibliothek) und der Geschichte des Welfenhauses. Diese Geschichte nahm sehr viel Zeit und Arbeitskraft in Anspruch, die Leibniz lieber für andere Themen verwendet hätte. Ihn bewegten Gedanken zur Wiedervereingung der christlichen Kirchen und zur Rechtfertigung Gottes (im Rahmen seiner berühmten Theodizee), der nach seiner Vorstellung die beste aller möglichen Welten geschaffen habe, im Sinne von: „Mehr ist nicht drin". 1700 wurde Leibniz Gründungspräsident der Berlin-Brandenburgischen Akademie der Wissenschaften.

Als Philosoph trat Leibniz vor allem durch seine *Monadenlehre* hervor. Die Vorstellung einer Monade lässt sich am besten in seiner geistigen Auseinandersetzung mit Descartes verdeutlichen. Während Descartes die Naturerscheinungen letztlich auf Ausdehnung und Bewegung zurückführt, hat der scharfsinnige Leibniz Bewegung bereits als relative Größe erkannt. Bewegung lässt sich nur in Bezug zum Beobachter erkennen; was also Bewegung ist oder nicht, ist eine Frage des Standpunktes des Beobachters. Diese Überlegung deckt sich erstaunlich gut mit den Vorstellungen der modernen Physik. Die entscheidende Größe wäre demnach die sozusagen hinter der Bewegung wirkende Kraft, die zwar selbst nicht fassbar, aber doch an ihren Wirkungen erkennbar ist.

Monaden sind also die hinter den Erscheinungen wirkenden Ursachen. Monaden sorgen deshalb für einen nicht unmittelbar erkennbaren, aber universellen Zusammenhalt der wahrnehmbaren Erscheinungen:

> „Auf diese Weise stimmt das Zusammengesetzte mit dem Einfachen überein. Da nämlich alles voll ist und somit die gesamte Materie zusammenhängt und da im Vollen jede Bewegung eine Wirkung auf entfernte Körper ausübt, und zwar nach Maßgabe der Entfernung, so daß jeder Körper nicht nur durch diejenigen berührt wird, die an ihn angrenzen, und in gewisser Weise alles das verspürt, was diesen geschieht, sondern durch deren Vermittlung auch diejenigen verspürt, die an jene ersten angrenzen, durch die er unmittelbar berührt wird, so folgt, daß sich diese Kommunikation der Substanzen über eine beliebige Entfernung erstreckt. Und folglich verspürt jeder Körper alles, was sich im Universum ereignet, so daß jemand, der alles übersieht, in jedem lesen könnte, was sich überall ereignet, und selbst das, was geschehen ist, oder geschehen wird..." (Monadologie französisch/deutsch Reclam 1998, S. 45)

Diesen Gedanken des universellen Zusammenhalts erweiterte Leibniz auch auf die „belebte“ Welt:

> „Obwohl so zwar jede geschaffene Monade das gesamte Universum vorstellt, stellt sie doch den Körper, der insbesondere für sie bestimmt ist und dessen Entelechie sie ausmacht, deutlicher vor. Und wie dieser Körper das gesamte Universum durch den Zusammenhang aller Materie im Vollen ausdrückt, so stellt auch die Seele das gesamte Universum vor, indem sie den Körper vorstellt, der ihr in einer besonderen Weise angehört.“ (ebd. S. 47)

Das von innerer Notwendigkeit angetriebene, geradezu automatenhafte Zusammenspiel einer unübersehbaren Zahl von einzelnen Körpern oder Individuen weitete sich in Leibniz‘ Denken bis zu Problemen der Organisation von Staat und Gesellschaft aus:

> „Schließlich wird es unter dieser vollkommenen Regierung keine gute Handlung ohne Belohnung und keine schlechte ohne Bestrafung geben: Und alles muß zum Wohle des Guten gelingen...“ (ebd. S. 63)

Ursprünglich hatte Leibniz die Monadenlehre auf Französisch als „Gelegenheitsschrift“ für einen Kreis philosophisch interessierter Adliger verfasst. Ihre philosophische Tragweite wurde erst später erkannt, auch wegen ihrer posthum im Jahr 1720 von Heinrich Köhlern herausgegebenen deutschen Übersetzung. Leibniz selbst war am 14. November 1716 nach kurzer Krankheit in Hannover gestorben. Der hannoversche Hof sowie die höhere Beamtenschaft blieben dem Begräbnis fern.

*Friedhelm Rabe*

## Klingendes Leid

Matthäuspassion
Johann Sebastian Bach/Christian Friedrich Henrici
um 1727

Etwas merkwürdig wirkt er für heutige, nicht mehr so bibelfeste Ohren schon, der Beginn der *Matthäuspassion*:

„Kommt, ihr Töchter, helft mir klagen,
Sehet – Wen? – den Bräutigam,
Seht ihn – Wie? – als wie ein Lamm!
Sehet, – Was? – seht die Geduld,
Seht – Wohin? – auf unsre Schuld;
Sehet ihn aus Lieb und Huld
Holz zum Kreuze selber tragen!

O Lamm Gottes, unschuldig
Am Stamm des Kreuzes geschlachtet,
Allzeit erfunden geduldig,
Wiewohl du warest verachtet.
All Sünd hast du getragen,
Sonst müssten wir verzagen.
Erbarm dich unser, o Jesu!"

Den Urheber der freien Verse, also derjenigen Teile des Textes, die nicht Bibeltext oder Choral sind, nennt Bach auf dem Titelblatt der erhaltenen Handschrift des Werkes: *Passio Domini nostri J. C. secundum Evangelistam Matthaeum. Poesia per Dominum Henrici alias Picander dictus. Musica di J. S. Bach.* Oder auf Deutsch: „Text von Herrn Henrici, genannt Picander."

Heute wird die *Matthäuspassion* hauptsächlich als musikalisches Kunstwerk wahrgenommen; der Textdichter, der auch noch für eine ganze Anzahl weiterer Bach-Werke von größter Bedeutung war, ist dagegen vergessen.

Christian Friedrich Henrici wurde 1700 in ärmlichen Verhältnissen in Stolpen (Meißen) geboren. 1719 begann er an der Universität Wittenberg das Studium der Jurisprudenz und setzte es 1720 in Leipzig fort. Schon während des Studiums übernahm Henrici die Stelle eines Hauslehrers bei dem Leipziger Patrizier Johann Theodor Koch, die ihm finanziell jedoch nicht viel einbrachte. So versuchte der Student, seine Einkünfte als Gelegenheitsdichter aufzubessern. Dann siedelte sein Arbeitgeber nach Niederglaucha bei Düben um, und Henrici musste ihm folgen, um seinen Lebensunterhalt zu sichern. Und an diesem Ort ereignete sich ein Zwischenfall, der dazu führte, dass er sich ein Pseudonym zulegte: „Als er [Henrici] auf der Vogeljagd eine Elster schiessen wollte, traf er statt deren einen Bauern und verwundete ihn schwer: er wurde eine Zeit lang in Arrest genommen. Doch lief schließlich alles günstig ab. Die Sache machte aber so tiefen Eindruck auf ihn, dass er sich fortan als Dichter Picander, d. h. Elstermann nannte."

1723 mit Unterstützung des sächsischen Hofes nach Leipzig zurückgekehrt, verfasste Picander immer häufiger Gelegenheitsdichtungen. Besonders in Leipzig erfreuten sich seine polemischen und satirischen Verse großer Beliebtheit. Der erste Teil seiner Gedichte wurde viermal, der zweite und dritte je dreimal und der vierte zweimal veröffentlicht. Außerdem erschienen ein fünfter Teil und posthum 1768 eine *Sammlung vermischter Gedichte*.

Im Jahre 1725 erschien eine Reihe geistlicher Dichtungen Henricis: die „Sammlung Erbaulicher Gedancken, Bey und über die gewöhnlichen Sonn- und Festtags-Evangelien in Form von Betrachtungen in Alexandrinern mit jeweils nachfolgendem Strophengedicht auf eine bekannte Kirchenliedweise" – im selben Jahr komponierte Johann Sebastian Bach eine erste Kantate auf einen Picanderschen Text: „Entfliehet, verschwindet, entweichet, ihr Sorgen" (BWV 249a) zum Geburtstag des Herzogs Christian von Sachsen-Weißenfels.

Von nun an wurde Picander ein wichtiger Mitarbeiter Bachs. Beide waren nicht nur durch ihre Berufe verbunden, sondern auch durch ihre Freundschaft. Henricis Frau Elisabeth übernahm 1737 die Patenschaft für Bachs Tochter Johanna Carolina. Fachlich war Picander durch profunde musikalische

Kenntnisse – er war Mitglied eines Musikkollegiums (möglicherweise des Bachschen) –, durch eine große Bibelfestigkeit sowie durch die formale Gewandtheit und Glätte seiner Texte für die Zusammenarbeit mit Bach prädestiniert.

In dem Doppeltext zu Beginn der *Matthäuspassion* sind zwei Bestandteile eng verwoben, Picanders Dichtung und der Choral „O Lamm Gottes unschuldig", dessen Zeilen hier eingerückt sind. Picander dichtet ganz offenbar von der Liedstrophe ausgehend, parallelisiert so beide Elemente, eröffnet damit aber auch das gesamte Werk mit einer Vorstellung zentraler Begriffe des Passionsgeschehens und seiner Deutung: Picander greift die Identifikation Jesu mit dem unschuldigen „Lamm" auf, das den Ausgangspunkt der Liedstrophe bildet. Ebenso rekurriert er auf die auch schon im Lied ausgedrückte „Geduld" Jesu, mit der er nach der biblischen Überlieferung die Passion durchsteht, die „Schuld", die das auslösende Moment des ganzen Geschehens bildet und als „Sünde" einen Zentralbegriff der christlichen Theologie bildet, aber auch auf die hoffnungsvollen Worte von „Liebe" und „Huld", von Christi „Erbarmen", die dem ganzen furchtbaren Geschehen aus christlicher Perspektive Sinn und Wert geben.

Aber Picander tut noch mehr. Er bettet diese Begriffe, die dogmatischen Ausdrücke des Sinns des Passionsgeschehens, ein in ein dramatisches Konzept, in einen Dialog mit auffordernder Rede und fragenden Gesten des bzw. der Angeredeten („Wen?" „Wie?" „Was?" „Wohin?"). Die Aufforderungen zum Mittun, zur Beteiligung an der Klage, zur Beteiligung an der Handlung überhaupt, die niemanden unbeteiligt lassen soll, wird ebenfalls ausgesprochen und durch die rhetorische Wiederholung der zeigenden und aufmerksam machenden Geste verstärkt: „Kommt, ihr Töchter, helft mir klagen, Sehet (…), Seht ihn (…), Sehet (…), Seht." Picander knüpft mit Blick auf die genannten Personen, also die Töchter Zion, denen das Klageamt zufällt, und den Bräutigam, dem die Klage gilt, an das bekannte Gleichnis von den zehn Jungfrauen an [Matth. 25, 1-13]; „Tochter Zion" ist eine Bezeichnung der personifiziert gedachten Stadt Jerusalem [Jes. 1, 8]; als „Töchter Zion“ werden die Einwohnerinnen von Jerusalem bezeichnet [Jes. 3, 16].

Die zentrale Rolle dieses Eingangschors und der ihn dominierenden Begriffe tritt noch stärker hervor, wenn wir den weiteren Verlauf des Werkes mit einbeziehen und beobachten, wie Picander die am Beginn exponierten Begriffe in späteren Passagen aufgreift und ausbaut:

„Ach Golgatha, unselges Golgatha!
[…] Die Unschuld muss hier schuldig sterben,
Das gehet meiner Seele nah;
Ach Golgatha, unselges Golgatha!“
„Geduld!
Wenn mich falsche Zungen stechen.
Leid‘ ich wider meine Schuld
Schimpf und Spott,
Ei, so mag der liebe Gott
Meines Herzens Unschuld rächen.“

„Aus Liebe,
Aus Liebe will mein Heiland sterben,
Von einer Sünde weiß er nichts.
Dass das ewige Verderben
Und die Strafe des Gerichts
Nicht auf meiner Seele bliebe.“
„Erbarme dich,
Mein Gott, um meiner Zähren willen!
Schaue hier,
Herz und Auge weint vor dir
Bitterlich.“

Und auch auf die dialogische Struktur selbst greift Henrici später noch zurück:

„Sehet, Jesus hat die Hand,
Uns zu fassen, ausgespannt.
Kommt – Wohin? – in Jesu Armen,
Sucht Erlösung, nehmt Erbarmen,
Suchet! – Wo? – in Jesu Armen.
Lebet, sterbet, ruhet hier,
Ihr verlass'nen Küchlein ihr,
Bleibet – Wo? – in Jesu Armen."

So erweist sich der Beginn des Werkes als wahres „Exordium", als oratorischer „Eingang", der nach Cicero „nicht von außen gesucht, sondern aus dem Innersten der Sache entlehnt" sein muss, „wie man Häusern Eingänge vorsetzen muss, die in einem richtigen Verhältnis zu dem Gebäude stehen."

Von der musikalischen Gestaltung dieses Satzes lässt sich hier nur ein sehr skizzenhafter Eindruck vermitteln. Während Henrici offenbar dachte, dem Chor, der nur die fragenden Einwürfe zu singen hätte, eine solistische Stimme mit den ariosen Teilen entgegenzustellen, entschied Bach anders. Er gestaltete den Satz als monumentale Phantasie für Doppelchor, wobei jeder Chor durch eine eigene Orchestergruppe gestützt wird. Die hinzutretende Sopranstimme mit der Choralmelodie „O Lamm Gottes" schwebt hoch über der choralen und orchestralen Textur.

Seit Mendelssohns Wiederaufführung des Werkes (1829) hat sich die Besetzung der Choralstimme mit einem Knabenchor durchgesetzt, der den beiden anderen, gemischten Chören gegenübergestellt ist. Zu Bachs Zeiten wurden alle Sopranstimmen, also auch die der beiden dialogisierenden Chöre, von Knaben ausgeführt, so dass es keine so starke klangliche Differenz zwischen den verschiedenen Sopranstimmen gab.

Bach nutzt die Gegensätze zwischen dem ruhigen Choralvortrag und dem erregten Dialog ausgiebig; ein lang durchgehaltenes jambisches Pulsieren des Basses lässt das Bild einer großen, bewegten Menschenmenge entstehen. Chromatische Durchgänge, in der Barockzeit stereotype Darstellungsmittel für Schmerz und Leiden, gemahnen an das Wehklagen der Anhänger Jesu.

Im 19. Jahrhundert ist der Monumentalismus zu einem zentralen Bestandteil kompositorischer Tätigkeit geworden. Liszt, Wagner, Bruckner und andere haben die Hörer an enorme Dimensionen in Besetzung, Länge und Ausdruck gewöhnt. In der Barockzeit sprengte ein Satz wie der Eingangschor der *Matthäuspassion* jedoch alle damaligen Maßstäbe. Wie man ihn damals gehört und wahrgenommen hat, davon können wir uns heute kaum noch ein Bild machen. Zwar in anderer Art, aber nicht weniger packend, wirkt er noch heute, und Henricis Dichtung ist die Grundlage dafür.

*Burkhard Meischein*

## Oder wir sehen uns nie wieder

Ansprache vor der Schlacht bei Leuthen
Friedrich der Große
1757

Friedrich der Große war kein Freund der deutschen Sprache. Aber wenn es darauf ankam, beherrschte er sie mindestens so gut wie das von ihm so heiß geliebte Französisch. Und an jenem 4. Dezember des Jahres 1757 kam es darauf an. Man schrieb das zweite Jahr des Siebenjährigen Krieges, den man besser den Ersten Weltkrieg nennen sollte. Denn mit Preußen und England auf der einen sowie Österreich, Frankreich und Russland auf der anderen Seite waren alle Großmächte der damaligen Zeit beteiligt. In diesen Dezembertagen des Jahres 1757 spitzte sich alles auf eine Entscheidungsschlacht zwischen Österreich und Preußen bei dem Dörfchen Leuthen nahe Breslau zu. Friedrich musste die Österreicher aus Schlesien vertreiben, sonst hätten diese in bequemen Winterquartieren auf Verstärkung aus Frankreich und Russland warten können.

Aber die Preußen waren den Österreichern gefährlich unterlegen – 35.000 gegen 70.000 Soldaten, 160 gegen 220 Geschütze. Friedrich wusste, es musste etwas Ungewöhnliches geschehen. Und so rief er am Vorabend der Schlacht alle Kommandeure in seinem Quartier zusammen und sprach zu ihnen:

> „Meine Herren!
>
> Ich habe Sie hierher kommen lassen, um Ihnen erstlich für die treuen Dienste, die Sie zeither dem Vaterlande und mir geleistet haben, zu danken. Ich erkenne sie mit dem gerührtesten Gefühl. Es ist beinahe keiner unter Ihnen, der sich nicht durch eine große und Ehre bringende Handlung ausgezeichnet hätte. Mich auf Ihren Mut und Ihre Erfahrung verlassend, habe ich den Plan zur Bataille gemacht, die ich morgen liefern werde und liefern muss. Ich werde gegen alle Regeln der Kunst einen beinahe zweimal stärkern, auf Anhöhen verschanzt

stehenden Feind angreifen. Ich muss es tun, oder es ist alles verloren. Wir müssen den Feind schlagen oder uns vor ihren Batterien alle begraben lassen. So denke ich, so werde ich auch handeln. Ist einer oder der andere unter Ihnen, der nicht so denkt, der fordere hier auf der Stelle seinen Abschied. Ich werde ihm selbigen ohne den geringsten Vorwurf geben."

Hier soll eine Pause eingetreten sein. Allen Anwesenden war klar: Das könnte Friedrichs letzte Rede sein. Dann fuhr der König fort:

„Ich habe vermutet, dass mich keiner von Ihnen verlassen würde; ich rechne nun also ganz auf Ihre treue Hilfe und auf den gewissen Sieg. Sollte ich bleiben und Sie nicht für das, was Sie morgen tun werden, belohnen können, so wird es unser Vaterland tun. Gehen Sie nun ins Lager, und sagen Sie das, was ich Ihnen hier gesagt habe, Ihren Regimentern, und versichern Sie ihnen dabei, ich würde ein jedes genau bemerken. Das Kavallerieregiment, was nicht gleich, wenn es befohlen wird, sich à corps perdu in den Feind hineinstürzt, lass ich gleich nach der Bataille absitzen und mach es zu einem Garnisonsregiment. Das Bataillon Infanterie, was, es treffe auch, worauf es wolle, nur zu stocken anfängt, verliert die Fahnen und die Säbels, und ich lass ihnen die Borten von der Montierung schneiden. Nun leben Sie wohl, meine Herren, morgen um diese Zeit haben wir den Feind geschlagen, oder wir sehen uns nie wieder."

Die Ansprache wurde vermutlich nachträglich aufgezeichnet und mehrfach redigiert, wohl auch von Friedrich selbst. Und im friedliebenden Deutschland des dritten Jahrtausends ist sie natürlich politisch völlig inkorrekt.

Die Schlacht selbst endete mit einem großen Sieg der Preußen; die Österreicher mussten Schlesien verlassen.

*Walter Krämer*

## Gegen Unwissenheit und Dummheit

Das Königlich Preußische General-Land-Schul-Reglement
Johann Julius Hecker
1763

> „Wir Friedrich, von Gottes Gnaden König in Preußen etc. etc. Thun kund und fügen hiermit jedermänniglich zu wissen: Demnach Wir zu Unserm höchsten Missfallen selbst wahrgenommen, dass das Schulwesen und die Erziehung der Jugend auf dem Lande bisher in äußersten Verfall gerathen, und insonderheit durch die Unerfahrenheit der mehresten Küster und Schulmeister die jungen Leute auf den Dörfern in Unwissenheit und Dummheit aufwachsen.“

So begründet der preußische König Friedrich II. die erste großflächig angelegte Schulordnung vom 12. August 1763 „in allen Unsern Provinzen“. Einige davon hatten auch schon vorher versucht, die Schulbildung zu strukturieren, aber diese Ansätze waren schnell im Sande verlaufen. Erst die Aufklärung brachte Versuche, die gesamte Bevölkerung zu bilden, endgültig voran.

Der Verdienst des Reglements von 1763 ist nicht die Sprache – die ist bestes Bürokratenpreußisch und damit sicherlich guter Standard. Wichtiger sind die Inhalte: Sie begleiten uns, unsere Bildung und damit unsere Sprache bis heute und brachten Preußen einen derartigen Wissensvorsprung, dass viele andere europäische Mächte diesem Beispiel folgten und ebenfalls eine Schulpflicht einführten.

Johann Julius Hecker (1707-1768) gilt als Denker, der die Reform auf den Weg brachte. Er wurde als Sohn eines Lehrers in Werden an der Ruhr (heute Essen-Werden) geboren und widmete sich während seines Studiums der Theologie – durch sein Elternhaus geprägt – auch pädagogischen Themen. 1729 trat Hecker in Halle seine erste Stelle als Lehrer an und wurde 1738 nach verschiedenen Stationen als Prediger und Lehrer durch den seinen Ideen sehr zugeneigten preußischen König Prediger an der Berliner Dreifaltigkeitskirche. Durch das Interesse des Königs an seiner Arbeit wurden Heckers Reformansätze bekannt, er fand finanzielle Förderer, die es ihm erlaubten, 1747 eine neue Schulform ins Leben zu rufen. Seine „Ökonomisch-mathematische Realschule“ in Berlin-Friedrichstadt war die erste ihrer Art. Um dafür geeignete Lehrer zu finden, gründete Hecker auch Lehrerseminare wie 1748 das „Berlinische Küster- und Schulmeister-Seminar für die Königlichen Amtskirchen in der Churmark“.

Neu war an der Realschule, dass den Schülern praxistaugliches Wissen vermittelt werden sollte und nicht nur das theoretische Gerüst einer eher die Oberschicht interessierenden Allgemeinbildung, wie sie das Gymnasium vorsah. Da aufgrund der beginnenden Industrialisierung auch Menschen bürgerlicher Herkunft ein Grundverständnis ihrer immer komplexeren Arbeitswelt benötigten, war diese auf den Beruf vorbereitende Schule für die Kinder der niederen Stände – und für den Staat – immer wichtiger geworden.

1753 wurde Heckers Realschule ein Lehrerseminar angegliedert; er brauchte ausgebildete Lehrkräfte zur Bildung der Schüler und nicht ausgemusterte Unteroffiziere, wie es vielerorts üblich war. Dieser Ansatz verschaffte Hecker den Auftrag zur Erarbeitung des Generallandschulreglements. Neben dem Geist der Aufklärung waren natürlich auch der preußische Wunsch nach gut gebildeten Rekruten und einer staatlichen Kontrolle der Bildung wichtige Motive.

Als erstes wird im Reglement die Schulpflicht festgeschrieben, und zwar vom fünften bis zum dreizehnten oder vierzehnten Jahr, „bis sie nicht nur das Nöthigste vom Christenthume gefasst haben und fertig lesen und schreiben.“ (§ 1) Selbst Leibeigene waren von der Schulpflicht nicht ausgenommen (§ 2). Im Rahmen der individuellen Förderung – ein für die heutige Schulpolitik modernes Konzept – wurde schon vor 250 Jahren die Möglichkeit des kürzeren oder längeren Schulbesuchs nach entsprechender Prüfung festgelegt (§ 3). Der

Notwendigkeit des Ernteeinsatzes von Kindern wird in der Ferienregelung, die bis heute Bestand hat, Rechnung getragen. Gleiches gilt für das heutzutage angeblich moderne Konzept der Schulautonomie, die der Schule größeren Freiraum in der Unterrichtsgestaltung und Verwaltung von Sach- und Geldmitteln gestattet:

> „Und da Uns nicht unbekannt, dass an manchen Orten [... die Schulen] sowohl Vor- als Nachmittags ordentlich gehalten werden; so wird durch gegenwärtige Verordnung solche löbliche Einrichtung weder abgeschafft noch verändert, sondern es kann und soll [...] andern zum Exempel der Nachfolge dienen“ (§ 4).

Auch die Unterrichtszeiten (§§ 5-6, 128) und die Inhalte des Unterrichts (§§ 9, 19) sind genau festgelegt und erfüllen damit die Aufgaben der heutigen Lehrpläne und Richtlinien. Und auch der sozialen Ungleichheit, die internationale Bildungskommissionen noch heute am deutschen Schulsystem bemängeln, ist schon 1763 Rechnung getragen worden. Das Schulgeld – je nach Schulzeit und Bildungsstand der Kinder zwischen vier Pfennigen und einem Groschen – wurde in Härtefällen vom Bildungsträger übernommen (§ 8):

> „Wenn aber einige Eltern notorisch so arm wären, [...] oder die Kinder, welche keine Eltern mehr haben, wären nicht im Stande, das Schulgeld zu entrichten, so müssen sie sich bei den Beamten [...] melden: da denn, wenn kein anderer Weg vorhanden, entweder aus dem Klingelbeutel, oder aus einer Armen- oder Dorfkasse die Zahlung geschehen soll, damit die Schulmeister [...] armer und reicher Leute Kinder mit gleichem Fleiß und Treue unterrichten mögen.“

Gleiches gilt für die ebenfalls eingeführte Lehrmittelfreiheit. Ein geringer sozialer Status und fehlendes Geld sollten den Schulbesuch nicht behindern. Jedes Kind erhält seine eigenen Schulbücher, und genauso wie heute müssen die Schulbücher zuerst von staatlicher Seite für den Unterricht zugelassen werden, „daß die Kinder im Lernen nicht confundirt werden" (§ 20).

Der Idee des Lehrers als Vorbild – heute wie damals eine wichtige Säule der Bildung – werden gleich mehrere Paragraphen gewidmet, schließlich soll der Lehrer „dahin trachten, daß er in seinem ganzen Verhalten ein Vorbild der Heerde sey" (§ 12). Dazu gehören ordentliches Betragen, Pünktlichkeit, Fleiß und Gottesfurcht. Wer sich in der Probezeit nicht bewährt, wird hinausgeworfen; wer nach der Verbeamtung auffällig wird, der wird dem Richter überstellt. „Insbesondere ist dahin zu rechnen, wenn sie dem Trunk oder Diebstahl ergeben sind, Zänkerei in der Gemeinde anrichten, sich widerspenstig und ungehorsam beweisen, oder der Unzucht und Hurerei überführt werden." (§ 13) Ebenfalls verboten ist der Nebenerwerb während der Unterrichtszeit oder das Einspannen der Kinder für Arbeiten im Haushalt des Lehrers.

Getreu dem Ideal Heckers werden auch nur Lehrer zugelassen, die sich in einem staatlich anerkannten Lehrerseminar haben examinieren lassen; das haben wir bis heute aus dem Generallandschulreglement beibehalten – noch immer ist der Quereinstieg in den Lehrerberuf in den meisten Bundesländern schwierig bis unmöglich.

Das Generallandschulreglement brachte Preußen im späten 18. Jahrhundert einen wichtigen Vorteil gegenüber anderen Staaten. Ob das Festhalten an einer mehr als 250 Jahre alten Bildungsidee – als der König den Bauern noch die Kartoffel als neue Frucht schmackhaft machen musste und das Pferd das schnellste Fortbewegungsmittel war – in der heutigen Zeit eine angemessene Grundlage für ein hochtechnisiertes Land bildet, bleibt jedoch eine Frage, über die sich die Bildungspolitiker ebenso wie die Bürger königlich streiten können.

*Markus Schröder*

## Knöpfe mit dem Buchstaben Null

Die Sudelbücher
Georg Christoph Lichtenberg
1765-1799

Man sagt oft, den Deutschen und der deutschen Sprache mangele es an der Fähigkeit der spritzigen und einprägsamen Formulierung, des Esprit, wie die Franzosen sagen und dessen sie sich nicht zu Unrecht rühmen. Dieses Vorurteil hat niemand eindrucksvoller widerlegt als der bucklige Göttinger Physikprofessor Georg Christoph Lichtenberg. Seine *Sudelbücher*, die er als junger Student für sich selbst zu schreiben angefangen hatte, sind eine unerschöpfliche Fundgrube immer wieder überraschender, perfekt auf den Punkt gebrachter Einsichten und Geistesblitze aller Art, die Lichtenberg gleich neben den zweiten Großen dieser Literaturgattung, den über hundert Jahre älteren Franzosen François de La Rochefoucault, emporgehoben haben. Sie umfassen zwölf Hefte, von Lichtenberg mit den Buchstaben A bis L gekennzeichnet, davon sind zwei, die Hefte G und H, verschollen.

Ein großer Teil der Einträge in Lichtenbergs *Sudelbüchern* fällt in die Schublade „Aphorismus“: „Ein philosophischer Gedankensplitter, der üblicherweise als kurzer, rhetorisch reizvoller Sinnspruch (Sentenz, Aperçu, Bonmot) formuliert und als Einzeltext konzipiert wurde.“ Oder wie Marie von Ebner Eschenbach, selbst eine große Meisterin dieses Fachs, einmal sagte: „Ein Aphorismus ist der letzte Ring einer langen Gedankenkette.“

Hier sind einige dieser „letzten Ringe“, so wie von Lichtenberg in seinen Sudelbüchern festgehalten:

> Ein langes Glück verliert schon bloß durch seine Dauer.
>
> Die gefährlichsten Unwahrheiten sind Wahrheiten, mäßig entstellt.
>
> Nichts kann mehr zu einer Seelenruhe beitragen, als wenn man gar keine Meinung hat.

Einen schlechten Geschmack kann niemand haben, aber gar keinen haben manche Leute…

Es ist schade, dass es keine Sünde ist, Wasser zu trinken, rief ein Italiener, wie gut würde es schmecken!

Wie glücklich würde mancher leben, wenn er sich um anderer Leute Sachen so wenig bekümmerte als um seine eigenen.

Ich habe Leute gekannt, die haben heimlich getrunken und sind öffentlich besoffen gewesen.

Ich denke, wenn man etwas in die Luft bauen will, so sind es immer besser Schlösser als Kartenhäuser.

Es ist sehr gefährlich, sagt Voltaire, in Dingen recht zu haben, wo große Leute unrecht gehabt haben.

Die Gesundheit sieht es lieber, wenn der Körper tanzt, als wenn er schreibt.

Wo Mäßigung ein Fehler ist, da ist Gleichgültigkeit ein Verbrechen.

Die Leute, die niemals Zeit haben, tun am wenigsten.

Ein Buch ist ein Spiegel, aus dem kein Apostel herausgucken kann, wenn ein Affe hineinguckt.

Es ist mit dem Witz wie mit der Musik, je mehr man hört, desto feinere Verhältnisse verlangt man.

Wer in sich selbst verliebt ist, hat wenigstens bei seiner Liebe den Vorteil, dass er nicht viele Nebenbuhler erhalten wird.

Andere Einträge in Lichtenbergs Sudelbüchern gelten ausgewählten Zeitgenossen. Kann man etwa die geistige Trägheit eines Mitmenschen boshafter und treffender als so beschreiben: „Wenn er seinen Verstand gebrauchen sollte, so war es ihm, als wenn jemand, der beständig seine rechte Hand gebraucht hat, etwas mit der Linken tun soll.“ Oder:

> Er kann die Tinte nicht halten, und wenn es ihm ankommt, so besudelt er sich gemeiniglich am meisten.
>
> Es wäre besser, solche Leute legten sich ins Bett, als dass sie solches Zeug schwätzen.
>
> Solche Leute sollte man Knöpfe mit den Buchstaben Null tragen lassen, damit man sie kennte.

Besonders Lichtenbergs Wissenschaftlerkollegen waren beständige Zielscheibe seines Spotts:

> Man soll öfters dasjenige untersuchen, was von den Menschen meist vergessen wird, wo sie nicht hinsehen und was so sehr als bekannt angenommen wird, dass es keiner Untersuchung mehr Wert geachtet wird.
>
> Die hitzigsten Verteidiger einer Wissenschaft, die nicht den geringsten scheelen Seitenblick auf dieselbe vertragen können, sind gemeiniglich solche Personen, die es nicht sehr weit in derselben gebracht haben und sich dieses Mangels heimlich bewusst sind.
>
> Dass man seine Gegner mit gedruckten Gründen überzeugen kann, habe ich schon seit dem Jahr 1764 nicht mehr geglaubt. Ich habe auch deswegen die Feder gar nicht angesetzt, sondern bloß um sie zu ärgern und denen von unserer Seite Mut und Stärke zu geben und den anderen zu erkennen zu geben, dass sie uns nicht überzeugt haben.
>
> Ich bin überzeugt, dass, wenn Gott einen solchen Menschen schaffen würde, wie ihn sich die Magistri und Professoren der Philosophie vorstellen, er müsste den ersten Tag ins Tollhaus gebracht werden.
>
> Es ist kein sichererer Weg, sich einen Namen zu machen, als wenn man über Dinge schreibt, die einen Anschein von Wichtigkeit haben, die sich aber nicht leicht ein vernünftiger Mann die Zeit nimmt zu untersuchen.

> Die edle Einfalt in den Werken der Natur hat nur gar zu oft ihren Grund in der edlen Kurzsichtigkeit dessen, der sie beobachtet.
>
> Es gibt wirklich sehr viele Menschen, die bloß lesen, damit sie nicht denken müssen.
>
> Leute, die sehr viel gelesen haben, machen selten große Entdeckungen.
>
> Es ist der gemeine Fehler aller Leute von wenig Talenten und mehr Belesenheit als Verstand, dass sie eher auf künstliche Erklärungen verfallen als auf natürliche.
>
> Es ist gewiss besser, eine Sache gar nicht studiert zu haben als oberflächlich. Denn der bloße gesunde Menschenverstand, wenn er eine Sache beurteilen will, schließt nicht so sehr fehl als die halbe Gelehrsamkeit.

Genausowenig war die Kirche vor dem Lichtenberg'schen Stachel sicher:

> Ja die Nonnen haben nicht allein ein strenges Gelübde der Keuschheit getan, sondern haben auch noch starke Gitter vor ihren Fenstern.
>
> Seltsam, dass die Menschen so gern für ihre Religion fechten und so ungern nach ihren Vorschriften leben.
>
> Soviel ist ausgemacht, die christliche Religion wird mehr von solchen Leuten verfochten, die ihr Brot von ihr haben, als solchen, die von ihrer Wahrheit überzeugt sind.
>
> Wäre es nicht gut, die Theologie etwa mit dem Jahr 1800 für geschlossen anzunehmen und den Theologen zu verbieten, fernere Entdeckungen zu machen?

Und natürlich erfuhr auch das literarische Deutschland eine gehörige Portion der Lichtenberg'schen Bissigkeit. An erster Stelle die Literaturkritik: „Wenn er eine Rezension verfertigt, habe ich mir sagen lassen, soll er allemal die heftigsten Erektionen haben." Und „unter die größten Entdeckungen, auf die der menschliche Verstand in den neuesten Zeiten gefallen ist, gehört meiner Meinung nach wohl die Kunst, Bücher zu beurteilen, ohne sie gelesen zu haben."

Aber auch die Autoren selber blieben nicht verschont. Bekannt ist Lichtenbergs Abneigung gegen den seinerzeit schwärmerisch verehrten Friedrich Gottlieb Klopstock: „Mit größerer Majestät hat noch nie ein Verstand stillgestanden." Dass aber auch Goethe bei Lichtenberg keine Gnade fand, wird viele überraschen: „Wer seine Talente nicht zur Belehrung und Besserung anderer anwendet, ist entweder ein schlechter Mann oder äußerst eingeschränkter Kopf. Eines von beiden muss der Verfasser des leidenden Werthers sein."

Für andere Literaten hatte Lichtenberg noch nicht einmal Tinte übrig: „Mich dünkt immer, die ganz schlechten Schriftsteller sollte man immer in den gelehrten Zeitungen ungeahndet lassen; die gelehrten Zeitungsschreiber verfallen in den Fehler der Indianer, die den Orang Utan für ihresgleichen und seine natürliche Stummheit für einen Eigensinn halten, von welchem sie ihn durch häufige Prügel vergeblich abzubringen suchen."

Lichtenbergs Sudelbücher waren nicht für eine Veröffentlichung bestimmt: „Während man über geheime Sünden öffentlich schreibt, habe ich mir vorgenommen, über öffentliche Sünden heimlich zu schreiben." Erst mehr als zwei Jahrzehnte nach Lichtenbergs Tod gab Rahel von Varnhagen erste Auszüge seiner Sudelbücher in den Druck.

*Walter Krämer*

## O Lotte, ich gehe voran

Die Leiden des jungen Werthers
Johann Wolfgang von Goethe
1774

Von Schülern wird berichtet, dass sie bei der Lektüre von Goethes Werther erleichtert aufatmen, wenn Werther sich am Ende den tödlichen Schuss versetzt. Sie haben die Schilderung von Liebesschmerzen, von Verzweiflung, Verwirrung der Gefühle, von Hilflosigkeit gegenüber einem übermächtigen Leid geduldig gelesen. Aber einige fanden, dass Werther gut daran getan hätte, Lotte zu verlassen und fern von ihr über seinen Schmerz hinwegzukommen. In Ulla Hahns Roman *Aufbruch* merkt die Erzählerin an, Werther hätte weiterleben und irgendwas Gutes für andere Menschen tun sollen. Das sind nüchterne Reaktionen auf einen weltberühmten Text. Aber das ist auch eine Art kreativer Rezeption, die nicht nur erlaubt ist, sondern wünschenswert.

Es sieht so aus, als werde in dem Roman eine doppelte aussichtslose Liebe erzählt. Nicht nur Werther liebt Lotte und darf es nicht. Auch Lotte ist Werther auf eine Weise zugetan, die mehr als Freundschaft ist und unvereinbar mit ihrer Bindung an den Verlobten Kestner. Werther ist ihr sehr schnell sehr angenehm. Beim Tanzvergnügen betrachtet sie Werther und sich selbst als ein „Paar, das zusammengehört" und sorgt dafür, dass beide beim deutschen Walzer „zusammenbleiben". Ihr Kanarienvogel schnäbelt erst mit ihr, dann mit Werther. Das ist wie ein Kuss. Und gegen Ende, als Werther sie an sich reißt, kommt es zu einer leidenschaftlichen Umarmung und einem richtigen Kuss. Nach Werthers Selbstmord fällt Lotte in Ohnmacht.

Geht das alles ohne Liebesgefühle für den unglücklichen Freund? Doch da ist Albert. Dem ist Lotte „so gut als verlobt". Und am Totenbett ihrer Mutter haben beide versprochen, einander zu heiraten. Lotte wählt den vernünftigen Weg aus dem Konflikt. Sie bleibt bei Albert. Und Werther jagt sich eine

Kugel ins Hirn. Mit einer der beiden Pistolen, die Lotte an Werthers Diener übergibt und vorher sorgfältig entstaubt. Ahnt sie nicht, was Werther damit vorhat? Wünscht sie gar, dass dieser aus ihrem Leben verschwindet? Der Text gibt keine eindeutige Antwort.

Werther glaubt, Lotte in einer jenseitigen Welt wiederzusehen: „O Lotte ! Ich gehe voran ... Wir werden sein! Wir werden uns wiedersehen!" Die Wiederbegegnung mit dem geliebten Menschen nach dem Tod ist eine tröstliche Vorstellung, die über die Trennung im wirklichen Leben hinweghelfen soll. Die im Leben zusammengehören, werden es im Jenseits sein. Der wache Leser kann sich die Frage nicht versagen: Wo ist dann Albert? Werther stellt sich solche Fragen nicht. Sein Schmerz treibt ihn zu einer schwärmerischen Hoffnung. Es ist ein Wahn, von christlichem Glauben genährt, der ihm hilft, seinen Seelenschmerz zu ertragen. Da hat scharfsinniges Denken keinen Platz. Das Truggebilde des künftigen Wiedersehens erlaubt ihm, sein Liebesleid zu bewältigen. Und Werthers selbstgewählter Tod ist der erste Schritt in das Reich, in dem er mit Lotte eins zu werden glaubt.

> *„Am 20. Dezember.*
> Er legte sich zu Bette und schlief lange. Der Bediente fand ihn schreibend, als er ihm den andern Morgen auf sein Rufen den Kaffee brachte. Er schrieb folgendes am Briefe an Lotten:
> Zum letztenmale denn, zum letztenmale schlage ich diese Augen auf. Sie sollen, ach, die Sonne nicht mehr sehn, ein trüber, neblichter Tag hält sie bedeckt. So traure denn, Natur! Dein Sohn, dein Freund, dein Geliebter naht sich seinem Ende. Lotte, das ist ein Gefühl ohnegleichen, und doch kommt es dem dämmernden Traum am nächsten, zu sich zu sagen: das ist der letzte Morgen. Der letzte! Lotte, ich habe keinen Sinn für das Wort: der letzte! Stehe ich nicht da in meiner ganzen Kraft, und morgen liege ich ausgestreckt und schlaff am Boden. Sterben! Was heißt das? Siehe, wir träumen, wenn wir

vom Tode reden. Ich habe manchen sterben sehen; aber so eingeschränkt ist die Menschheit, daß sie für ihres Daseins Anfang und Ende keinen Sinn hat. Jetzt noch mein, dein! Dein, o Geliebte! Und einen Augenblick – getrennt, geschieden – vielleicht auf ewig? – nein, Lotte, nein – wie kann ich vergehen? Wie kannst du vergehen? Wir sind ja! – vergehen! – was heißt das? Das ist wieder ein Wort, ein leerer Schall, ohne Gefühl für mein Herz. – tot, Lotte! Eingescharrt der kalten Erde, so eng! So finster! – ich hatte eine Freundin, die mein alles war meiner hülflosen Jugend; sie starb, und ich folgte ihrer Leiche und stand an dem Grabe, wie sie den Sarg hinunterließen und die Seile schnurrend unter ihm weg und wieder herauf schnellten, dann die erste Schaufel hinunterschollerte, und die ängstliche Lade einen dumpfen Ton wiedergab, und dumpfer und immer dumpfer, und endlich bedeckt war! – ich stürzte neben das Grab hin – ergriffen, erschüttert, geängstet, zerrissen mein Innerstes, aber ich wußte nicht, wie mir geschah – wie mir geschehen wird – Sterben! Grab! Ich verstehe die Worte nicht!

O vergib mir! Vergib mir! Gestern! Es hätte der letzte Augenblick meines Lebens sein sollen. O du Engel! Zum ersten Male, zum ersten Male ganz ohne Zweifel durch mein innig Innerstes durchglühte mich das Wonnegefühl: sie liebt mich! Sie liebt mich! Es brennt noch auf meinen Lippen das heilige Feuer, das von den deinigen strömte, neue, warme Wonne ist in meinem Herzen. Vergib mir! Vergib mir!

Ach, ich wußte, daß du mich liebtest, wußte es an den ersten seelenvollen Blicken, an dem ersten Händedruck, und doch, wenn ich wieder weg war, wenn ich Alberten an deiner Seite sah, verzagte ich wieder in fieberhaften Zweifeln.

Erinnerst du dich der Blumen, die du mir schicktest, als du in jener fatalen Gesellschaft mir kein Wort sagen, keine Hand reichen konntest? O, ich habe die halbe Nacht davor gekniet, und sie versiegelten mir deine Liebe. Aber ach! Diese Eindrücke gingen vorüber, wie das Gefühl der Gnade seines Gottes allmählich wieder aus der Seele des Gläubigen weicht, die ihm mit ganzer Himmelsfülle in heiligen, sichtbaren Zeichen gereicht ward.

Alles das ist vergänglich, aber keine Ewigkeit soll das glühende Leben auslöschen, das ich gestern auf deinen Lippen genoß, das ich in mir fühle! Sie liebt mich! Dieser Arm hat sie umfaßt, diese Lippen haben auf ihren Lippen gezittert, dieser Mund hat an dem ihrigen gestammelt. Sie ist mein! Du bist mein! Ja, Lotte, auf ewig.

Und was ist das, daß Albert dein Mann ist? Mann! Das wäre denn für diese Welt – und für diese Welt Sünde, daß ich dich liebe, daß ich dich aus seinen Armen in die meinigen reißen möchte? Sünde? Gut, und ich strafe mich dafür; ich habe sie in ihrer ganzen Himmelswonne geschmeckt, diese Sünde, habe Lebensbalsam und Kraft in mein Herz gesaugt. Du bist von diesem Augenblicke mein! Mein, o Lotte! Ich gehe voran! Gehe zu meinem Vater, zu deinem Vater. Dem will ich's klagen, und er wird mich trösten, bis du kommst, und ich fliege dir entgegen und fasse dich und bleibe bei dir vor dem Angesichte des Unendlichen in ewigen Umarmungen.

Ich träume nicht, ich wähne nicht! Nahe am Grabe wird mir es heller. Wir werden sein! Wir werden uns wieder sehen!

*23. Dezember, nach Eilfe.*

Alles ist so still um mich her, und so ruhig meine Seele. Ich danke dir, Gott, der du diesen letzten Augenblicken diese Wärme, diese Kraft schenkest.

Ich trete an das Fenster, meine Beste, und sehe, und sehe noch durch die stürmenden, vorüberfliehenden Wolken einzelne Sterne des ewigen Himmels! Nein, ihr werdet nicht fallen! Der Ewige trägt euch an seinem Herzen, und mich. Ich sehe die Deichselsterne des Wagens, des liebsten unter allen Gestirnen. Wenn ich nachts von dir ging, wie ich aus deinem Tore trat, stand er gegen mir über. Mit welcher Trunkenheit habe ich ihn oft angesehen, oft mit aufgehobenen Händen ihn zum Zeichen, zum heiligen Merksteine meiner gegenwärtigen Seligkeit gemacht! Und noch – o Lotte, was erinnert mich nicht an dich! Umgibst du mich nicht! Und habe ich nicht, gleich einem Kinde, ungenügsam allerlei Kleinigkeiten zu mir gerissen, die du Heilige berührt hattest!

Liebes Schattenbild! Ich vermache dir es zurück, Lotte, und bitte dich, es zu ehren. Tausend, tausend Küsse habe ich darauf gedrückt, tausend Grüße ihm zugewinkt, wenn ich ausging oder nach Hause kam. Ich habe deinen Vater in einem Zettelchen gebeten, meine Leiche zu schützen. Auf dem Kirchhofe sind zwei Lindenbäume, hinten in der Ecke nach dem Felde zu; dort wünsche ich zu ruhen. Er kann, er wird das für seinen Freund tun. Bitte ihn auch. …

In diesen Kleidern, Lotte, will ich begraben sein, du hast sie berührt, geheiligt; ich habe auch deinen Vater darum gebeten. Meine Seele schwebt über dem Sarge. Man soll meine Taschen nicht aussuchen. Diese blaßrote Schleife, die du am Busen hattest, als ich dich zum ersten Male unter deinen Kindern fand – o küsse sie tausendmal und erzähle ihnen das Schicksal ihres unglücklichen Freundes. Die Lieben! Sie wimmeln um mich. Ach wie ich mich an dich schloß! Seit dem ersten Augenblicke dich nicht lassen konnte! – diese Schleife soll mit mir begraben werden. An meinem Geburtstage schenktest du sie mir! Wie ich das alles verschlang! – ach, ich dachte nicht, daß mich der Weg hierher führen sollte! – sei ruhig! Ich bitte dich, sei ruhig!

– Sie sind geladen – es schlägt zwölfe! So sei es denn! Lotte, lebe wohl! Lebe wohl! –

* * *

Ein Nachbar sah den Blick vom Pulver und hörte den Schuß fallen; da aber alles stille blieb, achtete er nicht weiter drauf.
Morgens um sechse tritt der Bediente herein mit dem Lichte. Er findet seinen Herrn an der Erde, die Pistole und Blut. Er ruft, er faßt ihn an; keine Antwort, er röchelt nur noch. Er läuft nach den Ärzten, nach Alberten. Lotte hört die Schelle ziehen, ein Zittern ergreift alle ihre Glieder. Sie weckt ihren Mann, sie stehen auf, der Bediente bringt heulend und stotternd die Nachricht, Lotte sinkt ohnmächtig vor Alberten nieder.
Als der Medikus zu dem Unglücklichen kam, fand er ihn an der Erde ohne Rettung, der Puls schlug, die Glieder waren alle gelähmt. Über dem rechten Auge hatte er sich durch den Kopf geschossen, das Gehirn war herausgetrieben. Man ließ ihm zum Überfluß eine Ader am Arme, das Blut lief, er holte noch immer Atem.
Aus dem Blut auf der Lehne des Sessels konnte man schließen, er habe sitzend vor dem Schreibtische die Tat vollbracht, dann ist er heruntergesunken, hat sich konvulsivisch um den Stuhl herumgewälzt. Er lag gegen das Fenster entkräftet auf dem Rücken, war in völliger Kleidung, gestiefelt, im blauen Frack mit gelber Weste.
Das Haus, die Nachbarschaft, die Stadt kam in Aufruhr. Albert trat herein. Werthern hatte man auf das Bett gelegt, die Stirn verbunden, sein Gesicht schon wie eines Toten, er rührte kein Glied. Die Lunge röchelte noch fürchterlich, bald schwach, bald stärker; man erwartete sein Ende.
Von dem Weine hatte er nur ein Glas getrunken. „Emilia Galotti“ lag auf dem Pulte aufgeschlagen.
Von Alberts Bestürzung, von Lottens Jammer laßt mich nichts sagen.

> Der alte Amtmann kam auf die Nachricht hereingesprengt, er küßte den Sterbenden unter den heißesten Tränen. Seine ältesten Söhne kamen bald nach ihm zu Fuße, sie fielen neben dem Bette nieder im Ausdrucke des unbändigsten Schmerzens, küßten ihm die Hände und den Mund, und der älteste, den er immer am meisten geliebt, hing an seinen Lippen, bis er verschieden war und man den Knaben mit Gewalt wegriß. Um zwölfe mittags starb er. Die Gegenwart des Amtmannes und seine Anstalten tuschten einen Auflauf. Nachts gegen eilfe ließ er ihn an die Stätte begraben, die er sich erwählt hatte. Der Alte folgte der Leiche und die Söhne, Albert vermocht's nicht. Man fürchtete für Lottens Leben. Handwerker trugen ihn. Kein Geistlicher hat ihn begleitet.“

Der *Werther* war Goethes erster großer literarischer Wurf. Hohe Auflagen und ein reger Gedankenaustausch unter den Lesern zeugen davon. Vernachlässigen wir die ausbrechende Werther-Mode: blauer Frack, gelbe Weste, braune Stulpenstiefel und runder Filzhut. Und auch einige Selbstmorde, die als Nachahmung der Geschichte gedeutet wurden.

Nicht zu übersehen sind kritische Stellungnahmen von ernstzunehmenden Lesern. Zeitgenössische Theologen haben Werther als unchristlichen Menschen und Störer des Ehefriedens abgelehnt. Ludwig Tieck sah in ihm einen kleinlichen Philister ohne Sinn für gesellschaftliche Fragen, „der nur einer armseligen Liebe lebt und stirbt“. Ein Schriftsteller und Philosoph von heute bewertet den Roman als „unglaublichen“ Kitsch, und zählt ihn zum „unbrauchbaren Schulwissen“.

Dass nicht jeder Leser, erst recht nicht der heutige, beim Umgang mit Goethe in ehrfurchtsvoller Erstarrung verbleibt, ist gut. Ich meine jedoch, mit dem *Werther* haben wir ein großes Werk vor uns. Tiefe Gefühle, eine spannende, harte und unerbittlich ihr Ziel ansteuernde Handlung und Herzensergießungen von lyrischer Güte.

*Gerd Schrammen*

## Wir wissen gar nicht viel

Abendlied
Matthias Claudius
1778

Ein Konzert von Herbert Grönemeyer im Jahr 2015 geht dem Ende entgegen, es wird etwas ruhiger in dem riesigen Stadion. Der Sänger schlägt sein Tasteninstrument an und singt:

> Der Mond ist aufgegangen,
> Die goldnen Sternlein prangen
> Am Himmel hell und klar;
> Der Wald steht schwarz und schweiget,
> Und aus den Wiesen steiget
> Der weiße Nebel wunderbar

Die Stimmung im großen Publikum ändert sich augenblicklich. Paare nehmen sich in den Arm. Auffallend oft werden die Augen nach oben gerichtet. Es gibt keine gleichgültigen Zuhörer mehr. Hier entsteht ein besonderer, ein großer Moment, das spüren alle, die dabei sind. Der Eindruck wird noch stärker bei der zweiten und dritten Strophe:

> Wie ist die Welt so stille,
> und in der Dämmrung Hülle
> So traulich und so hold!
> Als eine stille Kammer,
> Wo ihr des Tages Jammer
> Verschlafen und vergessen sollt.
>
> Seht ihr den Mond dort stehen?
> Er ist nur halb zu sehen,
> Und ist doch rund und schön!
> So sind wohl manche Sachen,
> Die wir getrost belachen,
> Weil unsere Augen sie nicht sehen.

Die folgenden drei Strophen lässt der Sänger, wie auch sehr viele andere Rezipienten, aus:

Wir stolzen Menschenkinder
Sind eitel arme Sünder
Und wissen gar nicht viel;
Wir spinnen Luftgespinste
Und suchen viele Künste
Und kommen weiter von dem Ziel.

Gott, lass uns dein Heil schauen,
Auf nichts Vergänglichs trauen,
Nicht Eitelkeit uns freun!
Lass uns einfältig werden
Und vor dir hier auf Erden
Wie Kinder fromm und fröhlich sein!

Wollst endlich sonder Grämen
Aus dieser Welt uns nehmen
Durch einen sanften Tod!
Und, wenn du uns genommen,
Lass uns in Himmel kommen,
Du unser Herr und unser Gott!

Heute folgt die siebte Strophe direkt nach der dritten:

So legt euch denn, ihr Brüder,
In Gottes Namen nieder;
Kalt ist der Abendhauch.
Verschon uns, Gott! mit Strafen,
Und lass uns ruhig schlafen!
Und unseren kranken Nachbarn auch!

Manche Zuhörer weinen ganz still, manche schluchzen. Meist wohlig. Um das Wort Ergriffenheit ist bei der Beschreibung dieser Szene nicht herumzukommen. Grönemeyer singt diese Zeilen in diesem Jahrhundert am Ende seiner Großkonzerte, doch der Text ist wesentlich älter. Wesentlich älter ist auch die Melodie.

Wahrscheinlich 1778 verfasste Matthias Claudius (1740-1850) diesen kleinen Text. Als Vorlage diente ihm das Gedicht des großen Kirchenmusikers Paul Gerhardt „Nun ruhen alle Wälder“. Schnell und immer wieder neu wurde das Gedicht vertont. Sogar Franz Schubert und Carl Orff ließen sich von den Zeilen zu Kompositionen inspirieren. Angeblich soll es über fünfzig Melodien für dieses Gedicht geben, doch die Vertonung von Johann Abraham Peter Schulz aus dem Jahr 1790 machte eindeutig das Rennen, seine Melodie ist heute die unbestrittene Singweise dieses Textes.

Der norddeutsche Dichter und Journalist Matthias Claudius hat der Welt viele schöne Texte und Lieder hinterlassen, die Gesangbücher beider christlichen Kirchen wären ärmer ohne ihn. Doch sein *Abendlied* ist ein Erfolg, der heute schon 237 Jahre lang andauert. Unzählige Interpretationen sind darüber entstanden, keine Anthologie deutscher Gedichte verzichtet darauf. Nicht nur Grönemeyer hat das Abendlied gesungen, auch Hannes Wader, Hermann Prey und sogar Nina Hagen. Unzählige Chöre auf der ganzen Welt haben es im Repertoire, es wird zu allen möglichen und unpassenden Anlässen gesungen. Es wurde übersetzt und parodiert. Es muss etwas ganz Besonderes an diesem Text sein.

Zu seiner Entstehungszeit mussten sich die deutschsprachigen Menschen – wieder einmal – mit einem gesellschaftlichen Umbruch auseinandersetzen. So richtig viel Lust hatten sie dazu nicht, denn die Wirren aus Reformation, Bauernkrieg und Dreißigjährigem Krieg waren damals unvergessen. Man konnte gut noch ein wenig Ruhe und Sicherheit gebrauchen. Doch nun stellte die Aufklärung schon wieder alles in Frage. Vernunft sollte plötzlich herrschen anstelle des Glaubens. Viele große Geister gerieten etwa seit dem Jahr 1700 in einen wahren Rausch der Umgestaltung gängiger Denkmodelle. Alles sollte nun der Logik oder der Messung untergeordnet werden. Die Wissenschaften blühten auf, neue Fakultäten und Fächer entstanden. Das technische Wissen vermehrte sich enorm. Bald, so waren sich manche Protagonisten sicher, werde man alles wissen, werde man alles vernünftig und logisch betrachten können.

Doch was sich uns heute als Weg zu Demokratie und Rechtstaat, zu Wissenschaft und Freiheit darstellt, erschien vielen Menschen damals beängstigend. Besonders deshalb, weil auch der geistige Anker der letzten tausend Jahre nicht mehr sicher fasste.

Denn obwohl selten offen angefeindet, gerieten die Kirchen Schritt für Schritt ins Abseits. Alle religiösen Regeln und Riten, Thesen und Texte wurden diskutiert und geprüft, gelegentlich befürwortet und häufig verworfen, weil sie weder der Logik noch der Vernunft standhielten. Glaubensgewissheiten sanken zu Diskussionsgrundlagen herab. Wieder einmal, so erlebten es viele Menschen in den deutschen Landen, sollte kein Stein auf dem anderen bleiben, auch wenn es sich diesmal nur um geistige Gebäude handelte.

In diese Situation hinein erschien das Abendlied mit einer vollkommen anderen Botschaft. Und diese Botschaft wird sehr geschickt vermittelt. Zunächst einmal stellt uns das Lied handfeste Realien vor: Mond, Sterne, Wald, Wiesen, Nebel. Alles real, alles wahr, alles unumstößlich und alles schön, ja wunderbar. Nachvollziehbar und ohne Geheimnis. Das passt bis hierher durchaus zur Aufklärung. Nicht mehr sosehr die zweite Strophe. Eine stille Kammer zum Zwecke des Vergessens mochte zwar hold und traulich gewesen sein, stellte aber einen schroffen Gegensatz zum ruhelosen Forscherwesen der Aufklärung dar.

Dann in der dritten Strophe der Frontalangriff gegen die gesamte Aufklärung, der in den weiteren Strophen nur noch ausgeweitet wird. Macht Euch doch nichts vor, Ihr werdet niemals alles wissen, niemals alles durchschauen. Nicht einmal den Wald, nicht den Nebel, nicht den Mond. Ihr wisst in Eurer Eitelkeit gar nichts. Aber dieses Nichtwissen ist kein Defizit, es ist nichts, was Euch beunruhigen muss. Wir haben ja ein höheres Wesen, mit dem wir sprechen können. Diese Botschaft ist den Strophen fünf und sechs ausführlich erläutert, verliert sich selbst dann nicht, wenn diese Verse ausgelassen werden.

Denn die letzte Strophe verzaubert durch ihre vollkommene Abwendung von jeglicher rationaler Weltlichkeit. Wir bitten für den guten Schlaf unseres kranken Nachbarn. Ein Nachtgebet der allerschönsten Art.

Die Aufklärung präsentierte sich in schweren Texten mit langen Sätzen und ungewöhnlichen Wörtern. Sie schenkte den Deutschen eine Hochleistungssprache, mit der bald darauf große Wissenschaft geschrieben werden konnte. Matthias Claudius schenkt uns schlichte Worte von wundervoller Einfachheit.

Das ist es, was den Text bis heute so erfolgreich macht. Wahrscheinlich wird er auch noch lange Zeit seinen Hörern und Lesern etwas geben können. Denn die Grundkonstellation seiner Entstehungszeit entsteht immer wieder. Veränderungsdruck, kalte Rationalität, überhebliche Allwissenheit und kein Gedanke an den kranken Nachbarn, das ist ja die täglich erlebte Wirklichkeit sehr vieler Menschen, es ist der Alltag der Besucher des Grönemeyer-Konzerts. Aus dieser Welt ein Abendlied lang auszusteigen ist lebenswichtig und wunderbar schön. 1778 ebenso wie 2015.

*Reiner Pogarell*

## Ein Lehrstück der Toleranz

Nathan der Weise
Gotthold Ephraim Lessing
1779

Gotthold Ephraim Lessing, 1729 in Kamenz geboren, 1781 in Braunschweig gestorben, sollte als Sohn eines protestantischen Pfarrers ein Mann der Kirche werden. Er brach jedoch das Studium der Theologie nach zwei Jahren ab und widmete sich in Leipzig und Wittenberg der Philologie und der Philosophie. Danach übte er vielerlei Tätigkeiten aus, manche auch notgedrungen: Redakteur in Berlin, freier Autor und Rezensent, Sekretär eines Grafen in Breslau, Dramaturg in Hamburg und schließlich Bibliothekar des Herzogs von Braunschweig in Wolfenbüttel.

Heute kennt und schätzt man Lessing als den Begründer der modernen Literatur- und Theaterkritik und als Erneuerer des deutschen Dramas. Von seinen Bühnenwerken werden vor allem zwei seit je beachtet und bewundert: das Lustspiel *Minna von Barnhelm* und das Drama – das dramatische Gedicht, wie Lessing selbst es nennt – *Nathan der Weise*. Seit der Premiere im Jahre 1793 in Berlin wird dieses Theaterstück denn auch öfter vorgelesen und zitiert als aufgeführt.

Das Stück ist in fünffüßigen Jamben abgefasst. Schon vor Lessing gab es Versuche, dieses reimlose Versmaß in Deutschland einzuführen. Aber erst ihm gelang der Durchbruch mit dem leicht abgewandelten Blankvers nach englischem Vorbild. Das macht die Rollentexte in *Nathan der Weise* ungemein geschmeidig. Oft übernimmt der Dialogpartner einen Teil derselben Verszeile. Wenn das ebenso vollendet vorgetragen wird, verspüren Zuhörer kein Pathos, die poetische Gebundenheit bleibt unaufdringlich und angenehm.

Von der starren Typisierung des frühen deutschen wie auch französischen Theaters hat sich Lessing schon weitgehend befreit. Die Charaktere der christlichen, muslimischen und jüdischen Personen sind mehr oder weniger gebrochen, beeinflusst von Umfeld und Zeitströmungen, gefangen in Vorurteilen. Schwierigkeiten der Identitätsfindung, noch heute aktuell, durchlebt insbesondere der junge Tempelherr, ein christlicher Ritter, der Nathans Pflegetochter Recha aus dem brennenden Haus gerettet hat.

Am besten charakterisiert ist die Hauptperson, der wohlhabende und edelmütige Jude Nathan, ein Kaufmann in Jerusalem. Christliche Kreuzritter haben seine Ehefrau und seine sieben Söhne ermordet. In den Kriegswirren hat Nathan dann das verwaiste christliche Mädchen Recha an Kindes statt angenommen und aufgezogen. Das erfahren Leser und Zuschauer nur schrittweise, nach und nach wie auch den ganzen sonstigen Fortgang des Geschehens.

Das Werk bezieht seine Spannung vor allem aus diesem dramaturgischen Kunstgriff: Die Vorgeschichten der handelnden Personen werden nur allmählich enthüllt. So erklärt sich schließlich das teilweise geheimnisvolle, Neugier weckende Verhalten der Akteure. Es ist geprägt von der Vergangenheit. Ähnliche Techniken kennen wir aus modernen Kriminalgeschichten.

Der christliche Tempelherr und andere Gestalten des Schauspiels erschüttern in Wort und Tat, auch mit ihrer Wandlung, die Selbstherrlichkeit der Christen. Nur der christliche Patriarch, ein unbelehrbarer Fanatiker und Antisemit, wird typisiert und kaum charakterisiert. Nur er ruft noch in Erinnerung, dass Lessing nach seinem Disput mit dem Hamburger Hauptpastor Johann Goeze, nach seinen Kampfschriften gegen intolerantes Christentum, sich der Zensur beugen musste. Er wich aus in die Dichtung, verzichtete auf Polemik, warb um Verständigung und Versöhnung. Aber auch das war damals ein Affront.

Die kalte und berechnende Sittah will Nathan überlisten, um mit seinem Geld die kritische Finanzlage ihres Bruders, des herrschenden Sultans Saladin, wieder aufzubessern. Der jüdische Kaufmann folgt der Einladung zum Hofe, ahnt schon gleich die Falle und verwickelt Saladin in ein religionsphilosophisches Gespräch, bis er ihn als Freund gewinnt. Mit einem

Gleichnis, das Nathan verwendet, erreichen die geistigen Auseinandersetzungen in diesem Drama ihren Höhepunkt. Das Grundmuster dieser Ring-Parabel entstammt dem *Decamerone* von Giovanni Boccaccio.

Die drei Ringe, die an Nachfahren vererbt werden, symbolisieren drei Religionen: die jüdische, die christliche und die mohammedanische. In seinen grüblerischen Repliken und Monologen führt der unorthodoxe Jude Nathan den jeweiligen Anspruch dieser verwandten Glaubensbekenntnisse auf alleinige Wahrheit und Gültigkeit ad absurdum. Er weiß aber auch um den Wert jeder der drei Religionen und bezieht sich dabei auf die Fabel, in der zunächst nur ein Ring vorhanden ist, der an den jeweils liebsten Sohn vererbt wird und ihn ermächtigt, der „Fürst des Hauses" zu sein. Aber schließlich durchbricht ein Vater diese Tradition.

> NATHAN. ...
> Es kam zum Sterben, und der gute Vater
> Kömmt in Verlegenheit. Es schmerzt ihn, zwei
> Von seinen Söhnen, die sich auf sein Wort
> Verlassen, so zu kränken. – Was zu tun? –
> Er sendet in geheim zu einem Künstler,
> Bei dem er, nach dem Muster seines Ringes,
> Zwei andere bestellt, und weder Kosten
> Noch Mühe sparen heißt, sie jenem gleich,
> Vollkommen gleich zu machen. Das gelingt
> Dem Künstler. Da er ihm die Ringe bringt,
> Kann selbst der Vater seinen Musterring
> Nicht unterscheiden. ...

Die Anspielung auf die gemeinsame Wurzel des Judentums, des Christentums und des Islams ist unverkennbar. Nathan vergleicht die Suche nach der religiösen Wahrheit mit der Vergeblichkeit, unter den drei Ringen den ursprünglichen und echten herauszufinden. Er begründet die Erfordernis, die jeweils andere religiöse Überlieferung zu achten, und überzeugt damit auch den muslimischen Herrscher Saladin.

NATHAN. ...
Kaum war der Vater tot, so kömmt ein jeder
Mit seinem Ring, und jeder will der Fürst
Des Hauses sein. (...) Umsonst; der echte Ring war nicht
Erweislich; - (nach einer Pause, in welcher er des Sultans Antwort erwartet) Fast so unerweislich, als
Uns itzt – der rechte Glaube.

SALADIN. Wie? Das soll
Die Antwort sein auf meine Frage?...

NATHAN. Soll
Mich bloß entschuldigen, wenn ich die Ringe
Mir nicht getrau zu unterscheiden, die
Der Vater in der Absicht machen ließ,
Damit sie nicht zu unterscheiden wären.

SALADIN. Die Ringe! – Spiele nicht mit mir! – Ich dächte,
Dass die Religionen, die ich dir
Genannt, doch wohl zu unterscheiden wären.
Bis auf die Kleidung; bis auf Speis und Trank!

NATHAN. Und nur von Seiten ihrer Gründe nicht. –
Denn gründen alle sich nicht auf Geschichte?
Geschrieben oder überliefert! – Und
Geschichte muss doch wohl allein auf Treu
Und Glauben angenommen werden? – Nicht? –
Nun wessen Treu und Glauben zieht man denn
Am wenigsten in Zweifel? Doch der Seinen?
Doch deren Blut wir sind? doch deren, die
Von Kindheit an uns Proben ihrer Liebe
Gegeben? die uns nie getäuscht, als wo
Getäuscht zu werden uns heilsamer war? –
Wie kann ich meinen Vätern weniger,
Als du den deinen glauben? Oder umgekehrt. –
Kann ich von dir verlangen, dass du deine
Vorfahren Lügen strafst, um meinen nicht
Zu widersprechen? Oder umgekehrt.
Das Nämliche gilt von den Christen. Nicht?“

SALADIN. (Bei den Lebendigen! Der Mann hat Recht.
Ich muss verstummen.)

Nathans Hinweise auf die Zufälligkeit der Geburt und der Religionszugehörigkeit werden unterstützt durch die Schicksale der handelnden Personen. Weil der Tempelherr dem Bruder Assad des herrschenden Sultans ähnelt, ist er mit dem Leben davongekommen. Auch stellt sich der christliche Ritter als ein Sohn Assads und Recha als die Schwester des Tempelherren heraus. Assad ist zum Christentum übergetreten und im dritten Kreuzzug gefallen.

Lessings bildkräftige, mitreißende Sprache überdeckt den etwas verschachtelten und erzwungenen Aufbau des Dramas. Die Rollentexte nehmen vorweg, was Wissenschaftler heute erkannt haben: Sprache allein kann schon Denken und Handeln sein. Der Dichter lässt seine Gestalten ohne Einmischung agieren, Erfolg haben oder scheitern. Solche Distanz eines Autors zu seinem Werk war in der deutschen Literatur- und Theatergeschichte bis dahin kaum bekannt. Modern erscheinen auch die wechselnden Perspektiven auftretender Personen, die ihre Ansichten immer wieder überprüfen und zurechtrücken.

Rund 180 Zitate aus Lessings Werken haben die Zeiten als geflügelte Worte überlebt. Speziell aus *Nathan der Weise* kennen wir Wortschöpfungen wie

„Buchgelehrsamkeit“ und „Kritikaster“,

oder von wundervollen Sprachbilder und Gleichnissen wie dieses:

Der Löwe schämt sich freilich, wenn er mit / Dem
Fuchse jagt: – des Fuchses, nicht der List.

Der weise Nathan unterhöhlt wundergläubige Schwärmerei, der zeitweise auch seine Ziehtochter Recha verfällt, indem sie darauf besteht, von einem Engel gerettet worden zu sein. Er sagt:

> Der Topf / Von Eisen will mit einer silbern Zange / Gern aus der Glut gehoben sein, um selbst / Ein Topf von Silber sich zu dünken.

Andererseits will Nathan auch selbst die Neigung der Menschen zu Wunschbildern für seine Strategie gegenüber Saladin nutzen:

> Nicht die Kinder bloß speist man / Mit Märchen ab.

Goldene Worte hat der Dichter auch dem störrischen Tempelherrn in den Mund gelegt. Immer noch zitiert man häufig: „Kein Mensch muss müssen." Zufällige Entdeckungen kommentieren wir gerne so: „Der Blick des Forschers fand / Nicht selten mehr als er zu finden wünschte." Oder auch: „Es sind / Nicht alle frei, die ihrer Ketten spotten." Gotthold Ephraim Lessing hat uns mit den großartigen Blankverszeilen seines dramatischen Gedichts gezeigt, wie mächtig unsere deutsche Sprache ist.

*Gerhard Illgner*

## Die deutsche Sprache und die anderen

Briefe an einen jungen Dichter
Christoph Martin Wieland
1782

Schloss Sanssouci 1780. Der preußische König Friedrich II. verfasst eine kritische Betrachtung der deutschen Literatur – auf Französisch: *De la Littérature Allemande.*

Weimar 1782. Der schwäbische Dichter Christoph Martin Wieland (1733-1813), seit 1772 im Dienste der Herzogin von Sachsen-Weimar, veröffentlicht in seiner Monatsschrift *Der Teutsche Merkur* drei *Briefe an einen jungen Dichter*. Da hat zwar der junge Goethe – seit 1775 auch in Weimar – schon zwei große Publikumserfolge vorzuweisen, den *Götz von Berlichingen* (1773) und *Die Leiden des jungen Werthers* (1774), aber noch ist Wieland der hellste Stern am deutschen Dichterhimmel.

*Die Geschichte des Agathon*, der erste deutsche Entwicklungsroman, hatte ihn 1767 bekannt gemacht – als einen tiefernsten, klassisch gebildeten Dichter. Gleich darauf, 1768, hatte man ihn – teils amüsiert, teils pikiert – in der Versgeschichte *Musarion, oder die Philosophie der Grazien* als witzig-eleganten Erzähler kennengelernt. Mit dem schmunzelnd-dramatischen Vers-Epos *Oberon* (1780) hatte er sich abermals als souveräner Sprachkünstler in Erinnerung gebracht, das Jahr darauf gefolgt von dem satirischen Roman *Die Abderiten. Eine sehr wahrscheinliche Geschichte*. In verschmitzt-sachlichem Ton verspottet Wieland hier – noch heute kann man entsetzt darüber lachen – den Hang der Menschen, sich über juristische Spitzfindigkeiten heillos zu zerstreiten. Im Jahr 1782 stand Wieland also im Zenit seiner Beliebtheit und durfte sich als Autorität in Fragen der deutschen Literatur und Sprache fühlen und äußern.

Um dreierlei geht es in seinen Briefe[n] an einen imaginären jungen Dichter: Der erste handelt vom persönlichen Umgang mit der Berufung zum Dichter und warnt vor Illusionen, der dritte beschreibt die damalige Unsicherheit, ob die deutsche Literatur in derselben Liga mithalten könne wie die der Nachbarn, insbesondere der englischen und französischen. Wielands Fazit: Sie kann's.

Im zweiten Brief – deshalb der Hinweis auf den frankophilen und frankophonen Preußenkönig – geht es um die deutsche Sprache im Vergleich mit denen der Engländer, Franzosen und Italiener. Die kannte Wieland aus seiner weit aufgefächerten Lektüre alle gut, und das nutzte er auch für umfangreiche Übersetzungsarbeit. Er beschreibt, welche Möglichkeiten die verschiedenen Sprachen ihren Dichtern bieten und welche nicht. Wie schneidet Deutsch in diesem Vergleich ab? Wieland hatte offenbar Grund, sich mit einem Minderwertigkeitskomplex der Deutschsprachigen auseinanderzusetzen.

Belege dafür, welch großartige Ausdrucksmöglichkeiten die deutsche Sprache bereithält, findet Wieland im Werk zeitgenössischer, nur geringfügig älterer Dichter. Deren Namen sind heute meist vergessen. Selbst Klopstock (1724-1803), den er mehrfach zitiert, ist nur noch wenigen bekannt. Dessen riesiges biblisches Epos *Messias* (1751-73) galt damals als Jahrhundertwerk.

Nun aber Wieland selbst, aus dem zweiten der Briefe. Die Leichtigkeit seiner poetischen Diktion gibt er hier zugunsten des damals gebräuchlichen Gelehrtenstils auf und schachtelt seine Sätze, dass es griechischen oder lateinischen Prosaschriftstellern zur Ehre gereichen würde:

> „[…] Auch bey der glücklichsten Anlage [zum Dichten] bedarf es doch vieles Studierens und einer langen Übung, bis man es in allem dem, was unter dem Mechanischen und Musikalischen unsrer Kunst begriffen ist, zu einem mehr als gemeinen Grad der Vollkommenheit bringt, und meine Erfahrenheit in diesen Dingen kann Ihnen vielleicht behülflich seyn, früher dazu zu gelangen.
>
> Indessen ist nicht wohl zu läugnen, daß, was diesen Punkt betrift, in unserer Sprache selbst Schwierigkeiten

liegen, die weder durch die vollständigste Kenntniß derselben, noch durch den angestrengtesten Fleiß allezeit gehoben werden können. Es ist mehr als zu wahr, daß die Deutsche Sprache an Wohlklang und Sanftheit beynahe allen andern Europäischen nachsteht: und daß sie insonderheit von der Englischen (die von allen andern gute Beute gemacht hat) an Reichthum an Worten, und an derjenigen Stärke, die aus Kürze und Gedrungenheit entsteht, von der Französischen an Tauglichkeit – Witz und Empfindung (zwey so ungleichartige und doch so nahe verwandte Dinge) bis auf den äußersten Grad der Feinheit auszuspinnen und zu verweben, und von der Italiänischen an Geschmeidigkeit und Überfluß an poetischen Worten zum lebendigsten Ausdruck, zur feinsten und lebendigsten Farbengebung, zur anmuthigsten Modulazion des Verses übertroffen werde. [...]

Die Italiänische Dichtersprache wimmelt von Wörtern, besonders von Beywörtern, für die uns die unsrige kein Äquivalent geben kann. Ich habe die Pein, die ein deutscher Dichter leidet, wenn er in allen Fächern seines Gedächtnisses vergeblich nach einem Worte sucht, welches gerade das, was er sagen will, sage, und dabey nicht durch irgend ein leidiges Schr oder Ch, oder ein dreyfaches Übergewicht harter Konsonanten den schönen Gegenstand, den es bezeichnen, oder die Stelle, wo es Effekt machen soll, verunziere, – zu oft erfahren, als daß ich Ihnen einen kleinen Unmuth über das Rauhe, Wiehernde und Unsingbare unsrer Sprache übel nehmen könnte.

Der Fehler liegt freylich meistens nicht im Mangel an Worten, sondern im Mangel solcher Wörter, wie unser durch Griechische, Lateinische, Wälsche und Französische Töne verwöhntes Ohr sie gerne haben möchte. Zärtliche heißt eben das was *teneri,* und hat den nehmlichen Sylbenfall: aber was für einen Unterschied macht das ch und der Zusammenstoß der drey Mitlauter rtl in dem Deutschen Worte? *Beltà* und Schönheit bezeichnen einerley Begriff; aber wie wohlklingend ist jenes, und wie müssen die Organen arbeiten, um dieses hervorzubringen? Welch ein ewiges Zischen und Hauchen, Knarren und Klirren in unserm mit H, Ch, S, Sch, Pf und R überladenen Hochdeutschen?

Alles dieß, lieber Freund, und was Sie mir noch sonst gegen die poetische Eufonie derselben hätten einwenden können, ist zu offenbar um geläugnet zu werden. Aber Unrecht würden Sie haben, wenn Sie darum, weil unsre Sprache nicht so sanft und sonor wie die Italiänische ist, die Augen vor ihren wirklichen Schönheiten, und selbst vor dem, was sie gleichwohl auch in diesem Stücke ist, verschließen wollten.

Ohne hier zu wiederhohlen, was von vielen andern, und von mir selbst anderswo, hierüber schon gesagt worden, – bedürfen wir eines stärkern Beweises, als die Dichter, die wir schon besitzen, und den ungemeinen Zuwachs an Biegsamkeit, Sanftheit und Wohllaut, den sie unter ihrer Bearbeitung nur seit vierzig Jahren gewonnen hat?

[…] was ist sanfter und wohllautender als z. B. folgende Stelle aus [Barthold Hinrich Brockes‘ (1680-1747)] musikalischem: Gedicht auf seinen Garten?

Es scheint der Blüthe flüchtig Schweben,
Indem sie fällt, die Lüfte zu beleben;
Die klare grünlich-dunkle Fluth,
Die in des Teiches Unterschooß,
Bekränzt mit Moos,
An schlanker Bäume Wurzeln ruht,
Auf deren ebner Fläch‘ ein kühler Schatten schwimmet,
Wird unvermuthet hell, und glimmet
In einer weißen Glut.

Es müste denn nur folgende Arie seyn, die sich neben den schönsten eines Metastasio hören lassen darf:

Kühler angenehmer Bach,

Allgemach
Schließet deiner krausen Wellen
Sanfter Schall, in kleinen Fällen,
Durch das Ohr mein Auge zu;
Deiner fließenden Kristallen
Schwätzend Wallen
Reitzet selbst den Geist zur Ruh.

[…] Aber wenn wir auch zugeben müssen, daß unsre Sprache bey weitem nicht so sanft ist, als die größtenteils aus der Lateinischen entsprungenen unsrer Nachbarn jenseits des Rheins und der Alpen, – ist denn Sanftheit die einzige poetische Tugend einer Sprache? Ist die ganz vorzügliche Geschicklichkeit der unsrigen, starke und heftige Leidenschaften und große Naturscenen in dem heftigsten Kampf ihrer gewaltigen Kräfte darzustellen, – und besonders, ist ihr ungemeiner Reichthum an ausdrucksvollen und allen Arten von Schall und hörbarer Bewegung nachahmenden Wörtern für etwas geringes zu achten? […]

Es ist nichts leichters als zu sagen, die Sprache Ariosts, Tasso's und Metastasio's sey ungleich sanfter und melodiöser als die Deutsche. Aber ist sie darum auch mannigfaltiger, abwechselnder, nachdrücklicher, kräftiger? Und kann man in Abrede seyn, daß ihre alle Augenblicke wiederkommenden *A, E, I* und *O* ihr eine dem Ohr endlich sehr langweilige Eintönigkeit geben? Doch wir haben nicht nöthig Unvollkommenheiten an den auswärtigen Sprachen zu suchen, um die Verdienste der unsrigen zu erheben.

Jede Sprache ist der Organisazion, der Lage, dem Genie und Karakter der Nazion, von welcher sie gebildet worden ist, angemessen – und die Deutsche trägt die Spuren des allgemeinen Karakters, woran man einen Deutschen – so verschieden auch die Einwohner einzelner Provinzen, in Vergleichung mit einander, scheinen – von einem Franzosen, Italiäner, Spanier, Engländer, u.s.w. sogleich unterscheiden kann, auf eine sehr merkliche Weise. In ihren häufig zusammen gedrängten Konsonanten ist das Flegma unsers Nazional-Temperaments, die Asche die unsre Gluth bedeckt; in ihren häufigen Hunds- und Zischlauten (R. S. Sch.) die Kolerische Mischung, und in den eben so häufigen und starken Aspirazionen das muntere, kräftige und der anhaltendsten Anstrengung fähige desselben, deutlich ausgedruckt.

Aber die häufige Einmischung der sanften, und der kindlichen Natur besonders eignen Laute, *B, M, D, C* und *L*, vornehmlich des letztern, der etwas vorzüglich lebhaftes und liebliches hat, temperiert das Schwerfällige, Rauhe und Ungestüme, das gleichsam die Grundlaute der Sprache unsrer uralten Vorfahren, der freyen Waldbewohner, Jäger und Krieger – ausgemacht, in solcher Maße, – und die lange Tonleiter unsrer Vokalen und Difthongen trägt so viel bey, theils das Naturnachahmende unsrer Wörter zu verstärken, theils eine große Mannigfaltigkeit und mehr Kontrast in sie zu bringen: daß ein Dichter, wenn er seinen eigenen Vortheil recht bedenkt, sich kaum eine zu allen Arten des lebendigen Ausdrucks tauglichere, und alle mögliche Farbenmischungen besser zulassende Sprache wünschen kann, als eben diese, die wir, aus allzu großer Gefälligkeit gegen unsre Nachbarn, den ihrigen (die doch so weniges übereinstimmendes mit unserm Temperament und Karakter haben) unbilliger Weise nachzusetzen uns verleiten lassen.“

*Cornelius Sommer*

## Sapere aude!

Was ist Aufklärung?
Immanuel Kant
1784

Kaum jemand wird Immanuel Kant als einen großen Meister der deutschen Sprache bezeichnen. Heinrich Heine kritisierte den trockenen Packpapierstil und meinte sogar, er habe durch den „schwerfälligen steifleinenen Stil seines Hauptwerkes sehr viel Schaden gestiftet". Karl Popper beklagt Kants geschraubte Ausdrucksweise, und alle Philosophielehrer, die die Studenten durch die *Kritik der reinen Vernunft* schleusen mussten, haben sich mit dem umständlichen, verschachtelten Duktus seiner Sätze abgemüht. Generationen von Herausgebern von Kants Werken haben mit einer Fülle von Anmerkungen, Ergänzungen und Einschüben Vorschläge gemacht, um Kants Syntax zu verbessern und Grammatikfehler auszubügeln. Niemand wird dennoch den Einfluss und die Bedeutung von Kants Erkenntniskritik mindern wollen; seine differenzierte Analyse der rationalen Metaphysik bildet einen unwiederbringlichen Einschnitt in der Geschichte der Philosophie.

Während Kants Hauptwerk hauptsächlich von den Berufshistorikern der Philosophie studiert wird, haben seine kleineren Schriften viel mehr Aufmerksamkeit erregt, weil sie stilistisch besser gefeilt waren und auch vom Umfang her die Leser nicht überforderten. Ein kurzer Aufsatz, den Kant in der Berliner Monatsschrift 1784 unter dem Titel *Was ist Aufklärung?* veröffentlichte, ist vermutlich eine der meistzitierten und einflussreichsten Arbeiten des Königsberger Denkers geworden. Seine Begriffsbestimmung entsprach einem richtiggehenden Desiderat, denn die Aufklärung war zwar schon, besonders in Frankreich, eine Weile im Gange, ohne dass man aber die Zielrichtung der Strömung gedanklich genauer gefasst hatte. Kant beginnt mit einer markigen begrifflichen Festlegung:

> „Aufklärung ist der Ausgang des Menschen aus seiner selbstverschuldeten Unmündigkeit. Unmündigkeit ist

> das Unvermögen sich seines Verstandes ohne Leitung eines anderen zu bedienen. Selbstverschuldet ist diese Unmündigkeit, wenn die Ursache derselben nicht am Mangel des Verstandes, sondern der Entschließung und des Mutes liegt, sich seiner ohne Leitung eines anderen zu bedienen."

Nach dieser Begriffsbestimmung geht er gleich zu einer Aufforderung über: „Sapere aude! Habe Mut dich deines eigenen Verstandes zu bedienen! ist also der Wahlspruch der Aufklärung." Die Bedeutung einer solchen Anweisung ist angesichts der überkommenen Autoritätsgläubigkeit kaum zu überschätzen. In der Scholastik waren zwar bei den meisten Autoren *auctoritas* und *ratio* als Erkenntnisquellen anerkannt, aber nur die erste spielte die Rolle eines konstitutiven Wissensursprungs, wohingegen die zweite in erster Linie eine erläuternde Funktion besaß. In gewissem Sinne war die Vernunft eine Hilfswissenschaft zum exegetischen Gebrauch bei dem Verständnis der Schriften der Kirchenväter und der Deutung der Heiligen Schrift. In der Reformation verteidigt Luther sogar einen ausgeprägten Anti-Rationalismus und einen deutlichen Primat des Glaubens, während Kant nun keine Einschränkung im Anwendungsbereich der Vernunft vornehmen will. Sie wird zum letzten Prüfstein alles Wissens, erkenntnislogische Ungereimtheiten sind ein hinreichender Grund, auch erhabene Thesen zu Fall zu bringen. Jeder Text, wie ehrwürdig er auch sein mag, ist offen für die logische Analyse.

In der Folge expliziert Kant in der Aufklärungsschrift die Stoßrichtung seines Leitsatzes näher. Zum einen ist die Devise nun explizit *gegen* Autoritäten gerichtet.

> „Habe ich ein Buch, das für mich Verstand hat, einen Seelsorger, der für mich Gewissen hat, einen Arzt, der für mich die Diät beurteilt usw., so brauche ich mich ja nicht selbst zu bemühen. Ich habe dann nicht nötig zu denken, wenn ich nur bezahlen kann; andere werden das verdrießliche Geschäft schon für mich übernehmen."

Die Obrigkeiten waren damals noch mehr als heute bemüht, den Bürger zur Anpassung, Einordnung und zur Befolgung der Gebote der Landesreligion zu bewegen. Zum anderen spiegelt die Unterordnung auch die Bequemlichkeit der Bürger wider, denn es ist anstrengend und auch riskant, sich der eigenen Denkkraft zu bedienen. Für Fehler ist man dann selber verantwortlich. Dies kann sich besonders im weltanschaulichen Bereich verhängnisvoll auswirken, wo es damals noch um die großen metaphysischen Themen der Existenz Gottes, der Willensfreiheit und um das Schicksal der unsterblichen Seele ging. Spöttisch spricht Kant von den „Vormündern, die die Oberaufsicht über sie [die Menschen] gütigst auf sich genommen haben". Für Kant selber waren damals die Würfel in bezug auf die metaphysischen Grundprobleme schon gefallen, seit 1781 war ihm klar, dass diese Fragen empirisch unentscheidbar sind, ein Resultat, das dem Denker einen zerstörerischen Nimbus eingetragen hat.

Kann sich ein Volk selbst aufklären? Kant ist hier zuversichtlich. Wenn die Obrigkeit die Freiheit des Selbstdenkens nicht systematisch unterdrückt, wird es einige Intellektuelle geben, die die Keimzellen für eigenständige Intellektualität etablieren. Gedanken- und Meinungsfreiheit war im 18. Jh. ein schwer erworbenes Gut. Die ersten Schritte der Aufklärung um ca. 1600 mussten verdeckt erfolgen. Die erste neuzeitliche religionskritische Schrift *De tribus impostoribus*, in der die drei Religionsgründer Moses, Jesus und Mohammed als Schwindler bezeichnet worden waren, konnte nur anonym veröffentlicht werden. Historiker vermuten spinozistisches Gedankengut im Hintergrund. Das Testament des Abbé Meslier (1729), in dem dieser seine sozialkritische Studie des Christentums niedergelegt hatte, fand seinen Weg zu den Philosophen nur nach dem Tode des Priesters aus den Ardennen. Voltaires *Philosophische Briefe* wurden noch 1724 in Paris öffentlich vom Henker verbrannt. Jetzt aber fordert Kant: „Der öffentliche Gebrauch seiner Vernunft muß jederzeit frei sein und der allein kann Aufklärung unter den Menschen zustande bringen."

Vom allgemeinen Einsatz des Denkens unterscheidet Kant allerdings den *privaten* Gebrauch der Vernunft, wenn eine Person Mitglied einer Institution, des Gemeinwesens, einer Schule, des Militärs oder der Kirche ist. Hier muss er sich der Zielsetzung dieser Einrichtungen unterordnen und darf in seiner Funktion als Mitglied dieser sozialen Ordnung sich nicht kritisch über deren Aufgabe äußern. Wenn er sich hingegen als Gelehrter über das Kriegswesen, über den Staat und sogar über die Religion äußert, kommt ihm die volle intellektuelle Freiheit zu. Ein Priester muss also, wenn er vor die Gemeinde tritt, die offizielle Lehrmeinung der Kirche predigen, darf aber in einer davon unabhängigen Reflexion zur Auffassung kommen, dass alle Lehren der Religion Illusion sind. Genau diese Strategie hatte ja Jean Meslier 40 Jahre praktiziert, musste aber seine Religionskritik dem Testament anvertrauen. In Bezug auf die Religionsphilosophie sollte Kant dann selber die Grenzen der bürgerlichen Freiheit erfahren. Als er seine Schrift *Religion innerhalb der Grenzen bloßer Vernunft* (1793) veröffentlichte, war nach dem Tod Friedrich des Großen die Freiheit des religiösen Denkens stark eingeschränkt und die Zensur verschärft worden. Kant musste eine offizielle Rüge durch König Friedrich Wilhelm II. hinnehmen und sich bei Äußerungen zur Religion zurückhalten. Dies ist aus heutiger Sicht verständlich, denn Kants Reduktion der Religion auf Ethik war radikal. Diese Verengung konnte naturgemäß nie die Zustimmung der religiösen Laien und schon gar nicht der Kleriker erwerben, was man auch versteht, wenn er in der Religionsschrift sagt:

> „alles was außer dem guten Lebenswandel der Mensch noch zu tun können vermeint, um Gott wohlgefällig zu werden, ist bloßer Religionswahn und Afterdienst Gottes."

In der Aufklärungsschrift bringt aber Kant nun selber einen Einwand gegen den Kritizismus, der bis in die Gegenwart immer wieder gehört wird. Es könnte sich doch eine Untergruppe eines Volkes auf die unbezweifelbare Wahrheit einer Klasse von Sätzen einigen, um sie von allen zukünftigen Einwänden abzuschotten. Hier wird Kant nun in dramatischer Weise deutlich: „Ich sage: das ist ganz unmöglich. Ein solcher Kontrakt, der auf immer alle weitere Aufklärung vom Menschengeschlecht abzuhalten, geschlossen würde, ist schlechterdings null und nichtig." Damit ist das begriffliche Moment des Erkenntnisfortschrittes in der Aufklärung als unabdingbar erkannt. Kein Zeitalter kann das Wissen seiner Zeit festschreiben, niemand kann die Irrtümer in den Kenntnissen einer Epoche ausschließen und man muss es den zukünftigen Einsichten überlassen, die Korrekturen an dem anzubringen, was man momentan für glaubwürdig hält. Kant scheut sich nicht, den weltanschaulichen Dogmatismus als „ein Verbrechen wider die menschliche Natur" zu bezeichnen, „deren ursprüngliche Bestimmung darin besteht in … der Aufklärung weiterzuschreiten."

Die politische Brisanz dieser Verteidigung eines uneingeschränkten Kritizismus für die gegenwärtige Epoche der religiösen Konfrontationen liegt auf der Hand. In den Naturwissenschaften und in der Mathematik hat sich die Überzeugung von der Vorläufigkeit alles Wissens und von der Unsicherheit aller Ergebnisse längst durchgesetzt, aber im Bereich der Normen und metaphysischen Überzeugungen geistern immer noch Visionen von unerschütterlichen Fundamenten und letzten archimedischen Ausgangspunkten durch die intellektuelle Landschaft. Den Verteidigern unveränderlicher Basen normativer Orientierung sollte Kants Forderung ins Stammbuch geschrieben werden: „… auf eine beharrliche, von niemandem öffentlich zu bezweifelnde Religionsverfassung auch nur binnen der Lebensdauer eines Menschen sich zu einigen … ist schlechterdings unerlaubt." Eine solche Vorschrift, und hier wird Kant richtig pathetisch, hieße „die heiligen Rechte der Menschheit [zu] verletzen und mit Füßen treten." Es muss als bemerkenswert angesehen werden, dass er sich an keiner Stelle auf irgendeine regionale Beschränkung der Reichweite der logischen Analyse einlässt, wie sie von Theologen wie Joseph Ratzinger und Philosophen wie Jürgen Habermas in der Gegenwart gefordert werden, um ein harmonisches Verhältnis von Wissenschaft und Religion zu erzwingen. Einen vor der logischen Analyse geschützten Bereich, in dem sich „Schwärmerei und Aberglaube" tummeln können, will Kant nicht etablieren. Auch der soziale Friede dient ihm nicht als Vorwand, Grenzen der Rationalität einzufordern und dies mit Recht. Wenn an einer Stelle die Restriktion des Verstandesgebrauches eingefordert wird, ist kaum einzusehen, wie eine Ausweitung dieser Forderung verhindert werden kann.

Nicht zuletzt fragt Kant dann noch, ob sein Zeitalter als aufgeklärt gelten kann. Er verneint dies, nennt es aber ein Zeitalter der Aufklärung, in dem das Volk begonnen hat, sich seines eigenen Verstandes zu bedienen, dies aber dank eines philosophischen Monarchen, der in seinem Reich den Geist der Freiheit verbreitet hat.

> „Daß die Menschen … schon imstande wären oder darin auch nur gesetzt werden könnten, in Religionsdingen sich ihres eigenen Verstandes … zu bedienen, daran fehlt noch sehr viel." „Allein, daß jetzt ihnen doch das Feld geöffnet wird, sich dahin frei zu entwickeln, … davon haben wir doch deutliche Anzeichen."

Über 200 Jahre sind vergangen, seit Kant seine richtungsweisende Schrift verfasst hat und seit Friedrich II. von Preußen die Denkfreiheit in seinem Land praktizierte. Die Wirkung von Kants Aufklärungsprogramm kann im besten Sinne als emanzipatorisch bezeichnet werden, sie umfasst die Freiheit des Denkens im theoretischen Bereich und die Autonomie des Individuums im sittlichen, politischen und ökonomischen Gebiet. Damit war die Verpflichtung des Einzelmenschen zur Unterwerfung unter Kirche, Staat und Gesellschaft gelöst und der zentrale Begriff des Liberalismus, nämlich des Selbsteigentums, etabliert. Jeder Bürger gehört zuerst sich selber und er hat die primären Verfügungsrechte über seinen Körper, seinen Geist und sein Denken. Niemand kann ihm diese natürlichen Rechte streitig machen. Danach wird er sich bemühen, seine Interessen mit denen der Gesellschaft abzugleichen.

Die Aufklärung ist durch die Frankfurter Schule in der zweiten Hälfte des vorigen Jahrhunderts in Verruf gebracht worden. Adorno und Horkheimer haben in ihrer „Dialektik der Aufklärung" diese Philosophie als Herrschaftswissen und als Wegbereiter des Faschismus denunziert. Dieser Vorwurf ist inzwischen allgemein als historisch und systematisch falsch erkannt worden. Der kritische Rationalismus und die Analytische Philosophie sind die nachfolgenden Träger der Aufklärung des 18. Jahrhunderts geworden. Viele Vertreter dieser Strömung, vor allem Bertrand Russell, haben das Programm der Aufklärung weitergeführt.

*Bernulf Kanitscheider*

## Die Ode an die Freude

Der Schlusschor der Neunten Sinfonie
Friedrich Schiller / Ludwig van Beethoven
1785

Friedrich Schiller ist neben Goethe eine der großen Autoritäten der deutschen Literatur- und Sprachgeschichte. Um 1785 lebte er einige Zeit in Dresden, wo ihn eine herzliche und innige Freundschaft mit Gottfried Körner sowie dessen frischangetrauter Frau Minna verband. Das Glücksgefühl dieser warmherzigen Verbindung regte ihn zu einer jubelnden Lebensbejahung an, er schuf sein *Lied an die Freude:*

„An die Freude

Freude, schöner Götterfunken.
Tochter aus Elysium,
Wir betreten feuertrunken,
Himmlische, dein Heiligtum.

Deine Zauber binden wieder,
Was die Mode streng geteilt;
Alle Menschen werden Brüder,
Wo dein sanfter Flügel weilt.

Seid umschlungen, Millionen!
Diesen Kuß der ganzen Welt!
Brüder – überm Sternenzelt
Muß ein lieber Vater wohnen.

Wem der große Wurf gelungen,
Eines Freundes Freund zu sein,
Wer ein holdes Weib errungen,
Mische seinen Jubel ein!
Ja – wer auch nur eine Seele
Sein nennt auf dem Erdenrund!
Und wer´s nie gekonnt, der stehle
Weinend sich aus diesem Bund!

Was den großen Ring bewohnet,
Huldige der Sympathie!
Zu den Sternen leitet sie,
Wo der Unbekannte thronet.

Freude trinken alle Wesen
An den Brüsten der Natur;
Alle Guten, alle Bösen
Folgen ihrer Rosenspur.
Küsse gab sie uns und Reben,
Einen Freund, geprüft im Tod;
Wollust ward dem Wurm gegeben,
Und der Cherub steht vor Gott.

Ihr stürzt nieder, Millionen?
Ahnest du den Schöpfer, Welt?
Such ihn überm Sternenzelt!
Über Sternen muß er wohnen.

Freude heißt die starke Feder
In der ewigen Natur.
Freude, Freude treibt die Räder
In der großen Weltenuhr.
Blumen lockt sie aus den Keimen,
Sonnen aus dem Firmament,
Sphären rollt sie in den Räumen,
Die des Sehers Rohr nicht kennt.

Froh, wie seine Sonnen fliegen
Durch des Himmels prächt`gen Plan,
Laufet, Brüder, eure Bahn,
Freudig, wie ein Held zum Siegen.

Aus der Wahrheit Feuerspiegel
Lächelt sie den Forscher an;
Zu der Tugend steilem Hügel
Leitet sie des Dulders Bahn.
Auf des Glaubens Sonnenberge
Sieht man ihre Fahnen wehn,

Durch den Riß gesprengter Särge
Sie im Chor der Engel stehn.

Duldet mutig, Millionen!
Duldet für die beßre Welt!
Droben überm Sternenzelt
Wird ein großer Gott belohnen.

Göttern kann man nicht vergelten,
Schön ist's, ihnen gleich zu sein.
Gram und Armut soll sich melden,
Mit den Frohen sich erfreun.
Groll und Rache sei vergessen,
Unserm Todfeind sei verziehn;
Keine Träne soll ihn pressen,
Keine Reue nage ihn.

Unser Schuldbuch sei vernichtet!
Ausgesöhnt die ganze Welt!
Brüder – überm Sternenzelt
Richtet Gott, wie wir gerichtet.

Freude sprudelt in Pokalen,
In der Traube goldnem Blut
Trinken Sanftmut Kannibalen,
Die Verzweiflung Heldenmut –
Brüder, fliegt von euren Sitzen,
Wenn der volle Römer kreist,
Laßt den Schaum zum Himmel spritzen:
Dieses Glas dem guten Geist!

Den der Sterne Wirbel loben,
Den des Seraphs Hymne preist,
Dieses Glas dem guten Geist
Überm Sternenzelt dort oben!

Festen Mut in schwerem Leiden,
Hilfe, wo die Unschuld weint,
Ewigkeit geschwornen Eiden,
Wahrheit gegen Freund und Feind,
Männerstolz vor Königsthronen –

Brüder, gält es Gut und Blut-
Dem Verdienste seine Kronen,
Untergang der Lügenbrut!

Schließt den heil'gen Zirkel dichter,
Schwört bei diesem goldnen Wein,
Dem Gelübde treu zu sein,
Schwört es bei dem Sternenrichter!"

Im fernen Wien erhielt Beethoven Kenntnis davon, schon 1793 äußerte der den Wunsch, Schillers *Lied an die Freude* zu vertonen. Es blieb bei diesem Wunsch, aber mit der Einfügung einiger Strophenzeilen des Schillergedichtes in den Schlusssatz seiner Neunten Sinfonie realisierte Beethoven immerhin einen Kompromiss. Durch Celli und Bässe ertönt das bekannte Freudenthema, das schließlich vom gesamten Orchester übernommen wird. Noch einmal hören wir die Missklänge des Satzbeginnes, doch dann mahnt ein starker Bariton:

„Oh Freunde, nicht diese Töne!
Sondern lasst uns angenehmere anstimmen
und freudenvollere!"

Jetzt singen zunächst die Solisten, dann der Chor die oben gesetzten Zeilen des Liedes an die Freude. Immer wieder wird das Thema variiert, Ehrfurcht, Besinnung, Jubel und Ergriffenheit; die Freude hat viele Erscheinungsformen, die Solisten und Chor nacheinander erklingen lassen. Orchestrale Zwischenspiele, sogar ein martialisches Zwischenspiel, entspannen und entkrampfen den gesungenen Text, grenzen zudem die unterschiedlichen Lesarten auf kontrastierende Weise voneinander ab. Ein wahrer Freudentaumel aus Chor, Soloquartett und Orchester beschließt den letzten Satz der Neunten Sinfonie – aus Schillers Text und Beethovens Musik ist eine große Stunde der deutschen Sprache geworden.

*Petra Lettermann*

## Ein Glanzlicht der Musikgeschichte

Die Zauberflöte
Wolfgang Amadeus Mozart (Musik),
Emanuel Schikaneder (Libretto)
1791 (Uraufführung in Wien)

Wolfgang Amadeus Mozart wurde 1756 in Salzburg als siebtes Kind des fürsterzbischöflichen Kammermusikers Leopold Mozart und seiner Frau Anna geboren. Er war ein musikalisches Wunderkind; seine ersten Kompositionsversuche unternahm er mit fünf Jahren.

Mozart komponierte zu italienischen wie deutschen Textvorlagen. 1767 wurde seine erste kleine deutschsprachige Oper *Apoll und Hyazinth* uraufgeführt, ein Jahr später folgte *Bastien und Bastienne*. Mit der *Entführung aus dem Serail* komponierte Mozart 1782 die erste Oper in deutscher Sprache, die auch heute noch zum Repertoire der Weltbühnen gehört.

Es folgten mehrere italienischsprachige Opern, 1786 wurde das unsterbliche Meisterwerk *Le nozze di Figaro* aufgeführt, 1787 feierte der *Don Giovanni* in Prag einen großen Erfolg, dann 1790 *Cosi fan tutte* in Wien. Sein letztes Meisterwerk hat Mozart 1791 dann wieder in deutscher Sprache vorgestellt: *Die Zauberflöte*. Das Libretto schrieb Emanuel Schikaneder, in dessen „Theater auf der Wieden“ das Stück auch seine Uraufführung erlebte. Ob der Text durch Mozart einschneidende Veränderungen erfahren hat, ist ungewiss, schriftliche Zeugnisse dafür gibt es nicht.

Die Zauberflöte bescherte Mozart einen letzten großen Erfolg. Deren großen Siegeszug erlebte er nicht mehr – fünf Wochen nach der Uraufführung starb Mozart nach kurzer schwerer Krankheit, verarmt und von Familie und Freunden verlassen.

Die Zauberflöte war als Theaterstück für einige Aufführungen in einem Wiener Volkstheater geplant. Weder Mozart noch Schikaneder haben geahnt, welch ein Geniestreich ihnen hier gelungen war. Bis heute ist die Zauberflöte Mozarts meistgespielte Oper. Auch Goethe war begeistert und nahm die Zauberflöte 1794 für sein Theater in Weimar in das Programm. Er entwarf sogar die Bühnenbilder selbst. Später arbeitete er lange an einer Fragment gebliebenen Fortsetzung, aus der größere Textpartien in seinen Faust einflossen.

Es ist der unglaubliche Reichtum an Gedanken, Ideen und Einstellungen, ja eigentlich das ganze Spektrum menschlichen Lebens, was das Publikum an der Zauberflöte schätzt. Sie ist von allem etwas: Märchen, deutsches Singspiel und große Oper. Sie stellt die geheimnisvolle Sphäre der Königin der Nacht gegen die Freimaurerwelt Sarastros dar; der Held, getrieben von Mut und Tugendhaftigkeit, findet zum Schluss seine Heldin. Und es gibt den Kasperl, der nur an gutes Essen und an Mädchen denkt. Am Ende siegt die Liebe, Wünsche werden wahr, und die Sonne verscheucht alle Schatten.

Die Zauberflöte ist ein Märchen und dann doch wieder real. Sie ist eine feierliche Angelegenheit und dann wieder ein fröhliches Spektakel. Und doch gerät nichts aus den Fugen, bleibt alles in einem wunderbaren Gleichgewicht. Und über allem die vollendet schöne Mozart-Musik, die alle Widersprüche überwindet und eine Stimmigkeit schafft, mit der die Zauberflöte in unsere Herzen findet.

Zum Inhalt: Die schöne Pamina, Tochter der Königin der Nacht, wird von Sarastro in dessen Reich verschleppt. Ihre Mutter bittet den Prinzen Tamino, ihre Tochter zu befreien, und bietet ihm dafür Paminas Hand. Auf der Reise mit dabei ist auch der Vogelfänger Papageno.

In Sarastros Reich angekommen, treffen sie sogleich auf Pamina. Sie und Tamino seien füreinander bestimmt, erklärt Sarastro. Doch zuvor soll Tamino durch ernsthafte Prüfungen geläutert werden. Mutig und entschlossen stellt Tamino sich den Aufgaben und wird schließlich mit Pamina in den Kreis der Eingeweihten aufgenommen. Pamina sagt sich von ihrer Mutter, die sie zum Mord an Sarastro anstiften wollte, los.

Dem Vogelfänger Papageno wird der Zugang zum Kreis der Eingeweihten verwehrt, aber er bekommt dennoch, was er sich gewünscht hat: eine Papagena. Die Königin der Nacht und ihre Gefolgsleute finden in den unterirdischen Gängen von Sarastros Tempel den Tod.

Das Kribbeln und die Schmetterlinge im Bauch, wenn wir der ersten Liebe unseres Lebens begegnen – wer kennt diese Gefühle nicht. Und deshalb sind uns auch die Regungen Taminos so vertraut, als er beim Betrachten von Paminas Bild das Aufkeimen der Liebe spürt. Mozarts Bildnisarie ist zu einer der berühmtesten Tenorarien der deutschen Oper geworden. Er hat die Instrumente des Orchesters sprechen gelehrt, damit uns das Klopfen des Herzens und die Erregung des Verstandes in Herz und Ohren gehen.

Bildnis-Arie
(1. Aufzug, 4. Auftritt)

*Tamino:*
Dies Bildnis ist bezaubernd schön,
wie noch kein Auge je gesehn!
Ich fühl' es, wie dies Götterbild
mein Herz mit neuer Regung füllt.
Dies Etwas kann ich zwar nicht nennen,
doch fühl' ich's hier wie Feuer brennen.
Soll die Empfindung Liebe sein?
Ja, ja! Die Liebe ist's allein. –
Oh, wenn ich sie nur finden könnte!
Oh, wenn sie doch schon vor mir stände!
Ich würde – würde – warm und rein –
Was würde ich? Ich würde sie voll Entzücken
an diesen heißen Busen drücken,
und ewig wäre sie dann mein.

In ihrer ersten Arie klagt die Königin der Nacht Tamino den Verlust ihrer Tochter. Die Melodie zeigt uns das ganze Ausmaß ihres Leides. Doch den weiteren Gang der Handlung können wir nicht vorhersehen, die Motive für die Tat bleiben im Unklaren.

„Du wirst sie zu befreien gehen“, bei dieser direkten Ansprache an Tamino wandelt sich die Stimmung. Doch auch wenn der Wunsch der Königin nur zu verständlich scheint, die Musik spricht eine andere Sprache. „Rollende, hohe, Entschlossenheit und Gefährlichkeit ausdrückende Koloraturen jagen vorüber.“ Hat die Königin ihren Schmerz nur vorgetäuscht?

1. Arie der Königin der Nacht
(1. Aufzug, 6. Auftritt)

O zitt‘re nicht, mein lieber Sohn!
bist ja schuldlos, weise, fromm;
ein Jüngling, so wie du, vermag am besten
dies tiefbetrübte Mutterherz zu trösten.

(Arie)
Zum Leiden bin ich auserkoren,
denn meine Tochter fehlet mir;
durch sie ging all mein Glück verloren,
ein Bösewicht entfloh mit ihr.
Noch seh‘ ich ihr Zittern,
mit bangem Erschüttern
ihr ängstlich Beben,
ihr schüchternes Streben.
Ich musste sie mir rauben sehen,
„Ach helft“, war alles, was sie sprach:
Allein, vergebens war ihr Flehen,
denn meine Hilfe war zu schwach.
Du wirst sie zu befreien gehen,
du wirst der Tochter Rettung sein;
und werd‘ ich dich als Sieger sehen,
so sei sie dann auf ewig dein.

Schon die ersten Szenen in Sarastros Reich stürzen uns in Verwirrung. Der von der Königin der Nacht so gehasste Herrscher entpuppt sich als Mann mit humanistischen Idealen. Wer ist nun gut und wer ist böse? Die folgende Szene lässt an Sarastros Charakter keinen Zweifel:

(2. Aufzug, 1. Auftritt)

Sprecher:
Großer Sarastro! Deine weisheitsvollen Reden erkennen und bewundern wir; allein, wird Tamino auch die harten Prüfungen, so seiner warten, bekämpfen? – Er ist Prinz.

Sarastro:
Noch mehr – er ist Mensch!

Ein solcher Ausspruch im Feudalstaat Österreich! Hier lebt der Geist der Aufklärung, die Gedanken der Französischen Revolution scheinen ebenso hindurch wie die Verfassung der Vereinigten Staaten von Amerika. Aber auch das Gedankengut der Freimaurer, „Humanität, sittliche Läuterung des Menschen und Wohltätigkeit", findet sich hier wie auch an anderen Stellen. „Er ist Mensch" – für uns heute selbstverständlich, für Mozarts Zeit aber fast revolutionär.

Was die erste Arie der Königin der Nacht nur erahnen lässt, macht ihr zweiter großer Auftritt klar. Rachegefühle haben von ihr Besitz ergriffen. Um wieder an Macht und Ehre zu kommen, zögert sie nicht, sogar die eigene Tochter als Werkzeug zu missbrauchen. Erst der Mord, dann die Mutterliebe. So grausam kann der Mensch sein, wenn ihm die Macht genommen wird. Leidenschaftlich sind die Worte und leidenschaftlich ist auch die Musik, die Mozart dieser Arie gab.

2. Arie der Königin der Nacht
(2. Aufzug, 8. Auftritt)

Der Hölle Rache kocht in meinem Herzen,
Tod und Verzweiflung flammet um mich her!
Fühlt nicht durch dich Sarastro Todesschmerzen,
so bist du meine Tochter nimmermehr:
Verstoßen sei auf ewig, verlassen sei auf ewig,
Zertrümmert sei'n auf ewig alle Bande der Natur,
wenn nicht durch dich Sarastro wird erblassen!
Hört, Rachegötter, hört der Mutter Schwur!

Rache ist nur allzu menschlich und vielen vielleicht näher als die Ideale, die in Sarastros Reich gelebt werden. Diese sind das Thema in seiner zweiten großen Arie. Für niedere Empfindungen wie Rache ist hier kein Platz, wohl aber für Liebe, Verständnis und Wohltätigkeit. Sarastros Reich als das gelobte Land, zu dem nur wenige Zugang haben, weil nicht jeder die vollendete Weisheit erreichen kann.

Auch in der Musik hat Mozart einen Gegenpol zur fulminanten „Rache-Arie", nur wenige Szenen zuvor, geschaffen. Schlicht, ausdrucksvoll und erhaben begleitet das Orchester die Gedanken Sarastros:

Arie des Sarastro
(2. Aufzug, 12. Auftritt)

In diesen heil'gen Hallen
kennt man die Rache nicht,
und ist ein Mensch gefallen,
führt Liebe ihn zur Pflicht.
Dann wandelt er an Freundes Hand
vergnügt und froh ins bess're Land.

In diesen heil'gen Mauern,
wo Mensch den Menschen liebt,
kann kein Verräter lauern,
weil man dem Feind vergibt.
Wen solche Lehren nicht erfreu'n,
verdienet nicht, ein Mensch zu sein.

Wie bunte Farbkleckse wirken die Auftritte des Vogelfängers Papageno. Mozart hat sich volkstümlichen Liedgutes bedient, um den Charakter dieses einfachen Gesellen musikalisch darzustellen. Ein gutes Mahl und ein nettes Mädchen, mehr wünscht sich Papageno nicht – und mehr bekommt er am Ende auch nicht.

Arien des Papageno
(1. Aufzug, 2. Auftritt)

Papageno: Der Vogelfänger bin ich ja,
stets lustig, heissa, hopsasa!

Ich Vogelfänger bin bekannt,
bei alt und jung im ganzen Land.
...
(2. Aufzug, 23. Auftritt)
Ein Mädchen oder Weibchen
wünscht Papageno sich!
O, so ein sanftes Täubchen
wär‘ Seligkeit für mich.
...
(2. Aufzug, 29. Auftritt)
es ist das höchste der Gefühle,
wenn viele, viele, viele, viele,
Pa-Pa-Pa-Pagena,
Pa-Pa-Pa-Pageno
der Eltern Segen werden sein.

Es gäbe noch so viel über die Zauberflöte zu sagen: ihre Symbolik, ihre Charaktere, ihre neuen musikalischen Elemente, ihre Hintergründe und all die anderen Faktoren, die als kleine Mosaiksteinchen ihren großen Erfolg begründen. Der Symbolforscher Alfons Rosenberg schrieb über die Zauberflöte: „Die Zauberflöte ist ein Kaleidoskop des menschlichen Lebens; die Gefühle und Situationen, die sie auf die Bühne bringt und in unsterbliche Musik taucht, sind keinem Sterblichen fremd. Sie geht uns alle zutiefst an."

*Astrid Wigge*

## Über die Elementarmethode

Wie Gertrud ihre Kinder lehrt
Johann Heinrich Pestalozzi
1801

Warum heute noch einen Text wie den von Pestalozzi lesen, wenn man nicht gerade Pädagogik studiert? Ganz einfach: Die Idee und die Entfaltung der Elementarbildung sind Teil unserer Geschichte, des Rechtes eines Volkes auf Bildung. Und *Wie Gertrud ihre Kinder lehrt* ist das Grundlagenbuch der Methoden Pestalozzis, die einen Teil unserer Bildungstradition, die Volksschule, maßgeblich beeinflusst, wenn nicht gar begründet haben.

Johann Heinrich Pestalozzi wurde 1746 in Zürich geboren. Nach dem frühen Tod des Vaters liegt die Erziehung vornehmlich in den Händen von Mutter und Großvater. Obwohl Johann Heinrich unter Bedingungen aufwächst, die er später als von äußerster Sparsamkeit geprägt bezeichnet, wird ihm der Besuch sowohl der Elementar- als auch der Lateinschule ermöglicht. Die folgenden Studien am Collegium Carolinum bricht er aber ab und absolviert eine landwirtschaftliche Lehre.

Nach wenig erfolgreichen Erfahrungen in der Landwirtschaft beginnt Pestalozzi auf dem Neuhof im Birrfeld dann sein erstes großes Erziehungsprojekt; es widmet sich Kindern aus armen Verhältnissen und lebt von Spenden und der Mitarbeit der Kinder. Auf dem Neuhof entstehen auch Pestalozzis erste Schriften, die als Neuhofschriften in die Geschichte eingehen.

Als Anhänger Rousseaus und der Französischen Revolution wird Pestalozzi 1792 französischer Ehrenbürger und nach der Revolution Redakteur des Helvetischen Volksblatts in der Schweiz. Dort gründet er eine Anstalt für Kriegswaisen; dann folgen kurze Engagements als Lehrer in Burgdorf und die Gründung eines Schulmeisterseminars sowie im Jahr 1805 des Erziehungsinstitutes in Iferten. Hier wirkt er 20 Jahre lang als Leiter. Nach vielen Querelen um Inhalte, Methoden und Personen gibt Pestalozzi sein Institut 1825 auf und kehrt auf den Neuhof zurück. Er stirbt am 17. Februar 1827 in Brugg; am Schulhaus zu Birr liegt er begraben.

*Wie Gertrud ihre Kinder lehrt* entstand um das Jahr 1800. Das Werk hatte große Wirkung. Pestalozzis Elementarmethode war der bisherigen Volksbildung, die im wesentlichen aus Stockschlägen und dem Auswendiglernen des Katechismus besteht, haushoch überlegen, das Institut in Iferten wurde Schauplatz einer regelrechten Pestalozzi-Schwärmerei. Zu den berühmtesten Besuchern zählten Germaine de Staël, Therese Brunswick und August Wilhelm Schlegel. Sie alle waren fasziniert von einer erfolgreichen Unterrichtsmethode, die ohne Furcht und Prügel elementares Wissen vermittelte. 1808 lässt Friedrich Wilhelm III. von Preußen durch Wilhelm von Humboldt überall im Lande Pestalozzi-Schulen gründen und schickt künftige Lehrkräfte zur Ausbildung nach Iferten. Der Geist der Gertrud hat für die Kinder einen großen Sieg errungen. Diese Zeilen geben davon einen Eindruck:

> „Es lag freilich im tiefern Gefühl meines Innern eine wirkliche Ahnung des Höchsten, was durch eine tiefere Ansicht des Erziehungswesens erzielt werden könnte und sollte, und es ist unstreitig, die Idee der Elementarbildung lag im Wesen ihrer vollen Bedeutung in meiner Ansicht und schimmerte durch jedes Wort, das ich darin redete, hervor; aber der Drang, der in mir lag, einfache und für jedermann verständliche Unterrichtsmittel für das Volk zu finden und zu suchen, ging in mir nicht aus der in mir liegenden Ahnung des Höhern, das aus den Folgen dieser gefundenen Mittel hervorgehen konnte, sondern im Gegenteil, diese Ahnung ging aus der Lebendigkeit des Drangs, der in mir lag, diese Mittel zu suchen, hervor. Dieser führte mich natürlich und einfach dahin, sehr bald einzusehen, daß allgemeinverständliche Unterrichtsmittel von einfachen Anfangspunkten ausgehn müssen, und wenn sie in lückenlosen Reihen- und Stufenfolgen fortgeführt werden, ihre Resultate zu ei-

nem psychologisch gesicherten Erfolg hinführen müßten.

[...] Ich sah ebenso bald, dass es in der Verfertigung dieser Bücher wesentlich darauf ankommen müsse, die Bestandteile alles Unterrichts nach dem Grad der steigenden Kräfte der Kinder zu sondern und in allen Unterrichtsfächern mit der größten Genauigkeit zu bestimmen, was von diesen Bestandteilen für jedes Alter des Kindes passe, um ihm einerseits nichts von dem vorzuenthalten, wozu es ganz fähig, andererseits es mit nichts zu beladen und mit nichts zu verwirren, wozu es nicht ganz fähig ist.

Das ward mir heiter: das Kind ist zu einem hohen Grad von Anschauungs- und Sprachkenntnissen zu bringen, ehe es vernünftig ist, es lesen oder auch nur buchstabieren zu lehren; und mit diesem Urteil war es in mir entschieden, die Kinder bedürfen in ihrem frühesten Alter eine psychologische Führung zur vernünftigen Anschauung aller Dinge. Da aber eine solche Führung ohne Mitwirkung der Kunst bei den Menschen, wie sie sind, nicht denkbar und zu erwarten ist, so musste ich notwendig auf das Bedürfnis von Anschauungsbüchern verfallen, die den ABC-Büchern vorausgehen, um den Kindern die Begriffe, die man ihnen durch die Sprache beibringen will, durch wohlgewählte Realgegenstände, die entweder in ihrer Wirklichkeit oder aber auch durch wohlbearbeitete Modelle und Zeichnungen ihnen vor die Sinne gebracht, durch die Anschauung klar und heiter zu machen. (S. 22)

[...] Der Mechanismus der sinnlichen Menschennatur ist in seinem Wesen den nämlichen Gesetzen unterworfen, durch welche die physische Natur allgemein ihre Kräfte entfaltet. Nach diesen Gesetzen soll aller Unterricht das Wesentlichste seines Erkenntnisfaches unerschütterlich tief in das Wesen des menschlichen Geistes eingraben, dann das weniger Wesentliche nur allmählich, aber mit ununterbrochener Kraft an das Wesentliche anketten und alle ihre Teile bis an das Äußerste ihres Faches in einem lebendigen, aber verhältnismäßigen Zusammenhang mit demselben erhalten.

Ich suche nun die Gesetze, denen die menschliche Geistesentwicklung vermög ihrer Natur selber unterworfen werden muß, aufzufinden; ich wusste, daß sie mit denjenigen der physisch sinnlichen Natur die nämlichen sein mussten, und glaubte in ihnen den Faden sicher zu finden, aus dem sich eine allgemein psychologische Unterrichtsmethode herausspinnen lasse. Mensch! sagte ich im träumenden Suchen dieses Fadens zu mir selber, so wie du in jeder physischen Reifung das Resultat der gänzlich vollendeten Frucht in allen ihren Teilen erkennest, also achte kein menschliches Urteil für reif, das dir nicht als ein Resultat einer in allen Teilen vollendeten Anschauung des zu beurteilenden Gegenstandes ins Auge fällt; achte im Gegenteil jedes Urteil, das vor einer vollendeten Anschauung bei einem Menschen reif scheint für nichts anders als für eine vom Baum abgefallene, wurmstichige und nur darum reif scheinende Frucht.

1. Lerne deswegen erstlich deine Anschauungen ordnen und das Einfache vollenden, ehe du zu etwas verwickeltem fortschreitest. Suche in jeder Kunst eine Stufenfolge der Erkenntnis zu reihen, in welcher jeder neue Begriff nur ein kleiner, fast unmerklicher Zusatz zu tief eingeprägten und dir selbst unvergesslich gemachten frühern Erkenntnissen ist.

2. Bringe ferner alle wesentlich zusammengehörigen Dinge in deinem Geist in eben den Zusammenhang, in dem sie sich in der Natur wirklich befinden; unterordne alle unwesentlichen Dinge in deiner Vorstellung den wesentlichen und vorzüglich den Eindruck, den die Kunstansicht derselben auf dich macht, demjenigen der Natur und ihrer wirklichen Wahrheit und gib keiner Sa-

che in deiner Vorstellung ein größeres Gewicht, als sie verhältnismäßig für dein Geschlecht in der Natur selber hat.

3. Verstärke und verdeutliche die Eindrücke wichtiger Gegenstände dadurch, dass du sie dir durch die Kunst näher bringst und durch verschiedene Sinne auf dich wirken machest. Erkenne zu diesem Endzwecke vor allem auch das Gesetz des physischen Mechanismus, welches die verhältnismäßige Kraft aller Einwirkungen von der physischen Nähe oder Ferne jedes deine Sinne berührenden Gegenstandes von deinen Sinnen selber abhängig macht. Vergiß es nie, diese physische Nähe oder Ferne bestimmt in jedem Fall unendlich viel in Rücksicht auf das Positive deiner Ansichten und über deine Verhältnisse, deine Pflichten und deine Tugend selber.

4. Achte alle Wirkungen der physischen Natur für unbedingt notwendig und erkenne in dieser Notwendigkeit das Resultat ihrer Kraft, mit der sie die heterogen scheinenden Elemente ihres Stoffes zur Vollendung ihres Zweckes unter sich selber vereiniget, und laß die Kunst, mit der du durch den Unterricht auf dein Geschlecht wirkest, ebenso die Resultate, die sie bezweckt, zur physischen Notwendigkeit erheben, so daß in allem deinem Tun selbst das noch so heterogen scheinende Mittel zu Erreichung desselben Hauptzweckes wird.

5. Aber Reichtum und Vielseitigkeit in Reiz und Spielraum verursachen, daß die Resultate der physischen Notwendigkeit das Gepräge der Freiheit und Selbständigkeit allgemein an sich tragen.

Laß auch du die Resultate der Kunst und des Unterrichts mitten, indem du sie zur Notwendigkeit zu erheben suchst, durch Reichtum und Vielseitigkeit in Reiz und Spielraum das Gepräge der Freiheit und Selbständigkeit an sich tragen.

> Alle diese Gesetze, denen die Entwicklung der Menschennatur unterworfen ist, wirbeln sich in ihrer ganzen Ausdehnung um einen Mittelpunkt, sie wirbeln sich um den Mittelpunkt unsers ganzen Seins, und dieser sind wir selber.
> Freund! Alles was ich bin, alles was ich will, und alles was ich soll, geht von mir selbst aus. Sollte nicht auch meine Erkenntnis von mir selbst ausgehen?“ (S. 57f)

So vertraut uns heute die Gedanken eines Pestalozzi sind, für die damalige Zeit waren sie revolutionär. Dem Philosophen Johann Gottlieb Fichte wird der Ausspruch zugeschrieben, Pestalozzi sei ein Naturwunder, erstaunlicher als alle Schweizer Berge zusammen.

*Lothar Milde*

## „Kleine Gedichte machen“

Hälfte des Lebens
Friedrich Hölderlin
1803

Mit gelben Birnen hänget
Und voll mit wilden Rosen
Das Land in den See,
Ihr holden Schwäne,
Und trunken von Küssen
Tunkt ihr das Haupt
Ins heilignüchterne Wasser.

Weh mir, wo nehm‘ ich, wenn
Es Winter ist, die Blumen, und wo
Den Sonnenschein,
Und Schatten der Erde?
Die Mauern stehn
Sprachlos und kalt,
Im Winde klirren die Fahnen.

Im Jahr 1803 entstand dieses Gedicht, das zu den schönsten und ergreifendsten lyrischen Versen der deutschen Dichtung zählt. Friedrich Hölderlin war 33 Jahre alt und stand tatsächlich in der Mitte seines Lebens – er wurde 73 –, aber auch kurz vor dem endgültigen Ausbruch seiner Geisteskrankheit, die ihn von 1806 an für den Rest seines Lebens in die Abgeschiedenheit des „Hölderlinturms“ in Tübingen zwang, in die Obhut einer Tischlerfamilie. Seine großen Dichtungen waren schon verfasst, die Hymnen und Oden, der mehrfach überarbeitete große Briefroman *Hyperion*, das unvollendete Trauerspiel *Der Tod des Empedokles*, das meiste davon noch nicht gedruckt, vieles nur dem Kreis seiner Freunde bekannt, darunter den Philosophen Hegel und Schelling, aber auch seinen von ihm verehrten großen literarischen Zeitgenossen wie Schiller und Goethe.

Goethe war es, der Hölderlin 1797 bei dessen Besuch in Frankfurt riet, „kleine Gedichte zu machen und sich zu jedem einen menschlich interessanten Gegenstand zu wählen", wollte ihn aber nicht in seinen bisherigen dichterischen Neigungen bestärken, die der großen Form, dem antiken Vorbild der Oden des Pindar galten, die er aus dem Griechischen übersetzte. Hölderlins große hymnische Dichtungen in freien Versen hatten das klassisch Maßvolle gesprengt, Goethe deshalb befremdet.

*Hälfte des Lebens* aber ist ein solches „kleines" Gedicht: zwei kurze Strophen mit jeweils sieben Zeilen, ohne Reime, ohne das übliche Versschema. Die erste Strophe zeichnet eine sommerliche Seenlandschaft in sprachlich kühnster Verknappung und der Umkehrung des Satzgegenstandes an das Satzende. Statt prosaisch „über das Ufer des Sees hängen die Äste des Birnbaums mit reifen Früchten und Sträucher mit wilden Rosen", heißt es: „mit gelben Birnen hänget und voll mit wilden Rosen das Land in den See", die Natur mit Wasser, Land und Pflanzen zu einer rhythmischen Einheit verschmelzend, das durch die ihr Haupt ins Wasser tunkenden Schwäne in den folgenden Zeilen erweitert wird.

In der vierten Zeile tritt der Mensch in dieses Sommerbild hinein als der dichtende Betrachter, das lyrische Ich, mit dem Ausruf „Ihr holden Schwäne", und er erweitert es durch das Einbringen seiner Emotion, aber auch seines interpretierenden Verstandes mit dem Begriff des „heilignüchternen" Wassers. Der Begriff „heilig" erscheint immer wieder in Hölderlins Werken, hat nichts zu tun mit christlicher Vorstellung, bezeichnet vielmehr das Emotionale, die Begeisterung für das Schöne, der Begriff „nüchtern" dagegen die Klarheit der Form, also ästhetische Werte. In seinem unvollendeten *Deutschen Gesang* heißt es:

Doch wenn dann sitzt im tiefen Schatten....
Am kühlatmenden Bache der deutsche Dichter
Und singt, wenn er des heiligen nüchternen Wassers

Genug getrunken, fernhin lauschend in die Stille,
Den Seelengesang.

Die erste Strophe beschreibt die erste Hälfte des Lebens, die schöne Gegenwart, das Einssein mit der Natur in sommerlichen Bildern. Umso härter und schärfer dagegen der Kontrast der zweiten Strophe. Mit dem Aufschrei „Weh mir" setzen die verzweifelten Fragen nach der Zukunft ein, der zweiten Hälfte des Lebens, die Angst vor dem Winter ohne Blumen, ohne Farben, ohne Sonnenschein und kühlenden Schatten, und noch schlimmer, die Angst vor der Einsamkeit und dem Tod.

Der sprachliche Gegensatz zur ersten Strophe ist vor allem durch den völlig verwandelten Satzbau gekennzeichnet. Keine hymnische Beschreibung des Schönen und der Einheit von Mensch und Natur in einem, alles zusammenführenden Satz, der im Anruf der Natur gipfelt, sondern zwei Sätze: der exklamatorische Fragesatz „Weh mir, wo nehm ich...", und dann der kalte Aussagesatz in strenger Ordnung Subjekt-Prädikat: „Die Mauern stehn / Sprachlos und kalt". Im Gegensatz zur ineinander übergehenden Einheit Mensch-Natur in der ersten Hälfte, jetzt die alles voneinander trennende Mauer, die zur Sprachlosigkeit verdammt. Und noch verschärfend die ins Akustische gehende Steigerung der im Winde klirrenden Wetterfahnen, der einzige und zudem erschreckende Ton, der in die von den Mauern erzwungene Abgeschiedenheit und Einsamkeit dringt, ein Ton, wie wir ihn später musikalisch in Schuberts *Winterreise* wiederfinden.

Gottfried Benn, Deutschlands wohl bedeutendster Lyriker des 20. Jahrhunderts, hat in seiner wegweisenden Marburger Rede 1951 zu „Problemen der Lyrik" gesagt: „dass in der Lyrik das Mittelmäßige schlechthin unerlaubt und unerträglich" sei und dazugefügt: „mittelmäßige Romane ... können unterhalten, belehren, spannend sein, aber Lyrik muß entweder exorbitant sein oder gar nicht." Und er fügt hinzu, dass keiner der großen Lyriker unserer Zeit mehr als sechs bis acht vollendete Gedichte hinterlassen habe. Wer zweifelt daran, dass dies für Hölderlins *Hälfte des Lebens* gilt. Und auch der moderne Lyriker Benn selbst reicht an diesen Maßstab heran, wenn er, Hölderlins Winterverzweiflung verwandt, sein Gedicht *Tristesse* ausklingen lässt:

Und dann November. Einsamkeit. Tristesse.
Grab oder Stock, der den Gelähmten trägt –
die Himmel segnen nicht, nur die Zypresse,
der Trauerbaum, steht groß und unbewegt.

Es wäre aber falsch, Hoffnungslosigkeit als letztes Thema großer Dichtung zu sehen. Hölderlins *Lied an die Parzen* gilt nicht nur für ihn:

Willkommen dann, o Stille der Schattenwelt!
Zufrieden bin ich, wenn auch mein Saitenspiel
Mich nicht hinabgeleitet. Einmal
Lebt ich wie Götter, und mehr bedarf's nicht.

*Helmut Schäfer*

## Sprache als Produktionsfaktor

Über die allmähliche Verfertigung der Gedanken beim Reden
Heinrich von Kleist
1805

Kleist schrieb diesen Aufsatz als 28-jähriger Student in Königsberg. Da hatte er schon ein bewegtes Leben hinter sich: am Franzosenfeldzug 1793/94 teilgenommen, in Frankfurt an der Oder Mathematik und Philosophie studiert, sich verlobt, die Verlobung wieder aufgelöst, und den *Zerbrochene[n] Krug* und erste Prosastücke vorgelegt. Und im Juni 1804 war er dann, eher widerwillig und seiner Familie zu Gefallen, als kleiner Beamter in den preußischen Staatsdienst eingetreten.

In dieser Lage musste es Kleist wie ein Wink des Himmels erschienen sein, als man ihm anbot, vor der nächsten Beförderung ein Jahr Wirtschaftswissenschaften zu studieren – auf Staatskosten, was dem stets von Geldsorgen Geplagten sehr entgegenkam. Kleist griff ohne Zögern zu und tat dann doch etwas ganz anderes: Statt der finanz- und staatswissenschaftlichen Vorlesungen des berühmten Christian Jakob Kraus besuchte er die Feste der Königsberger Schickeria und arbeitete an der *Marquise von O* und an dem Lustspiel *Amphitryon*. Und er schrieb den berühmten Aufsatz *Über die allmähliche Verfertigung der Gedanken beim Reden*.

„Wenn Du etwas wissen willst“, so beginnt dieser Text, „und es durch Meditation nicht finden kannst, so rate ich Dir, mein lieber, sinnreicher Freund, mit dem nächsten Bekannten, der dir aufstößt, darüber zu sprechen.“ Denn durch das Sprechen, so Kleist, werden unsere Gehirnzellen quasi aufgemischt, beflügelt, zu Höchstleistungen angetrieben – das Sprechen als Türöffner des Denkens.

> „Der Franzose sagt: ‚l‘appétit vient en mangeant‘, und dieser Erfahrungssatz bleibt wahr, wenn man ihn parodiert, und sagt, ‚l‘idee vient en parlant‘.“

Kleist erzählt dann weiter, wie es ihm schon oft geschehen sei, dass er einfach zu reden anfing, und dann trug ihn die Sprache, ohne dass er aktiv denken musste, ganz von selbst zum Ziel:

> „Aber weil ich doch irgendeine dunkle Vorstellung habe, die mit dem, was ich suche, von fernher in einiger Verbindung steht, so prägt, wenn ich nur dreist damit den Anfang mache, das Gemüt, während die Rede fortschreitet, in der Notwendigkeit, dem Anfang nun auch ein Ende zu finden, jene verworrene Vorstellung zur völligen Deutlichkeit aus, dergestalt, daß die Erkenntnis zu meinem Erstaunen mit der Periode fertig ist."

Wenn auch nicht immer ohne Zwischenfälle:

> „Ich mische unartikulierte Töne ein, ziehe die Verbindungswörter in die Länge, gebrauche auch wohl eine Apposition, wo sie nicht nötig wäre, und bediene mich anderer, die Rede ausdehnender Kunstgriffe, zur Fabrikation meiner Idee auf der Werkstätte der Vernunft die nötige Zeit zu gewinnen."

Auch Eingriffe von außen können diese „Fabrikation einer Idee auf der Werkstätte der Vernunft" befördern:

> „Dabei ist mir nichts heilsamer, als eine Bewegung meiner Schwester, als ob sie mich unterbrechen wollte; denn mein ohnehin schon angestrengtes Gemüt wird durch diesen Versuch von außen, ihm die Rede, in deren Besitz es sich befindet, zu entreißen, nur noch mehr erregt, und in seiner Fähigkeit, wie ein großer General, wenn die Umstände drängen, noch um einen Grad höher gespannt."

Und so prägt sich eine „verworrene Vorstellung" zur „völligen Deutlichkeit" aus, dergestalt, „daß die Erkenntnis zu meinem Erstaunen mit der Periode fertig ist."

Eher hinderlich dagegen sei, wenn man das, was man sagen will, schon vor dem Sprechen weiß: Dann produzierten selbst klare Denker oft nur verworrenes Geschwätz:

„Etwas ganz anderes ist es, wenn der Geist schon, vor aller Rede, mit dem Gedanken fertig ist. Denn dann muß er bei seiner bloßen Ausdrückung zurückbleiben, und dies Geschäft, weit entfernt ihn zu erregen, hat vielmehr keine andere Wirkung, als ihn von seiner Erregung abzuspannen. Wenn daher eine Vorstellung verworren ausgedrückt wird, so folgt der Schluß noch gar nicht, daß sie auch verworren gedacht worden sei; vielmehr könnte es leicht sein, daß die verworrenst ausgedrückten gerade am deutlichsten gedacht werden. Man sieht oft in einer Gesellschaft, wo, durch ein lebhaftes Gespräch, eine kontinuierliche Befruchtung der Gemüter mit Ideen im Werk ist, Leute, die sich, weil sie sich der Sprache nicht mächtig fühlen, sonst in der Regel zurückgezogen halten, plötzlich, mit einer zuckenden Bewegung aufflammen, die Sprache an sich reißen und etwas Unverständliches zur Welt bringen. Ja, sie scheinen, wenn sie nun die Aufmerksamkeit aller auf sich gezogen haben, durch ein verlegnes Gebärdenspiel anzudeuten, daß sie selbst nicht mehr recht wissen, was sie haben sagen wollen. Es ist wahrscheinlich, daß diese Leute etwas recht Treffendes, und sehr deutlich, gedacht haben. Aber der plötzliche Geschäftswechsel, der Übergang ihres Geistes vom Denken zum Ausdrücken, schlug die ganze Erregung desselben, die zur Festhaltung des Gedankens notwendig, wie zum Hervorbringen, erforderlich war, wieder nieder…“

Dieser Aufsatz zeigt Kleist als großen Meister der Sprache wie als großen Psychologen. Mehr als zweihundert Jahre später entdecken moderne Sprach- und Gehirnforscher seine Ideen heute neu.

*Walter Krämer*

## Die ganze Welt in einem Stück

Faust. Der Tragödie erster Teil
Johann Wolfgang von Goethe
1808

Johann Wolfgang Goethe (das „von“ erhielt er erst 1782) wurde 1749 in Frankfurt am Main geboren, er starb 1832 in Weimar. Er studierte in Leipzig und Straßburg Rechtswissenschaft und wurde bereits 1774 als Dichter durch *Die Leiden des jungen Werthers* europaweit berühmt. Trotzdem konnte Goethe nie von der Schriftstellerei leben, seine Texte wurden in der Regel honorarfrei gedruckt und verbreitet. Der monetäre Glücksfall seines Lebens war seine Beziehung zu Herzog Karl August, der ihm eine erstaunliche Fülle von Ämtern erteilte (u.a. Theaterdirektor und Kriegsminister). Karl August förderte Goethe umfassend und ließ ihm jede Freiheit. Er verzieh ihm sogar größere Pflichtverletzungen und Ausbrüche wie seine Italienreisen.

Der Faust ist nach Goethes Worten das „Hauptgeschäft“ seines Lebens gewesen. Auf der Grundlage mehrerer alter Vorlagen arbeitete er mit Unterbrechungen seit 1773 an diesem Text, erstellte mehrere Varianten (*Urfaust,* 1790) und befand den ersten Teil erst 1808 für gut. Der umfangreichere zweite Teil wurde dann im Jahr 1832 fertig.

Mühe und Aufwand wurden durch den wohl schönsten Text belohnt, der jemals in deutscher Sprache vorgelegt wurde. Es ist schwer, von Goethes Faust anders als in Superlativen zu sprechen. In unvergleichlicher sprachlicher Schönheit spricht der Autor alle großen Menschheitsfragen an, er lässt uns alle Gefühle, alle Sehnsüchte, alle Fragen durchleben, die sich denkende und fühlende Menschen stellen.

Goethe nennt sein Werk eine „Tragödie“, doch ist der Faust allumfassend. Er ist tragisch, führt uns durch jeden Schmerz, dem Menschen ausgesetzt sind. Er ist heiter, lustig und wirklich witzig. Es gibt sogar für den Titelhelden ein glückliches Ende. Wir erleben und durchleben die ganze Welt des Himmels und der Erde. Wir tauchen ein in hohe und tiefe Welten, wir erfreuen uns am Leben einfacher Bauern und leiden mit dem tiefunglücklichen Gretchen. Wir beneiden den Titelhelden um seine Verjüngungserfolge und verachten ihn wegen seiner Gnadenlosigkeit. Der Faust ist grenzenlos, er lässt kein Gefühl, keine Frage offen.

Der Gelehrte Heinrich Faust leidet an der menschlichen Unfähigkeit, wirkliches Wissen, wirkliche Erkenntnis zu erlangen. Ausflüge in die Magie erbrachten eher bescheidene Ergebnisse und Berührungen mit Geistern niedrigerer Art wie dem Erdgeist. Kurz vor der endgültigen Resignation erscheint ihm der Teufel mit Namen Mephisto, der kurz zuvor mit Gott gewettet hatte, dass er Faust vom rechten Wege abbringen könne. Es kommt zu einer Vereinbarung. Mephisto verspricht Faust Weisheit und Erfahrung, Antworten auf seine Fragen und Reisen in fremde Länder. Im Gegenzug erhält der Teufel seine Seele, allerdings mit einer Zusatzbedingung:

„Werd ich zum Augenblicke sagen:
Verweile doch! du bist so schön!
Dann magst du mich in Fesseln schlagen,
Dann will ich gern zu Grunde gehn!"

Faust erlebt mit Mephisto aberwitzige Situationen. Unheilvoll ist die Begegnung mit dem unschuldigen Mädchen Gretchen, einem Wesen, über das der Teufel keine Macht hat. Trotzdem bedrängt Faust Mephisto, ihm dieses Mädchen zu gewinnen. Das Vorhaben gelingt zwar, doch bedeutet es für Gretchen ein furchtbares Ende. Gretchen stirbt, aber Faust wird durch Gottes und Gretchens Hilfe errettet.

Der erste Textausschnitt gehört zur „Zueignung", die dem Drama vorangestellt ist. Goethe gibt hier einen Einblick in die Entstehungsgeschichte des Faust, auch in seine persönliche Beziehung zu dem Stück:

„Ihr naht euch wieder, schwankende Gestalten,
Die früh sich einst dem trüben Blick gezeigt.
Versuch ich wohl, euch diesmal festzuhalten?

Fühl‘ ich mein Herz noch jenem Wahn geneigt?
Ihr drängt euch zu! nun gut, so mögt ihr walten,
Wie ihr aus Dunst und Nebel um mich steigt;
Mein Busen fühlt sich jugendlich erschüttert
Vom Zauberhauch, der euren Zug umwittert.

Ihr bringt mit euch die Bilder froher Tage,
Und manche liebe Schatten steigen auf;
Gleich einer alten, halbverklungnen Sage
Kommt erste Lieb und Freundschaft mit herauf;
Der Schmerz wird neu, es wiederholt die Klage
Des Lebens labyrinthisch irren Lauf,
Und nennt die Guten, die, um schöne Stunden
Vom Glück getäuscht, vor mir hinweggeschwunden.“

Kann ein Autor schöner und inniger sein Verhältnis zu seinem eigenen Werk und zu den Personen dieses Stückes preisgeben? Gibt es zum Faust überhaupt noch mehr zu sagen? Goethe lässt uns hier die wunderbare Schwere seines Dramas schon in den ersten Zeilen erleben. Wir kennen die kommende Handlung noch nicht, aber wir sind mitten drin. Wir werden schon hier vom Zauber des Faust ergriffen, der uns nicht mehr loslassen wird.

Als eigentlicher Auftakt zum großen Faustdrama gilt der berühmte Eingangsmonolog des Faust. Er führt uns zunächst einmal in das tragisch-fragende Element des Stückes. Wir sehen den Titelhelden brütend in seinem Studierzimmer:

„Faust: Habe nun, ach! Philosophie,
Juristerei und Medizin,
Und leider auch Theologie,
Durchaus studiert, mit heißem Bemühn,
Da steh ich nun, ich armer Tor,
Und bin so klug als wie zuvor!
Heiße Magister, heiße Doktor gar,
Und ziehe schon an die zehen Jahr
Herauf, herab und quer und krumm
Meine Schüler an der Nase herum –

Und sehe, daß wir nichts wissen können!
Das will mir schier das Herz verbrennen.
Zwar bin ich gescheiter als alle die Laffen,
Doktoren, Magister, Schreiber und Pfaffen;
Mich plagen keine Skrupel noch Zweifel,
Fürchte mich weder vor Hölle noch Teufel –
Dafür ist mir auch alle Freud entrissen,
Bilde mir nicht ein, was Rechtes zu wissen,
Bilde mir nicht ein, ich könnte was lehren,
Die Menschen zu bessern und zu bekehren.
Auch hab ich weder Gut noch Geld,
Noch Ehr und Herrlichkeit der Welt;
Es möchte kein Hund so länger leben!
Drum hab ich mich der Magie ergeben,
Ob mir durch Geistes Kraft und Mund
Nicht manch Geheimnis würde kund;"

Dieser Monolog wurde nicht nur wegen seiner sprachlichen Größe so berühmt. Er spricht auch deshalb immer wieder so viele Menschen an, weil er einfach zeitlos und universal gültig ist. Diese menschliche Verzweiflung an der Ungewissheit treibt alle suchenden Menschen aller Kulturen. Auch die Lösung ist immer wieder ähnlich. Wenn die gängigen Informationsquellen keine befriedigenden Antworten mehr geben, wird auf außergewöhnliche, zum Teil auch zwielichtige Institutionen zurückgegriffen. Bei Faust ist es die Magie. Esoterische Wissenschaften, Sekten und Drogen können als zeitgemäße Parallelen gelten.

Der folgende Textausschnitt beschreibt den ersten Kontakt zwischen Faust und Gretchen:

„Faust: Mein schönes Fräulein, darf ich wagen,
Mein Arm und Geleit Ihr anzutragen?
Margarete: Bin weder Fräulein, weder schön,
Kann ungeleit nach Hause gehn. (Sie macht sich los
und geht.)

Faust: Beim Himmel, dieses Kind ist schön!
So etwas hab ich nie gesehen.
Sie ist so sitt- und tugendreich,
Und etwas schnippisch doch zugleich.
Der Lippe Rot, der Wange Licht,
Die Tage der Welt vergess ich´s nicht!
Wie sie die Augen niederschlägt,
Hat tief sich in mein Herz geprägt;
Wie sie kurz angebunden war,
Das ist nun zum Entzücken gar!“

Generationen von Germanisten haben sich die Köpfe darüber zerbrochen, warum Goethe statt der richtigen Konjunktion „weder ... noch“ die eigentlich falsche Verbindung „weder ... weder“ wählte. Sicher, zum naiven Gretchen passt schon eine falsche Formulierung. Andererseits ist es das einzige Beispiel im Gretchentext. Auch für das Versmaß ist das „weder ... weder“ günstiger als das „weder ... noch“. Andererseits kommt Goethe ja auch sonst ohne solche Fälschungen aus. Ich glaube, dass dies einfach ein Beispiel für den kreativen und lebendigen Umgang mit der deutschen Sprache ist. Eine lebendige Kultursprache lässt solche Eigenwilligkeiten problemlos zu. Sie schaden weder der Sprache noch dem sprachlichen Kunstwerk. Ansonsten kann auch dieser Textausschnitt für sich in Anspruch nehmen, universell gültig zu sein. Zwar sind bestimmte Wörter und Wendungen durchaus zeitabhängig, die in Sprache gekleideten Empfindungen und Gefühle können aber alle Menschen nachempfinden, denen das Phänomen plötzlicher Liebe schon einmal begegnet ist. Deutlicher wird dies noch, wenn wir kurze Zeit später Gretchen in ihrer Stube beobachten dürfen:

„Gretchen: [... ] Mein Ruh ist hin,
Mein Herz ist schwer;
Ich finde sie nimmer
Und nimmermehr.

Wo ich ihn nicht hab,
Ist mir das Grab,
Die ganze Welt
Ist mir vergällt.

Mein armer Kopf
Ist mir verrückt,
Mein armer Sinn
Ist mir zerstückt.

Mein Ruh ist hin,
Mein Herz ist schwer;
Ich finde sie nimmer
Und nimmermehr.

Nach ihm nur schau ich
Zum Fenster hinaus,
Nach ihm nur geh ich
Aus dem Haus."

Nur wenige glückliche Menschen dürften in der Lage sein, derartige Gefühle in solch wunderbare Reime zu prägen. Und das ist auch das, was den Faust, was Goethe auszeichnet. Alle denkenden und fühlenden Menschen denken und fühlen wie Faust, Gretchen und all die vielen anderen Figuren. Selbst die Engel, der Herrgott und Mephisto repräsentieren bestimmte Facetten unserer eigenen seelischen und gedanklichen Bauart. Himmel und Hölle, Freude und Schmerz, Verjüngung und Tod, Hoffnung und Verzweiflung, Größe und Trivialität, die ganze Welt in einem überwältigenden Stück.

*Reiner Pogarell*

## Zwischen Zeit und Ewigkeit

Unverhofftes Wiedersehen
Johann Peter Hebel
1811

Johann Peter Hebel (1760-1826) fühlte sich als Schriftsteller der Aufklärung verpflichtet. Ihm ging es um Belehrung und Erbauung. Hebel gelang es, die im 18. Jahrhundert beliebte und verbreitete Erzählform Anekdote durch Einbeziehung eines größeren zeitlichen Rahmens zur Kalendergeschichte zu entwickeln.

Im Jahre 1809 rief der Herausgeber einer literarischen Zeitung zu einer dichterischen Bearbeitung des folgenden Zeitungsberichtes auf: „Man fand einen ehemaligen Bergmann in der schwedischen Eisengrube zu Falun, als zwischen zween Schachten ein Durchschlag versucht wurde. Der Leichnam, ganz mit Eisenvitriol durchdrungen, war anfangs weich, wurde aber, sobald man ihn an die Luft gebracht, so hart wie Stein. Fünfzig Jahre hatte derselbe in einer Tiefe von dreihundert Ellen in jenem Vitriolwasser gelegen; und niemand hätte die noch unveränderten Gesichtszüge des verunglückten Jünglings erkannt, niemand die Zeit, seit welcher er in dem Schacht gelegen, gewußt, da die Bergchroniken, sowie die Volkssagen bei der Menge der Unglücksfälle in Ungewißheit waren, hätte nicht das Andenken der ehemals geliebten Züge eine alte treue Liebe bewahrt. Denn als um den kaum hervorgezogenen Leichnam das Volk, die unbekannten jugendlichen Gesichtszüge betrachtend, steht, da kommt an Krücken und mit grauem Haar ein Mütterchen, mit Thränen über den geliebten Toten, der ihr verlobter Bräutigam gewesen, hinsinkend, die Stunde segnend, daß ihr noch an den Pforten des Grabes ein solches Wiedersehen gegönnt war und das Volk sah mit Verwunderung die Wiedervereinigung dieses seltenen Paares, da sich das eine im Tode und in tiefer Gruft das jugendliche Aussehen, das andere bei dem Verwelken und Veralten des Leibes die jugendliche Liebe treu und unverändert erhalten hatte; und wie bei der fünfzigjährigen Silberhochzeit der noch jugendliche Bräutigam starr und kalt, die alte und graue Braut voll warmer Liebe gefunden wurde."

Ein zunächst nüchterner Bericht, der den Leichenfund in Falun beschreibt, sodann aber die Verwunderung des Volkes, die „Wiedervereinigung" des verunglückten jungen Mannes mit seiner gealterten Braut und die Vergänglichkeit alles Irdischen hervorhebt. Hebel greift den Bericht auf und entfaltet ihn in einer ihm eigenen Weise.

> „In Falun in Schweden küßte vor guten fünfzig Jahren und mehr ein junger Bergmann seine junge hübsche Braut und sagte zu ihr: ‚Auf Sankt Luciä wird unsere Liebe von des Priesters Hand gesegnet. Dann sind wir Mann und Weib und bauen uns ein eigenes Nestlein.' – ‚Und Friede und Liebe soll darin wohnen,' sagte die schöne Braut mit holdem Lächeln, ‚denn du bist mein einziges und alles, ohne dich möchte ich lieber im Grab sein als an einem andern Ort.'
>
> Als sie aber vor St. Luciä der Pfarrer zum zweitenmal in der Kirche ausgerufen hatte: ‚So nun jemand Hindernis müßte anzuzeigen, warum diese Personen nicht möchten ehelich zusammenkommen', da meldete sich der Tod. Denn als der Jüngling den anderen Morgen in seiner schwarzen Bergmannskleidung an ihrem Haus vorbeiging, der Bergmann hat sein Totenkleid immer an, da klopfte er zwar noch einmal an ihrem Fenster und sagte ihr guten Morgen, aber keinen guten Abend mehr. Er kam nimmer aus dem Bergwerk zurück, und sie säumte vergeblich selbigen Morgen ein schwarzes Halstuch mit rotem Rand für ihn zum Hochzeitstag, sondern als er nimmer kam, legte sie es weg und weinte um ihn und vergaß ihn nie.
>
> Unterdessen wurde die Stadt Lissabon in Portugal durch ein Erdbeben zerstört, und der Siebenjährige Krieg ging vorüber, und Kaiser Franz der Erste starb, und der Jesuitenorden wurde aufgehoben und Polen geteilt, und die

Kaiserin Maria Theresia starb, und der Struensee wurde hingerichtet, Amerika wurde frei, und die vereinigte französische und spanische Macht konnte Gibraltar nicht erobern. Die Türken schlossen den General Stein in der Veteraner Höhle in Ungarn ein, und der Kaiser Joseph starb auch. Der König Gustav von Schweden eroberte russisch Finnland, und die Französische Revolution und der lange Krieg fing an, und der Kaiser Leopold der Zweite ging auch ins Grab. Napoleon eroberte Preußen, und die Engländer bombardierten Kopenhagen, und die Ackersleute säeten und schnitten. Der Müller mahlte, und die Schmiede hämmerten, und die Bergleute gruben nach den Metalladern in ihrer unterirdischen Werkstatt.

Als aber die Bergleute in Falun im Jahr 1809 etwas vor oder nach Johannis zwischen zwei Schachten eine Öffnung durchgraben wollten, gute dreihundert Ellen tief unter dem Boden, gruben sie aus dem Schutt und Vitriolwasser den Leichnam eines Jünglings heraus, der ganz mit Eisenvitriol durchdrungen, sonst aber unverwest und unverändert war; also daß man seine Gesichtszüge und sein Alter noch völlig erkennen konnte, als wenn er erst vor einer Stunde gestorben oder ein wenig eingeschlafen wäre an der Arbeit. Als man ihn aber zu Tage ausgefördert hatte, Vater und Mutter, Gefreundte und Bekannte waren schon lange tot, kein Mensch wollte den schlafenden Jüngling kennen, oder etwas von seinem Unglück wissen, bis die ehemalige Verlobte des Bergmanns kam, der eines Tages auf die Schicht gegangen war und nimmer zurückkehrte. Grau und zusammengeschrumpft kam sie an einer Krücke an den Platz und erkannte ihren Bräutigam; und mehr mit freudigem Entzücken als mit Schmerz sank sie auf die geliebte Leiche nieder, und erst als sie sich von einer langen heftigen Bewegung des Gemüts erholt hatte, ‚es ist mein Verlobter', sagte sie endlich, ‚um den ich fünfzig Jahre lang getrauert hatte und den mich Gott noch einmal sehen läßt vor meinem Ende. Acht Tage vor der Hochzeit ist er unter die Erde gegangen und nimmer heraufkommen.'

Da wurden die Gemüter aller Umstehenden von Wehmut und Tränen ergriffen, als sie sahen die ehemalige Braut jetzt in Gestalt des hingewelkten kraftlosen Alters und den Bräutigam noch in seiner jugendlichen Schöne, und wie in ihrer Brust nach fünfzig Jahren die Flamme der jugendlichen Liebe noch einmal erwachte; aber er öffnete den Mund nimmer zum Lächeln oder die Augen zum Wiedererkennen; und wie sie ihn endlich von den Bergleuten in ihr Stüblein tragen ließ, als die einzige, die ihm angehörte und ein Rest an ihn habe, bis sein Grab gerüstet sei auf dem Kirchhof.

Den andern Tag, als das Grab gerüstet war auf dem Kirchhof und ihn die Bergleute holten, schloß sie ein Kästlein auf, legte ihm das schwarzseidene Halstuch mit roten Streifen um und begleitete ihn alsdann in ihrem Sonntagsgewand, als wenn es ihr Hochzeitstag und nicht der Tag seiner Beerdigung wäre. Denn als man ihn auf dem Kirchhof ins Grab legte, sagte sie: ‚Schlafe nun wohl, noch einen Tag oder zehen im kühlen Hochzeitsbett, und laß dir die Zeit nicht lang werden. Ich habe nur noch wenig zu tun und komme bald, und bald wird's wieder Tag. – Was die Erde einmal wiedergegeben hat, wird sie zum zweitenmal auch nicht behalten', sagte sie, als sie fortging und noch einmal umschaute."

Die Unterschiede zum Zeitungsbericht fallen sofort ins Auge. Hebel stellt die Braut in den Mittelpunkt der Geschichte. Sie nimmt den Dialog mit ihrem Bräutigam zu Beginn und am Schluss der Geschichte noch einmal auf und begründet ihre Zuversicht auf ein von ihr nunmehr *erhofftes* Wiedersehen.

Im zweiten Abschnitt tritt Gevatter Tod auf und verhindert die geplante Hochzeit – die schwarze Bergmannskleidung wird tatsächlich zum Totenkleid. Das schwarze Halstuch mit rotem Rand steht für Tod und Liebe.

Sodann beschreibt Hebel in einem genialen Wurf die Zeit vom Zeitpunkt des Unglücks bis zum Fund der Leiche 50 Jahre später, indem er wichtige politische Ereignisse dem damaligen Leser in Erinnerung bringt und darauf hinweist, dass Müller, Schmiede und Bergleute während dieser Zeit unbeirrt ihrer täglichen Arbeit nachgehen. Durch die Art seiner Darstellung veranschaulicht Hebel eine fast ein Menschenleben umfassende Zeitstrecke, die dazu führt, dass sich niemand an das damalige Unglück erinnern kann.

Erst als die ergraute und gebückt daherkommende Braut erscheint, wird das Geheimnis des toten Jünglings gelüftet. Sie erinnert die Umstehenden an das lange zurückliegende Ereignis. Sie ist ihrem Bräutigam treu geblieben und hat ihn nicht vergessen. Sie macht den Tag der Beerdigung zum nachgeholten Hochzeitstag und erwartet ein von ihr erhofftes nochmaliges Wiedersehen.

Es versteht sich von selbst, dass heute ein Schriftsteller den Vorgang in anderer Gestaltungsform darstellen würde. Für den Beginn des 19. Jahrhunderts muss Hebels Geschichte als meisterhaft bezeichnet werden. Ein Kritiker hält sie für die schönste Geschichte der ganzen Welt.

*Hermann Zabel*

## „Durch den Mund des Volkes überliefert“

Die Kinder- und Hausmärchen
Jacob und Wilhelm Grimm
1812

Jacob Ludwig Carl Grimm und sein Bruder Wilhelm Carl wurden in eine hessische Beamten- und Pastorenfamilie hineingeboren. Schon früh, nach dem Tod des Vaters 1796, wird der erst elfjährige Jacob zum Familienoberhaupt. Eine Tante aus Kassel, die dort Hofdame der hessischen Kurfürstin war, unterrichtete beide in Lesen und Schreiben und schenkte ihnen die Lust auf Bildung.

Die Sammlung der Kinder- und Hausmärchen der Brüder Jacob und Wilhelm erschien in zwei Teilen, 1812 und 1815, ein dritter Band mit Varianten 1822. Dies war der erste wissenschaftliche Beitrag zur Märchenforschung überhaupt. Angeregt durch ihre Freunde Achim von Arnim und Clemens Brentano hatten die Grimms seit 1806 deutsche Märchen nach mündlicher Überlieferung gesammelt, und „zwar mit wenigen Ausnahmen nur in Hessen, am Main und in Kinziggegenden in der Grafschaft Hanau, wo wir her sind“. Hilfe bekamen sie von Mitgliedern der Familien Haxthausen und Droste-Hülshoff und verschiedenen ‚Märchenfrauen‘, wie ihrer Nachbarin, der ‚Alten Marie‘. Sie erzählten den Brüdern ‚Rot Käpchen‘, ‚Dornröschen‘ und ‚Schneeweißchen und Rosenrot‘.

Jacob und Wilhelm Grimm verfuhren nach dem Grundsatz, alles

> „durch den Mund des Volkes überlieferte ... so rein als möglich ... treu und genau mit allen Eigentümlichkeiten selbst des Dialekts, ohne Zusatz und so genannte Verschönerungen“

wiederzugeben. Sie waren der Überzeugung,

> „in diesen Volksmärchen lauter urdeutschen Mythus, den man für verloren gehalten“,

vor dem Vergessen zu bewahren. Besonders Jacob achtete auf Authentizität des Wortlautes. In einer Briefdiskussion mit Arnim grenzte er das ‚Volksmärchen' – für ihn Inbegriff und Urgestalt von Poesie überhaupt – vom romantischen ‚Kunstmärchen' ab. Beim Volksmärchen handle es sich um ‚Naturpoesie', welche sich auf irrationale Weise in den Köpfen der Menschen verbreite und entwickle: Es macht sich von selbst. Das ‚Romantische Kunstmärchen' hingegen sei eine bloße ‚Kunstpoesie', ein Ergebnis angestrengten, durchdachten Überlegens: Es ist etwas Zubereitetes.

Doch auch die Grimms konnten irgendwann nicht mehr auf eine gewisse Aufbereitung ihrer Märchentexte verzichten. Besonders Wilhelm war dabei aktiv. Wie ein Vergleich der Erstausgabe von 1812 mit den Originalaufzeichnungen von 1810 beweist, sind sie in der Druckfassung oft drastisch von den handschriftlichen Aufzeichnungen abgewichen:

| *Handschrift von 1810* | *Erstauflage von 1812* |
|---|---|
| Rumpenstünzchen | Rumpelstilzchen |
| Es war einmal ein kleines Mädchen, | Es war einmal ein Müller, der war arm, aber er hatte eine schöne Tochter. |
| dem war ein Flachsknoten gegeben, Flachs daraus zu spinnen, was es aber spann war immer Goldfaden und kein Flachs konnte herauskommen. Es ward sehr traurig und setzte sich auf das Dach und fing an zu spinnen, und spann drei Tage aber immer nichts als Gold. | Und es traf sich, daß er mit dem König zu sprechen kam und ihm sagte: „ich habe eine Tochter, die weiß die Kunst, Stroh in Gold zu verwandeln." |

| | |
|---|---|
| | Da ließ der König die Müllertochter alsogleich kommen, und befahl ihr, eine ganze Kammer voll Stroh in einer Nacht in Gold zu verwandeln, und könne sie es nicht, so müsse sie sterben. Sie wurde in die Kammer eingesperrt, saß da und weinte, denn sie wußte um ihr Leben keinen Rat, wie das Stroh zu Gold werden sollte. |
| Da trat ein kleines Männchen herzu, das sprach: „ich will dir helfen aus all deiner Noth, | Da trat auf einmal ein klein Männlein zu ihr, das sprach: „was gibst du mir, daß ich alles zu Gold mache?“ Sie tat ihr Halsband ab und gabs dem Männlein, und es tat, wie es versprochen hatte. |
| | Am anderen Morgen fand der König die ganze Kammer voll Gold; aber sein Herz wurde dadurch nur noch begieriger, und er ließ die Müllerstochter in eine andere, noch größere Kammer voll Stroh tun, das sollte sie auch zu Gold machen. |
| | Und das Männlein kam wieder, sie gab ihm ihren Ring von der Hand, und alles wurde wieder zu Gold. |
| | Der König aber hieß sie die dritte Nacht wieder in eine dritte Kammer sperren, die |

| | |
|---|---|
| | war nicht größer als die beiden ersten und ganz voll Stroh, „und wenn dir das auch gelingt, sollst du meine Gemahlin werden.“ |
| dein junger Prinz wird vorbeikommen der wird dich heirathen und dich wegführen aber du mußt mir versprechen, daß dein erstes Kind mein soll seyn.“ | Da kam das Männlein und sagte: „ich will es noch einmal tun, aber du mußt mir das erste Kind versprechen, das du mit dem König bekommst.“ |
| Das kleine Mädchen versprach ihm alles. | Sie versprach es in der Not, |
| Bald darauf kam ein schöner junger Prinz vorbei, der nahm es mit sich, und machte es zu seiner Gemahlin. | und wie nun der König auch dieses Stroh in Gold verwandelt sah, nahm er die schöne Müllerstochter zu seiner Gemahlin. |
| Nach einem Jahr gebar sie einen schönen Knaben; da trat das Männchen an das Bett und verlangte ihn. | Bald darauf kam die Königin ins Wochenbett, da trat das Männlein vor die Königin und forderte das versprochene Kind. |
| Sie bot ihm alles dafür, er nahm er [!] nichts an, | Die Königin aber bat, was sie konnte und bot dem Männchen alle Reichtümer an, wenn es ihr ihr Kind lassen wollte, allein alles war vergebens. |
| und gab ihr nur drei Tage Zeit, wenn sie am letzten nicht seinen Namen wiße, so müße sie ihm das Kind geben. | Endlich sagte es: „in drei Tagen komme ich wieder und hole das Kind, wenn du aber dann meinen Namen weißt, so sollst du das Kind behalten!“ |

| | |
|---|---|
| Die Prinzeßin sann lange, schon zwei Tage hatte sie gesonnen, und den Namen doch nicht gefunden. | Da sann die Königin den ersten und zweiten Tag, was doch das Männchen für einen Namen hätte, konnte sich aber nicht besinnen und ward ganz betrübt. |
| Am dritten befiehlt sie einer getreuen Dienerin hinaus in den Wald zu gehen, aus welchem das kleine Männchen gekommen sey. Diese geht Nachts hinaus, da sieht sie es, wie es auf einm Kochlöfel um ein großes Feuer herum reitet und ausruft: | Am dritten Tag aber kam der König von der Jagd heim und erzählte ihr: ich bin vorgestern auf der Jagd gewesen, und als ich tief in den dunkelen Wald kam, war da ein kleines Haus und vor dem Haus war ein gar zu lächerliches Männchen, das sprang als auf einem Bein davor herum und schrie: |
| „wenn die Prinzeßin wüßte, daß ich Rumpenstünzchen hies! Wenn die Prinzeßin wüßte, daß ich Rumpenstünzchen hies.“ | „heute back ich, morgen brau ich, übermorgen hohl ich der Frau Königin ihr Kind, ach wie gut ist, dass niemand weiß, daß ich Rumpelstilzchen heiß!“ |
| Die Dienerin bringt eilig der Prinzeßin diese Nachricht, die darüber sehr erfreut wird. Um Mitternacht kommt das kleine Männchen und spricht: „weißt du nun meinen Namen, oder ich nehme das Kind mit.“ Da nennt sie allerlei Namen | Wie die Königin das hörte, ward sie ganz froh, und als das gefährliche Männlein kam, frug es: „Frau Königin, wie heiß ich?“ -- „heißest du Conrad?“--„Nein.“ -- „Heißest du Heinrich?“ -- „Nein.“ |
| endlich sagt sie: „solltest du wohl Rumpenstünzchen heißen?“ | „Heißt du etwa Rumpelstilzchen?“ |

| | |
|---|---|
| Wie das Männlein das hört erschrickt es und spricht: „das muß dir der Teufel gesagt haben,“ und fliegt auf dem Kochlöffel zum Fenster hinaus. | „Das hat dir der Teufel gesagt!“ schrie das Männchen, lief zornig fort und kam nimmermehr wieder. |

Dank des sprachschöpferischen Talents Wilhelms wurde aus der doch unsicheren mündlichen Überlieferung eine Sammlung voller bezaubernder Märchen. Wilhelm vollbrachte damit eine „poetische Leistung hohen Ranges“ (H.A. Korff). Er gab der mündlichen Überlieferung eine dichterisch überzeugende Gestalt und er hat jenen wunderschönen und bezaubernden Märchenton gefunden, der uns auch heute noch gefangennimmt.

*Myriam Grobe*

## Eine große Familie

Über das Conjugationssystem der Sanskritsprache in Vergleichung mit jenem der griechischen, lateinischen, persischen und germanischen Sprache
Franz Bopp
1816

Franz Bopp wurde 1791 in Mainz geboren. Mit seinen Eltern zog er bald nach Aschaffenburg, wo Bopps Gymnasiallehrer Karl Windischmann dessen Interesse an alten und orientalischen Sprachen weckte. Gefördert durch ein Stipendium, studierte Bopp ab 1812 in Paris semitische Sprachen und Persisch; autodidaktisch, anhand der in Paris verfügbaren Handschriften, erlernte er auch das altindische Sanskrit. Und 1816 erschien in Frankfurt am Main ein schmales Buch von nicht einmal 160 Seiten des bis dahin weitgehend unbekannten Franz Bopp mit dem umständlichen, aber zeitgemäßen Titel *Über das Conjugationssystem der Sanskritsprache in Vergleichung mit jenem der griechischen, lateinischen, persischen und germanischen Sprache*. Mit diesem äußerlich unscheinbaren Werk legte Bopp die Grundlagen der historisch-vergleichenden Sprachwissenschaft im Allgemeinen und der wissenschaftlichen Indogermanistik im Besonderen.

Heute wissen wir, dass die meisten Sprachen Europas sowie die iranischen und nordindischen Idiome zu einer einzigen großen Sprachfamilie gehören, die man wegen ihres Verbreitungsgebiets erstmals zu Beginn des 19. Jh. als *indogermanisch* bezeichnet hat (heute politisch korrekter auch *indoeuropäisch)*. Ihre mehr als 200 Sprachen werden von über drei Milliarden Menschen weltweit gesprochen. Dazu kommen etwa 80 ausgestorbene Sprachen wie Latein, Altgriechisch, Altpersisch und Gotisch. Und eben Sanskrit.

Schon im 16. Jahrhundert hatten Sprachkundige wie der italienische Kaufmann Filippo Sassetti (1540-1588) die europäischen Zweige des Indogermanischen als verwandt erkannt, darunter *Romanisch* (Italienisch, Spanisch, Französisch, ...),

*Germanisch* (Deutsch, Englisch, Schwedisch, ...), *Slawisch* (Russisch, Polnisch, Tschechisch, Serbisch, ...) und *Baltisch* (Litauisch, Lettisch). Und der niederländische Sprachgelehrte Marcus Zuerius van Boxhorn (1602/12-1653) stellte 1637 in einem Brief an einen Leidener Professor fest, dass Griechisch, Lateinisch, Persisch, Sanskrit und andere Sprachen „von ein- und derselben Herkunft" seien. Diese frühe Erkenntnis geriet aber wieder in Vergessenheit und wurde erst 150 Jahre später von dem britischen Juristen und Orientalisten William Jones (1746-1794) erneut aufgegriffen, der 1786 vor der Royal Asiatic Society in Kalkutta einen berühmten Vortrag hielt. Darin kam er zu dem Schluss, dass Sanskrit zum Lateinischen und Griechischen sowohl in den Wortwurzeln als auch in den grammatischen Formen eine stärkere Verwandtschaft aufweise als durch Zufall hätte entstehen können, diese Sprachen müssten also aus einer gemeinsamen Quelle stammen.

Die folgende Tabelle zeigt als Beispiel die vier Verwandtschaftsbezeichnungen *Vater*, *Mutter*, *Bruder* und *Tochter* im Sanskrit, Griechischen, Lateinischen und dem Gotischen. Dass auch die deutschen Wortformen in das Schema passen, ist offensichtlich.

| **Deutsch** | **Sanskrit** | **Griechisch** | **Lateinisch** | **Gotisch** |
|---|---|---|---|---|
| *Vater* | *pitár-* | *patḗr* | *pater* | *fadar* |
| *Mutter* | *mātár-* | *mḗter* | *māter* | *mōder (altfränk.)* |
| *Bruder* | *bhrā́tar-* | *phrḗtēr* | *frāter* | *brōþar* |
| *Tochter* | *duhitár-* | *thygátēr* | - | *daúhtar* |

An dieser Stelle nun hatte Franz Bopp eine zündende Idee: Statt sich nur mit dem mehr oder weniger sicheren Vergleich des Wortschatzes zu beschäftigen – damit hatte man auch schon „bewiesen", dass Hebräisch die Urmutter aller Sprachen sei –, zog er ganz systematisch den Vergleich der Formenbildung heran. Dabei konzentrierte er sich auf die Konjugation der *Verben* in den Sprachen Sanskrit, Griechisch, Lateinisch, Persisch und Gotisch. Nicht dass vor ihm die grammatischen

Übereinstimmungen in diesen Sprachen übersehen worden wären; das Neue, was dann zu einer wissenschaftlichen Basis in der vergleichenden Sprachwissenschaft wurde, war die von Bopp erstmals eingeführte Systematik, ein Vergleich der Formenbildung (Morphologie). Die Bedeutung des Sanskrit für diese Untersuchung beschreibt er so:

> „Unter allen uns bekannten Sprachen zeigt sich die geheiligte Sprache der Indier als eine der fähigsten, die verschiedensten Verhältnisse und Beziehungen auf wahrhaft organische Weise durch innere Umbiegung und Gestaltung der Stammsylbe auszudrücken.“ (Kapitel 1, S. 7)

Und die alten Sprachen besitzen laut Bopp viel größere grammatische Gemeinsamkeiten als etwa das neuindische Bengalisch mit dem Sanskrit:

> „Unter den Sprachen, die mit dem Sanskrit in engster Verwandtschaft stehen, verstehe ich vorzüglich das Griechische, Lateinische, Germanische und Persische. Verwunderungswürdig ist es, daß das Bengalische, welches doch unter den neuindischen Mundarten am wenigsten fremde Einmischungen erlitten, in der Grammatik bey weitem nicht so sehr mit dem Sanskrit übereinstimmt, als die oben erwähnten Sprachen, während es doch eine weit größere Anzahl altindischer Wörter aufzuweisen hat.“ (Kapitel 1, S. 9-10)

Seine Zielsetzung und seine Vorgehensweise beschreibt Bopp wie folgt:

> „Um die Wahrheit dieser für die Geschichte der Sprachen äusserst wichtigen Sätze in ihrem vollen Lichte zu zeigen, ist es nothwendig, uns vor allem mit dem Conjugationssystem der altindischen Sprachen bekannt zu machen, sodann die Conjugationen der griechischen und römischen, der germanischen und persischen Sprachen vergleichend zu durchgehen, wodurch wir deren Identität einsehen, zugleich aber die allmählige und stufen-

> weise Zerstörung des einfachen Sprachorganismus erkennen und das Streben beobachten werden, denselben durch mechanische Verbindungen zu ersetzen, woraus, als deren Elemente nicht mehr erkannt wurden, ein Schein von neuem Organismus entstand.“ (Kapitel 1, S. 10-11)

Mit der „stufenweise[n] Zerstörung des einfachen Sprachorganismus“ meint Bopp den Übergang von *synthetisch* gebildeten Formen, die in *einem* Wort die gesamte Information über Grundbedeutung, Tempus, Modus und Person tragen, so wie lateinisch *tuli* „ich habe getragen“, hin zu *analytischen* Formen, die aus einem Partizip und einem Hilfsverb zusammengesetzt sind, z. B. deutsch *ich habe getragen*. Diese Formen wuchsen dann in manchen Sprachen wieder zu einem einzigen Wort zusammen, es „entstand ein Schein von neuem Organismus“.

Das zweite Kapitel widmet Bopp der Konjugation im Sanskrit, gegliedert nach den einzelnen Zeitstufen. Das ist die erste neuzeitliche Darstellung des altindischen Verbalsystems. Bedeutsam ist Bopps historischer Ansatz: Er stellt nicht nur die Formen dar, wie sie in klassischen Sanskrittexten auftreten, sondern er versucht jeweils zu erklären, wie sie sich historisch entwickelt haben und welche Prinzipien dabei wirksam wurden.

In den folgenden Kapiteln beschreibt Bopp der Reihe nach die Konjugationssysteme des (Alt-)Griechischen, Lateinischen, Persischen und Gotischen und vergleicht sie mit den entsprechenden Sanskrit-Formen. Hier ein typischer Abschnitt aus dem Latein-Kapitel über das Verbum *esse* „sein“:

> „Die lateinische Sprache hat zwey Verba, welche zum behufe der Verbindung zwischen Subjekt und dem durch ein Adjektiv oder Substantiv ausgedrücktem Prädikate, und zur Bestimmung deren wechselseitiger Verhältnisse zu einander gebraucht werden. Ihre Stammsylben sind Es und Fu, entsprechend den indischen gleichbedeutenden Wurzeln As und Bhu. [...] Von der

Wurzel Es kommt das Präsens Sum. Die Alten sagten Esum. [...] Esume gleicht dem indischen Asmi und dem griechischen Esmi oder Eimi. Das Präteritum von Esum ist Eram, mit Verwandlung des S in das verwandte R, also Eram für Esam.“ (Kapitel 4, S. 88-89)

Die folgende Tabelle vergleicht Präsensformen des Verbums *sein*. Hier treten sogar die Unregelmäßigkeiten in der Formenbildung in den verglichenen Sprachen gemeinsam auf. So findet sich anlautendes *s-* in den meisten Pluralformen, während die Singularformen mit einem Vokal beginnen. Das lateinische *sum* ‚ich bin‘ erklärt Bopp historisch als **esum*.

| ***Deutsch*** | **Sanskrit** | **Griechisch** | **Lateinisch** | **Gotisch** |
|---|---|---|---|---|
| *(ich) bin* | *ásmi* | *eimí* | *sum* | *im* |
| *(du) bist* | *ási* | *eís* | *es* | *is* |
| *(er/sie/es) ist* | *ásti* | *estí* | *est* | *ist* |
| *(wir) sind* | *smás* | *eimés* | *sumus* | *si(j)um* |
| *(ihr) seid* | *sthá* | *esté* | *estis* | *si(j)uþ* |
| *(sie) sind* | *sánti* | *eisí* | *sunt* | *sind* |

Die Präsensformen des regelmäßigen Verbums mit der Bedeutung *tragen* sind in der nächsten Tabelle dargestellt (ein deutsches etymologisches Gegenstück ist das Verb *ge-bär-en*). In der letzten Spalte ist die hypothetische Rekonstruktion dieser Formen in der indogermanischen Ursprache hinzugefügt. Diese Art der Rekonstruktion wurde allerdings erst in einer späteren Phase der Indogermanistik erzielt. Die indogermanischen Personalendungen *-o*, *-es(i)*, *-et(i)*; *-ome*, *-ete*, *-onti* lassen sich durch den systematischen Vergleich der entsprechenden Formen in den herangezogenen Sprachen rekonstruieren.

| *Bedeutung* | **Sanskrit** | **Griechisch** | **Lateinisch** | **Gotisch** | **Ur-Indogerm.** |
|---|---|---|---|---|---|
| ich trage | *bhárāmi* | *phérō* | *ferō* | *baira* | ***bhér-ō** |
| du trägst | *bhárasi* | *phéreis* | *fers* | *bairas* | ***bhér-esi** |
| er/sie/es trägt | *bhárati* | *phérei* | *fert* | *bairiþ* | ***bhér-eti** |
| wir tragen | *bhárāmasi* | *phéromen* | *ferimus* | *bairam* | ***bhér-ome** |
| ihr tragt | *bháratha* | *phéret* | *fertis* | *bairiþ* | ***bhér-ete** |
| sie tragen | *bháranti* | *phérousi* | *ferunt* | *bairand* | ***bhér-onti** |

In der Summe ist Bopps Schrift ein überwältigender Beweis, dass die untersuchten alten Sprachen in allen wesentlichen Punkten in ihren Konjugationen übereinstimmen, und damit der endgültige Nachweis der Abstammung von einer gemeinsamen Vorgängersprache, dem Urindogermanischen.

Nach einer langen und erfolgreichen Karriere, in der er viele weitere Sprachen wie das Litauische, das Armenische und das Keltische erforschte, starb Franz Bopp am 23. Oktober 1867 im Alter von 76 Jahren in Berlin.

*Ernst Kausen*

## Ein deutsches Lied geht um die Welt

Die Lore-Ley
Heinrich Heine
1823

Seit dem Jahr 2002 gehört das Mittelrheintal zwischen Bingen und Koblenz zum Weltkulturerbe. Hier spiegele sich die Geschichte des Abendlandes exemplarisch wider, heißt es in der Begründung; hochrangige Baudenkmäler hätten sich hier in einer Fülle und Dichte erhalten, die in keiner anderen europäischen Kulturlandschaft zu finden sei.

Der bekannteste Teil dieses Wundertales ist ein Felsen namens Loreley. „Den Rhein runterfahren, vorbei an der Loreley – das ist so ein Moment, wo ich stolz bin, eine Deutsche zu sein", lässt uns Alice Schwarzer wissen. Aber wie kann ein eher unscheinbarer Felsen zu dem vielbesungenen Magneten von Mythen und Legenden werden, der er unbestreitbar heute ist?

Vermutlich ist es das Gedicht *Die Lore-Ley* aus dem Buch der Lieder von Heinrich Heine. Die ersten vier Zeilen:

„Ich weiß nicht, was soll es bedeuten,
Dass ich so traurig bin;
Ein Märchen aus alten Zeiten,
Das kommt mir nicht aus dem Sinn"

zählen zu den bekanntesten jemals gedruckten Versen überhaupt. In seinem Buch *A Tramp Abroad* gibt Mark Twain, der auf seiner hier nacherzählten Europareise auch Deutschland besucht hatte, den kompletten Text des Gedichtes in deutscher Sprache wieder. Und die Noten zum Mitsingen, gesetzt von Friedrich Silcher, gleich dazu. „Zuerst konnte ich die Weise nicht leiden," schreibt Mark Twain, „aber jetzt gefällt sie mir besser als jede andere." Das Gedicht fährt fort wie folgt:

„Die Luft ist kühl und es dunkelt,
Und ruhig fließt der Rhein;
Der Gipfel des Berges funkelt,

Im Abendsonnenschein.
Die schönste Jungfrau sitzet
Dort oben wunderbar,
Ihr goldnes Geschmeide blitzet,
Sie kämmt ihr goldenes Haar,
Sie kämmt es mit goldenem Kamme,
Und singt ein Lied dabei;
Das hat eine wundersame,
Gewaltige Melodei.
Den Schiffer im kleinen Schiffe,
Ergreift es mit wildem Weh;
Er schaut nicht die Felsenriffe,
Er schaut nur hinauf in die Höh'.
Ich glaube, die Wellen verschlingen
Am Ende Schiffer und Kahn,
Und das hat mit ihrem Singen
Die Loreley getan."

Es ist wohl diese Kombination von Frau und Gefahr, die an der Loreley so fasziniert. Schon Clemens Brentano besingt in seiner Ballade *Zu Bacharach am Rheine* eine schöne Fee namens Loreley, die von ihrem Felsen die Schiffer ins Verderben zieht, auch Joseph von Eichendorff griff dieses Thema auf. Und tatsächlich hat der Rhein an der Loreley mit kaum hundert Metern Breite eine seiner engsten Stellen; die starke Strömung und die tückischen Strudel sind schon manchem Schiffer zum Verhängnis geworden.

Anders als viele glauben, hat aber der Felsen seinen Namen nicht von der bösen Fee, sondern die Fee hat ihren Namen von dem bösen Felsen. Ley heißt mittelhochdeutsch Schiefer oder Fels, Lore bedeutet hinterlistig. Also ist der „Loreley" der „böse Berg".

*Walter Krämer*

## Politik mit anderen Mitteln

Vom Kriege
Carl von Clausewitz
1832

Es gibt nur wenige deutschsprachige Bücher die – zumeist in englischer Übersetzung – an amerikanischen Eliteuniversitäten zur Pflichtlektüre zählen. Eines davon ist Carl von Clausewitz' großes Werk *Vom Kriege*. Ob in Harvard, Stanford, Berkeley oder Yale (und an der Militärakademie West Point sowieso): Diese Thesen muss jeder kennen, der in den historischen und politischen Wissenschaften ernstgenommen werden will. Vielleicht gehört noch *Der Fürst* von Niccolò Machiavelli in diese Klasse, aber dann ist auch bald Schluss.

Wie also sehen diese Thesen aus?

Einem breiten Publikum am bekanntesten ist wohl die vom Krieg als der Fortsetzung der Politik mit anderen Mitteln. Sie kommt im ersten Kapitel des ersten Buches vor:

> „So sehen wir also, daß der Krieg nicht bloß ein politischer Akt, sondern ein wahres politisches Instrument ist, eine Fortsetzung des politischen Verkehrs, ein Durchführen desselben mit anderen Mitteln. Was dem Kriege nun noch eigentümlich bleibt, bezieht sich bloß auf die eigentümliche Natur seiner Mittel. Daß die Richtungen und Absichten der Politik mit diesen Mitteln nicht in Widerspruch treten, das kann die Kriegskunst im allgemeinen und der Feldherr in jedem einzelnen Falle fordern, und dieser Anspruch ist wahrlich nicht gering; aber wie stark er auch in einzelnen Fällen auf die politischen Absichten zurückwirkt, so muß dies doch immer nur als eine Modifikation derselben gedacht werden, denn die politische Absicht ist der Zweck, der Krieg ist das Mittel, und niemals kann das Mittel ohne Zweck gedacht werden."

Und was ist Krieg?

„Der Krieg ist nichts als ein erweiterter Zweikampf. Wollen wir uns die Unzahl der einzelnen Zweikämpfe, aus denen er besteht, als Einheit denken, so tun wir besser, uns zwei Ringende vorzustellen. Jeder sucht den anderen durch physische Gewalt zur Erfüllung seines Willens zu zwingen; sein *nächster* Zweck ist, den Gegner *niederzuwerfen* und dadurch zu jedem ferneren Widerstand unfähig zu machen. *Der Krieg ist also ein Akt der Gewalt, um den Gegner zur Erfüllung unseres Willens zu zwingen.*

Die Gewalt rüstet sich mit den Erfindungen der Künste und Wissenschaften aus, um der Gewalt zu begegnen. Unmerkliche, kaum nennenswerte Beschränkungen, die sie sich selbst setzt unter dem Namen völkerrechtlicher Sitte, begleiten sie, ohne ihre Kraft wesentlich zu schwächen. Gewalt, d. h. die physische Gewalt (denn eine moralische gibt es außer dem Begriffe des Staates und Gesetzes nicht), ist also *das Mittel,* dem Feinde unseren Willen aufzudringen, *der Zweck.* Um diesen Zweck sicher zu erreichen, müssen wir den Feind wehrlos machen, und dies ist dem Begriff nach das eigentliche Ziel der kriegerischen Handlung. Es vertritt den Zweck und verdrängt ihn gewissermaßen als etwas nicht zum Kriege selbst Gehöriges."

Clausewitz sah sehr wohl die brutalen Seiten dieses Geschäfts:

„Nun könnten menschenfreundliche Seelen sich leicht denken, es gebe ein künstliches Entwaffnen oder Niederwerfen des Gegners, ohne zuviel Wunden zu verursachen, und das sei die wahre Tendenz der Kriegskunst. Wie gut sich das auch ausnimmt, so muß man doch diesen Irrtum zerstören, denn in so gefährlichen Dingen, wie der Krieg eins ist, sind *die* Irrtümer, welche aus Gutmütigkeit entstehen, gerade die schlimmsten."

Alles dreht sich bei Clausewitz um die Achse Mittel-Zweck. Er war auch kein totaler Vernichtungskrieger, als den ihn seine Gegner gerne hinstellen, sondern im Gegenteil ein großer Bewunderer des russischen Marschalls Kutusow, der durch sein Zurückweichen und Hinhalten den Eroberer Napoleon ins Leere hatte laufen lassen und damit überwand; die überlegene Kriegsform war für ihn stets die Verteidigung, nicht weil man als wahrer Christ auch noch die andere Wange hinhält, wenn man auf die erste geschlagen worden ist, sondern weil sie das Niederringen des Gegners mit minimalem Kraftaufwand erlaubt.

> „Noch allgemeiner wirkt die Beachtung des Kraftaufwandes, welcher schon erforderlich gewesen ist und es noch sein wird, auf den Entschluß zum Frieden. Da der Krieg kein Akt blinder Leidenschaft ist, sondern der politische Zweck darin vorwaltet, so muß der Wert, den dieser hat, die Größe der Aufopferungen bestimmen, womit wir ihn erkaufen wollen. Dies wird nicht bloß der Fall sein bei ihrem *Umfang,* sondern auch bei ihrer *Dauer.* Sobald also der Kraftaufwand so groß wird, daß der Wert des politischen Zwecks ihm nicht mehr das Gleichgewicht halten kann, so muß dieser aufgegeben werden und der Friede die Folge davon sein."

Den gewaltentwöhnten Ohren des 21. Jahrhunderts klingt das alles eher fremd. Aber alle, die seit Clausewitz den Zustand dieses Planeten mit ebendieser Gewalt verändern wollten, von Karl Marx und Friedrich Engels über Lenin, Stalin, Mao oder Che Guevara, haben dessen Werk studiert. Lenin schrieb *Vom Kriege* in seinem Schweizer Exil in großen Teilen eigenhändig ab, und laut Sebastian Haffner soll die chinesische Revolution erst dann den Weg zum letztendlichen Erfolg gefunden haben, als Mao das Buch von Clausewitz gelesen hatte. Denn obwohl geschrieben, lange bevor es Panzer, Atombomben und Giftgas gab, sind dessen Thesen zeitlos aktuell. „Das Ziel, das Clausewitz mit aller ihm zu Gebote stehenden philosophischen Kraft verfolgte," schreibt John Keegan in *Die Kultur des Krie-*

*ges*, war eine allgemeingültige Theorie, was der Krieg sein sollte, nicht aber, wie er sich in Gegenwart und Vergangenheit tatsächlich darbot."

Clausewitz hat den Druck seines Buches nicht erlebt. Nach wechselvoller und letztlich unerfüllter Karriere als Generalstäbler der preußischen – und zeitweise auch russischen – Armee starb er 1831, mit 51 Jahren, in Breslau an der Cholera.

*Walter Krämer*

## Nächstenliebe unter Verdammten

Lenz
Georg Büchner
1836

Georg Büchner wurde im sogenannten Dramatikerjahr (mit Richard Wagner; Friedrich Hebbel; Otto Ludwig...) 1813 zu Goddelau in der Rheinebene geboren. Sein kurzes Leben besteht aus Literatur und einem Medizinstudium in Straßburg und Gießen, wo er zum Atheisten heranwuchs und auf Grund seiner revolutionären Gedanken und Aktivitäten vor der Polizei fliehen musste. Er promovierte 1836 im ausländischen Zürich mit einer Arbeit über die Schädelnerven der Barben. Jetzt entstand der *Woyzeck*, das Rilke „ein Schauspiel ohnegleichen" nennen sollte. Wenige Wochen später, am 19. Februar 1837, starb er dreiundzwanzigjährig an einer Typhusinfektion – die vermutlich größte Katastrophe der deutschen Literaturgeschichte.

Hans Mayer nennt die Ende 1835 entstandene Novelle *Lenz* „die größte Erzählung in unserer Sprache"; Elias Canetti bezeichnet sie als „das wunderbarste Stück deutscher Prosa". Thema ist Krankheit und Leiden des tragischen Sturm-und-Drang-Dichters Jakob Michael Reinhold Lenz (1751-1792), der 1778 wahnsinnig wird und sich, auf der Suche nach Hilfe, ins Elsass begibt. Hier setzt die Novelle ohne jede Exposition mit einem Lapidarstil ein, der den Anfang der modernen Prosa markieren sollte:

> „Den 20. Jänner [1778] ging Lenz durchs Gebirg [die Vogesen]. Die Gipfel und hohen Bergflächen im Schnee, die Täler hinunter graues Gestein, grüne Flächen, Felsen und Tannen.
>
> Es war naßkalt; das Wasser rieselte die Felsen hinunter und sprang über den Weg. Die Äste der Tannen hingen schwer herab in die feuchte Luft. Am Himmel zogen graue Wolken, aber alles so dicht – und dann dampfte

der Nebel herauf und strich schwer und feucht durch das Gesträuch, so träg, so plump.

Er ging gleichgültig weiter, es lag ihm nichts am Weg, bald auf-, bald abwärts. Müdigkeit spürte er keine, nur war es ihm manchmal unangenehm, daß er nicht auf dem Kopf gehen konnte."

Büchner erzählt in kurzen Sätzen oder Ellipsen und erfasst die bis dahin unbekannte Krankheit, die schizophrene Psychose, die erst um 1900 von Ernst Kraepelin und Eugen Bleuler analysiert und benannt werden sollte, mit einer nie dagewesenen psychologischen und medizinischen Wissenschaftlichkeit.

Der große philosophische Brennpunkt des Textes liegt, wie beim Zeitgenossen Schopenhauer, im einmaligen und undurchführbaren Versuch einer Synthese zwischen Verantwortungsgefühl, Nächstenliebe auf der einen, und einer nihilistischen Weltordnung auf der anderen Seite. Jener muss notgedrungen scheitern, als Lenz vom Tod eines Mädchens in der Nachbarschaft hört, das den Namen seiner früheren großen Liebe, Friederike, trug, ja Friederike Brion (1752-1813), die auch Goethe zu bezirzen wusste:

„Am 3. Hornung hörte er, ein Kind in Fouday sei gestorben, das Friederike hieß; er faßte es auf wie eine fixe Idee. Er zog sich in sein Zimmer und fastete einen Tag. Am 4. trat er plötzlich ins Zimmer zu Madame Oberlin [der elsässische Pfarrer Johann Friedrich Oberlin (1740-1826) war Philantrop und ein praktischer Sozialreformer]; er hatte sich das Gesicht mit Asche beschmiert und forderte einen alten Sack. Sie erschrak; man gab ihm, was er verlangte. Er wickelte den Sack um sich, wie ein Büßender, und schlug den Weg nach Fouday ein. Die Leute im Tale waren ihn schon gewohnt; man erzählte sich allerlei Seltsames von ihm. Er kam ins Haus, wo das Kind lag. Die Leute gingen gleichgültig ihrem Geschäfte nach; man wies ihm eine Kammer – das Kind lag im Hemde auf Stroh, auf einem Holztisch.

Lenz schauderte, wie er die kalten Glieder berührte und die halbgeöffneten gläsernen Augen sah. Das Kind kam ihm so verlassen vor, und er sich so allein und einsam. Er warf sich über die Leiche nieder. Der Tod erschreckte ihn, ein heftiger Schmerz faßte ihn an: Diese Züge, dieses stille Gesicht sollten verwesen – er warf sich nieder; er betete mit allem Jammer der Verzweiflung, daß Gott ein Zeichen [des Mitleids] an ihm tue und das Kind beleben möge, wie er schwach und unglücklich sei; dann sank er ganz in sich und wühlte all seinen Willen auf einen Punkt. So saß er lange starr. Dann erhob er sich und faßte die Hände des Kindes und sprach laut und fest: „Stehe auf und wandle!" Aber die Wände hallten ihm nüchtern den Ton nach, daß es zu spotten schien, und die Leiche blieb kalt. Da stürzte er halb wahnsinnig nieder; dann jagte es ihn auf, hinaus ins Gebirg.

Wolken zogen rasch über den Mond; bald alles im Finstern, bald zeigten sie die nebelhaft verschwindende Landschaft im Mondschein. Er rannte auf und ab. In seiner Brust war ein Triumphgesang der Hölle. Der Wind klang wie ein Titanenlied [s. Titanenaufstand gegen Zeus]. Es war ihm, als könnte er eine ungeheure Faust hinauf in den Himmel ballen und Gott herbeireißen und zwischen seinen Wolken schleifen; als könnte er die Welt mit den Zähnen zermalmen und sie dem Schöpfer ins Gesicht speien; er schwur, er lästerte. So kam er auf die Höhe des Gebirges, und das ungewisse Licht dehnte sich hinunter, wo die weißen Steinmassen lagen, und der Himmel war ein dummes blaues Aug, und der Mond stand ganz lächerlich drin, einfältig. Lenz mußte laut lachen [Ende des Mitleids], und mit dem Lachen griff der Atheismus in ihn und faßte ihn ganz sicher und ruhig und fest. Er wußte nicht mehr, was ihn vorhin so bewegt hatte, es fror ihn; er dachte, er wolle jetzt zu Bette gehen, und er ging kalt und unerschütter-

> lich durch das unheimliche Dunkel – es war ihm alles leer und hohl, er mußte laufen und ging zu Bette.“

Lenzens Versuch einer Nachfolge Christi, nicht ungeläufig bei Schizophrenen, erleidet Schiffbruch. Wenn Gott selbst kein Mitleid kennt, macht er alle humanen Bestrebungen überflüssig und absurd. Ein solcher Gott kann und darf nicht existieren. Die Leibnizsche Theodizee wird zurückgewiesen, die Leuchtbake Mitleid erlischt in totaler Finsternis. Leben ist bestialischer Natur, sonst nichts. Lenz stürzt in Atheismus, ja Nihilismus, in

> „eine schreckliche Leere [...] Er hatte n i c h t s.“

Sogar die Luft wird ihm schwer. Es kommt zu Selbstmordversuchen, die aber ebenfalls misslingen. Sehen wir uns noch den vollkommen unpathetischen Schluss an, der tragischer anmutet als jeder versöhnende Tod. Der historische Dichter kommt später als Bettler auf den Straßen Moskaus um, was aber nicht mehr thematisiert wird:

> „Am folgenden Morgen [dem 9.2.1778], bei trübem, regnerischem Wetter, traf er in Straßburg ein. Er schien ganz vernünftig, sprach mit den Leuten. Er tat alles, wie es die andern taten; es war aber eine entsetzliche Leere in ihm, er fühlte keine Angst mehr, kein Verlangen, sein Dasein war ihm eine notwendige Last.-
>
> So lebte er hin...“

*Lenz* muss mindestens ein halbes Jahrhundert auf literarische Anerkennung warten; der *Woyzeck* erlebt seine Uraufführung erst 1911 in München. Heute gilt der Georg-Büchner-Preis als der höchste und bestdotierte deutsche Literaturpreis.

*Roland Duhamel*

## Einigkeit? Recht? Freiheit?

Das Lied der Deutschen
Hoffmann von Fallersleben
1841

Verschiedene Länder haben Probleme mit dem Text ihrer Nationalhymne. Auch der Autor des Deutschlandliedes hat sicherlich nicht geahnt, was er mit diesem kleinen Text auslösen würde, den er 1841 seinem Hamburger Verleger im Exil auf Helgoland (damals englischer Besitz) in die Hand drückte.

August Heinrich Hoffmann wurde 1798 in Fallersleben geboren, daher der spätere Namenszusatz. Der Nachwelt ist er vor allem als Germanist und Lyriker bekannt, doch sein Hauptbetätigungsfeld war eher die Archiv- und Bibliotheksarbeit. Hoffmann interessierte sich aber auch für den Kampf der Flamen um ihre kulturelle und nationale Eigenständigkeit; im Jahr 1823 wurde er dafür zum Ehrendoktor der Universität Leiden ernannt. Ansonsten trat er politisch zunächst nicht in Erscheinung; erst als Professor in Breslau (ab 1828) tat er seinen Unmut über die Politik in Deutschland hörbar kund. Und nach der Amtsenthebung der Göttinger Sieben im Jahr 1837 opponierte er offen gegen die Entmündigung der Bürger und wurde deshalb im Jahr 1842 entlassen.

Die nächsten Jahre reiste Hoffmann unstet durch Deutschland, immer wieder von dem diesem oder jenem Herrscher des Landes verwiesen. Eine Generalamnestie nach der Revolution von 1848 brachte ihm eine kleine Pension aus seiner Professorenzeit und eine neue Anstellung, zunächst in Weimar, dann im Kloster Corvey, wo er bis zu seinem Tod am 19. Januar 1874 die Schlossbibliothek führte. Dort ist er ist im Klostergarten begraben.

Hoffmann schrieb das Gedicht am 26. August 1841 auf Helgoland; er hatte zwei Vorlagen: ein eigenes Gedicht aus den *Unpolitischen Liedern*, die im Jahr zuvor erschienen waren, und ein Gedicht von Ernst Moritz Arndt: *Was ist des Deutschen Vaterland?* aus dem Jahr 1813. Sein Hamburger

Verleger Campe, zu Besuch bei Hoffmann, gab ihm für das Gedicht vier Louisdor. Schon fünf Tage später veröffentlichte er es als Lied, unterlegt mit Haydns Melodie zu „Gott erhalte Franz den Kaiser". Es war im Vormärz erfolgreich, geriet aber nach 1848 in Vergessenheit und wurde erst 1890 wiederentdeckt, als Helgoland wieder in deutsche Hände überging.

Die bis heute überdauernde negative Rezeption fand ihren Anfang, als am 10. November 1914 der deutsche Sturmangriff bei Langemark mit dem Gesang *Deutschland, Deutschland über alles* begonnen haben soll (so behauptet Hitler in *Mein Kampf*). Im Dritten Reich wurde die Aussage des Deutschlandliedes dann vollends pervertiert und propagandistisch ausgeschlachtet. Da nur als erste Strophe in Verbindung mit dem unsäglichen Horst-Wessel-Lied gesungen, setzen es viele mit dem Nazi-Terror gleich; deshalb ist die erste Strophe bis in unsere Tage als Nationalhymne missverständlich:

„Deutschland, Deutschland über alles,
über alles in der Welt,
dass es stets zum Schutz und Trutze
brüderlich zusammenhält.
Von der Maas bis an die Memel,
von der Etsch bis an den Belt.
Deutschland, Deutschland über alles,
über alles in der Welt."

Hoffmann selbst verband mit dieser Strophe keine Expansionsgelüste; sein Text beschreibt die Grenzen des damaligen deutschen Sprachgebiets; er war als Appell gegen die Kleinstaaterei und als Aufruf für eine gefestigte Demokratie gedacht, ähnlich den Zeilen von Arndt aus dem Jahr 1813: „Ist's Preußenland? Ist's Schwabenland? / Ist's wo am Rhein die Rebe blüht? / Ist's wo am Belt die Möwe zieht?" Hoffmanns symbolische Grenzziehung kam nicht aus staatstheoretischen Büchern, sondern aus der deutschen Literatur, in der Hoffmann bis zu Walther von der Vogelweide zurückging, dessen Grenzen deutscher Sprache und Kultur er auch übernimmt.

Die zweite Strophe ist die schwächste, doch selbst sie wurde von den Nationalsozialisten noch propagandistisch ausgenutzt.

> „Deutsche Frauen, deutsche Treue,
> deutscher Wein und deutscher Sang,
> sollen in der Welt behalten
> ihren alten schönen Klang,
> uns zu edler Tat begeistern
> unser ganzes Leben lang –
> deutsche Frauen, deutsche Treue,
> deutscher Wein und deutscher Sang."

Hoffmann selbst sah die Strophe als einen Aufruf, die positiven Charakteristika hervorzuheben, die andere Länder zu seiner Zeit mit Deutschland verbanden. Da die zweite Strophe aber zu blass und der schöne Klang Deutschlands nach dem Zweiten Weltkrieg ziemlich verschwunden war, blieb damit nur die dritte Strophe übrig, wenn man denn am Deutschlandlied festhalten wollte.

> „Einigkeit und Recht und Freiheit
> für das deutsche Vaterland!
> Danach lasst uns alle streben,
> brüderlich mit Herz und Hand!
> Einigkeit und Recht und Freiheit
> sind des Glückes Unterpfand.
> Blüh' im Glanze dieses Glückes,
> blühe deutsches Vaterland!"

Bis dahin dauerte es aber eine Weile. Noch im August 1950 verordnete Bundespräsident Heuss, dass im Bundestag, bis eine Nationalhymne vorläge, das Lied *Ich hab' mich ergeben* gesungen werden solle. Das konnte sich aber genauso wenig durchsetzen wie eine von Rudolf Alexander Schröder verfasste und von Hermann Reuter vertonte Auftragshymne. Deshalb rief Bundeskanzler Adenauer bei einer Veranstaltung in Berlin am 18. April 1950 die Anwesenden auf, mit ihm zusammen die dritte Strophe des Deutschlandliedes zu singen.

Einige SPD-Politiker verließen darauf aus Protest den Saal. Die Spitzenpolitiker der Berliner SPD, Ernst Reuter, Louise Schröder und Otto Suhr, stellten sich jedoch auf die Seite Adenauers, sehr zum Ärger der anwesenden westalliierten Stadtkommandanten. Aber es dauerte noch zwei Jahre, bis die dritte Strophe des Deutschlandliedes durch einen Briefwechsel unspektakulär zur Nationalhymne erklärt wurde. Am 29. April 1952 schrieb Adenauer an den Bundespräsidenten:

„[...] Daher die erneute Bitte der Bundesregierung, das Hoffmann-Haydn'sche Lied als Nationalhymne anzuerkennen. Bei staatlichen Veranstaltungen soll die dritte Strophe gesungen werden."

Heuss antwortete am 2. Mai 1952:

„[...] Da ich kein Freund von pathetischen Dramatisierungen bin und mit mir selber im reinen bleiben will, muß ich nach meiner Natur auf eine „feierliche Proklamation" verzichten. Wenn ich also der Bitte der Bundesregierung nachkomme, so geschieht das in der Anerkennung des Tatbestandes. [...]"

Nach einem Briefwechsel zwischen dem damaligen Bundespräsidenten Richard von Weizsäcker und Bundeskanzler Helmut Kohl wurde diese Regel auch nach der Wiedervereinigung im Bundesgesetzblatt vom 19. November 1991 bestätigt: „Die dritte Strophe des Liedes mit der Melodie von Joseph Haydn ist die Nationalhymne für das deutsche Volk."

*Markus Schröder*

## Ein ergreifendes Denkmal

Der Tod des Erzbischofs Engelbert von Köln
Annette von Droste-Hülshoff
1842

Im Jahr 1225 ereignete sich einer der spannendsten Kriminalfälle des Mittelalters – der einflussreiche Erzbischof Engelbert von Köln wird, von einer Kirchweihe kommend, in einem Hohlweg im heutigen Gevelsberg bei Essen von seinem Neffen, dem Grafen Friedrich von Isenburg, überfallen und dabei, eher ohne Absicht, umgebracht. Es ging um Erbschaftsangelegenheiten. Diesem Vorfall widmete Annette von Droste-Hülshoff eine ihrer berühmtesten Balladen. Sie ist nach Art eines mittelalterlichen Triptychons, eines dreiteiligen Tafelbildes, gebaut. In der ersten, „linken" Tafel entwirft die Droste eine ihrer großartigen belebten Landschaftsschilderungen: Die Reitertruppe des Isenburgers reitet an einem herbstlichen Spätnachmittag über die schon dunstigen Wiesen des Ruhrtals, durchquert Fluss, Heide und Walddickicht, bis der Hinterhalt am Hohlweg von Gevelsberg erreicht ist.

I.
Der Anger dampft, es kocht die Ruhr,
Im scharfen Ost die Halme pfeifen,
Da trabt es sachte durch die Flur,
Da taucht es auf wie Nebelstreifen,
Da nieder rauscht es in den Fluß,
Und stemmend gen der Wellen Guß
Es fliegt der Bug, die Hufe greifen.
Ein Schnauben noch, ein Satz, und frei
Das Roß schwingt seine nassen Flanken,
Und wieder eins, und wieder zwei,
Bis fünfundzwanzig stehn wie Schranken:
Voran, voran durch Heid und Wald,
Und wo sich wüst das Dickicht ballt,
Da brechen knisternd sie die Ranken.
Am Eichenstamm, im Überwind,

Um einen Ast den Arm geschlungen,
Der Isenburger steht und sinnt
Und naget an Erinnerungen.
Ob er vernimmt, was durchs Gezweig
Ihm Rinkerad, der Ritter bleich,
Raunt leise wie mit Vogelzungen?
„Graf," flüstert es, „Graf, haltet dicht,
Mich dünkt, als wollt' es Euch betören;
Bei Christi Blute, laßt uns nicht
Heim wie gepeitschte Hunde kehren!
Wer hat gefesselt Eure Hand,
Den freien Stegreif Euch verrannt?"
Der lsenburg scheint nicht zu hören.
„Graf," flüstert es, „wer war der Mann,
Dem zu dem Kreuz die Rose paßte,
Wer machte Euren Schwäher dann
In seinem eignen Land zum Gaste?
Und, Graf, wer höhnte Euer Recht,
Wer stempelt' Euch zum Pfaffenknecht?
Der Isenburg biegt an dem Aste.
„Und wer, wer hat Euch zuerkannt,
Im härnen Sünderhemd zu stehen,
Die Schandekerz' in Eurer Hand,
Und alte Vetteln anzuflehen
Um Kyrie und Litanei?" -
Da krachend bricht der Ast entzwei
Und wirbelt in des Sturmes Wehen.
Spricht Isenburg: „Mein guter Fant,
Und meinst du denn, ich sei begraben?
O laß mich nur in meiner Hand –
Doch ruhig, still, ich höre traben!"
Sie stehen lauschend, vorgebeugt;
Durch das Gezweig der Helmbusch steigt
Und flattert drüber gleich dem Raben.

Ebenso meisterhaft wird dann die Situation ins Bild gesetzt, wie der zögernde und schwankende Isenburg – „und naget an Erinnerungen“ – von Rinkerad zum Entschluss gebracht wird. Der „bleiche Ritter“, der Verführer, der blasphemisch das Blut Christi anruft, hält dagegen: Er erinnert an die Demütigungen, die Isenburg von seinem Onkel hat hinnehmen müssen.

So wird die Vorgeschichte geliefert und zugleich dramaturgisch aufbereitet: Der Ast der Eiche, den Isenburg zunächst nachdenklich umschlungen hält, biegt sich unter dem Festerwerden des Entschlusses und bricht schließlich, als dieser steht, krachend entzwei.

Worin besteht dieser Entschluss, der mit „O, laß mich nur in meiner Hand“ eingeleitet wird, jedoch sofort abbricht? Die Dichterin gibt nicht vor zu wissen, was schon die mittelalterlichen Chronisten nicht wussten. Aber sie deutet an, dass eine Gefangennahme beabsichtigt ist, und das entspricht dem im 13. Jahrhundert üblichen Ziel einer Fehde zwischen adligen Herren, nämlich an die Freigabe des Gefangenen harte Bedingungen knüpfen zu können.

Isenburg erscheint also keineswegs als Bösewicht, sondern als einer, der, von Gewissensskrupeln erfasst, an seiner Ehre gepackt verführt wird, jedoch nicht den Rahmen seiner Standesethik überschreiten will. Das Drama von Gevelsberg ist seine Tragödie, nicht die Engelberts.

Der zweite Teil des Triptychons, das große Tafelbild, entwirft ein grandioses Gemälde der Waldwildnis, durch die der „mächtige Prälat gelassen“ reitet. Keiner Gefahr bewusst, träumt er seinen Traum vom Bau des neuen gotischen Domes zu Köln (zu dem erst sein übernächster Nachfolger, Konrad von Hochstaden, 1248 den Grundstein legen konnte). Dann der Überfall aus dem Hinterhalt, der ungleiche Kampf – eine großartige Historienszene der Droste – das erschreckende Erkennen des Anstifters Rinkerad, die mannhafte Verteidigung des Bischofs und schließlich seine Ermordung durch den „falschen Dolch“.

II.

Wie dämmerschaurig ist der Wald
An neblichten Novembertagen,
Wie wunderlich die Wildnis hallt
Von Astgestöhn und Windesklagen!
„Horch, Knabe, war das Waffenklang“ –
„Nein, gnäd’ger Herr’ ein Vogelsang,
Von Sturmesflügeln hergetragen.“ –
Fort trabt der mächtige Prälat,
Der kühne Erzbischof von Köllen,
Er, den der Kaiser sich zum Rat
Und Reichsverweser mochte stellen,
Die ehrne Hand der Klerisei, –
Zwei Edelknaben, Reis’ger zwei,
Und noch drei Äbte als Gesellen.
Gelassen trabt er fort, im Traum
Von eines Wunderdomes Schöne,
Auf seines Rosses Hals den Zaum,
Er streicht ihm sanft die dichte Mähne,
Die Windesodem senkt und schwellt; –
Es schaudert, wenn ein Tropfen fällt
Von Ast und Laub, des Nebels Träne.
Schon schwindelnd steigt das Kirchenschiff,
Schon bilden sich die krausen Zacken –
Da, horch, ein Pfiff und hui, ein Griff,
in Helmbusch hier, ein Arm im Nacken!
Wie Schwarzwildrudel bricht’s heran,
Die Äbte fliehn wie Spreu, und dann
Mit Reisigen sich Reis’ gepacken.
Ha, schnöder Strauß! zwei gegen zehn
Doch hat der Fürst sich losgerungen,
Er peitscht sein Tier und mit Gestöhn
Hat's übern Hohlweg sich geschwungen;
Die Gerte pfeift – „Weh, Rinkerad“ –
Vom Rosse gleitet der Prälat
Und ist ins Dickicht dann gedrungen.

„Hussah, hussah, erschlagt den Hund,
Den stolzen Hund“ und eine Meute
Fährt's in den Wald, es schließt ein Rund,
Dann vor- und rückwärts und zur Seite;
Die Zweige krachen – ha, es naht –
Am Buchenstamm steht der Prälat
Wie ein gestellter Eber heute.
Er blickt verzweifelnd auf sein Schwert,
Er löst die kurze breite Klinge,
Dann prüfend untern Mantel fährt
Die Linke nach dem Panzerringe;
Und nun wohlan, er ist bereit,
Ja männlich focht der Priester heut,
Sein Streich war eine Flammenschwinge.
Das schwirrt und klingelt durch den Wald,
Die Blätter stauben von den Eichen
Und über Arm und Schädel bald
Blutrote Rinnen tröpfeln, schleichen;
Entwaffnet der Prälat noch ringt,
Der starke Mann, da zischend dringt
Ein falscher Dolch ihm in die Weichen.
Ruft Isenburg: „Es ist genug,
Es ist zuviel!“ und greift die Zügel;
Noch sah er, wie ein Knecht ihn schlug,
Und riß den Wicht am Haar vom Bügel.
„Es ist zuviel, hinweg, geschwind!“
Fort sind sie, und ein Wirbelwind
Fegt ihnen nach wie Eulenflügel. –
Des Sturmes Odem ist verrauscht,
Die Tropfen glänzen an dem Laube,
Und über Blutes Lachen lauscht
Aus hohlem Loch des Spechtes Haube;
Was knistert nieder von der Höh'
Und schleppt sich wie ein krankes Reh?
Ach armer Knabe, wunde Taube!
„Mein gnädiger, mein lieber Herr,

So mußten dich die Mörder packen?
Mein frommer, O mein heiliger!“
Das Tüchlein zerrt er sich vom Nacken,
Er drückt es auf die Wunde dort
Und hier und drüben, immerfort,
Ach, Wund’ um Wund ’und blut’ge Zacken!
„Ho, holla ho!“ – dann beugt er sich
Und späht, ob noch der Odem rege;
War’s nicht, als wenn ein Seufzer schlich,
Als wenn ein Finger sich bewege? –
„Ho, holla ho!“ – „Hallo, hoho“
Schallt’s wiederum, des war er froh:
„’s sind unsre Reuter allewege!“ –

Das dritte Bild des Triptychons schließlich bringt, aufs äußerste in nur drei Strophen zusammengepresst und zu Herzen gehend, den Epilog des Dramas. Ein radikaler Szenenwechsel; hier wird kein tatsächliches Geschehen nachgezeichnet; vielmehr wird zeitlich und räumlich Auseinanderliegendes in einem symbolbeladenen Bild vereint.

III.
Zu Köln am Rheine kniet ein Weib
Am Rabensteine unterm Rade,
Und überm Rade liegt ein Leib,
An dem sich weiden Kräh’ und Made;
Zerbrochen ist sein Wappenschild,
Mit Trümmern seine Burg gefüllt,
Die Seele steht bei Gottes Gnade.
Den Leib des Fürsten hüllt der Rauch
Von Ampeln und von Weihrauchschwaden
Um seinen qualmt der Moderhauch
Und Hagel peitscht der Rippen Höhlen;
Im Dome steigt ein Trauerchor,
Und ein Tedeum stieg empor
Bei seiner Qual aus tausend Kehlen.
Und wenn das Rad der Bürger sieht,
Dann läßt er rasch sein Rößlein traben,

Doch eine bleiche Frau, die kniet
Und scheucht mit ihrem Tuch die Raben:
Um sie mied er die Schlinge nicht,
Er war ihr Held, er war ihr Licht –
Und ach, der Vater ihrer Knaben!

Friedrich von Isenburg – ein Reichsfürst – ist als gemeiner Mörder lebendig aufs Rad geflochten worden, in der wohl grausamsten Hinrichtungsart des Mittelalters. Damit ist sein „Wappenschild zerbrochen“, seine Ehre wie seine Burg zerstört; der Sarg Engelberts dagegen ist im Dom aufgebahrt. Die Droste arbeitet hier mit den grellsten Farben; sie kontrastiert Dom und Richtstätte, die lebendige Frau und den verwesenden Leichnam ihres Mannes, Weihrauch und Moderhauch, Trauerchor für Engelbert und Tedeum für die Bestrafung Friedrichs.

Annette versetzt sich in die Lage der Gräfin und greift, um ihr Mitleid auszudrücken, zum Symbol: Die Gräfin am Rabenstein ist ja kein historisches Faktum (wenn es auch eine Überlieferung gab, nach der Friedrichs Mutter unter dem Rad gekniet habe). Zugleich liefert sie das treibende Motiv für Isenburgs Verhalten: Um seiner und der Ehre seiner Frau willen trat er in die Schlinge des Komplotts, das Rinkerad ausgeheckt und das nun auch sie und ihre Söhne des Mannes, des Vaters und des Erbes beraubt und sie ins Elend gestürzt hat.

Ob die tiefreligiöse, jedoch unpolitische Dichterin ihre Ballade zugleich als Parabel für das zeitgenössische Geschehen verstand, muss hypothetisch bleiben. Denn 1837 war wieder ein Kölner Erzbischof Opfer eines weltlichen Übergriffes geworden. Wesentlich für das Verständnis der Ballade ist eine solche Vermutung nicht. Denn das Gedicht lebt nicht von solchen zeitgeschichtlichen Bezügen, sondern von seinem zeitlosen künstlerischen Rang. Es ist das ergreifendste Denkmal, das dem Ereignis von 1225 gewidmet worden ist.

*Friedrich Kirchhoff*

## Proletarier aller Länder …

Das Manifest der Kommunistischen Partei
Karl Marx und Friedrich Engels
1848

Karl Marx schrieb dieses Manifest als armer Exilant in Brüssel. Es wurde eines der folgenreichsten jemals in deutscher Sprache verfassten Dokumente aller Zeiten.

Der Autor war damals noch nicht dreißig Jahre alt. Geboren und aufgewachsen in Trier, mit 23 Jahren in Berlin promoviert und mangels Aussicht auf eine akademische Karriere Journalist und Chefredakteur der *Rheinischen Zeitung* in Köln geworden, war Marx nach deren Verbot über Paris nach Brüssel gekommen, in die Stadt, wo in Zusammenarbeit mit Friedrich Engels dann das Manifest der Kommunistischen Partei entstand. Den Anstoß dazu gab ein Kongress des Londoner „Bundes der Kommunisten". Diesem hatten sich Marx und Engels Mitte der 40er Jahre angeschlossen. Auf dem Kongress hatte Marx über seine Theorie des Kapitals und über die Entfremdung des Proletariats vorgetragen; man war von seinen Thesen beeindruckt gewesen und hatte ihn gebeten, die Grundsätze eines kommunistischen Parteiprogramms doch bitte einmal in Schriftform festzuhalten.

Was dabei herauskam – das Kommunistische Manifest – ist eines der sprachgewaltigsten Parteiprogramme aller Zeiten, turmhoch über dem politisch korrekten Bürokratendeutsch, mit dem moderne Parteien heutzutage ihre Wähler beglücken zu müssen glauben.

„Ein Gespenst geht um in Europa",

beginnt das Manifest,

> „das Gespenst des Kommunismus. Alle Mächte des alten Europa haben sich zu einer heiligen Hetzjagd gegen dies Gespenst verbündet, der Papst und der Zar, Metternich und Guizot, französische Radikale und deutsche Polizisten. ... Es ist hohe Zeit, daß die Kommunisten ih-

re Anschauungsweise, ihre Zwecke, ihre Tendenzen vor der ganzen Welt offen darlegen und dem Märchen vom Gespenst des Kommunismus ein Manifest der Partei selbst entgegenstellen. Zu diesem Zweck haben sich Kommunisten der verschiedensten Nationalität in London versammelt und das folgende Manifest entworfen. ...“

Zum Vergleich die ersten Sätze des Grundsatzprogramms der heutigen SPD: „Wir Sozialdemokraten, Frauen und Männer, kämpfen für eine friedliche Welt und eine lebensfähige Natur, für eine menschenwürdige, sozial gerechte Gesellschaft. Wir wollen Bewahrenswertes erhalten, lebensbedrohende Risiken abwenden und Mut machen, Fortschritt zu erstreiten.“

Marx und Engels schreiben anders. Sie packen den Leser, sie schläfern ihn nicht ein. Als erstes erklären sie die Menschheitsgeschichte als eine Abfolge von Klassenkämpfen:

> „Die Geschichte aller bisherigen Gesellschaft ist die Geschichte von Klassenkämpfen. Freier und Sklave, Patrizier und Plebejer, Baron und Leibeigener, Zunftbürger und Gesell, kurz, Unterdrücker und Unterdrückte standen in stetem Gegensatz zueinander, führten einen ununterbrochenen, bald versteckten, bald offenen Kampf, einen Kampf, der jedesmal mit einer revolutionären Umgestaltung der ganzen Gesellschaft endete oder mit dem gemeinsamen Untergang der kämpfenden Klassen. [...]
>
> Die aus dem Untergang der feudalen Gesellschaft hervorgegangene moderne bürgerliche Gesellschaft hat die Klassengegensätze nicht aufgehoben. Sie hat nur neue Klassen, neue Bedingungen der Unterdrückung, neue Gestaltungen des Kampfes an die Stelle der alten gesetzt.
>
> Unsere Epoche, die Epoche der Bourgeoisie, zeichnet sich jedoch dadurch aus, daß sie die Klassengegensätze vereinfacht hat. Die ganze Gesellschaft spaltet sich mehr und mehr in zwei große feindliche Lager, in zwei

große, einander direkt gegenüberstehende Klassen: Bourgeoisie und Proletariat."

Spaltung, Lager, Unterdrücker und Unterdrückte: Diese Sprache spitzt die Diskussion rhetorisch meisterhaft auf den großen Endkampf zwischen Kapital und Arbeit zu:

> „Die Bourgeoisie, wo sie zur Herrschaft gekommen, hat alle feudalen, patriarchalischen, idyllischen Verhältnisse zerstört. Sie hat die buntscheckigen Feudalbande, die den Menschen an seinen natürlichen Vorgesetzten knüpften, unbarmherzig zerrissen und kein anderes Band zwischen Mensch und Mensch übriggelassen als das nackte Interesse, als die gefühllose ‚bare Zahlung'. Sie hat die heiligen Schauer der frommen Schwärmerei, der ritterlichen Begeisterung, der spießbürgerlichen Wehmut in dem eiskalten Wasser egoistischer Berechnung ertränkt. Sie hat die persönliche Würde in den Tauschwert aufgelöst und an die Stelle der zahllosen verbrieften und wohlerworbenen Freiheiten die eine gewissenlose Handelsfreiheit gesetzt. Sie hat, mit einem Wort, an die Stelle der mit religiösen und politischen Illusionen verhüllten Ausbeutung die offene, unverschämte, direkte, dürre Ausbeutung gesetzt."

Nicht aus bösem Willen, wie Marx und Engels zugeben, sondern weil die Logik des Wirtschaftens den Menschen von seiner Arbeit geradezu entfremden *muss*. Denn nur so ist der gewaltige wirtschaftliche Fortschritt möglich, die „industrielle Revolution", die, als Marx und Engels diese Zeilen schrieben, die Welt des 19. Jahrhunderts in ihren Grundfesten erschütterte. Aber in diesen Erfolg ist der Untergang schon eingebaut:

> „Die bürgerlichen Produktions- und Verkehrsverhältnisse, die bürgerlichen Eigentumsverhältnisse, die moderne bürgerliche Gesellschaft, die so gewaltige Produktions- und Verkehrsmittel hervorgezaubert hat, gleicht dem Hexenmeister, der die unterirdischen Ge-

> walten nicht mehr zu beherrschen vermag, die er heraufbeschwor."

Denn

> „die Bourgeoisie hat nicht nur die Waffen geschmiedet, die ihr den Tod bringen; sie hat auch die Männer gezeugt, die diese Waffen führen werden – die modernen Arbeiter, die Proletarier. [...] Mit der Entwicklung der großen Industrie wird also unter den Füßen der Bourgeoisie die Grundlage selbst hinweggezogen, worauf sie produziert und die Produkte sich aneignet. Sie produziert vor allem ihre eigenen Totengräber."

Nach diesem Höhepunkt fällt der Rest des Manifestes etwas ab. Es folgt eine eher langweilige Beschreibung der Rolle der Kommunisten in diesem Spiel, dann eine aus modernen Studentenzirkeln bekannte Abrechnung mit Abweichlern von der reinen Lehre, die in ihrer Sprachkraft die Bourgeoisiekritik des ersten Teils nicht erreicht. Aber am Schluss gewinnen Marx und Engels nochmals große Form:

> „Die Kommunisten verschmähen es, ihre Ansichten und Absichten zu verheimlichen. Sie erklären es offen, daß ihre Zwecke nur erreicht werden können durch den gewaltsamen Umsturz aller bisherigen Gesellschaftsordnung. Mögen die herrschenden Klassen vor einer kommunistischen Revolution zittern. Die Proletarier haben nichts in ihr zu verlieren als ihre Ketten. Sie haben eine Welt zu gewinnen. Proletarier aller Länder, vereinigt euch!"

So endet das Kommunistische Manifest – mit einem Paukenschlag.

Dieser Paukenschlag hat die Menschen weltweit aufgeweckt, wenn auch nicht zum Denken angeregt. Denn inhaltlich ist fast alles falsch, was das Manifest an Analysen anbietet, und wo es befolgt wurde, hat es eher Unglück in die Welt gebracht; hunderte von Millionen Menschen haben durch den

Terror und die Misswirtschaft von Kommunisten ihren Lebensunterhalt und oft genug das Leben selber eingebüßt.

Auch die Marx'schen Prognosen sind nicht eingetroffen. Den Kapitalismus gibt es immer noch, und der durch vernünftige Regeln gezähmte Eigennutz ist heute als Motor des Wohlstands weltweit anerkannt. Den Kampf der Ideen haben Marx und Engels gegen die „unsichtbare Hand“ von Adam Smith verloren.

Es ist die Form, nicht der Inhalt, die diesen Text so wirkmächtig hat werden lassen. Selbst Übersetzungen konnten seine rhetorische Wucht kaum schmälern. Hätten Marx und Engels wie heutige Politiker geschrieben (Proletarier und Proletarierinnen aller Länder, vereinigt euch!), hätte es die Oktoberrevolution vermutlich nie gegeben. Ein besseres Beispiel für die Macht der Sprache gibt es nicht.

*Walter Krämer*

## Das Gesamtkunstwerk

Lohengrin
Richard Wagner
1850 (Uraufführung in Weimar)

Es ist vielleicht ungewöhnlich, in einer Sammlung von Edelsteinen deutscher Sprache eine Wagneroper zu finden. Richard Wagners *Lohengrin* gehört zu den unbestrittenen Sternstunden der Musikgeschichte. Niemand zweifelt die musikalische Größe Wagners an, er hat die Opernkomposition revolutioniert und zu einem nie wieder erreichten Höhepunkt geführt. Doch selbst treue Anhänger bringen es fertig, für Wagners Musik zu schwärmen und sich gleichzeitig hämisch abwertend über seine Texte zu äußern.

Richard Wagner wurde 1813 in Leipzig geboren, er starb 1883 in Venedig. Er war Musikdirektor in Bad Lauchstädt, Magdeburg und Königsberg. Nach abenteuerlichen Aufenthalten in London und Paris hatte er 1843 in Dresden seinen ersten großen Erfolg mit der Oper *Rienzi*. In Dresden konnte er auch andere eigene Opern wie den *Tannhäuser* erfolgreich aufführen. Zürich, Wien und Venedig waren weitere Stationen, die mit weiteren großen Kompositionen verbunden waren. 1864 holte ihn König Ludwig II. nach Bayern, wo er mit Unterbrechungen und Krisen seine größten Erfolge feiern konnte. Wagner schrieb all seine Texte selbst, als Grundlage dienten ihm meist deutsche und germanische Sagen, mit denen er in aller Regel recht frei umging.

Es ist schon so, dass man große Teile seiner sehr umfangreichen Libretti nicht unbedingt schön finden muss. Den vierteiligen großen Ring zum Beispiel dichtete Wagner in Stabreimen. Diese haben eben ihre Liebhaber und ihre Gegner. Seine lautmalerischen Anteile – wie zum Beispiel „Wallalaweia“ – wirken außerhalb der jeweiligen Kontexte befremdlich oder gar lächerlich. Es ist aber auch so, dass man diese Texte in ihrer vorgesehenen Umgebung sehr wohl als sprachliche Kunstwerke genießen kann. Wer Wagners Opernsprache im

Zusammenhang von Musik und Bühnenbild zu erleben in der Lage ist, wird sie großartig finden.

Überhaupt liegt im Gesamtkontext Wagners Größe. Alles gehört zusammen, alles passt zusammen. Sprache, Musik und Bühnenbild, alle Elemente bilden ein Gesamtkunstwerk. Alles ist aufeinander abgestimmt. Die Musik folgt dem Wortinhalt exakt, auch kleinere Nuancen und Schwankungen werden zeitgetreu von den Noten begleitet. Gehen in einem Dialog die Gefühle der beiden Sprecher auseinander, zeigen sie sich gar unsicher und wechselnd, niemals weicht ein Ton von den sich überlagernden Inhalten ab. Alles passt wirklich perfekt zusammen.

Wagner wollte nichts dem Zufall überlassen. Seine Regieanweisungen sind umfangreich und penibel. Er hatte genaue Vorstellungen davon, ob und wann das Publikum Beifall spenden sollte. Beim *Parzival* zum Beispiel erhoffte er sich sogar Beifallsenthaltsamkeit. Soweit der Komponist das beeinflussen konnte, wurden auch das Opernhaus, dessen Umgebung und das Publikumsverhalten nach Aufführungsende in die Konzeption des Gesamtkunstwerkes einbezogen. Bayreuth zeigt jedes Jahr tausenden faszinierten Besuchern aus aller Welt, dass Wagner diesen Traum schließlich weitgehend verwirklichen konnte.

Das Libretto ist also nur ein Bestandteil des Wagnerischen Gesamtkunstwerkes. Für den hier vorgestellten *Lohengrin* ist der Zugang von der sprachlichen Seite dabei recht leicht, der Zuschauer wird nicht überfordert. Wagner verwendet zeitübliche Endreime und verzichtet auf größere Experimente. Er zeigt, dass er das dichterische Handwerk seiner Zeit beherrscht.

Zum Inhalt: Der deutsche König Heinrich I. kommt in der ersten Hälfte des 10. Jahrhunderts nach Antwerpen, um Truppen für den Kampf gegen die bedrohlichen Ungarn zu gewinnen. Er gerät in eine Auseinandersetzung zwischen Elsa von Brabant und Friedrich von Telramund um die Herrschaft im Brabant. Elsa ist von Friedrich des Mordes an ihrem Bruder angeklagt. Sie verweigert jede Verteidigung, es kommt zum Gottesurteil. Friedrich soll gegen einen Kämpfer ihrer Wahl antreten. Sie benennt einen unbekannten Ritter, von dem sie vorher geträumt hatte. Dieser erscheint tatsächlich in einem großartigen Auftritt: In einem Nachen stehend wird er von einem Schwan über den See gezogen. Er will für Elsa kämpfen, sofern sie ihn nie nach seinem Namen fragt, was diese zusagt. Der Ritter gewinnt natürlich den Kampf, er heiratet Elsa. Diese war inzwischen massiven Beeinflussungen ausgesetzt, so dass sie erwartungsgemäß die verbotene Frage stellt. Der Unbekannte beendet daraufhin die vielversprechende Verbindung und gibt sich vor Volk und König als Lohengrin bekannt. Seine Aufgabe sei es, gegen das Böse zu kämpfen, was aber nur so lange erfolgreich sei, wie er seinen Namen nicht nennen müsse. Nachdem er den ermordet geglaubten Bruder Elsas lebend präsentiert, entschwindet er über den See.

Die Ankunft Lohengrins gehört nicht nur zu den Höhepunkten dieser Oper, sondern ist eine ganz große Sternstunde des Musiktheaters:

„Lohengrin: Nun sei bedankt, mein lieber Schwan!
Zieh durch die weite Flut zurück,
dahin, woher mich trug dein Kahn,
kehr wieder nur zu unserem Glück!
Drum sei getreu dein Dienst getan!
Leb wohl! Leb wohl, mein lieber Schwan!

Männer und Frauen: Wie faßt uns selig süßes Grauen,
welch holde Macht hält uns gebannt!

Lohengrin (verneigt sich vor dem König):
Heil, König Heinrich! Segensvoll
mög Gott bei deinem Schwerte stehn!
Ruhmreich und groß dein Name soll
von dieser Erde nie vergehn!

König: Hab Dank! Erkenn ich recht die Macht,
die dich in dieses Land gebracht,
so nahst du uns von Gott gesandt?

Lohengrin: Zum Kampf für eine Magd zu stehn,
der schwere Klage angetan,
bin ich gesandt. Nun laß mich sehn,
ob ich zu Recht sie treffe an! –
(zu Elsa)
So sprich denn, Elsa von Brabant:
Wenn ich zum Streiter dir ernannt,
willst du wohl ohne Bang und Graun
dich meinem Schutze anvertraun?

Elsa: Mein Held, mein Retter! Nimm mich hin!
Dir geb ich alles, was ich bin.

Lohengrin: Wenn ich im Kampfe für dich siege,
willst du, daß ich dein Gatte sei?

Elsa: Wie ich zu deinen Füße liege,
geb ich dir Leib und Seele frei.

Lohengrin: Elsa, soll ich dein Gatte heißen,
soll Land und Leut ich schirmen dir –
soll nichts mich wieder von dir reißen,
mußt Eines du geloben mir: –
Nie sollst du mich befragen,
noch Wissens Sorge tragen,
woher ich kam der Fahrt,
noch wie mein Nam und Art!

Elsa: Nie, Herr, soll mir die Frage kommen!"

Immerhin zwei Redewendungen gingen aus diesem kurzen Textausschnitt in die deutsche Umgangssprache ein. „Mein lieber Schwan" wird im Alltag eher salopp sowohl als Ausruf des Erstaunens als auch als leichte Drohung verwendet. „Nie sollst du mich befragen" dagegen findet einerseits bei einer gewissen Ratlosigkeit als auch als Umschreibung dafür Verwendung, dass man über eine bestimmte Angelegenheit keine Auskunft geben möchte. Ohne die großartige und wunderbare Musik, das sei gerne zugegeben, wären die beiden Redewendungen wahrscheinlich nicht unsterblich geworden. Aber

Wagner wollte ja auch nie ein reiner Dichter sein, er wollte das Gesamtkunstwerk schaffen.

Nachdem Elsa dann doch die verbotene Frage gestellt hat, sieht sich der Titelheld zu einem großartigen Bekenntnis genötigt:

„Lohengrin: In fernem Land, unnahbar euren Schritten,
liegt eine Burg, die Monsalvat genannt;
ein lichter Tempel stehet dort inmitten,
so kostbar, als auf Erden nichts bekannt;
drin ein Gefäß von wundertät'gem Segen
wird dort als höchstes Heiligtum bewacht:
es ward, daß sein der Menschen reinste pflegen,
herab von einer Engelschar gebracht;
alljährlich naht vom Himmel eine Taube,
um neu zu stärken seine Wunderkraft:
Es heißt der Gral, und selig reinster Glaube
erteilt durch ihn sich seiner Ritterschaft.
Wer nun dem Gral zu dienen ist erkoren,
den rüstet er mit überirdischer Macht –
an dem ist jedes Bösen Trug verloren,
wenn ihn er sieht, weicht dem des Todes Nacht.
Selbst wer von ihm in ferne Land entsendet,
zum Streiter für der Tugend Recht ernannt,
dem wird nicht seine heilge Kraft entwendet,
bleibt als sein Ritter dort er unerkannt:
So hehrer Art doch ist des Grales Segen,
enthüllt muß er des Laien Auge fliehn: –
des Ritters drum sollt Zweifel ihr nicht hegen,
erkennt ihr ihn – dann muß er von euch ziehn. –
Nun hört, wie ich verbotner Frage lohne: –
Vom Gral ward ich zu euch daher gesandt:
Mein Vater Parzival trägt seine Krone –
sein Ritter ich – bin Lohengrin genannt."

Selten wurden die zentralen Elemente der Gralssage so dicht zusammengefasst. Zeitgemäße Überschwänglichkeiten sind natürlich inbegriffen.

Die deutsche Sprache hatte mit dem *Lohengrin* ja keineswegs ihren ersten großen Auftritt auf der Opernbühne. Neben Mozarts *Zauberflöte* müssten hier zahlreiche Werke wie Webers Freischütz genannt werden. Doch Wagner gelang es, die deutsche Sprache eng verbunden mit seiner wunderbaren Musik dauerhaft und unbestritten auf die Bühne zu bringen. Der *Lohengrin* wird weltweit sehr oft gespielt. Er ist großartig schön und dabei spielbar. Im Gegensatz zu Wagners *Ring* verschlingt eine Inszenierung nicht den Jahresetat eines großen Hauses. Daher können die Menschen auf allen bewohnten Kontinenten, nicht nur in den großen Metropolen, dieses Musikereignis immer wieder erleben. Die großen berühmten Tenöre sahen in der Rolle ebenso eine Herausforderung wie die hoffungsfrohen Jungtenöre jeder größeren Provinzbühne. Es ist die Erfolgsgeschichte des Theaters für alle Sinne. Klang, Sprache und Bild verbinden sich erlebbar zu einer überirdischen Einheit. Und kaum ein ernsthaftes Opernhaus dieser Welt wagt es daher, diese Oper anders als in ihrer Originalsprache aufzuführen. Lohengrins Frage und Elsas Versprechen erklingen weltweit so, wie Wagner sie ersann.

*Reiner Pogarell*

## Ein genialer Querkopf

Aphorismen zur Lebensweisheit
Arthur Schopenhauer
1851

Schopenhauers Lebensgeschichte ist rasch erzählt: 1788 in Danzig geboren, aus gehoben bürgerlicher Familie. Nach der Übernahme Danzigs durch Preußen mit der Familie in die noch freie Hansestadt Hamburg umgezogen. Ab 1799 Bildungsreisen durch Europa, 1805 auf Wunsch des Vaters Kaufmannslehre, nach dessen Tod Besuch des Gymnasiums in Gotha und Weimar, danach Philosophiestudium an der Universität Göttingen, ab 1811 in Berlin, 1814 Promotion mit der Schrift: *Über die vierfache Wurzel des Satzes vom Grunde*, 1816-1818 erste Fassung des Hauptwerkes *Die Welt als Wille und Vorstellung*, ab 1820 Dozent an der Berliner Universität, 1832 Übersiedlung in seinen endgültigen Wohnsitz Frankfurt am Main, 1844 zweiter Teil von *Die Welt als Wille und Vorstellung*, 1851 *Parerga und Paralipómena* (Nebenarbeiten und Liegengebliebenes), darin *Aphorismen zur Lebensweisheit*, ab 1850 zunehmend berühmt, 1860 Tod.

Die Aphorismen zur Lebensweisheit sind also Teil von Schopenhauers Spätwerk, die Summe seiner Lebenserfahrung. Viele dieser Ansichten sind auch heute noch geeignet, uns Anregungen zur Zufriedenheit, vielleicht sogar zum Glück, zu geben. „Ich nehme den Begriff der Lebensweisheit hier gänzlich im immanenten Sinne, nämlich in dem der Kunst, das Leben möglichst angenehm und glücklich durchzuführen", schreibt Schopenhauer in der Einleitung; ihm schwebte so etwas wie eine „Anweisung zu einem glücklichen Dasein" vor, „welches, rein objektiv betrachtet, oder … bei kalter und reiflicher Überlegung, dem Nichtsein entschieden vorzuziehen wäre."

In der „Grundeinteilung" weitet er diese These aus:

> „Aristoteles hat […] die Güter des menschlichen Lebens in drei Klassen geteilt, die Äußeren, die der Seele und

die des Leibes. Hiervon nun nichts als die Dreizahl beibehaltend sage ich, daß was den Unterschied im Lose der Sterblichen begründet, sich auf drei Grundbestimmungen zurückführen läßt. Sie sind: 1. Was einer ist: also die Persönlichkeit, im weitesten Sinne. Sonach ist hierunter Gesundheit, Kraft, Schönheit, Temperament, moralischer Charakter, Intelligenz und Ausbildung derselben begriffen. – 2. Was einer hat: also Eigentum und Besitz in jeglichem Sinne. – 3. Was einer vorstellt: unter diesem Ausdruck wird [...] verstanden, was er in der Vorstellung anderer ist, also eigentlich wie er von ihnen vorgestellt wird. Es besteht demnach in ihrer Meinung von ihm und zerfällt in Ehre, Rang und Ruhm.

Die unter der ersten Rubrik zu betrachtenden Unterschiede sind solche, welche die Natur selbst zwischen Menschen gesetzt hat; woraus sich schon abnehmen läßt, daß der Einfluß derselben auf ihr Glück oder Unglück viel wesentlicher [...] sein werde, als was aus bloß menschlichen Bestimmungen hervorgehe [...] Zu den echten persönlichen Vorzügen, dem großen Geiste oder dem großen Herzen verhalten sich alle Vorzüge des Ranges, der Geburt, [...] des Reichtums u. dgl. wie die Theaterkönige zu den wirklichen.

Zusammengefaßt also: Mehr sein als scheinen! Was einer heutzutage weitverbreiteten Ansicht diametral entgegensteht. Was einer für sich selbst ist, was ihn in die Einsamkeit begleiten und was keiner ihm geben oder nehmen kann, ist [...] für ihn wesentlicher als alles, was er besitzen [...] mag."

Im Abschnitt „Von dem was einer ist" geht Schopenhauer in die Einzelheiten:

„Was nun aber [...] uns am unmittelbarsten beglückt, ist die Heiterkeit des Sinnes: denn diese gute Eigenschaft belohnt augenblicklich sich selbst. Wer eben fröhlich ist, hat allemal Ursache es zu sein: nämlich eben diese, daß er es ist [...] Nun ist gewiß, daß zur Heiterkeit nichts weniger beiträgt als Reichtum und nichts mehr als Gesundheit.

Das Beste und Meiste muß daher jeder für sich selber sein und leisten. Je mehr einer dieses nun ist, und je mehr demzufolge er die Quellen seiner Genüsse in sich selber findet, desto glücklicher wird er sein."

Eine weitere, noch genauere Bestimmung des geglückten Lebens – ältere Übersetzungen verwenden hier den Begriff *Glückseligkeit* und setzen davon den des *Glücks* als des weniger Umfassenden und Unvollkommeneren ab – zielt auf Muße:

„Ein [...] innerlich Reicher bedarf von außen nichts weiter, als eines negativen Geschenks, nämlich freier Muße," er bedarf „[...] nur der Erlaubnis, sein ganzes Leben hindurch [...] ganz er selbst sein zu dürfen."

In Bezug auf die Güter, die ein Mensch *hat*, stellt Schopenhauer dann fest: „Richtig [...] hat [...] Epikuros die menschlichen Bedürfnisse in drei Klassen eingeteilt: <a> die natürlichen und die notwendigen, [...] welche, wenn nicht befriedigt, Schmerz verursachen. <b> die natürlichen, jedoch nicht notwendigen [...] <c> die weder natürlichen noch notwendigen: es sind die des Luxus, der Üppigkeit, des Prunkes und des Glanzes; sie sind endlos und ihre Befriedigung ist sehr schwer." Denn die „Grenze unserer vernünftigen Wünsche hinsichtlich des Besitzes zu bestimmen ist schwierig, wenn nicht unmöglich. Denn die Zufriedenheit eines jeden in dieser Hinsicht beruht [...] auf einer bloß relativen Größe, nämlich auf dem Verhältnis zwischen seinen Ansprüchen und seinem Besitz."

In dem Abschnitt „Von dem, was einer vorstellt" wendet sich Schopenhauer dann den allgemeinen zwischenmenschlichen Beziehungen zu, die er als Zutaten für ein glückliches Leben für weit überbewertet hält:

„Unser Dasein in der Meinung anderer, wird, infolge einer besonderen Schwäche der menschlichen Natur, durchgängig viel zu hoch angeschlagen; obgleich schon die leichteste Besinnung lehren könnte, daß es an sich selbst für unser Glück unwesentlich ist."

Jedoch sind für ein einigermaßen gedeihliches menschliches Zusammenleben auch hier einige Grundeinstellungen erforderlich. Diese werden neben einigen anderen vor allem durch die Einstellung der „Ehre" geregelt. Dabei sind verschiedene Vorsichtsregeln zu beachteten:

„Aus den verschiedenen Beziehungen, in denen der Mensch zu anderen stehen kann und in Hinsicht auf welche sie Zutrauen zu ihm, also eine gewisse gute Meinung von ihm [...] hegen [...], entstehen mehrere Arten der Ehre. Diese Beziehungen sind hauptsächlich das Mein und Dein, sodann die Leistungen des Anheischigen, endlich das Sexualverhältnis: ihnen entsprechen die bürgerliche Ehre, die Amtsehre und die Sexuallehre, jede von welchen noch wieder Unterarten hat."

Aber letzten Endes, so stellt Schopenhauer am Schluss resignierend fest, hängt doch unser Schicksal überwiegend vom Zufall ab:

„Drei Weltmächte gibt es, sagt sehr treffend, ein Alter: Klugheit, Stärke und Glück. Ich glaube, daß die zuletzt genannte am meisten vermag. Das Schicksal [...] fortuna, spielt die Rolle des Windes, indem sie uns [...] fördert, oder [...] zurückwirft; wogegen unser eigenes Mühen und Treiben wenig vermag.

Das Schicksal mischt die Karten und wir spielen [...] Es ist im Leben wie im Schachspiel: wir entwerfen einen Plan: dieser bleibt jedoch bedingt durch das, was im Schachspiel der Gegner, im Leben das Schicksal zu tun belieben wird."

*Harald Holz*

## Heiligtum der Sprache

Das Deutsche Wörterbuch
Jacob und Wilhelm Grimm
1854-1960

Im Jahr 1837 bekamen die Grimm-Brüder den Auftrag der Weidmannschen Buchhandlung, „ein neues, groszes wörterbuch der deutschen sprache abzufassen“ (aus dem Vorwort von Jacob Grimm, Spalte I). 1838 begannen die Vorarbeiten, 1852 erschien die erste Lieferung. Es sollte der Beginn eines Jahrhundertwerkes sein.

Jacob und Wilhelm Grimm haben dieses Opus lediglich ganz bescheiden begonnen, aber in seiner Struktur nachdrücklich geprägt. Viele Forscherleben stecken inzwischen in diesem Projekt. 1908 übernahm die Preußische Akademie der Wissenschaft die Arbeit, seit 1946 hat die Deutsche Akademie der Wissenschaften die Leitung übernommen. 1960 erschien der vorläufig letzte Band. In der nachfolgend vorgestellten Ausgabe unfasst das Wörterbuch einschließlich Quellenverzeichnis, von DTV im Jahre 1984 gedruckt, 33 umfangreiche Bände:

> „Was ist eines wörterbuches zweck? Nach seiner umfassenden allgemeinheit kann ihm nur ein groszes, weites ziel gesteckt sein. Es soll ein heiligthum der sprache gründen, ihren ganzen schatz bewahren, allen zu ihm den eingang offen halten.“ (ebenda Spalte XIV). [...] „Wer mag berechnen, welchen nutzen das wörterbuch dadurch stiftet, dasz es unvermerkt gegenüber denen, die sich mit fremden sprachen brüsten, eine lebhaftere empfindung für den wert, häufig die überlegenheit der eigenen einflöszt, und die vorlage anschaulicher beispiele [...] liebe zur einheimischen literatur stärker weckt.“ (ebenda Spalte XIII).

Ein typischer Eintrag aus dem ersten Band sieht so aus:

> „AUSSCHLAFEN, edormire, nnl. Uitslapen.
>
> 1) *intransitiv,* ich habe recht ausgeschlafen; kam ich in ein lustigs wäldlein, worinnen ich mich niederlegte und vollends ausschliefe. *Simpl. 2.328, auch bildlich, noch warten müssen:* nehmen sie sich in acht! ihre neugierde wird ausschlafen müssen. GÖTHE 19,233
>
> 2) *transitiv,* sich ausschlafen; einen rausch, den wein, ärger, verdrusz, zorn ausschlafen, *verschlafen;* schliefen die verdrieszlichkeit aus. [...]; eine recht glückliche stimmung und eine wolausgeschlafene nacht haben mich secundiert. SCHILLER *an Göthe 543;* von dem nicht völlig ausgeschlafenen rausche war ihm der kopf düster. GÖTHE 19,215; die einen lagen und schliefen ihren rausch aus. 23,100“

Das Wörterbuchprinzip der Grimm-Brüder wird sichtbar. Nach der eigentlichen Wortnennung folgt eine lateinische Übersetzung, danach ein Verweis auf verwandte Sprachen, in denen das Wort in ähnlicher Form lebt. Dann folgen Angaben zur Grammatik, in diesem Fall finden wir eine Aufteilung in die Kategorien transitiv und intransitiv. Schließlich der Hauptteil: Wir lernen das Wort in seinen vielfältigen Verwendungsmöglichkeiten und Bedeutungsvarianten kennen. Dabei werden einerseits alltägliche Anwendungen aufgeführt, andererseits legten die Autoren großen Wert darauf, die Beispiele der großen Dichter und Denker vorzustellen. Goethe und Schiller stehen dabei an erster Stelle. Auf diese Weise gewinnt das Wörterbuch nebenbei die Gestalt einer Leseprobe, die zur weiteren Lektüre anregt. Dieser Nebeneffekt war durchaus erwünscht.

Ging die Informationsmenge dieser Eintragung über die der bis dahin existierenden Wörterbücher weit hinaus, so kann sie doch nur als gering bezeichnet werden im Vergleich zu den späteren Bänden. Die Grimm-Nachfolger werteten immer mehr Textmaterial aus, machten immer differenziertere Angaben zur Grammatik und Bedeutung und stellten großzügig Beispieltexte vor. Die Angaben zu einem einzigen Wort gehen in den späteren Bänden über viele Spalten.

Von den späteren Einträgen stelle ich ein kürzeres Beispiel vor – und das auch nur in kurzen Auszügen. Im Original sind dafür fünfzehn Spalten vorgesehen. Es handelt sich um das Wort „ich" aus dem zehnten Band des Wörterbuches, der von Moritz Heyne bearbeitet und 1877 veröffentlicht wurde:

„ICH, *die erste person des persönlichen pronomens*

I. Formen und verwandtschaft

a) sg. Ich, mein und meiner, mir, mich, pl. wir, unser, uns, uns, goth. sg. ik, meina, mis, mik. dual (uuiz?) unker, (unk?), pl. Veis, unsara, unsis und uns. ahd.sg.ich, min, mir, mih. dual (uuiz?) unker [... ]

II. Gebrauch

1) *in allen lagen, die erste person singularis, den welcher redet, meinend, begleitet* ich *in der regel die verbalform, während im frühgermanischen, ganz wie im griechischen, lateinischen und in den urverwandten sprachen überhaupt der redende durch die verbalflexion selbst hinreichend bezeichnet war und das pronomen nur zu besonderem nachdruck, dann aber mit um so stärkerer wirkung beigefügt wurde. ungetrübt hat diese ausdrucksweise innerhalb der germanischen sprachen nur im gothischen sich erhalten. allenthalben braucht Vulfila die reine verbalform, heiszt ihm.* z. B. *qiþa* [...] *die frühesten ahd. quellen folgen bei noch scharf genug geprägter verbalflexion zwar der gothischen weise und selbst bei* OTFRIED *genügt zuweilen noch die blosze verbalform* [...]

2) stellung des pronomens

die stellung des pronomens bestimmen die in der syntax vorgetragenen regeln von dem vorausgang oder der nachfolge des subjects neben dem verbum überhaupt.

> wir sagen: ich bin, ich habe, ich gebe; ich sei; dasz ich sei, habe, gebe; wenn ich will, wenn ich kann; ob, wie, wenn ich wolle, könne [...]
>
> [...] b) wenn das epische gedicht um so vollkommener ist, je reiner und ungetrübter das object desselben hervortritt, je weniger sich die subjectivität des dichters bemerkbar macht, ist das lyrische, in welchem subject und object zusammenfallen soll, um so lyrischer, je subjectiver es ist, je mehr es uns an den dichter gemahnt und was sein innerstes bewegt zur anschauung bringt. daher pflegt denn auch der epische dichter von seinem ich zu schweigen oder es nur selten zur sprache zu bringen [...]
>
> 3) diesem wenig betonten ich gegenüber wird das pronomen mit nachdruck gesagt und betont.
>
> a) wenn es wiederholt wird und zwar unmittelbar auf einander folgend: ich, ich bin der herr und auszer mir kein heiland [...]
>
> oder das praedicat in die mitte nehmend: ich behaupte das, ich. ich will es dir beweisen, ich [...]
>
> [...]
>
> f) *als antwort oder frage*: wer hat das getan? ich; so hätte ich gehandelt, ich? [...]“

Was weiß der Leser nach dieser Lektüre? Er weiß alles. Er weiß woher das Wort kommt, welche Verwandten es hat, wie es sich entwickelte, welche vielfältigen Bedeutungsvarianten es vorweisen kann, was die großen Geister der deutschen Sprache für geschickte Einsatzmöglichkeiten gefunden haben, wie das Wort in welcher Umgebung mal diese mal jene Wirkung entfaltet, welche ungeahnten Nebenbedeutungen es immer mit sich führt. Er lernt die sprachliche Kraft dieses kurzen Wortes kennen.

*Reiner Pogarell*

## Von schwatzenden und ritterlichen Geschöpfen

Brehms Tierleben
Alfred Brehm
1864

> „Der Löwe ist der König der vierfüßigen Räuber, der Herrscher im Reiche der Säugetiere. Und wenn auch der ordnende Tierkundige diese königliche Würde eben nicht achten will und in dem Löwen nur eine besonders kräftige Katze erkennen muß: der Gesamteindruck des herrlichen Tieres zwingt auch den Forscher, ihm unter seinen Verwandten die erste Stelle einzuräumen." (Brehm, Alfred: Brehms Tierleben)

Das ist Brehm. Alfred Brehm. Dr. Alfred Edmund Brehm. Geboren am 2. Februar 1829 in Renthendorf/Thüringen und bis heute einer der bekanntesten und beliebtesten Tierschriftsteller Deutschlands. Die oben stehende kurze Passage über den Löwen bietet einen guten Einblick in Brehms Sichtweise der Natur. Brehm war nicht der „ordnende Tierkundige", sondern der bewundernde Beobachter. Die Erzählung von der Löwin Bachida, die Brehm auf seiner ersten Afrikareise „Gesellschaft leistete", sollte den Grundstein für seine Popularität legen.

> „Nach kurzer Zeit hatte ich ihre Freundschaft mir zu erwerben gewusst. Bachida liebte mich zärtlich, folgte mir wie ein Hund, liebkoste mich bei jeder Gelegenheit und wurde nur bisweilen lästig, nämlich wenn sie nachts auf den Einfall kam, mich auf meinem Lager zu besuchen und durch ihre Liebkosungen aufzuwecken." (Brehm, Alfred: Meine Löwin Bachida. In: Joachim Heimannsberg: Brehms Reiseleben. 2010)

Diese Sicht auf die Fauna wurde zum Leitmotiv seiner Werke: Tiere verstehen heißt, sich mit ihrer Seele zu beschäftigen, und nicht nur – wie damals gültige Lehrbuchmeinung – mit Habitus und Fakten. Aus diesem Grund ist Brehm bis heute umstritten, von der Wissenschaft belächelt, von führenden Zoologen scharf kritisiert – vom Volke aber geliebt. Brehm macht besonders, dass er populärwissenschaftlich schrieb. Er schaffte es, sich mit seinen Tierbeschreibungen und Reiseberichten einen Namen zu machen. Brehm wurde zur Marke: „der Duden", „der Brockhaus", „der Pschyrembel" und nicht zuletzt „der Brehm". Vielzählige Bücher, Vortragsreisen und Zeitschriftenartikel begründeten diesen Ruhm. Brehm war zu seiner Zeit ein echter Medienstar. Geboren als eines von sechs Kindern des Unterrenthendorfer Pfarrers Christian Ludwig Brehm, kam er schon frühzeitig mit Tieren in Berührung. Sein Vater galt als einer der bedeutendsten Vogelkundler Deutschlands. Des jungen Brehms Eifer galt jedoch erst einmal der Architektur. Im Alter von 16 Jahren ging er in die Maurerlehre, um anschließend in Dresden ein Architekturstudium aufzunehmen. Sein Lebenslauf schien vorgezeichnet, bis er im Frühjahr 1847 von dem Ornithologen Baron Johann Wilhelm von Müller gebeten wurde, ihn auf eine Afrikaexpedition zu begleiten. Begeistert willigte Brehm ein und gab damit seinem Leben eine unerwartete Wendung. Die Expedition verlief überaus erfolgreich. Zahlreiche Tierbeschreibungen sorgten dafür, dass Alfred Brehm 1849 mit erst 20 Jahren als Mitglied in die bedeutende Akademie der Naturforscher, die *Leopoldina*, aufgenommen wurde. Nach seiner Rückkehr fasste er die Erkenntnisse der langen Reise in seinem Werk *Reiseskizzen aus Nordafrika* zusammen, nahm anschließend das Studium der Naturwissenschaften in Jena auf und beschloss es bereits 1855 mit einer erfolgreichen Promotion. Mehrere Reisen folgten, ehe Brehm, mittlerweile bekannt geworden durch vielzählige Aufsätze und Reiseberichte in der Zeitschrift *Gartenlaube*, 1862 die Berufung zum Zoodirektor in Hamburg annahm. 1864 schließlich veröffentlichte er auf Anfrage des Verlegers Hermann Julius Meyer die erste Ausgabe des *Ilustrierte[n] Thierleben[s]*, dem bis heute vielzählige Ausgaben folgten. Von 1869 bis 1879 leitete er das Berliner Aquarium und kehrte 1884 nach vielen Vortragsreisen nach Rehntendorf zurück, wo er am 11. November im Alter von nur 56 Jahren starb. Bis dahin hatte er sich durch sein *Tierleben* längst unsterblich gemacht. Zoologisch gilt Brehm heute als überholt, aber die Kombination von genauer Tierbeschreibung und erzählerischer Stärke macht Brehms Tierleben auch heute noch zu einem deutschsprachigen Klassiker.

> „Unter den von mir bereisten Ländern des tiefsten Inneren von Afrika nenne ich als Heimat dieses Menschenaffen [Schimpansen] vor allen anderen das waldreiche Land des Königs Uando, weil das Tier hier besonders häufig auftreten muß. In einem Dorfe nahm ich zwölf vollständige Schädel von einem einzigen der hier gebräuchlichen Merkpfähle, welche mit Beutezeichen der Jagd behangen zu werden pflegten."

Die erzählerische Kraft Alfred Brehms erkennt man insbesondere im Vergleich mit späteren Tierbeschreibungen. Im Folgenden ein kleiner Ausschnitt aus einem ebenso populärwissenschaftlichen Werk, dem Reader's Digest-Atlas *Lebendige Wildnis*:

> „Der Echtschimpanse, Pan troglodytes verus, kommt vom Senegal bis zum Fluss Niger vor. [...] Der Ost- oder der Langhaarschimpanse, lebt nördlich und östlich des Flusses Zaire, vom Ubangi im Westen bis nach Tansania im Osten und im Süden." (Lebendige Wildnis. Tiere der Regenwälder. 1993)

Im Gegensatz zu dieser sachlichen, geografischen Beschreibung ist bei Brehm das Innere Afrikas wirklich tief. Tief und dunkel, unerforscht und geheimnisvoll. Es ist das Land eines Königs. Die Schädel der Tiere finden sich als Jagdbeute an Pfählen aufgespießt. Dunkelheit, Könige, gepfählte Schädel. Das war Afrika. Und das war es, was der Leser lesen wollte. Es war populär, w e i l es populärwissenschaftlich war. Auch Brehm kannte die lateinischen Tierbezeichnungen und hielt sie seinen Lesern keineswegs vor. Die farbenfrohen Schilderungen aber, die bildhaften und damit fassbaren Beschreibungen sind es, die beim Lesen packen. Und das gilt nicht nur für

Afrika. Auch heimische Tiere vermochte Brehm schillernd zu beschreiben:

> „Unter den in unserem Vaterland wildlebenden Säugetieren steht der Fuchs (Canis vulpes) unzweifelhaft obenan. Kaum ein einziges anderes Säugetier erfreut sich einer so großen Bekanntschaft wie Reineke, das Sinnbild der List, Verschlagenheit, Tücke, Frevelhaftigkeit und, wie ich sagen möchte, gemeinen Ritterlichkeit.“

In diesem Abriss zeichnet sich jene Eigenart Brehms ab, deretwegen er sich bis heute der wissenschaftlichen Auseinandersetzung stellen muss: Er stattete Tiere mit menschlichen Eigenschaften aus, unterschied zwischen Gut und Böse und klassifizierte sie nach ihrer Gebräuchlichkeit für den Menschen:

> „Während der Zeit der Liebe unterhalten sich die Vögel, schwatzend und kosend, oft in allerliebster Weise, und ebenso spricht die Mutter zärtlich zu ihren Kindern.“

Neben der Bewunderung für den schönen Gesang versucht Brehm hier eine vorsichtige Übertragung des Vogelgesangs auf echte Kommunikationsfähigkeit im Sinne menschlicher Kommunikation – und liegt damit im Kern nicht einmal daneben. Konrad Lorenz, ein weiterer großer deutscher Tierforscher, beschreibt die Laute von Tieren über hundert Jahre später doch recht ähnlich:

> „Und angeboren ist sowohl die Fähigkeit, diese Signale auszusenden, als auch die, sie richtig zu ‚verstehen’, das heißt, in arterhaltender sinnvoller Weise zu beantworten. […] Diese Ähnlichkeit vermindert sich noch weiter, wenn einem allmählich klar wird, daß das Tier in allen Lautäußerungen und Ausdrucksbewegungen keineswegs die bewußte Absicht hat, einen Artgenossen durch sie zu beeinflußen.“ (Lorenz, Konrad: Er redete mit dem Vieh, den Vögeln und den Fischen. 1973)

Auch wenn Brehm sich nicht so weit aus dem Fenster lehnt, Vogelgezwitscher als kommunikative Handlung zu bezeichnen, überträgt er das Verhalten auf menschliche Verhaltensweisen: „die Zeit der Liebe“, „die Mutter spricht zärtlich zu ihren Kindern“. Begrifflichkeiten, allzu menschlich, allzu unwissenschaftlich. Aber: Sie schaffen eine Beziehung zwischen Leser und beschriebenem Geschöpf. In dem Generieren eben dieser Beziehung liegt die Stärke von *Brehms Tierleben*. Dabei stattete er in seinen Erläuterungen beileibe nicht alle Tiere mit guten und liebenswerten Eigenschaften aus:

> „Der Wolf besitzt alle Begabungen und Eigenschaften des Haushundes: dieselbe Kraft und Ausdauer, dieselbe Sinnesschärfe und denselben Verstand. [...] Seine elende Feigheit, seine List und die Schärfe seiner Sinne zeigt sich bei seinen Überfällen. Er ist dabei überaus vorsichtig und behutsam, um ja seine Freiheit und sein Leben nicht aufs Spiel zu setzen.“

Der Wolf, in Mitteleuropa zur Mitte des 19. Jahrhunderts durch menschliche Bemühungen zwar schon weitestgehend verdrängt, ist auch bei Brehm noch das gefährliche Raubtier, der Schafs- und Schweinedieb, der sich einzig durch Fallgruben und Strychnin bekämpfen lässt. Zu gefährlich war der Wolf für das heimische Vieh, um ihn neutral zu beschreiben oder ihn mit freundlichen Adjektiven zu bedenken. Insofern bleibt Brehm in seinen Darstellungen immer auch ein Kind seiner Zeit. Wie anders etwa wäre es sonst zu erklären, dass er den heimischen Hamster, heute ein überaus beliebtes Haustier, als derart garstig beschreibt:

> „Dieses leiblich recht hübsche, geistig aber umso hässlichere, boshafte und bissige Geschöpf (Cricetus frumentarius) erreicht eine Gesamtlänge von ungefähr 30 Zentimetern, wovon etwa 5 cm auf den Schwanz kommen. [...] Die geistigen Eigenschaften sind nicht gerade geeignet, ihn zu einem Liebling des Menschen zu machen. Der Zorn beherrscht sein ganzes Wesen wie bei kaum

> einem anderen Nager, Ratten oder Lemminge etwa ausgenommen."

Natürlich ist ein Hamster bissig. Auch heutige Hamster sind bissig. Diese Eigenschaft als Zorn zu werten, den Hamster ergo mit einer aus menschlicher Sicht negativen Eigenschaft auszustatten, lässt sich darauf zurückführen, dass der Feldhamster die Bauern im 19. Jahrhundert um Teile ihrer Ernte brachte. Brehm schilderte bunt und bildhaft. Über diesen spielerischen, manchmal barocken Umgang mit seiner Muttersprache hinaus, vermochte es Brehm an mancher Stelle so scharf und präzise zu formulieren, dass eine Kategorisierung auch dem kleinsten Kinde möglich war:

> „Den Vogel erkennt man an den Federn."

Trefflich formuliert. Den Vogel erkennt man an den Federn. Punkt. Was Bernhard Grzimek viele Jahrzehnte später mit seiner Fernsehsendung „Ein Platz für Tiere" erfolgreich versuchte, gelang Brehm bereits zum Ausgang des 19. Jahrhunderts: Er brachte die Fauna ins deutsche Wohnzimmer. Dass diese großartige Leistung mit vielen wissenschaftlich nicht haltbaren Beschreibungen einhergeht, schmälert seine schriftstellerische Leistung nicht.

*Sascha Pogarell*

## Lehr- und Wanderjahre – ohne Wilhelm Meister

Heidi
Johanna Spyri
1879

Ganz aktuell scheint manches nicht mehr in dem beliebten Kinderroman: „Tinette hatte ein ganz neues, weißes Deckelchen auf den Kopf gesetzt, und Sebastian raffte eine Menge von Schemeln zusammen und stellte sie an alle passenden Stellen, damit die Dame gleich einen Schemel unter den Füßen finde, wohin sie sich auch setzen möge." Aber die Leser sind da bereits im zehnten Kapitel. Tinette, das Dienstmädchen, und Sebastian, den Diener, haben sie längst kennengelernt. So wundern sie sich nicht mehr über das neue, „weiße Deckelchen". Schon gar nicht, wenn sie Johanna Spyris Roman *Heidi* in der Diogenes-Ausgabe von 1978 vor sich haben. Da sind sie dem stupsnäsigen, schnippischen Dienstmädchen Tinette bereits begegnet, gezeichnet von Tomi Ungerer, ebenso dem freundlichen Diener Sebastian mit seiner aparten Schmalzlocke, die er in die Stirn gekämmt trägt. Beide Bände, *Heidi – Lehr- und Wanderjahre* und *Heidi kann brauchen, was es gelernt hat*, sind voller hinreißender Zeichnungen und prächtiger bunter Bilder. Auf einem kehrt Heidi voller Glück zurück aus Frankfurt in die Schweizer Berge. Im Hintergrund leuchten rosa und golden die Felsengipfel. Ein zauberhaftes kleines Gemälde.

Alpenglühen allerdings beschreibt die Schweizer Autorin Johanna Spyri selbst so bildhaft, dass sogar jemand, der noch nie in den Bergen war, doch allerschönste Vorstellungen davon hat:

> „Die Abendsonne leuchtete ringsum auf die grüne Alm, und jetzt war auch drüben das große Schneefeld am Schesaplana sichtbar geworden und strahlte herüber. Heidi mußte alle paar Schritte stillstehen und sich umkehren, denn die hohen Berge hatte sie im Rücken beim Hinaufsteigen. Jetzt fiel ein roter Schimmer vor ihren

> Füßen auf das Gras, sie kehrte sich um, da – so hatte sie die Herrlichkeit nicht mehr im Sinn gehabt und auch so im Traum gesehen – die Felsen am Falkniß flammten zum Himmel auf, das weite Schneefeld glühte, und rosarote Wolken zogen darüber hin. Das Gras rings auf der Alm war golden, von allen Felsen flimmerte und leuchtete es nieder, und unten schwamm weithin das ganze Tal in Duft und Gold. Heidi stand mitten in der Herrlichkeit, und vor Freude und Wonne liefen ihm die hellen Tränen die Wangen herunter....“

Keinesfalls geschieht sonst alles auf rosaroten Wolken in der bewegenden Geschichte vom Waisenkind Heidi. Beim Großvater, den alle unten im Dorf fürchten, soll es ganz allein bleiben, weit oben auf der Alp, beim Alm-Öhi. Wer als Kind das Buch gelesen hat, erinnert sich auf Befragen zumeist spontan an diesen merkwürdigen Namen: „Almöhi – oder so ähnlich“ heißt es dann. Gleich zu Anfang erfahren wir, was es damit auf sich hat, als Heidis Tante Dete auf dem Weg hinauf zum Alten mit der kleinen Nichte den besorgten Dorfbewohnern begegnet:

> „Aber die Barbel hätte schon lange gern gewusst, wie es sich mit dem Alm-Öhi verhält, daß er so menschenfeindlich aussieht und da oben ganz allein wohnt und die Leute immer so mit halben Worten von ihm reden, als fürchteten sie sich, gegen ihn zu sein, und für ihn sind sie doch sicher auch nicht. Auch wußte die Barbel gar nicht, warum der Alte von allen Leuten im Dörfli der Alm-Öhi genannt wurde: er konnte doch nicht der wirkliche Oheim sämtlicher Bewohner sein. Da aber alle ihn so nannten, tat sie es auch und nannte den Alten nie anders als Öhi, wie man in dieser Gegend für Oheim sagt. Die Barbel hatte sich erst vor kurzer Zeit nach dem Dörfli hinauf verheiratet,..., und so war sie noch nicht bekannt mit den Geschichten und den Leuten vom Dörfli und der Umgebung.“

Der großartige Bruno Ganz hat die Rolle des Alm-Öhi in der neuesten Heidi-Verfilmung seines Schweizer Landsmanns Alain Gsponser übernommen, vielleicht nach seiner schwierigsten Rolle als Adolf Hitler im Film „Der Untergang" jetzt die heiterste: als griesgrämiger und zugleich liebevoller und kluger Alp-Öhi, wie die Schweizer sagen. Das allein kann schon als Qualitätsbeweis für das berühmte alte Kinderbuch gelten. Mehr Menschen erinnern sich heute übrigens an eine der zahlreichen Verfilmungen als an den Roman von Johanna Spyri selbst. Diese ist auch immerhin die zwölfte; die populärste scheint eine japanische zu sein, die 1977 und 1978 auch im ZDF lief. Die Titel-Melodie – Heidi, deine Heimat sind die Berge – singen, summen oder pfeifen mindestens so viele nach ihren Heidi-Erinnerungen Befragte, wie etwa Fräulein Rottenmeier oder den Geißenpeter nennen.

Fräulein Rottenmeier gehört in die traurige Frankfurter Episode der Geschichte. Heidi hat längst das Herz ihres Großvaters gewonnen. Beide leben glücklich und zufrieden mit dem Geißenpeter und den Ziegen in ihrer Almhütte oben in den Alpen, da taucht eines Tages die Tante Dete wieder auf. Sie reißt das Kind aus dem Bergidyll heraus, verfrachtet es nach Frankfurt, wo es Gefährtin sein soll für die gelähmte Kaufmannstochter Klara. Dete selbst hat in der großen Stadt eine gut bezahlte Anstellung gefunden, für die die neue Rolle Heidis Voraussetzung ist. Das arme Kind muss mit. Es muss mit zur reichen Familie Sesemann und ist alsbald der impertinenten Mamsell Tinette ausgesetzt, der mit dem weißen Deckelchen auf dem Kopf, und dem strengen Fräulein Rottenmeier, der Gouvernante von Klara. Und so lernt Fräulein Rottenmeier kennen, wer sie nicht ohnehin schon in unfreundlicher Erinnerung hat:

> Fräulein Rottenmeier kam näher, um die angekommene Gespielin der Tochter des Hauses zu betrachten. Der Anblick schien sie nicht zu befriedigen. Heidi hatte sein einfaches Baumwollröckchen an und sein altes, zerdrücktes Strohhütchen auf dem Kopf. Das Kind guckte

sehr harmlos darunter hervor und betrachtete mit unverhehlter [!] Verwunderung den Turmbau auf dem Kopf der Dame. ‚Wie heißt du?‘ fragte Fräulein Rottenmeier, nachdem sie auch einige Minuten lang forschend das Kind angesehen hatte, das kein Auge von ihr verwandte. ‚Heidi‘, antwortete es deutlich und mit klangvoller Stimme. ‚Wie? wie? das soll doch wohl kein christlicher Name sein? So bist du doch nicht getauft worden. Welchen Namen hast du in der Taufe erhalten?‘ fragte Fräulein Rottenmeier weiter. ‚Das weiß ich jetzt nicht mehr‘, entgegnete Heidi.

‚Ist das eine Antwort!‘ bemerkte die Dame mit Kopfschütteln. ‚Jungfer Dete, ist das Kind einfältig oder schnippisch?‘ ‚Mit Erlaubnis und wenn es die Dame gestattet, so will ich gern reden für das Kind, denn es ist sehr unerfahren‘, sagte die Dete, nachdem sie dem Heidi heimlich einen kleinen Stoß gegeben hatte für die unpassende Antwort. Es ist aber nicht einfältig und auch nicht schnippisch, davon weiß es gar nichts; es meint alles so, wie es redet. Aber es ist heut zum erstenmal in einem Herrenhaus und kennt die gute Manier nicht; aber es ist willig und nicht ungelehrig, wenn die Dame wollte gütige Nachsicht haben. Es ist Adelheid getauft worden, wie seine Mutter, meine Schwester selig.‘

‚Nun wohl, dies ist doch ein Name, den man sagen kann‘, bemerkte Fräulein Rottenmeier.“

So wird denn eine unglückliche Adelheid aus dem fröhlichen Heidi. Willig ist Adelheid und brav und gelehrig, solange es in Frankfurt ist, und verzweifelt und krank vor Heimweh – und mondsüchtig. Letzteres beschert jungen Lesern ein spannendes Zwischenspiel, in dem es ganz aufregend sogar um Einbrecher und Gespenster geht. Älteren Lesern dagegen mag es die Kehle so zuschnüren wie dem armen Heidi, wenn sie lesen, wie sehr das traurige Kind leidet: „So kam es, daß Heidi es eines Tages nicht mehr aushielt; es packte in aller Eile seine Brötchen“ (die hatte es heimlich für Geißenpeters Großmutter gesammelt) „in das große rote Halstuch zusammen, setzte sein Strohhütchen auf und zog aus. Aber schon unter der Haustür traf es auf ein großes Reisehindernis, auf Fräulein Rottenmeier selbst, die eben von einem Ausgang zurückkehrte. Sie stand still und schaute in starrem Erstaunen Heidi von oben bis unten an, und ihr Blick blieb vorzüglich auf dem gefüllten roten Halstuch haften. Jetzt brach sie los."

> „Eine Schimpfkanonade prasselt ein auf das kleine Mädchen. ‚...ich wollte nur heimgehen', entgegnete Heidi erschrocken. ‚Wie? Was? Heimgehen wolltest du?' Fräulein Rottenmeier schlug die Hände zusammen vor Aufregung. ‚Fortlaufen! Wenn das Herr Sesemann wüßte! Fortlaufen aus seinem Hause! Mach nicht, daß er das je erfährt! Und was ist dir denn nicht recht in seinem Hause? Wirst du nicht viel besser behandelt, als du es verdienst? Fehlt es dir an irgendetwas? Hast du je in deinem ganzen Leben eine Wohnung, oder einen Tisch, oder eine Bedienung gehabt, wie du hier hast? Sag!' ‚Nein', entgegnete Heidi. ‚Das weiß ich wohl!', fuhr die Dame eifrig fort. ‚Nichts fehlt dir, gar nichts, du bist ein ganz unglaublich undankbares Kind, und vor lauter Wohlsein weißt du nicht, was du noch alles anstellen willst!'"

Spätestens bei dieser Szene fällt Lesern, die je davon gehört haben, die Nähe zu den beklagenswerten Verdingkindern auf, die im neunzehnten Jahrhundert bis weit hinein in das vergangene aus verarmten Schweizer Bauernfamilien weggegeben wurden an Haushalte, die sie als billige Kräfte zu Zwangsarbeit einsetzten. Der Schweizer Jeremias Gotthelf hat das schon früh angeprangert in seinem *Bauernspiegel.*

Unserer kleinen Romanheldin ergeht es natürlich nicht ganz so schlecht, sie leidet nicht körperlich, nur ihre Seele zerbricht beinahe. Aber mit Hilfe Klaras lebenskluger Großmama und des kompetenten Arztes der jungen Gelähmten geht alles gut aus. Heidi lernt Manieren und lesen und Gottvertrauen – Johanna Spyri stammt schließlich aus einer frommen Pietistenfamilie und ist Pädagogin. Heidi kann endlich zurückkehren in ihre Bergwelt, zum Alm-Öhi, ihrem Großpapa. „Die Abendsonne leuchtete ringsum auf die grüne Alm..." Und es kommt ja noch viel besser: Auch der Geißenpeter lernt lesen – geradezu mit reformpädagogischer Methode. Und selbst als der einfältige Knabe aus eifersüchtiger Wut Klaras Rollstuhl mit einem kräftigen Tritt vom Berg abwärts befördert, so dass nur noch dessen Trümmer bis zum Dörfli hinunterpoltern, wird ein Lehrstück daraus und alles endet, wie es sich 1880 und 1881 für Kinderromane gehörte: Ende gut, alles gut. Heidi sitzt glücklich zusammen mit des Geißenpeters Mutter und seiner blinden Großmutter, der sie immer einmal vorliest aus deren Buch mit den erbaulichen Kirchenliedern, auch ganz zum Schluss: „Heidi, lies mir ein Lob- und Danklied! Es ist mir, als könne ich nur noch loben und preisen und unserem Gott im Himmel Dank sagen, für alles was er an uns getan hat."

Wem der liebe Gott zu oft vorkommt in Johanna Spyris Kinderroman, der mag sich, wenn ihm beispielsweise nicht nur die „Volkausgabe" der Droemerschen Verlagsanstalt von 1951 vorliegt, ergötzen an Tomi Ungerers Schlusszeichnung: Der Alm-Öhi, steht, einen hölzernen Waschbottich hinter sich, unter einer Wäscheleine, auf die er gerade ein noch nass tropfendes Laken neben eine seiner langen Unterhosen hängt. Wiederlesen macht Spaß und weckt neue Erkenntnisse. Johanna Spyris *Heidi* steckt voller Sozialkritik, ist liebenswert und oft gespickt mit Ironie und Humor. Es ist der Roman mit der höchsten Gesamtauflage in der Welt, der je in deutscher Sprache verfasst wurde.

*Roswitha Behland-Wördehoff*

## Ein Name wird zum Inbegriff der Rechtschreibung

Vollständiges orthographisches Wörterbuch der deutschen Sprache, nach den preußischen und bayerischen Regeln
Konrad Duden
1880

Im Jahr 1902 trat, nach großen Widerständen, die erste neue Rechschreibregelung in Kraft. Grundlage war ein kleines Büchlein, das ein Hersfelder Gymnasialdirektor verfasst hatte: Konrad Dudens *Vollständiges orthographisches Wörterbuch der deutschen Sprache, nach den preußischen und bayerischen Regeln.*

Konrad Alexander Friedrich Duden wurde 1829 als Sohn des Eisenbahnbeamten Johann Konrad Duden und dessen Frau Julia auf Gut Bossigt in Lackhausen bei Wesel als zweites von fünf Kindern geboren. Er studierte Philosophie, klassische Philologie, Geschichte und Germanistik in Bonn, brach aber nach vier Semestern sein Studium mangels finanzieller Unterstützung ab und ging als Hauslehrer nach Frankfurt am Main. Trotz abgebrochenen Studiums legte er 1854 die Lehramtsprüfung mit der Note „Im ganzen befriedigend" ab und wurde Lehramtskandidat in Soest. Nach einem Zwischenspiel als Hauslehrer in Genua wechselte Duden 1858 auf eine freie Lehrerstelle am Archigymnasium in Soest, eine der bedeutendsten Bildungsstätten, die im Zeitalter der Reformation und des Humanismus in Westfalen entstanden waren. Zwei Jahre später wurde er dort zweiter Oberlehrer und 1867 Prorektor.

Im Jahr 1861 heiratete Duden Adeline Jakob, mit der er sieben Kinder hatte. 1869 verließ er Soest und wurde nach einer Direktorenstelle in Schleiz 1876 Direktor des Königlichen Gymnasiums in Hersfeld, wo er bis zu seiner Pensionierung am 18. September 1905 – im Alter von 77 Jahren! – tätig war. Am 1. August 1911 starb Konrad Duden in Wiesbaden-Sonnenberg. Er wurde jedoch auf seinen Wunsch in Hersfeld beigesetzt.

Im Jahr 1871 veröffentlichte Duden seine Anweisungen *Zur deutschen Rechtschreibung*, in denen er unter anderem das phonetische Prinzip vertrat: „Schreibe, wie du sprichst“. Ein Jahr später folgte sein Buch *Die deutsche Rechtschreibung. Abhandlung, Regeln und Wörterverzeichnis. Für die oberen Klassen höherer Lehranstalten und zur Selbstbelehrung für Gebildete*. Duden war damit als Experte anerkannt und wurde im Januar 1876 zur ersten reichsweiten Konferenz zur „Herstellung größerer Einigung in der deutschen Rechtschreibung“ eingeladen.

Diese Konferenz scheiterte jedoch am Widerstand des Reichskanzlers Otto von Bismarck und dessen auch neuerdings wieder bemühten Argumenten: „Das haben wir früher auch nicht gemacht“ oder: „Das ging bisher auch ohne die neue Schreibung“. Bismarck drohte den Verwendern von Dudens Rechtschreibung sogar Ordnungsstrafen an. Trotzdem führten einzelne Länder zumindest Schulorthographien ein, um wenigstens den Kindern eine gemeinsame Grundlage zu geben. Vorreiter waren die Königreiche Hannover (1855) und Württemberg (1861). Im Jahr 1880 erschien dann auch in Preußen eine von dem Bonner Germanisten Wilhelm Wilmanns verfasste Schulorthographie. Der schlug seinem Mitstreiter aus der fehlgeschlagenen Konferenz, Konrad Duden, vor, ein Wörterbuch herauszugeben; Duden tat das auch noch im selben Jahr. In diesem Werk berief sich Duden auf Wilmanns preußische und die ebenfalls 1880 erschienene bayerische Schulorthographie, das heißt, er verstand sein Buch strikt als Anleitung für Lehrer:

> „[Dieses] setzt also bei seinen Regeln einen sprachkundigen interpretierenden Lehrer voraus und beschränkt sich in seinem Wörterverzeichnis auf solche Wörter, deren Vorkommen in der Sphäre der Schule vorausgesetzt werden kann. Wer über die richtige Schreibweise anderer Wörter sich aus dem Büchlein belehren will, der muß die einschlägigen Regeln aufsuchen und die in Betracht kommenden Analogien selbst auffinden.“

Die Versuche, eine darüber hinausgehende international einheitliche Regelung für die Schreibweisen deutscher Wörter zu finden, gingen danach weiter, scheiterten aber immer wieder an der Blockade Bismarcks. Im Jahr 1892 erklärte die Schweiz deshalb in einem Alleingang das *Vollständige orthographische Wörterbuch* von Konrad Duden zur offiziellen Richtlinie.

In Deutschland brachte erst die zweite orthographische Konferenz im Jahr 1901 den Durchbruch. Ihre Ergebnisse führten zu einer bis 1951 gültigen amtlichen Regel. Der Duden war jedoch nie ein amtliches Wörterbuch, und so weichen die Regeln, wie an den einzelnen Zitaten zu erkennen, noch leicht von der 1880 von Duden erarbeiteten Form ab. Duden übernahm die Veränderungen in die 1902 schon siebte Auflage seines Wörterbuches. Schließlich sollte das Buch den Ist-Zustand widerspiegeln. Jetzt geschah, was er schon 1880 vorhergesehen hatte:

> „Zunächst freilich sind nur die Schulen, und zwar nur die preußischen, verpflichtet, sich nach der in jenem Büchlein aufgestellten Norm zu richten. Bedenkt man aber, daß binnen wenigen Jahren alle Schulbücher der etwa sechs Millionen preußischen Schulkinder in der Orthographie, die wir kurzweg die „preußische" nennen wollen, hergestellt sein müssen, so wird man es für wahrscheinlich halten, daß jene Orthographie durch die Offizinen, welche die Schulbücher herstellen, auch in andere Druckwerke den Weg finden und schon viel früher zu allgemeiner Anwendung gelangen wird, als bis die jetzt in den Schulen befindliche Generation mit ihrer festen orthographischen Gewohnheit in das Leben tritt."

Auch in der Neuauflage waren die von Duden aufgeführten Wörter und Regeln für bestimmte Berufe unzureichend; ausgefeilte Sonderformen und kritische Fälle – für Drucker und Schriftsetzer unentbehrlich – fehlten. Auf deren Bitten schrieb Duden 1903 den so genannten *Buchdrucker-Duden*.

Ab der neunten Auflage des Wörterbuches aus dem Jahr 1915, die Duden selbst nicht mehr erlebte, erhielt das Wörterbuch auch Dudens Namen: *Duden. Rechtschreibung der deutschen Sprache und der Fremdwörter*. Auch wurden ab dieser Auflage, was Duden selbst wohl nie gebilligt hätte, der Buchdrucker-Duden und das orthographische Wörterbuch zusammengelegt, denn die Unzahl an Regeln, Sonderformen und Ausnahmefällen des Buchdruckerdudens stehen dem Zweck des Wörterbuchs als Hilfsmittel für die Alltagssprache – und mehr war der *Duden* nie – entgegen. Duden selbst erklärte das wie folgt:

> „Ist also selbst für die Lehrer ein Kommentar, der über den Sinn und die Tragweite der knapp gefaßten Regeln Auskunft giebt und die tiefer liegenden Gründe derselben klar und allgemein faßlich darlegt, sehr wünschenswert, so ist für alle diejenigen, die, ohne den langsamern und schwierigern der Anwendung allgemeiner Regeln auf einzelne Fälle zu betreten, mitten in der Arbeit des Schreibens, Korrigierens oder Setzens schnell und zuverlässig über ein bestimmtes Wort, dessen Schreibung ihnen im Augenblick unsicher ist, Aufschluss haben wollen, ein alle Wörter enthaltendes Nachschlagebuch geradezu ein unabweisbares Bedürfnis. Während der Herr Professor Wilmanns, der bekanntlich an der Abfassung des amtlichen Regelbuches hervorragenden Anteil hatte, jenem berechtigten Wunsche der Lehrer durch den demnächst erscheinenden „Kommentar“ entgegenkommt, soll das vorliegende „Orthographische Wörterbuch“ für dieses Bedürfnis weiterer Kreise Abhilfe schaffen. Amtliche Autorität haben freilich beide Bücher nicht.“

Konrad Duden hat sich Zeit seines Lebens für eine Volksorthographie eingesetzt. Er wollte den Schriftverkehr und die Alltagssprache vereinfachen und die vielfältigen Ausnahmen und Sonderformen den Menschen überlassen, die sich hauptberuflich mit der Sprache befassten oder befassen mussten. Für ihn war die Sprache Kunst und Werkzeug gleichermaßen, und er war sich sicher, dass beide Varianten schwerlich zu vereinen wären. Denn eines hat sich seit Konrad Dudens Zeiten nicht geändert und wird sich auch nicht ändern können: Sprache ist frei. Der Staat hat nicht die Macht, seinen Bürgern vorzuschreiben, wie sie zu sprechen und zu schreiben haben. Nur seinen Beamten und als Folge davon den Schülern kann er Regeln aufzwingen. Wörterbücher spiegeln also wider, was wir tun, nicht was wir tun müssen. Dudens Wörterbuch erfüllte die Hoffnung seines Verfassers mehr als zur Genüge:

> „Hier gestatten wir uns nur noch, der Hoffnung Ausdruck zu geben, es möge dem vorliegenden Buche vergönnt sein, zur schnellen Verbreitung der amtlichen preußischen Orthographie etwas beizutragen. Diese ist zwar nichts weniger als das Ideal des Verfassers; aber von allen Orthographieen, die für den Augenblick möglich sind, ist sie die beste."

*Markus Schröder*

## Der Anfang vom Ende der Menschheitsgeißel Nr. 1

Die Ätiologie der Tuberkulose
Robert Koch
1882

> „Wenn die Zahl der Opfer, welche eine Krankheit fordert, als Maßstab für ihre Bedeutung zu gelten hat, dann müssen alle Krankheiten, namentlich aber die gefürchtetsten Infektionskrankheiten, Pest, Cholera usw. weit hinter der Tuberkulose zurückstehen. Die Statistik lehrt, dass 1/7 aller Menschen an Tuberkulose stirbt und dass, wenn nur die mittleren produktiven Altersklassen in Betracht kommen, die Tuberkulose ein Drittel derselben und oft mehr dahinrafft."

So begann Robert Koch – nach einer kurzen Einleitung – seinen legendären Vortrag vor der Berliner Physiologischen Gesellschaft am 24. März des Jahres 1882 (hier zitiert nach der in der *Berliner klinischen Wochenschrift* im gleichen Jahr abgedruckten schriftlichen Fassung). Wir Bürger des 21. Jahrhunderts machen uns keinen Begriff von dem Schrecken dieser Krankheit seinerzeit: Friedrich Schiller, Frédéric Chopin, Anne und Emily Brontë, Franz Kafka, Dostojewski, George Orwell und Millionen heute Unbekannter sind daran gestorben. „Die öffentliche Gesundheitspflege hat also Grund genug," fuhr Koch in seinem Vortrag fort, „ihre Aufmerksamkeit einer so mörderischen Krankheit zu widmen."

Und was für einen Grund! Ausgang des 19. Jahrhunderts war Tuberkulose die häufigste Todesursache in Deutschland überhaupt, die Diagnose „Schwindsucht" kam in der Regel einem Todesurteil gleich. Und das vor allem deshalb, weil man kaum etwas über den Erreger und die Verbreitungswege dieser Krankheit wusste. „Das Wesen der Tuberkulose zu ergründen, ist schon wiederholt versucht worden," resümierte Koch, „aber bis jetzt ohne Erfolg. Die zum Nachweis der pathogenen Mikroorganismen so vielfach bewährten Färbungsmethoden haben uns dieser Krankheit gegenüber im Stich gelassen und die zum Zwecke der Isolierung und Züchtung des Tuberkelvirus angestellten Versuche konnten bis jetzt nicht als gelungen angesehen werden, so dass Cohnheim in der soeben erschienenen neuesten Auflage seiner Vorlesungen über allgemeine Pathologie ‚den direkten Nachweis des tuberkulösen Virus als ein bis heute noch ungelöstes Problem' bezeichnen musste."

Erstmals vor fast 5000 Jahren beschrieben, hatte die Tuberkulose im 19. und frühen 20. Jahrhundert, als die industrielle Revolution und die unhygienischen Lebensbedingungen in den neuen Massenquartieren einen idealen Nährboden für ihre Verbreitung schufen, ihren Verbreitungshöhepunkt erreicht; ihre tiefen Spuren in der Menschheits- und Kulturgeschichte, in sprachlich besonders eindrucksvoller Form etwa in Thomas Manns Roman *Der Zauberberg*, sind nicht zu übersehen. Sogar die Kinder der ersten deutschen Nachkriegsgeneration litten noch an einen „Tuberkulosedurchseuchungsgrad" von mehr als 90%, und obwohl heute eines großen Teils ihrer Schrecken beraubt, ist die Tuberkulose allen modernen Behandlungsmöglichkeiten zum Trotz immer noch die weltweit am häufigsten zum Tode führende behandelbare bakterielle Infektionskrankheit überhaupt.

Koch, geboren 1843 in Clausthal im Harz, gestorben 1910 in Baden-Baden, war bis 1880 Kreisphysikus (vergleichbar mit einem heutigen Arzt im staatlichen Gesundheitsdienst) in Wollstein in der damaligen Provinz Posen; neben seiner ärztlichen Tätigkeit betrieb er dort auch bakteriologischen Studien. Dabei entwickelte er ein Verfahren, Bakterien isoliert auf speziellen Nährböden zu züchten – eine Methode, ohne die die Bakteriologie ihren Siegeszug in der medizinischen Wissenschaft nicht hätte beginnen können. Neben Forschungsarbeiten zum Milzbrand der Schafe beschäftigte er sich in dieser Zeit noch mit Studien zur Wundinfektion und Septikämie (im Volksmund die sogenannte „Blutvergiftung"). Diese Forschungsarbeiten erregten so großes Aufsehen, dass er 1880 in das Reichsgesundheitsamt nach Berlin berufen wurde, wo ihm 1882 die Entdeckung des Erregers der Tuberkulose, des Tuberkelbazillus, gelang. Sein hier in Auszügen wiedergegebener Vortrag fährt fort wie folgt:

> „Bei meinen Untersuchungen über die Tuberkulose habe ich mich anfangs auch der bekannten Methoden bedient, ohne damit eine Aufklärung über das Wesen der Krankheit zu erlangen. Aber durch einige gelegentliche Beobachtungen wurde ich dann veranlasst, diese Methoden zu verlassen und andere Wege einzuschlagen, die schließlich auch zu positiven Resultaten führten.
>
> Das Ziel der Untersuchung musste zunächst auf den Nachweis von irgendwelchen, dem Körper fremdartigen, parasitischen Gebilden gerichtet sein, die möglicherweise als Krankheitsursache gedeutet werden konnten. Dieser Nachweis gelang auch in der Tat durch ein bestimmtes Färbungsverfahren, mit Hilfe dessen in allen tuberkulös veränderten Organen charakteristische, bis dahin nicht bekannte Bakterien zu finden waren. Es würde zu weit führen, den Weg auf welchem ich zu diesem neuen Verfahren gelangte, zu schildern und ich will deswegen sofort zur Beschreibung desselben übergehen.
>
> Die Untersuchungsobjekte werden in der bekannten, für Untersuchungen auf pathogene Bakterien üblichen Weise vorbereitet und entweder auf dem Deckglas ausgebreitet, getrocknet und erhitzt, oder nach Erhärtung in Alkohol in Schnitte zerlegt. Die Deckgläschen oder Schnitte gelangen in eine Farblösung von folgender Zusammensetzung: 200 ccm destillierten Wassers werden mit 1 ccm einer konzentrierten alkoholischen Methylenblaulösung vermischt, umgeschüttelt und erhalten dann unter wiederholtem Schütteln noch einen Zusatz von 0,2 ccm einer 10% Kalilauge. Diese Mischung darf selbst nach tagelangem Stehen keinen Niederschlag geben. Die zu färbenden Objekte bleiben in derselben 20 bis 24 Stunden. Durch Erwärmen der Farblösung auf 40° C im

Wasserbade kann diese Zeit auf 1/2 bis 1 Stunde abgekürzt werden. Die Deckgläschen werden hierauf mit einer konzentrierten wässrigen Lösung von Vesuvin, welche vor jedesmaligem Gebrauche zu filtrieren ist, übergossen und nach ein bis zwei Minuten mit destilliertem Wasser abgespült. Wenn die Deckgläschen aus dem Methylenblau kommen, sieht die ihnen anhaftende Schicht dunkelblau aus und ist stark überfärbt, durch die Behandlung mit dem Vesuvin geht die blaue Farbe derselben verloren und sie erscheint schwach braungefärbt. Unter dem Mikroskop zeigen sich nun alle Bestandteile tierischer Gewebe, namentlich die Zellkerne und deren Zerfallsprodukte braun-, die Tuberkelbakterien dagegen schön blaugefärbt. Auch alle anderen bis jetzt von mir daraufhin untersuchten Bakterien, mit Ausnahme der Leprabazillen, nehmen bei diesem Färbungsverfahren eine braune Farbe an. Der Farbenkontrast zwischen dem braungefärbten Gewebe und den blauen Tuberkelbakterien ist so auffallend, dass letztere, welche oft nur in sehr geringer Zahl vorhanden sind, trotzdem mit der größten Sicherheit aufzufinden und als solche zu erkennen sind. […]

Die durch dieses Verfahren sichtbar gemachten Bakterien zeigen ein in mancher Beziehung eigentümliches Verhalten. Sie haben eine stäbchenförmige Gestalt und gehören also zur Gruppe der Bazillen. Sie sind sehr dünn und ein viertel bis halb so lang als der Durchmesser eines roten Blutkörperchens beträgt, mitunter können sie auch eine größere Länge, bis zum vollen Durchmesser eines Blutkörperchens, erreichen. Sie besitzen in bezug auf Gestalt und Größe eine auffallende Ähnlichkeit mit den Leprabazillen. Doch unterscheiden sich letztere von ihnen dadurch, dass sie ein wenig schlanker und an den Enden zugespitzt erscheinen. Auch nehmen die Leprabazillen bei dem Weigertschen Kernfärbungsverfahren den Farbstoff an, was die Tuberkelbazillen nicht tun.

An allen den Punkten, wo der tuberkulöse Prozess in frischem Entstehen und in schnellem Fortschreiten begriffen ist, sind die Bazillen in großer Menge vorhanden; sie bilden dann gewöhnlich dicht zusammengedrängte und oft bündelartig angeordnete kleine Gruppen, welche vielfach im Innern von Zellen liegen und stellenweise ebensolche Bilder geben, wie die in Zellen angehäuften Leprabazillen. Daneben finden sich aber auch zahlreiche freie Bazillen. Namentlich am Rande von größeren käsigen Herden kommen fast nur Scharen von Bazillen vor, die nicht in Zellen eingeschlossen sind."

Bis hierher zeigt sich Koch vor allem als akribischer Beobachter. Aber der Weg von der Beobachtung zur Theorie ist weit und fallenreich. Wie kann man reine Korrelationen von sachlichen Kausalitäten trennen? Das haben Scharen hochdotierter Medizinprofessoren oft bis heute nicht gelernt. Aber Koch wusste schon damals, dass ein reines Zusammentreffen von Phänomenen nicht notwendig das eine als Ursache des anderen bezeugt. Dazu bedarf es weiterer Experimente.

„Auf Grund meiner zahlreichen Beobachtungen halte ich es für erwiesen, dass bei allen tuberkulösen Affektionen des Menschen und der Tiere konstant die von mir als Tuberkelbazillen bezeichneten und durch charakteristische Eigenschaften von allen anderen Mikroorganismen sich unterscheidenden Bakterien vorkommen. Aus diesem Zusammentreffen von tuberkulöser Affektion und Bazillen folgt indessen noch nicht, dass diese beiden Erscheinungen in einem ursächlichen Zusammenhange stehen, obwohl ein nicht geringer Grad von Wahrscheinlichkeit für diese Annahme sich aus dem Umstand ergibt, dass die Bazillen sich vorzugsweise da finden, wo der tuberkulöse Prozess im Entstehen oder

> Fortschreiten begriffen ist, und dort verschwinden, wo die Krankheit zum Stillstand kommt.
>
> Um zu beweisen, dass die Tuberkulose eine durch die Einwanderung der Bazillen veranlasste und in erster Linie durch das Wachstum und die Vermehrung derselben bedingte parasitische Krankheit sei, mussten die Bazillen vom Körper isoliert, in Reinkulturen solange fortgezüchtet werden, bis sie von jedem etwa noch anhängenden, dem tierischen Organismus entstammenden Krankheitsprodukt befreit sind, und schließlich durch die Übertragung der isolierten Bazillen auf Tiere dasselbe Krankheitsbild der Tuberkulose erzeugt werden, welches erfahrungsgemäß durch Impfung mit natürlich entstandenen Tuberkelstoffen erhalten wird.“

Damit waren die von Koch gefundenen Bazillen als Verursacher der Tuberkulose entlarvt. Und auch für andere Infektionskrankheiten war so der Weg zu einer Erklärung frei:

> „Fragen wir nun danach, welche weitere Bedeutung den bei der Untersuchung der Tuberkulose erhaltenen Resultaten zukommt, so ist es zunächst als ein Gewinn für die Wissenschaft anzusehen, dass es zum ersten Male gelungen ist, den vollen Beweis für die parasitische Natur einer menschlichen Infektionskrankheit, und zwar der wichtigsten von allen, vollständig zu liefern. Bisher war dieser Beweis nur für Milzbrand erbracht, während von einer Anzahl den Menschen betreffenden Infektionskrankheiten, z. B. von Rekurrens, von den Wundinfektionskrankheiten, Lepra, Gonorrhöe, nur das gleichzeitige Vorkommen von den Parasiten mit dem pathologischen Prozess bekannt war, ohne dass das ursächliche Verhältnis zwischen diesen beiden vermutet und nachgewiesen werden konnte. Es lässt sich erwarten, dass die Aufklärungen, welche über die Ätiologie der Tuberkulose gewonnen sind, auch für die Beurteilung der übrigen Infektionskrankheiten neue Gesichtspunkte erge-

> ben, und dass die Untersuchungsmethoden, welche sich bei der Erforschung der Tuberkuloseätiologie bewährt haben, auch bei der Bearbeitung anderer Infektionskrankheiten von Nutzen sein werden [...] Aber in Zukunft wird man es im Kampf gegen diese schreckliche Plage des Menschengeschlechtes nicht mehr mit einem unbestimmten Etwas, sondern mit einem fassbaren Parasiten zu tun haben, dessen Lebensbedingungen zum größten Teil bekannt sind und noch weiter erforscht werden können."

Nach Kochs Vortrag soll ein langes Schweigen eingetreten sein. Allen Zuhörern war klar: Sie hatten einem medizinhistorischen Jahrhundertereignis beigewohnt. Zwar sollten noch viele Jahre vergehen, bis mit den modernen Antibiotika wirksame Gegenmittel gefunden wurden, aber der Weg dahin war nach Kochs Entdeckung klar; im Jahr 1905 erhielt er dafür den Nobelpreis für Medizin.

*Joachim Abicht und Walter Krämer*

## Der Übermensch

Also sprach Zarathustra
Friedrich Nietzsche
1883

Friedrich Nietzsche gilt als einer der ganz großen deutschen Denker. Kaum einer wird aber auch so heftig und so leidenschaftlich diskutiert wie er – mal verehrt, mal verteufelt. Und kein anderer entzieht sich so konsequent einer Systematisierung seines Werkes und einer philosophischen bzw. literarischen Kategorisierung. Zwei kleine – durchaus jeweils für sich repräsentative – Textpassagen belegen, dass Nietzsche jeder eindeutigen Wertung widersteht, ja, dass der Kontrast, dass das Widersprüchliche, dass das Diametrale Kernbestand des Werkes, auch der Persönlichkeit Nietzsches ist.

In seinen Schriften *Die fröhliche Wissenschaft* etwa gibt Nietzsche den Entflammenden, den Manischen, den „Dionysischen", den Destruktiven, den Autoaggressiven. Dort trägt der „Vers 62" den Titel *Ecce homo*, der übrigens nicht identisch ist mit seinem autobiographischen Werk gleichen Titels. Voll überbordender Energie schreibt Nietzsche über sich selbst:

> Ja! Ich weiß, woher ich stamme!
> Ungesättigt gleich der Flamme
> Glühe und verzehr' ich mich.
> Licht wird alles, was ich fasse,
> Kohle alles, was ich lasse:
> Flamme bin ich sicherlich.

Diesen Versen und Zeilen stehen immer wieder Passagen schier biedermeierlichen Wohlfühlens gegenüber. Zarathustras Mittagsidyll etwa beschreibt Nietzsche so:

> O Glück! O Glück! Willst du wohl singen, o meine
> Seele? Du liegst im Grase. Aber das ist die heimliche
> feierliche Stunde, wo kein Hirt seine Flöte bläst.
> Scheue dich! Heisser Mittag schläft auf den Fluren.
> Singe nicht! Still! Die Welt ist vollkommen.

Uneinheitlich wie vieles an Nietzsches Werk ist seine Biographie. Der am 15. Oktober 1844 in Röcken, zwanzig Kilometer vor den Toren Leipzigs geborene Pastorensohn schlug zunächst eine bodenständige, bürgerliche Richtung ein. Mit 24 Jahren bereits wurde er – dies freilich nur für zehn Jahre – außerordentlicher Professor für klassische Philologie in Basel. Von 1879 bis 1889 dann war er sozusagen freischaffender Philosoph auf Wanderschaft zwischen Deutschland, der Schweiz und Italien, immer wieder gezeichnet von heftigen Krankheitsschüben. Im Januar 1889 fiel er in Turin in geistige Umnachtung. Mutter und Schwester pflegten ihn bis zu seinem Tod am 25. August 1900 in Weimar.

Wer sich nie näher mit Nietzsche beschäftigt hat, der kennt Nietzsche allenfalls reduziert auf mehr oder weniger kernige, oft genug auch zu Kalauern verfälschte Sprüche: „Gelobt sei, was hart macht." „Was uns nicht umbringt, macht uns stärker." „Gehst du zu Frauen, vergiss die Peitsche nicht!" Allein die Geschichte mit der Peitsche hat Nietzsche gerade bei Frauen viel Sympathie gekostet, wiewohl diese oft zitierte und ebenso oft missverstandene „Wahrheit" von einem alten Weiblein ausgesprochen wird, wenn sie zu Zarathustra spricht: "Du gehst zu Frauen? Vergiss die Peitsche nicht!" Tatsächlich macht es Nietzsche niemandem leicht, ihn ausschließlich rational zu erfassen. Immer schwingen Emotionen und vielerlei Assoziationen mit.

Der Zarathustra war denn für Nietzsche selbst eher eine Erscheinung denn das Ergebnis wissenschaftlicher Schreibtischarbeit. In den *Liedern des Prinzen Vogelfrei*, die einen Anhang zu Nietzsches Schrift *Die fröhliche Wissenschaft* darstellen, findet sich ein „Lied" mit dem Titel *Sils-Maria.* Es lautet:

> Hier saß ich, wartend, wartend, – doch auf nichts,
> Jenseits von Gut und Böse, bald des Lichts
> Genießend, bald des Schattens, ganz nur Spiel,
> Ganz See, ganz Mittag, ganz Zeit ohne Ziel.
> Da, plötzlich, Freundin! wurde eins zu zwei –
> – Und Zarathustra ging an mir vorbei...

In seinem autobiographischen Werk *Ecce homo – Wie man wird, was man ist* können wir zur Entstehungsgeschichte des Zarathustra ferner lesen:

> Die Grundkonception des Werks, der Ewige Wiederkunfts-Gedanke, diese höchste Formel der Bejahung, die überhaupt erreicht werden kann –, gehört in den August des Jahres 1881: er ist auf ein Blatt hingeworfen, mit der Unterschrift: „6000 Fuss jenseits von Mensch und Zeit". Ich gieng an jenem Tage am See von Silvaplana durch die Wälder; bei einem mächtigen pyramidal aufgethürmten Block unweit Surlei machte ich Halt. Da kam mir dieser Gedanke .....

Die ersten drei Teile des Zarathustra sollen denn auch in einem schier rauschhaften Zustand in jeweils zehn Tagen geschrieben worden sein. Das Werk erschien ansonsten in vier Teilen zwischen 1883 und 1885.

In dessen Bewertung gibt er sich gänzlich unbescheiden. Die Millennien, so meint der Autor, müssten nach Zarathustra alias Nietzsche datiert werden. Nietzsche wörtlich: „Ich habe mit ihm der Menschheit das grösste Geschenk gemacht ..." (*Ecce Homo*, Vorwort). Bezeichnend ist auch der Untertitel des Zarathustra: „Ein Buch für Alle und Keinen". Nietzsche will damit sagen: Dieses Buch ist für alle, die richtig lesen können, aber für keinen, der Nietzsche nicht zu folgen vermag.

Der Name Zarathustra geht zurück auf den mittelpersischen Zarduscht, den altgriechischen Zoroaster. Es ist dies ein altpersischer Priester und Prophet, den Nietzsche wohl bewusst gewählt hat, weil es ihm um Botschaften ging. Die „Vorrede" zum Zarathustra setzt denn auch ein mit einer Parallele zum Matthäus-Evangelium. 40 Tage und Nächte war Jesus durch die Wüste gewandert, um zu sich und Gott zu finden. Bei Zarathustra stellt sich dies ähnlich dar.

> Als Zarathustra dreissig Jahr alt war, verliess er seine Heimat und den See seiner Heimat und gieng in das Gebirge. Hier genoss er seines Geistes und seiner Ein-

samkeit und wurde dessen zehn Jahre nicht müde.
Endlich aber verwandelte sich sein Herz, – und eines Morgens stand er mit der Morgenröthe auf, trat vor die Sonne hin und sprach zu ihr also:
„Du grosses Gestirn! Was wäre dein Glück, wenn du nicht Die hättest, welchen du leuchtest!
Zehn Jahre kamst du hier herauf zu meiner Höhle: du würdest deines Lichtes und dieses Weges satt geworden sein, ohne mich, meinen Adler und meine Schlange.
Aber wir warteten deiner an jedem Morgen, nahmen dir deinen Überfluss ab und segneten dich dafür.
Siehe! Ich bin meiner Weisheit überdrüssig, wie die Biene, die des Honigs zu viel gesammelt hat, ich bedarf der Hände, die sich ausstrecken.
Ich möchte verschenken und austheilen, bis die Weisen unter den Menschen wieder einmal ihrer Thorheit und die Armen wieder einmal ihres Reichthums froh geworden sind.
Dazu muss ich in die Tiefe steigen: wie du des Abends tust, wenn du hinter das Meer gehst und noch der Unterwelt Licht bringst, du überreiches Gestirn!
Ich muss, gleich dir, untergehen, wie die Menschen es nennen, zu denen ich hinab will.
So segne mich denn, du ruhiges Auge, das ohne Neid auch ein allzugrosses Glück sehen kann! .....“

Auf dem Weg vom Gebirge hinab zu den Menschen begegnet Zarathustra einem greisen Heiligen, dessen Tag erfüllt ist mit dem Lobpreisen Gottes. Dann freilich kommt die schockierende Diagnose Zarathustras:

> Sollte es denn möglich sein! Dieser alte Heilige hat in seinem Walde noch Nichts davon gehört, dass Gott todt ist!

Eines der Kernthemen Nietzsches ist die Lehre vom Übermenschen. Damit projektiert Nietzsche die Überwindung des mittelmäßigen, verweichlichten „letzten Menschen", der als Anti-Übermensch ein Leben ohne Risiko wünscht. Der Übermensch tritt für Nietzsche sozusagen an die Stelle des alten, des toten Gottes. Für ihn als „wohlgeratenen Menschen" gilt zudem: „Was ihn nicht umbringt, macht ihn stärker" (*Ecce homo*). Ebenfalls in *Ecce Homo* meint Nietzsche: „Wir können gar nichts andres sein als Revolutionäre – wir werden keinen Zustand der Dinge zugeben, wo der Mucker obenauf ist."

Der Übermensch ist für Nietzsche allein dem Sinn der Erde verpflichtet. Die Lehren des Zarathustra sind damit eine radikale Lebensbejahung. Nietzsches Philosophie ist – und das nicht nur im Zarathustra – eine Philosophie des Hyper-Individualismus und des Anti-Egalitarismus. Implizit ist Nietzsches Gedankengebäude damit eine Absage an einen Nihilismus, dem der „letzte Mensch" huldigt und dem alles egal ist. (Im 4. Teil des Zarathustra finden wir diesen Egalitarismus personifiziert dargestellt: „Der Pöbel aber blinzelt ‚wir sind alle gleich!'") Und an anderer Stelle heißt es:

> Man wird nicht mehr arm und reich:
> Beides ist zu beschwerlich.
> Wer will noch regieren?
> Wer noch gehorchen? Beides ist zu beschwerlich .....
> Kein Hirt und Eine Heerde!
> Jeder will das Gleiche.
> Jeder ist gleich: wer anders fühlt,
> geht freiwillig in's Irrenhaus.

Das passt übrigens zu keiner Variante von Kollektivismus, weshalb auch die Nationalsozialisten es bald aufgegeben haben, Nietzsche für sich zu instrumentalisieren.

Sehr früh schon im Zarathustra, nämlich in der Vorrede, kommt Nietzsche zu einer seiner zentralen Botschaften, zur Lehre vom Übermenschen. Vom Berg herabgekommen, spricht Zarathustra zum Volk:

> Ich lehre euch den Übermenschen. Der Mensch ist
> Etwas, das überwunden werden soll. Was habt ihr

gethan, ihn zu überwinden?
Alle Wesen bisher schufen Etwas über sich hinaus: und ihr wollt die Ebbe dieser grossen Fluth sein und lieber noch zum Thiere zurückgehn, als den Menschen überwinden? .....
Ihr habt den Weg vom Wurme zum Menschen gemacht, und Vieles ist in euch noch Wurm. Einst wart ihr Affen, und auch jetzt noch ist der Mensch mehr Affe, als irgend ein Affe .....
Der Übermensch ist der Sinn der Erde. Euer Wille sage: der Übermensch sei der Sinn der Erde!
Ich beschwöre euch, meine Brüder, bleibt der Erde treu und glaubt Denen nicht, welche euch von überirdischen Hoffnungen reden! Giftmischer sind es, ob sie es wissen oder nicht.
Verächter des Lebens sind es, Absterbende und selber Vergiftete, deren die Erde müde ist: so mögen sie dahinfahren!
Einst war der Frevel an Gott der grösste Frevel, aber Gott starb, und damit starben auch diese Frevelhaften. An der Erde zu freveln ist jetzt das Furchtbarste und die Eingeweide des Unerforschlichen höher zu achten, als den Sinn der Erde!
Einst blickte die Seele verächtlich auf den Leib: und damals war diese Verachtung das Höchste: – sie wollte ihn mager, grässlich, verhungert. So dachte sie ihm und der Erde zu entschlüpfen .....
Seht, ich lehre euch den Übermenschen: der ist diess Meer, in ihm kann eure grosse Verachtung untergehn.
Was ist das Grösste, das ihr erleben könnt? Das ist die Stunde der großen Verachtung.

Im Kontext mit dem Übermenschen ist Nietzsches Lehre vom „Willen zur Macht" zu sehen. Vermutlich hat Nietzsche tatsächlich ein Werk dieses Titels geplant (der Untertitel sollte *Umwerthung aller Werthe* lauten), dies wegen seiner Erkrankung aber nicht zu Ende gebracht. Von diesem Plan ist letztlich nur der *Antichrist* als einer von ursprünglich vier Teilen fertig geworden. Aber auch an vielen anderen Stellen geht es Nietzsche um den Willen eines endlos Über-sich-hinaus-Wachsens des Menschen. Vor allem will Nietzsche die Umkehrung der christlich-jüdischen Mitleids- und Nächstenliebe-Moral, die er verantwortlich macht für die Dekadenz der Moderne.

Nietzsche geht es um die Selbstüberwindung des Übermenschen. Der Übermensch bejaht in seinem Willen zur Macht zugleich die ewige Wiederkunft des Gleichen. Er ist ein Mensch abseits aller Ängste, Vorurteile und Heucheleien. Nietzsche will damit zugleich sagen: Alles sei schon unendlich oft geschehen, und alles kann und wird wiederkehren. Ja, mehr noch: Die Formel von der ewigen Wiederkunft ist Ausdruck der höchsten Bejahung des Lebens.

So manches Lied Zarathustras wird deshalb auch schier zur Liebeserklärung an die Ewigkeit. Der Mensch soll nach Nietzsche so leben, wie wenn er jeden Moment unendlich oft durchleben möchte. Denn, so schreibt er: „… alle Lust will Ewigkeit – will tiefe, tiefe Ewigkeit“. Zarathustra ist denn auch als Held der andauernden Selbsttranszendenz zu verstehen. Er will „untergehen“ (vom Berg hinuntergehen zu den Menschen). Er will hinuntergehen zu den „Hinterweltlern“, die er aus zwei Gründen so bezeichnet: „Hinterweltler“ ist zum einen die wörtliche Übersetzung von „Metaphysiker“; „Hinterweltler“ spielt zugleich aber an auf deren engen Horizont und niedrigen Bildungsstand. Wenn Zarathustra dann zu diesen unter- bzw. hinuntergeht, dann bedeutet dies zugleich, dass er – zum Beispiel im dritten Teil des Zarathustra – wie die untergehende Sonne wenig später wieder aufgehen wird.

> Alles geht, alles kommt zurück; ewig rollt das Rad
> des Seins. Alles stirbt, alles blüht wieder auf, ewig
> läuft das Jahr des Seins.
> Alles bricht, alles wird neu gefügt; ewig baut sich
> das gleiche Haus des Seins. Alles scheidet, alles grüßt
> sich wieder; ewig bleibt sich treu der Ring des Seins.

In jedem Nu beginnt das Sein; um jedes Hier rollt
sich die Kugel Dort. Die Mitte ist überall. Krumm ist
der Pfad der Ewigkeit.

Der Kontrast zum Übermenschen ist für Nietzsche außer dem letzten, verweichlichten Menschen vor allem der Staat. Im Abschnitt „Von neuen Götzen" zerpflückt der ihn:

Staat heisst das kälteste aller kalten Ungeheuer.
Kalt lügt es auch; und diese Lüge kriecht aus seinem
Munde: „Ich, der Staat, bin das Volk." .....
Wo es noch Volk giebt, da versteht es den Staat
nicht und hasst ihn als bösen Blick und Sünde an Sitten
und Rechten .....
Aber der Staat lügt in allen Zungen des Guten und
Bösen; und was er auch redet, er lügt – und was er
auch hat, gestohlen hat er's .....
Staat nenne ich's, wo Alle Gifttrinker sind, Gute
und Schlimme: Staat, wo Alle sich selber verlieren,
Gute und Schlimme: Staat, wo der langsame
Selbstmord Aller – „das Leben" heisst.
Seht mir doch diese Überflüssigen! Sie stehlen sich
die Werke der Erfinder und die Schätze der Weisen:
Bildung nennen sie ihren Diebstahl – und Alles wird
ihnen zu Krankheit und Ungemach!
Seht mir doch diese Überflüssigen! Krank sind sie
immer, sie erbrechen ihre Galle und nennen es Zeitung
.....
Seht mir doch diese Überflüssigen! Reichthümer
erwerben sie und werden ärmer damit. Macht wollen sie
und zuerst das Brecheisen der Macht, viel Geld –
diese Unvermögenden!
Seht sie klettern, diese geschwinden Affen! Sie
klettern über einander hinweg und zerren sich also in
den Schlamm und die Tiefe.
Hin zum Throne wollen sie Alle: ihr Wahnsinn ist
es, – als ob das Glück auf dem Throne sässe! Oft sitzt
der Schlamm auf dem Thron – und oft auch der Thron

auf dem Schlamme …
Dort, wo der Staat aufhört, da beginnt erst der
Mensch, der nicht überflüssig ist: da beginnt das Lied
des Nothwendigen, die einmalige und unersetzliche
Weise.
Dort, wo der Staat aufhört, – so seht mir doch hin,
meine Brüder! Seht ihr ihn nicht, den Regenbogen
und die Brücken des Übermenschen? –

Lyrische Höhepunkte nicht nur innerhalb des Zarathustra, sondern lyrische Höhepunkte der gesamten deutschen Dichtung stellen das Nachtlied und das sogenannte Nachtwandler-Lied dar. Das Nachtlied wird selbst von Literaturwissenschaftlern zum Schönsten gerechnet, was deutsche Literatur hervorgebracht hat:

Nacht ist es: nun reden lauter alle springenden Brunnen.
Und auch meine Seele ist ein springender Brunnen.
Nacht ist es: nun erst erwachen alle Lieder der Liebenden.
Und auch meine Seele ist das Lied eines Liebenden.
Ein Ungestilltes, Unstillbares ist in mir; das will
laut werden. Eine Begierde nach Liebe ist in mir, die
redet selber die Sprache der Liebe.
Licht bin ich: ach, dass ich Nacht wäre! Aber diess
ist meine Einsamkeit, dass ich von Licht umgürtet bin.

Nicht nur auf Papier, sondern in Stein, nämlich in einem Gedenkstein in Sils-Maria verewigt ist das Nachtwandler-Lied; manche nennen es auch Zarathustras Rundgesang:

O Mensch! Gieb acht!
Was spricht die tiefe Mitternacht?
‚Ich schlief, ich schlief –,
Aus tiefem Traum bin ich erwacht: –
Die Welt ist tief,
Und tiefer als der Tag gedacht.
Tief ist ihr Weh –,
Lust – tiefer noch als Herzeleid:

Weh spricht: Vergeh!
Doch alle Lust will Ewigkeit –,
– will tiefe, tiefe Ewigkeit!'

Die Rezeption des Zarathustra ist anfangs niederschmetternd. Noch zu Nietzsches Lebzeiten allerdings wird der Zarathustra zum Kultbuch. Wegen seiner Umnachtung kann es Nietzsche nicht mehr erleben. Nietzsches Gesamtwerk und im besonderen sein Zarathustra beeinflussten – auch in Frankreich – nachhaltig die Philosophie (siehe Heidegger, Jaspers; Foucault, Derrida), die Psychologie (siehe Freud, Klages, Adler, Jung) und die Literatur. Rilke, von Hofmannsthal, Karl Kraus, Musil, Stefan Zweig, die Gebrüder Heinrich und Thomas Mann, Hesse, Döblin, Ernst Jünger, in Frankreich vor allem Gide und Malraux – sie alle waren von Nietzsche mitgeprägt. Gottfried Benn sagt 1950, zum 50. Todestag Nietzsches: „Für meine Generation war er das Erdbeben der Epoche und seit Luther das größte deutsche Sprachgenie". Für Stefan George werde am „Zarathustrawesen" gar die Welt genesen. Wieder andere stellen den Zarathustra als eines der „fünf titanischen Bücher" der Weltliteratur gleichrangig neben die großen Weltromane *Die Brüder Karamasoff*, *Krieg und Frieden*, *Moby Dick* und *Don Quijote*. Jedenfalls hat der *Zarathustra* vielerlei Spuren hinterlassen. Bei Albert Camus etwa lebt er in dessen Essay *Der Mythos des Sisyphos* fort. Bei Richard Strauss findet sich Zarathustra wieder in dessen sinfonischer Dichtung des Jahres 1896 mit gleichnamigem Titel. In der dritten Symphonie von Gustav Mahler ist Zarathustra ebenfalls verarbeitet. Wenn Nietzsches Freund Erwin Rohde Friedrich Nietzsche sprachlich und literarisch neben Luther und Goethe stellt, dann mag das auf den ersten Blick der Trauer um den geistigen Verfall dieses großen Denkers geschuldet sein. Recht hat Rohde aber allemal.

*Josef Kraus*

## Ein technischer Text wird Weltkulturerbe

Die Patentanmeldung des ersten Automobils
Carl Friedrich Benz
1886

Viele weltbewegende Erfindungen haben ihren Ursprung in Deutschland, vom Buchdruck bis zur Computertechnologie. Aber eine Erfindung bewegt bis heute die Menschheit, in einem durchaus wörtlichen Sinn: das Automobil.

Die ersten selbstlaufenden Fahrzeuge fuhren noch mit Dampf. Aber ein dampfbetriebener Motor war für viele Einsatzzwecke zu groß und zu schwer, und so entstand schnell die Nachfrage nach kleineren Motoren für kleinere Fahrzeuge. Zum Beispiel für eine Kutsche. Zwei sich völlig unbekannte Männer begannen getrennt voneinander, aber fast zeitgleich mit der Entwicklung eines passenden Antriebs.

In Stuttgart entwickelt der 1834 in Schorndorf geborene Gottlieb Daimler den Explosionsmotor von Nikolaus August Otto weiter. Der war für kleine Fahrzeuge noch zu groß, und das Gas, mit dem er betrieben wurde, war viel zu teuer. Deshalb entwickelte Daimler einen kleineren und durch Benzin zu betreibenden Motor. Die neue Erfindung funktionierte ab 1883 und wurde nach und nach optimiert. Ab 1886 war die erste Daimler-Motorkutsche auf den Straßen unterwegs.

Auch Carl Friedrich Benz, 1844 in Karlsruhe geboren, entwickelte Ottos Motor in seiner Mannheimer Werkstatt weiter, mit dem zusätzlichen Ziel, noch ein dazu passendes Fahrgestell zu entwickeln. Motor und Fahrbasis sollten zueinander passen. Zunächst konstruierte er einen Einzylinder-Zweitaktmotor, der erstmals 1879 lief. Damit rückte sein Ziel in greifbare Nähe. 1885 realisierte er es in einem zweisitzigen Gefährt mit drei Rädern und einem kleinen Einzylinder-Viertaktmotor mit 0,75 PS. Am 29. Januar 1886 wurde dieses „Fahrzeug mit Gasmotorenbetrieb“ mit der Nummer DRP 37435 patentiert. Da Benz vor Daimler das Patent auf ein vollständiges Fahrzeug angemeldet hatte, dokumentiert die folgende Patentschrift die Geburtsstunde des Automobils:

„Vorliegende Construction bezweckt den Betrieb hauptsächlich leichter Fuhrwerke und kleiner Schiffe, wie solche zur Beförderung von 1 bis 4 Personen verwendet werden. Auf der beiliegenden Zeichnung ist ein kleiner Wagen nach Art der Tricycles, für 2 Personen erbaut, dargestellt. Ein kleiner Gasmotor, gleichviel welchen Systems, dient als Triebkraft. Derselbe erhält sein Gas aus einem mitzuführenden Apparat, in welchem Gas aus Ligroin oder anderen vergasenden Stoffen erzeugt wird. Der Cylinder des Motors wird durch Verdampfen von Wasser auf gleicher Temperatur gehalten.

Der Motor ist in der Weise angeordnet worden, daß sein Schwungrad in einer horizontalen Ebene sich dreht und die Kraft durch zwei Kegelräder auf die Triebräder übertragen wird. Hierdurch erreicht man nicht nur vollständige Lenkbarkeit des Fahrzeugs, sondern auch Sicherheit gegen ein Umfallen desselben beim Fahren kleiner Curven oder bei Hindernissen auf den Fahrstraßen.

Die Kühlung des Arbeitscylinders des Motors geschieht durch Wasser, welches die ringförmigen Zwischenräume ausfüllt. Gewöhnlich läßt man das Kühlwasser bei Gasmotoren mit geringer Geschwindigkeit durch den Cylinder sich bewegen, indem das kalte unten eintritt und das erwärmte oben abfließt. Es ist aber dazu ein großer Wasservorrath nöthig, wie ihn leichte Fuhrwerke zu Land nicht gut mitführen können, und daher folgende Einrichtung getroffen worden: Das Wasser um den Cylinder verdampft. Die Dämpfe streichen durch das oberhalb des Cylinders angebrachte Rohrsystem 1, werden dort zum größten Theil condensirt und treten wieder als Wasser unten in den Cylinder ein. Der nicht condensirte Dampf entweicht durch die Oeffnung 2. Das zum Be-

> trieb des Motors nöthige Gas wird aus leicht verdunstenden Oelen, wie Ligroin, dargestellt. Um stets ein gleichmäßiges Gasgemenge zu erhalten, ist es nöthig, daß neben dem gleichmäßigen Luftzutritt und der gleich hohen Temperatur des Ligroins auch der Stand des letzteren im Kupferkessel 4 ein möglichst gleicher sei, und ist zu diesem Zweck der Vorrathsbehälter 5 mit dem Kupferkessel 4 durch eine enge Röhre 6, die in ein weites Wasserstandsgas 7 mündet, verbunden. An der Röhre ist ein kleiner Hahn 8 angebracht, um den Zufluß nach Bedarf reguliren zu können. Durch die Glasröhre ist das tropfenweise Eintreten des frischen Ligroins wahrzunehmen und zugleich der Stand desselben im Apparat zu controliren.
>
> Das Ingangsetzen, Stillhalten und Bremsen des Fuhrwerks geschieht durch den Hebel 9. Der Motor wird, bevor man den Wagen besteigt, in Betrieb gebracht. Dabei steht der Hebel 9 auf Mitte. Will man das Fuhrwerk in Bewegung setzen, so stellt man den Hebel 9 nach vorwärts, wodurch der Triebriemen vom Leerlauf auf die feste Scheibe geschoben wird. Beim Anhalten bewegt man den Hebel 9 wieder auf Mitte, und will man bremsen, so drückt man ihn über Mitte rückwärts. Der ausgerückte Riemen bleibt dabei in seiner Stellung und nur die Bremse wird angezogen. [...]“

Diese Schrift dokumentiert eine weltbewegende und weltverändernde Erfindung. Sie ist zugleich Patentschrift sowie Konstruktions- und Betriebsanleitung für das erste Automobil weltweit. Neben der sensationellen technischen Erfindung und der Neuerung für das tägliche Leben finden wir zudem auch eine ganz neue Textform: die technische Dokumentation. Benz beschreibt den Vorgang seines Denkens sehr genau, indem er jeden einzelnen Schritt der Konstruktion erklärt und die daraus folgenden Überlegungen weiter erläutert.

Der Text ist vorbildlich verständlich. Benz hebt nur die wichtigsten Eigenschaften des Wagens hervor, aber er verweist deutlich auf Lenkbarkeit und Kurvensicherheit. Das ist sehr wichtig, denn die Sicherheit und die einfache, körperlich nicht anstrengende Betreibung des Fahrzeugs, unterschieden dieses deutlich von allen damals bereits existierenden Fortbewegungsmitteln. Eine detaillierte Bedienungsanleitung am Ende schließt die Patentschrift ab.

Es ist ein bis heute vorbildliches Technikdokument, eine moderne Gebrauchsanweisung, die alle Anforderungen an Verständlichkeit erfüllt. Man könnte sie in einem Ausbildungsgang zum Technikredakteur als Vorbild nehmen. Das internationale UNESCO-Komitee „Memory of the World“ erklärte die Patentschrift im Mai 2011 zum Weltdokumentenerbe.

*Ines Hoischen*

## Muss Hauke Haien sterben?

Der Schimmelreiter
Theodor Storm
1888

Storms *Schimmelreiter* schildert eine „unerhörte Begebenheit“, für Goethe eigentümliches Merkmal jeder Novelle, und zeigt einen außergewöhnlichen Menschen im Kampf mit den Naturgewalten, bei dem er unterliegt. Die Geschichte endet mit einer Katastrophe, die in dem Textausschnitt erzählt wird.

Als Theodor Storm im Jahr 1888 seine Novelle veröffentlicht, gibt es in Deutschland die Eisenbahn und die ersten Telegraphen. Die Menschen beginnen mit Kohle und Briketts zu heizen, einige benutzen Schreibmaschinen, und in Berlin brennen elektrische Straßenleuchten.

Solche technischen Errungenschaften und das aufgeklärte Denken, das ihnen zugrunde liegt, sind 130 Jahre früher bei den Bewohnern der Nordseeküste, unter denen Storms Erzählung spielt, noch nicht vorhanden. Sie glauben an Spuk und Gespenster, schmähen eine alte Frau als Hexe oder beobachten Massen von Ungeziefer, das wie Schnee vom Himmel fällt und sich in dicker Schicht auf den Weiden sammelt. Auf einer nahegelegenen Hallig scheint ein Pferdegerippe bei Vollmond lebendig zu werden. Und der Pfarrer findet in seinem Waschbecken fünf winzige Totenschädel.

Dieser geistigen Rückständigkeit setzt der Held der Geschichte, der Deichgraf Hauke Haien, ein leidlich entwickeltes technisches Wissen und kühle, rationale Planung entgegen. Er baut einen Deich, der dem Wüten des Meeres standhalten und die Bewohner seines Dorfes schützen wird.

Er irrt. Die Natur ist stärker, eine Sturmflut bahnt sich den Weg an der Nahtstelle zwischen zwei Deichen und zerstört Häuser und Stallungen. Seine Frau und sein Kind kommen ums Leben. Er selbst reitet in die Fluten und sucht den Tod.

Muss das sein, fragt sich der nachdenkliche Leser. Er will sich mit dem düsteren Ausgang der Geschichte nicht abfinden und phantasiert Alternativen. Das ist kein Mangel an Respekt gegenüber einem dichterischen Werk und seinem Schöpfer. Die Autoren machen es ihm vor. Brecht schrieb für seine Dreigroschenoper mehrere, auf die unterschiedlichen politischen Verhältnisse zur Aufführungszeit anspielende Schlussfassungen. Vom Publikum seines Lehrstücks *Der gute Mensch von Sezuan* fordert er, es möge selbst einen Schluss finden. Der britische Erfolgsautor Ian McEwan bietet in seinem Roman Atonement (deutsch Abbitte) zwei Schlussfassungen an. Eine, wie der Leser es sich wünscht, und eine ungeschminkt realistische.

Im Deutschunterricht wird schon mal die Aufgabe gestellt, einen Text umzuschreiben. Das tut die Ich-Erzählerin in Ulla Hahns Entwicklungsroman *Aufbruch*. Sie schlägt ein anderes Ende für Goethes *Werther* vor. Anstatt sich zu erschießen, solle Werther überleben und etwas Nützliches für die Menschheit tun. Das ist kreativer Umgang mit literarischen Texten und gehört zu deren Deutung.

Hauke Haien hat beim Bau eines neuen Deichs die Befestigung des alten vernachlässigt. Als Deichvogt hat er versagt. Er hat den Tod seiner Lieben mit verursacht und will nicht mehr weiterleben. Sein Selbstmord ist psychologisch plausibel. Einige Leser mögen seinen Tod auch für moralisch angemessen halten. Indem er sich in die Fluten stürzt und stirbt, scheint er sein Versäumnis zu sühnen. Aber an einer Stelle des Textes richtet der Held sein Denken auf die Zeit nach der Sturmflut:

> „Auf mancher Werft wird ein Haus in Trümmern liegen. Schlechte Jahre werden für die überschwemmten Fennen kommen, Siele und Schleusen zu reparieren sein! Wir müssen's tragen, und ich will helfen."

Storm spinnt diesen Gedanken nicht weiter aus und lässt seinen Helden sterben. Anders der Leser: Ihm geht nicht aus dem Kopf, dass Hauke Haien überleben könnte. Ein fähiger Deichgraf, der der Katastrophe entrinnt, könnte Gutes für seine Mitmenschen tun, zum Beispiel einen neuen Deich bauen. Angesichts dieses optimistischen Ausblicks – eine Utopie, die

Storm nicht erzählt – erscheint der Selbstmord des Hauke Haien als eine Tat der Unvernunft und als Rückfall des Helden hinter sein eigenes aufgeklärtes Denken.

„Es war vor Allerheiligen, im Oktober. Tagsüber hatte es stark aus Südwest gestürmt; abends stand ein halber Mond am Himmel, dunkelbraune Wolken jagten überhin, und Schatten und trübes Licht flogen auf der Erde durcheinander; der Sturm war im Wachsen.

Im Zimmer des Deichgrafen stand noch der geleerte Abendtisch; die Knechte waren in den Stall gewiesen, um dort des Viehes zu achten; die Mägde mußten im Hause und auf den Böden nachsehen, ob Türen und Luken wohlverschlossen seien, daß nicht der Sturm hineinfasse und Unheil anrichte. Drinnen stand Hauke neben seiner Frau am Fenster.

‚Es geht nicht länger, Elke!‘, sagte er, ‚ruf eine von den Dirnen; der Sturm drückt uns die Scheiben ein, die Luken müssen angeschroben werden!‘

Auf das Wort der Hausfrau war die Magd hinausgelaufen; man sah vom Zimmer aus, wie ihr die Röcke flogen; aber als sie die Klammern gelöst hatte, riß ihr der Sturm den Laden aus der Hand und warf ihn gegen die Fenster, daß ein paar Scheiben zersplittert in die Stube flogen und eins der Lichter qualmend auslosch. Hauke mußte selbst hinaus, zu helfen, und nur mit Not kamen allmählich die Luken vor die Fenster. Als sie beim Wiedereintritt in das Haus die Tür aufrissen, fuhr eine Böe hintendrein, daß Glas und Silber im Wandschrank durcheinanderklirrten; oben im Hause über ihren Köpfen zitterten und krachten die Balken, als wolle der Sturm das Dach von den Mauern reißen. Aber Hauke kam nicht wieder in das Zimmer; Elke hörte, wie er durch die Tenne nach dem Stalle schritt. ‚Den Schimmel! Den Schimmel, John! Rasch!‘, hörte sie ihn rufen.

Draußen wieherte der Schimmel, daß es wie Trompetenschall in das Heulen des Sturmes hineinklang. Elke war mit ihrem Mann hinausgegangen; die alte Esche knarrte, als ob sie auseinanderstürzen solle. ‚Steigt auf, Herr!', rief der Knecht, ‚der Schimmel ist wie toll; die Zügel könnten reißen.' Hauke schlug die Arme um sein Weib. ‚Bei Sonnenaufgang bin ich wieder da!'

Schon war er auf sein Pferd gesprungen; das Tier stieg mit den Vorderhufen in die Höhe, dann, gleich einem Streithengst, der sich in die Schlacht stürzt, jagte es mit seinem Reiter die Werfte hinunter, in Nacht und Sturmgeheul hinaus.

Der Deichgraf Hauke Haien jagte auf seinem Schimmel dem Deiche zu. ‚Vorwärts, Schimmel!', rief Hauke; ‚wir reiten unseren schlimmsten Ritt!' Ein unwillkürliches Jauchzen brach aus des Reiters Brust: ‚Der Hauke-Haien-Deich, er soll schon halten, er wird es noch nach hundert Jahren tun!'

Ein donnerartiges Rauschen zu seinen Füßen weckte ihn aus diesen Träumen; der Schimmel wollte nicht mehr vorwärts. Was war das? – Das Pferd sprang zurück, und er fühlte es, ein Deichstück stürzte vor ihm in die Tiefe. Unwillkürlich riß er das Pferd zurück; da flog der letzte Wolkenmantel von dem Mond, und das milde Gestirn beleuchtete den Graus, der schäumend, zischend vor ihm in die Tiefe stürzte, in den alten Koog hinab.

Wie sinnlos starrte Hauke darauf hin; eine Sündflut war's, um Tier und Menschen zu verschlingen. Er sah noch mehr: ein Wagen, nein, eine zweiräderige Karriole kam wie toll gegen den Deich herangefahren; ein Weib, ja auch ein Kind saßen darin. Und jetzt – war das nicht das kreischende Gebell eines kleinen Hundes, das im Sturm vorüberflog? Allmächtiger Gott! Sein Weib, sein Kind waren es; schon kamen sie dicht heran, und die schäumende Wassermasse drängte auf sie zu. Ein

Schrei, ein Verzweiflungsschrei brach aus der Brust des Reiters. ‚Elke', schrie er; ‚Elke! Zurück! Zurück!'

Aber Sturm und Meer waren nicht barmherzig, ihr Toben zerwehte seine Worte; nur seinen Mantel hatte der Sturm erfaßt, es hätte ihn bald vom Pferd herabgerissen; und das Fuhrwerk flog ohne Aufenthalt der stürzenden Flut entgegen. Da sah er, daß das Weib wie gegen ihn hinauf die Arme streckte: Hatte sie ihn erkannt? Hatte die Sehnsucht, die Todesangst um ihn sie aus dem sicheren Haus getrieben? Und jetzt – rief sie ein letztes Wort ihm zu? – Die Fragen fuhren durch sein Hirn; sie blieben ohne Antwort: von ihr zu ihm, von ihm zu ihr waren die Worte all verloren: nur ein Brausen wie vom Weltenuntergang füllte ihre Ohren und ließ keinen andern Laut hinein.

‚Mein Kind! O Elke, o getreue Elke!' schrie Hauke in den Sturm hinaus.

Da sank aufs neu ein großes Stück des Deiches vor ihm in die Tiefe, und donnernd stürzte das Meer sich hintendrein; noch einmal sah er drunten den Kopf des Pferdes, die Räder des Gefährtes aus dem wüsten Greuel emportauchen und dann quirlend darin untergehen. Die starren Augen des Reiters, der so einsam auf dem Deiche hielt, sahen weiter nichts. ‚Das Ende!' sprach er leise vor sich hin; dann ritt er an den Abgrund, wo unter ihm die Wasser, unheimlich rauschend, sein Heimatdorf zu überfluten begannen; noch immer sah er das Licht von seinem Hause schimmern; es war ihm wie entseelt. Er richtete sich hoch auf und stieß dem Schimmel die Sporen in die Weichen; das Tier bäumte sich, es hätte sich fast überschlagen; aber die Kraft des Mannes drückte es herunter. ‚Vorwärts!' rief er noch einmal, wie er es so oft zum festen Ritt gerufen hatte. ‚Herr Gott, nimm mich; verschon die anderen!'

Noch ein Sporenstich; ein Schrei des Schimmels, der Sturm und Wellenbrausen überschrie; dann unten aus dem hinabstürzenden Strom ein dumpfer Schall, ein kurzer Kampf.

Der Mond sah leuchtend aus der Höhe; aber unten auf dem Deiche war kein Leben mehr als nur die wilden Wasser, die bald den alten Koog fast völlig überflutet hatten. Noch immer aber ragte die Werfte von Hauke Haiens Hofstatt aus dem Schwall hervor, noch schimmerte von dort der Lichtschein, und von der Geest her, wo die Häuser allmählich dunkel wurden, warf noch die einsame Leuchte aus dem Kirchturm ihre zitternden Lichtfunken über die schäumenden Wellen."

Theodor Storm (1817-1888) war Jurist und arbeitete als Gerichtsassessor in Potsdam, als Kreisrichter im thüringischen Heiligenstadt und zuletzt als Landvogt und Amtsrichter in seiner Geburtsstadt Husum. Dort kann sein Haus in der Wasserreihe 31-35, in der Nähe des Hafens, besucht werden. Es ist heute Museum und Sitz der Theodor-Storm-Gesellschaft. Eine große Bibliothek mit umfangreichem Archiv ist für Besucher zugänglich; hier werden Urkunden und Bücher aus seinem Besitz aufbewahrt; jeweils im Dezember steht im Wohnzimmer des Dichters ein Weihnachtsbaum, der immer so geschmückt wird, wie Storm es beschrieben hat.

Der Schimmelreiter ist seine letzte Novelle, die er im April 1888, drei Monate vor seinem Tod, vollendete. Er starb am 4. Juli desselben Jahres in Hademarschen, unweit seiner Geburtsstadt, an Magenkrebs. Seine letzte Ruhestätte fand er in Husum.

*Gerd Schrammen*

## Die Luft sieht man nicht

Der Vogelflug als Grundlage der Fliegekunst
Ein Beitrag zur Systematik der Flugtechnik
Otto Lilienthal
1889

Wir können Otto Lilienthal gut verstehen, wenn er erstaunt fragt, wieso denn die Menschheit so lange gebraucht hat, bis sie fliegen konnte! Immerhin fuhren zu Ende des 19. Jahrhunderts die Menschen bereits seit etwa hundert Jahren mit Ballonen durch die Luft. Echtes, freies Fliegen war das für Lilienthal jedoch nicht, wenn man sich vom Wind in die gerade herrschende Richtung treiben lassen musste. Den Ballon betrachtete er als verhängnisvolle Fehlentwicklung. Sie hielt nämlich die Menschheit davon ab, es der freien Bewegung der Vögel gleich zu tun. Der Wissenschaft konnte er nicht verzeihen, dass sie sich bis zu seiner Zeit kaum mit dem Thema Fliegen beschäftigen wollte.

Otto Lilienthal, Ingenieur und Maschinenfabrikant in Berlin, ging streng systematisch vor. Aus seinen Beobachtungen des Vogelfluges entwickelte er erste Perspektiven für den Flug des Menschen. Der quasi kraftfreie Flug großer Greif- oder Seevögel im Gleiten ohne Flügelschlag beweise, im Gegensatz zum Schwirrflug der leichten Singvögel, dass es für das Fliegen nicht auf ein möglichst geringes Gewicht ankomme. Je schwerer die Vögel seien, desto souveräner praktizierten sie den Segelflug. Lilienthal knüpfte hieran Hoffnung für den Menschenflug.

Nach ausgiebigen Studien des Vogelflugs, eingehenden physikalischen Messungen und Berechnungen, die er gemeinsam mit seinem Bruder Gustav durchführte, legte er 1889 sein Buch *Der Vogelflug als Grundlage der Fliegekunst* vor. Er richtete seine Arbeit:

„An jeden, dem es eingeboren,
Dass sein Gefühl hinauf und vorwärts dringt,
Wenn über uns, im blauen Raum verloren,

Ihr schmetternd Lied die Lerche singt,
Wenn über schroffen Fichtenhöhen
Der Adler ausgebreitet schwebt,
Und über Flächen, über Seen
Der Kranich nach der Heimat strebt."

Erst nach der Veröffentlichung seines Werks begann Lilienthal mit den Flugversuchen. Die praktischen Erfahrungen aus tausenden von Flügen endeten allerdings 1896 jäh durch seinen tödlichen Absturz. Ihm war in all den Jahren bewusst, dass er sich auf einen schwierigen Weg begeben hatte und dessen größter Teil noch vor ihm lag. Einige Erkenntnisse waren bahnbrechend, weitere Einsichten standen 1896 noch aus.

> „Die Frage, warum der Vogel beim Fliegen nicht zur Erde fällt, wie es kommt, dass der Vogel in der Luft durch eine unsichtbare Kraft getragen wird, ist in Bezug auf die Art der Kraft, welche dem Vogel diesen unsichtbaren Stützpunkt beim Fliegen gewährt, als vollkommen gelöst zu betrachten. Wir wissen, dass diese tragende Kraft nur aus dem Luft-Widerstand bestehen kann, den die bewegten Vogelflügel in der Luft hervorrufen.
>
> Wir wissen ferner, dass dieser Luftwiderstand an Größe mindestens gleich dem Vogelgewichte sein muss, während seine Richtung der Anziehungskraft der Erde entgegengesetzt, also von unten nach oben wirken muss.
>
> Da der fliegende Vogel eben mit keinem anderen Körper in Berührung ist als mit der ihn umgebenden Luft, so kann auch die ihn hebende Kraft nur aus der Luft selbst stammen, und die Luft oder Eigenschaften der Luft müssen es sein, welche das Tragen des fliegenden Vogels verursachen.
>
> Diese hier tragend wirkende, durch Flügelbewegungen und Muskelarbeit in der Luft hervorgerufene Kraft kann daher nichts Anderes als Luftwiderstand sein, also diejenige Kraft, welche jeder Körper überwinden muss,

wenn er sich in der Luft bewegt, oder der Widerstand, welcher sich dieser Bewegung entgegensetzt. Sie ist aber auch die Kraft, mit welcher bewegte Luft oder Wind auf die im Wege stehenden Körper drückt.“

Lilienthal erkannte also, dass zum Fliegen zwei Probleme bewältigt werden mussten: Das Obenbleiben (Auftrieb) und das Vorankommen (Vortrieb). Dazu untersuchte er eingehend die Kräfteverhältnisse am Vogelflügel mit den Regeln der Mechanik. Eine Komponente der vom Vogel beim Flügelschlagen erzeugten Muskelkraft war erforderlich zur Erzeugung von Auftrieb, die andere zur Überwindung des Luftwiderstandes als Vortrieb. Mit seinen Begriffen prägte er maßgeblich die im Entstehen begriffene Fachterminologie. Sehr verständlich ist etwa der Zusammenhang zwischen Windstärke und Mindestgeschwindigkeit dargestellt. Dies ist die geringste Geschwindigkeit, um überhaupt fliegen zu können. Anschaulich zeigen dies immer wieder große Greifvögel. Sie können mit ihrem beträchtlichen Gewicht, trotz mächtigen Anlaufs, nicht vom Boden aufsteigen, wenn ihnen nicht ein Gegenwind einen Teil der nötigen Startgeschwindigkeit unter die Flügel bläst.

Die epochemachende Entdeckung gelang Lilienthal bei seinen Experimenten zum Tragflügel. Betrachtet man den gestreckten Flügel eines Vogels im Gleitflug, fällt auf, dass er keineswegs einem einfachen Brett ähnelt. Er ist nach oben gewölbt und außerdem vorn ein klein wenig höher als hinten gelagert. Man spricht von einem Anstellwinkel. Derart geformte Flügel können Auftrieb liefern, wenn sie mit genügender Geschwindigkeit von vorne angeströmt werden. Dies hat Lilienthal später ausgiebig in seinen Flugexperimenten untersucht und lange um die günstigste Gestaltung gerungen.

„Wenn nun die Aussichten hoffnungslos sind, mit ebenen Flächen jemals auf eine Flugmethode zu kommen, welche mit großer Arbeitsersparnis vor sich gehen kann, und daher durch den Menschen zur Ausführung gelangen könnte, so bleibt eben nur übrig, zu versuchen, ob

> denn das Heil in der Anwendung nicht ebener Flügel sich finden lässt.
>
> [...] Wenn man sieht, wie ungeschickt die jungen Störche, nachdem sie auf dem Dachfirst einige Vorübungen gemacht, ihre ersten Flugversuche anstellen, wo Schnabel und Beine herunterhängen, der Hals aber in einer höchst unschönen Linie gekrümmt die wunderlichsten Bewegungen macht, um das in Gefahr geratene Gleichgewicht zu sichern, dann gewinnt man den Eindruck, als müsse solch notdürftiges Fliegen ganz außerordentlich leicht sein, und man wird angeregt, sich auch ein Paar Flügel anzufertigen und das Fliegen zu versuchen. Gewahrt man dann, wie der junge Storch nach wenigen Tagen schon elegant zu fliegen versteht, so wird der Mut, es ihm gleich zu tun, nur noch größer. Nicht lange währt es aber, so kreist dann der junge Storch vor Antritt der Reise nach dem Süden mit seinen Eltern im blauen Äther ohne Flügelschlag um die Wette. [...] Das heißt doch wohl, dass hier die richtige Flügelform den Ausschlag geben muss, und wenn diese einmal vorhanden ist, alles übrige sich von selbst findet."

Außer Acht ließ Lilienthal dabei seltsamerweise die Dicke des Flügelprofils und seinen Einfluss auf Auftrieb, Widerstand und Geschwindigkeit. Kenntnisse der Strömungslehre scheinen ihm gefehlt zu haben.

Seltsam mutet uns heute auch an, wie er das Phänomen deutete, dass sich Vögel im reinen Gleitflug unter bestimmten Bedingungen lange, manchmal stundenlang, in der Luft halten können. Aufgrund der Schwerkraft müssten sie wie eine Papierschwalbe zu Boden gleiten. Immerhin schloss Lilienthal sich nicht der bizarren Erklärung an, heiße Luft in den hohlen Knochen ermögliche das Obenbleiben. Charles Darwin hatte 1832 kreisende Kondore in Peru beobachtet und kurioserweise gefolgert, sie hielten sich dadurch in der Luft, dass sie sich durch seitliche Bewegungen ihres Kopfes gewissermaßen nach oben abstießen (aus: Peter Riedel, *Vom Hangwind zur Ther-*

*mik*, *Erlebte Rhöngeschichte*, Band II, 1927 – 1932, Motorbuch Verlag Stuttgart, 2. Auflage 1988, S. 41). Lilienthal wusste anscheinend nichts von kaminartig aufsteigender Warmluft, der sogenannten Thermik, über dem unterschiedlich aufgeheizten Erdboden. Auch das Kreisen von Störchen, Kranichen oder Greifvögeln wies ihm nicht den Weg zu einer zutreffenden Interpretation der Naturerscheinung.

Lilienthal hat sich über den Gleitflug hinaus ausgiebig mit der variablen Formung des Flügels beim Ruderflug und dem komplexen Bewegungsablauf beim Auf- und Abschlagen beschäftigt. Seine Versuche anhand von Modellen zeigen, dass er für das Problem des Antriebs eines Flugapparates dem Vorbild des flügelschlagenden Vogels nachging. Gedanklich war er auch gegenüber einem motorisierten Konzept offen, arbeitete daran jedoch noch nicht konkret. Heute erscheint es uns kurios, sich ein belastbares, zuverlässig funktionierendes Fluggerät mit einem so kompliziert aufgebauten mechanischen „Klapperatismus", wie es der Flügel eines lebendigen Vogels darstellt, vorzustellen. Infolgedessen haben die Gebrüder Wright dieses Konzept sehr bald fallengelassen und nach einem genügend leichten Motor gesucht.

Auf der Grundlage unseres heutigen Verständnisses und der praktischen Erfahrungen aus einem Jahrhundert praktischer Luftfahrt mag es unfair erscheinen, dem Wissenschaftler und Pionier Otto Lilienthal vorzuhalten, was er alles nicht wusste. Er hat selbst sein Buch nur als Zwischenstand betrachtet. Zum Abschluss seiner Ausführungen hat er Aufträge formuliert, welche Probleme noch zu lösen seien.

> „Es würden sich dann folgende [30] Sätze ergeben:
>
> 1. Die Konstruktion brauchbarer Flugvorrichtungen ist nicht unter allen Umständen abhängig von der Beschaffung starker und leichter Motore.
>
> 2. Der Flug auf der Stelle bei ruhender Luft kann vom Menschen durch eigene Kraft nicht bewirkt werden, derselbe erfordert unter den allergünstigsten Verhältnissen mindestens 1,5 PS. Der Ruderflug bei Windstille,

und zwar mit wenigstens 10 m Fluggeschwindigkeit, kann bei einem Kraftaufwand von 0,27 PS vom Menschen vorübergehend ohne Motor bewirkt werden.

[3. – 12. Einzelheiten zur Bauweise eines Tragflügels]

13. Die Flügel müssen im Querschnitt eine Wölbung besitzen, die mit der Höhlung nach unten zeigt.

14. Die Pfeilhöhe der Wölbung hat nach Maßgabe der Vogelflügel ungefähr 1/12 der Flügelbreite an der betreffenden Querschnittstelle zu betragen.

[15. – 19, weitere Details zur geeigneten Wölbung]

20. Die Konstruktion muss eine Drehung des Flügels um seine Längsachse ermöglichen, die am besten ganz oder teilweise durch den Luftdruck selbst bewirkt wird. An dieser Drehung haben am stärksten die Flügelenden teilzunehmen.

21. Beim Ruderfluge erhalten die nach der Mitte zu liegenden breiteren Flügelteile möglichst wenig Hub und dienen ausschließlich zum Tragen.

22. Das Vorwärtsziehen zur Unterhaltung der Fluggeschwindigkeit wird dadurch bewirkt, dass die Flügelspitzen oder Schwungfedern mit gesenkter Vorderkante abwärtsgeschlagen werden.

[23. – 27.]

28. Zur Hervorrufung der Flügelschläge durch die Kraft des Menschen müssten vor allem die Streckmuskeln der Beine verwendet werden, und zwar nicht gleichzeitig sondern abwechselnd, aber möglichst so, dass der Tritt jedes einzelnen Fußes einen Doppelschlag zur Folge hat.“

Zur Einordnung Lilienthals wissenschaftlicher Verdienste ist es auch nötig, die Gründe seines Scheiterns anzudeuten. Kehrt man zu seinem Ziel zurück, dem Menschen im Luftraum die Freiheit zu bieten, die er auf dem Lande und auf dem Wasser schon besaß, stand er tatsächlich noch ganz am Anfang der Entwicklung. Steuern und Kurvenfliegen beherrschte er noch nicht. Die Stabilisierung seines Apparates in der Längsachse versuchte Lilienthal durch Gewichtsverlagerung der Beine zu meistern. Dieses Konzept sollte ihm zum Verhängnis werden. Am 10. August 1896 packte ihn im Flug eine thermische Ablösung. Sie raubte ihm die Mindestfahrt. Er stürzte ab und verletzte sich tödlich.

Otto Lilienthal war kein kühner Hallodri. Experimentieren aufs Geratewohl lehnte er ab. Seine Forschungen zur Physik des Tragflügels waren entscheidende Grundlagen für den späteren Siegeszug von Fluggeräten, die schwerer als Luft waren. Die Gebrüder Wright, denen nach erfolgreichen Gleitflügen 1903 der erste Motorflug gelang, haben Lilienthals wissenschaftliche Verdienste mit Hochachtung gewürdigt.

Zwei interessante Aktualisierungen seines Konzepts haben Lilienthals Andenken bis weit ins 20. Jahrhundert wachgehalten: a) Die Entwicklung des Segelfluges als neuer Ansatz in Flugzeugbau, Flugtechnik und Flugmeteorologie. b) Die Renaissance des Hängegleiters in den 60er und 70er Jahren als Abkehr von der Technisierung des modernen Fliegens.

Man mag es drehen und wenden, wie man will. An Lilienthals Erkenntnissen kam keiner vorbei, der das Fliegen mit Geräten, schwerer als Luft, voranbringen wollte. Leider hat sich seine erfolgreiche Vision an einer Stelle nicht verwirklicht. In einem Brief an einen Freund hatte er geschwärmt, dass der Krieg um Grenzen jeden Sinn verlöre, weil man diese einfach überfliegen würde. (aus: Bernd Lukasch, Hrsg., *Otto Lilienthal, Der Vogelflug als Grundlage der Fliegekunst*, Springer-Verlag, Berlin-Heidelberg, 2014, S. 30, Fußnote 90) Wie schön wäre es, er hätte auch da Recht behalten!

*Kurt Gawlitta*

## Der edle Wilde

Winnetou I – III
Karl May
1893

Wohl keine Romangestalt hat die älteren heute lebenden Deutschen intensiver begleitet als die des edlen Indianerhäuptlings Winnetou. Die einschlägigen Bücher von Karl May gehörten lange zur Pflichtlektüre präpubertärer Jugendlicher, Millionen Menschen haben die danach gedrehten Filme voller Rührung angesehen, Carl Zuckmayer hat sogar seine Tochter nach Winnetou benannt (sie soll darüber aber nicht glücklich gewesen sein). Und seit dem Jahr 1987 ziert Winnetou auch eine Briefmarke der Deutschen Bundespost.

Erstmals tritt eine Vorläuferfigur in der Karl-May-Erzählung *Inn-nu-woh, der Indianerhäuptling* aus dem Jahr 1875 auf; da war Winnetou aber nicht mehr der Jüngste:

> „Er schien im Anfange der fünfziger Jahre zu stehen; seine nicht zu hohe Gestalt war von ungewöhnlich kräftigem und gedrungenem Bau, und insbesondere zeigte die Brust eine Breite, die einen hoch aufgeschossenen und langhalsigen Yankee in die respectvollste Bewunderung zu setzen vermochte. Der Aufenthalt im civilisirten Osten hatte ihn genöthigt, eine dort weniger auffällige Kleidung anzulegen, aber das dichte, dunkle Haar hing ihm in langen, schlichten Strähnen bis weit über die Schultern herab, im Gürtel trug er ein Bowiemesser nebst Kugel- und Pulverbeutel, und aus dem Regentuche, welches er malerisch um die Achsel geschlungen hatte, sah der verrostete Lauf einer Büchse hervor, die vielleicht schon manchem ‚Westmanne' das letzte Valet gegeben hatte."

Auch seinem sonstigen Benehmen ermangelte da noch der später alles überstrahlende Edelmut – Winnetou konnte seine Feinde durchaus auch einmal skalpieren und wurde gesehen, wie er einen Zigarettenstummel aß. Aber mit zunehmendem

Alter des Autors Karl May wurde dessen geistiges Kind immer jünger und edler. In den drei Romanen *Winnetou I*, *II* und *III*, die auch verschiedene frühere Winnetou-Episoden nochmals aufgreifen, spürt man dies sehr deutlich: von Grund auf tapfer, ehrlich und gerecht, ein perfekter Reiter und Schütze, anders als seine Stammesgenossen auch des Lesens und Schreibens sowie verschiedenen Indianer- und anderer Sprachen kundig. Englisch sowieso, dazu etwas Französisch und auch Deutsch.

Lässt sich so der phänomenale Erfolg Karl Mays erklären? Er kannte keine Zwischentöne, nur Gut und Böse, Schurken und Helden. Und dieses Schwarzweißgemälde kommt der Sehnsucht vieler Leser nach einer klar strukturierten Welt und Umwelt sehr entgegen. Und der größte Held in dieser Welt, neben Old Shatterhand alias Karl May selbst, war eben Winnetou:

> „Sein Gesicht war fast noch edler als dasjenige seines Vaters und die Farbe desselben ein mattes Hellbraun mit einem leisen Bronzehauch. Er stand, wie ich jetzt erriet und später dann erfuhr, mit mir in gleichem Alter und machte gleich heute, wo ich ihn zum erstenmal erblickte, einen tiefen Eindruck auf mich. Ich fühlte, daß er ein guter Mensch sei und außerordentliche Begabung besitzen müsse. Wir betrachteten einander mit einem langen, forschenden Blicke, und dann glaubte ich, zu bemerken, daß in seinem ernsten, dunklen Auge, welches einen sammetartigen Glanz besaß, für einen kurzen Augenblick ein freundliches Licht aufglänzte, wie ein Gruß, den die Sonne durch eine Wolkenöffnung auf die Erde sendet."

So beschreibt Karl May das erste Zusammentreffen in *Winnetou I*. Und nochmals verklärter wird das Bild in dem Roman *Weihnacht* Jahre aus dem 1897:

> „Der Schnitt seines ernsten, männlich schönen Angesichtes, dessen Backenknochen kaum merklich vorstanden, war fast römisch zu nennen, und die Farbe seiner

Haut war ein mattes Hellbraun, mit einem leisen Bronzehauch übergossen.

Einen Bart trug er nicht; in dieser Beziehung war er ganz Indianer. Darum war der sanfte, liebreich milde und doch so energische Schwung seiner Lippen stets zu sehen, dieser halbvollen, ich möchte sagen, küßlichen Lippen, welche der süßesten Schmeicheltöne ebenso wie der furchterweckendsten Donnerlaute, der erquickendsten Anerkennung gleich so wie der schneidendsten Ironie fähig waren. Seine Stimme besaß, wenn er freundlich sprach, einen unvergleichlich ansprechenden, anlockenden gutturalen Timbre, den ich bei keinem andern Menschen gefunden habe und welcher nur mit dem liebevollen, leisen, vor Zärtlichkeit vergehenden Glucksen einer Henne, die ihre Küchlein unter sich versammelt hat, verglichen werden kann; im Zorne hatte sie die Kraft eines Hammers, welcher Eisen zerschlägt, und, wenn er wollte, eine Schärfe, welche wie zersetzende Säure auf den festesten Gegner wirkte. Wenn er, was aber sehr selten und dann nur bei hochwichtigen oder feierlichen Veranlassungen geschah, eine Rede hielt, so standen ihm alle möglichen Mittel der Rhetorik zur Verfügung.

Ich habe nie einen besseren, überzeugenderen, hinreißenderen Redner gehört als ihn und kenne nicht einen einzigen Fall, daß es einem Menschen möglich gewesen wäre, der Beredsamkeit des großen, unvergleichlichen Apatschen zu widerstehen. Beredt auch waren die leicht beweglichen Flügel seiner sanftgebogenen, kräftigen, aber keineswegs indianisch starken Nase, denn in ihren Vibrationen sprach sich jede Bewegung seiner Seele aus. Das Schönste an ihm aber waren seine Augen, diese dunklen, sammetartigen Augen, in denen, je nach der Veranlassung, eine ganze Welt der Liebe, der Güte, der Dankbarkeit, des Mitleides, der Besorgnis, aber auch der Verachtung liegen konnte. Solch' ehrliche, treue,

> lautere Augen, in welchen beim Zorne heilige Flammen loderten oder aus denen das Mißfallen vernichtende Blitze schleuderte, konnte nur ein Mensch haben, der eine solche Reinheit der Seele, Aufrichtigkeit des Herzens, Unwandelbarkeit des Charakters, und stete Wahrheit des Gefühles besaß wie Winnetou. Es lag in diesen seinen Augen eine Macht, welche den Freund beglückte, den Feind mit Furcht und Angst erfüllte, den Unwürdigen in sein Nichts verwies und den Widerspenstigen zum Gehorsam zwang. Wenn er von Gott sprach, seinem großen, guten Manitou, waren seine Augen fromme Madonnen-, wenn er freundlich zusprach, liebevolle Frauen-, wenn er aber zürnte, drohende Odins-Augen."

In *Winnetou III* kommt dann der Held bei dem Versuch ums Leben, gefangene weiße Siedler aus der Hand der bösen Komantschen zu befreien. Und er selbst sieht dies voraus:

> „Die Zeit zum Angriff ist gekommen. Ich werde den Kampf nicht überleben. Lass uns Abschied nehmen, mein lieber, lieber Schar-Iih! Der gute Manitou mag dir vergelten, dass du mir so viel, so viel gewesen bist! Mein Herz fühlt mehr, als ich mit Worten sagen kann. Lass uns nicht weinen, die wir Männer sind! Begrabe mich in den Gros-Ventre-Bergen, an dem Ufer des Metsurflusses, auf meinem Pferde und mit allen meinen Waffen, auch mit meiner Silberbüchse, die in keine anderen Hände kommen soll. Und wenn du dann zu den Menschen zurückgekehrt bist, von denen keiner dich so lieben wird, wie ich dich liebe, so denke zuweilen an deinen Freund und Bruder Winnetou, der dich jetzt segnet, weil du ihm ein Segen warst!"

Und so nimmt das Unheil seinen Lauf:

> „Natürlich rissen wir eine Menge Steine und Geröll zur Tiefe hinab; es war ja so dunkel, dass wir dies gar nicht vermeiden konnten. Einer dieser Steine musste ein Kind getroffen haben, denn es begann zu schreien. Sofort er-

> schien der Kopf eines Indianers in der vom Feuer erleuchteten Spalte. Er hörte und sah das Niederprasseln des Gerölls, blickte in die Höhe und stieß einen lauten Warnungsruf aus.
>
> „Vorwärts, Winnetou!“, rief ich. „Es ist sonst alles verloren!“
>
> Die Männer oben merkten, was unten vorging, und ließen das Seil schnell laufen. Eine halbe Minute später hatten wir den Boden erreicht, zu gleicher Zeit aber blitzten uns aus der Spalte einige Schüsse entgegen. Winnetou stürzte zu Boden.
>
> Ich blieb vor Schreck halten. „Winnetou, mein Freund“, rief ich, „hat eine Kugel getroffen?“
>
> „Winnetou wird sterben“, antwortete er.“

Und so geschah es auch. Im modernen Deutschunterricht dient diese Episode oft zur Illustration des Genres „Kitsch". Aber ehrlich: Welcher Leser im Alter zwischen 10 und 15 hat an dieser Stelle nicht geweint?

Auch andere Kulturen waren und sind von der Idealgestalt des edlen Wilden fasziniert. Weltweit noch bekannter als Winnetou ist der real existierende Indianerhäuptling Chief Seattle (nach ihm ist die größte Stadt des US-Bundesstaates Washington benannt). Angeblich hat er einmal folgendes gesagt: „Jeder Teil dieser Erde ist meinem Volk heilig. Jede glänzende Kiefernnnadel, jeder lichte Nebel in dunklen Wäldern, jede Lichtung und jedes summende Insekt ist heilig in der Erinnerung und der Erfahrung meines Volkes … Was immer der Erde widerfährt, widerfährt auch den Kindern dieser Erde … Wenn Menschen auf die Erde spucken, bespucken sie sich selbst."

Diese Rede wurde zum Credo der Ökologiebewegung auf der ganzen Welt. Aber auch diese Worte sind wie die des edlen Winnetou von einem weißen Autor frei erfunden.

*Kai Kramosta*

# Naturerkenntnis und die Eindeutigkeit von Bildern

Die Prinzipien der Mechanik
Heinrich Hertz
1894

Heinrich Rudolf Hertz war einer der großen Physiker des 19. Jahrhunderts. Er wurde am 22. Februar 1857 in Hamburg als erstes von vier Kindern geboren und starb nach einem kurzen und intensiven Leben am 1. Januar 1894 an einer Blutvergiftung. Durch unterschiedlichste Interessen immer wieder hin- und hergerissen, beginnt er zunächst eine Ausbildung zum Architekten. Nebenbei lernt er Arabisch, liest Madame de Staels *De l'Allemagne* im französischen Original, trifft sich regelmäßig zum Diskutieren mit englischen Studenten und rezitiert seiner Mutter zu Hause aus Dante und seinem vielgeliebten Homer. Nach verschiedenen Anläufen zu technischen Studien in Dresden, Berlin und München bittet er 1877 seinen Vater – wöchentlich schreibt er an seine Eltern –, sich doch ganz dem Studium der Naturwissenschaften widmen zu dürfen.

Der ihn entscheidend prägende Lehrer ist Hermann von Helmholtz. Zu ihm geht er 1878 nach Berlin. Helmholtz erkennt schnell die besondere Begabung von Hertz und überträgt ihm eine der „Preisaufgaben der Berliner Universität". 1883 wechselt Heinrich Hertz als Dozent nach Kiel, zwei Jahre später als Professor an die Technische Hochschule in Karlsruhe. Hier gelingen die entscheidenden Experimente zur Entdeckung der Radiowellen; auf ihrer Grundlage kann er dann auch endlich die von Helmholtz gestellte Preisfrage „über die Ströme, welche beim Öffnen und Schließen eines Stromkreises nebenbei entstehen" beantworten und die Maxwell-Faraday'sche Theorie der elektromagnetischen Wellen experimentell bestätigen.

1889 wird Hertz Ordinarius für Physik an der Friedrich-Wilhelms-Universität in Bonn. Schon zuvor hatte er sich verstärkt der theoretischen Verdichtung seiner experimentellen Ergebnisse zugewandt und verallgemeinert nun die Theorie von Maxwell für die Berechnung eines Feldes für den Fall bewegter Körper. Besonders wichtig ist ihm stets eine klare Darstellung; darauf verwendet er viel Mühe. Über die Vorbereitungen zu einem Vortrag vor der 62. Versammlung der Gesellschaft Deutscher Naturforscher und Ärzte 1889 in Heidelberg schreibt er an seinen Vater: „Hätte ich nur nicht auf der Naturforscherversammlung zu sprechen; so sind die Ferien wieder halbiert." Ein besonders eindrucksvolles Beispiel ist die Einleitung seines letzten zusammenfassenden theoretischen Werkes *Die Prinzipien der Mechanik.* Die einleitenden Bemerkungen werden zu Beginn des 20. Jahrhunderts von vielen großen Wissenschaftlern und Philosophen als beispielhafte Darstellung der Grundlagen der Naturforschung zitiert. Heinrich Hertz schreibt dort (die Veröffentlichung erfolgte posthum 1894):

> „Es ist die nächste und in gewissem Sinne wichtigste Aufgabe unserer bewußten Naturerkenntnis, daß sie uns befähige, zukünftige Erfahrungen vorauszusehen, um nach dieser Voraussicht unser gegenwärtiges Handeln einrichten zu können. Als Grundlage für die Lösung jener Aufgabe der Erkenntnis benutzen wir unter allen Umständen vorangegangene Erfahrungen, gewonnen durch zufällige Beobachtungen oder durch absichtlichen Versuch. Das Verfahren aber, dessen wir zur Ableitung des Zukünftigen aus dem Vergangenen und damit zur Erlangung der erstrebten Voraussicht stets bedienen ist dieses: Wir machen uns innere Scheinbilder oder Symbole der äußeren Gegenstände, und zwar machen wir sie von solcher Art, daß die denknotwendigen Folgen der Bilder stets wieder die Bilder seien, von den naturnotwendigen Folgen der abgebildeten Gegenstände. Damit diese Forderung überhaupt erfüllbar sei, müssen gewisse Übereinstimmungen vorhanden sein zwischen der Natur und unserem Geiste […].

Die Erfahrung lehrt uns, daß diese Forderung erfüllbar ist und daß solche Übereinstimmungen in der Tat bestehen. Ist es uns einmal geglückt, aus der gesammelten bisherigen Erfahrung Bilder von der verlangten Beschaffenheit abzuleiten, so können wir an ihnen wie an Modellen, in kurzer Zeit die Folgen entwickeln, welche in der äußeren Welt erst in längerer Zeit oder als Folgen unseres eigenen Eingreifens auftreten werden; wir vermögen so den Tatsachen vorauszueilen und können nach der gewonnenen Einsicht unsere gegenwärtigen Entschlüsse einrichten [...].

Eindeutig sind die Bilder, welche wir uns von den Dingen machen wollen, noch nicht bestimmt durch die Forderung, daß die Folgen der Bilder wieder die Folgen der Bilder seien. Verschiedene Bilder derselben Gegenstände sind möglich, und diese Bilder können sich nach verschiedenen Richtungen unterscheiden. Als unzulässig sollten wir von vornherein solche Bilder bezeichnen, welche schon einen Widerspruch gegen die Gesetze unseres Denkens in sich tragen, und wir fordern also zunächst, daß alle unsere Bilder logisch zulässige oder kurz zulässige seien. Unrichtig nennen wir zulässige Bilder dann, wenn ihre wesentlichen Beziehungen den Beziehungen der äußeren Dinge widersprechen, das heißt wenn sie jener ersten Grundforderung nicht genügen. Wir verlangen demnach zweitens, daß unsere Bilder richtig seien.

Aber zwei zulässige und richtige Bilder derselben äußeren Gegenstände können sich noch unterscheiden nach der Zweckmäßigkeit. Von zwei Bildern desselben Gegenstandes wird dasjenige das zweckmäßigere sein, welches mehr wesentliche Beziehungen des Gegenstandes widerspiegelt als das andere, welches, wie wir sagen wollen, das deutlichere ist. Bei gleicher Deutlichkeit wird von zwei Bildern dasjenige zweckmäßiger sein, welches neben den wesentlichen Zügen die geringere

Zahl überflüssiger oder leerer Beziehungen enthält, welches also das einfachere ist. Ganz werden sich leere Beziehungen nicht vermeiden lassen, denn sie kommen den Bildern schon deshalb zu, weil es eben nur Bilder und zwar Bilder unseres besonderen Geistes sind und also von den Eigenschaften seiner Abbildungsweise mitbestimmt sein müssen." (Hertz, Heinrich Rudolf: Gesammelte Werke in 3 Bänden, Leipzig 1894/95 Band 3: Prinzipien der Mechanik. In neuem Zusammenhang dargestellt (Seiten 1-3))

In seinem Bemühen um das Wesentliche versucht Hertz in diesem Werk, mit drei Grundgrößen auszukommen: Zeit, Raum und Masse. Kraft und Energie betrachtet er als abgeleitete Größen; die Kraft etwa führt er nicht als vor der Bewegung vorhandene Ursache, sondern als abgeleitete Größe von Masse und Beschleunigung ein. In beispielhaft straff formulierten Erklärungen und Definitionen, die er den einzelnen Kapiteln voranstellt, fasst er die Voraussetzungen für seine Schlussfolgerungen aus den gedanklichen Modellen zusammen. Nach dem Tode seines Schülers schreibt Hermann von Helmholtz im Vorwort zu dem posthum 1894 herausgegebenen Werk: „Durch seltenste Gaben des Geistes und Charakters begünstigt, hat er in seinem leider so kurzen Leben eine Fülle fast unverhoffter Früchte geerntet, um deren Gewinnung sich während des vorausgegangenen Jahrhunderts viele von den Begabtesten seiner Zeitgenossen vergebens bemüht haben [...] Er war ein Geist, der ebenso der höchsten Schärfe und Klarheit des logischen Denkens fähig war, wie der größten Aufmerksamkeit in der Beobachtung unscheinbarer Phänomene. Der uneingeweihte Beobachter geht an solchen leicht vorüber, ohne auf sie zu achten; dem schärferen Blick aber zeigen sie den Weg an, durch den er in neue unbekannte Tiefen der Natur einzudringen vermag."

*Andreas Dahme*

## Ein Buch begründet einen Staat

Der Judenstaat
Theodor Herzl
1896

Selten hat ein Buch eine solche Wirkung gehabt wie der im Untertitel als „Versuch einer modernen Lösung der Judenfrage" bezeichnete, von Theodor Herzl 1896 in Wien und Leipzig veröffentlichte *Judenstaat*. Obwohl an Inhalt gar nicht neu, gewann das Buch schnell ein breites, nicht nur jüdisches Publikum und gab so den entscheidenden Impuls für die Gründung und die völkerrechtliche Anerkennung des Staates Israel.

Theodor Herzl wurde 1860 im ungarischen Pest als Tivadar Herzl (auch Hercl) in eine wohlhabende jüdische Kaufmannsfamilie hineingeboren und besuchte dort das deutschsprachige Evangelische Gymnasium. 1878 zog die Familie aus Protest gegen die wachsende Magyarisierung Ungarns nach Wien, hier begann Theodor Herzl, wie er nun auch offiziell hieß, das Studium der Jurisprudenz. Sein eigentliches Ziel war allerdings von Anfang an, ein „deutscher Schriftsteller" zu werden. Während dieser Studienzeit entstanden erste Dramen, einige wurden sogar am renommierten Burgtheater und an weiteren Bühnen aufgeführt. Doch sein Durchbruch gelang ihm erst als Journalist.

Im Jahr 1891 wird Herzl der Pariser Korrespondent der angesehenen liberalen Wiener Tageszeitung *Neue Freie Presse.* Er berichtet über das kulturelle und parlamentarische Leben, ab 1892 auch über den französischen Antisemitismus. Denn obwohl dort die Judenemanzipation bereits ein Jahrhundert zuvor im Zuge der Französischen Revolution im Code Civil verankert worden war, stellte Herzl, wohl auch zum eigenen Erstaunen, fest, dass es selbst in Frankreich einen wachsenden, bewusst rassisch argumentierenden, zudem von einigen angesehenen Schriftstellern und Philosophen auch öffentlich vertretenen Antisemitismus gab.

Wie sehr dieser bis in die höchsten Kreise der französischen Gesellschaft vorgedrungen war, zeigte sich in der Dreyfus-Affäre. Im Dezember 1894 erlebte Herzl in Paris die Verurteilung des französischen Offiziers jüdischer Abstammung Alfred Dreyfus, im Januar 1895 dessen von zahllosen „à mort! à mort les juifs"-Rufen begleiteten Ausschluss aus der Armee.

Die offensichtlich ungerechtfertigte Verurteilung wegen Hochverrats und Spionage für Deutschland, über die Herzl als Korrespondent nach Wien berichtete, führte ihn zu der im *Judenstaat* vehement vertretenen Auffassung, dass weder eine rechtliche Gleichstellung der Juden noch ihre Assimilation an die jeweilige Umgebung den Antisemitismus langfristig verhindern könne:

> „Wer der Fremde im Lande ist, das kann die Mehrheit entscheiden; es ist eine Machtfrage, wie alles im Völkerverkehre. [...] Im jetzigen Zustande der Welt und wohl noch in unabsehbarer Zeit geht Macht vor Recht. Wir sind also vergebens überall brave Patrioten, wie es die Hugenotten waren, die man zu wandern zwang."

Bevor Herzl seine neuen Überzeugungen in Buchform verbreitete, legte er sie einflussreichen Vertretern des französischen, englischen und deutschen Judentums vor, erhielt aber letztlich nicht die gewünschte Unterstützung. Seine Pläne einer jüdischen Staatsgründung stießen vielmehr vorwiegend auf Ablehnung, nicht zuletzt, weil sie im Widerspruch zur angestrebten oder (anscheinend) bereits erfolgreich verwirklichten Assimilation zu stehen schienen.

Solche Einwände konnten Herzl aber nicht umstimmen; auf der Grundlage einer an die Familie Rothschild gerichteten, allerdings nie gehaltenen Rede veröffentlichte er im Februar 1896 sein Buch *Der Judenstaat*; noch im gleichen Jahr erschien es auch auf Russisch, Englisch, Französisch, Rumänisch und Hebräisch. Für Herzl war der Antisemitismus keine vorübergehende Erscheinung, der man sich durch Assimilation oder Auswanderung hätte entziehen können. Schließlich sei der Antisemitismus auch und gerade dort virulent, wo der jüdische Bevölkerungsanteil, wie in Frankreich, eher gering war, ohne eigenen Staat müssten die Juden dauerhaft die antisemitischen Angriffe ertragen.

> „Ich halte die Judenfrage weder für eine soziale noch für eine religiöse, wenn sie sich auch noch so und anders färbt. Sie ist eine nationale Frage, und um sie zu lösen, müssen wir sie vor allem zu einer politischen Weltfrage machen, die im Rate der Kulturvölker zu regeln sein wird. Wir sind ein Volk, *ein* Volk."

Nur durch die Gründung eines eigenen Staates für dieses Volk könne das Übel des Antisemitismus endgültig besiegt werden. Um aber den Antisemitismus nicht auch noch in das künftige Staatsgebiet zu tragen, sollten sich nach Herzls Plan die zur Aussiedlung entschlossenen Juden nicht sofort in das neue Ansiedlungsgebiet begeben. Zuvor sei vielmehr die völkerrechtliche Anerkennung des Staates und die wirtschaftliche Absicherung des Projekts anzustreben. Zu diesem Zweck schlägt er die Gründung zweier Institutionen vor: Die politische Vertretung des jüdischen Volkes soll die *Society of Jews* als „moralische Person" ausüben, die aus den angesehensten Juden aller Länder zu bestehen habe, der *Jewish Company* überträgt Herzl in seinem Plan hingegen die Bereitstellung und Verwaltung des erforderlichen Kapitals zum Erwerb und zur Urbarmachung des Landes. Diese Kapitalgesellschaft, nach dem Vorbild von Landnahmegesellschaften zu gründen, solle als juristische Person mit Sitz in London außerdem die Verwertung des jüdischen Besitzes in den bisherigen Siedlungsgebieten übernehmen und schließlich auch die Verteilung des neuen Landes organisieren.

Schon an dieser Aufgabenverteilung auf zwei unterschiedliche Institutionen, die unter anderem Namen, aber durchaus mit ähnlichen Aufgaben später tatsächlich entstanden, ist zu erkennen, welchen Wert Herzl als „Doctor der Rechte" auf die juristische Fundierung seines Plans legte. Deutlich wird dies nicht nur an seiner Orientierung an aktuellen österreichischen und britischen Rechtskonzepten, sondern auch an seinem

Rückgriff auf die römische Rechtstradition des Gestors, der im Auftrag eines Handlungsunfähigen, hier also des über die Nationen verstreuten jüdischen Volkes, dessen Geschäfte übernimmt. Denn dass sich die Neugründung eines jüdischen Staates von allen anderen Staatsgründungen schon allein aufgrund des bisher fehlenden Territoriums unterschied und daher einer besonders durchdachten Legitimation bedurfte, dessen war sich Herzl eindringlich bewusst.

Die geografische Lage des zu gründenden Staates lässt Herzl noch offen. Neben Palästina erscheint ihm auch Argentinien für sein Projekt geeignet, er ist sich aber auch bewusst, dass das seinerzeit osmanisch regierte Palästina eine größere Anziehungskraft auf die jüdische Bevölkerung ausüben könne als ein Gebiet in Südamerika. Bei beiden Regierungen vermutet er, dass diese einer systematischen Besiedlung schon aus wirtschaftlichen Gründen aufgeschlossen gegenüberstehen müssten, außerdem bestanden in beiden Gebieten bereits jüdische Siedlungen, durch die bekannten Philanthropen Moritz Baron Hirsch (Argentinien) und Edmond de Rothschild (Palästina) unterstützt und finanziert.

So unvorstellbar heute der Gedanke sein mag, einen jüdischen Staat außerhalb des historischen Israels/Palästinas zu gründen, so sehr wird an Herzls Offenheit für andere Siedlungsgebiete auch deutlich, dass er seine Pläne nicht durch eine zu große Fixierung auf bestimmte Details scheitern lassen wollte. Dies bewog ihn 1902/03 sogar dazu, mit der britischen Regierung über eine Ansiedlung im Sinai, kurz darauf schließlich über ein Gebiet in Uganda zu verhandeln.

Allein die Idee, einen jüdischen Staat als Sammlungsort der Juden außerhalb Palästinas, ja sogar außerhalb der Alten Welt in Südamerika zu gründen, zeigt allerdings, dass Herzl, der selber in einem assimilierten Elternhaus aufgewachsen war, dem traditionellen Judentum innerlich nur lose verbunden war. So dachte er etwa den Rabbinern eine wichtige Rolle bei der Übersiedlung des jüdischen Volkes in die neue Heimat zu, obwohl seinerzeit der weitaus überwiegende Teil der Rabbiner, ja des orthodoxen Judentums überhaupt, die Gründung eines jüdischen Staates im Gebiet des historischen Israels verwarfen, da dessen Errichtung allein dem Messias zukomme.

> „Jede Gruppe hat ihren Rabbiner, der mit seiner Gemeinde geht. Alle gruppieren sich zwanglos. Die Ortsgruppe bildet sich um den Rabbiner herum. So viele Rabbiner, so viele Ortsgruppen. Die Rabbiner werden uns auch zuerst verstehen, sich zuerst für die Sache begeistern und von der Kanzel herab die anderen begeistern. Es brauchen keine besonderen Versammlungen mit Geschwätz einberufen zu werden. Im Gottesdienste wird das eingeschaltet."

So unrealistisch Herzls Hoffnung auf die Unterstützung der Rabbiner war, so sehr unterschied sich die Entwicklung des zionistischen Projekts von Herzls ursprünglichem Plan. Obwohl er in den folgenden Jahren zahlreiche Unterredungen mit wichtigen Staatsmännern führte, auch mit einem Onkel des deutschen Kaisers, dem Großherzog von Baden, und durch dessen Vermittlung sogar mehrfach mit Wilhelm II., mit dem bulgarischen König Ferdinand I., mit dem osmanischen Sultan Abdul Hamid II., verschiedenen britischen und russischen Politikern, dem italienischen König sowie mit Papst Pius X., konnte er die erhoffte völkerrechtliche Anerkennung durch den „Rat der Kulturvölker" zu Lebzeiten nicht erlangen.

Dennoch setzte seine Schrift eine Bewegung in Gang, die sich von der abwartend-ablehnenden Haltung dieser Regierungen nicht entmutigen ließ. Bereits im Sommer 1897 traten 200 Delegierte in Basel zum Ersten Zionistischen Weltkongress zusammen, der als Ziel des Zionismus „für das jüdische Volk die Schaffung einer öffentlich-rechtlich gesicherten Heimstätte in Palästina" definierte. Der Kongress gründete zudem die Zionistische Weltorganisation mit Herzl als Präsidenten und setzte so Herzls Plan einer *Jewish Society* in die Realität um. Die jüdische Besiedlung des osmanisch verwalteten Palästina wurde, anders als von Herzl geplant, nicht bis zur völkerrechtlichen Absicherung zurückgestellt. 1914, kurz vor Ende der

Osmanischen Herrschaft in Palästina, lebten dort bereits wieder über 85.000 Juden. Die Einwanderer stammten zum ganz überwiegenden Teil aus dem russischen Machtbereich, die dortigen Pogrome ließen keine Rücksicht auf die von Herzl gewünschte Reihenfolge der Maßnahmen zu.

Herzls Voraussage, die völkerrechtliche Anerkennung mit anschließender Judenwanderung werde eine „Periode der Wohlfahrt für die verlassenen Länder" einläuten, wurde durch die Geschichte ebenso wenig bestätigt wie seine Ankündigung, diese Abwanderung wäre das Ende des Antisemitismus. Hatten schon die Pogrome in Osteuropa gegen Ende des 19. Jahrhunderts kein Warten auf die staatliche Anerkennung zugelassen, verlangte die systematische Vertreibung und Ermordung der Juden durch die Nazis erst recht eine umgehende Ausweitung der jüdischen Siedlungen in Palästina.

Theodor Herzl erlebte die Vollendung seines Werkes nicht. Am 3. Juli 1904 starb er, erst 44-jährig, im niederösterreichischen Edlach. Obwohl seine Verhandlungen zu Lebzeiten zu keinen greifbaren Erfolgen führten, sind ohne sein Wirken weder die britische Balfour-Deklaration von 1917 noch die UNO-Deklaration von 1947 denkbar, in der die Gründung eines jüdischen und arabischen Staates im bestehenden britischen Mandatsgebiet gefordert wurde, wie schließlich auch die Gründung des Staates Israel am 14. Mai 1948. In der Unabhängigkeitserklärung wird Herzl ausdrücklich als „Seher des jüdischen Staates" hervorgehoben.

*Martin Decking*

## Ein politisches Ausnahmetalent

Gedanken und Erinnerungen
Otto von Bismarck
1898 und 1921

> „Als normales Produkt unseres staatlichen Unterrichts verließ ich 1832 die Schule als Pantheist, und wenn nicht als Republikaner, doch mit der Ueberzeugung, daß die Republik die vernünftigste Staatsform sei, und mit Nachdenken über die Ursachen, welche Millionen von Menschen bestimmen könnten, Einem dauernd zu gehorchen, während ich von Erwachsenen manche bittre oder geringschätzige Kritik über die Herrscher hören konnte."

So beginnt eine der bemerkenswertesten politischen Autobiographien aller Zeiten, die von Otto Eduard Leopold von Bismarck-Schönhausen (seit 1865 Graf, seit 1871 Fürst von Bismarck, seit 1890 Herzog zu Lauenburg). Wie lahm und bieder nehmen sich dagegen die oft hilflos zusammengeschusterten, allenfalls noch von bezahlten Geisterschreibern einigermaßen lesbar hingetrimmten Lebenserinnerungen seiner Kollegen und Nachfolger andernorts und hierzulande aus. Allenfalls Winston Churchill, der für seinen Rückblick auf den Zweiten Weltkrieg sogar den Nobelpreis für Literatur erhielt, kommt an die Bismarcksche Sprachgewalt heran.

Was diese auszeichnet und so wohltuend von ähnlichen Texten anderer Politiker abhebt, ist die hemmungslose Offenheit und Konsequenz, mit der Bismarck die Dinge beim Namen nennt, die Direktheit seines Stils, die logische Klarheit seiner Argumente; er nennt Täter und Opfer konsequent beim Namen und flüchtet sich kaum je in das bequeme Passiv („es wurde beschlossen"), mit dem ängstlichere Geister sich so gern aus der Verantwortung hinwegzuschleichen suchen. Und auch das sonst in politischen Texten übliche trockene Bürokratendeutsch sucht man bei ihm vergebens. Selbst Bismarcks politische Gegner kamen daher nicht umhin, seine pointen- und bilderreiche Sprache zu bewundern, er war als Parlamentsredner wie als Autor gleichermaßen gefürchtet wie beliebt.

Und wehe, jemand erregte Bismarcks Zorn! Eines seiner prominentesten Opfer, dem das 15. Kapitel im zweiten Buch der Gedanken und Erinnerungen gewidmet ist, war Graf Harry Arnim, der deutsche Botschafter in Frankreich von 1871 bis 1873:

> „Graf Harry Arnim vertrug wenig Wein und sagte mir einmal nach einem Frühstücksglase: ‚In jedem Vordermanne in der Carrière sehe ich einen persönlichen Feind und behandle ihn dementsprechend. Nur darf er es nicht merken, so lange er mein Vorgesetzter ist'. Es war dies in der Zeit, als er nach dem Tode seiner ersten Frau aus Rom zurückgekommen, durch eine italienische Amme seines Sohnes in roth und gold Aufsehen auf den Promenaden erregte und in politischen Gesprächen gern Machiavelli und die Werke italienischer Jesuiten und Biographen citirte. Er posirte damals in der Rolle eines Ehrgeizigen, der keine Scrupel kannte, spielte hinreißend Klavier und war vermöge seiner Schönheit und Gewandtheit gefährlich für die Damen, denen er den Hof machte. Diese Gewandtheit auszubilden, hatte er frühzeitig begonnen, indem er als 16jähriger Schüler des Neustettiner Gymnasiums von den Damen einer wandernden Schauspielertruppe sich in die Lehre nehmen ließ und das mangelnde Orchester am Clavier ersetzte, nach dem er schon früher das Cösliner Gymnasium aus Gründen, welche das Lehrercollegium seiner sittlichen Haltung entnahm, hatte verlassen müssen."

Wenn das keine volle Breitseite auf den Charakter eines Menschen ist! Auf jeden Fall erwartet man nach dieser Einführung von dem Grafen wenig Gutes. Besonders natürlich Bismarck nicht, denn der Vorgesetzte, den der Graf nur so lange höflich zu behandeln gedachte, wie dieser über ihm, dem Grafen, stand, war niemand anderer als Bismarck selbst.

Allerdings hatte sich der Graf den falschen Gegner ausgesucht:

> „Nachdem Arnim sich 1873 in Berlin überzeugt hatte, daß seine Aussichten, an meine Stelle zu treten, noch nicht so reif waren, wie er angenommen hatte, versuchte er einstweilen das frühere gute Verhältniß herzustellen, suchte mich auf, bedauerte, daß wir durch Mißverständnisse und Intrigen Andrer auseinander gekommen wären, und erinnerte an Beziehungen, die er einst mit mir gehabt und gesucht hatte. Zu gut von seinem Treiben und von dem Ernst seines Angriffs auf mich unterrichtet, um mich täuschen zu lassen, sprach ich ganz offen mit ihm, hielt ihm vor, daß er mit allen mir feindlichen Elementen in Verbindung getreten sei, um meine politische Stellung zu erschüttern, in der irrigen Annahme, er werde mein Nachfolger werden, und daß ich an seine versöhnliche Gesinnung nicht glaube. Er verließ mich, indem er mit der ihm eignen Leichtigkeit des Weinens eine Thräne im Auge zerdrückte. Ich kannte ihn von seiner Kindheit an.“

Bismarck konnte den Kaiser bewegen, den Grafen zunächst nach Konstantinopel sozusagen strafzuversetzen und dann in den vorgezogenen Ruhestand zu schicken. Und damit er auch von dort für Bismarck ungefährlich blieb, überzog ihn dieser wegen Korruption im Amt auch noch mit einem Zivilprozess. Danach war Arnim völlig ruiniert.

> „In dem Gerichtsverfahren gegen ihn verfolgte ich nur den Zweck, die von mir dienstlich gestellte, von Arnim definitiv abgelehnte Forderung der Herausgabe bestimmter, zweifellos amtlicher Bestandtheile der Botschaftsacten durchzusetzen. Mir kam es nur darauf an, als Vorgesetzter die amtliche Autorität zu wahren; eine Straferkenntniß gegen Arnim habe ich weder erstrebt noch erwartet, im Gegentheile würde ich, nachdem ein

solches erfolgt war, seine Begnadigung wirksam befürwortet haben, wenn dieselbe in der durch das Contumacial-Erkenntniß geschaffenen Lage juristisch zulässig gewesen wäre. Mich trieb keine persönliche Rachsucht, sondern, wenn man eine tadelnde Bezeichnung finden will, eher bureaukratische Rechthaberei eines in seiner Autorität mißachteten Vorgesetzten. War schon das Erkenntniß in dem ersten Proceß auf neun Monat Gefängniß ein meiner Ansicht nach übertrieben strenges, so war die Verurtheilung in dem zweiten Processe zu fünf Jahren Zuchthaus doch nur, wie der Verurtheilte selbst richtig bemerkt hat, dadurch möglich geworden, daß der regelmäßige Strafrichter nicht in der Lage ist, die Sünden der Diplomatie in internationalen Verhandlungen mit vollem Verständnisse zu beurtheilen. Dieses Erkenntniß würde ich nur dann für adäquat gehalten haben, wenn der Verdacht erwiesen gewesen wäre, daß der Verurtheilte seine Verbindungen mit dem Baron Hirsch benutzt hätte, um die Verzögerung der Ausführung seiner Instructionen Börsenspeculationen dienstbar zu machen. Ein Beweis dafür ist in dem Gerichtsverfahren weder geführt noch versucht worden. Die Annahme, daß er lediglich aus geschäftlichen Gründen die Ausführung einer präcisen Weisung unterlassen habe, blieb immerhin zu seinen Gunsten möglich, obschon ich mir den Gedankengang, dem er dabei gefolgt sein müßte, nicht klar machen kann. Der erwähnte [Verdacht] ist aber meinerseits nicht ausgesprochen worden, obschon er dem Auswärtigen Amte und der Hofgesellschaft durch Pariser Correspondenzen und Reisende mitgetheilt worden war und in diesen Kreisen colportirt wurde. Es war ein Verlust für den diplomatischen Dienst bei uns, daß die ungewöhnliche Begabung Arnims für diesen Dienst nicht mit einem gleichen Maße von Zuverlässigkeit und Glaubwürdigkeit gepaart war."

Nicht ohne Grund überzeugt diese letzte Passage weniger als die ersten. Allzu offensichtlich hatte Bismarck hier, wie auch im dritten Buch seiner Erinnerungen, betreffend Wilhelm II. und Bismarcks Entlassung im Jahre 1891, seine eigenen Interessen im Auge. So zitiert er etwa einen Brief des seinerzeitigen Kronprinzen, der ihn nur wenig später, gerade zum Kaiser geworden, entlassen sollte: „Ich ließe mir stückweise ein Glied nach dem anderen für Sie abhauen, eher als daß ich etwas unternähme, was Ihnen Schwierigkeiten machen oder Unannehmlichkeiten bereiten würde" (Wilhelm II. in einem Brief vom 21. Dezember 1887). Hier, wie auch an vielen anderen Stellen seiner Erinnerungen, tut Bismarck etwas, was er anderen wohl nie verziehen hätte: ausführlich aus privaten, oft vertraulichen Briefen, aus seinen eigenen wie aus fremden, zu zitieren. So rät er etwa am 6. Januar 1888 dem künftigen Kaiser ab, schon vor der Thronbesteigung eine Regierungserklärung bei den Gesandtschaften der deutschen Fürsten zu hinterlegen. Dies würde, da vor dem Ableben des regierenden Herren geschehen, einen schlechten Eindruck machen. Und sein Rat an den Kronprinzen lässt an Deutlichkeit nichts zu wünschen übrig: „Die Anlage des Schreibens vom 29. November vorigen Jahres beehre ich mich, ew. hierbei untertänigst wieder vorzulegen und möchte ehrerbietig anheimgeben, sie ohne Aufschub zu verbrennen."

Genauso deutlich auch Bismarcks Einschätzung des einflussreichen Hofpredigers Stöcker im selben Brief: „Ich habe nichts gegen Stöcker; er hat für mich nur den einen Fehler als Politiker, daß er Priester ist und als Priester, daß er Politik betreibt." Geistvoller lässt sich wohl kaum das Urteil ausdrücken, dass sich hier ein falscher Mann am falschen Platz befindet. Auch Bismarcks im selben Brief formulierte Einschätzung zum Verhältnis von Religion und Politik im Allgemeinen besticht durch sprachlichen Esprit: „Der evangelische Priester ist, sobald er sich stark genug dazu fühlt, zur Theokratie ebenso geneigt, wie der katholische und dabei schwerer mit ihm fertig zu werden, weil er keinen Papst über sich hat."

Wie muss es Bismarck geschmerzt haben, fast alle seine Ratschläge verworfen zu sehen; sein Rückblick auf die kurze Kanzlerschaft unter Wilhelm II. lässt an Deutlichkeit kaum zu wünschen übrig: „Wenn ich jetzt zurückblicke, so nehme ich an, daß der Kaiser während der 21 Monate, da ich sein Kanzler war, seine Neigung, einen ererbten Mentor loszuwerden, mit Mühe unterdrückt hat bis er explodierte, und eine Trennung, die ich, wenn ich den Wunsch des Kaisers gekannt hätte, mit Schonung aller äußeren Eindrücke eingeleitet haben würde, in einer plötzlichen, für mich verletzenden, ja ich möchte sagen, beleidigenden Weise erzwang.“

Dennoch verfügte Bismarck, dass dieser dritte Teil seiner Erinnerungen erst nach Wilhelms Tod gedruckt werden sollte. Gegen den Willen von Bismarcks Erben erschienen sie dennoch einige Jahre früher, im Jahre 1921, nach Wilhelms Weggang ins Exil. Sie sind heute noch genauso frisch wie vor hundert Jahren.

*Walter Krämer*

## Der Königsweg zum Unbewussten

Die Traumdeutung
Sigmund Freud
1899

Träume gelten in der Psychoanalyse als Schlüssel zum Unbewussten. Freud beschreibt in seiner *Traumdeutung*, wie sich hier unbewusste Phantasien ausdrücken, zum größten Teil unterdrückte Triebwünsche, die vom Bewusstsein nicht akzeptiert werden. Sie durchlaufen daher einen Prozess der sogenannten Traumarbeit, der mit einer Art Traumzensur verbunden ist. Beunruhigende oder ‚gefährliche' Inhalte werden in harmlose, gewöhnliche Traumbilder umgewandelt. So sagte Freud selbst einmal: „Der Traum ist im Grunde nichts anderes als eine besondere Form unseres Denkens, die durch die Bedingungen des Schlafzustandes ermöglicht wird. Die Traumarbeit ist es, die diese Form herstellt, und sie allein ist das Wesentliche am Traum, die Erklärung seiner Besonderheit."

Sigmund Freud wurde am 6. Mai 1856 in Freiberg in Mähren geboren. Als er drei Jahre alt war, floh seine Familie vor antisemitischen Ausschreitungen nach Leipzig, dann nach Wien. Dort verbrachte Freud den größten Teil seines Lebens. Im Jahr 1881 promovierte er zum Doktor der Medizin, 1886 eröffnete er seine erste Praxis als Nervenarzt, und ein Jahr später begann er mit dem therapeutischen Einsatz von Hypnose. Den Begriff „Psychoanalyse" verwendete er erstmals 1896.

Nach Freud wird der menschliche Traum von einem geistig-psychischen Prozess bestimmt, der sich vom Denken im Wachzustand, dem Primärprozess, stark unterscheidet. Er beschrieb ihn als „von urtümlichen Mechanismen, von emotionalen Wechselbädern, wechselnden Energieniveaus und zu einem nicht geringen Teil von sexuellen und aggressiven Inhalten, die aus der Kindheit stammen, geprägt":

> „Die Psychose kann mit dem wirksamen, die wahnhafte Aufklärung enthaltenden Traum mit einem Schlag ins Leben treten oder sich durch weitere Träume, die noch

> gegen Zweifel anzukämpfen haben, langsam entwickeln. Es ist wohl kein Zweifel, daß eines Tages neben der Psychologie des Traumes eine Psychopathologie des Traumes die Ärzte besänftigen wird.“

So zu lesen in seiner *Traumdeutung*. Mit diesem Werk aus dem Jahr 1900 glaubt Sigmund Freud, das Verständnis des Traumes für immer geklärt zu haben. Das sehen viele Wissenschaftler heute kritischer, aber dennoch verdanken wir Sigmund Freud geniale Erkenntnisse über die Mechanismen der Traumarbeit.

Freud analysierte auch zahlreiche eigene Träume, die er während einer dreijährigen Selbstanalyse seit 1897 aufgeschrieben hatte. Im Vorwort zur zweiten Auflage der *Traumdeutung* beschreibt Freud neben der wissenschaftlichen Bedeutung des Buches seine autobiographische Bedeutung:

> „Für mich hat dieses Buch nämlich noch eine andere subjektive Bedeutung, die ich erst nach seiner Beendigung verstehen konnte. Es erwies sich mir als ein Stück meiner Selbstanalyse, als meine Reaktion auf den Tod meines Vaters, also auf das bedeutsamste Ereignis, den einschneidendsten Verlust im Leben eines Mannes. Nachdem ich dies erkannt hatte, fühlte ich mich unfähig, die Spuren dieser Einwirkung zu verwischen.“

1895 verbrachte Freud den Sommer bei der Familie Ritter von Schlag in ihrem Schloss Bellevue am Kobenzl. In der Nacht vom 23. zum 24. Juli hatte er hier einen Traum, den er zum ersten Mal als Wunscherfüllung entschlüsseln konnte und der in seine *Traumdeutung* als *Traum von Irmas Injektion* einging.

> „Vorbericht:
>
> Im Sommer 1895 hatte ich eine junge Dame psychoanalytisch behandelt, die mir und den Meinigen freundschaftlich sehr nahe stand. [...] Die Kur endete mit einem teilweisen Erfolg, die Patientin verlor ihre hysterische Angst, aber nicht alle ihre psychosomatischen Symptome. Ich war damals noch nicht recht sicher in

den Kriterien, welche die endgültige Erledigung einer hysterischen Krankengeschichte bezeichneten, und mutete der Patientin eine Lösung zu, die ihr nicht annehmbar erschien. In solcher Uneinigkeit brachen wir der Sommerzeit wegen die Behandlung ab. – Eines Tages besuchte mich ein jüngerer Kollege, einer meiner nächsten Freunde, der die Patientin – Irma – und ihre Familie in ihrem Landaufenthalt besucht hatte. Ich fragte ihn, wie er sie gefunden habe, und bekam eine Antwort: Es geht ihr besser, aber nicht ganz gut. Ich weiß, daß mich die Worte meines Freundes Otto oder der Ton, in dem sie gesprochen waren, ärgerten. Ich glaubte einen Vorwurf herauszuhören, etwa daß ich der Patientin zu viel versprochen hätte, und führte – ob mit Recht oder Unrecht – die vermeintliche Parteinahme Ottos gegen mich auf den Einfluß von Angehörigen der Kranken zurück, die, wie ich annahm, meine Behandlung nie gerne gesehen hatten."

Freuds Traum vom 23./24. Juli 1895:

„Eine große Halle – viele Gäste, die wir empfangen. – Unter ihnen Irma, die ich sofort beiseite nehme, um gleichsam ihren Brief zu beantworten, ihr Vorwürfe zu machen, daß sie die ‚Lösung' noch nicht akzeptiert. Ich sage ihr: Wenn du noch Schmerzen hast, so ist es wirklich nur deine Schuld. Sie antwortet: Wenn du wüßtest, was ich für Schmerzen jetzt habe im Hals, Magen und Leib, es schnürt mich zusammen. Ich erschrecke und sehe sie an. Sie sieht bleich und gedunsen aus; ich denke, am Ende übersehe ich da doch etwas Organisches. Ich nehme sie zum Fenster und schaue ihr in den Hals. [...], und ich finde rechts einen großen Fleck, und anderwärts sehe ich an merkwürdigen krausen Gebilden, die offenbar den Nasenmuscheln nachgebildet sind, ausgedehnte weißgraue Schorfe. Ich rufe schnell Dr. M. hinzu, der die Untersuchung wiederholt und bestätigt. [...]"

Für Sigmund Freud ist es leicht, einiges zu seinem Traum zu sagen, und er gewinnt neue Erkenntnisse.

> „Dieser Traum hat vor vielen anderen eines voraus. Es ist sofort klar, an welche Ereignisse der letzten Tage er anknüpft und welches Thema er behandelt. [...] Die Nachricht, die ich von Otto über Irmas Befinden erhalten, die Krankengeschichte, an der ich bis tief in die Nacht geschrieben, haben meine Seelentätigkeit auch während des Schlafes beschäftigt. Trotzdem dürfte niemand, der den Vorbericht und den Inhalt des Traumes zur Kenntnis genommen hat, ahnen können, was der Traum bedeutet. Ich selbst weiß es auch nicht. [...]"

Am folgenden Morgen analysierte Freud seinen Traum. Es sollte seine erste umfassende und vollendete Traumdeutung werden. Freud hatte eine Lösung gefunden, die allen Traumforschern bis dahin verborgen geblieben war: Träume sind Wunscherfüllungen!

Jedes einzelne Traumelement ist Freud wichtig. Er nimmt sich jeden einzelnen Satz des Traumes vor und benennt Ideen, Gedankengänge und Vorkommnisse, die ihm dazu in den Sinn kommen. Hier ein kleiner Auszug seiner Analyse:

> „Analyse
>
> *Die Halle – viele Gäste, die wir empfangen.* Wir wohnten in diesem Sommer auf der Bellevue [...]. Der Traum ist auf der Bellevue vorgefallen, und zwar wenige Tage vor dem Geburtstagsfeste meiner Frau. Am Tage hatte meine Frau die Erwartung ausgesprochen, zu ihrem Geburtstag würden mehrere Freunde, und darunter auch Irma, als Gäste zu uns kommen. Mein Traum antizipiert also die Situation: Es ist der Geburtstag meiner Frau, und viele Leute, darunter Irma, werden von uns als Gäste in der großen Halle der Bellevue empfangen.
>
> *Wenn du noch Schmerzen hast, so ist es wirklich nur deine Schuld.* Das hätte ich ihr auch im Wachen sagen können, oder habe es ihr gesagt. [...] Ich merke aber an

dem Satz, den ich im Traume zu Irma spreche, daß ich vor allem nicht schuld sein will an den Schmerzen, die sie noch hat. Wenn es Irmas eigene Schuld ist, dann kann es nicht meine sein. Sollte in dieser Richtung die Absicht des Traumes zu suchen sein?

[...]

Ich habe nun die Traumdeutung vollendet. [...] Auch ist mir unterdes der ‚Sinn' des Traumes aufgegangen. Ich habe eine Ansicht gemerkt, welche durch den Traum verwirklicht wird und die das Motiv des Träumens gewesen sein muß. Der Traum erfüllt einige Wünsche, welche durch die Ereignisse des letzten Abends (die Nachricht Ottos, die Niederschrift der Krankengeschichte) in mir regegemacht worden sind. Das Ergebnis des Traumes ist nämlich, daß ich nicht schuld bin an dem noch vorhandenen Leiden Irmas und daß Otto daran schuld ist. Nun hat Otto mich durch seine Bemerkung über Irmas unvollkommene Heilung geärgert, der Traum rächt sich an ihm, indem er den Vorwurf auf ihn selbst zurückwendet. Von der Verantwortung für Irmas Befinden spricht der Traum mich frei, indem er dasselbe auf andere Momente zurückführt. [...]"

Rückblickend schreibt Freud über diesen Traum an Fließ: „Glaubst Du eigentlich, daß aus dem Hause dereinst auf einer Marmortafel zu lesen sein wird: Hier enthüllte sich am 24. Juli 1895 dem Dr. Sigmund Freud das Geheimnis des Traumes?"

*Daniela Worm*

## Die Sprache des Rechts

Das Bürgerliche Gesetzbuch
mehrere Verfasser
1900

Das *Bürgerliche Gesetzbuch* aus dem Jahr 1898, in Kraft seit dem 1. Januar 1900, regelt die Rechtsbeziehungen der deutschen Bürger, Firmen und Vereine. Und zwar so gut, dass es für viele andere Gemeinwesen zum Vorbild geworden ist; gemessen an der Zahl der Nachahmer hat das deutsche BGB den ebenfalls sehr einflussreichen französischen *Code Civil* (*Code Napoléon*) inzwischen überholt. Und gewisse juristisch relevante Dinge wie das Gründen und Führen von Vereinen sind weltweit zum ersten Mal überhaupt im BGB geregelt. Wenn etwa Japaner oder Chinesen heute Verträge abschließen, über ungerechtfertigte Bereicherung streiten oder Schadensersatz verlangen, so folgen sie weitgehend den Regeln des deutschen BGB.

Das Bürgerliche Gesetzbuch hat auch großen Einfluss auf das Schweizer Recht gehabt, das seinerseits vielen anderen Rechtsordnungen als Muster diente, zum Beispiel dem türkischen und griechischen Handelsrecht. Über diesen Umweg kam das BGB sogar bis nach Afghanistan. Das dort 1977 in Kraft getretene Zivilgesetzbuch hat naturgemäß viele türkische und islamische Elemente, besonders im Familienrecht, aber auch zahlreiche Vorschriften aus dem deutschen BGB. Nach dem Zusammenbruch des Ostblocks wurde das BGB auch Vorbild für das Privatrecht in Russland und in vielen anderen Nachfolgestaaten der Sowjetunion. Wer heute etwa in Armenien oder Tadschikistan, in Moldawien oder Aserbaidschan ein Haus oder Auto verkauft, unterliegt Haftungs- und Gewährleistungsansprüchen aus dem deutschen BGB.

Diese Vorbildfunktion kommt nicht von ungefähr. Wie dem *Code Napoléon* ist es dem BGB gelungen, die unendliche Menge möglicher Rechtsbeziehungen übersichtlich zu gliedern und benutzerfreundlich darzustellen; seine Sprache glänzt durch Klarheit und Präzision.

Das beginnt schon im ersten Satz: „Die Rechtsfähigkeit des Menschen beginnt mit der Vollendung der Geburt.“ Und in diesem klaren Ton geht es dann weiter:

„§ 2 Eintritt der Volljährigkeit

Die Volljährigkeit tritt mit der Vollendung des 18. Lebensjahres ein.

§ 7 Wohnsitz; Begründung und Aufhebung

(1) Wer sich an einem Ort ständig niederlässt, begründet an diesem Ort seinen Wohnsitz.
(2) Der Wohnsitz kann gleichzeitig an mehreren Orten bestehen.

§ 13 Verbraucher

Verbraucher ist jede natürliche Person, die ein Rechtsgeschäft zu einem Zwecke abschließt, der weder ihrer gewerblichen noch ihrer selbständigen beruflichen Tätigkeit zugerechnet werden kann.

§ 21 Nichtwirtschaftlicher Verein

Ein Verein, dessen Zweck nicht auf einen wirtschaftlichen Geschäftsbetrieb gerichtet ist, erlangt Rechtsfähigkeit durch Eintragung in das Vereinsregister des zuständigen Amtsgerichts.

§ 90 Begriff der Sache

Sachen im Sinne des Gesetzes sind nur körperliche Gegenstände.

§ 90a Tiere

Tiere sind keine Sachen. Sie werden durch besondere Gesetze geschützt. Auf sie sind die für Sachen geltenden Vorschriften entsprechend anzuwenden, soweit nicht etwas anderes bestimmt ist.

§ 104 Geschäftsunfähigkeit

Geschäftsunfähig ist:
1. wer nicht das siebente Lebensjahr vollendet hat,
2. wer sich in einem die freie Willensbestimmung ausschließenden Zustand krankhafter Störung der Geistestätigkeit befindet, sofern nicht der Zustand seiner Natur nach ein vorübergehender ist.

§ 145 Bindung an den Antrag

Wer einem anderen die Schließung eines Vertrags anträgt, ist an den Antrag gebunden, es sei denn, dass er die Gebundenheit ausgeschlossen hat.

§ 227 Notwehr

(1) Eine durch Notwehr gebotene Handlung ist nicht widerrechtlich.
(2) Notwehr ist diejenige Verteidigung, welche erforderlich ist, um einen gegenwärtigen rechtswidrigen Angriff von sich oder einem anderen abzuwenden.

§ 530 Widerruf der Schenkung

(1) Eine Schenkung kann widerrufen werden, wenn sich der Beschenkte durch eine schwere Verfehlung gegen den Schenker oder einen nahen Angehörigen des Schenkers groben Undanks schuldig macht.
(2) Dem Erben des Schenkers steht das Recht des Widerrufs nur zu, wenn der Beschenkte vorsätzlich und widerrechtlich den Schenker getötet oder am Widerruf gehindert hat.“

Wozu noch Jura studieren, könnte man da sagen. Gibt es für ein Gesetzbuch ein größeres Kompliment?

*Walter Krämer*

## Raum und Zeit und Kaugummis

Zur Elektrodynamik bewegter Körper
Albert Einstein und die Relativitätstheorie
1905

Auf den ersten Blick mag der Titel dieses Kapitels etwas wunderlich erscheinen. Und dennoch verfügen Raum, Zeit und Kaugummis über eine grundlegende gemeinsame Eigenschaft: Sie sind äußerst flexibel, ja geradezu ‚knetbar'. Diese Erkenntnis verdankt die moderne Physik dem Begründer der speziellen und allgemeinen Relativitätstheorie, Albert Einstein.

Einstein wurde am 14. März 1879 in Ulm als Kind einer Kaufmannsfamilie geboren. Nach seiner ersten glücklosen Bewerbung um einen Studienplatz an der Eidgenössischen Technischen Hochschule in Zürich im Jahre 1896 begann er ebendort ein Jahr später das Studium der Mathematik und Physik. Bereits während seines Studiums vermittelte ihm ein Freund eine Anstellung am Eidgenössischen Amt für geistiges Eigentum, dem heutigen Patentamt in Zürich – ein Glücksfall, wie Einstein selber schrieb:

> „Selbst wenn ein junger Mensch das Glück hat, für eine bestimmte Zeit über ein Stipendium zu verfügen, steht er unter dem Druck, so schnell wie möglich klare Ergebnisse vorlegen zu müssen. In der Grundlagenforschung kann dieser Druck nur Schaden stiften. Der junge Wissenschaftler, der in einen praktischen Beruf eintritt, der ihm das Auskommen sichert, ist demgegenüber in einer viel besseren Lage. Vorausgesetzt natürlich, dass der Beruf ihm genügend Zeit und Energie für die Forschung lässt."

Offenbar ließ ihm der Beruf genügend Zeit, denn schon 1905 veröffentlichte Einstein seine ersten vier grundlegenden Aufsätze in der Zeitschrift *Annalen der Physik*, unter anderem den Artikel *Zur Elektrodynamik bewegter Körper*, den Grundstein der speziellen Relativitätstheorie. Nach zwei Jahren als außerordentlicher Professor für theoretische Physik an der Universität Zürich ging Einstein im Jahr 1911 als Ordinarius an die Universität Prag, und 1914 von dort an die Preußische Akademie der Wissenschaften in Berlin. Dort formulierte Einstein seine – das 1905 erschienene Werk um einige wichtige Punkte ergänzende – allgemeine Relativitätstheorie; im Jahr 1921 erhielt er den Nobelpreis für Physik. Allerdings nicht für seine Relativitätstheorie, sondern für die Einführung des Begriffs der Lichtquanten und seine Arbeiten auf dem Gebiet der theoretischen Physik.

Nach der Machtergreifung der Nazis nahm Einstein einen Ruf an das Institute for Advanced Study in Princeton an. Entgegen seiner pazifistischen Einstellung unterschrieb er 1939 eine Aufforderung an den US-Präsidenten, den Bau einer Atombombe weiter voranzutreiben, weil er fürchtete, die Nazis könnten den Amerikanern zuvorkommen. Nach dem Abwurf der beiden Atombomben 1945 gründete er das Emergency Committee of Atomic Scientists und kämpfte als dessen Präsident für die friedliche Nutzung der Atomenergie.

Am 18. April 1955 ist Albert Einstein in einem Krankenhaus in Princeton an inneren Blutungen gestorben. Seine letzten Worte sprach er auf Deutsch, aber sie gingen der Nachwelt verloren, da die bei ihm weilende Krankenschwester die Sprache nicht verstand.

Die berühmte Formel

$$E=mc^2,$$

die Einsteins Weltruf begründete, ist Teil eines Nachtrags, den er 1905 zu seiner speziellen Relativitätstheorie lieferte. Sie besagt: Die Energie eines Körpers ist das Produkt aus seiner Masse und dem Quadrat der Lichtgeschwindigkeit. Laien und Fachleute werden an dieser Stelle fragen, ob denn die Masse eines Körpers nicht abhängig von der an sich konstanten Schwerkraft ist. Und genau an dieser Stelle offenbart sich die großartige Leistung Einsteins: Er hat, wenn man so will, den Begriff der Schwerkraft relativiert.

Konstant allein ist immer nur die Lichtgeschwindigkeit: rund 300.000 Kilometer pro Sekunde. Wirft man einen Stein mit 20 Stundenkilometern nach vorne, so fliegt dieser exakt 20 Kilometer in der Stunde. Wirft man ihn aus einem mit 80 km/h fahrenden Zug, so fliegt der Stein exakt 100 km/h. Leuchtet man aber aus diesem Zug mit einer Taschenlampe nach vorne, deren Strahl 300.000 Kilometer pro Sekunde strahlt, so wird der Strahl keineswegs um 80 Stundenkilometer schneller, sondern leuchtet weiterhin konstant mit der angegebenen Lichtgeschwindigkeit:

> „Wir wollen diese Vermutung (deren Inhalt im folgenden ‚Prinzip der Relativität' genannt werden wird) zur Voraussetzung erheben und außerdem die mit ihm nur scheinbar unverträgliche Voraussetzung einführen, daß sich das Licht im leeren Raume stets mit einer bestimmten, vom Bewegungszustande des emittierenden Körpers unabhängigen Geschwindigkeit *V* fortpflanzte."

So Einstein selbst. Den Nachweis für die unveränderte Lichtgeschwindigkeit hatten die beiden Physiker Albert Abraham Michelson und Edward Williams Morley schon 1887 gefunden. Eine letztlich schlüssige Deutung dieses Phänomens erbrachte jedoch erst Albert Einstein in seiner „Speziellen Relativitätstheorie", indem er zeigte, dass die Raum-Zeit-Beziehung in der Nähe größerer Massen gekrümmt ist. Als Beispiel einer wirklich großen Masse nahm er die Sonne. Schickte man einen Lichtstrahl, so argumentierte Einstein, sehr nah an der Sonne vorbei, verliefe dieser nicht kerzengerade, sondern würde zur Sonne hin abgelenkt. In seiner späteren Schrift *Über die spezielle und allgemeine Relativitätstheorie (gemeinverständlich)* liefert Einstein sogar einen genauen Wert:

> „Wenn eine eingehende Überlegung auch ergibt, daß die Krümmung der Lichtstrahlen, welche die allgemeine Relativitätstheorie liefert, für die uns in der Erfahrung zur Verfügung stehenden Gravitationsfelder nur äußerst gering ist, so soll sie für Lichtstrahlen, die in der Nähe der Sonne vorbeigehen, doch 1,7 Bogensekunden betra-

> gen. Dies müßte sich dadurch äußern, daß die in der Nähe der Sonne erscheinenden Fixsterne, welche bei totalen Sonnenfinsternissen der Beobachtung zugänglich sind, um diesen Betrag von der Sonne weggerückt erscheinen müssen gegenüber der Lage, die sie für uns am Himmel annehmen, wenn die Sonne an einer anderen Stelle am Himmel steht."

Am 29. Mai 1919 leitete der britische Astrophysiker Sir Arthur Eddington im Rahmen einer Expedition der British Royal Society das Experiment, das Einstein Recht geben sollte. Während einer Sonnenfinsternis im westafrikanischen Golf von Guinea wurden Aufnahmen von Himmelskörpern gemacht. Diese Aufnahmen verglich man mit den Sternenkarten ohne Sonne. Das Experiment wurde zur wissenschaftlichen Sensation. Nicht nur scheinbar, sondern offensichtlich verläuft die Zeit in der Nähe großer Massen messbar langsamer. Raum und Zeit sind gekrümmt. Diese Tatsache, auch „relativistische Rotverschiebung" genannt, ist Teil der allgemeinen Relativitätstheorie. Sie lässt sich mit heutigen Mitteln verhältnismäßig leicht nachweisen: Stellt man eine Uhr auf den Eiffelturm und vergleicht die gemessene Zeit nach etwa einer Woche mit einer Uhr, die am Sockel des Eiffelturms steht, so stellt sich heraus, dass die höher gelegene Uhr, wenn auch nur um Nanosekunden (Milliardstel) schneller läuft.

Ein weiteres Prinzip der Relativitätstheorie besagt, dass Uhren langsamer laufen, wenn sie sich bewegen. Dieses Phänomen aus der speziellen Relativitätstheorie heißt „relativistische Zeitdilatation" und lässt sich mit heutigen Mitteln ebenfalls leicht nachweisen. Befördert man eine Uhr in einem sehr schnell fliegenden Flugzeug und vergleicht die gemessene Zeit dieser Uhr mit einer Uhr, die auf dem Boden blieb, so geht die „geflogene" Uhr messbar nach.

> „Befinden sich in A zwei synchron gehende Uhren und bewegt man die eine derselben auf einer geschlossenen Kurve mit konstanter Geschwindigkeit, bis sie wieder nach A zurückkommt, was t Sek. dauern möge, so geht

die letztere Uhr bei ihrer Ankunft in A gegenüber der zurückgebliebenen um $\frac{1}{2}\, t\, (v/V)^2$ nach.“

Die meistzitierte Gleichung zur Relativitätstheorie besagt, dass bei einem Zwillingspärchen, von denen einer auf eine Reise mit einem Raumschiff geht, derjenige, der auf der Erde bleibt, nicht so alt wird, wie sein reisender Bruder, wenn auch nach Erdzeit beide am selben Tag sterben. Das wiederum bedeutet, dass es unmöglich ist, mit universeller Gültigkeit die Zeit festzulegen, zu der ein Ereignis stattfindet, ohne nicht auch den örtlichen Bezugspunkt zu dem Geschehen anzugeben, das heißt, eine Relativität herzustellen.

> „Wir haben zu berücksichtigen, daß alle unsere Urteile, in welchen die Zeit eine Rolle spielt, immer Urteile über gleichzeitige Ereignisse sind. Wenn ich z. B. sage: ‚Jener Zug kommt hier um 7 Uhr an‘, so heißt dies etwa: ‚Das Zeigen des kleinen Zeigers meiner Uhr auf 7 und das Ankommen des Zuges sind gleichzeitige Ereignisse.‘ [...] Eine solche Definition genügt in der Tat, wenn es sich darum handelt, eine Zeit zu definieren ausschließlich für den Ort, an welchem sich die Uhr eben befindet.“

Einsteins Formel $E=mc^2$ bedeutet aber noch mehr: Sie beweist, dass auch bei geringster Masse durch hohe Geschwindigkeit Energie entstehen kann und bildet somit die Grundlage für die heutige Elementarteilchenphysik. Durch sehr hohe Bewegungsenergie wird in modernen Teilchenbeschleunigern Materie erzeugt. Leider zerfallen die so gewonnenen Teilchen (noch) sehr schnell.

*Thorsten Herda*

## Auferstehung

Archaischer Torso Apollos
Rainer Maria Rilke
1908

René Maria Rilke wurde 1875 in Prag geboren, wo, fast plötzlich und gleichzeitig, mehrere deutsche Dichter von Weltrang aufwachsen. Prägende Bildungserlebnisse wurden aber seine Russland-Reisen (1899/1900), sein Aufenthalt in der Künstlerkolonie Worpswede bei Bremen (1900-1902) wie die vielen Reisen und Aufenthalte (etwa in Paris ab 1902), die sein Leben ausmachen sollten. Der zu frühe Tod durch Leukämie ereilte ihn 1926 in der Schweiz, die er ab 1919 als dauerndes Refugium bewohnte. Die Höhepunkte seines nicht immer leicht zugänglichen Schaffens bilden die beiden Bände der *Neuen Gedichte* (1907 und 1908), der Roman *Die Aufzeichnungen des Malte Laurids Brigge* (1910) und die *Duineser Elegien.* Die Neunte Elegie, Rilkes reichhaltigster Text, stellt die Frage nach dem Sinn des Lebens und stellt den Dichter vor die Aufgabe, die Dinge der Welt, dieses „Schwindende" (Vs. 12), dadurch vor dem Untergang zu retten, dass er sie sagt.

Das hat Rilke durch viele Gedichte illustriert. Das berühmte Sonett „Archaischer Torso Apollos" (1908) aus *Der Neuen Gedichte Anderer Teil* wird gerne als sogenanntes Ding-Gedicht eingestuft. Allerdings handelt es sich nur um einen „Torso" ohne Kopf und Gliedmaßen, um ein schrottreifes, „schwindendes" Ding, wie es in der Elegie heißt und wie es für die poetische Aufgabe nicht geeigneter sein könnte. Als ein solches präsentiert er sich zunächst einmal den achtlosen Passanten im Museum als „entstellter" und nicht weiter identifizierbarer „Stein" (Vs. 9):

„Archaischer Torso Apollos

WIR kannten nicht sein unerhörtes Haupt,
darin die Augenäpfel reiften. Aber
sein Torso glüht noch wie ein Kandelaber,
in dem sein Schauen, nur zurückgeschraubt,

sich hält und glänzt. Sonst könnte nicht der Bug
der Brust dich blenden, und im leisen Drehen
der Lenden könnte nicht ein Lächeln gehen
zu jener Mitte, die die Zeugung trug.

Sonst stünde dieser Stein entstellt und kurz
unter der Schultern durchsichtigem Sturz
und flimmerte nicht so wie Raubtierfelle;

und bräche nicht aus allen seinen Rändern
aus wie ein Stern: denn da ist keine Stelle,
die dich nicht sieht. Du mußt dein Leben ändern. "

Keine der berühmten Apollofiguren der Antike, weder die von Pheidias (450 v. Chr.) noch die von Leochares, ebenfalls aus dem 4. Jahrhundert v. Chr., entspricht Rilkes Beschreibung. Möglicherweise bezieht sich unser Gedicht auf den im Louvre ausgestellten Jünglingstorso aus Milet, dem Rilke offenbar eine neue Identität hat verleihen wollen.

Der erste Teil des Sonetts gibt eine Art Beschreibung des Klotzes; der zweite dagegen steht fast ganz im Konjunktiv, malt also nicht aus, sondern scheint durch Sonst- und Wenn-Sätze zeigen zu wollen, was man zunächst nicht sieht. Der Betrachter entdeckt plötzlich Leben, das sich dem Verfall entgegenstemmt („sein Torso glüht noch wie ein Kandelaber") und dem Schwinden stand hält. Der Stein gewinnt Identität und mausert sich zum Sonnengott Apollo:

„ […] Sonst könnte nicht der Bug
der Brust dich blenden […]"

Das anfangs kaum als Objekt zu bezeichnende Ding wird Subjekt, der erstaunte Schauende umgekehrt Geblendeter, Gegenstand, überrumpeltes „Du". Die Apollofigur belebt sich, dreht sich in den Lenden (wobei sich auch ein versetztes Mittelreimschema, blenden/Lenden, bildet), ja nimmt bedrohliche animalische Züge an. Sie enthüllt den „Bug der Brust", wie es eigentlich nur von einem Rind, Stier oder Pferd heißen sollte, und hätte am liebsten vor lauter Befriedigung („Lächeln") ihre wohl verstümmelten Genitalien („Zeugung") zur Schau getragen, die „Mitte" ihres Körpers (und genaue Mitte des Gedichtes). Im „Lächeln" allerdings kommt auf einen Augenblick noch der bis dahin unbekannte und „unerhörte" Mund des kopflosen Sänger- und Dichtergottes zum Vorschein. Nicht Apollo, sondern Dionysos erschien bekanntlich in Tiergestalt; zumeist als Bock oder Stier, aber auch Panther und Tiger („Raubtierfelle") gehörten zu seinen Attributen. Der tote Stein wird poetisch zu neuem Leben erweckt, zuerst zum maßvollen, zurückhaltenden („zurückgeschraubt") Apollo, schließlich sogar zur Dionysos-Bestie, die in der letzten Strophe mit der Wucht eines aus der Bahn geschleuderten Kometen („Stern"), die apollinische Sonnenbahn verlassend, aus ihrem „durchsichtige[n] Sturz" (österreichisch für „Glasglocke"), also aus der Enge und Gefangenschaft ihrer flimmernden Schulterründe (bei fehlendem Kopf), ausbricht.

Dem Verfall wird Einhalt geboten. Der schwindende und unkenntlich gewordene Apollo wird enthüllt und weiß als furchterregender Dionysos aufzuerstehen, der den eben noch ahnungslosen Vorbeigänger zu überfallen droht und ihm aus hundert Augen auflauert. Der in den Louvre ging um zu sehen, wird gesehen. Das Ding, der Stein, ist kein Objekt, sondern rettet sich in eine neuartige Vitalität; das Subjekt, der Zuschauer (und Leser des Sonetts!), ist kein selbstgefälliges Subjekt mehr, ihm droht vielmehr die Auslöschung: „Du mußt dein Leben ändern." Indem sie dem fremden und „unerhörte[n] Haupt" wieder Anerkennung und Gehör angedeihen lässt, wäre die poetische Auflage erfüllt.

*Roland Duhamel*

## Selbstverleugnung und Realitätsverdrängung

Die Verwandlung
Franz Kafka
1912

> „Als Gregor Samsa eines Morgens aus unruhigen Träumen erwachte, fand er sich in seinem Bett zu einem ungeheueren Ungeziefer verwandelt."

Ein Satz, ein Mysterium: Siegfried Wolff, ein früher Leser, bringt seine Eindrücke und die seines Umfelds persönlich und pointiert zum Ausdruck. Er schreibt an Franz Kafka:„Ich habe Ihre Verwandlung gekauft und meiner Kusine geschenkt. Die weiß sich die Geschichte aber nicht zu erklären. Meine Kusine hats ihrer Mutter gegeben, die weiß auch keine Erklärung. Die Mutter hat das Buch meiner andern Kusine gegeben und die hat auch keine Erklärung. Nun haben sie an mich geschrieben. Ich soll ihnen die Geschichte erklären. Weil ich der Doctor der Familie wäre. Aber ich bin ratlos. […] Nur Sie können mir helfen. Sie müssen es; denn Sie haben mir die Suppe eingebrockt. Also bitte sagen Sie mir, was meine Kusine sich bei der Verwandlung zu denken hat."

Franz Kafka wollte diese Suppe ganz offensichtlich nicht auslöffeln. Die Frage ist, ob er das überhaupt hätte können. Gibt es eine sinnvolle Erklärung dafür, dass Gregor Samsa sich verwandelt hat? Hilft Kafka bei der Interpretation der Erzählung selbst oder im Nachhinein? Es haben sich mittlerweile weit über 100 Interpretationen angesammelt, die ganz unterschiedliche Ansätze verfolgen, von psychoanalytischen bis theologischen. Dabei kam Albert Camus bereits früh zu der Erkenntnis, dass es das Schicksal und vielleicht auch die Größe des Werks sei, dass es alle Möglichkeiten darbiete und keine bestätige.

Warum wird Gregor Samsa denn nun zu einem Käfer? Die vielen (mitunter verzweifelten, zum großen Teil lächerlichen) Versuche, diese Verwandlung zu erklären, basieren auf der

Hoffnung, die beschriebenen Ereignisse rational zu fassen, in bekannte Denkschemata einzuordnen. Doch gerade damit tut man dem Text Gewalt an, beraubt ihn seines düsteren Zaubers. Eng am Text lässt sich zeigen, was man mit ihm machen kann und wo Grenzen bestehen. Und weil diese ganz besondere Faszination, die von Kafkas Text ausgeht, nur am Text selbst gezeigt werden kann, soll zunächst der erste Satz der Erzählung noch einmal in den Blick rücken:

> „Als Gregor Samsa eines Morgens aus unruhigen Träumen erwachte, fand er sich in seinem Bett zu einem ungeheueren Ungeziefer verwandelt."

Bereits Helmut Binder zeigt in seiner großen Studie zur *Verwandlung*, wie Kafka geschickt die unruhigen Träume in diesem ersten Satz platziert. Mit diesen Träumen bietet er einen möglichen Bezug zu dem unerklärlichen Vorgang. Er provoziert förmlich die Lesererwartung, dass später deutlich wird, was in der Nacht passierte und was die Träume mit der Verwandlung zu tun haben. Die Träume spielen im weiteren Verlauf jedoch überhaupt keine Rolle mehr. Implizit begleiten sie aber die Lektüre als geweckte Erwartung, die nie eine Befriedigung findet.

Auch sprachlich näheren sich die Verwandlung und die Träume einander an. Das den Träumen vorgestellte „unruhigen" findet seinen Nachklang in den Worten „ungeheueren Ungeziefer". Diese gleiche Vorsilbe signalisiert einen Bezug, bringt die Worte, die Satzteile und damit die Ergebnisse in einen Gleichklang.

Zwei simple Fragen: Warum nennt Kafka die Träume? Wie wirkte der Satz, ließe Kafka die Worte einfach weg? Vielleicht beantwortet sich der erste Satz mit einer Antwort auf den zweiten. Ohne die Träume stünde die Verwandlung völlig erklärungslos im Raum, bezugslos, hoffnungslos. Mit den Träumen ahnt der Leser bei aller Ungeheuerlichkeit die Möglichkeit einer Erklärung, eine Ahnung, die schließlich betrogen wird. Und damit wirkt das Vorgehen noch tiefer.

Mit diesen Träumen formuliert Kafka die Falle, die in vielen seiner Texte und speziell in der *Verwandlung* verborgen ist: Er bietet scheinbare Erklärungsreferenzen an und entzieht sie danach wieder.

Dann stellt sich natürlich die Frage nach dem Täter. Wer tat das? Und hier wird es noch spannender. Der Täter wird von Kafka geschickt versteckt. Von der Tat selbst wird nämlich in einer Verschachtelung gesprochen, im Vordergrund steht statt ihrer der Moment, in dem Gregor Samsa mit dem Ergebnis des Vorgangs konfrontiert wird: Er fand sich verwandelt. Und die Verwandlung selbst kann auf unterschiedliche Weisen erfolgt sein; durch einen anderen Täter, als selbstständiger Prozess und schließlich durch Gregor Samsa selbst. Diese Frage lässt sich auch bei allen interpretatorischen Versuchen nicht auflösen.

Die folgende Textstelle zeigt, wie Kafka die Handlung aus der Erzählperspektive Gregor Samsas entwickelt. Geschildert wird der Versuch durch Gregors Schwester und seine Mutter, aus dem Zimmer, in dem er sich seit Monaten aufhält, Gegenstände zu entfernen.

> „Beim Anhören dieser Worte der Mutter erkannte Gregor, daß der Mangel jeder unmittelbaren menschlichen Ansprache, verbunden mit dem einförmigen Leben inmitten der Familie, im Laufe dieser zwei Monate seinen Verstand hatte verwirren müssen, denn anders konnte er es sich nicht erklären, daß er ernsthaft danach hatte verlangen können, daß sein Zimmer ausgeleert würde. Hatte er wirklich Lust, das warme, mit ererbten Möbeln gemütlich ausgestattete Zimmer in eine Höhle verwandeln zu lassen, in der er dann freilich nach allen Richtungen ungestört würde kriechen können, jedoch auch unter gleichzeitigem schnellen, gänzlichen Vergessen seiner menschlichen Vergangenheit?
>
> Trotzdem sich Gregor immer wieder sagte, daß ja nichts Außergewöhnliches geschehe, sondern nur ein paar Möbel umgestellt würden, wirkte doch, wie er sich bald

eingestehen mußte, dieses Hin- und Hergehen der Frauen, ihre kleinen Zurufe, das Kratzen der Möbel auf dem Boden, wie ein großer, von allen Seiten genährter Trubel auf ihn, und er mußte sich, so fest er Kopf und Beine an sich zog und den Leib bis an den Boden drückte, unweigerlich sagen, daß er das Ganze nicht lange aushalten werde. Sie räumten ihm sein Zimmer aus; nahmen ihm alles, was ihm lieb war; den Kasten, in dem die Laubsäge und andere Werkzeuge lagen, hatten sie schon hinausgetragen; lockerten jetzt den schon im Boden fest eingegrabenen Schreibtisch, an dem er als Handelsakademiker, als Bürgerschüler, ja sogar schon als Volksschüler seine Aufgaben geschrieben hatte, – da hatte er wirklich keine Zeit mehr, die guten Absichten zu prüfen, welche die zwei Frauen hatten, deren Existenz er übrigens fast vergessen hatte, denn vor Erschöpfung arbeiteten sie schon stumm, und man hörte nur das schwere Tappen ihrer Füße.
[…]
Aber Gretes Worte hatten die Mutter erst recht beunruhigt, sie trat zur Seite, erblickte den riesigen braunen Fleck auf der geblümten Tapete, rief, ehe ihr eigentlich zum Bewußtsein kam, daß das Gregor war, was sie sah, mit schreiender, rauher Stimme: ‚Ach Gott, ach Gott!‘ und fiel mit ausgebreiteten Armen, als gebe sie alles auf, über das Kanapee hin und rührte sich nicht. ‚Du, Gregor!‘ rief die Schwester mit erhobener Faust und eindringlichen Blicken. Es waren seit der Verwandlung die ersten Worte, die sie unmittelbar an ihn gerichtet hatte.“

Es ist in der Szene vom Mangel an direkter menschlicher Ansprache die Rede; am Ende folgt die Ansprache. Gregor selbst kann seine Gefühle und Gedanken dem Umfeld schon lange nicht mehr direkt durch gesprochene Sprache mitteilen, da er keine menschlichen Laute mehr produzieren kann. Seine Versuche, durch Geräusche und Körpersprache zu kommunizieren, schlagen meist fehl.

Schwester und Mutter rufen einander zu Beginn noch Worte zu, dann schweigen sie bis zu dem Moment, in dem die Mutter, gerade als die Schwester sie rasch aus dem Zimmer zu bringen versucht, Gregor an der Wand entdeckt. Bevor der Mutter bewusst wird, dass dort ihr Sohn an der Wand klebt, schreit sie und verliert das Bewusstsein. Die Schwester spricht ihn endlich an, doch sie tut dies mit Drohgebärden. Ihr „Du, Gregor“ mutet gerade im Kontrast mit Gregors Wunsch nach menschlicher Behandlung kaum wie eine Rückkehr zum Persönlichen, zum Familiären an, sondern wird konterkariert durch die folgende Handlung, in der die Schwester die Tür schließt, sich um die Mutter kümmert und Gregor dem heimkehrenden Vater gegenüber nicht mehr verteidigt. In direkter Reaktion bewirft der Vater Gregor mit Äpfeln, einer dringt schmerzhaft in den Körper ein.

An der Passage im mittleren Teil wird deutlich, wie Kafka das Vergehen von Zeit versprachlicht, wie er sie radikal verdichtet. Der „von allen Seiten genährte Trubel“ vollzieht sich sprachlich, indem Kafka in gerade einmal zwei Sätzen die nahezu komplette Räumung des Zimmers geschehen lässt, nicht ohne Gregor all das kommentieren zu lassen. Zusätzlich komprimiert er große Teile von Gregors Leben mit dem „Schreibtisch, an dem er als Handelsakademiker, als Bürgerschüler, ja sogar schon als Volksschüler seine Aufgaben geschrieben hatte“. Kafka beschleunigt das Geschehen im Erzählen und schafft auf diese Weise ein Erklärungsmuster für Gregors Verhalten, denn „da hatte er wirklich keine Zeit mehr, die guten Absichten zu prüfen, welche die zwei Frauen hatten“. Kafka lässt die Legitimation für Gregors Verhalten vor den Augen des Lesers entstehen und zeigt in und mit dieser offensichtlichen Konstruktion, wie unverbindlich auch diese Erklärung ist. Kafkas Sprache baut auf und zerstört im selben Moment.

Die vielleicht größte Herausforderung der *Verwandlung* ist es, diese Unerklärbarkeit auszuhalten und nicht zu versuchen, die Vorgänge gewaltsam mit irgendeiner rationalen Erklärung in eine Schablone zu pressen.

Und statt all diese Vorgänge verwoben und mit komplizierten Satzstrukturen zu schildern, stehen dem ungeheuren Inhalt einfacher Satzbau und ein klarer sprachlicher Stil gegenüber. Die Sprache der *Verwandlung* erinnert in weiten Passagen an einen (nüchternen) Tatsachenbericht. Scheinbar selbstverständlich und alltäglich beschreibt Kafka den langsamen Prozess hin zum vereinsamten Tode Gregor Samsas:

> „Tatsächlich war Gregors Körper vollständig flach und trocken, man erkannte das eigentlich erst jetzt, da er nicht mehr von den Beinchen gehoben war und auch sonst nichts den Blick ablenkte. ‚Komm, Grete, auf ein Weilchen zu uns herein' sagte Frau Samsa mit einem wehmütigen Lächeln, und Grete ging, nicht ohne nach der Leiche zurückzusehen, hinter den Eltern in das Schlafzimmer. Die Bedienerin schloß die Tür und öffnete gänzlich das Fenster. Trotz des frühen Morgens war der frischen Luft schon etwas Lauigkeit beigemischt. Es war eben schon Ende März."

Der kolumbianische Literaturnobelpreisträger Gabriel García Márquez urteilte, Kafkas *Verwandlung* habe seinem „Leben einen neuen Weg gewiesen, schon mit der ersten Zeile, die heute eine der berühmtesten der Weltliteratur ist." Er folgerte: „Kafka hat mir beigebracht, dass man anders schreiben kann."

*Dirk Käser*

## Die Freiheit der Andersdenkenden

Die Briefe der Rosa Luxemburg
Rosa Luxemburg
1917

„Wie also kommt man ihr nahe, der polnisch-jüdischen Doktorin Luxemburg, dem streitbaren Enfant terrible der deutschen Sozialdemokratie, der marxistisch geschulten Gelehrten, der so gar nicht netten und hübschen Geliebten und Liebhaberin, dem energiegeladenen Krüppel, der hinreißenden Rednerin, der ruppigen, rechthaberischen, herrschsüchtigen Idealistin?" So fragte Cora Stephan 1986 im *Spiegel.*

Kaum eine Frau hat die Gemüter derart erhitzt, so viel begeisterte Zustimmung wie hasserfüllte Ablehnung hervorgerufen, so viel in Bewegung gebracht wie Rosalia (Rosa) Luxemburg. Denn ruppig und rechthaberisch konnte sie wahrlich sein, liest man Reden oder Diskussionsprotokolle der sozialdemokratischen Parteitage von damals, als es um die Frage ging, wie eine Gesellschaft ohne Herren, ohne Knechte und auch ohne Mägde zu gestalten sei. Da war sie oft rigoros. Dennoch lautet ihr berühmtester und immer wieder zitierter Satz: „Freiheit ist immer nur die Freiheit des Andersdenkenden." Die „marxistisch geschulte Gelehrte" hatte also eine Gesellschaft vor Augen, in der auch Andersdenkende ein Recht hätten, sich zu äußern und zu handeln.

All das, was sie im Laufe ihres Lebens pflegen und weiter ausbauen sollte, zeigte sich schon in früher Jugend: Ab 1880, mit neun Jahren schon, verfasst das in Warschau aufgewachsene Kind jüdischer Eltern Gedichte und Novellen in polnischer und russischer Sprache. Als 18-Jährige muss sie nach soeben glänzend bestandenem Abitur ihre Heimat fluchtartig verlassen, hatte sie sich doch schon als Schülerin illegalen sozialistischen Gruppen angeschlossen. In Zürich, wo sie Philosophie, Geschichte, Nationalökonomie und Staatsrecht studiert, sich aber auch mit Zoologie und Botanik beschäftigt, sucht und findet sie wiederum schnell Zugang zu sozialistischen Kreisen. Dort lernt sie auch den Mann ihres Lebens kennen – Leo Jogiches. Mit ihm verbindet sie die Herkunft, das Emigrantenleben und vor allem der unbedingte Wille, den Traum einer gerechten Gesellschaft Wirklichkeit werden zu lassen. An ihn sind auch die ersten ihrer erhaltenen Briefe gerichtet, an ihren „Dziodzio", allerdings auf Polnisch oder Russisch.

Mit 25 Jahren beschließt sie, der aufstrebenden sozialistischen Bewegung in Deutschland unter die Arme zu greifen. Zu diesem Zweck geht sie eine Scheinehe ein, um die Aufenthaltserlaubnis zu bekommen. Leo erbittert dies, überhaupt wirft er ihr zuviel Stärke und Selbstständigkeit vor. Die Liebesbeziehung erkaltet, die Arbeitsbeziehung aber dauert ein Leben lang – und vielleicht auch das Gefühl füreinander.

In Deutschland macht „die Luxemburg" indessen von sich reden: als SPD-Rednerin, Redakteurin der *Leipziger Volkszeitung*, Dozentin der Parteischule. Sie wird zum überragenden theoretischen Kopf des radikal-sozialistischen Flügels: bewundert, angefeindet, von der Obrigkeit bespitzelt und verfolgt und seit 1904 immer wieder zu Haftstrafen verurteilt. Doch kaum entlassen, nimmt sie ihre politischen Aktivitäten wieder auf, mit größerer Tatkraft als zuvor, verfasst neben der Tagesarbeit auch zahlreiche theoretische Schriften.

Den Ersten Weltkrieg verbringt sie wegen kriegsgegnerischer Äußerungen fast ständig im Gefängnis, zunächst in Berlin, ab 1916 in Schutzhaft in der Festung Wronke. Neben ihrer theoretischen Arbeit schreibt sie dort fast jeden Tag mehrere Briefe an alle, die sie liebt, schätzt und achtet: an Kostja Zetkin, Hans Diefenbach, Clara Zetkin, Luise Kautsky, an „Sonjuschka", Sophie Liebknecht, an die Freundin und Helferin Mathilde Jacob und an viele andere.

Und vor allem diese über 2300 Briefe sind es, die ein beredtes Zeugnis ablegen vom Reichtum, der Vielschichtigkeit und der Widersprüchlichkeit einer großen Persönlichkeit: Rosa Luxemburg war überaus reich an Beobachtungsgabe und Einfühlung und ebenso reich in der Fähigkeit, Sprache virtuos zum Klingen zu bringen, um dadurch ganz unterschiedliche Empfindungen und Gedanken auszudrücken, von zärtlicher Liebe bis zu klirrend klarer Analyse. Dies hat ihren Ursprung aber ebenso in der Liebe: der Liebe zu allen Dingen des Lebens von den kleinsten bis zu den größten. Es drängt sich beim Lesen der Briefe zuallererst der Begriff Verbundenheit auf, Verbundenheit mit Pflanzen, Tieren, Menschen, Büchern – dem ganzen Universum. Dann erstaunt die Lebendigkeit und Farbigkeit ihres Ausdrucks – umso mehr als nicht Deutsch, sondern Polnisch ihre Muttersprache war.

„Luise Kautsky Wronke i.P., 15. April 1917

Geliebte Lulu!

Dein kurzes Brieflein vor Ostern hat mich durch seinen äußerst gedrückten Ton lebhaft beunruhigt, und ich habe mir gleich vorgenommen, Dir wieder einmal das Köpfchen zu waschen. Sag mal, wie kannst du bloß wie eine traurige Zikade Dein Liedlein der Trübsal weitersingen, während aus Rußland ein solch heller Lerchenchor herübertönt?! Begreifst Du denn nicht, daß dies unsere eigene Sache ist, die dort siegt und triumphiert, daß es die Weltgeschichte in Person ist, die dort ihre Schlachten schlägt und freudetrunken die Carmagnole tanzt? Muß man denn nicht alle Privatmisere bei solchem Gang der allgemeinen Sache vergessen? [...] Aber das Nichtmitmachenkönnen stimmt mich deshalb nicht um ein Jota trüber, und es fällt mir nicht ein, mir durch Stöhnen über das, was ich nicht ändern kann, die Freude am Geschehenden zu verkümmern.

Siehst Du, ich habe gerade aus der Geschichte der letzten Jahre und von da rückschauend aus der ganzen Geschichte gelernt, daß man das Wirken des einzelnen nicht überschätzen soll. Im Grunde genommen wirken und entscheiden die großen, unsichtbaren, plutonischen Kräfte der Tiefe, und alles rückt sich schließlich zurecht, sozusagen ‚von selbst'. Mißverstehe mich nicht:

Ich rede da nicht etwa einem bequemen fatalistischen Optimismus das Wort, der die eigene Impotenz verschleiern soll, wie er mir gerade bei Deinem verehrten Gatten verhaßt ist. Nein, nein, ich bin allzeit auf dem Posten und werde bei der nächsten Möglichkeit wieder dem Weltklavier mit allen zehn Fingern in die Tasten fallen, daß es dröhnt. Nun ich aber nicht durch meine Schuld, sondern durch äußeren Zwang ‚auf Urlaub' bei der Weltgeschichte bin, so lache ich mir einen Ast, freue mich, wenn's auch ohne mich geht, und glaube felsenfest, daß es gutgehen wird. Die Geschichte weiß stets am besten Rat, wo sie sich am hoffnungslosesten in die Sackgasse verlaufen zu haben scheint.

Liebste, wenn man die üble Gewohnheit hat, in jeder Blüte nach einem Tröpflein Gift zu suchen, so findet man, solange man lebt, eine Ursache zum Stöhnen. Nimm aber die Dinge umgekehrt und suche nach Honig in jeder Blüte, so findest Du stets Ursache, um heiter zu sein. Außerdem glaube mir, die Zeit, die ich – wie auch andere – jetzt hinter Schloß und Riegel verbringe, ist auch nicht verloren. Sie kommt irgendwie in der großen allgemeinen Rechnung zur Geltung. Ich bin der Meinung, daß man einfach, ohne zu viel Schlauheit und Kopfzerbrechen, so leben soll, wie man es für recht hält, ohne für alles gleich in bar auf die Hand ausgezahlt kriegen zu wollen. Es wird sich schon alles zum Schluß finden. Und wenn nicht – ist mir ‚ooch schnuppe'. Ich freue mich ja auch schon so des Lebens, inspiziere jeden Morgen gründlich den Knospenstand auf allen meinen Sträuchern, besuche jeden Tag ein rotes Marienkäferlein mit zwei schwarzen Pünktchen auf dem Rücken, das ich seit einer Woche auf einem Ast in einem warmen Verband aus Watte trotz Wind und Kälte am Leben erhalte, beobachte die Wolken, wie sie stets neu und immer schöner sind, und – fühle mich im ganzen nicht wichtiger als dieses Marienkäferlein und in diesem Gefühl meiner Winzigkeit unaussprechlich glücklich.

Vor allem: die Wolken! Welcher unerschöpfliche Grund des Entzückens für ein Paar Menschenaugen! Gestern, Sonnabend, stand ich nachmittags gegen fünf Uhr gelehnt an meinen Drahtzaun, der das Gärtlein von dem übrigen Hof trennt, ließ mir die Sonne auf den Buckel scheinen und blickte nach dem Osten. Dort türmte sich auf blaßblauem Himmelsgrund ein großes Wolkengebilde von zartestem Grau, über das ein leichter Rosaschimmer wie hingehaucht war; das zauberte eine ganze ferne Welt vor, in der unendliche Ruhe, Milde und Feinheit herrschten. Alles sah wie ein schwaches Lächeln aus; wie eine unbestimmt schöne Erinnerung aus früher Jugend, oder wie wenn man manchmal am Morgen erwacht mit dem wohligen Gefühl, etwas sehr Schönes geträumt zu haben, ohne sich mehr erinnern zu können, was es eigentlich war. Der Hof war leer und ich, wie immer, allein und allen fremd. Aus den offenen Fenstern des Gefängnisses drangen einige polternde Laute des sonnabendlichen Scheuerns und Putzens, eine zurechtweisende Stimme wurde hie und da laut; dazwischen schlug immer wieder der Buchfink ganz hoch auf der Pappel, deren Stamm, noch ganz kahl, im schrägen Licht der scheidenden Sonne silbern glänzte. [...]“

Der 9. November 1918, der Tag, an dem Deutschland Republik wird, ist für Rosa der erste Tag der Freiheit. Sogleich stürzt sie sich in die politische Arbeit und übernimmt die Redaktion der *Roten Fahne*, des Sprachrohrs der Spartakus-Gruppe. Der Jahre schwelende Konflikt mit Vertretern der SPD, unter anderem wegen deren Unterstützung des Weltkriegs, hatte bereits 1917 zur Spaltung der Sozialdemokratie geführt, zur Jahreswende 1918/19 bildet sich aus der Spartakus-Gruppe die KPD unter Luxemburgs und Liebknechts Führung.

Der letzte bekannte Brief Rosa Luxemburgs, datiert vom 11. Januar 1919, zeigt eine Frau, die mitten im politischen Leben steht, tagespolitische Themen erörtert, Einschätzungen der Lage vornimmt, trotz aller Zweifel und persönlicher Schwierigkeiten auch Hoffnung spendet. Die Empfängerin ist Clara Zetkin, die Freundin, Mitstreiterin und Mutter ihres Geliebten Kostja:

> „Liebste Klara,
>
> Es ist, [...] nicht zu beschreiben, welche Lebensweise ich – wir alle – seit Wochen führen, den Trubel, die unaufhörlichen Alarmnachrichten, dazwischen angestrengte Arbeit, Konferenzen etc. etc [...] Meine Wohnung sehe ich nur ab und zu für ein paar Nachtstunden. [...] Im ganzen entwickelt sich unsere Bewegung prächtig, und zwar im ganzen Reich. [...] Die heftigen politischen Krisen, die wir hier in Berlin alle zwei Wochen oder noch häufiger erleben, hemmen stark den Gang der systematischen Schulungs- und Organisationsarbeit, sie sind aber zugleich selbst eine großartige Schule für die Massen. Und schließlich muß man die Geschichte so nehmen, wie sie laufen soll. [...]“

Vier Tage später ist Rosa Luxemburg tot, ermordet ebenso wie Karl Liebknecht. Der Mord soll totgeschwiegen, die Mörder gedeckt werden. Dank Jogiches, der sich energisch für die Aufdeckung einsetzt, werden die Mörder enttarnt, eine wildgewordene Soldateska hatte sie gelyncht im Namen der seit knapp zwei Monaten herrschenden, noch ganz ungefestigten neuen Republik – einer Republik, die von ihren ehemaligen Genossen geführt wird.

Rosa Luxemburgs Leiche wird erst Ende Mai im Landwehrkanal gefunden, obwohl Jogiches sich ständig um Aufklärung bemüht hatte. Kurze Zeit später erleidet er das gleiche Schicksal.

*Gabriele Hensel*

## Logik und ihre Grenzen

Tractatus Logico-Philosophicus
Ludwig Wittgenstein
1921

In drei Bänden veröffentlichten 1910 bis 1913 Alfred North Whitehead und Bertrand Russell die Grundlagen der Mathematik, *Principia Mathematica*. Dieses Werk veränderte das mathematische Denken und wirkte ebenso in der Wissenschaftstheorie. Es stellte ein formales, rein logisches Instrumentarium zur Verfügung, um Sätze einer künstlichen Sprache zu formulieren.

Wissenschaft und Technik entwickelten sich zu jener Zeit in atemberaubendem Tempo. Damit konnten die natürlichen Sprachen, das Deutsche oder Englische, nicht mehr Schritt halten. Die Denkweisen der vergangenen Jahrhunderte drückten sich in diesen Sprachen aus und standen der neuen Entwicklung im Weg. Die Sprache der Mathematik hingegen, die formale Logik, Aussagen- und Prädikatenlogik versprach Freiheit von den Windungen und Irrwegen einer als vernebelt und verquast empfundenen Philosophie der Altvorderen. Es war an der Zeit, Tacheles zu reden und ein Plädoyer für sprachliche Klarheit zu halten.

In dieser Zeit arbeitete Ludwig Wittgenstein an dem einzigen philosophischen Buch, das zu seinen Lebzeiten erschienen ist, dem *Tractatus logico-philosophicus*. Es griff 1921 die von den *Principia* begonnene Diskussion auf. Rein und von faszinierender Klarheit ist die Sprache des *Tractatus*. Sie zieht den Leser in den Text hinein. Sie lässt keinen Ausweg, keine Hintertüren, durch die Gedanken wieder entfliehen könnten. Dieses Buch ist ein Sprachkunstwerk.

> „1 Die Welt ist alles, was der Fall ist.“

Ein nummeriertes System von Sätzen, sieben Abschnitte mit Erläuterungen, kristallklar, zugleich aber oft kryptisch und schwer verständlich. In seiner Autobiographie berichtet Rudolf Carnap, die Mitglieder des Wiener Kreises, Philosophen, Physiker und Mathematiker, hätten das Buch Satz für Satz laut vorgelesen und diskutiert. Oft seien lange Gespräche nötig gewesen, um herauszufinden, was gemeint sei – manchmal ohne Ergebnis.

Worüber kann man in der Wissenschaft und in der Philosophie reden? Was ist ein wissenschaftliches Problem, vielleicht ein Problem des Lebens ganz allgemein? Gibt es Fragen, die man nicht beantworten kann?

> „5.6 Die Grenzen meiner Sprache bedeuten die Grenzen meiner Welt.
>
> 5.61 Die Logik erfüllt die Welt; die Grenzen der Welt sind auch ihre Grenzen.
>
> Wir können also in der Logik nicht sagen: Das und das gibt es in der Welt, jenes nicht.
>
> Das würde nämlich scheinbar voraussetzen, dass wir gewisse Möglichkeiten ausschließen und dies kann nicht der Fall sein, da sonst die Logik über die Grenzen der Welt hinaus müsste: wenn sie nämlich diese Grenzen auch von der anderen Seite betrachten könnte.
>
> Was wir nicht denken können, das können wir nicht denken; wir können also auch nicht *sagen,* was wir nicht denken können."

Eine Frage, die man nicht beantworten kann, ist vielleicht ein Syntaxfehler, keinesfalls aber eine Frage. Denn Frage wie Antwort liegen diesseits der Grenzen, auf jede Frage gibt es eine Antwort.

Wäre ein Ausweg denkbar, ein Trick vielleicht? Könnte man nicht doch irgendwie jenseits der sprachlichen Grenzen denken, argumentieren? Nein. Es wäre ein metalogisches Paradoxon, vergleichbar dem unsinnigen Versuch, die Semantik von Tod und Leben zu vermengen.

> „6.4311 Der Tod ist kein Ereignis des Lebens. Den Tod erlebt man nicht."

Der Tractatus führt an die Grenzen sinnvoller Sprache. Er zeigt ihre logischen Grundlagen und wendet sie konsequent an, alles Weitere ergibt sich von selbst.

> „6.4312 Die zeitliche Unsterblichkeit der Seele des Menschen, das heißt also ihr ewiges Fortleben nach dem Tode, ist nicht nur auf keine Weise verbürgt, sondern vor allem leistet diese Annahme gar nicht das, was man immer mit ihr erreichen wollte. Wird denn dadurch ein Rätsel gelöst, dass ich ewig fortlebe? Ist denn dieses ewige Leben dann nicht ebenso rätselhaft wie das gegenwärtige? Die Lösung des Rätsels des Lebens in Raum und Zeit liegt *außerhalb* von Raum und Zeit. (Nicht Probleme der Naturwissenschaft sind ja zu lösen.)“

Außerhalb der Grenzen wird das Sprechen sinnlos. Die Regeln sinnvoller Rede mag man als kompliziert empfinden, sie sind dennoch einfach, weil sie ausschließlich das zu kommunizieren gestatten, was zu beschreiben ist.

> „6.54 Meine Sätze erläutern dadurch, dass sie der, welcher mich versteht, am Ende als unsinnig erkennt, wenn er durch sie – auf ihnen – über sie hinausgestiegen ist. (Er muss sozusagen die Leiter wegwerfen, nachdem er auf ihr hinaufgestiegen ist.)
>
> Er muss diese Sätze überwinden, dann sieht er die Welt richtig.“

Der Tractatus endet mit dem bekannten Satz, der ebenso endgültig wie rätselhaft ist:

> „7 Wovon man nicht sprechen kann, darüber muss man schweigen.“

Folgerichtig beendet Wittgenstein die philosophische Arbeit. Er verdient seinen Lebensunterhalt als Volksschullehrer im ländlichen Österreich – das nächste Kapitel in einem ungewöhnlichen Leben. Auf der einen Seite Gedankenaustausch mit führenden Philosophen und Mathematikern, auf der anderen das Schreiben und Rechnen für Grundschüler.

Bis 1926 dauerte die vordergründige Enthaltsamkeit von philosophischer Auseinandersetzung. Danach begann Wittgenstein, seine Thesen zu überarbeiten und zu verfeinern. Gerade das jenseits der logischen Präzision Stehende rückt in den Mittelpunkt seiner Überlegungen: Die Sprache der Philosophie, verstanden als ein logisch-mathematisches Konstrukt, kann den nicht befriedigen, der nach Erklärungen für sprachliche Irritation sucht. Denn im alltäglichen Gebrauch bietet die natürliche Sprache Anlass zu Fragen, die mathematische Präzision nicht zu beantworten vermag.

Wittgenstein richtet seine Argumentation auf die Umgangssprache, die vage und regelgeleitet gleichzeitig zu sein scheint, kaum greifbar und dennoch funktionstüchtig. Die Philosophie der Alltagssprache steht im Gegensatz zu der Feiertagssprache, die einige philosophische Priester in Prunk und Ornat zelebrieren. Gegen Ende der zwanziger Jahre entsteht eine Revision der Wittgensteinschen Philosophie, wieder in einfachem Deutsch, doch nicht weniger anspruchsvoll.

Die Sicherheit des logischen Spiels erwies sich als Leimrute. Offenkundig gab es genug Phänomene, die sich der Berechnung widersetzten. Bot der Kalkül in einer Anwendung eine feste Orientierung, führte er bei anderer Gelegenheit in die Irre, etwa in der Frage nach der Bedeutung des Wortes „Bedeutung".

Manchmal fällt die Antwort auf die Frage nach der Bedeutung eines Wortes leicht: Was bedeutet Farbe im Kartenspiel? Kreuz, Pik, Herz oder Karo: x = a oder b oder c oder d. Definitionen dieser Art könnten zu der Annahme verführen, eine Aufzählung sei die vielleicht nicht realistische, aber dennoch prinzipiell mögliche Lösung. Das ist ein Irrtum.

> „Ja, gefragt, wie viele Möglichkeiten es denn für einen Kreis im Gesichtsfeld gäbe, innerhalb eines bestimmten Vierecks zu liegen, könnte ich weder eine endliche Zahl nennen, noch sagen, es gäbe unendlich viele (wie in der

euklidischen Ebene). Sondern wir kommen hier wieder zwar nie zu einem Ende, aber die Reihe ist nicht endlos im Sinne von $|1, \xi, \xi+1|$.

Sondern, kein Ende, zu dem wir kommen, ist wesentlich das Ende. Das heißt, ich könnte immer sagen: ich seh' nicht ein, warum das alle Möglichkeiten sein sollten. – Und das heißt doch wohl, dass es sinnlos ist, von ‚allen Möglichkeiten' zu sprechen" (Philosophische Grammatik, S. 276).

Sieht man von den Ausnahmen ab, in denen Definitionen die Bedeutung eines Wortes bestimmen, bleibt nichts anderes übrig, als den Sprachgebrauch zu beobachten und Vagheit einzuräumen. Es ist ähnlich den Fasern eines Fadens: Nicht eine Faser geht durch den ganzen Faden, sondern die einzelnen greifen ineinander. Wollte man das Gemeinsame suchen, könnte man ebenso gut sagen:

„[…] es läuft ein Etwas durch den Faden, – nämlich das lückenlose Übergreifen dieser Fasern" (Philosophische Untersuchungen, S. 325).

Schon früh experimentiert Wittgenstein mit dem Begriff „Familienähnlichkeit", um sich der Bedeutung eines Wortes zu nähern. In seinen Überlegungen verwendet er häufig das Wort „Spiel". Mit Spiel bezeichnen wir sehr unterschiedliche Ereignisse: Schach, die Patience, den Fußball, die Handlung eines Kindes, das planlos einen Ball in die Luft wirft ebenso wie den harten Broterwerb eines Tennisprofis oder das typische Verhalten eines Welpen. Vom spielenden Säugling bis zur Spieltheorie in der militärischen Konfliktforschung ist uns vieles ein Spiel, das irgendwie miteinander verwandt ist. Dieses Irgendwie ist der Ähnlichkeit vergleichbar, die Angehörige einer Familie teilen.

„Was das Begriffswort anzeigt, ist allerdings eine Verwandtschaft der Gegenstände, aber diese Verwandtschaft muss keine Gemeinsamkeit einer Eigenschaft oder eines Bestandteils sein. Sie kann die Glieder kettenartig verbinden, so dass eines mit einem andern *durch Zwischenglieder* verwandt ist; und zwei einander nahe Glieder können gemeinsame Züge haben, einander *ähnlich* sein, während entferntere nichts mehr miteinander gemein haben und doch zu der gleichen Familie gehören. Ja selbst wenn ein Zug allen Familienmitgliedern gemeinsam ist, muss nicht er es sein, der den Begriff definiert.

> Die Verwandtschaft der Glieder des Begriffs kann durch die Gemeinsamkeit von Zügen in ihnen hergestellt sein, deren Auftreten in der Familie des Begriffs sich auf äußerst komplizierte Weise übergrenzt.
>
> So gibt es wohl nicht ein Charakteristikum, das allem was wir Spiel nennen gemeinsam ist. Aber man kann auch nicht sagen, ‚Spiel' habe eben mehrere unabhängige Bedeutungen (etwa wie das Wort ‚Bank'). ‚Spiele' nennt man vielmehr auf verschiedene Weisen miteinander verwandte Vorgänge, zwischen denen es eine Mannigfaltigkeit von Übergängen gibt.
>
> Man könnte sagen: der Gebrauch des Begriffswortes oder des Sammelnamens ist in diesem Fall dadurch gerechtfertigt, dass es Übergänge von einem der Glieder zum andern gibt." (Philosophische Grammatik, S. 75f.).

Diese Übergänge ergeben ein „kompliziertes Netz von Ähnlichkeiten", wie es eben auch Angehörige einer Familie auszeichnet, „die ‚Spiele' bilden eine Familie."

Auch in Zukunft werden sich Generationen von Philosophen an den posthum veröffentlichten Texten Wittgensteins versuchen. Die logisch klare Beschreibung des *Tractatus* steht in bizarrem Kontrast zu den späteren Arbeiten, die das Vage diskutieren, die den Zweifel an der vermeintlichen Gewissheit favorisieren. Wer heute Weltwissen in einem Computer implementieren will, sucht zwangsläufig nach *der* Bedeutung eines Wortes. Was nutzt ihm das Diktum, Bedeutung sei im tatsächlichen Gebrauch einer Sprachgemeinschaft verwirklicht?

„Man kann für eine *große* Klasse von Fällen der Benützung des Wortes ‚Bedeutung' – wenn auch nicht für *alle* Fälle seiner Benützung – dieses Wort so erklären: Die Bedeutung eines Wortes ist sein Gebrauch in der Sprache."

Die zweite Phase des Wittgensteinschen Philosophierens richtet sich nicht gegen die Logik und Mathematik, sondern sie greift die Rolle an, die man ihr gelegentlich zuweist, „ihre Stellung, ihr Amt" (Bemerkungen über die Grundlagen der Mathematik, S. 383).

„Mein Ziel ist, die *Einstellung* zum Widerspruch und zum Beweis der Widerspruchsfreiheit zu ändern. (*Nicht,* zu zeigen, dass dieser Beweis mir etwas Unwichtiges zeigt. Wie *könnte* das auch so sein!)"

Die Präzision des mathematischen Spiels gilt tatsächlich nur innerhalb des engen Bereiches, den man verlässt, sobald man die Leiter weggeworfen hat.

„*Ein* Ideal der Genauigkeit ist nicht vorgesehen; wir wissen nicht, was wir uns darunter vorstellen sollen – es sei denn, du selbst setzt fest, was so genannt werden soll. Aber es wird dir schwer werden, so eine Festsetzung zu treffen; eine, die dich befriedigt."

(Alle Zitate aus: Wittgenstein, Ludwig: *Schriften 1-8.* Frankfurt am Main 7.-9. Tsd. 1969, 5.-6. Tsd. 1970, 1967, 1969, 1970, 1974, 1978, 1982)

*Andreas Baumert*

## Genie im Wartestand

Der Mann ohne Eigenschaften
Robert Musil
1930

Die prägenden Umstände sind bekannt: Einer gut bürgerlichen Familie der Provinz entwachsen (Musils Vater war Ingenieur), besuchte Robert zunächst die Militäroberrealschule, studierte dann Maschinenbau, gefolgt vom Militärdienst und einem Studium der Philosophie, Logik und experimentellen Psychologie. Danach Promotion in Philosophie, Physik und Mathematik, erste literarische Erfolge mit den *Verwirrungen des Zöglings Törleß*, Ehe mit Martha Marcovaldi, während des Ersten Weltkrieges Soldat, danach weitere Erfolge als freier Schriftsteller, in Berlin Kontakt mit Ernst Rowohlt, kleinere Veröffentlichungen (das Schauspiel *Der Schwärmer*; Erzählungen: *Vereinigungen*, eine Posse: *Vinzenz und die Freundin bedeutender Männer, Drei Frauen*, Kritiken), und dann der große Erfolg: Der Roman *Der Mann ohne Eigenschaften.*

Nach dem Zweiten Weltkrieg wird dieser Roman als Jahrhundertwerk der deutschen Literatur gefeiert. Bereits in den Verwirrungen des Zöglings Törleß klingt das Thema an: Ein Einzelner sieht sich unversehens einem unüberschaubaren Kräftehorizont gegenüber, der ihm Stellungnahmen bis ins letzte Innere hinein abfordert, dem er aber (noch) nicht gewachsen ist; nur äußeren Zufälligkeiten, seiner physischen Robustheit, seiner gesellschaftlichen Herkunft verdankt er eine Art glimpflichen Davonkommens vor dem Schicksal. Dieses Thema inspirierte Musil Anfang der Zwanziger Jahre dann zur ersten Konzeption seines Hauptwerks *Der Mann ohne Eigenschaften*, zunächst noch unter einem anderen Titel. Es dauert dann noch fast ein Jahrzehnt, bis der erste Band dieses gleich zu Beginn in sehr große Dimensionen hinausgeplanten Werkes erscheint.

Dies ist durchaus im Sinne einer Comedia Humana angelegt: Die Wien-Berliner „Doppelaktion" einer großartigen, die

Welt beglücken sollenden Groß-Jubiläumsfeier der beiden führenden Herrscherfamilien in der Mitte des alten Erdteils, auf deren szenen- und prestigegerechte Vor- bzw. Zubereitung alles sich hinzuordnen scheint, dieses hinsichtlich aller menschlichen Regungen aufs Farbenprächtigste inszenierte Jahrhundertschauspiel wird dann – so war wohl die Planung – eine grausige Uraufführung mit dem Ausbruch des „Großen Krieges" gewinnen, die zu einer abgrundtiefen Persiflage all dessen gerät, was die Welt bisher an Bestem aufgeboten hat. Das äußerst Raffinierte daran ist aber, dass diese Schlussorgie an Vernichtung sich keinesfalls unangemeldet ereignet; wer den Roman mit wachem Verstand liest, wird mit hintergründiger, man möchte sagen: beinahe göttlicher oder tiefendämonischer Ironie „aufgeklärt": Das Geniale ist, wie hier an einigen exemplarischen mitmenschlichen Bezügen, die aber alle scheinbar mehr oder weniger „normal" erscheinen, gezeigt wird, dass dies alles aufgrund einer tief verborgenen Sachkonsequenz in einem Weltkrieg enden wird.

> „Die wahrhaft treibende Kraft der großen patriotischen Aktion – die aber von nun an [...] auch die Parallelaktion genannt werden soll [damit sind die ungefähr gleichzeitigen Feierlichkeiten zum dreißigjährigen Thronjubiläum der preußisch-deutschen und zum achtzigjährigen Thronjubiläum der österreichischen Monarchie gemeint] war [...] Se. Erlaucht Graf Leinsdorf. In dem schönen, hochfenstrigen Arbeitszimmer dieses großen Herrn – inmitten vielfacher Schichten von Stille, Devotion, Goldtressen und Feierlichkeit des Ruhms – stand zu der Zeit, wo Ulrich seinen Besuch in der Hofburg machte, der Sekretär mit einem Buch in der Hand und las Se. Erlaucht eine Stelle daraus vor, die zu finden er beauftragt gewesen war. Es war diesmal etwas aus Joh. Gottl. Fichte, das er in den ‚Reden an die deutsche Nation' aufgetrieben hatte und für sehr geeignet hielt. ‚Zur Befreiung von der Erbsünde der Trägheit', las er vor [...] Se. Erlaucht hatte wohlwollend zugehört, ließ sich das

> Buch zeigen, schüttelte aber dann den Kopf. ‚Nein', sagte der reichsunmittelbare Graf, [...] ‚diese protestantische Stelle mit der Kirche geht nicht!' – Der Sekretär sah bitter drein wie ein kleiner Beamter, der sich das Konzept eines Akts zum fünften mal vom Vorstand zurückweisen lassen muß, und wandte vorsichtig ein: [ ...] Ich glaube', entgegnete Se. Erlaucht, ‚daß wir vorläufig darauf verzichten müssen.' Mit dem zuklappenden Buch klappte auch sein Gesicht zu, mit dem wortlos befehlenden Gesicht klappte auch der Sekretär zu einer ergebenen Verbeugung zusammen und nahm Fichte in Empfang, um ihn abzuservieren und [...] wieder einzureihen; man kocht nicht selbst, sondern läßt das durch seine Leute besorgen." (1. Bd., Nr. 21, Die wahre Erfindung der Parallelaktion durch Graf Leinsdorf)

Von höchster Delikatesse ist aber, wie Musil in dieses große Zeitpanorama ein anderes, ganz singuläres, genauer: zweisam individuelles Schicksal verwebt: Eine zum geschwisterlichen Inzest hinzudrängen scheinende Art von Mystik, wiederum genauer: Die Ausarbeitung einer ins Höchste gesteigerten Form von interpersonaler Liebe: Zwischen Ulrich, dem Hauptprotagonisten des Romans und seiner Schwester. Das äußerst Spannende ist, wie der großen Gesellschaft, die blind auf ihre Katastrophe zutreibt, ein vom Grundansatz her extrem konträrer Existenzentwurf entgegensteht, der sich nun seinerseits seine Entwicklung sucht. Musils große Kunst besteht darin, diese beiden Polaritäten sich langsam, aber sicher innerhalb jenes großen Geflechts schrittweise entfalten zu lassen.

> „Unwillkürlich blickte Ulrich zu den Fenstern hinauf, in der Vermutung, es könne Agathe dahinter stehen und sein Kommen mustern. [...] Daß sie weder zur Bahn noch ans Haustor kam, erschien ihm [...] als ein vertrauenerweckender Zug, und es zeigte sich darin eine gewisse Verwandtschaft des Empfindens, denn genau genommen wäre es ebenso unbegründet gewesen, ihm entgegenzueilen, wie wenn er selbst, kaum angekom-

> men, an die Bahre seines Vaters hätte stürzen wollen. [...] Er wollte die Kleidung wechseln [...] Es war ein großer, weichwolliger Pyjama, den er anzog, beinahe ein Pierrotkleid, schwarzgrau gewürfelt und an den Händen und Füßen ebenso gebunden wie in der Mitte [...] Aber als er das Zimmer betrat, in dem seine Schwester ihn erwartete, wunderte er sich sehr über seinen Aufzug, denn er fand sich durch geheime Anordnung des Zufalls einem großen, blonden, in zarte graue und rostbraune Streifen und Würfel gehüllten Pierrot gegenüber, der auf den ersten Blick ganz ähnlich aussah wie er selbst. ‚Ich habe nicht gewußt, daß wir Zwillinge sind!', sagte Agathe, und ihr Gesicht leuchtete erheitert auf."

Die Dinge entwickeln sich dann aber sehr unvermutet; die Entwicklung treibt auf eine Trennung von Ulrichs Schwester von ihrem Ehemann Professor Hagauer zu; aber ihr Bruder scheint die ihm verborgen entgegengebrachte schwesterliche Sympathie eher abzuweisen, was sie in einem bestimmten Augenblick aus der Fassung bringt:

> „Sie verlor plötzlich die Selbstbeherrschung. Irgendetwas war sehr traurig. Sie hatte mit einem Mal Tränen in den Augen, und in der Kehle würgte ein heftiges Schluchzen. Um das zu verbergen und nicht den Augen ihres Bruders darzubieten, schlang sie die Arme um seinen Hals und verbarg ihr Gesicht an seiner Schulter ... Ulrich fühlte, wie sie weinte und zitterte. Eine lästige Verlegenheit beschlich ihn [...]
>
> In Wahrheit war sie davongeeilt, weil sie nicht nochmals ihrem Bruder den Anblick der Tränen darbieten wollte, die sie kaum zurückzudrängen vermochte. Sie war so traurig, wie es ein Mensch ist, der alles verloren hat. Warum, wußte sie nicht. Es war gekommen, während Ulrich sprach. Warum, wußte sie auch nicht [...] Sie hatte [...] nur das Bedürfnis zu laufen. Sie lief schnurstracks von ihrer Wohnung fort. Sie floh; in der

gleichen Art, wie Menschen und Tiere aus einem Unglück flüchten. Warum, fragte sie nicht. Erst als sie ermüdete, wurde ihr klar, was sie vorhatte: Nicht mehr zurückkehren!"

Es wird noch länger dauern, bis die Romanhandlung zwischen den beiden Geschwistern, allem äußeren Geschehen gleichsam zum polaren Trotz, ihren Kulminationspunkt findet – den aber Musil leider nicht mehr voll ausgeführt hat. Es ist zwar die Rede vom „anderen Zustand", auf den beide – wir würden heute sagen: existenziell – zusteuern, und dieser Zustand würde eine über die Grenzen des sezierenden Verstandes und der begründenden Vernunft hinausgehende Synthesis aller Gefühlsqualitäten und noch darüber hinaus bedeuten. Dieser Zustand überschreitet allerdings in mehrfacher Hinsicht alles „normal Konventionelle", allein schon weil er die Erreichung des besagten anderen Zustandes einer äußersten ekstatisch-sinnlichen Liebesvereinigung inzestuös zwischen Geschwistern programmiert. Zugleich gewinnt diese Aussicht, auf den der ganze zweite Teil des Romans, neben vielem anderen, auch wesentlich hintreibt, innerlich notwendig den Charakter des Utopischen: Das Idealbild der „glückseligen Insel" scheint hier als eine Art von existenziellem Grenzwert auf.

Man wird aus dieser Sicht dann auch verstehen, warum Musil sich bei einer solchen Problemlage, zumindest subjektiv, gedrängt sehen konnte, immer wieder auch abstraktere Diskussionen in Form von Kurz- oder Kürzestessays, sei es im Ablauf von Gesprächen oder auch einfach nur individuellen Reflexionen, hier allerdings hauptsächlich Ulrichs, in den jeweiligen Gang der Handlung einzuflechten. Dabei legt sich als interpretierende Erklärung der Entwurf einer ganz grundsätzlichen Gegenwelt nahe, die in sich als einer Art von existenzialem Zusammenfall das reine Gegenwarts-„Erlebnis" der Engel von Zeit mit der in der „Orgiastik" sich vollziehenden höchstgesteigerten Intensität sinnlichen „Über-sich-Hinausgehens" innerlichst verbindet.

Doch soll dieser kurze Überblick nicht enden ohne einen Blick auf die unglaubliche sprachliche Kunst Musils, so wie sie sich in einem der letzten fertigen Abschnitte des Romans zeigt, in den *Atemzüge(n) eines Sommertags*:

> „Die Sonne war unterdessen höhergestiegen; die Stühle hatten sie [Ulrich und Agathe] wie gestrandete Boote in dem flachen Schatten beim Haus zurückgelassen und lagen auf einer Wiese im Garten unter der vollen Tiefe des Sommertags. Sie taten es schon eine ganze Weile, und obgleich die Umstände gewechselt hatten, kam es ihnen kaum als Veränderung zu Bewußtsein. Ja eigentlich tat dies auch nicht der Stillstand des Gesprächs; es war hängen geblieben, ohne einen Riß verspüren zu lassen.
>
> Ein geräuschloser Strom glanzlosen Blütenschnees schwebte, von einer abgeblühten Baumgruppe kommend, durch den Sonnenschein; und der Atem, der ihn trug, war so sanft, daß sich kein Blatt regte. Kein Schatten davon fiel auf das Grün des Rasens, aber dieses schien sich von innen zu verdunkeln wie ein Auge. Die zärtlich und verschwenderisch vom jungen Sommer belaubten Bäume und Sträucher, die beiseite standen oder den Hintergrund bildeten, machten den Eindruck von fassungslosen Zuschauern, die, in ihrer fröhlichen Tracht überrascht und gebannt, an diesem Begräbniszug und Naturfest teilnahmen. Frühling und Herbst, Sprache und Schweigen der Natur, auch Lebens- und Todeszauber mischten sich in dem Bild: die Herzen schienen stillzustehen, aus der Brust genommen zu sein, sich dem schweigenden Zug durch die Luft anzuschließen. ‚Da ward mir das Herz aus der Brust genommen‘, hat ein Mystiker gesagt: Agathe erinnerte sich dessen.“

In *Krieg und Frieden* beschreibt Tolstoj Napoleon als von seinem Schicksal Getriebenen, Melville schildert in *Moby Dick* Kapitän Ahab als vom Weißen Wal geradezu Besessenen; auch die Protagonisten in Dostojewskis Roman *Böse*

*Geister* (*Dämonen*) sind getrieben, besessen vom Bösen. Und in gewisser Weise gilt Ähnliches auch für Musils Mann ohne Eigenschaften, weil hier ein universaler und totaler Polyzentrismus, Perspektivismus, für den auch die Unterscheidungen von Gut und Böse unter bestimmter Rücksicht relativ werden, alles und jedes bestimmt. Ulrich spielt hier seine zentrale Rolle, insofern er die für besagten Relativismus maßgebenden Letztgrundsätze eines durch Egozentrik – um nicht zu sagen: Egomanie – bestimmten Lebens nicht mitmacht; sich gänzlich in seiner inneren Einstellung außerhalb desselben stellt. Dass auf diesem Grund sodann eine dieser gesamten Tendenz zuwiderlaufende Entwicklung zwischenmenschlicher Mystik sich anzubahnen vermag, ist vielleicht unter den vielen das größte Wunder dieses Romans.

*Harald Holz*

## Macht und Ohnmacht von Sprache in einer zerfallenden Gesellschaft

M – Eine Stadt sucht einen Mörder
Fritz Lang
1931

Fritz Lang und seine Bedeutung für das frühe Kino sind sehr schwer einzuschätzen; je nach Kritiker schwanken die Meinungen sehr stark. Der Film *M* ist jedoch zweifellos ein Meilenstein des frühen Tonfilms und damit auch der deutschen Sprache.

Fritz Lang wurde 1890 in Wien als Sohn des Stadtbaumeisters Anton Lang geboren. Er hätte ebenfalls Baumeister werden sollen, besuchte jedoch eine Kunstschule und studierte gegen den Willen des Vaters Malerei. Nach einem Streit wegen seines Berufswunsches lief er von Zuhause weg und reiste um die halbe Welt, ehe er sich in Paris niederließ. Bei Ausbruch des Ersten Weltkriegs wurde er in Österreich eingezogen und kurz vor Kriegsende nach mehreren Verletzungen als Invalide entlassen. Danach verdiente er seinen Lebensunterhalt als Schauspieler und wurde 1920 von Erich Pommer in einem Wiener Theater entdeckt. Der holte ihn nach Berlin, wo Lang mit seinen Stummfilmen Geschichte schrieb: die *Nibelungen*-Trilogie, *Metropolis* oder *Dr. Mabuse*. Und im Jahr 1931 dann sein erster Tonfilm: *M – eine Stadt sucht einen Mörder*.

Es folgte noch ein zweiter Mabuse-Film: *Das Testament des Dr. Mabuse*. Der wahnsinnige Doktor schrieb in der Nervenheilanstalt seine Memoiren, die gleichzeitig ein Leitfaden des totalen Verbrechens sein sollten. Den Nazis waren die Parallelen zu *Mein Kampf* zu deutlich, der Film wurde sofort nach der Machtergreifung verboten. Lang bekam eine Vorladung zum Propagandaminister Goebbels, der überraschend sagte, dass der technikversessene Hitler von *Metropolis* begeistert war und den Regisseur als Filmemacher für die Nazis haben wollte. Noch am gleichen Tag floh Lang nach Paris und später weiter nach Amerika.

Der Film *M* erzählt die Geschichte eines Kinderschänders. Im Berlin des Jahres 1930 regiert die Angst: *Mörder unter uns*. Dies war auch der ursprüngliche Untertitel des Films. Nachdem der Kinderschänder die kleine Elsie Beckmann ermordet hat, wird die Berliner Unterwelt aktiv. Sie meint, die Polizei hätte versagt, und sucht den Mörder selbst; sein Verhalten entspricht nicht ihrem Ehrenkodex, zudem fühlt sie sich von den ständigen Razzien der Polizei belästigt. Der Schränker (Gustav Gründgens) und der Bauernfänger (Theo Lingen) setzen die organisierten Bettler auf den Täter an. Lange Zeit tappen sie wie Kriminalkommissar Gröber (Theodor Loos) im Dunkeln, da der Mörder nicht nach einem System arbeitet. Schließlich entlarvt ein gepfiffenes Motiv aus *Peer Gynt* Hans Beckert (Peter Lorre) als Täter. Die Bettler malen Beckert mit Kreide unbemerkt ein „M" auf den Mantel und jagen ihn durch die Stadt, bis er in einem Bürogebäude gestellt wird und vor ein Tribunal der Kriminellen kommt. Hier verteidigt er sich als kranker Triebmensch, der selbst an seinem Verhalten zugrunde geht. Die Kriminellen verurteilen ihn dennoch zum Tode. Doch bevor sie Beckert lynchen können, erscheint die Polizei; die Kommissare Gröber und Lohmann, die Beckert schon auf der Spur waren, führen den Mörder ab.

Auch in diesem Film gewinnt oberflächlich das Gute: Der Kinderschänder wird gefasst (ebenso wie sein realistisches Vorbild Haarmann), doch der Weg zum Guten führt an menschlichen und sozialen Abgründen vorbei. Das organisierte Verbrechen muss die Stadt retten, die „gerechte" Bestrafung des Täters wird in der Schluss-Szene in Frage gestellt. Die Symbolik ist oft eindeutig – der Täter ist selbst ein Opfer; ein Opfer der Gesellschaft, deren Schwächen den Aufstieg des Nationalsozialismus möglich machten. Angst und Chaos regieren, und eine harte Hand wird von der Bevölkerung und selbst den Kriminellen gefordert: Der Weg für Rattenfänger wie Goebbels und Hitler ist bereitet. Lang schafft es, soziale Probleme der späten Weimarer Republik eindrucksvoll zu schildern, ohne zu übertreiben oder rührselig zu werden. *M* ist eine fast dokumentarische Bestandsaufnahme, die uns heute alarmierende Anzeichen des Endes der Demokratie zeigt: Doch diese Vision Langs wurde erst wahrgenommen, als es zu spät war.

Visionär war auch sein Einsatz sprachlicher Mittel für den noch jungen Tonfilm. 1995 wurde der Film *M* von Fachleuten aus der Filmbranche zum besten deutschen Film aller Zeiten gewählt, auch der Kinemathekverbund führt *M* in seiner Rangliste der besten deutschen Filme zwischen 1895 und 1998 auf Platz eins. Der pointierte Einsatz der Sprache als Kontrast zu den Bildern und als Überblendhilfe einiger Szenen wurde später vor allem von anspruchsvollen französischen Filmemachern gerne übernommen. Beispielhaft hierfür ist das Vorlesen eines Informationsblattes zu den Morden, das an einer Plakatwand klebt. Weil nicht alle Bürger, die davor stehen, etwas lesen können, wird einer aufgefordert, den Text vorzulesen. Hiermit wird das gemeinsame Interesse der Allgemeinheit am Inhalt des Schreibens betont, ganz Berlin will die Neuigkeiten erfahren. Doch auch im Detail, in kleinen Gesprächsgruppen sind die Morde das zentrale Thema: Eine zweite Stimme liest den gleichen Text und man sieht in der filmischen Überblende jetzt einen Stammtisch, an dem sich fünf Personen den gleichlautenden Text aus einer Berliner Tageszeitung vorlesen lassen. Macht und Ohnmacht von Sprache greifen hier ineinander, denn das Vorlesen endet in hysterischen gegenseitigen Beschuldigungen der Stammtischbrüder.

Die Sprache zeigt auch, wie ähnlich sich organisiertes Verbrechen und Polizei in einer moralisch zerrütteten Gesellschaft geworden sind. Mitten im Satz, „Ich bitte um Ihre Meinung, meine Herren“, blendet die Kamera von der Versammlung der Verbrecher, bei der der Schränker die ersten Wörter spricht, zur Arbeitsbesprechung der Kriminalpolizei, wo der Polizeipräsident den Satz vollendet.

Sprache ist in Langs Filmen mehr als ein Mittel zum Zweck. Sie unterstreicht, charakterisiert, hebt hervor. Bedrückend realistisch ist das Gespräch, das der kleinen Elsie zum

Verhängnis wird. Sie wird auf der Straße von dem Mörder mit ruhiger und sachlicher Stimme angesprochen. „Du hast aber einen schönen Ball. Wie heißt du denn?" – „Elsie Beckmann." Das ist alles, was wir über den Mord erfahren, mehr wäre auch zu viel. Kein irres Grinsen oder verschlagener Blick, keine realitätsfernen Monologe stören die Intensität der Situation.

Selbst das Fehlen von Sprache hat seinen Grund. Die Ohnmacht der Gesellschaft zeigt sich darin, dass der unter Zwang handelnde Täter sein Problem nicht artikulieren kann. Jedesmal, wenn ihn die Mordlust überkommt, muss er zwanghaft pfeifen, immer und immer wieder die gleiche Sequenz aus *Peer Gynt*, so wie er immer und immer wieder einem Handlungsmuster folgen muss, dem er eigentlich nicht folgen will. Die Musik ist nicht zufällig gewählt: Das Stück „In der Halle des Bergkönigs" verweist schon im Titel auf die Unterwelt der Verbrecher ebenso wie die im politischen Dunkeln aufgebaute NSDAP mit ihrem „König" Hitler.

*M* ist ein Sozialdrama, dessen erster Untertitel den Sachverhalt besser trifft als der zweite, unter dem der Film heute noch zu sehen ist. Die Mörder sind unter uns, wenn die Gesellschaft an der Aufgabe scheitert, Täter und Opfer auseinander zu halten. Beckert sieht sich als Opfer, gezwungen zu morden, ohne Möglichkeit, sich zu wehren. Er sieht verächtlich auf die Verbrecher herab, die keine Rechtfertigung für ihr Tun haben. „Was wisst denn ihr? [...] Wer seid ihr denn schon? [...] Ihr raubt, obwohl ihr anständig arbeiten könntet [...], nur weil ihr faule Schweine seid." Die Verbrecher argumentieren jedoch plakativ wie die Boulevard-Presse: „Die Bestie hat kein Recht zu leben! Sie muss weg!" erklärt der Schränker als Ankläger. Das organisierte Verbrechen hat seiner Meinung nach einen Ehrenkodex, den der Triebtäter nicht hat. Er sieht das organisierte Verbrechen als Opfer, das durch den Täter Beckert in den Schmutz gezogen wird.

Erschreckenderweise sieht die Polizei Ähnliches. Kommissar Lohmann lässt den in Untersuchungshaft genommenen Einbrecher glauben, auf der Jagd nach Beckert sei es zu einem

Mord gekommen. Er weiß, dass der Ehrenkodex des Verbrechers es nicht zulässt, mit einem Mord in Verbindung gebracht zu werden, woraufhin dieser auch sofort seine Kameraden und den Ort des Tribunals gegen Beckert verpfeift.

Die Dokumentation der sozialen Missstände lässt uns Langs Werk heute als präzise Vision des Untergangs der Weimarer Republik erscheinen. Die Vergeblichkeit der Polizeiarbeit, die Kommissar Lohmann in einem Gespräch mit dem Justizminister erläutert, sollte uns heute noch mehr erschrecken als damals. *M* zeigt, dass trotz modernster Technik die Ratlosigkeit angesichts vieler Verbrechen heute nicht weniger groß ist als seinerzeit. Und bei der Verteidigung wie bei der Verdammung des Täters werden die gleichen Argumente benutzt. Die Opfer sind die Bürger, die mit der Angst leben, doch auch sie werden zu Tätern, denn ihre Hysterie verurteilt Unschuldige und setzt soziale Prozesse frei, die sie nicht mehr kontrollieren können. Ein einziger Buchstabe, mit Kreide auf einen Mantel gemalt, reicht als Beweis für Schuld oder Unschuld, denn bis zum Geständnis von Beckert hatten die Verbrecher keine Grundlage für ihr Tun. Es gab eine einzige belastende Aussage: Ein blinder Luftballonverkäufer hat an dem Tag, als der letzte Mord geschah, einen Ballon an einen Mann verkauft, der die gleiche Melodie pfiff wie Beckert. Urteil und Vorurteil liegen eng beieinander und nur die eigene Selbstgerechtigkeit scheint jedem Beteiligten sofort einzuleuchten. Zeichen, die wir auch heute immer wieder sehen und nicht deuten können oder wollen.

Die Mutter des letzten Opfers, der kleinen Elsie Beckmann, spricht den letzten Satz des Films, der zugleich wortwörtlich und symbolisch zu sehen ist, und immer noch – oder wieder? – einen bedrückenden Aktualitätsbezug hat: „Wir, wir müssen auf unsere Kinder viel, viel mehr Acht geben.“

*Markus Schröder*

## Der personifizierte Widerspruch

Über formal unentscheidbare Sätze der Principia Mathematica und verwandter Systeme I
Kurt Gödel
1931

Den Text, von dem hier die Rede ist, haben weltweit vielleicht hundert Menschen jemals von A bis Z gelesen. Dennoch gehört er zu den einflussreichsten in deutscher Sprache geschriebenen Dokumenten aller Zeiten. Die Rede ist von dem Aufsatz *Über formal unentscheidbare Sätze der Principia Mathematica und verwandter Systeme I* aus den *Monatsheften für Mathematik und Physik* 38 (1931), S. 173 ff. Die Ziffer I bedeutet, dass Gödel einen zweiten Aufsatz plante, um den Beweis genauer zu erläutern. Das erwies sich aber aufgrund des großen Erfolges von Nr. I als nicht mehr nötig. Denn dieser Aufsatz erschütterte die Fundamente der einzigen Wissenschaft, von der man bis dahin geglaubt hatte, dass sie durch nichts zu erschüttern sei: die auf den ewigen Gesetzen der Logik gründende Wissenschaft der Mathematik.

In diesem Aufsatz weist Gödel nach, dass die anscheinend so unangreifbar auf diesem Logik-Felsen ruhende Mathematik auf alles andere denn auf Felsen gegründet ist: Nimmt man ihre Regeln ernst, und das tun natürlich Mathematiker ganz entschieden, dann müssen mathematische Aussagen existieren, über deren Wahrheit die Mathematik nichts sagen kann, die also weder zu beweisen noch zu widerlegen sind. Die entscheidende Textpassage (der sogenannte 1. Gödelsche Unvollständigkeitssatz) lautet so:

> „In jedem formalen System der Zahlen, das zumindest eine Theorie der Arithmetik der natürlichen Zahlen … enthält, gibt es einen unentscheidbaren Satz, also einen Satz, der nicht beweisbar und dessen Negierung ebenso wenig beweisbar ist."

In unser Alltagsleben übertragen müssten wir also akzeptieren, gewisse Aussagen wie „Peter ist der Sohn von Max" als weder beweis- noch widerlegbar anzusehen. Darüber wären wir verständlicherweise mehr als nur ein wenig irritiert. Und so schlug auch Gödels Aufsatz in der Mathematik wie eine Bombe ein. Denn er zeigte nicht mehr und nicht weniger, als dass der ganze Stolz der Mathematik, die unerbittlichen Gesetze der Logik und das Ausschließen von Widersprüchen, einen hohen Preis besitzen. Wenn wir darauf bestehen, dass etwa eine Zahl nicht zugleich größer wie auch kleiner sein kann als eine andere und dass unsere Argumente logisch eines aus dem anderen folgen, dann müssen wir notwendigerweise mit unentscheidbaren Aussagen leben, mit Sätzen, von denen wir mit den Mitteln ebendieser Logik weder beweisen können, dass sie zutreffen, noch beweisen können, dass sie nicht zutreffen.

Mit seinem Unvollständigkeitssatz versetzte Gödel den Versuchen zur vollständigen Begründung und Formalisierung der Mathematik des damals weltweit angesehensten Mathematikers, des in Göttingen lehrenden David Hilbert, den Todesstoß. Hilberts Lieblingsschüler John von Neumann etwa ließ darauf die weitere Erforschung der Logik bleiben und wandte sich anderen mathematischen Teilgebieten zu, wo er dann auch unerhörte Durchbrüche erzielen sollte (Quantenmechanik, Thermodynamik, Spieltheorie). Und in England griff Alan Turing Gödels Ideen auf und entwickelte daraus die theoretischen Grundlagen für die moderne Informationstechnologie. Insofern war das von Gödel eingeläutete Ende des Hilbertprogramms zugleich der Anfang zahlreicher fruchtbarer Umorientierungen in der modernen Mathematik.

Für Gödel selbst bedeutete der Aufsatz einen Karrieresprung: Der bis dato vergleichsweise unbekannte Wiener Privatdozent wird an das neu gegründete Institute of Advanced Study nach Princeton eingeladen (dasselbe Institut, in dem auch Albert Einstein eine neue Heimat gefunden hatte), zunächst als Gast, nach Ausbruch des Zweiten Weltkrieges als ständiges Mitglied der Fakultät. Aber ein glücklicher Mensch ist Gödel dennoch nicht gewesen. Vermutlich hing das mit seiner Lust am Widerspruch zusammen. Seine Einbürgerung in die USA etwa wäre beinahe daran gescheitert, dass Gödel darauf bestand, gewisse Teile der amerikanischen Verfassung seien miteinander unvereinbar, sie widersprächen sich und man könnte problemlos auf dem Boden dieser Verfassung eine Diktatur errichten. „Ich betrachte mein Werk nicht als Bestandteil der intellektuellen Atmosphäre des frühen zwanzigsten Jahrhunderts, sondern eher als das Gegenteil", hat er einmal gesagt.

Gödel war auch Hypochonder und litt seit seiner Jugend an Depressionen; er hatte krankhafte Angst, vergiftet zu werden. Seine Frau Adele musste sein Essen vor seinen Augen zubereiten und vorkosten. Er glaubte auch, ein schwaches Herz zu haben, und hielt alle Ärzte für Stümper, die nichts dergleichen finden konnten. Seine letzten Lebensjahre verbrachte er zuhause oder in verschiedenen Sanatorien; allein seine Frau, die ihn sozusagen zwangsernährte, hinderte ihn am Verhungern. Als Adele Gödel 1977 nach einem eigenen mehrmonatigen Krankenhausaufenthalt ihren Mann zu Hause wiedersah, wog er weniger als 40 Kilogramm; kurz darauf ist Kurt Gödel an Unterernährung gestorben.

*Walter Krämer*

## Niedergang, Melancholie und Marschmusik

Radetzkymarsch
Joseph Roth
1932

Carl Joseph von Trotta ist der Enkel eines berühmten Soldaten. Der rettete bei der Schlacht von Solferino seinem Kaiser das Leben. Franzosen und Italiener kämpften 1859 gegen die Österreicher. Als der junge Herrscher Franz Joseph den gegnerischen Schützen ein gar zu bequemes Ziel bietet, wirft sich der slowenische Leutnant Trotta vor seinen Monarchen. Eine Kugel zerschmettert seine Schulter. Er wird zum Hauptmann befördert und geadelt. Die Kinder in Österreich lesen in ihren Schulbüchern eine aufgebauschte Schilderung der Heldentat des Joseph von Trotta und Sipolje.

Carl Joseph ist kein schneidiger Krieger. Er hat nichts mehr von der kernigen Härte seiner bäuerlichen Vorfahren. Ohne Lust wird er Soldat, Offizier bei der Kavallerie, dann bei den Fußtruppen. In Galizien befehligt er einen Zug von Jägern, die vor den russischen Truppen zurückweichen. Beim Wasserholen für seine Männer wird er tödlich getroffen. Sein Mund steht offen, seine Zunge färbt sich blau. Die beiden leinenen Eimer entleeren sich auf ihn. Es war ein mutiger Opfergang, eine heldische Tat war es nicht:

> „So einfach und zur Behandlung in Lesebüchern für die kaiser- und königlichen österreichischen Volks- und Bürgerschulen war das Ende des Enkels von Solferino."

Der erste Textauszug zeigt die ungesunden familiären Verhältnisse, in denen Carl Joseph heranwächst. Das Leben ist erstarrt in sterilen Bräuchen. Der Knabe empfängt keine Liebe. Der seelisch verkümmerte Vater, k. u. k. Beamter und Bezirkshauptmann in Mähren, lebt nach kleinlichen Regeln. Ihn beschäftigt, ob der Metzger das sonntags aufgetischte Fleisch längs oder quer zugeschnitten hat. Oder ob die Flügel seines Backenbartes sich unmäßig bewegen, wenn er dem Kaiser eine Bitte vorträgt. Gespräche mit dem Sohn führt er nach der Uhr.

Sie sind wie Prüfungen, in denen er den Knaben nach militärischen Daten oder dem Inhalt von Theaterstücken ausfragt.

*„Der Kren darf die Würze nicht in der Milch verlieren*

Ein warmer, goldener Schimmer wallte in den Tellern; es war die Suppe: Nudelsuppe. Durchsichtig, mit goldgelben, kleinen, verschlungenen, zarten Nudeln. [...]

Nach der Suppe trug man den garnierten Tafelspitz auf, das Sonntagsgericht des Alten seit unzähligen Jahren. Die wohlgefällige Betrachtung, die er dieser Speise widmete, nahm längere Zeit in Anspruch als die halbe Mahlzeit. Das Auge des Bezirkshauptmanns liebkoste zuerst den zarten Speckrand, der das kolossale Stück Fleisch umsäumte, dann die einzelnen Tellerchen, auf denen die Gemüse gebettet waren, die violett schimmernden Rüben, den sattgrünen, ernsten Spinat, den fröhlichen, hellen Salat, das herbe Weiß des Meerrettichs, das tadellose Oval der jungen Kartoffeln, die in schmelzender Butter schwammen und an zierliche Spielzeuge erinnerten. Er unterhielt merkwürdige Beziehungen zum Essen. Es war, als äße er die wichtigsten Stücke mit den Augen, sein Schönheitssinn verzehrte vor allem den Gehalt der Speisen, gewissermaßen ihr Seelisches; der schale Rest, der dann in Mund und Gaumen gelangte, war langweilig und mußte unverzüglich verschlungen werden. Die schöne Ansicht der Speisen bereitete dem Alten ebensoviel Vergnügen wie ihre einfache Beschaffenheit. Denn er hielt auf ein sogenanntes ‚bürgerliches' Essen: ein Tribut, den er seinem Geschmack ebenso wie seiner Gesinnung zollte; diese nämlich nannte er eine spartanische. Mit einem glücklichen Geschick vereinigte er also die Sättigung seiner Lust mit den Forderungen der Pflicht. Er war ein Spartaner. Aber er war ein Österreicher.

Er machte sich nun, wie jeden Sonntag, daran, den Spitz zu zerschneiden. Er stieß die Manschetten in die Ärmel, hob beide Hände, und indem er Messer und Gabel an das Fleisch ansetzte, begann er, zu Fräulein Hirschwitz gewendet: ‚Sehn Sie, meine Gnädige, es genügt nicht, beim Fleischer ein zartes Stück zu verlangen. Man muß darauf achten, in welcher Art es geschnitten ist; ich meine, Querschnitt oder Längsschnitt. Die Fleischer verstehen heutzutage ihr Handwerk nicht mehr. Das feinste Fleisch ist verdorben, nur durch einen falschen Schnitt. Sehen Sie her, Gnädigste! Ich kann es kaum noch retten. Es zerfällt in Fasern; es zerflattert geradezu. Als Ganzes kann man's wohl mürbe nennen. Aber die einzelnen Stückchen werden zäh sein, wie Sie bald selbst sehen werden. Was aber die Beilagen, wie es die Reichsdeutschen nennen, betrifft, so wünsche ich ein anderes Mal den Kren, genannt Meerrettich, etwas trockener. Er darf die Würze nicht in der Milch verlieren. Auch muß er knapp, bevor er zum Tisch kommt, angerichtet werden. Zu lange naß gewesen. Ein Fehler!' …

Er sprach das nasale österreichische Deutsch der höheren Beamten und des kleinen Adels. Es erinnerte ein wenig an ferne Gitarren in der Nacht, auch an die letzten, zarten Schwingungen verhallender Glocken, es war eine sanfte, aber auch präzise Sprache, zärtlich und boshaft zugleich. Sie paßte zu dem mageren, knochigen Angesicht des Sprechers, zu seiner schmalen, gebogenen Nase, in der die klingenden, etwas wehmütigen Konsonanten zu liegen schienen. Nase und Mund waren, wenn der Bezirkshauptmann sprach, eher eine Art von Blasinstrumenten als Gesichtspartien. Außer den Lippen bewegte sich nichts in diesem Gesicht. Der dunkle Backenbart, den Herr von Trotta als ein Uniformstück trug, als ein Abzeichen, das seine Zugehörigkeit zu der Dienerschaft Franz Josephs des Ersten beweisen sollte, als einen Beweis seiner dynastischen Gesinnung; auch dieser Backenbart blieb reglos, wenn Herr von Trotta und Sipolje sprach.

Aufrecht saß er am Tisch, als hielte er Zügel in den harten Händen." (Joseph Roth: Radetzkymarsch. 1932)

Für die fehlende Mutter springen junge und ältere Frauen ein. Katharina Luise Slama, die Frau eines Wachtmeisters, hilft dem Jüngling aus der Uniform und verführt ihn. Die junge Kathi stirbt bei der Geburt ihres Kindes. Die reife Valerie von Taußig, die reich geheiratet hat und deren Ehemann sich in regelmäßigen Abständen in die Obhut von Irrenärzten begibt, wird ihm von Kameraden zugeführt. Sie liebt Carl Joseph wie ein Kind und vergißt doch ihr Alter in seinen Armen. Davon handelt der zweite Text:

„*Die kleinen Gewitter des Bluts*

Frau von Taußig stand am Nordbahnhof auf dem Perron. Vor zwanzig Jahren – sie dachte, es sei vor fünfzehn gewesen, denn sie hatte so lange ihr Alter verleugnet, daß sie selbst überzeugt war, ihre Jahre hielten im Lauf inne und gingen nicht zu Ende –, vor zwanzig Jahren hatte sie ebenfalls am Nordbahnhof auf einen Leutnant gewartet, der allerdings ein Kavallerist gewesen war. Sie stieg auf den Perron wie in ein Verjüngungsbad. Sie tauchte unter im beizenden Dunst der Steinkohle, in den Pfiffen und Dämpfen der rangierenden Lokomotiven, im dichten Geklingel der Signale. Sie trug einen kurzen Reiseschleier. Sie hatte die Vorstellung, daß er vor fünfzehn Jahren Mode gewesen war. […] Sie liebte es, auf dem Bahnsteig zu warten. Sie liebte den Augenblick, in dem der Zug einrollte und sie das lächerliche, dunkelgrüne Hütchen Trottas am Kupeefenster erblickte und sein geliebtes, ratloses, junges Angesicht. Denn sie machte Carl Joseph jünger, ebenso wie sich selbst, dümmer und ratloser, ebenso wie sich selbst. In dem Augenblick, in dem der Leutnant das unterste Trittbrett verließ, öffneten sich ihre Arme. […] Und aus dem Gesicht, das sie heute trug, tauchte jenes frühe rosige und faltenlose auf, […] ein Mädchengesicht, süß und etwas erhitzt. Um ihren Hals, in dessen Haut sich heute schon zwei parallele Rillen gruben, hatte sie jene kindliche, dünne Goldkette geschlungen, die [...] ihr einziger Schmuck gewesen war. Und wie vor zwanzig, beziehungsweise fünfzehn Jahren fuhr sie mit dem Leutnant in eines jener kleinen Hotels, in denen die verborgene Liebe blühte, in bezahlten, armseligen, quietschenden und köstlichen Bettparadiesen.

Die Spaziergänge begannen. Die Liebesviertelstunden im jungen Grün des Wienerwalds, die kleinen, plötzlichen Gewitter des Bluts. Die Abende im rötlichen Dämmer der Opernlogen, hinter vorgezogenen Vorhängen; die Liebkosungen, wohlbekannte und dennoch überraschende Liebkosungen, auf die das erfahrene und dennoch ahnungslose Fleisch wartete. Das Ohr kannte die oft gehörte Musik, aber die Augen kannten nur Bruchteile der Szenen. Denn Frau von Taußig hatte immer hinter vorgezogenem Vorhang oder mit geschlossenen Augen in der Oper gesessen. Die Zärtlichkeiten, von der Musik geboren und den Händen des Mannes gleichsam vom Orchester anvertraut, kamen kühl und heiß zugleich zur Haut, längst vertraute und ewig junge Schwestern, Geschenke, die man oft schon empfangen, aber wieder vergessen und lediglich vorgeträumt zu haben glaubte. Die stillen Restaurants öffneten sich. Die stillen Nachtmähler begannen, in Winkeln, in denen der Wein, den man trank, auch zu wachsen schien, gereift von der Liebe, die hier im Dunkeln ewig leuchtete. Der Abschied kam, eine letzte Umarmung am Nachmittag, von der ständig tickenden Mahnung der Taschenuhr, die auf dem Nachttisch lag, begleitet und schon erfüllt von der Freude auf das nächste Wiedersehen; und die Hast, mit der man zum Zug drängte; und der allerletzte Kuß auf dem Trittbrett und die im letzten Augenblick aufgegebene Hoffnung, doch noch mitzufahren.

Müde, aber erfüllt von allen Süßigkeiten der Welt und der Liebe, kam Leutnant Trotta wieder in seinem Garnisonsort an. Sein Diener Onufrij hielt die Uniform schon bereit."

Mit *Radetzkymarsch* hat Joseph Roth eine melancholische Satire auf eine ihrer einstigen Kraft beraubte Welt vorgelegt. Der Erzähler des *Radetzkymarsch* schont niemanden. Er untergräbt die schönen Illusionen, die vom Glanz der letzten Jahre der k. u. k. Monarchie genährt werden. Beim Festumzug an Fronleichnam wehen die Rosshaarbüsche der Leibgarde, trippeln die Lipizzaner und strahlt das helle Weiß des Rocks, den der Kaiser zum Kirchgang trägt. Aber über dem Doppeladler der Monarchie erscheint das Bild der Geier, die aller Herrlichkeit ein Ende bereiten. Spott auf alles, was überholt und dem Untergang geweiht ist, ist greifbar auf jeder Seite. Und doch breitet sich eine weiche, wehmütige Stimmung über die Gestalten, Ereignisse und Zustände. Der Leser versteht: Da geht etwas zugrunde und muss zugrundegehen. Aber auch die schönen und zarten Dinge dieser niedergehenden Welt – Liebe, weiche Gefühle, verfeinerte Umgangsformen, eine jahrhundertealte Kultur – geraten in den Strom der Veränderungen und werden vernichtet.

Die Handlungen der einzelnen Figuren sind eingebettet in diesen Niedergang und das Ende des österreichischen Kaiserreichs. Dem fehlt es an Leben. Seine Offiziere verrichten gelangweilt ihren Dienst. Sie saufen, spielen Karten um viel Geld oder duellieren sich mit doppelt tödlichem Ausgang. Carl Joseph ist feiner besaitet. Beim gemeinschaftlichen Bordellbesuch macht er nicht mit.

Das Abbild des Kaisers hängt in allen amtlichen Stuben und auch in denen seiner Untertanen. Der verehrte Monarch ist vom Alter gezeichnet. Bei einem Truppenbesuch spricht der Kaiser mit Carl Joseph und hält ihn für den Sohn des jungen Leutnants, der ihm einst das Leben rettete. Ein Tropfen perlt aus seiner Nase und verläuft sich in seinem Bart – peinlicher Schlusspunkt einer beklemmenden Szene.

Lebendig sind die einfachen Soldaten, Onofrij, der ukrainische Bursche von Carl Joseph, der bei Kriegsausbruch desertiert. Aber auch die ungarischen Offiziere, wenn sie nach der Mordmeldung aus Sarajevo grobe Schmähungen auf den Kaiser aussprechen und die künftige Freiheit ihres Vaterlandes feiern. Lebendig ist auch der Radetzkymarsch. Der 1845 von dem älteren Johann Strauss komponierte und nach dem Feldmarschall Graf Radetzky benannte Marsch löst erhebende Gefühle aus. Jemand klimpert ihn auf dem Klavier im Bordell der Resi Horwath. Als Knabe dachte Carl Joseph, es stürbe sich leicht zur „holden Hurtigkeit“ dieser Musik: Das Blut rinnt auf das Gold der Trompeten und die schwarzen Pauken. Als er sich beim Wasserholen über den Brunnen beugt, glaubt er die Trommeln und Tschinellen des wuchtigen Marsches zu hören. Es ist die Begleitmusik zu seinem Tod. Und doch steckt in diesem Werk viel kraftvolles Leben, Schwung und ungebrochene Zuversicht. Dem Kaiserreich, das sich in den auftrumpfenden Klängen des Radetzkymarschs verherrlicht sieht, und den Menschen in Joseph Roths Geschichte, die sie hören und genießen, sind solche Eigenschaften abhanden gekommen.

Marcel Reich-Ranicki zählte den *Radetzkymarsch* zu den 20 bedeutendsten Romanen in deutscher Sprache. Dem braucht niemand zu widersprechen. Der *Radetzkymarsch* ist das bekannteste Werk des Schriftstellers Joseph Roth und erschien 1932. Der Text wurde mehrfach verfilmt. Roth wurde 1896 als Sohn jüdischer Eltern im galizischen Brody geboren. Er starb arm und krank 1939 in Paris. Dorthin war er 1933 emigriert.

*Gerd Schrammen*

## Sinn-Bilder

Die Archetypen und das kollektive Unbewusste
Carl Gustav Jung
1934

Carl Gustav Jung wurde 1875 in Kesswil (Schweiz) geboren. Der Vater, ein mit seinem Glauben ringender evangelischer Pfarrer, die Mutter, nach Jungs Angaben „von großer animalischer Wärme und eine ausgesprochen literarische Begabung", eine Großmutter, ausgestattet mit medialen Fähigkeiten sowie zwei in Theologie und Medizin beheimatete Großväter bildeten seinen familiären Hintergrund. Jung starb 1961 im Alter von 86 Jahren in seinem Haus in Küsnacht.

Über sein Leben sagte er einmal, dass es die Geschichte einer Selbstverwirklichung des Unbewussten gewesen sei und dass ihm nur die Ereignisse seines Lebens erzählenswert erschienen, bei denen die unvergängliche Welt in die vergängliche einbrach. Und genau diese Inhalte machen seine Schrift *Über die Archetypen des Kollektiven Unbewußten* zu einer Sternstunde der deutschen Sprache. Wie ein Kunstwerk von hohem Rang, ein Bild, ein Musikstück, ein Gespräch mit einem guten Freund, erfüllt sein Werk den Leser nicht nur mit einem Gefühl des Glücks, des Überschwangs, sondern lässt ihn spüren, was Jung später einmal so in Worte fasste:

> „Wenn man versteht und fühlt, daß man schon in diesem Leben an das Grenzenlose angeschlossen ist, ändern sich Wünsche und Einstellungen. Letzten Endes gilt man nur wegen des Wesentlichen, und wenn man das nicht hat, ist das Leben vertan."

Das Werk erschien erstmals 1934 im Eranos-Jahrbuch, ein Jahr später im Rhein-Verlag, Zürich; es findet sich im Band 9/1 der Gesammelten Werke. Präzisiert und weitergeführt hat Jung seine Ausführungen 1946 im Eranos-Jahrbuch unter dem Titel *Der Geist der Psychologie*, jetzt aufgenommen in den Band 8 der Gesammelten Werke unter dem Titel *Theoretische Überlegungen zum Wesen des Psychischen*.

Jungs bedeutender Beitrag zum psychologischen Denken war sein Begriff des kollektiven Unbewussten, das nicht nur das persönliche Unbewusste im Sinn von Freud umfasst, also all die Dinge, die die menschliche Persönlichkeit im Laufe ihrer individuellen Entwicklung erworben hat: vergessene, verdrängte, nur flüchtig wahrgenommene Eindrücke. Traum- und Mythenmotive führten Jung zu der Überzeugung, dass die menschliche Psyche nur zu einem Teil einmalig, subjektiv und persönlich sei. Im Unterschied zum erworbenen individuellen Unbewussten sei das kollektive Unbewusste allgemeinmenschlich und durch Archetypen bestimmt. Das kollektive Unbewusste beschrieb er als die psychische Struktur, die allen Menschen innewohnt und sich ausdrückt in Legenden, Sagen, Mythen, Märchen, aber auch in den archetypischen Bildern religiöser Gleichnisse, in Vorstellungen und Motiven also, die jederzeit an jedem Ort auftreten. Zu diesen übergreifenden Bildern, die sich in den großartigsten Fällen manifestieren in den Werken der Kunst, gehören unter anderem die verbreiteten Heldenmythen, deren Bilder zwar variieren, die aber alle ganz bestimmte Strukturaspekte aufweisen. Die Sprache und die Erscheinungsweisen des kollektiven Unbewussten sind Symbole, die sich uns durch eben diese Bilder mitteilen.

Ein Beispiel für archetypische Manifestationen des Unbewussten ist der folgende von Jung erzählte Traum:

> „Ich war in einem mir unbekannten Hause, das zwei Stockwerke hatte. Es war ‚mein Haus'. Ich befand mich im oberen Stock. Dort war eine Art Wohnzimmer, in welchem schöne alte Möbel im Rokokostil standen. An den Wänden hingen kostbare alte Bilder. Ich wunderte mich, daß dies mein Haus sein sollte und dachte: nicht übel! Aber da fiel mir ein, daß ich noch gar nicht wisse, wie es im unteren Stock aussähe. Ich ging die Treppe hinunter und gelangte in das Erdgeschoß. Dort war alles viel älter, und ich sah, daß dieser Teil des Hauses etwa aus dem 15. oder 16. Jahrhundert stammte. Die Einrichtung war mittelalterlich und die Fußböden bestanden

aus rotem Backstein. Alles war etwas dunkel. Ich ging von einem Raum in den anderen und dachte: Jetzt muß ich das Haus doch ganz explorieren! Ich kam an eine schwere Tür, die ich öffnete. Dahinter entdeckte ich eine steinerne Treppe, die in den Keller führte. Ich stieg hinunter und befand mich in einem schön gewölbten, sehr altertümlichen Raum. Ich untersuchte die Wände und entdeckte, daß sich zwischen den gewöhnlichen Mauersteinen Lagen von Backsteinen befanden; der Mörtel enthielt Backsteinsplitter. Daran erkannte ich, daß die Mauern aus römischer Zeit stammten. Mein Interesse war nun aufs höchste gestiegen. Ich untersuchte auch den Fußboden, der aus Steinplatten bestand. In einer von ihnen entdeckte ich einen Ring. Als ich daran zog, hob sich die Steinplatte, und wiederum fand sich dort eine Treppe. Es waren schmale Steinstufen, die in die Tiefe führten. Ich stieg hinunter und kam in eine niedrige Felshöhle. Dicker Staub lag am Boden, und darin lagen Knochen und zerbrochene Gefäße wie Überreste einer primitiven Kultur. Ich entdeckte zwei offenbar sehr alte und halb zerfallene Menschenschädel. – Dann erwachte ich. [...]

Es war mir deutlich, daß das Haus eine Art Bild der Psyche darstellte, d.h. meiner damaligen Bewußtseinslage mit bis dahin unbewußten Ergänzungen. Das Bewußtsein war durch den Wohnraum charakterisiert. Er hatte eine bewohnte Atmosphäre, trotz des altertümlichen Stils.

Im Erdgeschoß begann bereits das Unbewußte. Je tiefer ich kam, desto fremder und dunkler wurde es. In der Höhle entdeckte ich Überreste einer primitiven Kultur, d.h. die Welt des primitiven Menschen in mir, welche vom Bewußtsein kaum mehr erreicht oder erhellt werden kann. Die primitive Seele des Menschen grenzt an das Leben der Tierseele, wie auch die Höhlen der Urzeit

> meist von Tieren bewohnt wurden, bevor die Menschen sie für sich in Anspruch nahmen.“

Jung schreibt an anderer Stelle:

> „Der Ausdruck ‚archetypus‘ findet sich schon bei Philo Judaeus mit Bezug auf die imago Dei im Menschen. Ebenso bei Irenaeus ... bei Dionysius Areopagita kommt der Ausdruck mehrfach vor. Bei Augustinus findet sich zwar der Ausdruck archetypus nicht, wohl aber die Idee. ‚Archetypus‘ ist eine erklärende Umschreibung des Platonischen Bildes. [...]“

Ein wohlbekannter Ausdruck der Archetypen sind der Mythus und das Märchen. Aber auch hier handelt es sich um spezifisch geprägte Formen, welche durch lange Zeiträume übermittelt wurden. Der Begriff „Archetypus“ passt daher nur mittelbar auf die „représentations collectives“, indem er nämlich nur jene psychischen Inhalte bezeichnet, welche noch keiner bewussten Bearbeitung unterworfen waren, mithin also eine noch unmittelbare seelische Gegebenheit darstellen.

> „[...] Versuchen wir dagegen, psychologisch zu ergründen, was ein Archetypus ist, so wird die Sache komplizierter. Man hat sich in der Mythenforschung bisher immer mit solaren, lunaren, meteorologischen, Vegetations- und anderen Hilfsvorstellungen begnügt. Daß die Mythen aber in erster Linie psychische Manifestationen sind, welche das Wesen der Seele darstellen, darauf hat man sich bisher so gut wie gar nicht eingelassen. [...] Nehmen wir zum Beispiel das Wort Idee. Es geht zurück auf den Bild-Begriff bei Platon, und die ewigen Ideen sind Urbilder, die an überhimmlischem Ort als transzendente ewige Formen aufbewahrt sind. Das Auge des Sehers erschaut sie als ‚imagines et lares‘ oder als Bilder des Traumes und der offenbarenden Vision. Oder nehmen wir den Begriff der Energie, welcher physikalisches Geschehen deutet. Früher war dasselbe das geheimnisvolle Feuer der Alchemisten, das Phlogiston, die

dem Stoff inhärente Wärmekraft, wie die stoische Urwärme oder das Heraklitische ewig lebende Feuer... Ich will die Beispiele nicht unnötig häufen. Es genügt zu wissen, daß es nicht eine wesentliche Idee oder Anschauung gibt, die nicht historische Antezedentien besäße. Allen liegen in letzter Linie archetypische Urformen zugrunde, deren Anschaulichkeit in einer Zeit entstanden ist, wo das Bewußtsein noch nicht dachte, sondern wahrnahm. Gedanke war Objekt der inneren Wahrnehmung, nicht gedacht, sondern als Erscheinung empfunden, sozusagen gesehen oder gehört. Gedanke war wesentlich Offenbarung, nichts Erfundenes, sondern Aufgenötigtes oder durch seine unmittelbare Tatsächlichkeit Überzeugendes."

Trotz seiner bilderreichen und schöpferischen Sprache gehört das Werk Carl Gustav Jungs nicht in erster Linie zur Literatur; es richtet den Blick auf eine innerpsychische Wahrheit. Jungs Schriften bleiben für Interpretationen offen, ebenso für neue Entwicklungen, neue Ansätze und Korrekturen, so wie sie in den vergangenen Jahrzehnten von zahlreichen Mitgliedern der Jung-Gesellschaften in Europa und den USA geleistet wurden.

*Vera Pogarell*

## Wie verstehen wir die Welt?

Die Logik der Forschung
Karl Popper
1935

Was Karl Marx und seine Schriften für die einen, sind Karl Popper und dessen Schriften für die anderen: Ermutigung und Trost, Anleitung und Analyse, sozusagen der Katechismus der geistigen Existenz. Aber es gibt einen großen Unterschied: Die Thesen von Karl Marx haben Milliarden Menschen in eine große totalitäre Sackgasse geführt. Die Lehren von Karl Popper dagegen führen nirgendwohin – eine wahrhaft humane Gesellschaft ist immer offen –, sie legen das Schicksal der Menschheit den Menschen selber in die Hände.

Für diese sozusagen allgemeinphilosophischen Thesen steht vor allem Poppers Weltbestseller *Die offene Gesellschaft* von 1946. Aber für unser Verstehen des geistigen und wissenschaftlichen Fortschritts vielleicht noch wichtiger ist ein anderes Werk, die *Logik der Forschung*, das ein Dutzend Jahre älter ist. Der Schreiber dieser Zeilen erinnert sich noch sehr gut, wie ihm als Erstsemester an der Universität Mainz von seinen Professoren immer wieder eingetrichtert wurde, dass man Wissenschaft nur nach den Regeln von Karl Popper seriös betreiben könne.

Diese Regeln sagen: Damit eine These als wissenschaftlich gelten darf, muss sie durch Fakten widerlegbar sein. Ein Theoriegebäude, das mit allem und jedem verträglich ist, was auf dieser Welt geschieht, ist keine Wissenschaft. Diese Erkenntnis war in Karl Popper gereift, als er von Einsteins allgemeiner Relativitätstheorie und davon erfuhr, dass Einstein konkrete Bedingungen angegeben hatte, unter denen seine Theorie als widerlegt zu gelten hätte. Dergleichen war Popper von Karl Marx oder Sigmund Freud nicht gewöhnt – die behielten immer recht, ganz gleich was auch geschah.

> „Die Tätigkeit des wissenschaftlichen Forschers besteht darin, Sätze oder Systeme von Sätzen aufzustellen und

systematisch zu überprüfen; in den empirischen Wissenschaften sind es insbesondere Hypothesen, Theoriensysteme, die aufgestellt und an der Erfahrung durch Beobachtung und Experiment überprüft werden.“

Und Popper hatte sich auf seine Fahnen geschrieben, den Kollegen Naturwissenschaftlern bei dieser Arbeit zu helfen:

> „Wir wollen festsetzen, daß die Aufgabe der Forschungslogik oder Erkenntnislogik darin bestehen soll, dieses Verfahren, die empirisch-wissenschaftliche Forschungsmethode, einer logischen Analyse zu unterziehen.“

Das Hauptergebnis dieser logischen Analyse war, dass aus Einzelfällen niemals allgemeine Gesetze abzuleiten sind:

> „Nun ist es aber alles andere als selbstverständlich, daß wir logisch berechtigt sein sollen, von besonderen Sätzen, und seien es noch so viele, auf allgemeine Sätze zu schließen. Ein solcher Schluß kann sich ja immer als falsch erweisen: Bekanntlich berechtigen uns noch so viele Beobachtungen von weißen Schwänen nicht zu dem Satz, daß *alle* Schwäne weiß sind.“

Es war Popper völlig klar, dass er damit im Widerspruch zur Mehrheit seiner Kollegen stand:

> „Unsere im folgenden entwickelte Auffassung steht in schärfstem Widerspruch zu allen induktionslogischen Versuchen; man könnte sie etwa als Lehre von der *deduktiven Methodik der Nachprüfung* kennzeichnen.“

Seinen Gegenentwurf formulierte er so:

> „Die Methode der kritischen Nachprüfung, der Auslese der Theorien, ist nach unserer Auffassung immer die folgende: Aus der vorläufig unbegründeten Antizipation, dem Einfall, der Hypothese, dem theoretischen System, werden auf logisch-deduktivem Weg Folgerungen abgeleitet; diese werden untereinander und mit anderen

> Sätzen verglichen, indem man feststellt, welche logischen Beziehungen (z. B. Äquivalenz, Ableitbarkeit, Vereinbarkeit, Widerspruch) zwischen ihnen bestehen."

Dabei war ihm stets bewusst, dass diese Methode nie zu einer endgültigen Erkenntnis führen kann:

> „Die positive Entscheidung kann das System immer nur vorläufig stützen; es kann durch spätere negative Entscheidungen immer wieder umgestoßen werden. Solange ein System eingehenden und strengen deduktiven Nachprüfungen standhält und durch die fortschreitende Entwicklung der Wissenschaft nicht überholt wird, sagen wir, daß es sich bewährt."

Eine Theorie hat sich bewährt! Das ist nach Popper das höchste aller möglichen Komplimente. Wer dagegen von endgültigen Wahrheiten spricht, ist in Poppers Augen ein Scharlatan. Diese Sicht der Dinge hat Generationen von empirischen Forschern weltweit tief geprägt.

Ein ganz wichtiges Kriterium war für Popper auch die Sprache; er hasste verquasten Fachjargon und aufgeblasenes Dummgeschwätz („Obskurantismus"); große Worte würden oft missbraucht, um „intellektuell bescheidene Inhalte so unverständlich zu formulieren, daß eine Kritik bewußt erschwert oder verhindert" werde.

Berühmt ist Poppers Übersetzung eines deutschen Textes seines Philosophenkollegen Habermas ins Deutsche:

| *Das Original von Habermas* | *Die deutsche Übersetzung von Karl Popper* |
|---|---|
| Adorno begreift die Gesellschaft in Kategorien, die ihre Herkunft aus der Logik Hegels nicht verleugnen. | Adorno verwendet eine an Hegel erinnernde Ausdrucksweise. |
| Er begreift die Gesellschaft als Totalität in dem streng dialektischen Sinne, der es verbietet, | Er sagt daher nicht, daß das Ganze mehr ist als die Summe seiner Teile. |

| | |
|---|---|
| das Ganze organisch aufzufassen. Nach dem Satz: Es ist mehr als die Summe seiner Teile. | |
| Theorien sind Ordnungsschemata, die wir in einem syntaktisch verbindlichen Rahmen beliebig konstruieren. | Theorien sollten nicht ungrammatisch formuliert werden, ansonsten kannst du sagen, was du willst. |
| Sie erweisen sich für einen speziellen Gegenstandsbereich dann als brauchbar, wenn sich ihnen die reale Mannigfaltigkeit fügt. | Sie sind auf ein spezielles Gebiet dann anwendbar, wenn sie anwendbar sind. |

An anderer Stelle schreibt Popper dazu:

> „Aus meiner sozialistischen Jugendzeit habe ich viele Ideen und Ideale ins Alter gerettet. Insbesondere: Jeder Intellektuelle hat eine ganz besondere Verantwortung. Er hatte das Privileg und die Gelegenheit, zu studieren; dafür schuldet er es seinen Mitmenschen (oder ‚der Gesellschaft'), die Ergebnisse seiner Studien in der einfachsten und klarsten und verständlichsten Form darzustellen. Das Schlimmste – die Sünde gegen den heiligen Geist – ist, wenn die Intellektuellen versuchen, sich ihren Mitmenschen gegenüber als große Propheten aufzuspielen und sie mit orakelnden Philosophien zu beeindrucken. Wer's nicht einfach und klar sagen kann, der soll schweigen und weiterarbeiten, bis er's klar sagen kann. […] Die Anmaßung des dreiviertel Gebildeten –, das ist das Phrasendreschen, das Vorgeben einer Weisheit, die wir nicht besitzen. Das Kochrezept ist: Tautologien und Trivialitäten gewürzt mit paradoxem Unsinn. Ein anderes Kochrezept ist: Schreibe schwer verständlichen Schwulst und füge von Zeit zu Zeit Trivialitäten

hinzu. Das schmeckt dem Leser, der geschmeichelt ist, in einem so ‚tiefen' Buch Gedanken zu finden, die er selbst schon mal gedacht hat."

Wie nicht anders zu erwarten, war danach das Tischtuch zwischen Popper und Habermas zerschnitten; man ging sich fortan wissenschaftlich und menschlich aus dem Weg.

Nach seiner Flucht vor den Nazis hat Karl Popper – nach einem Zwischenaufenthalt in Neuseeland – bis zu seinem Tod im Jahr 1994 in England gelebt. Er unterhielt aber auch immer enge Beziehungen nach Deutschland und war ein guter Freund von Bundeskanzler Helmut Schmidt.

*Walter Krämer*

## Gewönne doch der Konjunktiv

Die Sprache
Karl Kraus
1937

Dieses Buch ist einer Auswahl von Texten aus der von Karl Kraus von 1899 bis 1936 herausgegebenen satirischen Zeitschrift *Die Fackel*, deren Motto: „Was wir umbringen" perfekt zusammenfasst, mit der Kraus in erster Linie bezweckte: Allen Sündern wider korrektes Deutsch den sozialen Garaus zu machen. Beliebte Ziele waren seine Journalistenkollegen („Journaille", „Tintenstrolche", „Fanghunde der öffentlichen Meinung", „Preßmaffia", „Preßköter"): „Die öffentliche Meinung ist zur Wand eines Abtritts geworden, auf der nicht nur jede Büberei gegenüber der Gesinnung Platz hat, sondern auch jede Missetat an der Sprache."

Diese „Missetaten an der Sprache" erzürnten Kraus oft mehr als die Falschberichte selbst. Der folgende Text verpackt in einer Sprachkritik an zwei unbenannten Zeitungsschreibern auch noch eine schmerzhafte Breitseite gegen den bekannten Literatenkollegen Graf Keyserling:

> „Der Dichter der ‚Wiener Stimmen', von dem man doch annehmen müsste, dass er, wenn schon nichts anderes, so zumindest eine Muttersprache habe, beginnt ein Verslein mit dem Wörtlein: ‚zumindestens', das sich ihm aus dem Vorrat von ‚mindestens', ‚zumindest' und ‚zum mindesten' geballt hat; ‚zumeistens' würde er kaum riskieren. Einer, der trotz seinem Mauscheldrang ein kerndeutscher Mann ist, prophezeite kürzlich, ein Jargonstück wurde ‚durch Wochen lang' zugkräftig sein. Dem Grafen Keyserling – der gewiss eine fatale ‚Einstellung' zur deutschen Sprache hat und ehe er die Schule der Weisheit gründete die andere geschwänzt haben muss – korrigierte er einen ausnahmsweise korrekten Satz. Die Strafe folgte auf dem Fuß:

> *Wenn ich nun einen Menschen fragte, worin also die Lehre des Grafen Keyserling bestünde, so würde ich ...*
>
> Der Konjunktiv ist sicherlich eine schwierige Angelegenheit der deutschen Sprache, die auch den besten Schriftstellern schon Kummer bereitet hat. Selbst wenn jenes ‚fragte' ein inneres Imperfektum wäre – das es hier ja nicht sein kann –, ihm also ‚ich fragte' und nicht ‚ich frage' zugrundeläge, so müsste es heißen: ‚worin die Lehre bestehe'. Der Konjunktiv des Imperfekts wäre nur dann richtig, wenn der Satz bedingt gedacht oder in eine Bedienung festgesetzt würde: ‚bestünde, wenn…'. Er wäre richtig, wenn der Satz nicht die Frage enthielte: ‚Worin besteht die Lehre?', sondern: ‚Worin bestünde die Lehre?' (Dies wäre etwa möglich, wenn bereits alles, worin sie nicht besteht, dargestellt wäre und der Schluss übrig bliebe, dass sie in nichts besteht. Im Falle Keyserling zwar denkbar, aber hier nicht beabsichtigt.)"

Wie wir spätestens seit dem wunderschönen Buch *Gewönne doch der Konjunktiv* von Wolf Schneider wissen, ist diese Verbform quasi der Lackmustest, der einen perfekten Kenner des Deutschen von einem weniger perfekten unterscheidet. Hier bekommt selbst Goethe sein Fett ab: „Da er hörte, daß ich viel zeichnete und Griechisch könnte", hätte Goethe einst geschrieben, während es doch richtig ‚könne' heißen müsse. Zwar wäre ‚zeichnete' richtig, „da ‚zeichne' als Konjunktiv nicht hervortritt; ‚könnte' jedoch ist nicht richtig und die gedankliche Diskrepanz hebt sich nur im Mitklang auf. Immerhin regiert hier das Imperfektum. Unmöglich aber ist es, von einem Präsens das Imperfektum des Konjunktivs abhängig zu machen, ohne damit die Aussage als unglaubwürdig oder als bedingt hinstellen zu wollen."

Dieses Insistieren auf grammatikalischer Korrektheit ist zuweilen so extrem, dass es wehtut. „Es wird nicht mehr viele Deutsche geben", so Kraus, „die noch den Unterschied von nur noch und nur mehr zu hören und eigentlich zu sehen vermöchten." Der Unterschied? „Nur noch ist ein Imperfektum, es ergänzt die unvollendete Vergangenheit; nur mehr ist ein Perfektum, es bezeichnet die vollendete Gegenwart." Und wo gibt es heute noch Menschen, die ganze Absätze auf die Ausdruckskraft des Wörtchens „es" verwenden:

> „Dass das ‚es' in einer Wendung wie ‚es will Abend werden' kein ‚vorangestelltes es' ist, sondern ein ‚richtiges Subjekt', dran habe ich zu allerletzt gezweifelt, als ich das Bibelwort in einen Relativsatz brachte […] . Das stärkste Subjekt, dass es im Bereich der Schöpfung gibt, jenes, das Licht wurde, jenes das Tag wird, jenes das Abend werden will […] Es: Das Chaos, die Sphäre, das All, das Größte, fühlteste, welches schon da ist vor jedem, das daraus erst entsteht."

Kraus soll als Person ein wahres Ekel gewesen sein. Er sah niemanden neben und erst recht nicht über sich. Die Meinung der anderen interessierte ihn nicht, und er interessierte sich nicht für die Meinung der anderen:

> „Ich
> lese keine Manuskripte und keine Drucksachen,
> brauche keine Zeitungsausschnitte,
> interessiere mich für keine Zeitschriften,
> begehre keine Rezensionsexemplare und versende keine,
> bespreche keine Bücher, sondern werfe sie weg,
> prüfe keine Talente,
> gebe keine Autogramme, […]
> besuche keine Vorlesungen außer den eigenen, […]
> erteile keinen Rat und weiß keinen,
> mache keinen Besuch und empfange keinen,
> schreibe keinen Brief und will keinen lesen und
> verweise auf die völlige Aussichtslosigkeit jedes Versuchs, mich zu irgendeiner der hier angedeuteten oder wie immer beschaffenen, schon in ihrer Vorstellung meine Arbeit störenden, mein Missbehagen an der Außenwelt mehrenden Verbindungen mit eben dieser bestimmen zu wollen, und habe nur noch die Bitte, die auf

> alle derlei Unternehmungen vergeudeten Porto- und sonstigen Kosten von jetzt an der Gesellschaft der Freunde Wien I, Singerstraße 16, zuzuwenden."

Wenig überraschend war Karl Kraus daher Zeit seines Lebens „wenig verliebt und viel verhasst". „Als er starb, schien er sich überlebt zu haben", schreibt Hans Weigel. „Da er fünfzehn Jahre später aufzuerstehen begann, sahen wir, dass er überlebt hatte und uns überleben wird."

*Walter Krämer*

## Ein rechenfauler Künstler begründet die Informationstechnik

Die Patentanmeldung Z391
Konrad Zuse
1941

Im Frühjahr 1990 suchte der Schreiber dieser Zeilen nach einem Geleitwort für sein erstes Buch (W.A. Halang und A.D. Stoyenko: *Constructing Predictable Real Time Systems.* Boston-Dordrecht-London: Kluwer Academic Publishers 1991). Zusammen mit dem Koautor überlegte ich lange, welchen berühmten Vertreter der Informatik man wohl dazu gewinnen könnte. Es wurden viele Namen genannt, aber auf Grund von Einschätzungen der entsprechenden Persönlichkeiten nach kurzer Diskussion auch wieder verworfen. Schließlich fiel mir eine Person ein, an die unser Ansinnen heranzutragen eine gewisse Aussicht auf Erfolg versprach, obwohl ihre Leistung die der anderen um ein Vielfaches überragte. Es war kein geringerer als der Erfinder der ersten vollautomatisch arbeitenden, programmgesteuerten und frei programmierbaren digitalen Universalrechenanlage und Begründer der modernen Informationstechnik selbst, Prof. Dr. h. c. mult. Konrad Zuse.

Gesagt, getan. Ich schrieb ihm einen Brief und erhielt schon nach kurzer Zeit eine zustimmende Antwort. Nachdem er dann unser Manuskript gelesen hatte, schrieb Konrad Zuse das folgende Vorwort zu unserem Buch:

> „In der Natur entwickelten sich die Echtzeitsysteme seit einigen 100 Millionen Jahren. Tierische Nervensysteme haben zur Aufgabe, auf die Nachrichten aus der Umwelt die Steuerungsbefehle an die aktiven Organe zu geben. Dabei spielen zum Beispiel bedingte Reflexe eine wichtige Rolle. Vielleicht kann man die Entstehung des Menschen etwa zu der Zeit ansetzen, als sein sich allmählich entwickelndes Gehirn Gedanken entwickelte, deren Bedeutung in vorausplanender Weise über die gerade vorliegende Situation hinausging. Das führte

schließlich unter anderem zum heutigen Wissenschaftler, der seine Theorien und Systeme aufgrund langwieriger Überlegungen aufbaut.

Die Entwicklung der Computer ging im Wesentlichen den umgekehrten Weg. Zunächst diente sie nur der Durchführung ‚starrer' Programme, wie z. B. das erste programmgesteuerte Rechengerät Z3, das der Unterzeichner im Jahre 1941 in Berlin vorführen konnte. Es folgte unter anderem ein Spezialgerät zur Flügelvermessung, das man als den ersten Prozeßrechner bezeichnen kann. Es wurden etwa vierzig als Analog-Digital-Wandler arbeitende Meßuhren vom Rechnerautomaten abgelesen und im Rahmen eines Programms als Variable verarbeitet. Aber auch das erfolgte noch in starrer Reihenfolge.

Die echte Prozeßsteuerung – heute auch Echtzeitsysteme genannt – erfordert aber ein Reagieren auf beständig wechselnde Situationen. Eine ‚Bedingungskombinatorik', welche mit den formalen Werkzeugen der mathematischen Logik arbeitet, so wie sie vom Unterzeichner 1936 in den mechanischen Computer Z1 eingebaut und später (1945) im Plankalkül in ihren verschiedenen Möglichkeiten ausgearbeitet wurde, machte sehr flexible und lebendige Systeme möglich. Das gilt auch für die Computer, die immer beweglicher wurden. Diese schon früh erkannte Möglichkeit, z. B. auch Programme zu speichern, führt oft zu unübersehbaren Verschachtelungen der Programmabläufe, was gerade bei den Echtzeitsystemen sehr unangenehme Folgen haben kann. Das führt wiederum zu dem Wunsch, solche Systeme ‚vorhersehbar' zu machen, was sich aber im Wesentlichen auf die Überschaubarkeit der Abläufe in zeitlicher und logischer Hinsicht auswirkt und nicht, wie man zunächst meinen möchte, auf die Vorhersehbarkeit und Ergebnisse der Rechnungen. Je weiter die Computer in unser Leben, insbesondere in technischer und wissenschaftlicher

Hinsicht, eindringen, desto komplexer und eigenmächtiger werden die von ihnen gesteuerten Systeme. Für uns Menschen wird es immer wichtiger, die Dinge im Griff zu behalten. Ein Versagen eines Steuerungssystems, und sei es auch nur durch Überlastung, kann zu katastrophalen Folgen führen. Die Verantwortung des Programmierers steigt dadurch immer mehr."

Je weiter die Computer in unser Leben eindringen... Wie war es zu den fundamentalen Beiträgen des 1910 geborenen Konrad Zuse gekommen?

Als er Anfang der Dreißiger Jahre in Berlin Bauingenieurwesen studierte, gingen ihm die im Rahmen des Studiums häufig und in großem Umfang durchzuführenden statischen Berechnungen im wahrsten Sinne des Wortes „auf den Geist". Er begann zu überlegen, wie diese mechanisch ablaufenden Rechentätigkeiten automatisiert werden könnten. Unbelastet von Kenntnissen der damaligen Elektro- und Rechentechnik, entwickelte er zunächst die notwendigen theoretischen Grundlagen (in Form einer abstrakten Schaltgliedtechnik) und überdachte alle Aspekte der Problematik, wodurch er zu neuen Lösungen gelangte. Dabei ließ er sich als echter Querdenker von seinerzeit hoch angesehenen Experten, die sein Vorhaben für unmöglich hielten, nicht beirren. Stattdessen ging er mit einfachsten Mitteln – in einer Fernsprechvermittlung weggeworfenen Relais – ans Werk und baute ab 1936 im Wohnzimmer seiner Eltern seine Rechengeräte. Dies war echte „Drittmittelforschung", denn Konrad Zuses bereits pensionierter Vater ging eine Zeit lang wieder arbeiten, um das nötige Material zu finanzieren.

Im Jahr 1936 hatte Zuse ein Architekturkonzept für eine Maschine entworfen, das einerseits durch Minimalität, ausgedrückt in der durchgängigen Verwendung binärer Schaltlogik, des binären Zahlensystems sowie eines auf das Wesentliche reduzierten Befehlssatzes, und andererseits durch halblogarithmische Zahlendarstellung und damit die gegenüber ganzzahliger Rechnung erheblich anspruchsvollere Gleitkommaarithmetik gekennzeichnet ist. Die Funktion dieser „Rechenvorrichtung“ umreißt er 1941 im ersten Absatz seiner Patentanmeldung Z391 wie folgt:

> „Vorliegende Erfindung bedeutet die Kombination zum größten Teil bekannter Einzelvorrichtungen zu einem Aggregat, das ermöglicht, häufig wiederkehrende Rechnungen beliebiger Länge und beliebigen Aufbaus, die sich aus elementaren Rechenoperationen zusammensetzen, mit Hilfe von Rechenmaschinen selbsttätig durchzuführen.“

Seine ganzheitliche Betrachtungsweise der Erfordernisse automatischer Datenverarbeitung kommt gleich im zweiten Absatz dieser Patentanmeldung zum Ausdruck, in dem er das Konzept höherer Programmiersprachen umreißt:

> „Bevor auf die konstruktiven Probleme eingegangen wird, soll das Problem mathematisch dargestellt werden. Voraussetzung für jede Art der auszuführenden Rechnung ist die Aufstellung eines Rechenplanes, in dem die aufeinanderfolgenden Rechenoperationen dem Charakter und der Reihe nach aufgezeichnet werden und die im Verlauf der Rechnung auftretenden Zahlen fortlaufend numeriert oder nach einem anderen Schema geordnet werden, ohne sie zunächst der Größe nach zu bestimmen. Man geht von bestimmten ‚Ausgangswerten‘ aus, die den Variablen einer Formel entsprechen, und leitet aus diesen durch bestimmte Operationen über eine Reihe von Zwischenwerten die Resultatwerte ab. Ist für eine bestimmte Aufgabe ein solcher Rechenplan einmal aufgestellt, so gilt er für sämtliche Variationen der Ausgangswerte.“

Die 1936 begonnene Rechenmaschine Z1 und ihre 1941 betriebsbereite Nachfolgerin Z3 sind logisch und funktional bis auf unbedeutende Merkmale äquivalent. In heutiger Terminologie unterscheiden sie sich nur in ihrer Implementierungstechnologie. In beiden Maschinen sind die vier Grundrechenarten, die Datenein- und -ausgabe im Dezimalsystem und in der Z3 sogar das Ziehen von Quadratwurzeln gerätetechnisch implementiert. Die Geräte konnten lange, in Lochstreifen gestanzte Befehlsfolgen automatisch ausführen. Die Z1 wurde aus mechanischen, gestanzten Blechschienen, die sich vor- und rückwärts bewegen konnten, und die Z3 aus elektromechanischen Relais-Bauelementen konstruiert.

Zeitgemäß dargestellt erscheint die Architektur beider Rechner heute sehr modern. Nachbauten der Z1 und Z3 sind im Deutschen Technikmuseum Berlin und im Deutschen Museum München zu finden. Daneben steht im Internet eine Simulation der Z3 zur Verfügung: http://www.zib.de/zuse. Der Nachfolger, die Z4, wurde kurz vor Kriegsende unter abenteuerlichen Umständen von Berlin ins Allgäu gerettet, um von 1950 bis 1955 an der Eidgenössischen Technischen Hochschule Zürich als erster Rechner praktisch eingesetzt zu werden.

Mit dem *Zuse Apparatebau* gründete Konrad Zuse 1941 die erste Computer-Firma der Welt. Die spätere *Zuse KG* produzierte zwischen 1949 und ihrer Übernahme durch Siemens zwanzig Jahre später kommerzielle, in Serie gebaute Rechner und vollzog dabei den Technologiewandel zur Röhren- und dann zur Halbleitertechnik.

Nachdem er die ersten Rechenautomaten gebaut hatte, beschäftigte sich Konrad Zuse auch intensiver mit ihrer Programmierung. Dazu entwickelte er den „Plankalkül", eine in heutiger Nomenklatur funktionale Programmiersprache mit Elementen der Objektorientierung. Es wundert nicht, dass man erst etwa ein halbes Jahrhundert später, in dem maschinenorientierte und prozedurale Sprachen vorherrschten, begann, diesen weiteren großen Beitrag Zuses zu verstehen. Im Frühjahr 1945 jedenfalls, als er seine Beschreibung des Plankalküls als Doktorarbeit einreichen wollte, war es viel zu früh dazu, und die Menschen in Deutschland beschäftigten sich mit anderen Dingen.

Ebenso gescheitert wie Zuses Promotion ist die Patentierung seiner programmgesteuerten Rechenmaschine. Das Patentverfahren dauerte von 1941 bis zur endgültigen Ablehnung wegen „mangelnder erfinderischer Höhe“ durch das Bundespatentgericht im Jahr 1967. So ist Konrad Zuse der finanzielle Lohn für seine bahnbrechende Erfindung versagt geblieben. Immerhin muss es ihm eine große Genugtuung gewesen sein, dass sich der Präsident des Deutschen Patentamtes sehr viel später bei ihm für die mangelnde Sachkenntnis und Weitsicht seiner Behörde entschuldigen musste.

Für die Nachwelt stellen diese Patentschrift und viele weitere, im Zuse-Archiv gesammelte Schriften und Notizen wichtige Beispiele zur Beschreibung technischer Sachverhalte in deutscher Sprache dar. Dabei wählte Zuse für die von ihm erfundenen Bauteile und Artefakte natürlich auch neue Bezeichnungen, die, wie im deutschen Sprachraum üblich, sehr deskriptiv und kontextfrei verständlich sind. Deshalb erscheint es angeraten, Konrad Zuses Nachlass auch wegen seiner sprachlichen Schöpfungen aufzuarbeiten und diese in das informationstechnische Fachvokabular aufzunehmen. Das von ihm erfundene Gesamtsystem bezeichnete er mit Rechenmaschine oder nur schlicht mit Gerät. Den nichts anderes bedeutenden Begriff Computer verwendete er erst später, wahrscheinlich, weil man dann mit Rechenmaschine etwas anderes assoziiert hätte.

Wer allein den Erfinder und Wissenschaftler Konrad Zuse würdigt, wird seiner Persönlichkeit nicht voll gerecht. Er war nämlich auch ein sehr lebensfroher und musischer Mensch, was sich darin äußerte, dass er in jungen Jahren gerne Theater spielte und im Alter seine Zeit mehr und mehr der Malerei widmete. Mit seinen unter dem Pseudonym Kuno See gemalten Bildern fand er auch als Künstler Anerkennung. Dank seiner Zielstrebigkeit und positiven Lebenseinstellung kosteten ihn die Widrigkeiten des Lebens im Allgemeinen und die während des Zweiten Weltkrieges im Besonderen zwar Zeit und Mühe, aufhalten konnten sie ihn jedoch nie.

Kurz nach dem Erscheinen unseres Buches erhielt ich eine Einladung zu einer Konferenz, die im November 1991 in

München stattfinden und auf der auch Konrad Zuse sprechen sollte. Kurz entschlossen fuhr ich hin, um ihn auch persönlich kennenzulernen und mir zwei Bücher mit seinem Vorwort signieren zu lassen. Ich traf dort einen doch schon recht gebrechlich wirkenden Mann an, der sich im Augenblick, da er seinen Vortrag begann, aufrichtete und 45 Minuten lang mit jugendlichem Enthusiasmus Konzepte darlegte, die er mehrere Jahrzehnte zuvor entwickelt hatte, die aber auch heute noch nicht in ihrer vollen Tragweite verstanden werden.

Konrad Zuse starb im Dezember 1995.

*Wolfgang A. Halang*

## Das Spiel des Lebens

Das Glasperlenspiel
Hermann Hesse
1942

Der spätere Nobelpreisträger Hermann Hesse wurde 1877 in Calw/Württemberg geboren und starb 1962 im Tessin. Ende der 60er, Anfang der 70er Jahre des 20. Jahrhunderts, stand eine ganze Generation junger Menschen unter dem Eindruck der Werke Hermann Hesses. In Europa, den Vereinigten Staaten und Japan wurden seine Bücher millionenfach verkauft.

Die Struktur der Hauptwerke erschließt sich vor dem Hintergrund, dass Hermann Hesse seit 1921 einen regen Gesprächsaustausch mit Carl Gustav Jung pflegte: „Hesses Romane und Erzählungen spiegeln nicht nur sein Vertieftsein in die Psychoanalyse wider, sie vermögen auch die Evolution und Entwicklung Jungscher Theorien zu verdeutlichen“, sie „spiegeln Jungs sich allmählich entwickelnde Ansichten zum Gnostizismus, zur Mythologie, zu östlichen Religionen und Philosophien wider.“ Als Sohn eines evangelischen Missionars, der in Indien tätig gewesen war, hatte Hesse als Kind ähnliche Erfahrungen wie der Pastorensohn Jung gemacht. „Hesse gehörte zu den zahlreichen Schriftstellern, die Jung konsultierten und deren anschließend entstandene Werke in starkem Maße die Interessen und Sorgen, die sie mit ihrem Analytiker teilten, reflektierten.“ (Deirdre Bair: C.G. Jung – Eine Biographie, München, 2005)

Seine Hauptwerke *Der Steppenwolf*, *Narziß und Goldmund* sowie *Das Glasperlenspiel* zeichnen sich durch eine eigentümliche Parallelität aus. Es ist die Betrachtung und Erzählung jener Erscheinung, die mit dem Ausdruck Enantiodromie bezeichnet wird. „Mit diesem Begriff wird in der Philosophie des Heraklit das Gegensatzspiel des Geschehens bestimmt, nämlich die Anschauung, nach der alles, was ist, in sein Gegenteil übergeht.“ „Dieses charakteristische Phänomen findet beinahe überall da statt, wo eine extrem einseitige Richtung das bewusste Leben beherrscht, so dass sich in der Zeit eine ebenso starke, unbewusste Gegenposition ausbildet. Ein gutes Beispiel dafür ist die Psychologie des Paulus und die seiner Bekehrung zum Christentum, die Christusidentifikation des erkrankten Nietzsche, die Verwandlung Swedenborgs aus dem Gelehrten in den Seher usw." (C.G. Jung: GW Bd. 6. Olten, 1994) Das Bedürfnis nach der Aussöhnung der Gegensätze, die Suche nach harmonischem Ausgleich, diese unabdingbare Voraussetzung menschlicher Ganzheit kommt im *Glasperlenspiel* in immer neuen Variationen zum Ausdruck.

Im ersten Teil des Romans beschreibt der kastalische Chronist Geschichte, Sinn und Gehalt des Glasperlenspiels, welches

> „... ein Spiel mit sämtlichen Inhalten und Werten unserer Kultur ist, es spielt mit ihnen, wie etwa ... ein Maler mit den Farben seiner Palette gespielt haben mag. [...] Seit der Großzeit des Baslers nun hat das Spiel sich rasch vollends zu dem entwickelt, was es noch heute ist: zum Inbegriff des Geistigen und Musischen, zum sublimen Kult, zur Unio Mystica aller getrennten Glieder der Universitas Litterarum. Es hat in unserem Leben teils die Rolle der Kunst, teils die der spekulativen Philosophie übernommen und wurde ... nicht selten auch mit einem Ausdruck bezeichnet, welcher noch aus der Dichtung der feuilletonistischen Epoche stammt und für diese Epoche das Sehnsuchtsziel manches vorahnenden Geistes benannte, mit dem Ausdruck: magisches Theater. [...] Es konnte ein Spiel zum Beispiel ausgehen von einer gegebenen astronomischen Konfiguration, oder vom Thema einer Bachfuge, oder von einem Satz des Leibniz oder der Upanishaden, und es konnte von diesem Thema aus, je nach Absicht und Begabung des Spielers, die wachgerufene Leitidee entweder weiterführen und ausbauen oder auch durch Anklänge an verwandte Vorstellungen ihren Ausdruck bereichern. War der Anfänger etwa fähig, durch die Spielzeichen Paral-

lelen zwischen einer klassischen Musik und der Formel eines Naturgesetzes herzustellen, so führte beim Könner und Meister das Spiel vom Anfangsthema frei bis in unbegrenzte Kombinationen. [...] Es bedeutete eine erlesene, symbolhafte Form des Suchens nach dem Vollkommenen, eine sublime Alchemie, ein Sichannähern an den über allen Bildern und Vielheiten in sich einigen Geist, also an Gott." (*Das Glasperlenspiel.* Versuch einer Lebensbeschreibung des Magister Ludi Josef Knecht samt Knechts hinterlassenen Schriften herausgegeben von Hermann Hesse. Suhrkamp, Frankfurt 1972, © Suhrkamp Verlag)

Hervorgegangen als heroisch-asketische Gegenbewegung zu geistiger Unverbindlichkeit nimmt das Glasperlenspiel eine Schlüsselposition innerhalb des kastalischen Ordens ein. Es wird durch gelehrte Männer, die durch geistige Zucht, Meditationspraxis und die hohe Kunst der Mathematik oder Musik geprägt sind, nahezu zur Meisterschaft gebracht.

Den zweiten Teil bildet die Lebensbeschreibung des Josef Knecht. Sie führt von seiner Berufung als Knabe bis zur höchsten Stufe der Hierarchie des Ordens. Es ist die Geschichte einer geistigen Erziehung, die jenen Idealen folgt, die die Gestaltungskraft dieser Gemeinschaft bildet. Einflussreiche Begegnungen prägen seine schöpferische Erziehung. Und dennoch wächst Josef Knecht nicht in einem geistigen Vakuum auf. In der Begegnung mit dem jungen Plinio Designori nimmt Hesse wieder das Thema auf, welches sein gesamtes Werk durchzieht. Plinio, dieser geistige Gegenpart und weltlicher Gast der Mönche, zu dem sich Josef Knecht rasch hingezogen fühlt, hat eine zutiefst verstörende Wirkung auf den Behüteten.

„... es tritt mir in Plinios Denkart etwas entgegen, dem ich nicht einfach mit einem Nein antworten kann, er appelliert an eine Stimme in mir, die zuweilen dazu neigt, ihm recht zu geben. Vermutlich ist es die Stimme der Natur, und sie steht zu meiner Erziehung und der uns geläufigen Anschauungsweise in grellem Widerspruch.

Wenn Plinio unsre Lehrer und Meister als Priesterkaste bezeichnet und uns Schüler als gegängelte und kastrierte Herde, so sind das natürlich derbe und übertreibende Worte, aber irgend etwas Wahres enthalten sie vielleicht doch, sonst könnten sie mich ja auch nicht so beunruhigen. [...] Wenn er für Plinio Freundschaft empfand, so empfand er sie ja nicht nur für den gewinnenden und witzigen Kameraden, für den welt- und redegewandten Plinio, sondern nicht minder für jene fremde Welt, welche sein Freund und Gegner vertrat, die er in seiner Gestalt und in seinen Worten und Gebärden kennen oder ahnen lernte. [...] Ihr gerecht zu werden, ihr ein gewisses Heimatrecht im eigenen Herzen zu bewahren, aber dennoch nicht an sie zurückzufallen, war die Aufgabe. Denn es gab neben und über ihr die zweite Welt, die kastalische, die geistige, eine künstliche, eine geordnetere, geschütztere, aber der beständigen Aufsicht und Übung bedürftige Welt, die Hierarchie. Ihr zu dienen, ohne doch jener anderen Welt unrecht zu tun oder sie gar zu verachten, auch ohne mit irgendeinem unklaren Verlangen oder Heimweh nach ihr zu schielen, müßte das Richtige sein. [...] Warum nur lebten die beiden Welten anscheinend nicht harmonisch und brüderlich neben- und ineinander, warum konnte man sie nicht beide in sich hegen und vereinen?“

Knechts Mentor, der Musikmeister Kastaliens, führt den verunsicherten Knaben tief in die Geheimnisse der Musik und Meditation ein. Neben seinen Musikstudien bildet sich Knecht im Studium des Glasperlenspiels weiter und macht mit neuen Gedanken und Ideen bedeutende Fortschritte. Es folgen fruchtbare Jahre freien Studierens und eine Vielzahl von Begegnungen in der Welt „draußen“. „Der einzigen Verpflichtung, jährlich einen fiktiven Lebenslauf bei der Ordensleitung einzureichen, kommt Knecht gewissenhaft nach. Die drei Lebensläufe *Der Regenmacher, Der Beichtvater* und *Indischer Lebenslauf* dienen der Einfühlung in andere Epochen und Kulturen, der Selbsterkenntnis und Selbstdarstellung des Adepten. Als *Josef Knechts hinterlassene Schriften* bilden die Lebensläufe zusammen mit den *Gedichte[n] des Schülers und Studenten* den dritten und abschließenden Teil des Werks.

Im Alter von 34 Jahren nimmt der Alt-Musikmeister Josef Knecht endgültig in den kastalischen Orden auf. Zwei Reisen führen ihn nach Mariafels, wo er mit dem Benediktinerpater Jakobus Freundschaft schließt. Zugleich spöttisch und spielerisch reflektiert Pater Jakobus die Zunft der Glasperlenspieler. Er ist Historiker, und Josef Knecht entdeckt bei ihm die Welt der Geschichte, der Waldzell scheinbar nicht zugehört.

> „Ihre Gespräche wuchsen oft zu richtigen Disputationen, Angriffen und Rechtfertigungen aus, im Anfang war es freilich mehr Pater Jakobus, der sich angriffslustig zeigt. Je mehr er den Geist seines jungen Freundes kennenlernte, desto mehr tat es ihm leid, diesen so Hohes versprechenden jungen Menschen ohne die Zucht einer religiösen Erziehung und in der Scheinzucht einer intellektuell-ästhetischen Geistigkeit aufgewachsen zu wissen. Was er an Knechts Denkart zu tadeln fand, schrieb er auf Rechnung dieses ‚modernen' kastalischen Geistes, seiner Wirklichkeitsferne, seiner Neigung zu spielerischer Abstraktion. Und wo Knecht ihn durch unverdorbene, seiner eigenen Denkart nahe verwandte Auffassungen und Äußerungen überraschte, triumphierte er darüber, daß seines jungen Freundes Natur der kastalischen Erziehung so kräftig Widerstand geleistet habe. [...] Übrigens waren unter den herabsetzenden Äußerungen des Paters über Kastalien auch solche, denen Josef zum Teil recht geben mußte, und in einem Punkt lernte er während seiner Marienfelser Zeit gewaltig um. Es handelte sich um das Verhältnis des kastalischen Geistes zur Weltgeschichte, um das, was der Pater ‚den völligen Mangel an geschichtlichem Sinn' nannte. ‚Ihr Mathematiker und Glasperlenspieler' konnte er sagen, ‚habet euch eine Weltgeschichte zurechtdestilliert,

> die bloß noch aus Geistes- und Kunstgeschichte besteht' […]"

Knecht lernt hier in Mariafels,

> „die Gegenwart und das eigene Leben als geschichtliche Wirklichkeit sehen und daß möglicherweise auch die kastalische Kultur nur eine verweltlichte und vergängliche Neben- und Spätform der christlich-abendländischen Kultur sei.

Im Alter von fast 40 Jahren wird Josef Knecht nach dem Tode des alten Glasperlenspielmeisters selbst zum Magister Ludi gewählt. Mit seinem ersten ‚Jahresspiel'

> „… erlebte Waldzell, das Spielerdorf und die Elite, die Genugtuung einer glänzenden und hochgestimmten Festzeit, ja das Jahresspiel war seit langem nicht mehr ein solches Ereignis gewesen wie diesmal, wo der jüngste und meistbesprochene Magister sich zum erstenmal vor aller Öffentlichkeit zeigen und bewähren und wo außerdem Waldzell den im vergangenen Jahre erlittenen Verlust und Mißerfolg wettmachen sollte. [...] Knecht ist ein großer und vorbildlicher Verwalter und Repräsentant seines hohen Amtes gewesen, ein Glasperlenspielmeister ohne Tadel. Aber er sah und fühlte den Glanz Kastaliens, dem er diente, als eine gefährdete und schwindende Größe, er lebte in ihm nicht ahnungslos und bedenkenlos mit wie die große Mehrzahl seiner Mitkastalier, sondern wußte um seine Herkunft und seine Geschichte, empfand ihn als ein geschichtliches Wesen, der Zeit unterworfen und von ihrer mitleidlosen Gewalt umspült und erschüttert. Dieses Erwachtsein zum lebendigen Gefühl geschichtlichen Ablaufes und dies Empfinden der eigenen Person und Tätigkeit als einer im Strom des Werdens und Sichwandelns mittreibenden und mittätigen Zelle waren in ihm reif geworden und zum Bewußtsein gelangt durch seine historischen Studien und unter dem Einfluß des großen Paters Jako-

> bus ... [...] Der Mann, der an einem der strahlendsten Tage seines Lebens, am Ende seines ersten Festspieles, nach einer ungewöhnlich geglückten und eindrucksvollen Kundgebung des kastalischen Geistes gesagt hat: ‚Man denkt nicht gerne daran, daß Kastalien und das Glasperlenspiel einmal wieder vergehen sollen – und doch muß man daran denken', dieser Mann hat von früh an ... ein Weltgefühl in sich getragen, dem die Vergänglichkeit alles Gewordenen und die Problematik alles vom Menschengeist Geschaffenen vertraut war."

Verantwortlich für Geist und Gesellschaft von Waldzell „schärft gerade der Umgang mit der Elitegruppe der Glasperlenspieler seinen Blick für die Gefahren, die Kastalien bedrohen: aristokratische Selbstgenügsamkeit, sinnentleerte Virtuosität und kraftlose Abgeschlossenheit vom Leben. Auf dem Höhepunkt seiner Laufbahn gewinnt er die Einsicht, dass ihm Kastalien und das Glasperlenspiel bereits bis ins letzte ausgemessene Möglichkeiten dienender Selbstverwirklichung sind. Und Knecht, der bei Pater Jakobus den Wandel als das einzig Stetige begreifen lernte, erkennt, dass er neue Räume durchschreiten muss. Ein Wiedersehen mit Designori, der resigniert darauf verzichtet hat, kastalische Geistigkeit mit den Anforderungen des Weltlebens in Einklang bringen zu wollen, gibt ihm den Anstoß, um Versetzung und Entbindung von seinen Ordenspflichten zu bitten. Weil das Gesuch abgelehnt wird, nimmt Knecht Designoris Angebot an, Lehrer seines Sohnes Tito zu werden." Noch einmal entspinnt sich ein vertrauensvolles Gespräch zwischen den Freunden, und Josef antwortet auf Plinios Rückblick in die gemeinsame kastalische Vergangenheit:

> „Unsere jetzige Begegnung ... ist mir keineswegs bedeutungslos, sie bedeutet mir viel mehr, als ich dir heute sagen und als du irgend vermuten kannst. [...] Vor allem bedeutet sie mir einen Anruf, ein Entgegenkommen, sie öffnet mir einen Weg zu eurer Welt, sie stellt mich von neuem vor das alte Problem einer Synthese zwischen

euch und uns, und das geschieht, sage ich dir, zur rechten Stunde. Der Ruf findet mich diesmal nicht taub, er findet mich wacher, als ich es jemals war, denn er überrascht mich eigentlich nicht, er erscheint mir nicht als Fremdes und von außen Kommendes, dem man sich öffnen oder auch verschließen kann, sondern er kommt wie aus mir selber, er ist die Antwort auf ein sehr stark und drängend gewordenes Verlangen, auf eine Not und Sehnsucht in mir selbst."

Die bisher als biographische Aufzeichnung eines Glasperlenspiel-Schülers ausgegebene Chronik von Knechts Leben steigert sich nun zur Legende. Auf der Wanderung zu den Designoris überkommt Knecht seit langem zum erstenmal das Gefühl freien, unbeschwerten Daseins. Die erste Begegnung zwischen Lehrer und Schüler in Belpunt, dem an einem Alpensee gelegenen Landhaus der Familie, verläuft zu beiderseitiger Zufriedenheit. Nach einer unruhigen Nacht treffen sich die beiden am Ufer des Sees. Tito fordert den von der Reise geschwächten Lehrer zum Wettschwimmen auf. Trotz der Warnung seiner Instinkte springt dieser, um den Jungen nicht zu enttäuschen, in das eisige Wasser. Er ertrinkt und lässt den Schüler, der sich an seinem Tode schuldig fühlt, verwandelt zurück. [...]

„Dieser sinnvoll-sinnlose Rundlauf von Meister und Schüler, dieses Werben der Weisheit um die Jugend, der Jugend um die Weisheit ... war das Symbol Kastaliens, ja war das Spiel des Lebens überhaupt."

(Textauszüge aus: Hermann Hesse: Sämtliche Werke in 20 Bänden. Herausgegeben von Volker Michels, Band 5. Das Glasperlenspiel. © Suhrkamp Verlag Frankfurt am Main 2001. Alle Rechte bei und vorbehalten durch Suhrkamp Verlag Berlin)

*Vera Pogarell*

## Ein Appell an die Menschlichkeit

Flugblatt Nr. 6
Sophie Scholl u.a.
1943

Als Hans und Sophie Scholl am 18. Februar 1943 ihr 6. Flugblatt in den Hörsälen und Fluren der Münchner Ludwig-Maximilians-Universität auslegen, sind noch einige übrig, die Sophie über die Brüstung im zentralen Treppenhaus wirft. Dabei beobachtet sie der Hörsaaldiener Jakob Schmid, der sofort die Gestapo benachrichtigt. Vier Tage später werden die beiden Geschwister und ihr Freund Christoph Probst hingerichtet. Im April werden auch die übrigen Mitglieder der „Weißen Rose", Kurt Huber (der die Texte zum größten Teil entworfen hat), Alexander Schmorell und Wilhelm Graf, zum Tode verurteilt. Hier ist der Flugblatt-Text:

> „Kommilitoninnen! Kommilitonen!
>
> Erschüttert steht unser Volk vor dem Untergang der Männer von Stalingrad. Dreihundertdreißigtausend deutsche Männer hat die geniale Strategie des Weltkriegsgefreiten sinn- und verantwortungslos in Tod und Verderben gehetzt. Führer, wir danken dir! Es gärt im deutschen Volk: Wollen wir weiter einem Dilettanten das Schicksal unserer Armeen anvertrauen? Wollen wir den niedrigsten Machtinstinkten einer Parteiclique den Rest unserer deutschen Jugend opfern? Nimmermehr!
>
> Der Tag der Abrechnung ist gekommen, der Abrechnung der deutschen Jugend mit der verabscheuungswürdigsten Tyrannis, die unser Volk je erduldet hat. Im Namen der ganzen deutschen Jugend fordern wir vom Staat Adolf Hitlers die persönliche Freiheit, das kostbarste Gut der Deutschen zurück, um das er uns in der erbärmlichsten Weise betrogen hat […].
>
> In einem Staat rücksichtsloser Knebelung jeder freien Meinungsäußerung sind wir aufgewachsen. HJ, SA und

SS haben uns in den fruchtbarsten Bildungsjahren unseres Lebens zu uniformieren, zu revolutionieren, zu narkotisieren versucht. ‚Weltanschauliche Schulung' hieß die verächtliche Methode, das aufkeimende Selbstdenken und Selbstwerten in einem Nebel leerer Phrasen zu ersticken. Eine Führerauslese, wie sie teuflischer und zugleich bornierter nicht gedacht werden kann, zieht ihre künftigen Parteibonzen auf Ordensburgen zu gottlosen, schamlosen und gewissenlosen Ausbeutern und Mordbuben heran, zur blinden, stupiden Führergefolgschaft.

Wir ‚Arbeiter des Geistes' wären gerade recht, dieser neuen Herrenschicht den Knüppel zu machen. Frontkämpfer werden von Studentenführern und Gauleiteraspiranten wie Schulbuben gemaßregelt, Gauleiter greifen mit geilen Späßen den Studentinnen an die Ehre. Deutsche Studentinnen haben an der Münchner Hochschule auf die Besudelung ihrer Ehre eine würdige Antwort gegeben, deutsche Studenten haben sich für ihre Kameradinnen eingesetzt und standgehalten. Das ist ein Anfang zur Erkämpfung unserer freien Selbstbestimmung, ohne die geistige Werte nicht geschaffen werden können. Unser Dank gilt den tapferen Kameradinnen und Kameraden, die mit leuchtendem Beispiel vorangegangen sind!

Es gibt für uns nur eine Parole: Kampf gegen die Partei! Heraus aus den Parteigliederungen, in denen man uns politisch weiter mundtot halten will! Heraus aus den Hörsälen der SS-Unter- und -Oberführer und Parteikriecher! Es geht uns um wahre Wissenschaft und echte Geistesfreiheit! Kein Drohmittel kann uns schrecken, auch nicht die Schließung unserer Hochschulen. Es gilt den Kampf jedes einzelnen von uns um unsere Zukunft, unsere Freiheit und Ehre in einem seiner sittlichen Verantwortung bewußten Staatswesen.

Freiheit und Ehre! Zehn lange Jahre haben Hitler und seine Genossen die beiden herrlichen deutschen Worte bis zum Ekel ausgequetscht, abgedroschen, verdreht, wie es nur Dilettanten vermögen, die die höchsten Werte einer Nation vor die Säue werfen. Was ihnen Freiheit und Ehre gilt, das haben sie in zehn Jahren der Zerstörung aller materiellen und geistigen Freiheit, aller sittlichen Substanz im deutschen Volk genugsam gezeigt. Auch dem dümmsten Deutschen hat das furchtbare Blutbad die Augen geöffnet, das sie im Namen von Freiheit und Ehre der deutschen Nation in ganz Europa angerichtet haben und täglich neu anrichten. Der deutsche Name bleibt für immer geschändet, wenn nicht die deutsche Jugend endlich aufsteht, rächt und sühnt zugleich, ihre Peiniger zerschmettert und ein neues geistiges Europa aufrichtet.

Studentinnen! Studenten! Auf uns sieht das deutsche Volk! Von uns erwartet es, wie 1813 die Brechung des Napoleonischen, so 1943 die Brechung des nationalsozialistischen Terrors aus der Macht des Geistes. Beresina und Stalingrad flammen im Osten auf, die Toten von Stalingrad beschwören uns!

‚Frisch auf mein Volk, die Flammenzeichen rauchen!'

Unser Volk steht im Aufbruch gegen die Verknechtung Europas durch den Nationalsozialismus, im neuen gläubigen Durchbruch von Freiheit und Ehre!"

Diese Worte leben nach der Ermordung von Sophie Scholl und ihrer Mitstreiter weiter; mit Helfern in München und Hamburg gelangt das Flugblatt über Skandinavien nach England, von dort bringen es britische Flugzeuge als *Manifest der Münchner Studenten* Ende 1943 nach Deutschland zurück, sie werfen statt Bomben das Flugblatt ab. Der Münchner Chemiestudent Hans Leipelt und seine Freunde kopierten und verteilten es, mit dem zusätzlichen Satz „Und ihr Geist lebt trotzdem weiter" am Schluss.

Auch die Vorgänger-Flugblätter zeugen vom Scharfsinn, vom Mut und von der Zivilcourage der „Weißen Rose“. Immer wieder appellieren die Scholl-Geschwister und ihre Freunde an den Verstand ihrer Landsleute, fordern sie auf, bewusst hinzuhören und die Augen nicht zu verschließen. Ihre Sprache ist klar, sie rüttelt wach, sie benennt schonungslos die Greueltaten des Regimes. Im vierten Flugblatt heißt es: „Jedes Wort, das aus Hitlers Munde kommt, ist Lüge. Wenn er Frieden sagt, meint er den Krieg, und wenn er in frevelhaftester Weise den Namen des Allmächtigen nennt, meint er die Macht des Bösen, den gefallenen Engel, den Satan. Sein Mund ist der stinkende Rachen der Hölle, und seine Macht ist im Grunde verworfen.“ Am Ende des Blattes erklären sie: „Wir schweigen nicht; wir sind Euer böses Gewissen; die Weiße Rose läßt Euch keine Ruhe!“

Die Widerstandsgruppe hat für diese Worte mit ihrem Leben bezahlt. „Ihr sollt nicht umsonst gestorben sein, sollt nicht vergessen sein“, versprach Thomas Mann im *BBC.*

*Monika Elias*

## Ein Licht in finsterster Nacht

Von guten Mächten wunderbar geborgen
Dietrich Bonhoeffer
1945

Die schwärzesten Stunden erlebte die deutsche Sprache sicherlich in den Jahren 1933 bis 1945. Unglaubliche Niederträchtigkeiten wie die Nürnberger Rassengesetze 1935 und zahlreiche öffentliche Hetzreden wurden von deutschen Politikern wie Hitler, Himmler, Göring und Goebbels formuliert und diskreditieren die Sprache zusammen mit der menschenverachtenden Weltanschauung. Die deutschsprachigen Eingangsüberschriften an den Konzentrationslagern wie „Arbeit macht frei" oder „Jedem das Seine" verbinden dauerhaft die Sprache Goethes auch mit Barbarismus und Völkermord. Der Nationalsozialismus beschmutzte in nur zwölf Jahren die deutsche Sprache so stark, dass es tausend Jahre Hochkultur schwer haben, nicht ebenfalls davon beschmutzt zu werden.

Selbstverständlich gab es auch in diesen zwölf Jahren etliche große Momente der deutschen Sprache. Sie wurden jedoch selten in Deutschland gesprochen und geschrieben. Nahezu die gesamte deutsche Literatur war zur Exilliteratur geworden, die deutschen Schriftsteller lebten und schrieben in zahlreichen Staaten Europas, Amerikas, Afrikas und Asiens. Nach dem militärischen Siegeszug der Nazis war in Europa als deutschsprachiges Land nur noch die Schweiz geblieben, in der deutschsprachige Texte nicht nur geschrieben wurden, sondern auch ein größeres Publikum fanden. Die in Deutschland verbliebenen Schriftsteller waren wie Erich Kästner zum Schweigen gezwungen, schwiegen wie Gerhard Hauptmann von sich aus oder saßen wie Carl von Ossietzky in Haft.

Besonders in den letzten Jahren und Monaten des faschistischen deutschen Staates hatte es die deutsche Sprache schwer, nicht ausschließlich die Sprache der Barbarei zu sein. Einigen mutigen Menschen ist es zu verdanken, dass diese Sprache auch die Sprache des Widerstandes, des aufrechten Ganges, der Kultur und des Rechtes bleiben konnte. Die Flugblätter der Geschwister Scholl gehören zu den eindrucksvollen Dokumenten verzweifelter Notwehr gegen den Untergang der „Macht des Geistes“. Erschütternd und ergreifend ist Kurt Hubers Schlusswort vor dem Volksgerichtshof, kurz bevor er zusammen mit den Geschwistern Scholl hingerichtet wurde. Es gab vielfältige Beweise der Aufrichtigkeit und der Furchtlosigkeit auch in dieser Zeit.

Ein großartiges Zeugnis von Aufrichtigkeit und Furchtlosigkeit ist Dietrichs Bonhoeffers kleiner Text *Von guten Mächten wunderbar geborgen*. Er ist jedoch wesentlich mehr. Seine Zeilen zeigen, wie durch schlichte Worte eine Sternstunde der deutschen Sprache geschaffen wurde, die nicht nur durch unvergleichliche sprachliche Anmut besticht. Sein Text bekundet, dass es für jeden einzelnen Menschen ein Heilmittel gegen Diktatur und Unterdrückung gibt. Niemand ist wirklich hilf- oder wehrlos. Der Mensch ist frei.

Dietrich Bonhoeffer wurde 1906 in Breslau geboren. Er studierte zunächst in Tübingen, dann in Berlin evangelische Theologie. 1927 erwarb er den Doktortitel, bereits 1930 habilitierte er. Ab 1931 arbeitete er als Privatdozent und Studentenpfarrer in Berlin, 1935 wurde er Direktor des Predigerseminars der Bekennenden Kirche in Finkenwalde. Er wendete sich früh mit Reden und Texten gegen den Nationalsozialismus und schloss sich schließlich der Widerstandsbewegung in der deutschen Spionageabwehr an. 1938 wurde er aus Berlin ausgewiesen, 1940 durfte er nicht mehr öffentlich sprechen, 1941 auch nicht mehr schreiben. Für den Widerstand reiste er nach Schweden und in die Schweiz. Verhaftet wurde er 1943. Am 9. April 1945, einen Monat vor dem Zusammenbruch des Hitlerstaates, wurde er im Konzentrationslager Flossenbürg erhängt.

Briefe und Texte aus Gefängnissen und Konzentrationslagern zeugen oft von Verzweiflung und Widerstand, von Trotz und Theatralik, von Anklage und Aufrichtigkeit. Immer bestimmt die gegenwärtige Lage Inhalt und Schreibweise der

Texte. Natürlich, der Gefangene, der vom Tode bedrohte Mensch kann sich seinen Peinigern ja nicht entziehen. Und damit hat der Peiniger Macht über den Gefangenen. Bonhoeffers Schriften aus der Todeszelle sind anders.

Am 14. April 1943, also kurz nach seiner Verhaftung, schreibt er einen Brief an seine Eltern:

> „Liebe Eltern!
>
> Vor allem müßt Ihr wissen und auch glauben, daß es mir wirklich gut geht. [...] Eine so starke innere Umstellung, wie sie eine so überraschende Verhaftung mit sich führt, die Nötigung, sich innerlich zurecht- und abzufinden mit einer völlig neuen Situation, – das alles läßt das Körperliche völlig zurücktreten und unwesentlich werden; und das empfinde ich als eine wirkliche Bereicherung meiner Erfahrung. Alleinsein ist für mich ja nicht etwas so Ungewöhnliches wie für andere Menschen und ist sicher ein gutes seelisches Dampfbad. Quälend ist oder wäre nur der Gedanke, daß Ihr Euch um mich ängstigt und quält, daß Ihr nicht richtig schlaft und eßt."

Gefangennahme und Anklage durch die Nazis, 1943 eine bekannte Einbahnstraße in den Tod, bedeuteten somit eine „innere Umstellung", eine „neue Situation", ein „seelisches Dampfbad", gar eine „wirkliche Bereicherung". Kein Grund zur Besorgnis. Den Feinden wird kein einziger Zentimeter Macht über die eigene Person eingeräumt. Sie erreichen den Menschen Bonhoeffer nicht. Dabei war er keineswegs leichtgläubig, er wusste, was ihm bevorstand. Seine Umgebung und die ihm gemachten Vorwürfe ließen keinen Zweifel daran, dass er diese Haft nicht überleben würde. Es gab keine Hoffnung auf Begnadigung oder Milde. Bonhoeffer wusste dies, er war kein Träumer. Er will jedoch den Nazis keine Gewalt über sich selbst geben. Zum Jahreswechsel 1943 notiert er:

> „Optimismus ist in seinem Wesen keine Ansicht über die gegenwärtige Situation, sondern er ist eine Lebenskraft, eine Kraft der Hoffnung, wo andere resignieren,

eine Kraft, den Kopf hochzuhalten, wenn alles fehlzuschlagen scheint, eine Kraft, Rückschläge zu ertragen, eine Kraft, die die Zukunft niemals dem Gegner läßt, sondern sie für sich in Anspruch nimmt."

Nichts dem Gegner überlassen! Damit ist auch kein Platz für Verdrießlichkeit und Illusionen. So konnte einer der schönsten Texte der deutschen Sprachgeschichte entstehen. Ich denke, es ist bestimmt der schönste Text der finstersten Zeit der deutschen Geschichte:

*Von guten Mächten wunderbar geborgen*

Von guten Mächten treu und still umgeben
behütet und getröstet wunderbar, –
so will ich diese Tage mit euch leben
und mit euch gehen in ein neues Jahr;

noch will das alte unsere Herzen quälen
noch drückt uns böser Tage schwere Last.
Ach Herr, gib unsern aufgeschreckten Seelen
das Heil, für das Du uns geschaffen hast.

Und reichst Du uns den schweren Kelch, den bittern,
des Leids, gefüllt bis an den höchsten Rand;
so nehmen wir ihn dankbar ohne Zittern
aus Deiner guten und geliebten Hand.

Doch willst Du uns noch einmal Freude schenken
an dieser Welt und ihrer Sonne Glanz,
dann woll'n wir des Vergangnen gedenken,
und dann gehört Dir unser Leben ganz.

Laß warm und hell die Kerzen heute flammen
die Du in unsre Dunkelheit gebracht,
führ, wenn es sein kann, wieder uns zusammen!
Wir wissen es, Dein Licht scheint in der Nacht.

Wenn sich die Stille nun tief um uns breitet,
so laß uns hören jenen vollen Klang
der Welt, die unsichtbar sich um uns weitet,
all Deiner Kinder hohen Lobgesang.

Von guten Mächten wunderbar geborgen
erwarten wir getrost, was kommen mag.
Gott ist bei uns am Abend und am Morgen,
und ganz gewiß an jedem neuen Tag.

(Bonhoeffer, Dietrich © Chr. Kaiser/Gütersloher Verlagshaus GmbH, Gütersloh)

Drei Monate vor seiner Hinrichtung legte Bonhoeffer dieses wunderbare Gedicht dem vorletzten Brief in seinem Leben bei. Sein Begleitkommentar: „Hier noch ein paar Verse, die mir in den letzten Abenden einfielen. Sie sind der Weihnachtsgruß für Dich und die Eltern und Geschwister." Ein „paar Verse" also. Unfassbar, welch sprachliche Größe in so wenigen Zeilen sich einfinden kann. Unfassbar, wie es scheinbar so leicht möglich ist, das ganze Grauen der Zeit und der eigenen Lebensumstände abzutun. Genau das jedoch ist die Botschaft dieser betörenden Zeilen. Es gibt ein Mittel gegen den Schrecken und gegen den Tod. Der Mensch in seiner göttlichen Geborgenheit ist gefeit. Er ist von guten Mächten wunderbar geborgen.

Bonhoeffers Verse sind neben vielen anderen seiner Gefängnistexte erst in den fünfziger Jahren bekannt geworden. Sein Zeugnis von Aufrichtigkeit und Stärke ist heute in vielen Gesangbüchern der christlichen Kirchen zu finden. Wenn die Gläubigen im Gottesdienst seine Wortkunst singen, erfahren sie ein wenig von der Kraft seiner Worte.

*Reiner Pogarell*

## Du sollst dir kein Bildnis machen!

Der andorranische Jude
Max Frisch
1946

Die Leidensgeschichte des jüdischen Volkes fand in der von den Nazis betriebenen Ermordung von 6 Millionen Juden einen grauenvollen Höhepunkt. Seit mehr als 2000 Jahren werden Juden verfolgt, gedemütigt, ausgegrenzt, getötet. Vom einfachen Vorurteil bis zum ideologischen Rassenwahn gab und gibt es eine Vielzahl von Motiven. Das ganze Ausmaß des nationalsozialistischen Völkermords wurde erst nach Beendigung der NS-Gewaltherrschaft in den Jahren ab 1945 nach und nach bekannt.

In diesen Zusammenhang gehört ein Text aus den Tagebüchern des Schweizer Dichters und Schriftstellers Max Frisch aus dem Jahr 1946.

*Der andorranische Jude*

In Andorra lebte ein junger Mann, den man für einen Juden hielt. Zu erzählen wäre die vermeintliche Geschichte seiner Herkunft, sein täglicher Umgang mit den Andorranern, die in ihm den Juden sehen: das fertige Bildnis, das ihn überall erwartet. Beispielsweise ihr Misstrauen gegenüber seinem Gemüt, das ein Jude, wie auch die Andorraner wissen, nicht haben kann. Es wird auf die Schärfe seines Intellektes verwiesen, der sich eben dadurch schärft, notgedrungen. Oder sein Verhältnis zum Geld, das in Andorra auch eine große Rolle spielt: er wusste, er spürte, was alle wortlos dachten; er prüfte sich, ob es wirklich so war, dass er stets an das Geld denke, er prüfte sich, bis er entdeckte, dass es stimmte, es war so, in der Tat, er dachte stets an das Geld. Er gestand es; er stand dazu, und die Andorraner blickten sich an, wortlos, fast ohne ein Zucken der Mundwinkel. Auch in Dingen des Vaterlandes wusste er genau, was sie dachten; sooft er das Wort in den Mund genommen, ließen sie es liegen wie eine Münze, die in den Schmutz gefallen ist. Denn der Jude, auch das wussten die Andorraner, hat Vaterländer, die er wählt, die er kauft, aber nicht ein Vaterland wie wir, nicht ein zugeborenes, und wie wohl er es meinte, wenn es um andorranische Belange ging, er redete in ein Schweigen hinein, wie in Watte. Später begriff er, dass es ihm offenbar an Takt fehlte, ja, man sagte es ihm einmal rundheraus, als er, verzagt über ihr Verhalten, geradezu leidenschaftlich wurde. Das Vaterland gehörte den anderen, ein für allemal, und dass er es lieben könnte, wurde von ihm nicht erwartet, im Gegenteil, seine beharrlichen Versuche und Werbungen öffneten nur eine Kluft des Verdachtes; er buhlte um eine Gunst, um einen Vorteil, um eine Anbiederung, die man als Mittel zum Zweck empfand auch dann, wenn man selber keinen möglichen Zweck erkannte. So wiederum ging es, bis er eines Tages entdeckte, mit seinem ratlosen und alles zergliedernden Scharfsinn entdeckte, dass er das Vaterland wirklich nicht liebte, schon das bloße Wort nicht, das jedesmal, wenn er es brauchte, ins Peinliche führte. Offenbar hatten sie recht. Offenbar konnte er überhaupt nicht lieben, nicht im andorranischen Sinn; er hatte die Hitze der Leidenschaft, gewiss, dazu die Kälte seines Verstandes, und diesen empfand man als eine immer bereite Geheimwaffe seiner Rachsucht; es fehlte ihm das Gemüt, das Verbindende; es fehlte ihm, und das war unverkennbar, die Wärme des Vertrauens. Der Umgang mit ihm war anregend, ja, aber nicht angenehm, nicht gemütlich. Es gelang ihm nicht, zu sein wie alle andern, und nachdem er es umsonst versucht hatte, nicht aufzufallen, trug er sein Anderssein sogar mit einer Art von Trotz, von Stolz und lauernder Feindschaft dahinter, die er, da sie ihm selber nicht gemütlich war, hinwiederum mit einer geschäftigen Höflichkeit überzuckerte; noch wenn er sich verbeugte, war es eine Art von Vorwurf, als wäre die Umwelt daran schuld, dass er ein Jude ist.

Die meisten Andorraner taten ihm nichts. Also auch nichts Gutes.

Auf der anderen Seite gab es auch Andorraner eines freieren und fortschrittlicheren Geistes, wie sie es nannten, eines Geistes, der sich der Menschlichkeit verpflichtet fühlte: sie achteten den Juden, wie sie betonten, gerade um seiner jüdischen Eigenschaften willen, Schärfe des Verstandes und so weiter. Sie standen zu ihm bis zu seinem Tode, der grausam gewesen ist, so grausam und ekelhaft, dass sich auch jene Andorraner entsetzten, die es nicht berührt hatte, dass schon das ganze Leben grausam war. Das heißt, sie beklagten ihn eigentlich nicht, oder ganz offen gesprochen: sie vermissten ihn nicht – sie empörten sich nur über jene, die ihn getötet hatten, und über die Art, wie das geschehen war, vor allem die Art.

Man redete lange davon.

Bis es sich eines Tages zeigt, was er selber nicht hat wissen können, der Verstorbene: dass er ein Findelkind gewesen, dessen Eltern man später entdeckt hat, ein Andorraner wie unsereiner –

Man redete lange davon.

Man macht sich ein Bild.

Fast im Stil einer Kalendergeschichte Johann Peter Hebels verdichtet Max Frisch die Vorurteilsproblematik an einem Einzelfallbeispiel. „In Andorra lebte ein junger Mann, den man für einen Juden hielt.“ Dessen Geschichte – so der Tagebuchschreiber – „wäre zu erzählen.“ Der Text als Vorlage für eine noch zu schreibende Erzählung also? Im Text selbst durchbricht Frisch diese Fiktion – er erzählt von einem jungen Mann, der sich mit einem auf sich persönlich bezogenen Bildnis eines Juden, über das die Andorraner verfügen, auseinandersetzt und in dieser Auseinandersetzung vollständig unterliegt. Ein Jude hat kein Gemüt, aber einen scharfen Intellekt, denkt ständig ans Geld, liebt nicht das Vaterland wie die Andorraner, ihm fehlt die Wärme des Vertrauens, er ist geschäftig höflich. Wenn er sich verbeugte, war es eine Art von Vorwurf, „als wäre die Umwelt daran schuld, dass er ein Jude ist." Erst nach seinem Tode sollte sich zeigen, wie berechtigt dieser Vorwurf war. Die Mehrzahl der Andorraner lässt den jungen Mann gewähren. Sie reagieren auf seine Bemühungen, sich ihnen anzupassen, mit keinem Wort. Eine Gruppe von Andorranern freieren und fortschrittlichen Geistes achtet ihn, „gerade um seiner jüdischen Eigenschaften willen", und steht zu ihm bis zu seinem Tode, von dem es lediglich heißt, er sei grausam gewesen. Darüber entsetzen sich auch diejenigen, die sein grausames Leben nicht berührt hatte. Aber dabei ging es ihnen nicht um den vermeintlichen Juden – ihre Empörung bezieht sich vielmehr nur auf diejenigen, die ihn getötet haben, sowie auf die Art, wie das geschah – pointiert heißt es: vor allem auf die Art. „Man redete lange davon."

Erst später – nach dem Tode des jungen Mannes – wird das unmenschliche Verhalten der Andorraner in seiner ganzen Absurdität erkennbar – der junge Mann war ein Findelkind andorranischer Eltern, ein Andorraner wie seine Peiniger und seine Mörder!

Dem oben abgedruckten Tagebuchtext hat Frisch zwei Schluss-Texte angefügt, die den geschilderten Ablauf in einen größeren Zusammenhang einordnen.

> „Die Andorraner aber, sooft sie in den Spiegel blickten, sahen mit Entsetzen, dass sie selber die Züge des Judas tragen, jeder von ihnen."

Judas – der Verräter. Die Andorraner haben den lebendigen Menschen in dem jungen Mann verraten.

In einem zweiten Text, gleichsam in einem Postskriptum, deutet Frisch die Erzählung.

> „Du sollst dir kein Bildnis machen, heißt es, von Gott. Es dürfte auch in diesem Sinne gelten. Gott als das Lebendige in jedem Menschen, das, was nicht erfassbar

ist. Es ist eine Versündigung, die wir, so wie sie an uns begangen wird, fast ohne Unterlass wieder begehen.

Ausgenommen wenn wir lieben."

Der Dichter überträgt das jüdisch-christliche Gebot „Du sollst Dir kein Bildnis von Gott machen!" ins Diesseits-Weltliche und zeigt, zu welchen verheerenden Konsequenzen die Nichtbeachtung der Maxime für das Miteinander von Menschen führen kann.

Den oben als Postskriptum bezeichneten Teil der Geschichte hat Frisch in einem anderen Text, in einem Gegentext, entfaltet.

*Du sollst dir kein Bildnis machen*

Es ist bemerkenswert, dass wir gerade von dem Menschen, den wir lieben, am mindesten aussagen können, wie er sei. Wir lieben ihn einfach. Eben darin besteht ja die Liebe, das Wunderbare an der Liebe, dass sie uns in der Schwebe des Lebendigen hält, in der Bereitschaft, einem Menschen zu folgen in allen seinen möglichen Entfaltungen. Wir wissen, dass jeder Mensch, wenn man ihn liebt, sich wie verwandelt fühlt, wie entfaltet, und dass auch dem Liebenden sich alles entfaltet, das Nächste, das lange Bekannte. Vieles sieht er wie zum ersten Male. Die Liebe befreit es aus jeglichem Bildnis. Das ist das Erregende, das Abenteuerliche, das eigentlich Spannende, dass wir mit den Menschen, die wir lieben, nicht fertig werden: weil wir sie lieben; solang wir sie lieben. Man höre bloß die Dichter, wenn sie lieben; sie tappen nach Vergleichen, als wären sie betrunken, sie greifen nach allen Dingen im All, nach Blumen und Tieren, nach Wolken, nach Sternen und Meeren. Warum? So wie das All, wie Gottes unerschöpfliche Geräumigkeit, schrankenlos, alles Möglichen voll, aller Geheimnisse voll, unfassbar ist der Mensch, den man liebt.

Nur die Liebe erträgt ihn so.

(Textauszug aus: Max Frisch, Der andorranische Jude. In: ders., Tagebuch 1946-1949.© Suhrkamp Verlag Frankfurt am Main 1950. Alle Rechte bei und vorbehalten durch Suhrkamp Verlag Berlin.)

Ebenfalls eine verborgene Sternstunde der deutschen Sprache – die Zartheit und das Feingefühl, die aus dem Text spricht, erschließt sich dem Leser auch ohne Erläuterung.

Den Tagebuch-Text *Der andorranische Jude* hat Frisch später in dem Schauspiel *Andorra* (1961) aufgenommen und aus verschiedenen Perspektiven weiter entfaltet. Der Lehrer stellt seine Mitbürger mit seiner falschen Behauptung, sein Sohn Andri sei ein jüdisches Findelkind, auf die Probe – und alle versagen: der Tischler, der Soldat, der Arzt, der Pfarrer. Schließlich müssen sich alle der faschistischen „Judenschau" unterziehen.

Niemand ist bereit, für das Geschehene die Verantwortung zu übernehmen. Nicht unbeeinflusst von Bert Brecht wird den Leserinnen und Lesern des Textes sowie den Zuschauerinnen und Zuschauern des Schauspiels ein Spiegel vorgehalten, in dem sie sich erkennen sollen und können. Das Theater als moralische Anstalt – allerdings anders als bei Friedrich Schiller begründet auf dem Hintergrund der Verbrechen des 20. Jahrhunderts.

*Hermann Zabel*

## Über ein deutsches Nationalgefühl

Rede auf dem ersten deutschen Schriftstellerkongress
Ricarda Huch
1947

Die folgende Rede hielt Ricarda Huch auf dem ersten deutschen Schriftstellerkongress am 4. Oktober 1947 in Berlin. Da war sie 82 Jahre alt und wie kaum eine andere berufen, nach dem Ende des Naziterrors wieder von deutschem Nationalgefühl zu sprechen: Als eine der ersten war sie noch im Frühjahr 1933 aus der preußischen Akademie der Künste ausgetreten, nie hatte sie die Nazis unterstützt. „Ich habe Geschichte studiert und kenne nicht nur die Geschichte unseres eigenen Volkes, sondern auch die der anderen Nationen gut", kommentierte sie selbst den folgenden Text: „Ich habe jahrelang in der Schweiz gelebt und fühle mich dort zuhause; ich war mit einem Italiener verheiratet, und ich habe sehr gerne in Italien gelebt; all diese Umstände haben bewirkt, daß ich ganz frei von einseitigem Nationalismus bin, aber national fühle ich durchaus."

Und hier ist ihre bemerkenswerte Rede:

> „Es ist mir ein Bedürfnis, meine Freude darüber auszusprechen, daß sich Schriftsteller aus allen Zonen zahlreich eingefunden haben. Das gibt das Gefühl, in Deutschland zu sein, nicht nur in einem Teil, sondern im ganzen, einigen Deutschland. Die Dichter und Schriftsteller haben eine besondere Beziehung zur Einheit, nämlich durch die Sprache. Die Sprache scheidet ein Volk von anderen Völkern, aber sie hält auch ein Volk zusammen. Die Schriftsteller sind die Verwalter der Sprache, sie bewahren und erneuern die Sprache. Sie bewegen durch ihre Sprache die Herzen und lenken die Gedanken. Durch die Sprache sind sie auch Verwalter des Geistes; denn *‚die Sprache ist ja die Scheide, in der das Messer des Geistes steckt'*. In der Zeit, als Italien von vielen fremden Fürsten regiert war, errichteten

die Italiener in allen Städten ihrem größten Dichter *Dante* Denkmäler: es war das Symbol ihrer Einheit, die politisch nicht bestand. Wir Deutschen hätten es nicht so leicht: die beiden größten Meister unserer Sprache, *Luther* und *Goethe,* werden nicht von allen Deutschen gleicherweise gekannt und geliebt. Aber wir wollen jetzt absehen, von den großen Dichtern der Vergangenheit – jede Zeit hat ihre besonderen Probleme, Gefahren und Nöte, und die lebenden Schriftsteller müssen die Probleme erfassen und diesen Gefahren begegnen.

Kaum je in unserer Geschichte ist die Aufgabe der geistigen Führung so schwer gewesen wie jetzt. Es hat wohl auch früher scharfe Konflikte gegeben – im Zeitalter der Glaubensspaltung zur Zeit des Dreißigjährigen Krieges und in der letzten vergangenen Zeit; aber am schwersten ist es doch in einer Zeit, in der fast alles fragwürdig geworden ist und wo alle Bemühungen auf Hoffnungslosigkeit, Verbitterung, die Gleichgültigkeit der Entkräftung stoßen. In welchem Sinn nun die Aufgabe durchgeführt wird, das muß der Überzeugung und dem Gewissen eines Jeden überlassen bleiben; man kann nur wünschen. Wenn ich Wünsche äußern darf, so bezieht sich einer auf das Nationalgefühl, von dem in letzter Zeit oft gesprochen und geschrieben wurde.

Man hat den Deutschen ein zu starkes Nationalgefühl vorgeworfen; ich möchte eher sagen, wir hätten ein zu schwaches oder besser ein teils zu schwaches, teils zu starkes. Das hängt, wie ich glaube, mit dem historischen Erbe zusammen, das uns zuteil geworden ist. In den Anfängen unserer Geschichte übernahmen die Deutschen vereint mit den Italienern den römischen Weltreichgedanken und waren demzufolge universal und partikularistisch eingestellt; Universalismus und Partikularismus pflegen zusammenzugehen. Das Einheitsgefühl war schwach, die deutschen Kaiser mußten sich jeweils ihr Reich erst erobern, und keiner hat es ganz in seine Hand bekommen. Allmählich bildeten sich die anderen Nationen, zum Teil an Deutschland angrenzend, zu Einheitsstaaten mit starkem Nationalgefühl. In den Beziehungen zu diesen bekam der deutsche Universalismus einen anderen Charakter – er wurde zur Schwäche, beinahe zur Charakterlosigkeit. Man weiß, daß lange Zeit nur die unteren Volksklassen deutsch sprachen, die höheren Schichten sprachen französisch. Ein preußischer König sagte von sich selbst, er spreche deutsch wie ein Kutscher. Noch Napoleon verhöhnte die Deutschen, sie seien leicht in die Netze gegangen, die er ihnen gestellt habe, befehdeten sich untereinander und merkten den äußeren Feind nicht. Als dann endlich, von Preußen unterbaut, ein deutscher Einheitsstaat mit entsprechendem Nationalgefühl entstand, waren die Deutschen voll Glück und Stolz, daß sie nun auch das besaßen, was die anderen schon lange hatten, und äußerten ihren Stolz wohl etwas prahlerisch. Das Ausland, das sich durch diese Veränderung einer neuen Kombination gegenübergestellt sah, empfand das Neue als störend und beinahe unberechtigt, und es gab auch Deutsche, die dem so stark betonten Nationalgefühl gegenüber zurückhaltend waren, zum Teil, weil sie es nicht mitempfanden, zum Teil, weil sie den lauten Patriotismus geschmacklos fanden. Es blieb etwas Unorganisches; auf der einen Seite die Neigung, fremde Nationen schwärmerisch zu bewundern und die eigene herabzusetzen und zu bemäkeln, auf der anderen im Gegensatz dazu ein heftig hervorbrechendes, herausforderndes Nationalgefühl. Hier wäre eine Besserung wünschenswert.

Allerdings ist es außerordentlich schwer, etwas zu lehren oder beizubringen, was naiv sein soll, was eigentlich seine Berechtigung daraus zieht, daß es natürlich und selbstverständlich ist. In der Bibel ist uns gesagt: *liebe deinen Nächsten, wie dich selbst.* Es gilt auch von den Nationen; daß jede sich selbst liebt, ist selbstverständli-

> che Voraussetzung. Über die Selbstliebe sollte sich dann die Liebe zu den anderen entfalten. Die Schriftsteller müßten wohl, um ihrer Aufgabe zu genügen, ihre Lehren weniger vorschreiben als vorleben, indem sie Weltbürger werden, aber zugleich und in erster Linie Deutsche."

Im politisch korrekten Nachkriegsdeutschland war diese Rede wenig opportun, sie hätte leicht missverstanden werden können – besonders, wenn man sie nicht sehr genau liest oder einzelne Stellen aus dem Zusammenhang zitiert. Ich habe den Text trotzdem in einem Deutschlehrbuch für Schulen gefunden. Aber nicht in Deutschland, sondern in Dänemark (und später auch in dem von Klaus Wagenbach herausgegebenen Buch *Vaterland, Muttersprache* (Berlin 1979). Ricarda Huch selbst jedenfalls konnte das mediale Schicksal ihrer Rede nicht mehr selbst verfolgen, sechs Wochen später ist sie gestorben.

*Walter Krämer*

## Unter der Decke bürgerlicher Untadeligkeit

Doktor Faustus
Thomas Mann
1947

Er hatte sich schon einmal an Goethe herangemacht und *Lotte in Weimar* geschrieben. Das ist die Geschichte der gealterten Charlotte Buff, Goethes einstige Angebetete und Vorbild für Lotte im Werther. Der greise Geheimrat ist wenig begeistert, als sie in Weimar erscheint. Dass Thomas Mann nun den Fauststoff aufgreift und einen Roman über den Pakt mit dem Teufel schreibt, zeugt von viel künstlerischem Selbstbewusstsein. Er konnte damit rechnen, dass man seinen *Doktor Faustus* an Goethes Meisterwerk misst. Ihm war davor nicht bange – zu Recht.

Der *Doktor Faustus* ist ein Text über den Verkauf der Seele an den Teufel, die Qualen und Freuden künstlerischer Hervorbringung, über Musik und Kompositionslehre, über den Niedergang und Untergang Deutschlands in der ersten Hälfte des 20. Jahrhunderts, über Krankheit und Wahnsinn. Ein biederer Schulmann, der Gymnasialprofessor Dr. phil. Serenus Zeitblom, erzählt davon. In München gehört er zu den Gästen des Kunstgeschichtlers Prof. Helmut Institoris und seiner Ehefrau Ines, geb. Rodde. Die lebt in einem ehebrecherischen Verhältnis mit dem Geiger Rudolf Schwerdtfeger.

*Trügerische Außenseite*

„Denn es kamen Kinder, und mit welcher Adrettheit, welcher zähen, fast möchte man sagen: heldenmütigen Verleugnung von Umständen, die dem Nobel-Bürgerlichen immer weniger Gunst gewährten, wurden gehegt und herangezogen – für eine Welt gleichsam, wie sie gewesen war, und nicht, wie sie werden wollte. Schon Ende 1915 beschenkte Ines ihren Gatten mit einem Töchterchen, Lukrezia genannt, gezeugt in gelb polierter Bettstatt unter gestutztem Himmel, nahe den symmetrisch aufgereihten Silbersachen auf der Glasplatte des Toilettentisches, und Ines erklärte sogleich, daß sie ein vollkommen erzogenes junges Mädchen, *une jeune fille accomplie*, wie sie sich in ihrem Karlsruher Französisch ausdrückte, aus ihr zu machen gedächte. Zwei Jahre später folgte ihr ein Zwillingspärchen, Mädchen wiederum, die in ebenso korrekter häuslicher Zeremonie, mit Schokolade, Portwein und Konfekt, aus silberner, mit Blumen bekränzter Schale auf den Namen Ännchen und Riekchen getauft wurden. Alle drei waren weiße, lieblich-verzärtelt lispelnde, um ihre Schleifenkleidchen besorgte, offenbar unter dem Druck des mütterlichen Tadellosigkeitswahnes stehende und auf traurige Art von sich eingenommene Schattenpflänzchen und Luxus-Geschöpfchen, die ihre frühen Tage in preziösen Körbchen mit Seidengardinen verbrachten und von einer Amme (denn Ines nährte sie nicht selbst; der Hausarzt hatte es ihr widerraten), einer noch ganz im bürgerlichen Pfingstochsenstil aufgeputzten Frau aus dem Volk, in niedrigen Schubwägelchen elegantester Konstruktion, auf Gummirädern unter den Lindenbäumen der Prinzregentenstraße spazierengefahren wurden.

Muß ich nun sagen oder wiederholen, daß es mit all dieser Richtigkeit keineswegs seine Richtigkeit hatte, daß sie auf Willelei, um nicht zu sagen: auf Lüge beruhte und nicht nur von außen mehr und mehr in Frage gestellt wurde, sondern für das schärfere, durch Teilnahme geschärfte Auge auch innerlich brüchig war und weder beglückt noch in der Seele geglaubt und auch nur wahrhaft gewollt wurde? Mir schien diese ganze Glückskorrektheit immer eitle bewußte Verleugnung und Übertünchung des Problematischen; zu Inessens Leidenskult stand sie in sonderbarem Widerspruch, und meiner Meinung nach war die Frau zu klug, sich darüber zu täuschen, daß die idealische Bürgerhecke, zu der das Dasein ihrer Kinder zimperlich verklärte, der Ausdruck und die Überverbesserung der Tatsache war, daß sie sie nicht liebte, sondern die Früchte einer Verbindung in ihnen sah, die sie mit schlechtem weiblichen Gewissen eingegangen war, und in der sie unter fleischlichen Widerständen lebte.

Großer Gott, es war selbstverständlich keine berauschende Wonne für eine Frau, mit Helmut Institoris zu schlafen! So viel verstehe ich auch von weiblichen Träumen und Ansprüchen und war immer gezwungen, mir vorzustellen, daß Ines ihre Kinder rein pflichtmäßig duldend und sozusagen abgewandten Gesichtes von ihm empfangen hatte. Denn sie waren die seinen, daran ließ die Ähnlichkeit aller drei mit ihm keinen Zweifel, die diejenige mit der Mutter weit überwog, vielleicht weil deren seelische Teilnahme bei ihrer Erzeugung so gering gewesen war. Und überhaupt möchte ich der natürlichen Ehe des kleinen Herrn in keiner Weise zu nahe treten. Er war gewiß ein ganzer Mann, wenn auch in Männchengestalt, und durch ihn erfuhr Ines die Lust, – eine glücklose Lust, auf deren ärmlichem Boden ihre Leidenschaft wuchern konnte.

* * *

Mit anderen Worten: Unter der Decke bürgerlicher Untadeligkeit, nach deren Schutz sie doch so heimwehkränklich verlangt hatte, lebte Ines Institoris im Ehebruch mit einem der seelischen Konstitution und selbst dem Gehaben nach knabenhaften Frauenliebling, der ihr Zweifel und Kummer machte, wie sonst eine leichtfertige Frau dem ernstlich liebenden Manne Zweifel und Kummer macht, und in dessen Armen ihre von unlieber Ehe geweckten Sinne Genüge fanden. Sie lebte so jahrelang, von einem Zeitpunkt an, der, wenn ich recht sehe, nur wenige Monate nach ihrer Verehelichung lag, bis Ende des Jahrzehnts, und wenn sie dann nicht mehr so lebte, so darum, weil er, den sie aus allen Kräften zu halten gesucht hatte, sich ihr entzog. Sie war es, die, indem sie zugleich die exemplarische Hausfrau und Mutter abgab, das Verhältnis dirigierte, manipulierte und verschleierte, ein tägliches Kunststück und ein Doppelleben, das natürlich an ihren Nerven zehrte und zu ihrer höchsten Angst die prekäre Lieblichkeit ihrer Erscheinung bedrohte." (Kapitel XXXII)

(Thomas Mann, Doktor Faustus. © Bermann-Fischer Verlag, Stockholm 1947. Alle Rechte vorbehalten. S. Fischer Verlag GmbH, Frankfurt am Main.)

Weibliches Ungemach an der Seite eines faden Ehemannes, Ehebruch und Liebesleid, moralischer und sich anbahnender körperlicher Verfall hinter der Maske bürgerlicher Wohlanständigkeit – darum geht es in diesem Text. Verzweiflungstaten aus Eifersucht und Mord werden folgen. Aus solchem Zeug sind berühmte Romane des 19. Jahrhunderts gemacht. Was Ines Rodde widerfährt, haben Emma Bovary, Anna Karenina oder Effi Briest schon einmal durchgemacht.

Teils streng, teils mit Nachsicht schildert der betuliche Zeitblom die zerrütteten Verhältnisse und lebensumwälzenden Begebenheiten im Hause Institoris. Er missbilligt die Zimperlichkeit und Heuchelei der Ines Rodde. Er hat aber auch Verständnis für die Frau, die ihre Kinder nur pflichtgemäß empfangen hat und ohne zu lieben. Den ehelichen Betrug entschuldigt er mit „aufgeflammter Leidenschaft". Kein Wort des Mitleids dagegen mit dem betrogenen Ehemann. Er ist kleinwüchsig, „zart und nervös", „kein starker Mann". Dass er nicht geliebt wird, ist sein Pech. Die kleinen Töchter sind wie der Vater: „Hätschelhäschen und Schneeweißchen", die zwischen „märchenhaften Zwergmöbeln" und mit „Roll-Lämmern" aufwachsen.

Auch im Doktor Faustus haben wir jenes Spiel mit Sprache, das einen großen Teil des Vergnügens an den Texten von Thomas Mann ausmacht. Da sind die Namen seiner Figuren. Eine Gruppe von Musikern bildet das „Zapfenstößer-Orchester", eine Schauspielerin heißt „Rosa Zwitscher", Adrians Verehrerin „Meta Nackedey", die deutschtümelnden Studenten „Deutschlin" und „von Teutleben", der Instrumentenbauer und roh das Cello spielende „Konrad Knöterich“, der Landarzt „Dr. Kürbis“, der Graphiker „Sixtus Kridwiß“. Der talentierte, freilich mittelmäßige Geiger mit dem „kleinen Ton“ heißt „Rudi Schwerdtfeger“. In solchen Namen steckt ein hinterhältiger Verweis auf Schwächen oder berufliche Unfähigkeit. So werden die Gestalten zur Karikatur. Und der Leser hat seine Freude daran.

In der ausgewählten Textstelle – so wenig wie im gesamten *Doktor Faustus* – geht es freilich nicht in erster Linie um Spaß an virtuoser Sprache. Auch nicht um verbotene Liebe oder um tugendhaften Lebenswandel als deren Gegenstück. Ein eher unscheinbarer Satz bringt den Leser auf die richtige Spur: Die Kinder des Ehepaars Institoris wurden „gehegt und herangezogen – für eine Welt gleichsam, wie sie gewesen war, und nicht, wie sie werden sollte“. Die Handlung der vorgelegten Szene spielt gegen Ende des Ersten Weltkriegs und danach. Diese erste große Barbarei in Europa bleibt ohne Wirkung auf die Gestalten von Thomas Manns *Doktor Faustus*. Sie leben weiter in einem nur mäßig eingeschränkten Wohlstand, betreiben ihre Tändeleien und ihr wichtigtuerisches Geschwätz über Philosophie, Geschichte, Politik und Kunst. Ines nimmt Drogen. Institoris gerät in einen Kreis von Geschäftsleuten, Intellektuellen und Künstlern, die „volks- und rassehygienischen“ Vorstellungen anhängen und der „humanen Verweichlichung ... der bürgerlichen Epoche“ eine Absage erteilen. Sie befürworten die „Tötung Lebensunfähiger und Schwachsinniger“. Das ist eindeutig.

Der Haushalt Institoris – und die Personen und Ereignisse drumherum – werden zum exemplum für ein lebensschwaches und politisch versagendes Bürgertum. Das wäre eine der Botschaften des Doktor Faustus: Die gesellschaftliche Elite ist unfähig, die in Deutschland heraufziehende Barbarei zu erkennen und ihr zu trotzen. Weit vor der Zeit liebäugelt sie bereits mit der Ideologie der Nazis. Der Erzähler Zeitblom schildert das voller Entsetzen und verliert dabei sieben Kilo Körpergewicht.

Was hat das alles mit dem Fauststoff zu tun? Wo haben wir das Volksbuch von 1587, die *Historia von D. Johann Fausten*, wo Goethes *Faust*? Sie sind fern. Der nächtliche Vertrag, den Adrian Leverkühn mit dem Teufel schließt, soll dem Musiker zu 24 Jahren gesteigerter künstlerischer Schaffensfähigkeit verhelfen. Eine Klausel besagt jedoch, daß Adrian nicht lieben darf. Adrian liebt Rudolf Schwerdtfeger, der deshalb beseitigt werden muss. Das Werkzeug dazu ist Ines Institoris. Nachdem Rudolf das Verhältnis mit ihr wegen einer anderen Frau aufgekündigt hat – er hat Ines nie wirklich geliebt –, erschießt sie ihn in einer Münchener Straßenbahn. Der liebliche und geliebte Knabe Echo stirbt an einer Hirnhautentzündung. So hat der Teufel sein Liebesverbot durchgesetzt.

Das Auftreten des Teufels, der mit Blut besiegelte Seelenverkauf, die geschilderten Höllenqualen – das furchtbare Hauptweh ist ein Teil davon – mögen den aufgeklärten Leser befremden. Man hat versucht, die phantastischen Vorgänge rund um den Teufel mit den „realen“ Dingen im *Doktor Faustus* zusammenzubringen: Erster und Zweiter Weltkrieg, die Lebenswirklichkeit eines deutschen Komponisten in der ersten Hälfte des 20. Jahrhunderts. So wurde der Teufelspakt als Gleichnis gelesen für die Unterwerfung Deutschlands unter die Nazibarbarei. Aber diese Gleichsetzung geht nicht auf: Die Nazis haben Millionen Menschen getötet und Europa in Schutt und Asche gelegt. Aber Adrian Leverkühn schafft mit Hilfe des Teufels große, vom Publikum zum Teil begeistert gefeierte musikalische Werke. So erscheint der Pakt mit dem Teufel eher als der Versuch, in einer Zeit, in der künstlerisches Schaffen schwierig ist, trotzdem großartige Kunst hervorzubringen. Die Zeiten, in denen Leverkühn sich befindet, sind allerdings überhaupt schwierig – geschichtlich, gesellschaftlich und politisch. Nicht nur für die Kunst. Da ist es anstößig und bedenklich, wenn jemand nur auf die Kunst sieht, „statt klug zu sorgen, was vonnöten auf Erden, damit es dort besser werde, und besonnen dazu zu tun, daß unter den Menschen solche Ordnung sich herstelle, die dem schönen Werk wieder Lebensgrund und ein redlich Hineinpassen bereiten“. Das sagt Adrian Leverkühn am Ende der Erzählung, als er dem Wahnsinn verfällt. Der Doktor Faustus des Thomas Mann erkennt selbst – in einem ganz weltlichen Sinne – dass sein einzig der Kunst dienender Pakt mit dem Teufel ein Irrweg und ein Frevel war, für den er zu Recht bestraft wird.

Thomas Mann – 1875 in Lübeck geboren, gestorben 1955 in Zürich – wurde 1901 mit seinen Buddenbrooks schlagartig berühmt und erhielt 1929 den Nobelpreis für Literatur. Er emigrierte 1933 über die Schweiz und Südfrankreich in die USA, von wo er 1952 zurückkehrte und sich in der Schweiz niederließ. Der Roman *Doktor Faustus, das Leben des deutschen Tonsetzers Adrian Leverkühn, erzählt von einem Freunde*, gehört neben dem *Zauberberg* (1924) und den vier Büchern von *Joseph und seine Brüder* (1933-43) zu den berühmtesten Werken des Autors.

*Gerd Schrammen*

## Schaut auf diese Stadt!

Rede vor dem zerbombten Reichstag
Ernst Reuter
1948

Am 20. Juni 1948 führt Ludwig Erhard gegen den Willen seiner Partei und vieler Deutscher in den von Amerikanern, Engländern und Franzosen kontrollierten Westzonen und in Westberlin die D-Mark ein. Am 24. Juni blockieren die Russen aus Protest den Zugang nach Berlin. Am 26. Juni befiehlt der amerikanische Militärgouverneur die Versorgung Berlins aus der Luft, am 1. Juli geben die Westmächte grünes Licht zur Gründung der Bundesrepublik. Das missfällt der russischen Besatzungsmacht erst recht. Und so schaukeln sich über den Sommer 1948 die Provokationen zu immer neuen Höhen auf.

In dieser angespannten Lage rufen die demokratischen Berliner Parteien für den 9. September zu einer Protestversammlung vor dem zerbombten Reichstag auf. Unmittelbarer Anlass ist die schikanöse Behandlung der gewählten Stadtverordneten durch die russische Besatzungsmacht. Mehr als 300.000 Berliner nehmen teil. Hauptredner ist der frisch gewählte Oberbürgermeister Ernst Reuter. Es sollte eine der bemerkenswertesten Reden werden, die jemals von einem deutschen Politiker gehalten worden sind.

> „Ihr Völker der Welt, ihr Völker in Amerika, in England, in Frankreich, in Italien! Schaut auf diese Stadt und erkennt, daß ihr diese Stadt und dieses Volk nicht preisgeben dürft und nicht preisgeben könnt! Es gibt nur eine Möglichkeit für uns alle: gemeinsam so lange zusammenzustehen, bis dieser Kampf gewonnen, bis dieser Kampf endlich durch den Sieg über die Feinde, durch den Sieg über die Macht der Finsternis besiegelt ist.
>
> Das Volk von Berlin hat gesprochen. Wir haben unsere Pflicht getan, und wir werden unsere Pflicht weiter tun. Völker der Welt! Tut auch ihr eure Pflicht und helft uns in der Zeit, die vor uns steht, nicht nur mit dem Dröhnen

> eurer Flugzeuge, nicht nur mit den Transportmöglichkeiten, die ihr hierherschafft, sondern mit dem standhaften und unzerstörbaren Einstehen für die gemeinsamen Ideale, die allein unsere Zukunft und die auch allein eure Zukunft sichern können. Völker der Welt, schaut auf Berlin! Und Volk von Berlin, sei dessen gewiß, diesen Kampf, den wollen, diesen Kampf, den werden wir gewinnen!"

Dieser Teil der Rede wird am häufigsten zitiert. Hier ist von einer möglichen Preisgabe der Stadt die Rede, davor hatte Reuter Angst. Und das zu Recht. Denn die Russen hätten nur allzugerne nach Ost- auch Westberlin geschluckt; dass die Westmächte dergleichen geschehen lassen könnten, stand allen Lippenbekenntnissen zum Trotz sehr klar im Raum. Nur zu gut war noch deren schmählicher Verrat an den Kosaken am Ende des Weltkriegs in Erinnerung. Vor allem aber hatte Reuter die Übergabe Thüringens an die Russen nach dem 2. Weltkrieg vor Augen, da hatten die Amerikaner mal so nebenbei dieses Bundesland gegen Westberlin getauscht. Und genauso drohte nun ein nochmaliger Tausch von Westberlin gegen eine andere Figur auf dem großen Schachbrett der Weltpolitik.

Gegen diese Bedrohung hatte Reuter nur die Macht des Wortes:

> „Wir wissen, worum es heute geht bei den Verhandlungen im Kontrollratsgebäude in der Potsdamer Straße, die jetzt zum Stillstand gekommen sind, bei den Verhandlungen später in Moskau in den steinernen Palästen des Kreml. Bei all diesen Verhandlungen wird über unser Schicksal hier gewürfelt. Als vor Wochen diese Verhandlungen anfingen, da war der Appetit des russischen Bären größer als nur [auf] Berlin. Er wollte, daß verhandelt werden sollte auch über ganz Deutschland, und mit der lügenhaften Parole, man müsse die Spaltung Deutschlands verhindern, verschleierte er nur für andere, nicht für uns, seinen Appetit auf den anderen Teil Deutschlands, den er auch noch in seine Hände bekommen will.

> Jetzt sind die Verhandlungen zu Berlin zurückgekehrt. Die Generale sind zu einem Stillstand gekommen. Wir leben in einer Pause. In dieser Pause glauben wir, daß es gut ist, wenn die Welt sieht, was das Volk von Berlin wirklich will. Morgen, übermorgen wird man verhandeln über die italienischen Kolonien. Ich weiß nicht, worüber man dann noch verhandeln will. Wir wollen nur eines klar sagen: In all diesem Handeln und Verhandeln wollen wir Berliner kein Tauschobjekt sein!
>
> Uns kann man nicht eintauschen, uns kann man nicht verhandeln, und uns kann man auch nicht verkaufen. Es ist unmöglich, auf dem Rücken eines solchen tapferen, standhaften Volkes einen faulen Kompromiß zu schließen. Gewiß, Kompromisse sind der Inhalt jeder lebendigen Politik, aber Kompromisse müssen echte und ehrliche Kompromisse sein. Sie dürfen nicht so geschlossen werden, wie jene telefonischen Vereinbarungen in der Nacht zwischen dem französischen General und dem russischen General, wo der russische General sein Ehrenwort bricht.
>
> Ehe der Hahn dreimal gekräht hatte, war das Ehrenwort Schall und Rauch, und anständige, brave, ehrliche Berliner, Freunde von uns, wurden in Weißgardisten und schwarze Garde verwandelt.
>
> Wir möchten der SED nur einen Rat geben: Wenn sie ein neues Symbol braucht, bitte, nicht den Druck der Hände, sondern die Handschellen, die sie den Berlinern anlegten. Die Handschellen, die sind in Wirklichkeit das Symbol dieser erbärmlichen Kümmerlinge, die für dreißig Silberlinge sich selbst und ihr Volk an eine fremde Macht verkaufen wollen.“

Gegen diese Machenschaften der SED, als Handlanger der Russen den Kommunistenterror auch nach Westberlin zu tragen, setzte Reuter den Willen zur Freiheit und zur Selbstbestimmung. Und er flehte geradezu die freie Menschheit an, seine Berliner nicht im Stich zu lassen:

„Wenn heute dieses Volk von Berlin zu Hunderttausenden hier aufsteht, dann wissen wir, die ganze Welt sieht dieses Berlin. Denn verhandeln können hier schon nicht mehr die Generale, verhandeln können schon nicht mehr die Kabinette. Hinter diesen politischen Taten steht der Wille freier Völker, die erkannt haben, daß hier in dieser Stadt ein Bollwerk, ein Vorposten der Freiheit aufgerichtet ist, den niemand ungestraft preisgeben kann.

Wer diese Stadt, wer dieses Volk von Berlin preisgeben würde, der würde eine Welt preisgeben, noch mehr, er würde sich selber preisgeben, und er würde nicht nur dieses Volk von Berlin preisgeben in den Westsektoren und im Ostsektor Berlins. Nein, wir wissen auch, wenn sie nur könnten, heute stünde das Volk von Leipzig, von Halle, von Chemnitz, von Dresden, von all den Städten der Ostzone, so wie wir auf ihren Plätzen und würde unserer Stimme lauschen."

Dazu kam es dann auch tatsächlich, wenn auch erst 40 Jahre später. Aber ohne Ernst Reuter wäre es vielleicht nie dazu gekommen.

*Walter Krämer*

## Ein Sprachwunder aus der Retorte

Das Grundgesetz
Parlamentarischer Rat
1949

Vier Jahre nach der bedingungslosen Kapitulation, am 8. Mai 1949, entschied der parlamentarische Rat über das deutsche Grundgesetz; er schuf damit ein einmaliges Dokument.

Das Grundgesetz entstand unter Zeitdruck und politischen Zwängen vielfältiger Art. Unterschiedliche politische und gesellschaftliche Interessen waren unter einen Hut zu bringen, es war eine Verfassung für ein Land zu finden, über dessen Bewohner und Grenzen man sich nicht im Klaren war, sie sollte also einen vorläufigen, aber dennoch definitiven Charakter haben. Dafür hatte der Parlamentarische Rat nur ein Mittel zur Verfügung, die Sprache. Sie war zugleich das Einzige, was in den Zeiten der Orientierungslosigkeit nach der Nazidiktatur noch vom „Deutschsein" übrig war. Eine fast unlösbare Aufgabe, die jedoch so überzeugend gemeistert wurde, dass das deutsche Grundgesetz weltweit als Vorzeigebeispiel für eine moderne Verfassung gilt.

Der Weg dahin war lang. Die ersten Ansätze finden sich schon in den von steinschen und hardenbergschen Reformen zu Beginn des 19. Jahrhunderts. Das Demokratiebestreben in der Bevölkerung wurde in der Folge immer größer, und die Herrschenden gerieten zusehends unter Druck. 1849 legte die Nationalversammlung in der Frankfurter Paulskirche die erste freiheitliche Verfassung auf deutschem Boden vor, aber das Projekt scheiterte aus allseits bekannten Gründen. Erst nach dem Sieg Preußens über Frankreich, als der preußische König zum Deutschen Kaiser geworden war, wurden einige von der Paulskirche angestoßene Reformen vorsichtig eingeführt.

Die dann folgende Weimarer Verfassung war kein Vorbild, sie hatte neben den sozio-ökonomischen Problemen und den Restriktionen des Versailler Vertrages maßgeblich zum Scheitern der Weimarer Republik beigetragen. Also brauchte man etwas Neues. Am 1. September 1948 wurde dazu in Bonn der Parlamentarische Rat aus Abgeordneten aller deutschen Länder einberufen. Nachdem aber die Sowjetunion die Vertreter der sowjetischen Besatzungszone massiv unter Druck setzte, die Versammlung zu verlassen, arbeiteten allein die Vertreter der westlichen Länder das Grundgesetz aus.

Alleine schon der Name „Grundgesetz“ zeigt, wie sorgsam von Beginn an jedes Wort gewogen wurde. Das Wort „Verfassung“ war zu meiden; eine Verfassung ist eine von der Obrigkeit und der gesamten Bevölkerung getragene und in freier Entscheidung festgelegte, für alle gleichermaßen gültige Ordnung von Staat und Gesellschaft. Da es von Seiten der Alliierten Zwänge gab, die es einzuhalten galt, und die Bevölkerung in der sowjetischen Besatzungszone nicht frei entscheiden konnte, war der Begriff „Verfassung“ tatsächlich fehl am Platz. „Grundgesetz“ ist eine sehr gute Wahl, denn das Gesetz, das zweifelsohne aufgestellt wird, soll als Basis, als Grundlage für das Denken und Handeln im Staat sein, ohne den absoluten Anspruch einer Verfassung, um die Teilung Deutschlands nicht als Faktum hinzustellen.

Der entscheidende Unterschied zur missglückten Weimarer Verfassung ist: Nach der Weimarer Verfassung galten Grundrechte nur nach Maßgabe der Gesetze. Die bundesrepublikanische Verfassung erlaubt Gesetze nur nach Maßgabe der Grundrechte. Das wird gleich im ersten Artikel des Grundgesetzes klar:

> „(1) Die Würde des Menschen ist unantastbar. Sie zu achten und zu schützen ist Verpflichtung der staatlichen Gewalt.
> (2) Das Deutsche Volk bekennt sich darum zu unverletzlichen und unveräußerlichen Menschenrechten als Grundlage jeder menschlichen Gemeinschaft, des Friedens und der Gerechtigkeit in der Welt.
> (3) Die nachfolgenden Grundrechte binden Gesetzgebung, vollziehende Gewalt und Rechtsprechung als unmittelbar geltendes Recht.“

Diese Umkehrung zeigt auch sprachlich sehr schön, wie der Fokus vom Staat zu den Bürgern wechselt. Nicht mehr der Staat war das Maß der Dinge, sondern die Menschen, die den Staat mit Leben erfüllen. Damit setzte das Grundgesetz ein Zeichen, das in anderen „Vorzeigedemokratien" noch nicht erreicht war. Und obwohl die Demokratiefähigkeit der Deutschen nach den Ereignissen der vorangegangenen 100 Jahre nicht eindeutig feststand, stärkten gerade die sprachlichen Formulierungen der Verfassung diesen Ansatz und sorgten zusammen mit den schlechten Erfahrungen der Politiker, die Weimar und Hitler erlebt hatten, für eine Stabilisierung der Demokratie.

Das schwierigste Problem des Grundgesetzes war die Teilung Deutschlands. Es sollte keine Legitimation der Zonenteilung geben, trotzdem sollte die Verfassung (die ja nicht so heißen durfte, aber praktisch eine war) bindend und wasserdicht sein. Beispielhaft zeigt die Präambel der ersten Fassung des Grundgesetzes, wie genau hier sprachlich gearbeitet wurde. Jedes Wort hat Gewicht und ist am richtigen Platz.

> „Im Bewußtsein seiner Verantwortung vor Gott und den Menschen, von dem Willen beseelt, seine nationale und staatliche Einheit zu wahren und als gleichberechtigtes Glied in einem vereinten Europa dem Frieden der Welt zu dienen, hat das Deutsche Volk in den Ländern Baden, Bayern, Bremen, Hamburg, Hessen, Niedersachsen, Nordrhein-Westfalen, Rheinland-Pfalz, Saarland, Schleswig-Holstein, Württemberg-Baden und Württemberg-Hohenzollern, um dem staatlichen Leben für eine Übergangszeit eine neue Ordnung zu geben, kraft seiner verfassungsgebenden Gewalt dieses Grundgesetz der Bundesrepublik Deutschland beschlossen. Es hat auch für jene Deutschen gehandelt, denen mitzuwirken versagt war. Das gesamte Deutsche Volk bleibt aufgefordert, in freier Selbstbestimmung die Einheit und Freiheit Deutschlands zu vollenden."

Der erste Teilsatz geht auf Theodor Heuss zurück und betont die in der Nazidiktatur unterdrückten christlichen Wurzeln des Landes wie auch dessen problematische Souveränität. Deutschland ist bestrebt, ein Teil Europas zu werden, das soll bei den anderen europäischen Staaten die Furcht vor einer neuen deutschen Großmacht dämpfen. Zugleich zeigt die Präambel aber auch, dass Deutschland selbstbewusst genug ist, sich trotz (oder gerade wegen) des verlorenen Krieges als neuer Staat mit neuer Ideologie zu sehen. Wichtig ist auch der Hinweis auf die Vorläufigkeit des Grundgesetzes, der ungeklärten Grenzen wegen. Ausdrücklich sind alle Deutschen außerhalb der neuen Bundesrepublik in das Grundgesetz mit einbezogen. Dies schuf die Grundlage für die Aufnahme von Vertriebenen und von Deutschen, die nach dem Krieg aus osteuropäischen Ländern geflohen sind, und ganz besonders natürlich für die Wiedervereinigung am 3. Oktober 1990. Da traten die ostdeutschen Länder einfach der Bundesrepublik Deutschland bei.

Danach war natürlich eine neue Präambel nötig. Sie beginnt wie die alte, nennt nun auch die neuen Länder, und endet so:

> „Die Deutschen in den Ländern Baden-Württemberg, Bayern, Berlin, Brandenburg, Bremen, Hamburg, Hessen, Mecklenburg-Vorpommern, Niedersachsen, Nordrhein-Westfalen, Rheinland-Pfalz, Saarland, Sachsen, Sachsen-Anhalt, Schleswig-Holstein und Thüringen haben in freier Selbstbestimmung die Einheit und Freiheit Deutschlands vollendet. Damit gilt dieses Grundgesetz für das gesamte Deutsche Volk.“

Der Name Grundgesetz für die Verfassung ist aber geblieben. Obwohl nun rechtlich nichts mehr dem Begriff „Verfassung“ entgegenstand, wollte man dieses Erfolgsprojekt zu Recht nicht umbenennen, auch im Ausland spricht man vom Grundgesetz, wenn von dem Vorzeigecharakter der deutschen Verfassung die Rede ist. Die Vorläufigkeit der ersten Präambel ist einer ebenso deutlichen Endfassung gewichen. Sie schließt deutsche Gebietsansprüche an andere Länder aus. Die Einheit und Freiheit Deutschlands ist vollendet; ebenso wie die Verfassung, die, aus der Not und unter Druck geboren, dank ihrer sprachlichen Größe die gesellschaftlichen und politischen Veränderungen vom Wirtschaftswunder über die 68er-Demonstrationen bis zur Wiedervereinigung überstanden hat.

*Markus Schröder*

## Lasst euch die Kindheit nicht austreiben!

Ansprache zum Schulbeginn
Erich Kästner
1950

Diese Ansprache hat Erich Kästner nie gehalten. Obwohl er Lehrer werden sollte. Und während des Ersten Weltkrieges auch tatsächlich Lehrer war – als 17-jähriger und aushilfsweise.

„Liebe Kinder,“

fängt diese Rede an,

> „da sitzt ihr nun, alphabetisch oder nach der Größe sortiert, zum erstenmal auf diesen harten Bänken, und hoffentlich liegt es nur an der Jahreszeit, wenn ihr mich an braune und blonde, zum Dörren aufgefädelte Steinpilze erinnert. Statt an Glückspilze, wie sich's eigentlich gehörte.“

Das ist Kästner, wie man ihn aus seinen Prosaschriften und Gedichten kennt. Aber hinter aller Verzweiflung an seinen Mitmenschen schimmert auch ein Funken Hoffnung auf. Der Rest der Rede spricht am besten für sich selbst:

> „Manche von euch rutschen unruhig hin und her, als säßen sie auf Herdplatten. Andre hocken wie angeleimt auf ihren Plätzen. Einige kichern blöde, und der Rotkopf in der dritten Reihe starrt, Gänsehaut im Blick, auf die schwarze Wandtafel, als sähe er in eine sehr düstere Zukunft.
>
> Euch ist bänglich zumute, und man kann nicht sagen, daß euer Instinkt tröge. Eure Stunde X hat geschlagen. Die Familie gibt euch zögernd her und weiht euch dem Staate. Das Leben nach der Uhr beginnt, und es wird erst mit dem Leben selber aufhören. Das aus Ziffern und Paragraphen, Rangordnung und Stundenplan eng und enger sich spinnende Netz umgarnt nun auch euch. Seit

ihr hiersitzt, gehört ihr zu einer bestimmten Klasse. Noch dazu zur untersten. Der Klassenkampf und die Jahre der Prüfungen stehen bevor. Früchtchen seid ihr, und Spalierobst müßt ihr werden! Aufgeweckt wart ihr bis heute, und einwecken wird man euch ab morgen! So, wie man's mit uns getan hat. Vom Baum des Lebens in die Konservenfabrik der Zivilisation – das ist der Weg, der vor euch liegt. Kein Wunder, daß eure Verlegenheit größer ist als eure Neugierde.

Hat es den geringsten Sinn, euch auf einen solchen Weg Ratschläge mitzugeben? Ratschläge noch dazu von einem Manne, der, da half kein Sträuben, genau so „nach Büchse" schmeckt wie andre Leute auch? Laßt es ihn immerhin versuchen, und haltet ihm zugute, daß er nie vergessen hat, noch je vergessen wird, wie eigen ihm zumute war, als er selber zum erstenmal in der Schule saß. In jenem grauen, viel zu groß geratenen Ankersteinbaukasten. Und wie es ihm damals das Herz abdrückte. Damit wären wir schon beim wichtigsten Rat angelangt, den ihr euch einprägen und einhämmern solltet wie den Spruch einer uralten Gedenktafel:

*Laßt euch die Kindheit nicht austreiben!* Schaut, die meisten Menschen legen ihre Kindheit ab wie einen alten Hut. Sie vergessen sie wie eine Telefonnummer, die nicht mehr gilt. Ihr Leben kommt ihnen vor wie eine Dauerwurst, die sie allmählich aufessen, und was gegessen worden ist, existiert nicht mehr. Man nötigt euch in der Schule eifrig von der Unter- über die Mittel- zur Oberstufe. Wenn ihr schließlich droben steht und balanciert, sägt man die ‚überflüssig' gewordenen Stufen hinter euch ab, und nun könnt ihr nicht mehr zurück! Aber müßte man nicht in seinem Leben wie in einem Hause treppauf und treppab gehen können? Was soll die schönste erste Etage ohne den Keller mit den duftenden Obstborden und ohne das Erdgeschoß mit der knarrenden Haustür und der scheppernden Klingel? Nun – die meisten leben so! Sie stehen auf der obersten Stufe, ohne Treppe und ohne Haus, und machen sich wichtig. Früher waren sie Kinder, dann wurden sie Erwachsene, aber was sind sie nun? Nur wer erwachsen wird und Kind bleibt, ist ein Mensch! Wer weiß, ob ihr mich verstanden habt. Die einfachen Dinge sind schwer begreiflich zu machen! Also gut, nehmen wir etwas Schwieriges, womöglich begreift es sich leichter. Zum Beispiel:

*Haltet das Katheder weder für einen Thron noch für eine Kanzel!* Der Lehrer sitzt nicht etwa deshalb höher, damit ihr ihn anbetet, sondern damit ihr einander besser sehen könnt. Der Lehrer ist kein Schulwebel und kein lieber Gott. Er weiß nicht alles, und er kann nicht alles wissen. Wenn er trotzdem allwissend tut, so seht es ihm nach, aber glaubt es ihm nicht! Gibt er hingegen zu, daß er nicht alles weiß, dann liebt ihn! Denn dann verdient er eure Liebe. Und da er im übrigen nicht eben viel verdient, wird er sich über eure Zuneigung von Herzen freuen. Und noch eines: Der Lehrer ist kein Zauberkünstler. sondern ein Gärtner. Er kann und wird euch hegen und pflegen. Wachsen müsst ihr selber!

*Nehmt auf diejenigen Rücksicht, die auf euch Rücksicht nehmen!* Das klingt selbstverständlicher, als es ist. Und zuweilen ist es furchtbar schwer. In meine Klasse ging ein Junge, dessen Vater ein Fischgeschäft hatte. Der arme Kerl, Breuer hieß er, stank so sehr nach Fisch, daß uns anderen schon übel wurde, wenn er um die Ecke bog. Der Fischgeruch hing in seinen Haaren und Kleidern, da half kein Waschen und Bürsten. Alles rückte von ihm weg. Es war nicht seine Schuld. Aber er saß, gehänselt und gemieden, ganz für sich allein, als habe er die Beulenpest. Er schämte sich in Grund und Boden, doch auch das half nichts. Noch heute, fünfundvierzig Jahre danach, wird mir flau, wenn ich den Namen Breuer höre. So schwer ist es manchmal, Rücksicht zu nehmen. Und es gelingt nicht immer. Doch man muß es stets von neuem versuchen.

*Seid nicht zu fleißig!* Bei diesem Ratschlag müssen die Faulen weghören. Es gilt nur für die Fleißigen, aber für sie ist er sehr wichtig. Das Leben besteht nicht nur aus Schularbeiten. Der Mensch soll lernen, nur die Ochsen büffeln. Ich spreche aus Erfahrung. Ich war als kleiner Junge auf dem besten Wege, ein Ochse zu werden. Daß ich's, trotz aller Bemühung, nicht geworden bin, wundert mich heute noch. Der Kopf ist nicht der einzige Körperteil. Wer das Gegenteil behauptet, lügt. Und wer die Lüge glaubt, wird, nachdem er alle Prüfungen mit Hochglanz bestanden hat, nicht sehr schön aussehen. Man muß nämlich auch springen, turnen, tanzen und singen können, sonst ist man, mit seinem Wasserkopf voller Wissen, ein Krüppel und nichts weiter.

*Lacht die Dummen nicht aus!* Sie sind nicht aus freien Stücken dumm und nicht zu eurem Vergnügen. Und prügelt keinen, der kleiner und schwächer ist als ihr! Wem das ohne nähere Erklärung nicht einleuchtet, mit dem möchte ich nichts zu tun haben. Nur ein wenig warnen will ich ihn. Niemand ist so gescheit oder so stark, daß es nicht noch Gescheitere und Stärkere als ihn gäbe. Er mag sich hüten. Auch er ist, vergleichsweise, schwach und ein rechter Dummkopf.

*Misstraut gelegentlich euren Schulbüchern!* Sie sind nicht auf dem Berge Sinai entstanden, meistens nicht einmal auf verständige Art und Weise, sondern aus alten Schulbüchern, die aus alten Schulbüchern entstanden sind, die aus alten Schulbüchern entstanden sind, die aus alten Schulbüchern entstanden sind. Man nennt das Tradition. Aber es ist ganz etwas anderes. Der Krieg zum Beispiel findet heutzutage nicht mehr wie in Lesebuchgedichten statt, nicht mehr mit geschwungener Plempe und nicht mehr mit blitzendem Küraß und wehendem Federbusch wie bei Gravelotte und Mars-la-Tour. In manchen Lesebüchern hat sich das noch nicht herumgesprochen. Glaubt auch den Geschichten nicht, worin der Mensch in einem fort gut ist und der wackre Held vierundzwanzig Stunden und Tage tapfer! Glaubt und lernt das, bitte, nicht, sonst werdet ihr euch, wenn ihr später ins Leben hineintretet, außerordentlich wundern! Und noch eins: Die Zinseszinsrechnung braucht ihr auch nicht mehr zu lernen, obwohl sie noch auf dem Stundenplan steht. Als ich ein kleiner Junge war, mußten wir ausrechnen, wie viel Geld im Jahre 1925 aus einem Taler geworden sein würde, den einer unserer Ahnen Anno 1525, unter der Regierung Johanns des Beständigen, zur Sparkasse gebracht hätte. Es war eine sehr komplizierte Rechnerei. Aber sie lohnte sich. Aus dem Taler, bewies man uns, entstünde durch Zinsen und Zinseszinsen das größte Vermögen der Welt! Doch dann kam die Inflation, und im Jahre 1925 war das größte Vermögen der Welt samt der ganzen Sparkasse keinen Taler mehr wert. Aber die Zinseszinsrechnung lebte in den Rechenbüchern munter weiter. Dann kam die Währungsreform, und mit dem Sparen und der Sparkasse war es wieder Essig. Die Rechenbücher haben es wieder nicht gemerkt. Und so wird es Zeit, daß ihr einen Rotstift nehmt und Kapitel „Zinseszinsrechnung" dick durchstreicht. Es ist überholt. Genauso wie die Attacke auf Gravelotte und der Zeppelin. Und wie noch manches andere.

Da sitzt ihr nun, alphabetisch oder nach der Größe geordnet und wollt nach Hause gehen. Geht heim, liebe Kinder! Wenn ihr etwas nicht verstanden haben solltet, fragt eure Eltern! Und, liebe Eltern, wenn Sie etwas nicht verstanden haben sollten, fragen Sie Ihre Kinder!"

Dieser Text stammt aus dem Büchlein *Die kleine Freiheit* (© Atrium Verlag, Zürich 1952 und Thomas Kästner), einer Sammlung von Kästners Gedichten und kurzen Stücken aus den ersten Nachkriegsjahren. Nachzulesen ist er auch in einer von Wilhelm Rausch im Jahr 1968 herausgegebenen Sammlung: *...was nicht in euren Lesebüchern steht.* Das war sechs Jahre vor Kästners Tod. Bis dahin war Erich Kästner vor allem mit *Emil und die Detektive* oder *Pünktchen und Anton* in deutschen Schulbüchern und -bibliotheken präsent, diese Ansprache war den Kultusbürokraten der ersten Nachkriegsjahre dann doch zu delikat.

*Walter Krämer*

## Eine ungezählte Liebe

An der Brücke
Heinrich Böll
1950

Heinrich Böll war schon Gegenstand der Schullektüre, bevor seine Hauptwerke, insbesondere die großen Romane, auch nur konzipiert waren. Das von ihm zunächst gewählte Medium der Kurzgeschichte war besonders geeignet für den Unterricht, und vor allem: Seine Texte enthielten eine moralische Botschaft. Bei aller Differenziertheit im Einzelnen war stets klar, auf welcher Seite der Autor stand – sein Herz schlug für die Verwundeten und Schwachen, das Bedrohliche lag für Böll im Besitz und in der Ausübung von Macht, auch wenn sie legitim auftrat.

Ein gutes Beispiel ist die 1950 erschienene Novelle *An der Brücke*, gedacht als eine direkte Überleitung von der Maschinerie des Krieges zu den Mechanismen des Friedens und die stille Auflehnung dagegen. Ein armer Schlucker wird zum Helden; nicht indem er die Welt rettet, sondern dadurch, dass er als Verkehrszähler seine heimliche Geliebte statistisch unterschlägt:

> „Die haben mir meine Beine geflickt und haben mir einen Posten gegeben, wo ich sitzen kann: ich zähle die Leute, die über die neue Brücke gehen."

Dies ist meisterhaft verdichtete Prosa. Man erfährt, dass der Ich-Erzähler im Krieg war, schwer verwundet und mühsam, aber unzureichend wiederhergestellt worden ist und eine „leichte" Arbeit zugeteilt bekommen hat. Wir sind noch weit weg von Aufbruchstimmung und vom Wirtschaftswunder. Auch die neue Brücke – sie dürfte eine der Rheinbrücken ersetzen – bringt die verbrannte Erde am Ende des 2. Weltkriegs in Erinnerung. Die Formulierung mit zweimal „haben" und „Posten …, wo" lässt auf einen Menschen mit schlichter Ausdrucksweise schließen.

> „Aber ihre Statistik stimmt nicht … Insgeheim macht es mir Freude, manchmal (beim Zählen der Fußgänger) einen zu unterschlagen, und dann wieder … ihnen ein paar zu schenken. Ihr Glück liegt in meiner Hand."

Besonders eine Person hat es dem Ich-Erzähler angetan:

> „Wenn meine kleine Geliebte über die Brücke kommt – und sie kommt zweimal am Tage – dann bleibt mein Herz einfach stehen. Das unermüdliche Ticken meines Herzens setzt einfach aus, bis sie in die Allee eingebogen und verschwunden ist. Und alle, die in dieser Zeit passieren, verschweige ich ihnen. Diese zwei Minuten gehören mir, mir ganz allein, und ich lasse sie mir nicht nehmen. Und auch wenn sie abends wieder zurückkommt …, wenn sie auf der anderen Seite des Gehsteiges meinen stummen Mund passiert, der zählen, zählen muss, dann setzt mein Herz wieder aus … Und alle, die das Glück haben, in diesen Minuten vor meinen blinden Augen zu defilieren, gehen nicht in die Ewigkeit der Statistik ein."

In den kunstvoll unbeholfenen Worten, die Böll seinem kriegsversehrten Menschenzähler in den Mund legt, kommt eine Behutsamkeit und Reinheit zum Ausdruck, wie sie sonst der Poesie zu eigen ist. „Über allen Gipfeln ist Ruh" klingt mit an.

> „Mir ist klar, dass ich sie liebe. Aber sie weiß nichts davon, und ich möchte auch nicht, dass sie es erfährt. Sie soll nicht ahnen, auf welche ungeheure Weise sie alle Berechnungen über den Haufen wirft, und ahnungslos und unschuldig soll sie […] in ihre Eisdiele (wo sie arbeitet) marschieren […] Ich liebe sie. Es ist ganz klar, dass ich sie liebe."

Hinter der Realitätsscheu des bedauernswerten „Helden" zeigt sich Böll als unerbittlicher Purist: Nur das nicht der Wirklichkeit ausgesetzte Gefühl ist in einer kalten, den Menschen missachtenden Welt von Dauer. Der spätere Böll, der nie ganz verstand, warum die Gesellschaft um ihn herum, vom Kölschen Klüngel bis zur Boulevardpresse, nicht seinen Maßstäben genügte, wird hier sichtbar.

Der Rest der Handlung ist unerheblich. Der Protagonist, gewarnt, dass er beobachtet wird, übersteht die Kontrolle mit etwas Glück und darf zur Belohnung nun Pferdefuhrwerke zählen. Ob er seine Geliebte jemals wiedersehen wird, bleibt ungewiss.

Nicht nur dieser Text von Böll ist es wert, von mehr als nur Oberstufenschülern und in Deutsch-Seminaren im Ausland gelesen zu werden. Auch in seinen Romanen und Hörspielen finden sich Kleinodien aus wundervollem Deutsch. Zeitgeistgebundene Szenarien vom *Tagebuch eines Clowns* über das *Gruppenbild mit Dame*, *Die verlorene Ehre der Katharina Blum* bis zum fürsorglichen *Ende einer Dienstfahrt* bilden mehr als eine freundliche Kulisse, sie zeigen einen Meister seiner Sprache in Aktion.

*Alexander Mühlen*

## Sprache in Blasen

Micky Maus
Erika Fuchs
1951-1988

Erika Fuchs lebte von 1906 bis 2005. Auf einem Knabengymnasium in Belgard (Pommern) legte sie 1926 das Abitur ab, ihr Studium beendete sie mit einer Promotion in Kunstgeschichte. 1951 wurde sie Chefredakteurin der Zeitschrift Micky Maus, übersetzte anfänglich alle Geschichten, die darin enthalten waren, später konzentrierte sie sich auf das Werk des Zeichners Carl Barks, des Schöpfers der Duckfamilie. Erst wenige Jahre vor ihrem Tod beendete sie ihre Übersetzertätigkeit.

Die im September 1951 erstmals erschienene Jugendzeitschrift *Micky Maus* war eine Lizenzausgabe der Walt Disney Productions. Der Untertitel der Zeitschrift lautete *Das bunte Monatsheft*. Sie erschien anfangs monatlich, bald alle 14 Tage. In einer Ankündigung hieß es, das Heft böte eine völlig neue Unterhaltung, lustige Geschichten in bunten Bildern.

Mit der *Micky Maus* hatte der Comicstrip, kurz Comic, Einzug in Deutschland gehalten. Damit war über den Umweg USA eine Literaturform zurückgekehrt, die hierzulande eine lange Tradition besitzt. Goethe war entzückt von den komischen Bildergeschichten des Genfers Rodolphe Töpffer, dessen Vorfahren aus Deutschland stammten. *Der Struwwelpeter* von Heinrich Hoffmann und die zahlreichen Werke von Wilhelm Busch stehen als prominente Beispiele für hiesige Bildergeschichten. Auch am Anfang der amerikanischen Comic-Geschichte stand ein Deutscher, Rudolph Dirks, der nach dem Vorbild von *Max und Moritz* die sehr erfolgreichen Katzenjammer-Kids schuf. Bei Töpffer, Hoffmann und Busch sind Bild und Text noch klar getrennt, letzterer steht noch unter den Bildern. Eine erste Integration der Sprache in die Bilder findet sich bei Friedrich Schiller. In seiner spöttischen Bildergeschichte *Avanturen des neuen Telemachs oder Leben und Exsertionen Koerners in decenten, consequenten, piquanten u.s.f. von Hogarth in schönen illuminierten Kupfern abgefasst und mit befriedigenden Erklärungen versehen von Winkelmann. Rom 1786*, deren Bilder von Schiller stammen, ist auf der Bildfolge „Körner Familienleben" Minna Körner als „Figur" abgebildet, die dem familiären Treiben „zusieht und mit sträflichem Gesicht Allezeit dazu sagt". Ihr kurzer Redebeitrag befindet sich in einer Sprechblase. Damit ist ein hervorragendes Mittel des modernen Comics zum ersten Mal realisiert. Denn erst mit den Sprech- und Denkblasen sind die heutigen Comic-Helden lebendig geworden.

Die bunten Geschichten der Zeitschrift *Micky Maus* sind alle von dieser Art. Für die Übersetzungen aus dem amerikanischen Englisch zeichnete Dr. Erika Fuchs verantwortlich, die die Vorlagen formte. Die einzige Begrenzung aus der Übertragung der amerikanischen Vorlage war die Größe der Sprechblasen, was sie in dieselben hineinschrieb, blieb ihr überlassen.

Frau Dr. Fuchs – auf ihren akademischen Grad legte sie großen Wert – war keine studierte Philologin, aber der Sprache sehr zugeneigt. Sie spielte gerne mit ihr auf verschiedenen Ebenen. Die Figuren der Geschichten werden durch Eigenheiten sprachlicher Art gekennzeichnet. So verwenden die der älteren Generation gerne ein sehr korrektes Hochdeutsch mit genauer Markierung des Kasus, korrekten Konjunktiven und altertümlichen Wörtern und Wendungen, wie „wacker", „Narrenpossen", „meinertreu" oder „blümerant". Ungewöhnliche Ausdrücke aus Fuchs' Texten: „ein unschuldig Kindlein" oder „was ficht dich an oder ziemen" mit korrektem Dativ „das ziemt einem Ritter". Donald Duck und seine drei Neffen Tick, Trick und Track, die Vertreter der jüngeren Generation der Entenfamilie, sprechen eine Umgangssprache, die mit zahlreichen lockeren Einsprengseln durchsetzt ist. Geld heißt dann schon mal „Knete", „Pinke" oder „Kies". Ausdrücke wie „danke für Backobst", „Lackaffen" und „Fatzke" gehören gelegentlich zu ihrem Wortschatz, ebenso Wendungen wie: „mir kreist der Hut".

Gerne verwendet Frau Dr. Fuchs klassische Zitate. Vorzüglich legt sie ihren Figuren solche von Schiller, aber auch von Shakespeare in der Schlegel-Tieck-Übersetzung in den Schnabel, genauer gesagt in die Sprechblase. Gerne parodiert sie auch das Bildungsgut. So schwören die drei kleinen Enten: „Wir wollen sein ein einig Volk von Brüdern, in keiner Not uns waschen und Gefahr" (frei nach Schillers Wilhelm Tell). Manche ihrer gewichtigen Worte sind parodierende Eigenschöpfungen: „Was stierst du mich so an, du Ungeheuer, zuckt schon der Mörderdolch in deiner Hand?"

Oder: „Zum Ruhm der Ruhe, die ich einst in deinem Schatten finde, taufe ich dich auf den Namen Ruhelinde", dichtet Donald, als er ein Bäumchen pflanzt. Erfunden hat sie auch Schlagertexte: „Und lieg ich dereinst auf der Bahre, so denkt an meine Guitahre und gebt sie mir in mein Grab" – klingt es im Wilden Westen. Werbesprüche à la Dr. Fuchs: „Wer keine weiche Birne hat, kauft harte Äpfel aus Halberstadt", „Schachermann schafft Baugrund ran".

Manche der Fuchsschen Schöpfungen sind ihrerseits geflügelte Worte geworden, allen voran: „Dem Ingeniör ist nichts zu schwör"; oder: „Erfinde wem Erfund gegeben". Ihre oft gerühmte Erfindung sind solche Wörter oder wortähnlichen Gebilde, die den Text begleiten und ihm Farbe geben sollen, zum Beispiel die lautmalenden Klickeradoms „schnorch, schnorch", „knuff", „ächz", „stöhn", „jaul" oder „mampf". Für diese auf den Wortstamm reduzierten Wörter sind schwertönende Bezeichnungen wie Inflektiv oder – nach dem Vornamen ihrer Schöpferin – Erikativ im Gebrauch, doch sollte man diesen Sprachspielereien nicht zuviel antun, sondern sie lassen, was sie sein wollen: spielerische Gebilde. Sie werden auch für abstrakte Tatbestände verwendet. Da steht schon mal im Bild „grübel, grübel" neben einer nachdenkenden Figur.

Es ging Frau Dr. Fuchs in erster Linie darum, die Bilder zum Sprechen zu bringen. Dazu bediente sie sich auch konventioneller Mittel wie Stabreime oder Onomatopoetica.

„Hoppel di poppel, in Trab und Galoppel..." heißt es in einem Cowboylied.

Die Entenfamilie hat häufig das Monogramm DD, Dagobert Duck, Donald Duck, Daisy Duck, andere Figuren, auch nebensächliche, haben häufig stabgereimte Namen: „Schwindolar Schwan", „Schmu Schubiack", auch Berufsbezeichnungen und Familiennamen korrelieren miteinander: „Senator Seidelbast", „Bäckermeister Bullerjan". Die andere Variante sind sprachspielerische Gebilde wie der „Maharadscha von Zasterabad".

Zum Schluss noch einige Höhepunkte des Fuchsschen Schaffens. Ein Lied: „Ich und duhu fuhren im Kanuhu nach Honolulu". Eine Sentenz von Ede Wolf: „Ich kann Schummeln nicht ausstehen, außer wenn ich es tue." Eine Welterkenntnis von Donald Duck: „Ich habe mir das Buch ‚Do it yourself' gekauft. Auf Deutsch ungefähr: ‚Selbst ist der Mann!' Aber es muss heute ja Englisch sein." Eine Zeile aus einem Liebesgedicht der drei Neffen: „Saatkartoffeln haben Augen, sind wie deine anzuschaugen."

Und nun noch eine Szene aus der Geschichte *Der arme alte Mann*. Als der hölzerne Damm bricht, hinter dem Dagobert Duck sein gesamtes Vermögen versteckt hat, spielt sich zwischen zwei Panzerknackern – die das Geld rauben wollen – folgender Dialog ab: „Hört sich an wie fernes Donnergrollen. / Werd nicht poetisch Ede, die Pinke kommt".

Für ihre Übersetzertätigkeit wurde Dr. Erika Fuchs mehrfach geehrt. Hier sei als besonders herausragend der Roswitha-Preis erwähnt, ein deutschsprachiger Literaturpreis, der an Frauen verliehen wird und den vor Dr. Erika Fuchs Hilde Domin und Ilse Aichinger sowie Herta Müller bekommen hatten. Fuchs erhielt ihn 2001, vergeben wird er für „ein schöpferisches Werk, nicht jedoch für eine reproduzierende Leistung", heißt es im § 1 des Verleihungsgrundsatzes.

Als Erika Fuchs im April 2005 starb, widmete ihr das Feuilleton etliche Nachrufe. Heute pflegt ihr Andenken der Verein D.O.N.A.L.D. (Deutsche Organisation nichtkommerzieller Anhänger des lauteren Donaldismus), eine Vereinigung respektabler erwachsener Menschen, die regelmäßige Treffen veranstaltet und eine Zeitschrift herausgibt.

Das bleibende Verdienst von Dr. Erika Fuchs ist, aus einem Heft für Kinder eine neue Kunstform geschaffen zu haben. Die Comic-Geschichten haben eine Eigenständigkeit gewonnen, die 1951 niemand vorausgesehen hätte. Und dass das sprachliche Niveau der Übersetzungen von Asterix oder Lucky Luke bemerkenswert hoch ist, hat auch etwas mit der Tätigkeit von Dr. Erika Fuchs zu tun. Die großartigen Zeichnungen von Carl Barks, Albert Uderzo und Morris würden nicht so gut wirken, wie sie es tun, wenn die dazugehörigen Übersetzungen aus dem Englischen oder Französischen nicht so gelungen wären.

*Wolfgang Sauer*

## Aufatmen im Luftballon?

Nach grauen Tagen
Ingeborg Bachmann
1953

„Nach grauen Tagen

Eine einzige Stunde frei sein!
Frei, fern!
Wie Nachtlieder in den Sphären.
Und hoch fliegen über den Tagen
möchte ich
und das Vergessen suchen –
über das dunkle Wasser gehen
nach weißen Rosen,
meiner Seele Flügel geben
und, oh Gott, nichts wissen mehr
von der Bitterkeit langer Nächte,
in denen die Augen groß werden
vor namenloser Not.
Tränen liegen auf meinen Wangen
aus den Nächten des Irrsinns,
des Wahnes schöner Hoffnung,
dem Wunsch, Ketten zu brechen
und Licht zu trinken –
Eine einzige Stunde Licht schauen!
Eine einzige Stunde frei sein!“

(Ingeborg Bachmann: Werke, Bd. 1. Gedichte. 1978. © Piper Verlag GmbH, München)

Wer dieses frühe Gedicht von Ingeborg Bachmann mehrmals liest, der erstaunt umso mehr über den Titel: So heißt der Text *Nach* grauen Tagen, doch der Eindruck, der sich beim Lesen festsetzt, ist doch ein ganz anderer: Die grauen Tage sind noch immer präsent. Das lyrische Ich ringt mit sich und dem Vergessen. Denn trotz der äußeren Freiheit, die scheinbar gegeben ist, ist es innerlich nicht frei, kann sich nicht frei machen.

Kann das, was mal war, auch nicht in Distanz bringen. Blickt nicht aus der Ferne auf graue Tage zurück. Sondern setzt seine ganze Energie, das ganze Sprechen und Wünschen auf die Befreiung, auf „das Vergessen suchen". Doch auch wenn der Wille frei ist („möchte ich") und das lyrische Ich in einer nicht mehr grauen Gegenwart lebt, in die es ja bereits zurückblickt („nichts wissen mehr von...") – trotzdem ist Freiheit nicht einfach da. Der Mensch ist Gefühl, ist Erinnerung, ist Kraft. Der natürliche Bewegungsradius wird trotz äußerer Freiheit als eingeschränkt erlebt. Das Bild von Rilkes *Panther* blitzt hier auf. Ein Feilschen um Raum prägt jeden Vers. So lässt sich das Gedicht auch als politische Lyrik lesen.

Bleiben wir aber im Text: Wer ist in einer solchen Situation anzusprechen? Richten sich die zahlreichen Imperative („Eine einzige Stunde Licht schauen!") an Gott? Oder sind es nur Ausrufe – der Schrei als die einzige mögliche Bewegung? Ist der Ausruf „Oh Gott" schließlich selbst nur Verstärkung des eigenen Rufens, ohne eine höhere Instanz zu meinen? Ohne Begriff („namenlos") ist auch die durchlittene Not. Vielleicht überfordert sich das lyrische Ich selbst mit dem Wunsch, Ketten zu brechen oder der Seele Flügel zu geben? Ein romantisches sich Loslösen von allem Irdischen – Eichendorffs berühmtes Ausspannen der Seele, die wie von selbst nach Hause fliegt – scheint ausgeschlossen. Unruhig wirkt auch der Satzbau: dahingeschleuderte Satzteile, die einerseits zögerlich, andererseits willkürlich Wünsche benennen. Die Naturbilder („dunkle Wasser", „weiße Rosen") veranschaulichen keine Harmonie, sondern sind als Farbkontraste gesetzt. Diese Kontraste wiederholen sich auf der Ebene der Farbe („graue Tage", „Licht"), der Zeit („über den Tagen", „aus den Nächten") und auf der Lautebene: Der Text wechselt von eindringlichen, die Stimme verengenden i-und ei-Lauten, die inhaltlich aber von Freiheit sprechen („einzige", „frei sein"), zu Vokalfolgen, die der Stimme eine Weite geben („groß", „vor namenloser Not"), obwohl sie inhaltlich von negativen, einengenden Erinnerungen erzählen. Nach den zahlreichen euphorischen Wünschen in den Versen 1-13 fällt die Stimmung dann ab; die „Tränen“ bilden einen lautlichen und emotionalen Tiefpunkt. Freiheit erscheint als ein Zustand, der dem lyrischen Ich letztlich fremd ist: Die Forderung, für eine begrenzte Zeit – hier: „eine einzige Stunde“ – frei sein zu wollen, erscheint absurd. Diesen einsamen Zustand hat Ralf Schmerberg in seiner filmischen Interpretation des Gedichtes in dem Meisterwerk „POEM“ (2003) gut getroffen: Eine Frau, verkörpert durch die Schauspielerin Anna Böttcher, steckt ihren Kopf für eine kurze Weile in einen riesigen blauen Luftballon, um sich von ihrer Familie abzuschotten, die am Wochenende an ihr zerrt. Entspannung und „das Vergessen“ sucht sie beim Rezitieren eines Gedichtes: genau dieses Bachmann-Gedichtes. Doch auch in dieser Kurzfilm-Inszenierung ist eine Erholung, Entfernung nicht möglich. Auch diese Frau schafft es – trotz Ballon – nicht, hoch „über den Tagen“ zu fliegen.

Der Aufbau des Gedichts spiegelt diese Erfahrung formal wider: Der erste und der letzte Vers sind identisch, sie rahmen den Text, verschließen ihn gleichsam. Das, was gesagt und gesucht wird, kommt nicht heraus aus dem Vakuum. Das lyrische Ich bleibt gefangen. Wer den Mut hat, sich über das Formale hinwegzusetzen und den Titel mit dem Gedichtbeginn als Enjambement liest, der ist überrascht – „Nach grauen Tagen eine einzige Stunde frei sein“ – das klingt nach Neubeginn und trägt den ganzen Text. Vielleicht ist diese eine Stunde auch die erste Stunde einer gerade beginnenden Freiheit.

*Petra Anders*

## Ein deutscher Staat entsteht auf einem Schweizer Fußballplatz

Reportage des Endspiels der Fußball-Weltmeisterschaft
Herbert Zimmermann
1954

Neun Jahre nach dem Zweiten Weltkrieg war die Welt der Deutschen in keiner Weise in Ordnung. Geächtet von der ganzen Welt, lebte man in zwei Rumpfstaaten mit merkwürdigen Grenzen. Breslau und Königsberg sollte es gar nicht mehr geben, Straßburg und Saarbrücken lagen im Ausland. Die Bewohner des Weststaates, der Bundesrepublik Deutschland, schienen offensichtlich wirtschaftlich und politisch den besseren Teil erwischt zu haben; jedenfalls waren deren Besatzungsmächte – USA, England und Frankreich – insgesamt deutlich erträglicher als die sowjetischen Herrscher des Oststaates Deutsche Demokratische Republik.

Aber wirklich anfreunden mochte sich im Westen niemand mit diesem erschreckend schmalen Land zwischen Flensburg und Garmisch-Partenkirchen mit der fast lächerlichen Hauptstadt Bonn. Zwar begann ganz sachte eine gute Entwicklung, die man bald Wirtschaftswunder nennen sollte, doch noch lebte man in weitgehend zerbombten Städten zusammen mit vielen Millionen Vertriebenen aus Schlesien, Ostpreußen, Pommern und dem Sudentenland in arger Armut. Der uralte Bundeskanzler Adenauer bemühte sich nach Kräften, den Eindruck eines richtigen Staates zu vermitteln, noch aber fehlte diesem Staat wirklich alles, was eine Identifikation ermöglichen könnte.

Immerhin hatte sich die deutsche Fußballnationalmannschaft, die ausschließlich mit Spielern westdeutscher Vereine besetzt war, für die Weltmeisterschaftsendrunde in der Schweiz qualifizieren dürfen. Vier Jahre zuvor in Brasilien war Deutschland noch unerwünscht gewesen. Die Erwartungen an dieses Turnier waren keineswegs überwältigend, niemand traute den Westdeutschen eine große Leistung zu. Aber man durfte wieder mitmachen und wollte sich daher nicht blamieren. Der Weltmeister stand ohnehin bereits vor der Eröffnung fest. Die ungarische Nationalmannschaft hatte in den letzten vier Jahren eine ungeheuerliche Siegesserie erlebt, in der sogar die mächtigen Engländer gedemütigt wurden.

Trotz einer derben Niederlage in der Vorrunde gegen die übermächtigen Ungarn schlug sich die deutsche Mannschaft erstaunlich gut. Sie besiegte zweimal die Türkei, dann Jugoslawien und Österreich. Damit stand sie im Endspiel – natürlich gegen Ungarn. Diese Endspielteilnahme lag deutlich über den Erwartungen und hatte damit die Aufmerksamkeit des ganzen Landes auf diese Veranstaltung gezogen. Die damals noch nicht gemessenen Einschaltquoten dürften überwältigend und recht nahe an den 100 Prozent gewesen sein, als am 4. Juli 1954 das Endspiel von allen westdeutschen Radiosendern sowie den Sendern in Westberlin und im Saarland (damals noch französisch) übertragen wurde.

Um 17 Uhr begannen die beiden großen Stunden des 1917 bei Aachen geborenen Sportreporters Herbert Zimmermann. Er durfte den Deutschen an Millionen Rundfunkgeräten und wenigen Fernsehern ein wahres Wunder schildern. Und er selbst prägte dabei ein gerade entstehendes Land wesentlich mit. Viele Formulierungen und Momente seiner Reportage gehören zum Teil noch heute zum Wortschatz der Deutschen, den Zuhörern des Jahres 1954 hatte sich der Text tief eingeprägt. Zum Beispiel die Eröffnungsworte:

> „Deutschland im Endspiel der Fußball-Weltmeisterschaft, das ist eine Riesensensation, das ist ein echtes Fußballwunder! Ein Wunder, das allerdings auf natürliche Weise zustande kam, und das wir dem Fußballverstand unserer Spieler und der Vollkommenheit ihres Spiels verdanken."

Für heutige Ohren klingt der Text auch im weiteren Verlauf der Übertragung ziemlich militaristisch: der „Sturm rollt", „die Angriffswelle rollt", der Torwart ist der „eiserne Toni", „der erste Angriff brandet gegen das ungarische Tor, aber der Angriff verpufft“, die „Schüsse“ werden „abgefeuert“, gelegentlich „abgetötet“, die Ungarn haben gar eine „Angriffsmaschine“. Der bis 1945 kämpfende Soldat Zimmermann dürfte wahrscheinlich nicht bemerkt haben, wie sehr seine Sprachbilder den gerade neun Jahre zurückliegenden Weltkrieg wieder aufleben ließen, sie waren noch zeittypisch vertraut.

Erkennbar verfolgte der Reporter ein freundliches Ziel: Er wollte der zuhörenden halben Nation – die er aber konsequent „Deutschland“ nannte – eine schmerzhafte Enttäuschung ersparen. Die Endspielteilnahme war bereits der Erfolg, ein Sieg über die Ungarn war weder möglich noch nötig. Die ersten 20 Minuten waren – unabhängig vom politischen Hintergrund – mehr als dramatisch. Bereits in der sechsten Minute machten die Ungarn das erste Tor, kurze Zeit später das zweite. Das erwartete Desaster schien unausweichlich. Zimmermann bemüht sich mit aller Kraft um sprachliche Schadensbegrenzung. Doch plötzlich die Überraschung. Deutschland gelingt in der zehnten Minute das Anschlusstor und bereits sieben Minuten später der bereits sensationelle Ausgleich. Zimmermann blüht auf:

> „Nach 17 Spielminuten Stand: zwo zu eins für Ungarn, Eckball für Deutschland, ich glaube die zweite in diesem Spiel für Deutschland. Ecke von Fritz Walter! Auf der Torlinie steht Buzánszky und kann den Ball mit allerletzter Mühe, der viel … hatte, zu einer erneuten Ecke abwehren. Wieder Eckball für Deutschland, wieder wird diese Ecke von links getreten und natürlich wieder von Fritz Walter. Vier Stürmer der Deutschen stehen im Strafraum der Ungarn gegen sieben Abwehrspieler der Ungarn, die auf der Hut sind, gewarnt worden sind durch den Gegentreffer unserer Elf. Heute ist es kein drei zu acht, heute ist es keine B-Mannschaft, heute spielt Deutschlands stärkstes Aufgebot … Tor! Tor! Eckball von Fritz Walter, Tor von Rahn! Genauso war es. Deutschlands A-Mannschaft, der großartige Sieger gegen Österreich, hat aus null zu zwo zwo zu zwo

gemacht. Die zweite Ecke, die Fritz Walter innerhalb einer Minute schoss, schoss er über den gesamten Innensturm hinweg, auch über die Deckung der Ungarn. Und ruhig mit Dropkick, also den Ball leicht aufspringend, nahm Rahn den Ball an und schoss ihn aus drei Metern Entfernung sofort ins Tor der Ungarn. Es steht zwei zu zwei – ja, ist es zu glauben? Wir haben ausgeglichen, gegen Ungarn, die großartigste Techniker-Mannschaft, die man kennt!"

Auch jetzt wollten nur wenige Menschen an einen Sieg glauben. Aber das Ziel, ehrenvoll aus dieser Abschlussrunde ausscheiden zu dürfen, schien nun erreichbar. Bis kurz vor Spielende tobte ein unglaublich spannendes Spiel, in dessen Verlauf keine Mannschaft eine deutliche Überlegenheit herausspielen konnte, was für die Deutschen phantastisch, für die Ungarn unfassbar peinlich war. In der 85. Minute dann das Wunder: Helmut Rahn schoss das legendäre 3:2. Der Mannschaft gelang es, dieses Ergebnis bis zum Schluss zu halten.

Herbert Zimmermann, dessen Bemühungen um eine korrekte hochdeutsche Sprache bereits bei den vorausgehenden dramatischen Szenen kleinere Schäden erlitten hatte, verlor in diesen letzten Minuten komplett die Fassung. Logik, Grammatik und Aussprache gingen ganz eigene Wege, die aber genau den irrationalen Windungen folgten, in denen sich die Gefühle der Zuhörer bewegten. Der Rundfunkreporter im Ausnahmezustand repräsentierte ein Volk im Ausnahmezustand:

„Sechs Minuten noch im Wankdorf-Stadion in Bern. Keiner wankt, der Regen prasselt unaufhörlich hernieder. Es ist schwer, aber die Zuschauer, sie harren nicht aus, wie könnten sie auch? Eine Fußball-Weltmeisterschaft ist alle vier Jahre, und wann sieht man ein solches Endspiel? So ausgeglichen, so packend… jetzt Deutschland am linken Flügel durch Schäfer, Schäfers Zuspiel zu Morlock wird von den Ungarn abgewehrt, und Bozsik, immer wieder Bozsik, der rechte Läufer der Ungarn, am Ball. Er hat den Ball verloren, diesmal gegen

Schäfer. Schäfer nach innen geflankt, Kopfball, abgewehrt, aus dem Hintergrund müsste Rahn schießen. Rahn schießt!

Tor! Tor! Tor! Tor! – Tor für Deutschland!

Linksschuss von Rahn! Schäfer hat die Flanke nach innen geschlagen, Schäfer hat sich gegen Bozsik durchgesetzt! Drei zu zwei für Deutschland, fünf Minuten vor dem Spielende! Halten Sie mich für verrückt, halten Sie mich für übergeschnappt! Ich glaube, auch Fußball-Laien sollten ein Herz haben, sollten sich an der Begeisterung unserer Mannschaft und an unserer eigenen Begeisterung mitfreuen, und sollten jetzt Daumen halten, viereinhalb Minuten Daumen halten in Wankdorf. Drei zu zwei für Deutschland nach dem Linksschuss von Rahn, der flach im linken Eck einschlug, und Schuss von Ottmar Walter auf das Tor der Ungarn, aber Grosics rettet. Drei zu zwei für Ungarn, aber jetzt, wie von der… Für Deutschland – ich bin auch schon verrückt! Entschuldigung, drei zu zwei für Deutschland, und die Ungarn, wie von der Tarantel gestochen lauern die Puszta-Söhne, drehen jetzt den siebten oder zwölften Gang auf und Kocsis flankt, Puskas abseits, Schuss, aber nein, kein Tor, kein Tor, kein Tor! Puskas abseits! Eindeutige Abseitsstellung von Major Puskas. Großartig seine Aktion, großartig auch die Vorarbeit von Kocsis, der mit Kopfball zu seinem Clubkameraden verlängerte. Dann schoss Puskas flach, aber er stand eindeutig abseits und Griffiths aus Wales, der Linienrichter auf unserer Seite, hatte die Fahne hoch, und Link hat prompt reagiert. Drei zu zwei, aber das hätte natürlich ins Auge gehen können. Zu spielen noch vier Minuten im Wankdorf-Stadion in Bern im Endspiel der Fußball-Weltmeisterschaft. Und die deutsche Mannschaft hat etwas nervös – verständlich natürlich in diesem Augenblick – äh, eine Situation vergeben, und dadurch rutscht der Ball ins Aus. Einwurf für Ungarn in der Höhe der Mittellinie. Zwo zu null führten die Ungarn nach zwölf Minuten, jetzt steht es drei zu zwo für Deutschland. Acht Abwehrspieler im weißen Jersey, also im Nationaldress unserer deutschen Elf, verteidigen den eigenen Strafraum und schlagen den Ball weg, und Schäfer zeigt beruhigend mit den Händen zu seinen Kameraden, als wollte er sagen: ‚Jetzt Nerven behalten!' Der einzige Stürmer, der jetzt vorne ist, ist Fritz Walter. Die Ungarn aus der eigenen Hälfte heraus schlagen den Ball nach vorne... und Hidegkuti, aber Turek am Boden hat gehalten. Hidegkuti hatte den Ball mit dem ausgestreckten Bein verlängert und im Eck, da lag Turek. Vielleicht wäre der Ball vorbeigegangen, aber besser ist besser, und er hat den Ball genommen, hat ihn abgeschlagen. Drei Minuten im Wankdorf-Stadion oder zweieinhalb zu spielen. Und Rahn marschiert los. Rahn an Czibor vorbei, an Lántos vorbei, Lántos kommt noch einmal, Rahn bleibt im Ballbesitz, spielt zurück zu Fritz Walter, Fritz Walter, der Kapitän in der halbrechten Verbindung, 30 Meter vom ungarischen Tor entfernt. Morlock schießt den Ball hoch auf das Tor, aber zwei Meter über die Querlatte, Abschlag vom Tor der Ungarn. Daumen drücken, Daumen drücken! Drei zu zwei für Deutschland im Spiel gegen Ungarn, das seit viereinhalb Jahren kein Länderspiel mehr verloren hat. Und Deutschland stürmt, die Zuschauer gehen mit. Sie feuern unsere Elf an, auch die Schweizer. Ottmar Walter schießt... am Tor vorbei, aus 30 Metern hat er abgefeuert. Der Sekundenzeiger, er wandert so langsam, wie gebannt starre ich hinüber. Geh doch schneller, geh doch schneller! Aber er tut es nicht. Er geht mit der Präzision, die ihm vorgeschrieben ist, wandert er voran. Und jetzt noch anderthalb oder zwei Minuten, Deutschland führt drei zu zwei. Aber Deutschland greift an, auf dem rechten Flügel steht Morlock. Wunderbar, dass die Mannschaft nicht nur defensiv spielt, sondern dass sie jetzt doch sogar noch stürmt. Schäfer, der Linksaußen, am rechten Flügel, im Strafraum, hat den Ball, könnte zu Ott… äh, zu Fritz Walter spielen, aber Fritz Walter hat um Zentimeter den Ball verfehlt, und die Ungarn spielen sich frei. In der vorletzten Spielminute stürmt Ungarn durch Hidegkuti, aber Morlock bremst ihn auf der Mittellinie. Eckel aus Kaiserslautern am Ball, spielt quer hinüber zu Rahn. Rahn mit einer souveränen Ruhe abgespielt zu Schäfer. Schäfer sagt: ‚Lass dir Zeit', jetzt spielen die Deutschen auf Zeit, trotzdem kombinieren sie sehr schön. Fritz Walter zu Schäfer, Schäfer in Rechtsaußen-Position, könnte nach innen flanken, schießt, aber er schießt an das kurze Außennetz, es gibt Abschlag vom Tor der Ungarn. Vielleicht lässt der Schiedsrichter auch nachspielen wegen der einen oder zwei Verletzungen, die passiert sind. Die Ungarn sind völlig aus dem Häuschen. Deutschland ist wieder im Ballbesitz. Rahn hat den Ball bekommen. Rahn spielt zu… Fritz Walter. Weit verfehlt, Puskas am Ball im Mittelkreis, aber Eckel springt dazwischen, hat abgewehrt. Die ganze deutsche Mannschaft setzt sich ein – mit letzter Kraft, mit letzter Konzentration. Ottmar Walter fällt hin, Bozsik an zwei Deutschen vorbei. Jetzt haben die Ungarn eine Chance, spielen ab zum rechten Flügel, Czibor, und jetzt ein Schuss… gehalten von Toni, gehalten! Und Puskas, der Major, der großartige Fußballspieler aus Budapest, er hämmert die Fäuste auf dem Boden, als wollte er sagen: ‚Ist denn das möglich? Dieser Sieben-Meter-Schuss…' Es ist wahr, unser Toni hat ihn gemeistert. Und die fünfundvierzigste Minute ist vollendet, es kann nur noch ein Nachspielen von einer Minute sein. Deutschland führt drei zu zwei im Endspiel der Fußball-Weltmeisterschaft, aber es droht Gefahr: Die Ungarn auf dem rechten Flügel. Jetzt hat Fritz Walter den Ball über die Außenlinie ins Aus geschlagen, wer will ihm das verdenken? Die Ungarn erhalten einen Einwurf zugesprochen, der ist ausgeführt, kommt zu Bozsik... Aus! Aus! Aus! Aus! Das Spiel ist aus! Deutschland ist Weltmeister, schlägt Ungarn mit drei zu zwo Toren im Finale in Bern.

Nach diesen 30 Sekunden, die Sie dem Reporter verzeihen müssen, ja bitte müssen, denn Sie können sich nicht vorstellen, was hier los war, wollen wir versuchen, in normaler Lautstärke und einigermaßen ruhig Ihnen das weitere Geschehen hier zu schildern. Hundert, zweihundert Fotografen auf dem Spielfeld. Angehörige der Schweizer Armee bilden mit einem Seil ein Karree. Die deutsche Mannschaft – Weltmeister 1954 – ist vollkommen im Mittelpunkt der Ovationen. Daneben stehen die Ungarn. Die Ungarn, ruhig, gesammelt.

Ein Kompliment für diese Jungens, die großartig verlieren können, die uns vorgeführt haben, wie ein wahrer Weltmeister in dem Moment, wo er einmal geschlagen wird, eine solche Niederlage mit Fassung trägt. Und ein Dank diesen prachtvollen Jungen aus Budapest, aber unser Stolz, unsere Freude und unsern ganz innigen Dank den elf Spielern im weißen Jersey und den schwarzen Hosen, die jetzt zur Gegentribüne hinüberlaufen und die deutsche Schlachtenkolonie begrüßen. Die Fahnen Schwarz Rot Gold sind drüben im weiten Rund zu sehen. Und auch wir sind ergriffen, während die deutsche Elf in alle vier Richtungen läuft und überall das Publikum – 70.000 – grüßt.

Schön. Wir wollen auch in diesem Augenblick nicht vergessen, dass es ein Spiel ist. Ein Spiel, aber das populärste Spiel, das die Welt kennt."

Den vorletzten Satz kann man getrost vernachlässigen. Kein Mensch in Deutschland begriff in diesem Moment dieses Spiel als Spiel. Es war eine Erlösung. Eine ungeheure Erlösung von der Schmach der militärischen und moralischen Niederlage. Erstmals seit sehr vielen Jahren hatten die Deutschen einen Grund, als Volk glücklich und stolz zu sein. Ein sehr lange sehr schmerzhaft vermisstes Gefühl. Der Jubel und die Erleichterung ergriffen alle Menschen in Deutschland mit solcher Wucht, dass sehr viele Sequenzen der Reportage in den Wortschatz mindestens zweier Generationen eingebrannt wurden. Daher herrscht in der Politik und auch in der Wissenschaft Einigkeit darüber, dass dies die eigentliche Geburtsstunde der Bundesrepublik Deutschland war. Und Zimmermanns Reportage hat das Gesicht dieses neuen Staates wesentlich geprägt.

*Reiner Pogarell*

## Weihnacht in der Wirtschaftskrise

Die Leihgabe
Wolfdietrich Schnurre
1958

Als ich ein Schüler war, verbrachte ich die Sommerferien regelmäßig mit meinen Eltern und meinen beiden Schwestern am Lago Maggiore. In einem Sommer hatte ich zwei Kinderbücher von Wolfdietrich Schnurre dabei: *Die Zwengel* und Der *Meerschweinchendieb*. Von Freunden erfuhren wir, dass Schnurre rein zufällig selbst ein Ferienhäuschen am Lago Maggiore hatte, gar nicht weit von unserem Strand, auf dem Monte Sole. Meine Mutter ermutigte mich, hinaufzugehen und mir die Bücher signieren zu lassen.

Als ich in sengender Hitze die steile Straße zum Haus von Wolfdietrich Schnurre erklomm, pochte mein Herz vor Aufregung und Angst: Was, wenn ich nun ungelegen kam? Wenn er gar keine Kinder mochte? Wenn er einen großen bissigen Hund hatte? Auf halber Strecke dachte ich daran, umzukehren, aber was hätten meine Eltern dann von mir gedacht? Also nahm ich all meinen Mut zusammen und klingelte an der Tür des Schriftstellers. Ein großer freundlicher Mann mit einem breiten Schnurrbart öffnete, sah zu mir herab und rief überrascht: „Na, wer bist du denn?" Ich brachte kein Wort heraus und streckte ihm nur die beiden Bücher entgegen. Er bat mich hinein, bot mir Saft und Kekse an, stellte mich seiner Frau Marina vor (die die Meerschweinchen-Geschichten illustriert hatte) und schrieb mir wundervolle Widmungen in beide Bücher: „Damit Bastian in einem Jahr wiederkommt".

Das habe ich dann auch gemacht. Und beim zweiten Mal hatte ich auch keine Angst mehr. Im Gegenteil, ich konnte es kaum erwarten, Wolfdietrich Schnurre davon zu erzählen, dass ich inzwischen selbst angefangen hatte, Geschichten zu schreiben. Er fragte, ob er sie sehen dürfe, und ich gab sie ihm. Er nahm sie so behutsam in die Hand, als wären sie ein Schatz. Dann verriet er mir, dass er es sehr bedauere, seine eigenen frühen Versuche irgendwann allesamt verbrannt zu haben. Ich gelobte ihm, das mit den meinen nicht zu tun. Und so habe ich bis heute alles aufgehoben – einschließlich meines ersten Diktats.

Zehn Jahre später habe ich Wolfdietrich Schnurre noch einmal wiedergesehen. Diesmal nicht in Italien, sondern in Norddeutschland. Meine Großmutter hatte aus der Zeitung erfahren, dass Schnurre eine Lesung in Plön halten würde, und hatte mich eingeladen, mit ihr dort hinzufahren. Ich war inzwischen ein junger Mann von fast 19 Jahren, der seinen Wehrdienst ableistete. Und Schnurre war mit seinen Romanen *Der Schattenfotograf* (1978) und *Ein Unglücksfall* (1981) in die erste Garde der deutschen Literatur aufgerückt. Ihn aus seinen Werken vorlesen zu hören, war für meine Großmutter und mich ein heiliger Genuss. Im Anschluss signierte er Bücher. Ich hatte die beiden Kinderbücher von damals dabei und sagte: „Guten Tag, Herr Schnurre, erinnern Sie sich noch an mich?" Er erkannte seine Widmung und strahlte: „Der Bastian! Aber natürlich! Du bist seit damals um einiges gewachsen!"

Schnurre war ein Meister der kurzen Erzählung, seine Sprache schnörkellos und ausdrucksstark zugleich, geradlinig, unpathetisch. Besonders berührten mich die Geschichten von Vater und Sohn, die im Berlin der 20er- und 30er-Jahre spielen. Der alleinerziehende Vater Otto schlägt sich mehr schlecht als recht als Tierpräparator durch und tut sein Möglichstes, um seinem Sohn Bruno eine erfüllte Kindheit zu bieten. Es sind anrührende Geschichten voller Liebe und Witz, wenngleich nicht unbeschwert, denn Arbeitslosigkeit, Geldsorgen, Hunger, Kälte und die dramatischen politischen Entwicklungen jener Zeit bilden den Rahmen der Geschichten und geben den melancholischen Grundton vor. Natürlich hatte Schnurre in diesen Geschichten viel Autobiografisches verarbeitet, denn im Alter von acht Jahren (Schnurre ist Jahrgang 1920) war er mit seinem Vater, einem Bibliothekar und Ornithologen, nach Berlin gezogen, wo er als Großstadtkind unter dem Eindruck der Weltwirtschaftskrise und der politischen

Radikalisierung aufwuchs, bis er als gerade 19-Jähriger in den Krieg ziehen musste.

Viele Jahre nach Schnurres Tod – ich war inzwischen selbst ein Buchautor geworden – nahm ich am „Bundesweiten Vorlesetag“ in Nürnberg teil. Insgesamt 30 Schulklassen hatten sich an einem kalten Novembertag im Nürnberger Eisenbahnmuseum eingefunden, um sich von Autoren, Moderatoren, Sängern und Schauspielern etwas vorlesen zu lassen. Ich hatte mich für eine Weihnachtsgeschichte von Schnurre mit dem Titel *Die Leihgabe* entschieden. In einem Monat war schließlich Weihnachten, da erschien mir eine nostalgische Erzählung, in der es um einen geborgten Tannenbaum ging, durchaus angebracht. Als ich meinen Kopf ins Vorlesezelt steckte, um die mir zugewiesenen Schüler zu begrüßen, kamen mir allerdings Zweifel, ob das wirklich eine gute Idee war: Die meisten der Schüler der Realschulklasse 6a, die mich da auf dem Boden lümmelnd erwarteten, stammten aus muslimischen Familien, und ihre Begeisterung für Weihnachten hielt sich in nachvollziehbaren Grenzen. Die Jungen legten Wert darauf, mich mit Handschlag zu begrüßen und sich selbst vorzustellen.

„Die Geschichte, die ich euch vorlesen werde, spielt in den 20er-Jahren“, begann ich. „Könnt ihr euch darunter etwas vorstellen?“ Die Schüler schüttelten den Kopf. „Ich bin noch nicht 20“, sagte ein Junge. „Damals gab es eine schwere Weltwirtschaftskrise“, fuhr ich fort, „viele Menschen waren arbeitslos und wussten kaum, wovon sie leben sollten. Eine warme Wohnung war da schon ein Luxus, oft reichte das Geld nämlich nicht einmal für Briketts oder Koks zum Heizen.“ Beim Stichwort „Koks“ schreckten einige Schüler hoch. In der Geschichte kamen noch andere Wörter vor wie „Destille“, „Logis“ und „Grammophon“, die ich erst einmal erklären musste. Nach einer halben Stunde war die Geschichte aus, und wir krochen aus dem Tipi, in dem es inzwischen mächtig heiß geworden war. Ich verabschiedete mich von den Kindern und ging zum Ausgang. Draußen hatte der Christkindlesmarkt begonnen. Und wie auf Bestellung hatte es geschneit. Straßen und Stände schienen wie mit Puderzucker bestäubt. Mir kam es vor, als hätte Schnurres Geschichte den Zauber der Weihnacht heraufbeschworen. Ich packte das Buch in meinen Rucksack und trat hinaus in den Schnee.

*Die Leihgabe*

Am meisten hat Vater sich jedesmal zu Weihnachten Mühe gegeben. Da fiel es uns allerdings auch besonders schwer, drüber wegzukommen, daß wir arbeitslos waren. Andere Feiertage, die beging man, oder man beging sie nicht; aber auf Weihnachten lebte man zu, und war es erst da, dann hielt man es fest; und die Schaufenster, die brachten es ja oft noch nicht mal im Januar fertig, sich von ihren Schokoladenweihnachtsmännern zu trennen.

Mir hatten es vor allem die Zwerge und Kasperles angetan. War Vater dabei, sah ich weg; aber das fiel mehr auf, als wenn man hingesehen hätte; und so fing ich dann allmählich doch wieder an, in die Läden zu gucken.

Vater war auch nicht gerade unempfindlich gegen die Schaufensterauslagen, er konnte sich nur besser beherrschen. Weihnachten, sagte er, wäre das Fest der Freude; das Entscheidende wäre jetzt nämlich: nicht traurig zu sein, auch dann nicht, wenn man kein Geld hätte.

„Die meisten Leute", sagte Vater, „sind bloß am ersten und zweiten Feiertag fröhlich, vielleicht nachher zu Silvester noch mal. Das genügt aber nicht; man muß mindestens schon einen Monat vorher mit Fröhlichsein anfangen. Zu Silvester", sagte Vater, „da kannst du dann getrost wieder traurig sein; denn es ist nie schön, wenn ein Jahr einfach so weggeht. Nur jetzt, so vor Weihnachten, da ist es unangebracht, traurig zu sein."

Vater selber gab sich auch immer große Mühe, nicht traurig zu sein um diese Zeit; doch er hatte es aus irgendeinem Grund da schwerer als ich; wahrscheinlich deshalb, weil er keinen Vater mehr hatte, der ihm das-

selbe sagen konnte, was er mir immer sagte. Es wäre bestimmt auch alles leichter gewesen, hätte Vater noch seine Stelle gehabt. Er hätte jetzt sogar wieder als Hilfspräparator gearbeitet; aber sie brauchten keine Hilfspräparatoren im Augenblick. Der Direktor hatte gesagt, aufhalten im Museum könnte Vater sich gern, aber mit Arbeit müßte er warten, bis bessere Zeiten kämen.
„Und wann, meinen Sie, ist das?“ hatte Vater gefragt.
„Ich möchte Ihnen nicht weh tun“, hatte der Direktor gesagt.
Frieda hatte mehr Glück gehabt; sie war in einer Großdestille am Alexanderplatz als Küchenhilfe eingestellt worden und war dort auch gleich in Logis. Uns war es ganz angenehm, nicht dauernd mit ihr zusammenzusein; sie war jetzt, wo wir uns nur mittags und abends mal sahen, viel netter.

Aber im Grunde lebten auch wir nicht schlecht. Denn Frieda versorgte uns reichlich mit Essen, und war es zu Hause zu kalt, dann gingen wir ins Museum rüber; und wenn wir uns alles angesehen hatten, lehnten wir uns unter dem Dinosauriergerippe an die Heizung, sahen aus dem Fenster oder fingen mit dem Museumswärter ein Gespräch über Kaninchenzucht an. An sich war das Jahr also durchaus dazu angetan, in Ruhe und Beschaulichkeit zu Ende gebracht zu werden. Wenn Vater sich nur nicht solche Sorge um einen Weihnachtsbaum gemacht hätte. […]

Aber dann – es war der 23. Dezember, und wir hatten eben wieder unseren Stammplatz unter dem Dinosauriergerippe bezogen – hatte Vater die große Erleuchtung.
„Haben Sie einen Spaten?“ fragte er den Museumswärter, der neben uns auf seinem Klappstuhl eingenickt war.
„Was?!“ rief der und fuhr auf, „was habe ich?!“

„Einen Spaten, Mann“, sagte Vater ungeduldig; „ob Sie einen Spaten haben.“
Ja, den hätte er schon.
Ich sah unsicher an Vater empor. Er sah jedoch leidlich normal aus; nur sein Blick schien mir eine Spur unsteter zu sein als sonst.
„Gut“, sagte er jetzt; „wir kommen heute mit zu Ihnen nach Hause, und Sie borgen ihn uns.“
Was er vorhatte, erfuhr ich erst in der Nacht.
„Los“, sagte Vater und schüttelte mich, „steh auf.“
Ich kroch schlaftrunken über das Bettgitter. „Was ist denn bloß los?“
„Paß auf“, sagte Vater und blieb vor mir stehen: „Einen Baum stehlen, das ist gemein; aber sich einen borgen, das geht.“
„Borgen – ?“ fragte ich blinzelnd.
„Ja“, sagte Vater. „Wir gehen jetzt in den Friedrichshain und graben eine Blautanne aus. Zu Hause stellen wir sie in die Wanne mit Wasser, feiern morgen dann Weihnachten mit ihr, und nachher pflanzen wir sie wieder am selben Platz ein. Na – ?“ Er sah mich durchdringend an.
„Eine wunderbare Idee“, sagte ich.
Summend und pfeifend gingen wir los; Vater den Spaten auf dem Rücken, ich einen Sack unter dem Arm. Hin und wieder hörte Vater auf zu pfeifen, und wir sangen zweistimmig „Morgen, Kinder, wird’s was geben“ und „Vom Himmel hoch, da komm’ ich her“. Wie immer bei solchen Liedern, hatte Vater Tränen in den Augen, und auch mir war schon ganz feierlich zumute.
Dann tauchte vor uns der Friedrichshain auf, und wir schwiegen.
Die Blautanne, auf die Vater es abgesehen hatte, stand inmitten eines strohgedeckten Rosenrondells. Sie war gut anderthalb Meter hoch und ein Muster an ebenmäßigem Wuchs.

Da der Boden nur dicht unter der Oberfläche gefroren war, dauerte es auch gar nicht lange, und Vater hatte die Wurzeln freigelegt. Behutsam kippten wir den Baum darauf um, schoben ihn mit den Wurzeln in den Sack, Vater hing seine Joppe über das Ende, das raussah, wir schippten das Loch zu, Stroh wurde drübergestreut, Vater lud sich den Baum auf die Schulter, und wir gingen nach Hause. Hier füllten wir die große Zinkwanne mit Wasser und stellten den Baum rein.

Als ich am nächsten Morgen aufwachte, waren Vater und Frieda schon dabei, ihn zu schmücken. Er war jetzt mit Hilfe einer Schnur an der Decke befestigt, und Frieda hatte aus Stanniolpapier allerlei Sterne geschnitten, die sie an seinen Zweigen aufhängte; sie sah sehr hübsch aus. Auch einige Lebkuchenmänner sah ich hängen. Ich wollte den beiden den Spaß nicht verderben; daher tat ich so, als schliefe ich noch. Dabei überlegte ich mir, wie ich mich für ihre Nettigkeit revanchieren könnte.

Schließlich fiel es mir ein: Vater hatte sich einen Weihnachtsbaum geborgt, warum sollte ich es nicht fertigbringen, mir über die Feiertage unser verpfändetes Grammophon auszuleihen? Ich tat also, als wachte ich eben erst auf, bejubelte vorschriftsmäßig den Baum, und dann zog ich mich an und ging los.

Der Pfandleiher war ein furchtbarer Mensch, schon als wir zum ersten Mal bei ihm gewesen waren und Vater ihm seinen Mantel gegeben hatte, hätte ich dem Kerl sonst was zufügen mögen; aber jetzt mußte man freundlich zu ihm sein.

Ich gab mir auch große Mühe. Ich erzählte ihm was von zwei Großmüttern und „gerade zu Weihnachten“ und „letzter Freude auf alte Tage“ und so, und plötzlich holte der Pfandleiher aus und haute mir eine herunter und sagte ganz ruhig: „Wie oft du sonst schwindelst, ist mir egal; aber zu Weihnachten wird die Wahrheit gesagt, verstanden?“ Darauf schlurfte er in den Nebenraum und brachte das Grammophon an. „Aber wehe, ihr macht was an ihm kaputt! Und nur für drei Tage! Und auch bloß, weil du’s bist!“

Ich machte einen Diener, daß ich mir fast die Stirn an der Kniescheibe stieß; dann nahm ich den Kasten unter den einen, den Trichter unter den anderen Arm und rannte nach Hause.

Ich versteckte beides erst mal in der Waschküche. Frieda allerdings mußte ich einweihen, denn die hatte die Platten; aber Frieda hielt dicht.

Mittags hatte uns Friedas Chef, der Destillenwirt, eingeladen. Es gab eine tadellose Nudelsuppe, anschließend Kartoffelbrei mit Gänseklein. Wir aßen, bis wir uns kaum noch erkannten; darauf gingen wir, um Kohlen zu sparen, noch ein bißchen ins Museum zum Dinosauriergerippe; und am Nachmittag kam Frieda und holte uns ab.

Zu Hause wurde geheizt. Dann packte Frieda eine Riesenschüssel voll übriggebliebenem Gänseklein, drei Flaschen Rotwein und einen Quadratmeter Bienenstich aus, Vater legte für mich seinen Band „Brehms Tierleben“ auf den Tisch, und im nächsten unbewachten Augenblick lief ich in die Waschküche runter, holte das Grammophon rauf und sagte Vater, er sollte sich umdrehen.

Er gehorchte auch; Frieda legte die Platten raus und steckte die Lichter an, und ich machte den Trichter fest und zog das Grammophon auf.

„Moment“, sagte ich; „dieser verdammte Trichter - denkst du, ich krieg’ das Ding fest?“

Frieda hüstelte.

„Was denn für einen Trichter?“ fragte Vater.

Aber da ging es schon los. Es war „Ihr Kinderlein kommet“; es knarrte zwar etwas, und die Platte hatte wohl auch einen Sprung, aber das machte nichts. Frieda

und ich sangen mit, und da drehte Vater sich um. Er schluckte erst und zupfte sich an der Nase, aber dann räusperte er sich und sang auch mit.
Als die Platte zu Ende war, schüttelten wir uns die Hände, und ich erzählte Vater, wie ich das mit dem Grammophon gemacht hätte.
Er war begeistert. „Na – ?“ sagte er nur immer wieder zu Frieda und nickte dabei zu mir rüber: „na – ?“
Es wurde ein sehr schöner Weihnachtsabend. Erst sangen und spielten wir die Platten durch; dann spielten wir sie noch mal ohne Gesang; dann sang Frieda noch mal alle Platten allein; dann sang sie mit Vater noch mal, und dann aßen wir und tranken den Wein aus, und darauf machten wir noch ein bißchen Musik; dann brachten wir Frieda nach Hause und legten uns auch hin.
Am nächsten Morgen blieb der Baum noch aufgeputzt stehen. Ich durfte liegenbleiben, und Vater machte den ganzen Tag Grammophonmusik und pfiff zweite Stimme dazu.
Dann, in der folgenden Nacht, nahmen wir den Baum aus der Wanne, steckten ihn, noch mit den Stanniolpapiersternen geschmückt, in den Sack und brachten ihn zurück in den Friedrichshain.
Hier pflanzten wir ihn wieder in sein Rosenrondell. Darauf traten wir die Erde fest und gingen nach Hause. Am Morgen brachte ich dann auch das Grammophon weg.
Den Baum haben wir noch häufig besucht; er ist wieder angewachsen. Die Stanniolpapiersterne hingen noch eine ganze Weile in seinen Zweigen, einige sogar bis in den Frühling.

Vor ein paar Monaten habe ich mir den Baum wieder mal angesehen. Er ist jetzt gute zwei Stock hoch und hat den Umfang eines mittleren Fabrikschornsteins. Es mutet merkwürdig an, sich vorzustellen, daß wir ihn mal zu Gast in unserer Wohnküche hatten.

*Bastian Sick*

## Schreiben „unter schwersten Schnäpsen“

Kaff auch Mare Crisium
Arno Schmidt
1960

Auf Porträtfotos sieht er wie erschrocken aus, zugleich angestrengt abweisend. Die Pupillen sind klein, das Gesicht ist maskenhaft. Ein Mensch, der mit niemandem etwas zu tun haben will. „Er nahm die Brille ab, um mich nicht zu sehen“, schrieb der Schriftsteller Peter Härtling über eine Begegnung mit ihm.

Die Rede ist von Arno Schmidt. – Er hat wie kaum ein anderer Autor das Publikum gespalten in Bewunderer und Gegner. Man kann süchtig werden nach seinen Texten oder sie als Gestammel ablehnen. Man darf Schmidt das Gehabe eines pubertierenden Klassenprimus vorwerfen, eine erstaunliche Weltfremdheit, Unkenntnis von Frauen und weiblicher Sexualität, sogar das Misslingen textlicher Absichten – kann aber auch atemberaubende Metaphern und Wortbilder genießen, in ihm einen Humoristen sehen, einen genauen Gestalter von Lebensalltag, sogar einen „verhinderten Volksschriftsteller“, wie gelegentlich ausgeführt wurde.

Für mich ist Schmidt ein Minderheitenautor, dessen schlecht verkaufte Texte länger frisch bleiben werden als etwa die seines Zeitgenossen Böll, des Nobelpreisträgers, weil er wie kein anderer die Sagweisen der deutschen Sprache erweitert hat.

Schmidt wurde am 18. Januar 1914 in Hamburg geboren. Der Vater war Polizist, die Mutter Hausfrau. Nach dem Abitur gelang es ihm nicht, Mathematik zu studieren (aber später ein *Logarithmen Compendium mit 7 Dezimalen* zu schreiben); er durchlief eine kaufmännische Lehre, arbeitete als Grafischer Lagerbuchhalter, war Soldat im Zweiten Weltkrieg. Nach dem Krieg schlug er sich als Dolmetscher für Englisch durch, bis er 1947 freier Schriftsteller wurde. Von nun an entstand mit selbstzerstörerischem Fleiß eine Vielzahl experimenteller Erzählungen, Romane, Radioessays und Übersetzungen aus dem Englischen. 1958 zog er nach Bargfeld in der Lüneburger Heide. Er starb am 3. Juni 1979 in einem Krankenhaus in Celle.

Eines seiner Werke heißt *Kaff auch Mare Crisium*. Es erschien 1960, nachdem er das 400-seitige Manuskript in einer Arbeitsorgie von wenigen Wochen niedergeschrieben hatte. „[...] die letzte Woche stand er nur unter schwersten Schnäpsen und ist dann auch fast zusammengebrochen", berichtete seine Frau.

Werfen wir einmal einen Blick auf den Anfang des Romans:

> *„Nichts Niemand Nirgends Nie ! : Nichts Niemand Nirgends Nie ! :* (die Dreschmaschine rüttelte schtändig dazwischen, wir konnten sagen & denken was wir wollten. Also lieber bloß zukukken.)
>
> „*'dollaus. – „ und ihr Fuß* zeigte liederlich eben=dort hinüber : ein Knecht hob 1 Arm; (vorn=dran also vermutlich 1 Faust) : sofort rieselte 1 Kette darausinsichzusammen. / (Und die Luft zwischen Uns & Ihm trübgrau aus Niesel, trübgelb aus Kaff; (von dem sich schon 2 überlebensgroße Schpitzkegel gebildet hatten; : „Tütenzelte von Seleniten." ; und es schprühete immer noch auf sie; und schtäubender Schall und Gemurre.) / Der graue Brei der Erde. Weitausgreifende Leiterwagen, voll Schpelt & Granne; erst lange schtehend; dann tat der Erste seinen Todtentanz ap=um=die=Ecke. / Die nackten schwarzknochigen Bäume; anschtatt des Laubs langes Schtroh in den ergreifenden Ästen - : sie tastete sich den Skizzenblock aus der Tasche; und notierte das Schtoffmuster. (Im Hintergrund bauerte's, es konnten aber ebensogut Katzen sein, die, der Maschine trotzend, auf ‚ihre' Mäuse lauerten). Hühner. Schwarzgeregnete Bretterwände von Scheunen; die Waschküche aus Ziegeln. Ein Holzschtoß aus dunklen krummen Wurzeln, (kleinen; folglich von Obstbäum',) - : MASCHENDRAHT

> ! / : „Das kann schon I Gewand ergeben : für kochende Landfrau'n : IRMA denkt immer an die FIRMA."

Was ungeübte Schmidt-Leser verblüffen, erstaunen, verärgern oder anziehen wird, ist die Schreibweise: nahezu phonetisch, wobei Wörter auch durch Verformung mit zusätzlichen Bedeutungen aufgeladen werden. Wie in den meisten seiner Texte bildet der Erzähler keine geschlossene Welt ab, sondern gibt sie in Stücken wieder: in Gedankensplittern, Empfindungsfetzen, Augenblicksbildern. Dabei übt er diese Kunst hier in geringerem Maße aus als in Werken wie *Das Steinerne Herz* oder *Seelandschaft mit Pocahontas*. Die Fabel des Textes ist folgende: Der (natürlich omnipotente) Ich-Erzähler Karl Richter besucht mit seiner etwas zickigen Freundin Hertha Theunert seine Tante Heete in einem Kaff in der Heide. Sie gehen spazieren, besuchen dörfliche Veranstaltungen, reden miteinander. Der Erzähler flicht in das Gespräch mit seiner Freundin eine Phantasieerzählung ein über eine amerikanische und eine sowjetische Siedlung auf dem Mond, wo die beiden gegnerischen Gruppen als Reste der Menschheit nach einem Dritten Weltkrieg zu überleben versuchen. Der amerikanische Staatsdichter Lawrence schreibt ein Epos über den letzten Krieg; eine Adaption des Nibelungenlieds. Bei den Sowjets entsteht parallel dazu eine Cid-Adaption. Das Buch endet damit, dass der Erzähler und seine Freundin bei Tante Heete wohnen bleiben können, um von nun an in der Heide spazieren zu gehen, zuhause zu lesen und einander vorzulesen, wobei Karl Richter von den beiden Frauen angehimmelt werden wird. Diese auch ernst gemeinte idyllische Perspektive liest sich folgendermaßen:

> *„Der VORSCHLACK ! : „Ihr* zieht hier-her. / Auß'er Gutn S=tube wird Euer Schlaaf=Zimmer. Betten=kaufm braucht Ihr nich; krickt unsre : Euch Leicht- Gewichte hell'das noch aus. / - : Hier *die* S=tube...": (und mit dem Zeigefinger aufklopfm) : „...: das wirt Euer *Wohn*=Zimmer: *Ich* hap meins im jetziejn Schlafzim-

mer: schlaafm=selps tu ich inne Kom=Büse, neebmann. : Holl mo Dien Muul Mienjung.“ (...)

„*300 brauchn wier* in’n Mohnat. – „Da ‚meldete‘ ich mich aber doch vorsichzhalber : „Demnächß 400, Tanndte.“ : „Guut : fier=Hunnert. - : Rechn’ma aus.“ (400 mal 12 gleicht 4,8 also 5) : „10 bis 20 Jahre, Tanndte.“ (Und sie, schtoltz rück=lehnend – breithüfftichste Optiemistinn, die ich je gesehen hatte. Potz Tita Ruffo & Feruccio Busoni ! -) : „Seggn wie mo : Fofftein.“

: „*Oohne daß wier ain’ Hand=Schlack machtn ! ! „ – (Und Schlack auf Schlack) : „Säbs schlachtn.“ / .* „*Aaabmz* kannßu uns vor=leesn.“

(Arno Schmidt, Kaff auch Mare Crisium. © Stahlberg Verlag GmbH Karlsruhe. Alle Rechte vorbehalten S. Fischer Verlag GmbH, Frankfurt am Main.)

Schmidt hat verschiedene Schaffensperioden durchlebt. Da gibt es zunächst herzlich schlechte und später fast konventionell geschriebene Erzählungen, dann ab dem *Leviathan* experimentelle bildersatte Texte, die sich aber der phonetischen Schreibweise noch nicht völlig öffnen, da gibt es ab *Kaff* verstärkt die Texte in phonetischer Schreibweise (wobei schließlich Lautschrift am konsequentesten gewesen wäre), da gibt es endlich mit *Zettels Traum* ein nahezu inkommunikables Werk. *Kaff auch Mare Crisisum* markiert von all dem die Mitte. Auch deshalb sei an diesen Text erinnert.

*Horst Hensel*

## Hauptsache: Nebenwirkung

Der Beipackzettel zur ersten deutschen Antibabypille
Schering AG, Berlin
1961

Vor mehr als 50 Jahren brachte die Berliner Schering AG, heute Teil des Bayer-Konzerns, die erste deutsche Antibabypille auf den Markt; sie hieß Anovlar. Der dazu gehörende Beipackzettel ist ein kurioser Text. Denn er läutete eher nebenbei und zwischen den Zeilen eine Revolution der menschlichen Sozialgeschichte ein.

> „Mit Anovlar wird das Ovar vorübergehend in einen Ruhezustand versetzt, durch den Störungen wie Dysmenorrhoe ohne organische Ursache, Endometriosebeschwerden und funktionelle Sterilität gebessert oder beseitigt werden."

So liest man da. Von Verhütung keine Spur. Eine Dysmenorrhoe ist eine schmerzhafte Monatsblutung, die soll durch Anovlar verhindert werden. Und funktionelle Sterilität ist die „Unfruchtbarkeit der Frau, sofern sie durch eine Fehlfunktion der zur Befruchtung und Einpflanzung des befruchteten Eis erforderlichen Organe oder Vorgänge verursacht ist." Mit anderen Worten – mit Anovlar sollten unfruchtbare Frauen endlich Kinder bekommen.

In Wahrheit war es natürlich umgekehrt. Aber das zu sagen traute man sich nicht, man benannte die eigentlich intendierte Wirkung eher nebenbei. Und zwar mit diesem Satz: „Während der künstlichen anovulatorischen Zyklen tritt keine Konzeption ein."

Während der künstlichen anovulatorischen Zyklen tritt keine Konzeption ein. Dieser Textbaustein beschreibt eine der folgenreichsten menschlichen Erfindungen aller Zeiten. Geburtenregelung gab es natürlich immer – und sei es durch Aussetzung oder Tötung der Kinder. Aber erst die Antibabypille hat dazu geführt, dass sich die Menschheit nicht unkontrolliert vermehrt. Sie hat die Kirchen empört, die Sitten verändert und an der Verkleinerung der Rolle Europas auf Erden mitgewirkt.

Aber eine Hoffnung trägt sie auch. Geburtenregelung wurde in fast allen Kulturen betrieben – bis dahin aber auf brutale oder illegale, auf unzuverlässige oder mindestens auf unbequeme Weise. In vielen Kulturen wurden unerwünschte Kinder „ausgesetzt", das heißt: dem Tod durch Verdursten oder durch Raubtiere preisgegeben – zumal wenn sie missgebildet waren oder wenn ein Jägerstamm sie als zu belastend empfand. Ausgesetzt wurde auch Romulus, der sagenhafte Gründer Roms. Kindstötung – juristisch: die Tötung eines Kindes durch die Mutter gleich nach der Geburt – war in Mitteleuropa bis ins 20. Jahrhundert ein häufiges Delikt, zumal bei unehelichen oder ehebrecherisch gezeugten Kindern. Im Mittelalter wurde sie mit dem Tod bestraft. Fausts Gretchen endet im Kerker, weil sie ihr Kind getötet hat; ob sie „gerichtet" oder „gerettet" wird, lässt Goethe offen.

Auch die Abtreibung des gezeugten Kindes kam und kommt in allen Kulturen vor. In Griechenland wurde sie legitimiert durch die Lehre des Aristoteles: Die Beseelung geschehe nicht mit der Befruchtung, sondern erst nach 40 Tagen bei männlichen, nach 90 Tagen bei weiblichen Embryonen. In der Nähe des Aristoteles bewegen sich Deutschland, Österreich und die Schweiz: In den ersten 12 Wochen bleibt Abtreibung straffrei. Chinas Ein-Kind-Politik, 1979 von Deng Xiaoping verordnet, wurde und wird überwiegend mit dem Mittel der Abtreibung durchgesetzt.

Die katholische Kirche hält mit äußerster Konsequenz dagegen. Der Hexenverfolgung fielen in großer Zahl Hebammen zum Opfer – vermutlich, weil sie das Abtreiben beherrschten und zu viel über Empfängnisverhütung wussten; „weise Frauen" wurden sie ja genannt, in Frankreich Sages-femmes. Den Sinn der Ehe beschrieb Papst Pius XI. noch 1930 so: Vor allem sei sie dazu da, „der Kirche Christi Nachkommenschaft zuzuführen".

In Brasilien wurde eine Neunjährige von ihrem Stiefvater geschwängert – und ihre Mutter exkommuniziert, weil sie das Kind hatte abtreiben lassen. Der Vatikan gab dem zuständigen Erzbischof ausdrücklich Recht. In den USA greifen Abtreibungsgegner immer wieder zu gewaltsamen Demonstrationen; 2009 ermordeten sie einen Abtreibungsarzt.

Eine Alternative ist Enthaltsamkeit und Verhütung. Der sie zuerst mit großem Echo predigte, war der englische Pfarrer Thomas Robert Malthus 1798: später heiraten und in der Ehe weithin enthaltsam sein – sonst würde sich die Menschheit bis an die Grenze des Hungertods vermehren. Für die katholische Kirche ist Enthaltsamkeit bis heute das einzige legitime Mittel. Zusätzlich hat sie 1930 die Methode Knaus-Ogino zugelassen: die Ermittlung der fruchtbaren Tage der Frau und Enthaltsamkeit gerade an ihnen.

Seit dem Altertum ist ferner das Kondom bekannt, früher aus Schafdarm, Fischblasen oder Leder hergestellt.

Und zwischen 1951 und 1953 entwickelten die amerikanischen Chemiker Carl Djerassi und Gregory Pincus dann die Pille. Sie hat das Lebensgefühl von Millionen Frauen verändert. Sie begleitete, wahrscheinlich begünstigte sie die sexuelle Revolution, die sich etwa seit 1965 in Westeuropa und den USA vollzog. Und sie trug dazu bei, dass in den meisten Ländern Europas weniger als jene 2,1 Kinder pro Frau geboren werden, die eine gleich bleibende Volkszahl gewährleisten, und hat so an einer Verschiebung der Gewichte auf Erden mitgewirkt. Pakistan hat seine Einwohnerzahl binnen fünfzig Jahren vervierfacht – Deutschland, 1937 Nummer 5 auf Erden, ist auf Platz 16 abgerutscht, mit weiter sinkender Tendenz.

Dennoch: Sollte sich die Pille in allen Völkern durchsetzen, wäre das ein Segen für die überfüllte Erde. In Kauf nehmen müssten wir dabei, dass wir auf siebente Kinder wie Mozart oder siebzehnte wie Georg Christoph Lichtenberg kaum noch hoffen können.

*Wolf Schneider und Walter Krämer*

## Jasager und Neinsager

Vorsicht
Marie Luise Kaschnitz
1962

„Die ihre Häuser ohne Fenster bauen
kein Lichtschein nachts
weil Lichtschein Gefahr bedeutet
die ihre Ohren verstopfen
ihre Augen nach innen drehen
weil Sehen und Hören
Gefahr bedeutet.
die nicht ja sagen nein sagen
weil Jasagen Neinsagen
Gefahr bedeutet
sie bleiben am Leben."

„Die nicht ja sagen nein sagen / weil Jasagen, Neinsagen / Gefahr bedeutet / sie bleiben am Leben"

Wer Marie Luise Kaschnitz' Spur folgt, beginnend 1901, endend 1974 – sie sei, obwohl der Herbst kühl war, täglich im Meer geschwommen, als sie ihre Tochter in Rom besuchte, und habe sich dabei ein Lungenentzündung zugezogen, ein blöder Tod – kann in dieser Verszeile eine Selbstanklage lesen. Das Gedicht entstand in den sechziger Jahren des letzten Jahrhunderts. Damals nahm die Wahrnehmung von Kaschnitz, in der Unheilszeit 1933 bis 1945 nicht Ja und Nein gesagt zu haben, deutliche Konturen an. Es ist diese Erkenntnis der Schriftstellerin, die das Gedicht vorwärts treibt – aus der alten Zeit hinaus in alle Zeiten hinein.

Kaschnitz hat sich spät im Leben dazu bekannt, dass Sein nicht nur Fließen ist, sondern auch Halten. Einhalt gebieten. Haltung zeigen. Scheue Menschen wie sie eine war, die vor der äußeren Welt wie zum Schutz eine innere Welt kreieren, die eine Mauer um sich bauen – sie war ein dickes Kind – brauchen Zeit, um zu verstehen, dass sie dem Außen nicht nur ausgeliefert sind und dass auch sie innere Autorität nach außen tragen können. Kaschnitz, dritte Tochter der von Holzing, einem badisch-elsässischen Adelsgeschlecht mit Stammsitz im südbadischen Dorf Bollschweil, lebte gerne in einer Innenwelt. Zumindest sagen das die, die sich die Autorität erarbeitet haben, kenntnisreich über sie zu schreiben. Von der Mutter soll sie sich nicht geliebt gefühlt haben, vom Vater, einem Offizier, der traumatisiert aus dem Ersten Weltkrieg kam, nicht wahrgenommen, von den zwei älteren, lebhaften Schwestern überrumpelt. Als viertes Kind kam dann noch ein lang ersehnter Stammhalter. Sie eingeklemmt dazwischen und „am Wasser gebaut", wie die Mutter sagte. Kaschnitz verstand die Metapher nicht, glaubte, es hätte mit Häusern, die am Wasser liegen zu tun, in denen sie wohnte in Potsdam, in Berlin. Ihre Familie verkehrte am Hof von Kaiser Wilhelm II, sie spielte mit Prizessin Viktoria Luise im Park Sanssouci. Heile Welt. Nicht mehr richtig heil war sie dann schon, als der Vater verstört aus dem Ersten Weltkrieg kam und auch die Ehe der Eltern zerrüttete.

Lange habe Kaschnitz nicht gewusst, was sie mit ihrem Leben anfangen will. So ein Satz lässt sich leicht sagen, wenn außer Acht gelassen wird, dass sie in einer Zeit groß wurde, in der den Frauen viele Berufe gar nicht offen standen. Wollten Frauen studieren, mussten sie sich dieses Recht – wie es eine ihrer Schwestern tut – noch erkämpfen. Kaschnitz kämpft nicht, beginnt 21-jährig eine Buchhandelslehre in Weimar, kommt als Buchhändlerin nach Rom, wo sie in einem Antiquariat arbeitet. Dort lernt sie den Archäologen Guido Kaschnitz von Weinberg kennen, den sie 1925 heiratet. Das Paar bekommt ein Kind. Durch ihren Mann verkehrt sie in Intellektuellenkreisen und verreist viel und lange. Nach Frankreich, Italien, Griechenland. Vermittels ihres Mannes bekommt sie es mit der Auseinandersetzung mit Geschichte zu tun und der Erkenntnissuche auf den Spuren der Vergangenheit.

In dieser Zeit beginnt Kaschnitz zu schreiben. Natur, Liebe, Sehnsucht – kunstvoll verfasste Lyrik, auch Prosa, Weltwahrnehmung aus der Perspektive der privaten Innerlichkeit. Frauenliteratur nennt sie ihr schriftstellerisches Schaffen selbst. Es sind literarische Inhalte, die sie in ihrer letzten Schaffensphase, der wichtigsten, die ein paar Jahre nach dem Tod ihres Mannes 1958 beginnt und angefeuert wird durch die Studentenbewegung, weit hinter sich lässt.

Dass Geschichte in der Gegenwart gemacht, oft erst verstanden wird, wenn sie Vergangenheit ist, ist die Lebenslektion der Kaschnitz. In der Nazizeit ging sie, heißt es in literaturhistorischen Texten, in die „inneren Emigration". Sie war gegen das System, aber sie hat es nicht laut gesagt. Von allen hat sie das größte Recht, sich deswegen später, wenn sich der Blick auf ein historisches Geschehen ändert, wenn immer mehr Wahrheiten sich zeigen, wenn das Schutzbedürfnis und die Sehnsucht nach Innerlichkeit unwichtiger werden, dafür zu kasteien.

Angesichts der wahren Emigration, dieses Exodus von Hunderttausenden, die Deutschland in der Nazizeit verlassen mussten, die gestrandet waren in Marseille, in Lissabon, in Rotterdam, nicht weiter kamen – wie die syrischen, irakischen, afghanischen Flüchtlinge auf den griechischen Inseln, an der ungarischen Grenze, die eritreischen Flüchtlinge auf Sizilien heute stranden und nicht wissen, wo ihre Zukunft ist – zeigt sich, dass innere Emigration eine Metapher ist, die nicht wirklich trägt. Die Verzweiflung im Verstummen, die Qual im Schweigen indes, die ein Erich Kästner, eine Kaschnitz, ein Hans Fallada erlebten, war dennoch groß. In dem 1973 veröffentlichten Buch *Orte* schreibt sie dazu: „Frankfurt im Krieg und worin soll sie denn bestanden haben, unsere sogenannte innere Emigration? Darin, daß wir ausländische Sender abhörten, zusammensaßen und auf die Regierung schalten, ab und zu einem Juden auf der Straße die Hand gaben, auch dann, wenn es jemand sah? ... Nicht heimlich im Keller Flugblätter gedruckt, nicht nachts verteilt, nicht widerständlerischen Bünden angehört... Lieber überleben, lieber noch da sein, weiter arbeiten, wenn erst der Spuk vorüber war. Wir sind keine Politiker, wir sind keine Helden, wir taten etwas anderes..."

Günter Grass hat für seinen mühsamen Weg, sich in der Nazizeit zu verstehen, das Bild „vom Häuten der Zwiebel" benutzt. Häuten – dieses eigentlich blutige Wort – drängt sich bei Kaschnitz ebenfalls auf. Sie musste sich selbst herausschälen aus den vielen dicken Mänteln, mit denen sie die Wirklichkeit vor sich abschirmte: Adel, Tradition, Konvention, Sicherheit, Innerlichkeit. Am Ende bleibt das Wort. Kalt. Sie distanziert sich von ihrem frühen Werk. Ihre späten Veröffentlichungen sind kurze Prosabetrachtungen in der Form knapp, im Inhalt politisch, in der Sprache klar.

Wie das Gedicht *Vorsicht*, bei dem Kaschnitz ihr moralisches Dilemma, mit dem sie lebenslang rang, in wenige Zeilen packt. Im Gedicht wird Haltung eingefordert. Was es jedoch erst auf den zweiten Blick preisgibt: Auch ihre politischen Gegner können sich damit identifizieren. „Wer nicht ja sagt, nicht nein sagt", heißt es. Es kann also einer „ja" sagen, und ein anderer „nein" – zum gleichen Thema. So hält sich die Autorin, selbst in der Eindeutigkeit, doch einen Weg offen.

*Waltraud Schwab*

## Widerstands-Verantwortung

Der Stellvertreter
Rolf Hochhuth
1963

Die Druckfassung von 1963 annonciert den *Stellvertreter* lakonisch als „Schauspiel“, ein „christliches Trauerspiel“ hat sein Autor es später genannt, anderen firmiert es als Schulbeispiel des dokumentarischen Theaters. Das nun freilich ist es am wenigsten. Unmissverständlich heißt es zum Schluss des über 40 Rollen aufführenden Personenverzeichnisses: „Außer dem Papst, dem Nuntius, Gerstein, Hirt und Eichmann sind alle Gestalten wie die Namen frei erfunden.“ Das gilt auch für so wichtige Protagonisten wie den Syndikus beim Heiligen Stuhl, den Grafen Fontana, oder seinen Sohn, Pater Riccardo, der sich den deportierten Juden anschließt und in Auschwitz ermordet wird.

Rolf Hochhuth hat sich oft auf Friedrich Schiller berufen, der mit seiner Wallenstein-Trilogie die Tragödie als historische auf dem Boden und aus dem Geist der modernen Welt begründete. Auch wirkte der Stellvertreter als Ferment in der wissenschaftlichen und literarischen Diskussion über den Holocaust, um den so unzulänglichen wie hilflosen Begriff zu nehmen. Inzwischen füllen die Bücher über das Thema ganze Bibliotheken, ob es sich um wissenschaftliche oder erzählerische Literatur, um Schulbücher, Dramen oder Gedichte handelt. Allein die Werke, die mehr oder weniger direkt durch Hochhuths Stück angeregt oder provoziert wurden, nehmen darin einen gewichtigen Platz ein. In der deutschen Literatur kenne ich keinen vergleichbaren Fall. Auch kein Drama, das auch nur ähnliche politische Wirkungen hervorrief: Demonstrationen für die Aufführung und gewalttätige Proteste dagegen, diplomatische Reaktionen vom päpstlichen Stuhl und der deutschen Regierung, Polizeischutz für mutige Theater und eine beispiellose Hetzkampagne gegen den Autor, heftige wissenschaftliche Diskussionen und publizistische Kämpfe.

Hat Rolf Hochhuth damit nicht viel mehr erreicht, als er vermutlich anfangs selber wollte? Hat dieser beispiellose Triumph eines Theaterstücks, seine unglaubliche Wirkungsgeschichte, dieses selber aber nicht auch überflüssig gemacht? Anders gefragt: Brauchen wir das Drama *Der Stellvertreter* noch? Rennt es nicht schon offene Türen ein, wenn es heute auf der Bühne erscheint?

„Mehr als alle Dokumentenbücher und Abbildungswerke", schrieb Karl Jaspers aus Basel an Hochhuth, „vermochten Sie einzuprägen, was den Juden durch Entwurzelung, durch Demütigung, durch Qual und schließlich durch den Massenmord angetan worden ist. Für die Höhepunkte Ihres Werkes halte ich daher die Szenen, die durch das Leiden der Juden uns erschüttern, unmittelbar oder im Spiegel des Entsetzens derer, die sie hören."

Hier eine dieser Szenen:

> GERSTEIN (gerät außer sich, schließt gewaltsam die Tür und sagt sprunghaft, gequält, dicht am Nuntius):
> Exzellenz, ich sehe jede Stunde
> Transporte ... aus ganz Europa in diesen
> Fabriken des Todes ankommen ... nein, Katholik
> bin ich nicht. Doch Pfarrer Buchholz,
> der in Plötzensee die Verurteilten betreut,
> ist mein Freund. Ich nenne noch als Referenz
> den Superintendenten Otto Dibelius und
> Konsistorialrat Hermann Ehlers. Vor seiner Haft
> hat Pastor Niemöller aus Dahlem...
>
> NUNTIUS (höflich, aber sehr bestimmt):
> Nun ja, ich glaube Ihnen, doch ich muß
> jetzt leider das Gespräch sofort –
> Es tut mir leid, Sie müssen gehen.
>
> GERSTEIN: Sprechen Sie mit Herrn von Otter
> von der schwedischen Gesandtschaft, Exzellenz!
> Ich traf ihn im Schlafwagen
> Warschau – Berlin, er weiß schon alles.

Der Vatikan muß helfen, Exzellenz!
Nur er allein
kann hier noch helfen, helfen Sie!

NUNTIUS (empört, da er ratlos ist):
Was kommen Sie zu mir? Sie tragen
doch selbst die Uniform der Mörder!
Ich sage Ihnen doch, ich bin nicht zuständig.

GERSTEIN (schreit): Zuständig! Sie vertreten in Berlin den
– den Stellvertreter Christi und –
Verschließen Ihre Augen vor dem Entsetzlichsten –
was je der Mensch dem Menschen angetan hat.
Sie schweigen, während stündlich...

NUNTIUS: Mäßigen Sie sich, schreien Sie – hier nicht,
ich breche das Gespräch jetzt ab...

GERSTEIN (fast flehend): Ach, bitte – nein – entschuldigen Sie doch.
Ich weiß ja, Exzellenz – Sie nicht,
jedoch der Heilige Vater muß hier helfen,
er muß das Weltgewissen...

(Der Nuntius zieht sich zurück, er ist überhaupt nur deshalb noch nicht ganz durch die Tür zu seinem Arbeitszimmer entwichen, weil Riccardo ihm nicht folgen will, sondern fasziniert auf Gerstein hört.)

Exzellenz – bitte, hören Sie mich an:
(sehr suggestiv) ich kann nicht mehr, ich habe das gesehen –
ich sehe das ständig – es verfolgt
mich bis in diesen Raum!
Hören Sie – die – ich muß
Ihnen das sagen...

Gerstein ist, eine Hand vor den Augen, in einen Sessel gesunken. Er steht sofort wieder auf, sieht niemanden an, sein Blick ist nach innen gerichtet, und seine Augen haben, wie es beispielsweise die Zeugin Frau Bälz dem

Institut für Zeitgeschichte in München berichtete, einen unruhig-flackernden, irren Ausdruck. Das nächtliche Gespräch mit Frau Bälz fand etwa um die gleiche Zeit statt wie Gersteins vergeblicher Gang zum Nuntius. Der schwedische Gesandtschaftssekretär, Baron von Otter, schreibt, Gerstein habe ihm den Bericht im Korridor des Schlafwagens „unter Tränen und mit gebrochener Stimme“ gegeben.

Die Sachlichkeit der Aussage ist hier nicht konstant. Oft verlieren sich Gersteins Sätze in gemurmelten, unartikulierten Worten, dann wieder spricht er laut und wie gehetzt oder steigert sich zu kurzen Ausrufen wie jemand, der im Traum aufschreit.

Nach den ersten Sätzen geht der Nuntius wieder einige Schritte auf ihn zu, der Pater schließt leise die Tür, ohne das Zimmer zu verlassen, während Riccardo so eindringlich vorwurfsvoll, daß es schon anstößig ist, auf den Nuntius starrt.

GERSTEIN (ohne Übergang): Die Gaskammern arbeiten bis jetzt
mit Kohlenmonoxyd, mit Auspuffgasen,
doch springen die Motoren oft nicht an.
In Belzec hab’ ich sehen müssen,
daß die Opfer einmal – es war
am 20. August – zwei Stunden
und neunundvierzig Minuten
warten mußten, bis das Gas kam.
Viermal siebenhundertfünfzig Menschen
in vier Kammern à 45 Kubikmetern.
Manche beten, manche weinen, schreien,
die Mehrzahl schweigt.
Fünfundzwanzig Minuten dauert die
Vergasung, jetzt soll das schneller gehen,
deshalb hat man mich zugezogen...
Ich bin Ingenieur und Mediziner.
(Schreit:) Ich tue es nicht. Ich tue es nicht...

Wie Basaltsäulen stehn die nackten Leichen da,
im Tode noch erkennt man die Familien.
Sie haben sich umarmt, verkrampft – mit Haken
reißt man sie auseinander.
Das müssen Juden tun. Ukrainer peitschen auf sie ein.

(Er ist nicht mehr in der Lage, sich zu konzentrieren, verliert sich in Details, sein Blick ist hohl.)

Da war ein ehemaliger Chef – hier, vom KaDeWe,
auch ein Geiger, im Weltkrieg ausgezeichnet...
er hat für Deutschland an der Front gestanden.
Und die Kinderleichen. Ein junges Mädchen
ging dem Zug voran, nackt wie alle.
Mütter, alle nackt, Säuglinge an der Brust.
Die Mehrzahl weiß Bescheid, der Gasgeruch...

NUNTIUS (will gehen): Bitte, ich kann – das nicht mehr hören.
Warum, ihr Deutschen! – warum...
Lieber Mann, mein Herz ist bei den Opfern.

GERSTEIN: Exzellenz, der Vatikan paktiert mit Hitler!
Sie sehen es doch auf der Straße, hier in Berlin
in Oslo, in Paris, in Kiew – seit mehr als
einem Jahr sehen Sie, jeder Priester sieht,
wie man die Juden fortschafft! Der alliierte
Rundfunk meldet, daß zahllose ermordet werden.
Wann endlich, Exzellenz, zerreißen Sie
das Konkordat?

RICCARDO (zerknirscht): Exzellenz – das stimmt ja völlig überein
mit dem, was meinem Orden gemeldet wurde,
was aber niemand glauben konnte.

NUNTIUS (voll echter Anteilnahme, sehr bewegt, aber hilflos):
Graf, bitte – schweigen Sie, mischen
doch Sie sich hier nicht ein... Warum geht
dieser Mann nicht zu Herrn Hitler!

GERSTEIN (lacht fürchterlich.)

RICCARDO (flehend): Er ist doch kein Agent provocateur,
Exzellenz... Graf Ledochowsky hat
aus Polen sehr ähnliche Berichte...

NUNTIUS (außer Fassung, überfordert):
Warum kommt er zu mir? Die Kurie
ist doch nicht da, den Aufruhr
in der Welt zu mehren, sie ist
von Gott beauftragt, für den Frieden...

GERSTEIN: Frieden auch mit Mördern? Exzellenz!

(Er zeigt auf das Bild des Gekreuzigten und ruft:)

Gott strafe die Friedfertigen!
Der fühlte sich zuständig, Exzellenz –
Sein Stellvertreter nicht?

NUNTIUS (sehr bewegt und väterlich):
Herr Ger – stensteiner, fassen Sie sich!
Ich teile Ihren Schmerz um die Gemordeten.

GERSTEIN (ein Schrei): Jede Stunde, Exzellenz, jede Stunde
Neue Opfer das sind Fabriken,
wo gemordet wird. Fabriken, begreifen Sie
doch endlich!

NUNTIUS: Mein Herr – bitte, was ich persönlich hier
empfinde, darf ich nicht ohne weiteres
in Rechnung stellen. Privat bin ich
schon neununddreißig eingeschritten.
Doch ist mir auferlegt von Amtes wegen
Konfliktstoff zwischen Rom und Ihrer
Reichsregierung sorgsam zu meiden. Ich dürfte
nicht einmal mit Ihnen sprechen – bitte,
Sie müssen gehen, gehen Sie, bitte.
Gott segne Sie, Gott helfe Ihnen.
Ich werde für die Opfer beten.

(Nuntius winkt Riccardo, ihm zu folgen, während er auf die rückwärtige Tür zugeht und sie öffnet.)

NUNTIUS: Graf – ich befehle Ihnen, bitte:
kommen Sie!

RICCARDO: Gerstein heißen Sie – ich werde Sie finden.

(Gerstein nimmt diese Worte nicht wahr, er sieht nur, daß er nichts ausgerichtet hat. Riccardo wird vom Nuntius, der wieder zurückgekommen ist, an der Schulter berührt und durch die Tür zum Arbeitszimmer fast mitgezogen. Bevor der Nuntius die Tür schließen kann, folgt ihm Gerstein noch einmal, leidenschaftlich, außer sich.)

Hochhuths Stück ist ein Stück der Erinnerung und darin auch eines der Trauer, es trägt Züge eines Requiems – und es ist doch kein Trauerspiel, denn es ist zugleich von unmittelbarer, von fordernder und richtender Aktualität. Gäbe es Gerstein nicht, hätten wir ein modernes Märtyrerdrama, denn Riccardo ist eine Rollenfigur aus dem Passionstheater, sein Widerstand kulminiert in unbeugsamer und klagender Hingebung: der wahre Stellvertreter. Allein Gerstein bewahrt auch angesichts der Leiden der Opfer seine Überlegenheit, indem er sich die fehlende Handlungsfreiheit nimmt. Er akzeptiert keinen Determinismus, keine Notwendigkeit des Schicksals oder der Natur – er bleibt auch unter der Diktatur sozusagen Kantianer und ficht dessen Pflicht-Maxime, das Menschenrecht zu erkämpfen, durch.

Hochhuths Stück gewinnt seine innere Dramatik aus der Grundformel persönlicher Verantwortung, die es von unreflektierter Verweigerung bis zu wissender Verantwortung in allen Spielarten durchprobiert, angefangen bei den Türstehern der Nuntiatur oder des päpstlichen Hofes bis hinauf zu Gerstein und Pius XII. Keine Figur, die von diesem moralischen Postulat der Verantwortung fürs Rechte und Unrechte ausgenommen wäre, keine, die sich auf eine angeblich alternativlose

Handlungsbestimmung herausreden könnte. Wir leben in einer politischen Welt, in der die Ausreden von einst gängig geblieben sind, in der eine Verantwortung zurückzuweisen als verantwortliches Handeln ausgegeben und die Verantwortung vor dem Volk als Frage des politischen Kalküls gehandelt wird. Die Folgen sind verheerend, und Hochhuths Stück macht, dass wir ihnen nicht unvorbereitet gegenüberstehen. „Den Begriff der Tugend würde kein Mensch haben, wenn er immer unter lauter Spitzbuben wäre", erklärte fast etwas flapsig Immanuel Kant den korrumpierenden Einfluss allgemein herrschenden Betrugs. Solange der Stellvertreter gespielt wird, werden wir wachsam bleiben.

*Gert Ueding*

## Ansichtenkarten „für wenn ich tot bin"

Geschenksendung, keine Handelsware
Uwe Johnson
1964

Viel Absatz fand die Handelsware des „unbestechlichen Chronisten", wie sein Verlag ihn bewirbt, nicht. Zu gewollt, zu umständlich, unverständlich, zu viel moralische Archäologie des Dritten und folgender Reiche, zu langweilig, zu evangelisch oder ostdeutsch; nicht sehr viele wollten dem Lobe des Suhrkamp Verlags folgen bis zur Kasse. Sprachliche Eleganz findet sich bei Johnson, wenn man sich gewöhnt hat an einige Sprach-Kraftmeierei, die Syntax, die angelsächsische Kommaverachtung und die eigenwillige Interpunktion – alle setzend auf die Intelligenz des Lesers. Der „Genosse Schriftsteller" hatte Exaktes zu liefern. Präzision und Schönheit finden selten ins gleiche Bett, aber nach Auschwitz war für Gedichte auf Blumen lange Zeit wenig Platz. Der nüchtern einfühlende Blick Gesine Cresspahls in den *Jahrestagen* („für wenn ich tot bin") auf das Dritte Reich, auf die Nachkriegszeit und die beiden Deutschland formt auch die folgende Erzählung. Ihre Beschreibung deutscher Kontinuitäten und Brüche ist ungewöhnlich einsichtsvoll; vor allem für westdeutsche Leser, die auch bei der Literatur, anders als ihre ostdeutschen Landsleute, nicht unter allerlei Importrestriktionen ihres Staates litten, aber lieber nach Westen blickten.

Den „Geist einer Epoche" gibt es nur bei heroischer Sicht der Geschichte, auch Cäsar hatte ja einen Koch bei sich. Der Genosse Schriftsteller schrieb die Geschichte von Unten. Rationalität, Wissenschaftlichkeit, Illusionslosigkeit waren von den fünfziger bis an die achtziger Jahre des letzten Jahrhunderts wichtige Kriterien, und Johnsons Erzählwerk steht formal und inhaltlich dafür wie wenige; Ironie und Utopie-Fähigkeit, ein wenig, sind auch dabei. Seine Sprache hatte es schwer, seine Sujets auch. Nur wenig Westdeutsche wollten genau wissen, unter welchen Umständen Studenten in der

DDR, z.B. in Leipzig, studierten oder eine Übersetzerin bei der NATO in Düsseldorf lebte (schon lieber las man vom schwierigen und teuren Leben Gesine Cresspahls an der Upper West Side und bedauerte, die *New York Times* nicht am Kiosk zu bekommen). Mit dem Vietnam-Krieg änderte sich dann alles, aber vorläufig hatten sich auch zwei Mecklenburger und ein Kind eingerichtet in Manhattan, sonntags ein wenig Mecklenburg mit der *South Ferry*. Stabiles Ungleichgewicht.

„Aus Jerichow bekam Gesine Cresspahl noch Pakete, als sie längst in Frankfurt Geld verdiente, denn Jakobs Mutter traute den Städten nicht und schickte dem Kind zur Vorsorge Gestricktes aus Selbstgesponnenem, Gebackenes, Geräuchertes, Gekauftes nie, zu kaufen gab es wenig, das sich für den Westen noch geschickt hätte. Die Verpackung war altmodisch, wie für Segelschiffgut. Die Abs lag schon lange auf dem Friedhof hinterm hannoverschen Schloß, und Gesine fand immer noch hartes, geöltes Packpapier, in das die Alte mit der Stahlfeder in pommerscher Volksschulschrift die vorschriftsmäßige Erklärung neben die Adresse geritzt hatte: Geschenksendung, keine Handelsware.

An ihren Vater schickte Gesine einmal im Jahr fünf Meter Manchesterstoff, jeden Monat Rauchtabak, im übrigen nur Gewünschtes. […]

Dann ging Cresspahl ab mit Tod, und seine Tochter mußte sich bedanken in Jerichow bei einigen Leuten, die ihn vernünftig unter die Erde gebracht hatten. Da gab sie, als einmal ihr Brief einen andern an Land zog, auch ein Päckchen auf die Post, an die Frau von Brüshaver, mit herzlichen Grüßen von Ihrer ergebenen. Sie hatte an eine stille, magere Person gedacht, sie bekam aber einen Dankesbrief in forschen Tönen, die anfangs zwar das Du zurückerbaten, dann aber doch bemängelten daß Gesine da was gepackt hatte mit Liebe. Mit zartem Gefühl war der Empfängerin vorerst nicht geholfen, was sollte sie mit Sachen zum Genuß, solange

sie noch Zwiebeln brauchte, Weizenmehl, Reis, Hartfett, Milchpulver, alle Gewürze, und so fort durch den ganzen Laden, und den nebenan, und den gegenüber. Frau Pastor Brüshaver schloß mit dem Bemerken, das liebe Kind könne ihr Beliebiges ja denken, aber sie sei nun einmal eine alte Frau, und sie wünschte sich ehrlich und aufrichtig von dem berühmten westdeutschen Klosettpapier, im Alter soll man nicht mehr so viel lügen.
[…]
Zu heilen Zeiten hätte die Pastorswitwe kein Wort gerichtet an eine Unverheiratete mit einem nicht ehelichen Kind, auch wenn sie ein Geld verdiente, das Jerichow nun allerdings so übers Haus ging wie uns der Dollar […] und das mit Mehl und Mandeln und entkeimtem Toilettenpapier aus weichstem Zellstoff in Zellophan schickte sie weg und machte sich oft Spaß mit dem Schweigen, das hinter der jerichower Kirche hervordröhnte. […]

So fand sie viele Leute wieder vor den Schaufenstern Westdeutschlands, und ein Stück vom alten Jerichow im zeitgesättigten Geruch der kleinen Delikatessengeschäfte, und alle kamen mit und sahen ihr über die Schulter.

– Nein, das kann ich nicht annehmen als Dank: sagte Kern von der Tischlerinnung, wenn sie vor einer Tonbank stand und wußte nichts von Zigarren: Aber zu Neujahr von Cresspahl sozusagen durch die Tochter, da nähm ich wohl diese leichten holländischen Importen, und könnte es wohl eine Schachtel sein aus buntem Blech, du denkst dir doch wohl meine Enkelkinder, na legn Riegel Sch'lade zu. Dank dir auch, ich erkenn die Absicht.

Die Papenbrock, Oll Klupasch, Heinz Wollenberg, Jöche, Niebuhr, sogar die Selenbinder halfen ihr ein und flüsterten ihr zu, wenn sie an den Vitrinen und Wursthaken und Regalen entlangblickte und nicht finden konnte was noch. – Was der krumme Martens sich wohl freuen würde zu dem Katenschinken, so was räuchert er lang nicht mehr, kuck mal die Feigen, haben wir dir erzählt von im Krieg, kauf bloß keine Dosen: das dürfen wir nicht haben, daß du jetzt Weizen schicken mußt in eine Weizengegend! sieh bloß mal wie appetitlich der Käse, vor dem Krieg haben wir alle Virginia geraucht, ja mit Stahlspänen könnt ich meinen Fußboden wohl wieder christlich kriegen, ach Mensch ein Hemd wirklich ohne Bügeln, Wolle ohne Holz, Strümpfe ohne Naht, Fahrradspeichen, Schreibpapier und Reißbrettstifte, ach Gesine womit haben wir das verdient, was waren wir früher gut bei Sach, und leben jetzt her hinter der Zeit. […]

Die Alten blieben ihr, und dankten nicht besonders. Für sie war in Ordnung, daß die von Jerichow wie alle gewöhnlichen Leute mit denen zusammenhielten in schlechten Zeiten gegen die Schuldigen, und guten untereinander; einmal bekam sie auch schriftlich, daß die Ostdeutschen mit dieser Art von Wirtschaft den Krieg bezahlten immer noch, nachdem die Westdeutschen wieder lebten, und wenn einer sich anständig hielt und abgab und teilte, verdiente er nicht eigens ein Lob. Ohne Namen auf der Ansichtskarte sagte einer: Laß es uns doch schlecht gehen, umso rascher haben wir das besser eines Tages. Andere waren geniert, daß sie mit aller guten Arbeit nicht herankamen an die Sachen zum besseren Leben, und so gewiß sie Gesine einen Satz Bohrer oder eine Meßlehre anrechnen wollten, sie hätten sich das doch lieber selbst aus gesucht bei Wollenberg am Markt mit sachverständigem Gruß und mit ehrlichem Geld beglichen wie früher. Und unbehaglich war ihnen, daß nach dem Erlaß eines westdeutschen Justizministeriums jedes solcher Pakete pro Stück mit dreißig Mark absetzen konnte von seiner Steuer, weil die Bedürftigkeit ostdeutscher Empfänger zu unterstellen sei und von einer Prüfung seiner Einkommens- und Vermögensverhältnisse in jedem Falle abzusehen. Dazu schrieb nun Crespahls Tochter schöne Grüße. Ja da wollten sie das lieber unbestimmt erwidern und auch so.

[… ] Einmal im Monat durfte einer sich helfen lassen, in genau begrenzten Mengen von dem und dem, und nicht mit dem und nicht mit Medizin, das Packpapier mußte gebraucht sein und die Adresse mit der Hand geschrieben, wie Verdächtige mußten sie harmlos tun, damit ihr Geschenk nicht auffiel vor den Röntgengeräten und Sonden des Staates, den es für den ihren nicht gab, so daß wieder einmal die gewöhnlichen Leute einspringen mußten mit dem Geld, das die Steuer ihnen ließ, für viele Paketkarren voll mattrosa bezettelter Kartons, für Wagen voll, für Sonderzüge voll zu den Geschenkfesten und das ganze Jahr, zum Geburtstag, gegen Mangel, gegen Krankheit, gegen die Trennung; aus Pflichtbewußtsein, Scham, gutem Willen, gegen das Finanzamt.

Vielleicht nicht harmlos aber ganz wie ihr war, wenn die graue scharfe Luft Jerichows wiederging am Rhein, beim Anblick wohlfeiler, altmodisch verpackter Geschenke, ihrer Trauer zuliebe, aus heiterem Himmel, mit rotem und blauem Papier packte Gesine keine Handelsware, Geschenksendungen nach Hause."

Ansichtenkarten verblassen. Johnsons Stil machte wenig Schule, seine Sujets werden kaum noch erinnert. Ohne Einfluss waren sie nicht. Der neuen Ostpolitik nach 1969 hat sein Bild von der DDR auf die Beine geholfen; im Westen hat es vielleicht den Abschied von den Eltern erleichtert. Der Dritte Weg 1968 war für Mrs. Cresspahl kurz und sie ist in New York geblieben.

*Ullrich Heilemann*

## Weg mit der Vergangenheit – die Liedermacher der jungen Bundesrepublik

Aufgewachsen auf dem Lande
Hannes Wader
1971

In den sechziger Jahren des vergangenen Jahrhunderts begannen die jungen Menschen der Bundesrepublik Deutschland eine sehr kritische Haltung zu den Werten und Taten ihrer Väter und Mütter einzunehmen. Die Kritik war oft sehr umfassend, sie betraf keineswegs nur die politischen und ideellen Einstellungen zum Naziregime, sie bezog sich auf sämtliche Vorkommnisse, Ereignisse, Gegenstände, Verhaltensweisen, Rituale, Gewohnheiten, die irgendwie mit der Nazizeit in Verbindung gebracht werden konnten. Damit betraf die Kritik eigentlich alles, was es auch zwischen 1933 und 1945 gab.

In diesem Zeitraum wurde auch gesungen. Es wurde sogar oft und laut gesungen. Adolf Hitler war ein großer Freund der Musik Richard Wagners, seine Truppen integrierten Gesang und Musik in ihre Aufmärsche und Treffen. Volkslieder, Märsche, Opern, Operetten und Schlager dominierten den Klang der Nazizeit. Infolgedessen waren Volkslieder, Märsche, Opern, Operetten und Schlager für den Teil der Jugend tabu, der später als *Achtundsechziger* Karriere machen sollte.

Klanglos wollte jedoch auch diese Jugend nicht sein, sie brauchte zum Beispiel für ihre Ostermärsche Lieder. Sie suchte und fand Alternativen. Klanglich ließ man sich dabei gerne aus dem Ausland inspirieren. Der amerikanische Blues stand sicher an erster Stelle, jedoch auch das französische Chanson sowie irische und schottische Volksmusik gaben neue Anregungen für Lied und Gesang. Aber das Lied sollte nicht mehr Lied heißen und das Volkslied nicht mehr Volkslied. Auch dafür fanden sich Alternativen. Die englische Sprache stellte den *Song* für Lied und *Folk* für Volk zur Verfügung. Nun konnte man unter dem Titel *Folksong* ein Volkslied singen und sich gleichzeitig ganz anders als die belastete und geächtete Vätergeneration fühlen.

Auf der Burg Waldeck fand erstmals 1964 eine Veranstaltung mit dem Namen *Chanson Folklore International* statt, ab 1965 versammelten sich dort zum *Folk- und Songfestival* alle Liedermacher, die dann jahrzehntelang einen wichtigen und enorm kreativen Teil der deutschsprachigen Musikszene bildeten. Reinhard Mey, Schobert und Black, Insterburg & Co, Katja Ebstein, Klaus Hoffmann, die bereits 1965 dabei waren, stehen zusammen mit Franz Josef Degenhardt und Konstantin Wecker für eine Musik, von der mindestens zwei Nachkriegsgenerationen in Westdeutschland maßgeblich geprägt wurden.

Seinen ersten großen Erfolg feierte 1966 auf der Burg auch der Provinzamateurmusiker Hannes Wader (geboren 1942 in Bethel, heute Bielefeld). 1969 erschien seine erste Schallplatte *Hannes Wader singt*. In den folgenden Jahren gehörte Wader zu den ganz Großen der Szene, was er einerseits seinen hohen musikalischen Ansprüchen verdankte. Weit entfernt waren seine Darbietungen von der damals sehr beliebten Dreigriffeklampferei. Andererseits drückten gerade seine frühen Texte das ideologisch noch nicht so verfestigte Denken der unzufriedenen Jugend dieser Jahre sehr exakt aus. Zu seinen erfolgreichsten Liedern gehörte das Antilandlebenlied:

„Aufgewachsen auf dem Lande, in einem kleinen Ort,
ich glaube, ich war zu lange nicht mehr dort,
denn zwischen Kartoffeln und Blumenkohl
fühl' ich mich heute nicht mehr wohl.

Auf diesem Waldweg parkten damals oft
Autos in der Dämmerung,
wenn ein Pärchen drinsaß, dann standen
die Jungs aus dem Dorfe
schon auf dem Sprung.
Mal schielten sie durchs Fenster, mal wuchteten sie halbe Bäume auf das Verdeck,
wälzten Steine vor die Räder und verstopften noch schnell den Auspuff mit Dreck.

Nie wurde einer von den Flegeln, die je dabei gewesen sind,
von den Wageninsassen bemerkt, es stimmt,
wenn man sagt, die Liebe macht blind.

Auf diesem Waldweg begegnete mir, sehr alt geworden,
mit Runzeln im Gesicht
Gemeindeschwester Martha, sie erkannte mich nicht.
‚Guten Tag, Schwester Martha, Sie tragen so schwer
an Ihrem Korb da, geben Sie ihn mal her.‘
Vielleicht traf ich damit nicht den richtigen Ton.
Ich streckte nur die Hand aus, da schrie sie schon.
Und den Korb fest an die Brust gepresst,
schoss sie im Zickzack durch das Geäst.
Man sah sie, so hörte ich später sprechen,
im Morgengrauen aus dem Dickicht brechen,
die Röcke gerafft, von Dornen zerstochen,
mit Tau in den Haaren, doch ungebrochen.

[...]

In diesem Haus wuchsen mein Bruder
und ich gemeinsam heran.
Mein Bruder war sehr brav, tat nie etwas Böses,
soweit ich mich erinnern kann.
Am liebsten saß er den ganzen Tag
still unterm Tisch auf seinem Topf,
sprach mit sich selbst, dazu wackelte er
unablässig mit dem Kopf.
Mit den Jahren drückte der Rand des Töpfchens
sich deutlich auf seiner Rückfront ab
in Form eines flammend roten Kreises,
worum ich ihn sehr beneidet hab,
denn ich dachte, bei allen gehorsamen Kindern
müsse das auch so ähnlich sein,
nur die Bravsten hätten an dieser Stelle
genau den gleichen Heiligenschein.

Vor diesem Haus stand ich jetzt,
um durchs Fenster zu sehn,
was mein Bruder so macht.
Eben hatte seine Frau das Abendbrot gebracht,
eine Frau, die so aussah, wie ein Mann sie erwählt,
dem jeglicher Sinn für schöne Dinge fehlt.
Meine Neffen, lauter Kindergreise,
hockten am Tisch und beteten leise:
‚Gott gib uns ein langes Leben auf Erden,
und achte darauf, dass wir nicht so werden
wie unser Onkel aus der Stadt,
der sie nicht alle auf der Latte hat.'

Aufgewachsen auf dem Lande, in einem kleinen Ort,
ich glaube, ich war zu lange nicht mehr dort,
denn zwischen Kartoffeln und Blumenkohl
fühl' ich mich heute nicht mehr wohl."

(© Ingrid Richter Musikvertrieb und Verlag, Teltow 1968.)

Auf den ersten Blick wirkt der Text lustig. Wader gibt einfach einige Teile der bundesrepublikanischen Lebenswelt der Lächerlichkeit preis, ohne wahrscheinlich seine Darstellungen übermäßig übertreiben zu müssen. Ungefähr so dürfte es in seiner ostwestfälischen Heimat damals zugegangen sein. Ländliche Engstirnigkeit, kindliche Glaubensvorstellungen und putzige Kirchenvertreter waren allerdings 1970 keine ganz ernsthaften Angriffsprojekte mehr. Zahlreiche Kabarettisten und etliche Liedermacher hatten die Themenpalette bereits ziemlich abgeräumt; Degenhardts *Spiel nicht mit den Schmuddelkindern* hatte bereits fünf Jahre zuvor einen Standard gesetzt.

Auf den zweiten Blick ist Waders Text nicht lustig, sondern ungemein schmerzhaft. Es gibt nur zu Beginn so etwas wie ein Augenzwinkern, am Schluss wird ein nicht mehr zu überwindender Graben zwischen der eigenen Vergangenheit und der eigenen Gegenwart ganz bitter deutlich. Irgendetwas ist zerrissen, die Teile haben sich so weit voneinander entfernt, dass ein erneutes Zusammenkommen undenkbar erscheint. Beide Seiten haben daran gearbeitet. Der nun urbane Provinzflüchtling ebenso wie die verbliebenen Verwandten. Der eine durch seinen Hochmut, die anderen durch ihre Verbohrtheit. Es gibt keinen Hass, keine echten Vorwürfe, nur eine Trennung, die unvermeidlich erscheint. Richtig nett ist das für keine Seite.

Insofern ist der Text drastisch politischer als seine ironischen Angriffe gegen Kirche und Kleinstadt vermuten lassen. Das Lied zeigt die ungeheuerliche Zerrissenheit, unter der quasi die gesamte Nachkriegsgeneration der Bundesrepublik Deutschland leiden musste. Während die DDR-Jugend die attraktive Möglichkeit nutzen konnte, sich auf eine vermeintliche Tradition des antifaschistischen Widerstands zu stützen, sah sich die westdeutsche Nachkriegsgeneration weltweit diskreditiert. Ohne eigene Verfehlungen stand sie an einem globalen Pranger. Die gesamte lange deutsche Geschichte war mit ihren zahlreichen stolzen Momenten an einen ganz schmalen sehr weit entfernt liegenden Rand gedrängt. Waders Text beschreibt den Ausweg, den sehr viele junge Menschen damals wählten: Die Verbindung zur Vergangenheit wird einfach abgeschnitten. Radikal. Damit haben wir nichts mehr zu tun. Dieser Schnitt schmerzt, aber er tut weniger weh, wenn der abgeschnittene Teil ohnehin nur lächerlich ist. Diese Botschaft war wichtig. Es ist nicht schlimm, sich von seinen Wurzeln zu trennen. Es wird nichts fehlen.

Offenbar fehlte aber dann doch etwas ganz Wichtiges. Auf Dauer mochte und konnte auch Hannes Wader nicht ohne Verbindung zu seiner kulturellen Herkunft bleiben. Bereits 1974 machte er mit seinen plattdeutschen Liedern einen vorsichtigen Versuch, seinem Publikum einen Anknüpfungspunkt an die eigene Vergangenheit zu bieten. *Dat du min leefste büst* dürfte in progressiven Kreisen lange Zeit das einzige akzeptierte Volkslied gewesen sein. 1975 schob er sogar ein Album mit dem Titel *Volkssänger* nach, wobei die vorgestellten Titel ausschließlich politisch geprägt waren. Sehr populär wurde durch Wader Freiligraths Text *Trotz alledem*. Unpolitische und in breiteren Kreisen bekannte Volkslieder wie *Ännchen von Tharau* und *Wenn alle Brünnlein fließen* veröffentlichte er 1990, und 1995 erschien *Wader singt Schubert*. Sogar das Forellenquintett war wieder da.

Wader hatte seinem Publikum die Loslösung von seinen kulturellen Wurzeln leichtgemacht, als dies großen Teilen einer ganzen Generation als einziger Ausweg erschien, die Belastungen einer bösen Vergangenheit abzuschütteln. So konnte man wieder aufrecht gehen. Wader hat aber auch versucht, diese Verbindungen ganz subtil wieder herzustellen. Da ist etwas, das ist zwar alt, aber es ist sehr schön und es gehört euch. Ihr könnt es wieder nehmen.

*Reiner Pogarell*

## Ein Kriterium für den Grad des Verständnisses

Sprache und Wirklichkeit in der modernen Physik
Werner Heisenberg
1973

In der Physik des 20. Jahrhunderts hat man sich darum bemüht, für die Grundbausteine der Materie wie Atome oder Licht und deren Wechselwirkungen eine angemessene mathematische Beschreibung zu finden, in der sich ihr „reales", im wesentlichen nur durch komplizierte Messapparaturen darstellbares Verhalten widerspiegelt. Dabei bedient sich die Physik der Mathematik, sie ist gleichsam ihre Sprache. Diese sehr spezielle, symbolische Sprache ist jedoch der Allgemeinheit kaum verständlich. Wie übersetzt man diese äußerst komplexe Wissenschaftssprache in den Alltag?

Werner Heisenberg hat diese Übersetzer-Kunst nicht nur beherrscht, er hat sie auch auf das Phänomen der Sprache angewandt und dargelegt, dass diese Sprache uns Grenzen aufgibt, die unser Verständnis der Natur, also auch von uns selbst ganz entscheidend prägen. Sein vielleicht schönster einschlägiger Text entstammt den Gifford-Vorlesungen, die er 1955/56 an der schottischen St. Andrews-Universität gehalten und im Jahr 1973 auf Deutsch veröffentlicht hat. Ein Kapitel beschäftigt sich mit *Sprache und Wirklichkeit in der modernen Physik*; er geht dabei der Frage nach, wie die noch teilweise unverstandenen Folgen der Quantentheorie und der Relativitätstheorie allgemein verständlich zu machen sind. Heisenberg verbindet die Erörterung dieses Problems mit der Frage, welche Funktion die naturwissenschaftliche Sprache eigentlich besitzt:

> „Die erste Sprache, die aus dem Prozeß der wissenschaftlichen Klärung gewonnen wird, ist in der theoretischen Physik gewöhnlich eine mathematische Sprache; nämlich das mathematische Schema, das den Physikern erlaubt, die Resultate zukünftiger Experimente vorherzusagen. Der Physiker mag damit zufrieden sein, daß er das mathematische Schema besitzt und weiß, wie er es

für die Deutung seiner Versuche anwenden kann. Aber er muß über seine Ergebnisse ja auch zu Nichtphysikern sprechen, die nicht zufrieden sind, solange ihnen nicht eine Erklärung auch in der gewöhnlichen Sprache gegeben wird, in der Sprache, die von jedermann verstanden werden kann. Auch für den Physiker ist die Möglichkeit einer Beschreibung in der gewöhnlichen Sprache ein Kriterium für den Grad des Verständnisses, das in dem betreffenden Gebiet erreicht worden ist."

In der Folge widmet sich Heisenberg dem naturwissenschaftlichen Schlussverfahren, der Formulierung von Naturgesetzen und der dabei nötigen Genauigkeit, über die die menschliche Sprache im Allgemeinen nicht verfügt:

„Andererseits muß die Naturwissenschaft ja auf die Sprache als das einzige Mittel zur Verständigung begründet werden, und daher müssen hier, wo das Problem der Unzweideutigkeit von der größten Wichtigkeit ist, die logischen Schlußverfahren ihre Rolle spielen. Die charakteristische Schwierigkeit an dieser Stelle kann vielleicht in der folgenden Weise beschrieben werden: In der Naturwissenschaft versuchen wir, das Spezielle aus dem Allgemeinen abzuleiten; das Einzelphänomen soll als Folge einfacher, allgemeiner Gesetze verstanden werden. Die allgemeinen Gesetze können, wenn sie sprachlich formuliert werden, nur einige wenige Begriffe enthalten, denn sonst wäre das Gesetz nicht einfach und allgemein. Aus diesen Begriffen muß nun eine unendliche Vielfalt von möglichen Erscheinungen hergeleitet werden, und zwar nicht nur qualitativ und ungenau, sondern mit größter Genauigkeit hinsichtlich jeder Einzelfrage. Es ist unmittelbar einzusehen, daß die Begriffe der gewöhnlichen Sprache, ungenau und unscharf definiert, wie sie sind, niemals eine solche Ableitung zulassen könnten."

Heisenberg beschreibt einerseits das Verhältnis von Definitionen, Axiomen und Formeln, also den Elementen der mathematischen Sprache, und den damit zu beschreibenden Naturgesetzen. Andererseits wird darin durchaus eine Erweiterung unserer Sprachbegriffe gesehen:

„In der theoretischen Physik versuchen wir, Gruppen von Erscheinungen zu verstehen, indem wir mathematische Symbole einführen, die zu den Tatsachen, nämlich zu den Ergebnissen von Messungen, in Beziehung gesetzt werden können. Für die Symbole gebrauchen wir Namen, die ihre Beziehung zur Messung sichtbar machen. Auf diese Weise sind also die Symbole mit der gewöhnlichen Sprache verknüpft. Dann aber werden die Symbole untereinander durch ein strenges System von Definitionen und Axiomen verknüpft, und schließlich werden die Naturgesetze als Gleichungen zwischen den Symbolen ausgedrückt. Die unendliche Vielfalt von Lösungen dieser Gleichungen entspricht dann der unendlichen Vielfalt einzelner Erscheinungen, die in diesem Gebiet der Natur möglich sind. In solcher Weise stellt das mathematische Schema die betrachtete Gruppe von Erscheinungen dar, soweit eben die Beziehung zwischen den Symbolen und den Messungen reicht. Diese Beziehung erlaubt dann auch, die Naturgesetze selbst in Begriffen der gewöhnlichen Sprache auszudrücken, da unsere Versuche, die aus Handlungen und Beobachtungen bestehen, immer in der gewöhnlichen Sprache beschrieben werden können.

Allerdings: Mit dem Prozeß der Erweiterung unserer wissenschaftlichen Kenntnisse erweitert sich auch die Sprache. Neue Begriffe werden eingeführt, und die alten werden in einem weiteren Gebiet oder anders angewendet als bei ihrem Gebrauch in der gewöhnlichen Sprache. Solche Wörter wie Energie, Elektrizität, Entropie sind bekannte Beispiele. In dieser Weise entwickeln wir eine wissenschaftliche Sprache, die als eine natürliche Erweiterung der gewöhnlichen Sprache angesehen werden kann, eine Erweiterung, die zu den gewonnenen wissenschaftlichen Gebieten paßt."

Die Grundlagen der klassischen Physik vor der Entdeckung der Quantentheorie und der Relativitätstheorie resümiert Heisenberg dabei wie folgt:

> „Trotzdem bildeten alle die Begriffe, die bis zum Ende des vergangenen Jahrhunderts in die Physik eingeführt worden waren, ein in sich geschlossenes System, das auf ein weites Feld von Experimenten angewendet werden konnte, und bildeten zusammen mit den früheren Begriffen eine Sprache, die nicht nur von den Wissenschaftlern, sondern auch von den Technikern und Ingenieuren mit Erfolg bei ihrer Arbeit angewendet werden konnte. Zu den grundlegenden Vorstellungen dieser Sprache gehörten die Annahmen, daß die Reihenfolge von Vorgängen in der Zeit völlig unabhängig sei von ihrer Anordnung im Raum, daß die Euklidische Geometrie im wirklichen Raum gelte und daß die Vorgänge in Raum und Zeit geschehen, unabhängig davon, ob sie beobachtet werden oder nicht. Es wurde natürlich nicht bestritten, daß jede Beobachtung einen gewissen Einfluß auf die Erscheinung ausübt, die beobachtet werden soll, aber es wurde allgemein angenommen, daß man durch eine hinreichend vorsichtige Ausführung der Experimente diesen Einfluß schließlich beliebig klein machen könnte. Dies erschien in der Tat als eine notwendige Bedingung für die Verwirklichung des Ideals von Objektivität, das als die Grundlage für alle Naturwissenschaft galt."

In diese klassische Stagnation brachen die Quantentheorie und die spezielle Relativitätstheorie ein. Am Beispiel der veränderten Bedeutung der Begriffe von „Raum und Zeit" durch die Erkenntnisse der speziellen Relativitätstheorie macht Heisenberg klar, dass das wirkliche Problem darin bestand, „daß es keine Sprache gab, in der man widerspruchsfrei über die neue Situation reden konnte". Einstein löste das

Problem, und Heisenberg folgert daraus für die Nutzung und Wandelung von Sprache:

> „Hinsichtlich der Sprache andererseits hat man im Laufe der Zeit erkannt, daß man vielleicht nicht zu streng auf bestimmten Prinzipien bestehen sollte. Es ist immer schwierig, allgemein überzeugende Kriterien dafür zu finden, welche Begriffe in der Sprache benützt werden dürfen und wie man sie benützen sollte. Es ist vielleicht richtiger und einfacher, auf die Entwicklung der Sprache zu warten, die sich nach einiger Zeit von selbst der neuen Situation anpaßt."

Was bedeutet dies nun für die Quantentheorie? Heisenberg schreibt:

> „In den Experimenten über Atomvorgänge haben wir mit Dingen und Tatsachen zu tun, mit Erscheinungen, die ebenso wirklich sind wie irgendwelche Erscheinungen im täglichen Leben. Aber die Atome oder die Elementarteilchen sind nicht ebenso wirklich. Sie bilden eher eine Welt von Tendenzen oder Möglichkeiten als eine von Dingen und Tatsachen."

Auch in seiner Selbstbiografie *Der Teil und das Ganze* greift Heisenberg diese Wechselwirkung zwischen Sprache und Erkennen nochmals auf:

> „Die Quantentheorie ist so ein wunderbares Beispiel dafür, daß man einen Sachverhalt in völliger Klarheit verstanden haben kann und gleichzeitig doch weiß, daß man nur in Bildern und Gleichnissen von ihm reden kann. Die Bilder und Gleichnisse, das sind hier im wesentlichen die klassischen Begriffe, also auch ‚Welle' und ‚Korpuskel'. Die passen nicht genau auf die wirkliche Welt, auch stehen sie zum Teil in einem komplementären Verhältnis zueinander und widersprechen sich deshalb. Trotzdem kann man, da man bei der Beschreibung der Phänomene im Raum der natürlichen Sprache bleiben muß, sich nur mit diesen Bildern dem wahren

Sachverhalt nähern. Wahrscheinlich ist es doch bei den allgemeinen Problemen der Philosophie, insbesondere auch der Metaphysik, ganz ähnlich. Wir sind gezwungen, in Bildern und Gleichnissen zu sprechen, die nicht genau das treffen, was wir wirklich meinen. Wir können auch gelegentlich Widersprüche nicht vermeiden, aber wir können uns doch mit diesen Bildern dem wirklichen Sachverhalt irgendwie nähern."

Heisenbergs Wissenschaftstexte sind und bleiben Sternstunden deutscher Sprache; es gelang ihm, physikalische und philosophische Probleme einfach, gut strukturiert und ohne Beiwerk darzustellen.

*Götz Neuneck*

## Kriegskindheit im Osten

Jokehnen oder wie lange fährt man von Ostpreußen nach Deutschland?
Arno Surminski
1974

Das Buch fängt schon gut an: „Gegen Mittag setzten die Wehen ein.“ Die Wehen, das ist Hermann Steputat, alias Arno Surminski selbst, der im tiefen Ostpreußen des Jahres 1934, am gleichen Tag, da Reichspräsident Hindenburg verstarb, als erster Sohn und einziges Kind von Karl (dem Ortsbürgermeister) und Martha Steputat das Licht der Welt erblickt.

> „Da Steputat eines der drei Telefone besaß, die es im Dorf Jokehnen gab, konnte er selber die Hebamme in Drengfurt anrufen, die einzige, die in der kleinen Stadt und den umliegenden Dörfern die Kinder ans Licht der Welt brachte, sofern die Klapperstörche sie nicht aus den zahlreichen Poggenteichen der Umgebung fischten. Bis vor einem Jahr war die gute Frau noch zu Fuß auf die Dörfer gekommen, aber die neuen Herren, die es gern sahen, wenn viele Kinder schnell auf die Welt kamen, hatten ihr ein Fahrrad besorgt. Aber was hilft ein Fahrrad im Herzen Ostpreußens! Das reicht doch höchstens für die Angerburger Chaussee, die über Drengfurt an Jokehnen vorbei nach Korsehen führt. Auf den je nach Jahreszeit verschlammten oder versandeten Nebenwegen der Dörfer bedeutete ein Fahrrad eher ein Hindernis als eine Erleichterung.
>
> Aber immerhin, ein Fahrrad! Steputat beruhigte der Gedanke, daß die Hebamme für die sechs Kilometer von Drengfurt nach Jokehnen nur eine halbe Stunde brauchen würde. Als er Martha nebenan stöhnen hörte, spielte er für einen Augenblick mit dem Gedanken, die Hebamme für zwanzig Reichsmark im Auto kommen zu lassen. Aber das ließ sich nicht machen, nicht in Jokehnen. Die Jokehner würden ihn für verrückt halten,

> wenn er wegen einer Geburt viel Aufhebens machte. Kinder bekam man in Jokehnen zur Vesperpause hinter der Haferhocke oder beim Kühemelken.
>
> Um eins wollte sie in Jokehnen sein. Also gut, nun fahr los mit dem Fahrrad! Hol ihn raus, den kleinen Steputat, damit die Geschichte beginnen kann. Denn es ist seine Geschichte und dazu noch ein bißchen Geschichte der zweihundert Jokehner Seelen.“

Diese zweihundert Jokehner Seelen beschreibt Surminski auf den folgenden 300 Seiten aus seiner eigenen Kindersicht, mit viel Sympathie für die kleinen Leute, deren Nöte und auch deren Schwächen. Unter diesen die größte war wohl die mit einer gehörigen Portion Realitätsverweigerung gepaarte Unfähigkeit, das Ausmaß und vor allem die Ursachen des kommenden Desasters zu erkennen. Auch der Krieg ist vielen anfangs kaum mehr als eine Mischung aus Belästigung und Belustigung:

> „Steputat trug die ganze Last des Krieges. Pferde zählen, Einberufungen zusammenstellen. Ortsgruppenleiter Krause gab ihm per Telefon die Polizeiverordnung über das Verbot von Tanzlustbarkeiten im Kriege durch. Also mußte Steputat sich auch darum kümmern, daß das Schützenfest im Jokehner Krug einen würdigen Rahmen erhielt. Kein Tanz, ernst, feierlich, getragen. SA-Führer Neumann erkundigte sich, wie die Luftschutzvorkehrungen Jokehnens beschaffen seien. Er würde zur Besichtigung kommen. Dann die ersten Marken: Lebensmittelkarten, gelbe Kleiderkarten, Reichsseifenkarten. Auch Martha mußte mithelfen, die papierne Flut zu bewältigen. […]
>
> Am Weihnachtsmorgen staunte ganz Jokehnen über die vielen Uniformen, die auf der Dorfstraße, auf dem Teich, im Park und auf dem Gutshof spazierengetragen wurden. Weihnachtsurlauber in Feldgrau. Nur einer fiel aus dem Rahmen, Melker August in der schwarzen Uniform der SS. Donnerwetter, das war ein Kerl! Fast zwei Meter,

rotblondes Haar, Arme, mit denen man Bäume entwurzeln konnte. Einer lief mit dem Eisernen Kreuz zweiter Klasse auf dem Teich Schlittschuh. Was mußte der für eine Heldentat vollbracht haben? Nach drei Wochen Polenkrieg schon das Eiserne Kreuz! Die Jokehner Mädchen flanierten, meistens eingehakt zu dritt, kichernd an den Uniformen vorbei. Sogar Melker August war noch zu haben."

Begeistert verfolgt Hermann dann den Vormarsch der deutschen Truppen. Zusammen mit seinem Freund Peter Aschmoneit, der später auf der Flucht an Typhus sterben wird, spielt er den großen Krieg zu Hause nach:

„Nehmen wir einen Tag im Sommer 42, nehmen wir den 2. August, Hermanns achten Geburtstag. Die Markowsche kam früh zum Gratulieren. Ja, sie erinnerte sich noch genau an den Tag vor acht Jahren, damals als der große Hindenburg starb. Peter war eingeladen. Zum ersten Mal. Für den war das ein richtiges Fest. Er schenkte Hermann sein Katapult, das treffsicherste Katapult von Jokehnen, ein Geschenk, das nur von Gunter Priens ‚Mein Weg nach Scapa Flow' übertroffen wurde. Das Buch lag ganz oben auf dem Geburtstagstisch, ragte heraus aus Hosenträgern, selbstgestrickten Strümpfen, Buntstiften und Abziehbildern. Das bärtige Gesicht eines leibhaftigen Helden über der Luke eines auf Tauchfahrt gehenden U-Boots. Zwanzig Seiten weiter die rauchenden Trümmer der ‚Royal Oak'. Mittags gab es Hermanns Lieblingsessen: Flinsen. Drei gehäufte Teller Kartoffelpuffer, mit Schweineschmalz knusperig und fett gebraten. Dazu kalte Brotsuppe mit Rosinen. ‚Wo kriegt man heute noch Rosinen her?' wunderte sich Heinrich aus Masuren.

‚Na, unsere Soldaten sind doch in Griechenland', erklärte Hermann.

Peter Aschmoneit stopfte dreiundzwanzig Flinsen in den leeren Bauch. Für Brotsuppe mit Rosinen blieb da kein

Platz mehr. Nach dem Essen ein Löffel Bullrichsalz für Steputats Magen. Dann Lagebesprechung in der guten Stube vor der Riesenkarte des europäischen Rußlands.

‚Sind wir schon wieder weiter, Papa?' fragte Hermann. Steputat schüttelte den Kopf, ruckte aber doch das rote Fähnchen neben dem Asowschen Meer ein kleines Stück auf Kertsch zu. Peter staunte über die Fähnchen, die in langer Kette von Norden nach Süden über die Karte liefen.

‚Das sind wir', erklärte Hermann stolz. ‚Haben wir alles genommen, alles besiegt.'

‚Mensch, und Königsberg ist so klein auf der Karte, daß man es kaum sehen kann', wunderte sich Peter. ‚So klein sind wir, und das große Stück von Rußland gehört uns.'"

Dieses große Stück Russland wird dann zusehends kleiner, der Krieg kommt wieder näher und dann nach Ostpreußen zurück. Die Jokehner fliehen, aber zu spät; sie werden von den Russen überrollt, viele Männer erschossen, die Frauen vergewaltigt, dann die Überlebenden ins zerstörte Dorf zurückgebracht. Aber nur für kurze Zeit: Hermanns Eltern werden nach Sibirien verschleppt, von wo sie nie zurückkehren, und die wenigen verbliebenen Jokehner, darunter Hermann, nach Westdeutschland vertrieben.

Kurz vor dieser Katastrophe begießt Hermanns Vater die Trümmer seines Weltbildes mit einer letzten Flasche Rum:

„‚Ich glaube, die haben uns angeschissen', sagte Steputat. ‚Die ganze Zeit über angeschissen.'

‚Was soll der Junge denken?' ermahnte ihn Martha aus dem Innern des Wagens.

‚Der Junge, der Junge! Der wird auch merken, daß sie uns angeschissen haben. So sieht der planmäßige Rückzug aus, Heinrich! Wir kämpfen um jeden Meter, Heinrich! Bloß ist nuscht davon zu merken.'

So sprach Bürgermeister Karl Steputat aus Jokehnen am 26. Januar 1945, nachdem er viermal aus der Flasche

> Friedensrum getrunken hatte. Derselbe Karl Steputat, der für alles eine Erklärung gehabt, der immer an das Gute geglaubt, der völlig arglos sechs Jahre Krieg erlebt hatte. Friedensrum ist eben Friedensrum."

Das Buch wurde ein großer Erfolg, auch in einem ZDF Mehrteiler verfilmt, und machte Arno Surminski auf einen Schlag berühmt. Denn es gab den mehr als zehn Millionen deutschen Flüchtlingen wieder etwas Wärme und vor allem: eine nicht von Revanchismus aufgeraute, repektable Stimme.

*Walter Krämer*

## Im Haus der eigenen Geschichte

Die Rückfahrt
E. Y. Meyer
1977

E. Y. Meyer zählt zu den bedeutendsten heute in der Schweiz lebenden Schriftstellern. 1946 in Liestal geboren, verbrachte er seine Kindheit im Kanton Baselland am Grenzfluss Rhein. Dann zogen seine Eltern nach Biel im Kanton Bern um. An der Universität Bern studierte er Literatur und Philosophie, brach das Studium ab, bildete sich zum Volksschullehrer aus und wirkte einige Jahre als Lehrer in Ittigen bei Bern.

Bereits damals begann er zu schreiben. 1972 erschien bei Suhrkamp der Erzählband *Ein Reisender in Sachen Umsturz*. Dass dieser literarische Erstling gleich bei Suhrkamp herauskam, erregte nicht geringes Aufsehen. Im Jahr darauf, 1973, erschien auch bei Suhrkamp der Roman *In Trubschachen*, kürzlich als *Lenos Pocket* neu herausgegeben. Dieses Buch wurde E. Y. Meyers größter Erfolg und erlangte Kultstatus. Er sei, sagt er selber, von diesem Erfolg völlig überrumpelt worden.

1974 wagte E. Y. Meyer den Sprung ins ungesicherte Leben eines freien Schriftstellers. Die Motive für diesen Schritt, die damit verbundenen inneren Kämpfe und Krisen verarbeitete er im 1977 bei Suhrkamp erschienenen Roman *Die Rückfahrt*.

Für diese Sammlung wählen wir einen Text aus diesem Roman; denn, wie Hermann Burger, ein anderer Schweizer Schriftsteller, schrieb: „E. Y. Meyers Roman ‚Die Rückfahrt' ist ein Werk von außerordentlicher Gedankenfülle und Gedankendichte, eines der wenigen Bücher der Gegenwartsliteratur, die man zwei- und dreimal wird lesen wollen. Wahre Dichtung ist utopischer Weltentwurf, oder, wie E. Y. Meyer bescheidener evoziert: Die Wiederherstellung der Welt."

Es ließen sich auch in anderen Werken Meyers Texte für dieses Buch finden, zum Beispiel im Roman *In Trubschachen*, im Essayband *Plädoyer*, im 1984 bei Ammann erschienenen Roman *Das System des Doktor Maillard oder Die Welt der Ma-*

*schinen* und im 2004 vom Folio-Verlag herausgegebenen Gotthelf-Roman *Der Ritt*, 2011 unter dem Titel *Gotthelfs Ritt. Ein Roman aus dem Emmental* als *Lenos Pocket* neu aufgelegt.

*Die Rückfahrt* erzählt und reflektiert eine Zeit der Wende in Albin Bergers Leben. Wie Meyer selber ist Berger Lehrer und versucht sich zugleich als Schriftsteller, bis ihn ein selbstverschuldeter Autounfall aus der Bahn wirft. Der Unfall ereignet sich auf der Rückfahrt von einer Dienstreise mit dem Denkmalpfleger des Kantons Bern, mit dem Berger lange Gespräche zu führen pflegte. Der Denkmalpfleger kommt ums Leben, Berger selber erleidet partielle Lähmungen und eine schwere Traumatisierung.

Im ersten Teil des Romans weilt Berger zur Rehabilitation in einem Luzerner Kurhaus; Gespräche mit einem Psychiater sollen seiner Selbstfindung dienen. Der zweite Teil erzählt, wie eine Krankenschwester des Kurhauses mit Albin Berger für ein paar Wochen zu ihrer Mutter, einer Malerin, in den Tessin fährt. Ausgiebige Gespräche mit der Malerin klären Bergers Blick in die eigene Vergangenheit und bestärken ihn in seiner Absicht, den Lehrerberuf aufzugeben und Schriftsteller zu werden. Die Auseinandersetzung mit Kunst, mit Zeugen vergangener Epochen, aber auch mit brennenden Gegenwartsfragen um Erziehung, Schule und Politik verbindet sich mit Bergers persönlichen Erinnerungen und Erfahrungen. Der dritte Teil berichtet, wie im Verlauf des Schreibens Stück für Stück die Vergangenheit wieder bewusst wird, bis zur klaren Einsicht in den Verlauf des verhängnisvollen Unfalls.

*Rückfahrt* bedeutet also zunächst die letzte Fahrt mit dem Denkmalpfleger, dann die Rückfahrt in die eigene Vergangenheit und in die Geschichte und, alles überhöhend, die Umkehr, gemeint als geschichtliche Wende, als Abkehr von einem sich über große Zeiträume erstreckenden Vernichtungsprozess des Lebens.

Die Inhaltsangabe lässt wichtige Gestaltungselemente erkennen. Spektakuläre Ereignisse – so der schwere Autounfall – stehen nicht im Zentrum, sie liegen vor dem Anfang des Romans und werden im Roman selber parallel zur allmählichen Wiederherstellung des beschädigten Gedächtnisses ins Bewusstsein zurückgerufen, immer im Wechselspiel mit den vielseitigen Gesprächen. So entsteht ein breites Geschichts- und Zeitpanorama, ähnlich wie im traditionellen Bildungsroman; nicht zufällig ist im Roman von Hermann Hesse – hier heißt er Hermann Haller – die Rede.

Dieses Geschichts- und Zeitpanorama wird indessen nicht als objektive Gesamtschau hingestellt, sondern in den zahlreichen Gesprächen entwickelt, suchend, fragend, oft kontrovers. Der zweite Teil des Romans mündet in eine für Meyer typische Selbstreflexion: Nach dem Entscheid für den Schriftstellerberuf versucht Albin Berger einen Anfang für das ihm vorschwebende Werk zu finden, den Gang des Erzählens zu planen und den Verkettungen nachzuspüren.

Dabei treten weitere Gestaltungselemente hervor, so das Bestreben, eine Sache immer weiter und tiefer zurück in die Vergangenheit zu verfolgen. Im ersten Absatz des Textausschnittes überlegt sich Berger, „womit *die* Geschichte begonnen" habe. Fast assoziativ, nicht streng logisch verfolgt er die möglichen Auslöser, bis er sieht, dass die Kette nie abbrechen will. Im dritten Absatz steht zehnmal „die Geschichte": Aus einer Geschichte wird ein Nebeneinander vieler Geschichten. Berger maßt sich nicht an, ein logisch schlüssiges Bild seiner Lebensgeschichte zeichnen zu können. Stilistisch drückt sich das aus im ausgiebigen Gebrauch des Konjunktivs und des Plusquamperfekts. Der moderne Mensch, so Meyers Überzeugung, setze zu ausschließlich auf seine Ratio und verdränge das Irrationale.

> „Als Berger nach einem Satz suchte, mit dem er seine Erzählung beginnen konnte, fiel ihm die scheinbar banale, in ihrer Einfachheit aber doch faszinierende Wendung *Es begann mit ...* ein, und er überlegte sich, womit die Geschichte begonnen hatte. Damit, daß er den Denkmalpfleger kennengelernt hatte natürlich, oder, wenn er es genauer nahm, eigentlich vielmehr mit dem Auto, damit,

daß er sich ein Auto gekauft hatte. Er hätte den Denkmalpfleger zwar auch ohne Auto kennenlernen können, aber wenn er kein Auto besessen hätte, wäre es wahrscheinlich kaum zu einer näheren Bekanntschaft und schließlich vielleicht zu so etwas wie einer Freundschaft gekommen. Die Besuche im Kantonalen Amt für Denkmalpflege in Bern hätten umständliche Reisen vorausgesetzt und wären dementsprechend weniger häufig ausgefallen oder hätten vielleicht gar nicht stattgefunden, und auch das gelegentliche Begleiten des Denkmalpflegers auf seinen Dienstreisen durch das ganze Kantonsgebiet wäre möglicherweise nicht zustande gekommen.

Das Auto hatte Berger jedoch gekauft, weil er sich zuvor einen Fernseher gekauft hatte, jedenfalls schien es Berger, daß der Fernsehapparat entscheidend dazu beigetragen hatte, den Wunsch nach einem Auto wachsen und schließlich ununterdrückbar werden zu lassen, und dank seiner Stellung als Lehrer war es ihm auch nicht allzu schwer gefallen, die nötigen Mittel zur Erfüllung dieses Wunsches zusammenzubringen. Den Fernseher hatte er jedoch wiederum gekauft gehabt, weil er sich eine Stereoanlage mit Tuner und Plattenspieler gekauft hatte, und diese, weil er die Stelle in dem kleinen Ort im Emmental angenommen hatte, und diese hatte er angenommen, weil er Lehrer geworden war, und Lehrer war er geworden, weil er –

Berger sah ein, daß er die Geschichte schließlich damit hätte beginnen müssen, daß er geboren wurde, und vielleicht hätte er das auch tun sollen. Er hätte die Geschichte seiner im großen und ganzen glücklichen Kindheit schreiben sollen – oder vielmehr die Geschichte seiner Kindheit, die ihm jetzt, hinterher gesehen, als eine im großen und ganzen glückliche erschien: Die Geschichte einer stark ausgelebten kindlichen Sexualität – von kindlichen Sexualspielen im hohen Gras, im Wald, im Keller und im Estrich. Die Geschichte der Schulzeit und der Pubertätskrisen. Die Geschichte der Familienprobleme und -krisen, der Auseinandersetzungen zwischen Vater und Mutter und zwischen Eltern – vor allem Vater – und Kindern. Die Geschichte der abgebrochenen Rekrutenschule, in einem Land, das keine Armee hatte, sondern eine war, und die Geschichte des toten Mädchens im Gewächshaus der Gärtnerei, welche die Gärtnerei der Eltern des Mädchens gewesen war. Die Geschichte, wie er, Berger, dazu gekommen war, zu schreiben und ein Schriftsteller werden zu wollen, und die Geschichte der Universitätszeit, in der es ihm ähnlich ergangen war wie Gulliver auf der fliegenden Insel Laputa und an der großen Akademie von Lagado, wo sich die Leute immer nur mit den Gestirnen befaßten, ständig in philosophische Spekulationen versunken waren oder zum Beispiel Methoden herauszufinden versuchten, um menschliche Exkremente durch eine Trennung der einzelnen Teile, durch eine Entfärbung, Entlüftung und Entschleimung, wieder in die ursprüngliche Nahrung zurückzuverwandeln, und sich ähnliches verrücktes, lebensfremdes Zeug ausdachten ...

Das alles hätte Seite um Seite gefüllt, wäre zu einem unvorstellbar dicken Buch angewachsen, er hätte auf ein Weiterleben verzichten und sich, wie Proust, vom gesellschaftlichen Leben zurückziehen müssen und dabei doch nichts so beschreiben können, wie es einmal, zum oder im Zeitpunkt des Geschehens, gewesen war, sondern, wenn er in der Geschichte hätte fortschreiten wollen, sich immer nur mit mehr oder weniger großen Annäherungen begnügen müssen. Die einzelnen Geschichten hätten alle ineinander hineingespielt, wären miteinander verbunden gewesen und hätten bis zum gegenwärtigen Zeitpunkt – als einzige große Geschichte genommen – einerseits beispielsweise als die Geschichte seiner Entwurzelung angesehen werden können, des Verlustes des Platzes, von dem man wußte, daß man da im Grunde hingehörte, andererseits aber, wenn man so wollte, auch als die Geschichte seiner großen Erwartungen ...

Vielleicht war alles, was er schrieb, nur als Vorstudie oder als Fabrikation von Bausteinen anzusehen, aus denen, wenn die Zeit ausreichen würde, einmal so etwas wie ein Haus zu errichten wäre ..." (Meyer, E. Y.: Die Rückfahrt. Suhrkamp Taschenbuch 180, S. 265-267)

*Alfred Reber*

## Es muss nicht immer Karpfen sein

Der Butt
Günter Grass
1977

Anfang der siebziger Jahre hatte Günter Grass im *Tagebuch einer Schnecke* seinen Lesern ein erzählendes Kochbuch verheißen oder angedroht. Fünf Jahre später, 1977, erschien bei Luchterhand *Der Butt*. Aus der Abbildung auf dem Schutzumschlag ließ sich auf einen im Prinzip essbaren, allerdings schon arg verwitterten, also vielleicht doch nicht uneingeschränkt genießbaren Fisch schließen: Ein reichlich gealterter Butt flüstert in ein zerfurchtes Kaschuben-Ohr. Es ist der weise, alte Plattfisch, der dem Autor die gesamte überschaubare Geschichte des Kampfes zwischen Männern und Frauen um die Vorherrschaft erzählt. Der Butt zerteilt diese lange und anderweitig schon oft in gelehrige Abhandlungen gefasste kulturhistorische Entwicklung in eine literarische Mahlzeit aus saftigen Gängen.

Den ersten Satz des Romans – *Ilsebill salzte nach* – hat 2007 eine Prominenten-Jury zum schönsten ersten Satz der deutschsprachigen Literatur gewählt, noch vor Kafkas Auftakt zu seiner Erzählung *Die Verwandlung*. Das mag schon berechtigt sein, aber sehr viel gepfefferter geht es dann auf den nächsten 699 Seiten zu.

Nach den als Danziger Trilogie vermarkteten Grass-Romanen – *Die Blechtrommel*, *Hundejahre*, *Katz und Maus* – waren die folgenden Versuche, einmal bewiesenes Niveau zu halten, nicht allzu überzeugend geraten: *Das Tagebuch einer Schnecke* mit seinem strengen Bezug zum aktuellen Wahlkampf verlor durch die zeitgebundene Fabel schnell an Interesse. Auch *Örtlich betäubt* entfaltete, wie der Titel schon fast befürchten lässt, während der Lektüre eine nahezu sedative Wirkung. Es schien so, als habe hier der vergleichsweise fade Böll Pate gestanden.

Ganz anders der Butt. Der gab wieder Hoffnung. Hier werden keine öden Metaphern gereiht, sondern kreative Assoziationen mit Esprit zu perfekter Prosa gewirkt. Wenn auch wieder einmal „Danzig satt" gereicht und die wohlvertraute Kaschubei bis zum letzten völkerwandernden Mann aufgeboten wird, kredenzt Grass in diesem Roman viel Neuartiges, Amüsantes und Nachdenkliches, in jedem Fall Lesenswertes.

Sprunghafte Vor- und Rückblenden, schon immer bevorzugte Stilelemente des Autors, werden fast manieriert eingesetzt. Durch offenbar beabsichtigte, zum Schluss aber doch ermüdende Wiederholungen gerät der Roman ein wenig länglich, und der Butt schwimmt zu 700 Seiten auf. Robert Musils Roman *Der Mann ohne Eigenschaften* hat etwa den doppelten Umfang, der Butt bringt als Fisch mit vielfältigen Eigenarten vor allem eine Eigenschaft an die literarische Oberfläche: die Lust an der Lust, literarische Feuchtgebiete zu durchschwimmen.

*4.000 Jahre Emanzipation der Männer*

Der Butt aus dem Märchen der vergleichsweise prüden Brüder Grimm – und dennoch ein ganz anderer, allwissender und angeblich unsterblicher – geht in der Jungsteinzeit vorsätzlich einem Fischer ins Netz und berät ihn, der durch die folgenden Jahrhunderte in immer wieder neuen Reinkarnationen auftritt. Der Fisch verhilft ihm dazu, die Menschheit aus dem neolithischen Matriarchat zu einer Vorherrschaft der Männer zu führen. Er zeichnet die Evolution der menschlichen Tragödie nach. Die jeweiligen Partnerinnen treten dabei in der den Frauen zugefallenen Rolle als Köchinnen auf und bereiten skurrile Speisen zu. Deren Rezepturen werden in die Handlung nach bewährtem Muster (*Es muss nicht immer Kaviar sein*) eingesimmelt. Das Angebot des erzählenden Kochbuchs reicht vom urigen Eichhörnchenbraten der immerhin dreibrüstigen Walküre Aua, für die möglicherweise die Statue in einer bretonischen Kirche Pate gestanden hat, bis zu den Fastensuppen mit Sargmoderholz-Asche der spätmittelalterlichen Fast-Heiligen Dorothea von Montau; für die neuere Zeit beschreibt es den Schweinekohl-Eintopf der Maria Kuczorra, Köchin in der Werkskantine der Danziger Leninwerft.

Die Urmutter Aua hatte drei Brüste, über die sich der Autor mit weitgreifender anatomischer Sachkenntnis seitenlang gelehrig äußert.

> „Eins, zwei, drei. Weiter konnten wir anfangs nicht zählen. Nein nicht tiefer, nicht höher: dazwischengebettet. Und zwar waren sie alle drei gleich groß und hügelten landschaftlich. Mit drei beginnt die Mehrzahl. Die Vielfalt, die Reihe, die Kette, der Mythos beginnt. ... Ja, du hast recht: drei Brüste sind mehr, oder sehen nach mehr, nach immer mehr aus, bedeuten Überfluss, künden Verschwendung an, versichern auf ewig Sättigung, sind aber, genau besehen, abnorm – doch immerhin denkbar."

Günter Grass ist nicht als leidenschaftlicher Milchtrinker, wohl aber für seine Kochleidenschaft bekannt; bei Fischen soll er sich dem Vernehmen nach besonders gut auskennen; verständlich also, dass ihn Grimms Ilsebill und ihr Butt angeregt haben. Da wird mit Bildung posiert, mit Fakten operiert, die wie Angelesenes wirken, wie aus Lexika und Zettelkästen Zusammen-Gefischertes – ob es sich nun um seltene Pilze oder die zahlreichen Varianten der Heringszubereitung handelt. Glattbutt, Heilbutt, Goldbutt, Steinbutt: meeresfrisch – und zu welchen Zwecken auch immer – wie aus Grzimeks Tierleben ins Kochbuch übernommen, reihen sich mit Exkursen über die Geschichte der Knollen- und Rübenpflanzen, historischen Marginalien und gelehrigen Anspielungen auf Tacitus zu einem vielgängigen und nicht immer leicht bekömmlichen Gericht. – Das Imponiergehabe eines Bildungspavians? Oder doch nicht? – Der Lesende geht dem Autor immer wieder gern ins Netz – oder quasi auf den Fischleim. Lässt sich der keltisch-minoische Kult noch mit der eigenen Schulbildung in beifälligen Einklang bringen, so ist der nächste Mythos schon befremdlicher und der dritte gar zweifellos ersonnen – so der überaus schmerzhafte Raub des Himmelsfeuers durch die dreibrüstige Aua. Die Grenzen bleiben fließend; und schließlich wird jede für historisch fundiert gehaltene Information doch ein wenig suspekt.

Nach 4.000 Jahren und einem sehr bewegten Leben im Mittelalter kündigt der Butt seinen Männerberatungsvertrag und lässt sich – wieder freiwillig, ja sogar vorsätzlich – von drei Feministinnen fangen, die ihn in Berlin vor einem Tribunal anklagen, weil er ganz offensichtlich die Unterdrückung der Frauen arglistig gesteuert habe. Er hat doch schließlich die Aggression, die eindringliche, zerstörerische Brunst der Männer entwickelt, die jetzt das Töten als „Fortsetzung der Sexualität mit anderen Mitteln" betreiben: der Butt als Unhold und als Geschlechterkriegstreiber.

> „Sagte ich schon: mir ging er eines jungsteinzeitlichen Tages in die Reuse. Auf allem, was hätte strittig sein können, hatten damals die Weiber den Daumen drauf. Bekannt ist unser Vertrag: ich ließ ihn schwimmen, er hat mich mit seinen buttigen Ratschlägen durch die Zeiten gebracht. Durch die Bronze, durch die Eisenzeit. Ob frühchristlich, hochgotisch, reformatorisch oder barock, ob aufgeklärt absolutistisch, sozialistisch oder kapitalistisch; der Butt war jeder Zeitenwende, allem modischen Wechsel, den Revolutionen und ihren Rückfällen, der immer neuesten Wahrheit, dem Fortschritt voraus. So half er mit Vorbedacht, die Männersache zu besorgen. Wir, endlich wir, waren am Drücker..." [46]

Und nun kommt die Wende, die Rückwende zu den Anfängen, als sich der Butt auch schon von Frauen fangen ließ, um ihnen seine fischigen Dienste anzudienen. Jetzt kehrt er der Männerwelt wieder den breitflächigen Rücken zu:

> „Bis gestern noch. Jetzt spricht er nicht mehr mit mir. Flehentlich kann ich wiederholt ‚Buttke!' rufen, kein mir vertrautes „Was gibt's, mein Sohn?" antwortet. Weiber sitzen, ihn richtend am langen Tisch. Schon ist er hinhaltend geständig. (Und auch ich gestehe, warum

der Butt mich und die Männersache seit längerem satt hat.)
Als ich ihn, wenige Monate vor der Erdölkrise, wieder mal aus der See rief (um mich in Sachen Einkommensteuer beraten zu lassen), hat er mir den Vertrag gekündigt: ‚Aus euch Pappis ist ja kein Funken mehr zu schlagen. Nur noch Finten und Tricks. Jetzt werde ich mich', sagte er wie zum Abschied, ‚ein wenig um die Ilsebills kümmern müssen.'" [47]

*Wenig Kopf und viel Bauch*

Der Butt, so gelehrig er sich auch gibt, spiegelt mit seinen ausgefallenen Proportionen – wenig Kopf und viel Bauch – getreu die Gewichtungen des Romans wider: Wo einst der Blechtrommler Oskar Matzerath noch pseudo-keusch in der Bauchnabelmulde seiner moralisch weichgespülten Bettgespielin das Brausepulver auflöste, da wird jetzt mit der Hilfe des Plattfischs skrupellos die Gürtellinie unterschritten und an Ort und Stelle das wahre Epizentrum bettlägeriger Lustbarkeiten und intersexueller Mühewaltung verbal befummelt. Die Aale, weiland in der Danziger Trilogie noch von verwesenden Pferdeköpfen angelockt, werden jetzt mit der Hilfe faulender Elchknochen gefangen; und der schleimige Schlangenfisch hat sich inzwischen schon bis ins Ehebett vorgearbeitet, wo er sich als widriges Symbol über das Lager und durch die Erzählung windet.

*Auf der Grenze zwischen Edelporno und Fäkalepos*

Wenn die liebestrunkene und leibesfüllige Lust-Nonne Margarete Rusch mit behendem Biss einen Prediger halbseitig kastriert und sich auf diese Weise oral eine Schwangerschaft zuzieht, ist die Grenze zum Edel-Porno gewiss erreicht. Gleichwohl lässt Grass sogar diese Stufe hinter sich und bläht im vierten Kapitel seinen Roman zu einem magenwindigen Fäkal-Epos: Denn zum guten Essen und damit ins erzählende Kochbuch gehört nach seiner Auffassung auch die Kehrseite des Stoffwechsels: die kultivierte Entsorgung. Es ist doch nicht einzusehen, wieso in feiner Gesellschaft getafelt wird, während man sich des Endprodukts später schamhaft in abgeschirmten Einzelzellen entledigt. Das soll ja, lehrt uns Grass, in der Steinzeit umgekehrt gewesen sein: Damals, so lässt er uns wissen, speiste man vereinzelt, und erst die fäkale Entsorgungsphase wurde zum gesellschaftlich unterhaltsamen Ereignis; erst am Ende peristaltischer Aktivität saßen die Menschen plaudernd beisammen, „im Kreis hockend, einander mit Zurufen ermunternd," Buñuel lässt grüßen.

Mit wachsendem Ekel mag sich manch feinfühliger Leser von der Schilderung der dampfenden Details abwenden, die der Autor ganz offenbar mit allen fünf Sinnen sorgfältig studiert und bis zur Erzählreife geprüft hat und mit unvergleichlicher Brillanz beschreibt.

Die subtilen Überlegungen machen auch nicht halt vor dem Schöpfer der sich nährenden und wieder entleerenden Kulturwesen und erst recht nicht vor der deutschen Finanzmetropole:

> „Warum nicht ein Gedicht über den Haufen Scheiße [schreiben], wie Gott ihn fallen ließ und Kalkutta nannte. Wie es wimmelt und stinkt, lebt und immer mehr wird. Hätte Gott einen Haufen Beton geschissen, wäre Frankfurt rausgekommen." [235]
>
> (Günter Grass: Der Butt. © Steidl Verlag, Göttingen 1993. Erstausgabe bei Luchterhand, August 1977)

Parallel zur Geschichte männlicher Machtergreifung läuft die Gerichtsverhandlung gegen den Butt vor dem Berliner „Feminal" weiter. Neun Juristinnen, die den neun Köchinnen des Buches entsprechen, ihnen sogar weitgehend gleichen, betreiben ihre von unfreiwilligem Humor geprägten Emanzipationsübungen, indem sie sich zunächst vom Zerrbild der Konsum-Hyäne Ilsebill aus Grimms Butt-Märchen vom Fischer und seiner Frau distanzieren, dann aber Fraktionskämpfe inszenieren: „Sozialistischer Frauenbund" gegen die „Lesbische Aktion" und die Gruppe „Brot und Rosen" gegen das „Frauenkollektiv Ilsebill" und die vermutlich maoistische Gruppierung „Roter Pißpott".

Vier dieser Manzis, die sich für anders geartet halten, obwohl sie – wie der Erzähler aus horizontaler Erfahrung zu berichten weiß – auch anders als anders geartet sein können, ziehen in Berlin zur zügellosen Vatertags-Ferkelei in den Grunewald, trinken Bier aus der Flasche, rauchen Pfeife und Zigarren, tragen Zylinder, Melone und Schiebermütze. Sie glauben, sich zu emanzipieren, indem sie in Männerkleidung eine Posse des maskulinen Imponiergehabes mit obligaten Mutproben in Szene setzen: Während die eine barfüßig eine Kiefer ersteigt, näht sich die zweite einen Hosenknopf an die Backe [599].

Parodiert sich männliches Verhalten im traditionellen Vatertagsritual ohnehin schon selbst, so überzeichnen die vier Protest-Lesbierinnen in ihrer safttriefenden Orgie mit Phall-Studie das Patriarchat so weit, dass zuletzt nicht nur die Männerwelt bis zur Lächerlichkeit entblößt wird.

Der Bindungsangst der Männer, die im kraftprotzenden Kriegführen und Machtwahn überkompensiert wird, stellt sich ein zielloses, unsicheres Autonomie-Bedürfnis der Frau entgegen, ohne dass sich eine sinnvolle Lösung der Interessenkonflikte abzeichnet.

Dem Butt – sollte er wirklich unsterblich sein – erwächst daraus für die Zukunft eine weit schwierigere Aufgabe: Nachdem sein Versuch, erst das eine gegen das andere Geschlecht zu mobilisieren, ebenso fehlgeschlagen ist wie das Bemühen, den dadurch unterdrückten Frauen auf die nunmehr fest geschlossenen Beine zu helfen, wird er sich noch manches neue Gericht einfallen lassen müssen. Dessen Rezeptur verrät Grass allerdings zunächst nicht. Die folgenden Werke bestätigten die Erwartung: Es war kein keimfreies Fertiggericht darunter.

*Max Behland*

## Getretener Quark

Käseverordnung
Bundesgesetzblatt
1986-2010

Sprichwörter und Sinnsprüche, die sich abwertend, höhnend und ironisch am Begriff „Käse“ zu schaffen machen, sind weit verbreitet. Wer den Versuch unternehmen möchte, frage doch einen beliebigen Mitmenschen, was ihm an Redensarten zu Käse einfällt; er wird schnell solche Antworten erhalten wie: „Red doch nicht solchen Käse“ oder: „Diese Vorschläge sind doch einfach Käse“ – oder: „Erzähl nicht solchen Quark“.

„Käse“, so sagt es das *Lexikon der sprichwörtlichen Redensarten* von Lutz Röhrich, gelte „vor allem auf dem Land als ein billiges, leicht selbst zuzubereitendes Nahrungsmittel, besonders in Form von Quark“ und stehe allgemein für Wertlosigkeit und im übertragenen Sinne für „Geschwätz, Unsinn, dummes Zeug, Wertloses, Nichtigkeit.“ Diese mangelnde Wertschätzung gilt nicht europaweit. In Frankreich wäre es ein Sakrileg, auch nur eine der vielen einheimischen Käsesorten zu verunglimpfen. In der *Liste de fromages français* findet sich der Hinweis, dass Frankreich am Anfang des 21. Jahrhunderts „zwischen 350 und 400 Käsesorten“ produziere. Das ist noch erheblich mehr, als es frühere Schätzungen vermuten ließen. General de Gaulle hatte schon die rhetorische Frage gestellt: „Wie wollen Sie denn ein Land regieren, in dem es 246 verschiedene Käsesorten gibt?“ Auch Winston Churchill hatte bezweifelt, dass ein Land untergehen könne, „das mehr als 200 Sorten Käse zu produzieren weiß“.

Die große und vor allem ständig schwankende Zahl kann deutsche Bürokraten nicht schrecken. Die wollten genau wissen, was Käse ist und was nicht; deshalb schufen sie ein wortgewaltiges Werk neuhochdeutscher Literatur: die *Käseverordnung*. Diese mitreißende Lektüre sollte sich niemand entgehen lassen, der auskosten möchte, zu welchen sprachlichen Arabesken deutscher Regelungsfanatismus fähig ist. Leider ist dieses Werk an Loriot unbemerkt vorbeigegangen.

Käse, so meint der unbedarfte Endverbraucher organischer Nährmittel, also in diesem Falle der Käsekonsument, sei nichts weiter als ein in Maßen angefaultes Drüsensekret ausgewählter Wirbeltiere. Mit solch schlichter, zutreffender, aber offenbar noch unzureichender Definition begnügt sich der Gesetzgeber nicht. In der *Käseverordnung* in der Fassung der Bekanntmachung vom 14. April 1986 (BGBl. I, S. 412), die zuletzt durch Artikel 4 der Verordnung vom 17. Dezember 2010 (BGBl. I S. 2132) geändert worden ist, lässt uns der Bundesminister für Ernährung, Landwirtschaft und Forsten, ebenso beiläufig wie vorsorglich auf die „Ermächtigungsgrundlage zum Erlaß dieser Verordnung" hinweisend, wissen:

„Käse sind frische oder in verschiedenen Graden der Reife befindliche Erzeugnisse, die aus dickgelegter Käsereimilch hergestellt sind." Das Wort „dickgelegt" begegnet uns im Alltag sonst nicht; es bleibt uns unerschlossen, scheint aber gewissermaßen der dickgelegte Kern der *Käseverordnung* zu sein. Ein anderer Begriff wird aber schön erklärt: „Käsereimilch ist die zur Herstellung von Käse bestimmte Milch, auch unter Mitverwendung von Buttermilcherzeugnissen, Sahneerzeugnissen, Süßmolke, Sauermolke und Molkensahne (Molkenrahm)."

Wir lernen daraus – um es mal leichtverständlich zu sagen: Milch wandelt sich offenbar zu Käsereimilch, wenn die Absicht besteht, sie zu Käse zu verarbeiten.

Was Milch ist, sagt die Verordnung nicht, vor allem verrät sie nicht, welches Tier sie liefert. Der Text legt aber fest, wodurch sie ersetzt werden kann: „Die Milch kann ganz oder teilweise durch Schaf-, Ziegen- oder Büffelmilch ersetzt sein." Wenn sie durch diese drei Flüssigkeiten ersetzt werden kann, bestehen also Schaf-, Ziegen- und Büffelmilch selbst nicht aus Milch.

Nach der schon zitierten Begriffsbestimmung in § 1 folgt eine Aufzählung dessen, was auch sonst noch alles als Käse gelten darf, beispielsweise Erzeugnisse, „die durch Behandlung der Bruchmasse mit heißem Wasser, heißem Salzwasser oder heißer Molke und durch Kneten, Ziehen der plastischen Masse zu Bändern oder Strängen und Formen hergestellt sind" (KäseV § 1, Absatz 3, Ziffer 3). Auch dann, wenn das so entstandene Produkt durch „beigegebene Lebensmittel" aufgemischt worden ist, bleibt es Käse im Sinne des Gesetzgebers: „Beigegebene Lebensmittel im Sinne dieser Verordnung sind Lebensmittel, die bei der Herstellung von Käsezubereitungen und Schmelzkäsezubereitungen zur Erzielung einer besonderen Geschmacksrichtung, ohne einen Milchbestandteil zu ersetzen, zugesetzt werden."

Am Frühstückstisch stellt sich beim hungrigen Konsumenten nach Lektüre der feinsinnigen Definitionen das wohlige Gefühl ein: Was auch immer in dieser Kaumasse enthalten sein mag, es wird wohl den Auflagen behördlicher Vorstellungen entsprechen und deshalb als unbedenklich, wenngleich im Grenzfalle auch nicht unbedingt als gesund einzustufen sein. Das gilt allerdings nur, wenn es sich um ein Produkt aus dem Lebensmittelgeschäft handelt, denn: „Die Vorschriften dieser Verordnung gelten nur für das gewerbsmäßige Herstellen und Inverkehrbringen von Käse und Erzeugnissen aus Käse." (§ 2).

*Zentrifugat aus Entkeimungseinrichtungen als Delikatesse*

Eine nicht nur sprachliche Delikatesse findet sich in der Aufzählung dessen, was bei der Herstellung von Käse verwendet werden darf; dazu gehört nicht nur Schweinemagenpepsin, sondern – so sagt es § 3 – auch Bakterien-, Hefe- und Pilzkulturen und „Zentrifugat aus Entkeimungseinrichtungen, die einer Einrichtung zur Reinigung der Milch nachgeschaltet sind, wenn sie der gleichen Milch in entsprechenden Anteilen zur Herstellung von Käse, ausgenommen Frisch- und Weichkäse, zugesetzt werden...". Wer diesen Satz aufmerksam liest, verspürt zwar zunächst ganz unvermittelt eine appetitzügelnde Wirkung, ist dann aber doch beruhigt, denn nicht das Zentrifugat wird zugesetzt, vielmehr bezieht sich „zugesetzt werden" eindeutig auf den einzigen vorausgehenden Plural, auf die Entkeimungseinrichtungen, die offenbar, wie aus der syntaktischen Konstruktion hervorgeht, als solche „zugesetzt werden“.

In „geriebenem, geraspeltem oder gestifteltem Käse“ dürfen „in technologisch notwendigem Umfang, höchstens jedoch bis zu 3 Prozent, Kartoffel- und Maisstärke“ enthalten sein.

Vieles, fast alles muss genauestens deklariert werden: „Wird Käse in geriebenem Zustand in den Verkehr gebracht, muss statt der Angabe der Verkehrsbezeichnung nach § 14 Abs. 2 Nr. 1 Buchstabe a die Bezeichnung *geriebener Käse* mit dem Zusatz *hergestellt aus* ... oder, sofern nur eine Käsesorte verwandt wird, die Bezeichnung der Käsesorte mit dem Zusatz *gerieben* angegeben werden. Werden mehrere Käsesorten in geriebenem Zustand vermischt in den Verkehr gebracht, ist anstelle der Angabe nach Absatz 1 Nr. 1 der Fettgehalt in der Trockenmasse des Gesamterzeugnisses anzugeben.“

*Lebensmittelbedarfsgegenstände und Nadelholzsamenstände*

Für den menschlichen Verzehr ungeeignete Verpackung ist mit Warnhinweisen zu versehen: „Hartkäse, Schnittkäse und halbfester Schnittkäse, der mit Lebensmittelbedarfsgegenständen aus Kunststoff beschichtet worden ist, darf nur in den Verkehr gebracht werden, wenn er durch die Angabe *Kunststoffüberzug nicht zum Verzehr geeignet* kenntlich gemacht ist.“

Kennzeichnungen, Fettgehaltsstufen und geografische Herkunftsbezeichnungen sind in der Verordnung feinstens geregelt; ausgiebig behandelt werden auch Labaustauschstoffe, die der Normalverzehrer gar nicht auf seinem Brot vermutet: „Labaustauschstoffe sind als gesundheitlich unbedenklich anzusehen, wenn chronisch-toxische, karzinogene, teratogene, mutagene oder sonst gesundheitlich bedenkliche Eigenschaften nicht nachgewiesen worden sind, sie frei sind von für die Herstellung verwendeten, pathogenen entwicklungsfähigen Mikroorganismen und Stoffe mit antibiotischer Wirkung, die therapeutisch verwendet werden oder zu therapeutisch angewendeten Stoffklassen gehören, nicht nachweisbar sind.“

Andere Substanzen dürfen in Spuren hinzugefügt werden: „Als Zusatz beim Herstellen und Behandeln von Käse und Erzeugnissen aus Käse wird zur äußerlichen Anwendung frisch entwickelter Rauch aus naturbelassenen Hölzern und Zweigen, Heidekraut und Nadelholzsamenständen, auch unter Verwendung von Gewürzen, zugelassen. Der durchschnittliche Gehalt so geräucherter Erzeugnisse oder der unter Verwendung geräucherter Lebensmittel hergestellten Erzeugnisse an Benzo(a)pyren darf ein Mikrogramm pro Kilogramm nicht überschreiten."

Dann will auch das „Verbringen von Labaustauschstoffen in den Geltungsbereich der Verordnung" ausführlich geregelt sein. Und auch hier wird der begierige Käseverbraucher nicht enttäuscht. Und unmittelbar vor den in § 30 beschriebenen Straftaten und Ordnungswidrigkeiten ist in § 29 die Amnestie für das notleidende Griechenland geregelt:

„Die Vorschriften dieser Verordnung finden keine Anwendung auf ... Zubereitungen aus Frischkäse, die in Griechenland unter Verwendung von Öl und sonstigen typischen Zusätzen, insbesondere Gurken, hergestellt werden oder solchen griechischen Erzeugnissen nach Herstellungsweise und Zusammensetzung entsprechen."

Der Jurist Goethe hätte seine Freude an der *Käseverordnung* gehabt; sein Urteil aus dem *West-östlichen Divan* träfe auch hier zu: „Getretner Quark wird breit, nicht stark."

*Max Behland*

## Spaßmacher und Ernstmacher

Tief oder flach, aber Sinn – oder wie?
Robert Gernhardt
1987

„I

Seht: Alles Ernste ist alt. Die Bücher
Welche da reden von Gott und dem Anfang
Sind alt. Und das Alter des Ernstseins
Adelt auch den, der noch heute uns ernst kommt.

Aber der Spaßmacher! Hört wie die Menge
Ihm noch den trefflichsten Witz mit den Worten
‚Der ist ja alt' verwandelt in Asche,
Gestrigen Schnee und dauernde Schande.

II

Wenn um die Wiege sich sammeln des Winzigen
Die Ernsten, und wenn er sie ankräht, ja dann
Lachen auch sie. Doch welch seltsames Lachen
Wird ihm zuteil da! Voll Milde, voll Tücke.

Milde belächeln die Ernsten des Lustigen
Schuldlose Lust: Lach nur so weiter!
Tückisch verlachen sie ihn: Na warte!
Noch bist du nicht wie wir, doch du wirst so.

III

Nicht wird er froh seines Lebens, der Spaßmacher.
Immer ist unter jenen, die lachen,
Der, welcher nicht lacht. Versteinerter Miene
Folgt er den Späßen des Spaßenden. Immer

Dauert er ihn. Doch es dauert nicht lange,
Und er bedauert sein Los, lachen
Zu machen die Menge, in welcher doch immer
Einer nicht lacht: sein Opfer, sein Richter.

IV

Hart ist das Ernstsein. Denn eiserne Knochen
Krankheit und Tod und ach! Leiden der Seele
Geben Gewicht ihm und Stütze. Nimmer
Kann selbst der bissigste Witz diesen Brocken,

Starrend von Blut, von Schweiß und von Tränen
Prall bis zum Bersten, voll Schmerz, voller Grausen,
Verschlingen. Noch kann er ihn – wie denn? – verdauen.
Kann also nichts? Nun: Er kann ihn verarschen.

V

Ach, daß man nicht ihn nennte, den Spaßenden,
Leichtfertig! Leicht nicht ist es, den Witz zu
Erhaschen. Flüchtig ist er und flink und verschlagen:
Fertig macht der Gejagte den Jäger.

Aber der Andere! Schwerfällig stapft er
Gemessenen Schritts durch den Garten des Lebens.
Leicht jedoch fällt ihm der Griff nach dem Ernsten:
Pralle Frucht vom Baum der Erkenntnis.

VI

Groß sind die Ernsten. Auf hohen Kothurnen
Schreiten sie streng. Doch es ehrt sie die Menschheit,
Weil sie so streng sind. Nur ernstes Schreiten
Leitet den Menschen zum höchsten der Ziele,

Zum Sinn. Rattenhaft aber folgen die Spaßer
Und hurtig dem Zug, denn sie wittern begierig
Das, was seit alters bei jeglicher Suche
Nach Sinn für sie abfällt: den Unsinn.

VII

Denkt jenes Reiters! Von Scholle zu Scholle
Trug ihn sein Pferd, doch es ward ihm am Ufer
Nicht Rettung beschieden, Erkennen und Tod nur.
So auch der Witzbold. Es dulden die Witze

Rast nicht noch Ruh. He! Weiter und weiter!
Kennen Sie den? Und da fällt mir noch der ein!
So geht's in die Irre. Heimwärts aber,
Auf festerer Straße, ziehet der Ernstbold.

VIII

Wenn der Dichter uns fragt: Immer spielt ihr und scherzt?
Und er fortfährt: Ihr müßt! O Freunde! Mir geht dies
In die Seele, denn dies – und so schließt er gewaltig:
Müssen Verzweifelte nur. – Wer wollte
Da widersprechen? Die Frage gar gegen
Den Fragenden richten: Du, der du niemals
Scherztest noch spieltest – warst du denn je glücklich – ?
Die Verzweifelung ist groß. Sie hat Platz für uns alle.

IX

Lachen ist Lust, jede Lust aber endet.
Auch so ein Satz, der das Nicken der Köpfe
Hervorruft der Ernsten, welche das Leben
Ja kennen. Was aber wissen die Ernsten
Vom Leben? Wissen doch nur, daß ihr Feuer
Erloschen. Wissen doch nur, daß ihr Fluß
Versiegt ist. Wissen doch nicht, daß ihr
Wissen nur Lust macht, endlos zu lachen.

X

Sagt: Warum heißt man seit alters sie
Gegensätze? Das Tiefe, das Flache? Sind nicht
Verschwistert sie? Es gehet unmerklich
Das Flache ins Tiefe. Es spüret der Fuß kaum
Den schwindenden Boden des Schwimmers. Also
Mischt sich der Tiefsinn dem Flachsinn, und jene,
Welche da glauben, sie würden noch flachsen,
Wissen sie denn, ob sie längst nicht schon tiefsen?

XI

Wenn aber beide, der Ernste, der Spaßer
Nichts weiter wären als Seiten nur einer
Medaille? Jener, der Ernst, und jener, der
Spaß macht, machen nicht beide? Doch
Träge erwartet, daß man ihr mache
Das Bett, die Menge. Nur keinen Handgriff!
Laß die nur machen! Uns doch egal
Ob's Bett kratzt oder kitzelt!

XII

Wie aber wenn und es schalössen aus sich
Schapaß und das Ernste? Schaweres und Leichtes?
So, wie sich ausschaließt Feuer und Wasser,
Mensch und Schaweinsein, Gott und Schalange?
Es schawebt das Schawert über den Häuptern,
Es kommt zum Schawur für Schawache und Starke:
Was also wollt ihr? Den Leichtsinn? Schawermut?
Tarefft eure Wahl! Der Rest ist Schaweigen."

(Körper in Cafés: Gedichte von Robert Gernhardt. )

Tja, hätten wir ein Schaloss mit wohlgeordneter Bibliothek, säßen wir vielleicht jetzt vorm prasselnden Kamin im antiken Lehnfauteuil und hätten einen Band wertvoller Literatur in den Händen. Im Hintergrund erklänge das Streichquartett Goddelau-Erfelden mit einer seltenen Hindemith-Aufnahme, der treuäugige Setter auf dem Tigerfell gäbe ein zufriedenes „Seufz" von sich. Wir legten von Zeit zu Zeit das schwere, aber gute Buch in den Schoß, schauten unsere à coté sitzende Gattin an, nähmen einen Schluck des schweren alten Roten und bemerkten mit einem Blick auf die sich im gewienerten Parkett spiegelnden Sterne: „Meine Liebe, das ist nun wirklich einmal eine literarische Sternstunde. Diese Kühnheit in der Auffassung, die Poesie des Ausdrucks und die Tiefe der Empfindung – einfach extraordinaire, meine Liebe!"

Da uns Schloss, Setter und das sonstige Zubehör fehlen, sehen unsere Sternstunden ein wenig anders aus. Die Kühnheit der Auffassung und die Tiefe im Flachsinn bewundern wir bei Dr. Erika Fuchs (Roswitha-von-Gandersheim-Preisträgerin und seit 1951 Donald-Duck-Übersetzerin) oder – siehe oben – bei Robert Gernhardt.

Wer ist dieser Robert Gernhardt, wo kommt er her? Und was ist der denn eigentlich? Die Antwort auf die erste Frage ist einfach. Wie jeder anständige Mensch wurde er zuerst einmal geboren, am 13. Dezember 1937 in Reval. Wahrscheinlich unterhielt er – wie jeder anständige angehende Künstler – in der Schule Mitschüler und Lehrer mit lustigen Zeichnungen und Texten. 1956 begann Gernhardt, Malerei und Germanistik in Stuttgart und dann in Berlin zu studieren, arbeitete 1964-1965 als Redakteur bei der satirischen Monatszeitschrift *Pardon*, gründete als anständiger Satiriker das endgültige Satiremagazin *Titanic* mit und gilt neben Bernstein und Waechter als führender Kopf der Neuen Frankfurter Schule. Preise pflastern seinen Weg. Ob deutscher Kinderbuchpreis, Kritikerpreis, Satirepreis oder kulinarischer Literaturpreis, er hat sie alle bekommen.

Aber was ist dieser Gernhardt eigentlich? Die Frage ist bei seinem umfangreichen Werk nicht leicht zu beantworten. Zeichner, Maler, Essayist, Cartoonist, Kinderbuchautor, Dramenschreiber, Kritiker, Satiriker, Lyriker oder Erzähler? Für jedes einzelne Genre ließen sich unzählige Belegstellen finden. Gernhardt selbst bezeichnet sich als einen unter die Schriftsteller geratenen Maler. Aber einer, der alles kann, der kann doch eigentlich nichts richtig, meinen seine Kritiker – dem Blödeljahn fehle der Tiefsinn. Immer diese lebenspraktischen Themen, so aus'm Volk und so. Trinken, Weiber, ChaChaCha. Kater am nächsten Morgen. Die Verulkung des Literaturbetriebs. Der respektlose Umgang mit den Aushängeschildern der deutschen Kultur. Wo bleibt die Erhabenheit, die Wertschätzung der künstlerischen Höhenflüge unserer Dichter und Denker? Darf man so viele schlimme Wörter verwenden wie Gernhardt in seinem Gedicht „Materialien zu einer Kritik der bekanntesten Gedichtform italienischen Ursprungs“? Das beginnt mit den schönen Zeilen:

> „Sonette find ich so was von beschissen / So eng, rigide irgendwie nicht gut / Es macht mich ehrlich richtig krank zu wissen / dass, wer Sonette schreibt, dass der den Mut / hat heute noch so’n dumpfen Scheiß zu bauen (...)“

Gut, der Mann beherrscht Rhythmus und Reimschemata wie kein zweiter, hat Wortwitz wie kein dritter, aber muss das denn sein? Könnte er nicht einfach genauso wunderschön emotional fummeln wie seine Altvorderen? Ein bisschen mehr Ernsthaftigkeit bei der Wahl seiner Themen und der Ausführung derselben könnte nicht schaden. Naturnahe Naturlyrik ohne ironische Einwürfe des Betrachtenden, Dramen, ohne dass die Helden in Damenstrumpfhosen auf der Bühne stehen müssen, Liebesgeschichten, in denen nicht ökologisch engagierte Frauenbeauftragte dazwischenfunken. Nur ein bisschen was, das man bei einem guten Glas Roten gerührt zur Seite legen könnte, um kurz „Ach ja, wie schön!“ zu seufzen.

Kann er doch, der Leser, vorm heimeligen Kamin. Denn dummerweise ist Robert Gernhardt ein Spaßmacher und ein Ernstmacher. Und dass er letzteres so versteckt zwischen den Zeilen ist, macht ihn – ach ja – so lesenswert. Kein erhobener Zeigefinger, kein bedeutungsschwanger gesenktes Haupt, das uns die immens wichtigen Befindlichkeiten des Schreibenden mitteilen möchte. Intellektuelle Schärfe oder Melancholie finden sich auch bei Robert Gernhardt – technisch brillant. Kein Goethe, kein Schiller, aber ein Heine für unsere Kreise, wie die Basler Zeitung so trefflich formulierte. Aber mehr erwartet der Leser ohne Schaloss und Setter von einer Sternstunde – sprachlich gesehen – ja auch gar nicht.

Am 30. Juni 2006 ist Robert Gernhardt in Frankfurt gestorben.

*Nikki Hübner und Wolfgang Sauer*

## Was kostet die Kunst?

Schöne Wirtschaft. Ästhetisch-Ökonomische Fragmente
Peter Hacks
1988

„Was kostet die Kunst und weshalb kostet sie, was sie kostet?" So beginnt der Essay *Schöne Wirtschaft* von Peter Hacks.

Hacks fragt nach der Preisbildung auf dem Kunstmarkt, und das hört sich nach einer Frage an, auf die sich eine Antwort finden lässt. In Wirklichkeit handelt der Essay zwar von der Preisbildung auf dem Kunstmarkt, aber hauptsächlich von Hacks, wie er nach der Preisbildung fragt, womit sich einerseits eine gewisse Einschränkung des Themas ergibt – da aber Hacks andererseits nicht unbedingt niemand ist, handelt der Essay, indem er von Hacks und wie er fragt handelt, von einer ganzen Welt. Einfacher ist die Sache nicht zu haben.

Hat man sie aber, erfreuen Scharfsinn und Ausdruck. Gelegentlich ist Hacks auch kauzig: Anstatt den geläufigen Begriff Produktionsweise zu verwenden, verfällt er auf Erzeugungsweise. Und spricht gern vom Alleingut. Sein Hochmut verleitet ihn zu Abfälligkeiten: Niedere Arbeit nennt er schon mal „genegert". Manche Sätze wirken gestelzt, weil man allzu lange auf den Auftritt des Wörtchens „sich" wartet, eines bekannten und beliebten Reflexivpronomens. Hübsch sind dagegen gelegentliche Verstöße gegen die Grammatik oder die sprachliche Konvention.

Hacks wünscht den einfachsten Ausdruck für einen schwierigen Gedanken. Er ist imstande, sich den Wunsch zu erfüllen. Dies Lob hört sich nach wenig an, wer aber geläufige Gedankenprosa kennt, weiß, dass ein höheres kaum möglich ist. Sehen wir selbst:

„(1)

Wenn die Künstler mit ihrem Kunstwerk fertig sind, gehen sie und verkaufen es an ihren Kunden, den Genießer. Als Käufer auftreten kann auch ein Vervielfältigungsbetrieb, zu dem der Künstler den Zulieferer macht. In beiden Fällen haben wir es mit der Kleinsterzeugung von Gütern zu tun. / In beiden Fällen liegen die Dinge so, dass der Künstler als sein eigener Unternehmer sich als seinen eigenen Lohnarbeiter anwendet; er erfüllt den Tatbestand eines arbeitenden Unternehmers. Auch er bildet, indem er arbeitet, Mehrwert, und das umso lieber, als er es selbst ist, der ihn sich wegnimmt. Marx verspricht derlei zwitterhaften Erzeugern kein langes Leben. Die wirtschaftliche Entwicklung, sagt er [...] ist ihrem undeutlichen Treiben abhold und sorgt, dass diese Gruppe der Ausbeuter ihrer eigenen Kraft in einige ordentliche Ausbeuter und viele ordentlich Ausgebeutete sich spaltet. Was die Kunst angeht, ist nicht erkennbar, dass der Entwicklung das gelungen sei. [...] / Aus diesem Grund nähern sich die Klassiker der politischen Ökonomie der Kunst nur lustlos. Wenn sie es tun, dann nie ohne Gereiztheit. [...] Marx, in der Tat, er liebte die Künste, aber er liebte sie nicht in seiner Eigenschaft als Wirtschaftswissenschaftler.

(2)

Der Verfasser ermittelt den Preis der Kunst, indem er ihren Wert ermittelt, die Arbeitszeit also, die dort hineingesteckt ist, wo das Kunstwerk herauskommt. Die Arbeitszeit ist in der Werkstatt, im Künstler und im Kunstwerk. Mit dem Wert der Erzeugungsmittel wird er sich nicht lange aufhalten. [...] / Sie sind derjenige Posten im Preis, über den es keine Meinungsverschiedenheiten gibt, nicht einmal mit dem Käufer. Es genügt, wenn der Steinmetz die Rechnung für den Carrara-Block vorzeigt. Vielleicht wird man sie ihm nicht bezahlen, aber wenigstens doch wird man sie ihm nicht bestreiten.

(3)

Die Kosten der Schaffenskraft finden sich im Wert des Kunstwerks wieder, nur: welchen Kunstwerks? Dem Künstler kann zustoßen, dass er zwei Arbeiten von gleichem Umfang und gleichem Ernst vorlegt; die eine bringt ihm jahrelang zu essen, die andere keinen Brocken. Diese Art, Einkünfte zu beziehen, verstört jeden rechtschaffenen Werktätigen und dürfte ruhig auch die Wirtschaftswissenschaftler verstören.

(4)

Der Wert der Kunst, das haben wir ja erfahren, sträubt sich in jedem seiner Bestandteile gegen das Bestimmtwerden. [...] / Wieviel Arbeitszeit steckt in der Arbeitszeit? Machen 2 Schiller einen Goethe? [...] / Die Sache wird reines Geschwätz, außer wir entschließen uns, den Preis der geschickten Arbeit anders als aus der Arbeitswerttheorie zu erklären. / [...] Der Preis der Kunst, sagen wir jetzt, und große Erleichterung tritt sofort ein, – der Preis der Kunst steht mit ihrem Wert in überhaupt keinem Zusammenhang.

(5)

Der Verfasser schlägt für das ökonomische Genre der Kunsterzeugung folgende endgültige Bestimmung vor. / Kunsterzeugung ist die kleine und ausnehmend geschickte Erzeugung von verlangten oder unverlangten Alleingütern bei vorsätzlicher Absehung von der Nachfrage und mit dem Ziel, dieselben zum Höchstgebot zu verkaufen oder nicht zu verkaufen."

(aus Peter Hacks: Schöne Wirtschaft. Ästethisch-ökonomische Fragmente. Edition Nautilus. Verlag Lutz Schulenburg.)

Solche Antworten gibt sich Hacks auf seine eingangs gestellte Frage. Selbst dann, wenn einige stutzig machen, lassen sie sich mit Vergnügen lesen. Hacks erörtert seinen Gegenstand in einem Deutsch, dass man manchmal meint, er schriebe in einer Fremdsprache, so ungewohnt ist der Verzicht auf Fremdwörter, der Rückgriff auf eigene, die dann passen, da er sie kennt und anzuwenden versteht: Das Lesepublikum nimmt den Reichtum der deutschen Sprache wahr.

Hacks verhandelt eine Sache, indem er sie deutlich macht, was Schlichtheit ergibt und Schönheit ermöglicht. Etwas auf schöne Weise deutlich zu machen ist höflich. Zur weiteren Bestätigung dieser Autorenhöflichkeit könnte ein sechstes, siebtes oder zigstes Beispiel aus Hacks angefügt werden. Stattdessen sei empfohlen, die „Ästhetisch-Ökonomischen Fragmente“ ganz zu lesen und zu diesem Zweck Band 14 der Gesammelten Werke zu kaufen. Dem Verlag und den Erben des Peter Hacks wird es gefallen.

*Horst Hensel*

## Ein Gespenst geht um in Mitropa

Aufruf zur Demonstration auf dem Berliner Alexanderplatz
Unbekannte Verfasser
7. November 1989

> „§ 284
>
> Wer Wahlergebnisse vorfertigt oder verfälscht oder vorgefertigte oder verfälschte in Umlauf bringt, wird mit einer AUSREISEQUOTE nicht unter 50.000, mit einer BOTSCHAFTSBESETZUNG nicht unter 3 Monaten und einer PROTESTDEMONSTRATION zum Jahrestag nicht unter 10.000 Teilnehmern bestraft.
>
> DEMO GEGEN WAHLBETRUG 7.11. 17 Uhr WELTZEITUHR
>
> Genug vom staatsmonopolistischen WAHLBETRUG!
>
> Genug vom bürgerlich, freiheitlich-verlogenen Bürgerbetrug! Bildet unabhängige Räte, freie Interessenvertretungen!
>
> EIN GESPENST GEHT UM IN MITROPA…“
>
> (Quelle: Robert-Havemann-Gesellschaft)

Ein Gespenst geht um in Mitropa: Das Flugblatt aus den bewegten Tagen der friedlichen Revolution 1989/90 ist kein Gipfel der deutschen Literatur, aber ein starker Text, der an eine Sternstunde der deutschen Geschichte erinnert. Deren Anfänge datieren früher als in den Herbst ’89, sie reichen bis zu den manipulierten Kommunalwahlergebnissen im Mai desselben Jahres zurück, als einzelne Bürger unter hohem persönlichen Risiko Wahlbehinderung, Wahlbeeinflussung und Wahlfälschung öffentlich machten – und damit vor aller Augen den Bruch zwischen Staatspartei und Volk offenlegten. Dieser Protest schlug einen Funken, der Monate später Massenproteste entzündete. Nun waren es nicht mehr wenige, auch nicht die im Flugblatt angedrohten „10.000 Teilnehmer“, sondern am Ende Hunderttausende, die sich gegen die Missachtung elementarer Bürger- und Menschenrechte in der DDR zur Wehr setzten. Im Rückblick ließe sich das Flugblatt ergänzen: Wer einem Volk sein elementares Recht auf freie Wahlen vorenthält, den jagt am Ende das Volk davon.

„Wer Wahlergebnisse vorfertigt oder verfälscht oder vorgefertigte oder verfälschte in Umlauf bringt, wird mit einer AUSREISEQUOTE nicht unter 50.000, mit einer BOTSCHAFTSBESETZUNG nicht unter 3 Monaten und einer PROTESTDEMONSTRATION zum Jahrestag nicht unter 10.000 Teilnehmern bestraft“: Der Aufruf zur Demonstration am 7. November steht exemplarisch für die Bedeutung des Flugblatts in Zeiten politischer Umbrüche, vor allem für die subversive Kraft der Satire. Die SED-Diktatur wurde zwar nicht allein mit Demonstrationen und Flugblättern in ihren Grundfesten erschüttert, aber gewiss auch und nicht zuletzt mit Witz und scharfer Ironie. Humor ist in der Politik gelegentlich durchaus ernst zu nehmen. 1989/90 entlud sich in der DDR ein „wahres Sprachgewitter“, erinnert sich der Theologe und Bürgerrechtler Ehrhart Neubert, der damit ein anschauliches Bild für die damaligen Ereignisse gefunden hat. Die reinigende Wirkung des offenen Wortes bricht sich in der Revolution gemeinhin weniger edel denn roh und ungeschliffen Bahn, voller Sarkasmus und mit bissigem Spott. „Während auf der Tribüne die Schriftsteller in schönen Wendungen das heraufziehende Neue feierten, rissen unten die Losungen und Sprechchöre den Graben zur SED unüberbrückbar auf“, erinnert sich Neubert an die Großdemonstration auf dem Alexanderplatz am 4. November 1989. „Auf der Tribüne ging es um Reformen, auf dem Platz um Revolution.“

Gerade in dieser Situation wählten die heute unbekannten Verfasser des Flugblatts das Stilmittel der Ironie für ihren Aufruf, der den entscheidenden Moment verdeutlicht, als 1989 die Verängstigung unter der Diktatur in kreativen Protest gegen sie umkippte. Die Wirkung der Ironie ist gerade deshalb immens, weil sie entwaffnend sein kann. Ironie gilt der Politik gemeinhin als nicht salonfähig, begibt sich der Politiker damit doch regelmäßig auf gefährliches Terrain, indem er das Risiko zum Missverständnis in Kauf nimmt. Auch sonst hat der Ironiker keinen guten Leumund. Christian Morgenstern galt er als „beleidigter Pathetiker“ und Nietzsche erkannte in der Ironie „die Eigenschaft einer schadenfrohen Überlegenheit“. Doch im Alltag der Diktatur ist gerade diese ironische Distanz ein Überlebensmittel. „Ironie ist das Körnchen Salz, durch welches das Aufgetischte erst genießbar wird“, lässt Thomas Mann Goethe in *Lotte in Weimar* sagen. Den Mächtigen versalzt sie vor allem dann gehörig die Suppe, wenn sie öffentlich eingesetzt wird. Denn der Ironiker fordert sein Gegenüber, er baut auf dessen Intelligenz und intellektuelle Reife. Im demokratischen Diskurs mag das ironische Wort auf moralinsaure Gegenwehr stoßen, die Diktatur aber führt es in ihrer Erstarrung vor. Während Büchners Parole „Friede den Hütten, Krieg den Palästen“ sprachgewaltig dazu aufrief, das Schwert zu erheben, greifen die Ironiker zum Florett. In ihrer ironischen Haltung gaben die Bürger 1989 zu erkennen, dass sie die eklatanten Widersprüche im System durchschaut hatten – und die herrschenden Gewalten mit ihrer spröden Diktion der Lächerlichkeit preis. Auf den satirischen Humor ihrer Bürger fand das DDR-Regime keine Antwort, das Einschüchtern und Drohen verfing nicht mehr. Mit hellsichtiger Ironie hatten die Bürger das Regime entlarvt – der Rest ist Geschichte.

*Norbert Lammert*

## 2 + 4 = 1

Der „Vertrag über die abschließende Regelung in bezug auf Deutschland“
1990

Am 12. September 1990 unterzeichneten die dazu bevollmächtigten Vertreter aus sechs Staaten einen Vertrag, der eine bewegte Epoche abschließt: Die Bundesrepublik Deutschland, die DDR und die vier Siegermächte des Zweiten Weltkriegs schlossen den sogenannten „Zwei-plus-Vier-Vertrag“. Er regelt die Vereinigung der beiden damals bestehenden deutschen Staaten zu einem einzigen.

Das Dokument ist das wohl wichtigste in der neueren Geschichte Deutschlands nach der Verkündung des Grundgesetzes im Mai 1949 und beurkundet das Ende einer Periode kriegerischer Auseinandersetzungen und der daraus erwachsenen Folgen, vor allem der Unterordnung der beiden Teile Nachkriegs-Deutschlands gegenüber den Alliierten.

Artikel 1 legt das so fest:

> „Das vereinte Deutschland wird die Gebiete der Bundesrepublik Deutschland, der Deutschen Demokratischen Republik und ganz Berlins umfassen. Seine Außengrenzen werden die Grenzen der Deutschen Demokratischen Republik und der Bundesrepublik Deutschland sein und werden am Tage des Inkrafttretens dieses Vertrags endgültig sein. Die Bestätigung des endgültigen Charakters der Grenzen des vereinten Deutschland ist ein wesentlicher Bestandteil der Friedensordnung in Europa.“

Damit werden zugleich die Grenzen festgeschrieben und jegliche Gebietsansprüche Deutschlands außerhalb dieser Grenzen ausgeschlossen.

> „Das vereinte Deutschland hat keinerlei Gebietsansprüche gegen andere Staaten und wird solche auch nicht in Zukunft erheben. ... Die Regierungen der Bundesrepu-

> blik Deutschland und der Deutschen Demokratischen Republik werden sicherstellen, daß die Verfassung des vereinten Deutschland keinerlei Bestimmungen enthalten wird, die mit diesen Prinzipien unvereinbar sind."

Der neu geschaffene Staat verpflichtet sich dazu, dass „von deutschem Boden nur Frieden ausgehen wird", und verzichtet ausdrücklich darauf, Angriffskriege vorzubereiten und erklärt, dass „Deutschland keine seiner Waffen jemals einsetzen wird, es sei denn in Übereinstimmung mit seiner Verfassung und der Charta der Vereinten Nationen." Bundesrepublik und DDR verzichten außerdem „auf Herstellung und Besitz von und auf Verfügungsgewalt über atomare, biologische und chemische Waffen" und erklären, dass auch das vereinte Deutschland sich an diese Verpflichtungen halten werde. Der Vertrag enthält Maßregeln für den Abzug der damals noch auf dem Gebiet der DDR stationierten sowjetischen Truppen. Die Produktion von Waffen und deren Auslieferung an untereinander verfeindete Staaten ist im Vertrag nicht ausdrücklich behandelt worden, zumal dies in Artikel 26 des Grundgesetzes der Bundesrepublik und dem dazugehörigen Ausführungsgesetz ausreichend geregelt ist.

Frankreich, Großbritannien, die Sowjetunion und die USA beenden mit diesem Vertrag

> „ihre Rechte und Verantwortlichkeiten in bezug auf Berlin und Deutschland als Ganzes. Als Ergebnis werden die entsprechenden, damit zusammenhängenden vierseitigen Vereinbarungen, Beschlüsse und Praktiken beendet und alle entsprechenden Einrichtungen der Vier Mächte aufgelöst."

Artikel 7, Ziffer 2 fasst das Vertragswerk in dem entscheidenden Satz zusammen, der die Kriegs- und die Nachkriegszeit endgültig abschließt:

> „Das vereinte Deutschland hat demgemäß volle Souveränität über seine inneren und äußeren Angelegenheiten."

Die weihevoll formulierte Basis der Vereinbarung ist in der Präambel des Vertrages zusammengefasst, und zwar in einem einzigen Satz. Er enthält mehr als 400 Wörter und ist ein Musterbeispiel dafür, wie man hehre Grundsätze und gute Absichten in einen stilistisch fragwürdigen Text fassen kann, der das Verständnis mehr erschwert als fördert:

„Vertrag über die abschließende Regelung in bezug auf Deutschland:

Die Bundesrepublik Deutschland, die Deutsche Demokratische Republik, die Französische Republik, das Vereinigte Königreich Großbritannien und Nordirland, die Union der Sozialistischen Sowjetrepubliken und die Vereinigten Staaten von Amerika – in dem Bewusstsein, daß ihre Völker seit 1945 miteinander in Frieden leben, eingedenk der jüngsten historischen Veränderungen in Europa, die es ermöglichen, die Spaltung des Kontinents zu überwinden, unter Berücksichtigung der Rechte und Verantwortlichkeiten der Vier Mächte in bezug auf Berlin und Deutschland als Ganzes und der entsprechenden Vereinbarungen und Beschlüsse der Vier Mächte aus der Kriegs- und Nachkriegszeit, entschlossen, in Übereinstimmung mit ihren Verpflichtungen aus der Charta der Vereinten Nationen freundschaftliche, auf der Achtung vor dem Grundsatz der Gleichberechtigung und Selbstbestimmung der Völker beruhende Beziehungen zwischen den Nationen zu entwickeln und andere geeignete Maßnahmen zur Festigung des Weltfriedens zu treffen, eingedenk der Prinzipien der in Helsinki unterzeichneten Schlussakte der Konferenz über Sicherheit und Zusammenarbeit in Europa, in Anerkennung, daß diese Prinzipien feste Grundlagen für den Aufbau einer gerechten und dauerhaften Friedensordnung in Europa geschaffen haben, entschlossen, die Sicherheitsinteressen eines jeden zu berücksichtigen, überzeugt von der Notwendigkeit, Gegensätze endgültig zu überwinden und die Zusammenarbeit in Europa fortzuentwickeln, in Bekräftigung ihrer Bereitschaft, die Sicherheit zu stärken, insbesondere durch wirksame Maßnahmen zur Rüstungskontrolle, Abrüstung und Vertrauensbildung; ihrer Bereitschaft, sich gegenseitig nicht als Gegner zu betrachten, sondern auf ein Verhältnis des Vertrauens und der Zusammenarbeit hinzuarbeiten sowie dementsprechend ihrer Bereitschaft, die Schaffung geeigneter institutioneller Vorkehrungen im Rahmen der Konferenz über Sicherheit und Zusammenarbeit in Europa positiv in Betracht zu ziehen, in Würdigung dessen, daß das deutsche Volk in freier Ausübung des Selbstbestimmungsrechts seinen Willen bekundet hat, die staatliche Einheit Deutschlands herzustellen, um als gleichberechtigtes und souveränes Glied in einem vereinten Europa dem Frieden der Welt zu dienen, in der Überzeugung, daß die Vereinigung Deutschlands als Staat mit endgültigen Grenzen ein bedeutsamer Beitrag zu Frieden und Stabilität in Europa ist, MIT DEM ZIEL, die abschließende Regelung in bezug auf Deutschland zu vereinbaren, IN ANERKENNUNG DESSEN, daß dadurch und mit der Vereinigung Deutschlands als einem demokratischen und friedlichen Staat die Rechte und Verantwortlichkeiten der Vier Mächte in bezug auf Berlin und Deutschland als Ganzes ihre Bedeutung verlieren, vertreten durch ihre Außenminister, die entsprechend der Erklärung von Ottawa vom 13. Februar 1990 am 5. Mai 1990 in Bonn, am 22. Juni 1990 in Berlin, am 17. Juli 1990 in Paris unter Beteiligung des Außenministers der Republik Polen und am 12. September 1990 in Moskau zusammengetroffen sind – sind wie folgt übereingekommen:..."

Der Vertragstext wurde zwei Tage später im Bulletin des Presse- und Informationsamtes der Bundesregierung vom 14. September 1990, Nr. 109, S. 1153-1156 veröffentlicht. Generationen von Verfassungsrechtlern und Autoren von Gesetzestexten werden in Bewunderung und Ehrfurcht dieses syntaktische

Ungetüm lesen. Thomas Mann sähe sich bei der Lektüre mit Missvergnügen parodiert und im Vergleich mit manchen Passagen seines Josephsromans auf den zweiten Platz verwiesen. Das alles mindert aber nicht die Bedeutungsschwere dieses Vertragswerks, und jeder Deutsche sollte den Text kennen und im günstigsten Falle auch verstanden haben, denn er ist von existentieller Bedeutung für dieses Land und Grundlage für den Frieden in Europa und darüber hinaus.

*Max Behland*

## Notstandsliebe aus der Zeit der Bomben

Der Laden
Erwin Strittmatter
1992

Das Dorf heißt Bossdom und liegt in jener Südostecke Deutschlands, neben Polen und oberhalb von Tschechien, von der ich nicht viel weiß. Es gibt ein Kohlebergwerk, eine Glasfabrik, kargen Ackerbau und eine Heide, auf der krumme Birken wachsen. Die Gegend heißt Niederlausitz.

Dort spielt Erwin Strittmatters Roman *Der Laden*. Er geht von der Kaiserzeit bis in die Jahre nach 1945. Es ist eine rauhe Welt. Eltern und Großeltern streiten sich um Darlehen und Zinsen. Väter haben Wutanfälle und schmeißen Tassen kaputt. Der Müller zerhackt die Mandoline seines Sohnes mit der Axt.

In der Schule prügelt der Lehrer, und die Knaben üben sich darin, einen harten „Ursch" zu bekommen. Bisweilen liegt der Schulmeister über den Pulten der ersten Reihe und schläft einen Rausch aus. Dann müssen die Schüler sich die letzten Neuigkeiten aus dem Dorfleben erzählen. Aber leise, um den ruhenden Pädagogen nicht zu wecken.

Die Bewohner überwachen einander – wie das auf dem Dorf üblich ist. Wer vom ausgetretenen Pfad abweicht, erntet Mißbilligung, selten auch Bewunderung. Das Motorrad des Onkels wird bestaunt. Eifrige Späherin ist die Großmutter. Sie sieht manches, wenn sie „zur Miste" geht. Den Vater, wenn er mit der Hausmagd Hanka in der Scheune verschwindet. Die ist hübsch, hat auch Liebesgefühle im Onkel geweckt und spielt „Hasenküsse" mit dem Knaben Esau.

Esau Matt beobachtet Menschen und Dorfleben, die Natur, den Himmel und die Sterne. Er macht sich Gedanken über alles, was er sieht, und versucht zu verstehen, was fremd ist und unergründlich scheint. Ein neuer Lehrer entdeckt die Begabung des Jungen und sorgt dafür, daß er nach Grodk auf die „hoche" Schule kommt. Esau erlebt den ersten großen Liebeskummer und so weiter.

Das alles ist tiefe Provinz, in die indessen die großen Weltereignisse hineinragen. Im Ersten Weltkrieg war der Vater Bursche eines Generals. Dem mußte er jeden Morgen die Bartbinde umtun. Während der Inflation gehen die Bauern zur Naturalwirtschaft über. Nach 1933 spielen die Schüler mit hölzernen Waffen und marschieren im Gleichschritt durch die Kleinstadt. Ein Junge beschimpft einen Mitschüler als Kommunistenschwein. Ein Mann, der eigentlich Schickelgruber heißt – der Erzähler nennt ihn auch Adolf von Linz –, wird als Genie bewundert. Wenig später sterben die Männer in Rußland, werden an der Kanalküste verwundet oder in Sibirien festgehalten. Nach 1945 backt Heinrich Matt Brote für die Soldaten der Roten Armee. Und langsam bildet sich ein neuer Staat heraus, der sich DDR nennen wird.

Der Charme dieses Romans über das kleine Dorf und die große Welt liegt in der Ehrlichkeit des Erzählers, der Freundlichkeit gegenüber jeder seiner Romangestalten und seinem Humor. Das gut entwickelte Triebleben der Bauern, wie auch der feineren Leute, schildert er verständnisvoll und unverklemmt, bisweilen belustigt, aber ohne Lüsternheit. Pastor Kokosch vergißt mit der Leiterin einer Privatschule das Sechste Gebot. Das ist ein zweifacher Sturz von ehrwürdiger Höhe ins Schwach-Menschliche – und komisch. Hat die Lehrerin den Pastor verführt oder der die „Sägebocken“, fragen sich die Dorfbewohner.

Wer was für Sprache übrig hat, wird reich belohnt. Zwischen Sorbisch, Niederschlesisch und Hochdeutsch bahnen die Figuren sich ihren Weg. Die Mutter, die bis spät in die Nacht Frauenzeitschriften liest, sieht auf korrekte Rede und sagt „Glauben mir Se's“ oder spricht von ihrem „Loaden“. Mit wehen Füßen steht sie hinter der Theke und verkauft Heringe, Kunsthonig und „poarchen von die neien Zigarrn“. Sie hat Freundinnen, das sind die „Kumpankas“. Im Dorf gibt es eine „Hintenrumsche“ und einen Groadezuen. Christine sagt „ni“ für ‚nicht‘ und „oo“ für ‚auch‘. Das ist Schlesisch. Ein Kamerad, der mit dem Bruder aus der Gefangenschaft in Italien zurückkommt, sagt „sulche“ und „wull“ für ‚solche‘ und ‚wohl‘. Das ist Sudetendeutsch.

Der abgedruckte Text handelt von Esau Matts schwierigem Verhältnis zu Frauen. Er liebt die Gemeindeschwester Christine. Unter einer Birke, auf einem von der Sonne aufgeheizten Stein wartet er auf sie. Aber aus dieser Liebe kann nichts werden. Nicht nur wegen Nona, der Mutter seines Kindes, die sich störend aus Thüringen meldet.

„*Nona*

Ein Sonntagvormittag. Es war Fliegerwetter. Ich ging in den Spandauer Wald, doch die Flieger kamen merkwürdigerweise nicht. Es schien selbst in der Hölle Ruhetage zu geben.

Ein blasses Mädchen kam mir entgegen, es trug Wadenstrümpfe und war altfränkisch oder dirndlhaft angezogen. Sein feldstaubfarbenes Haar war zu einem Knoten aufgesteckt. Wenn mir früher zu einer gewissen Zeit Goldzähne gefielen, so gefiel mir um diese Zeit langes Haar bei Frauen.

Es fiel mir damals nicht schwer, eine Frau, die mich interessierte, anzusprechen. Es war ein wilder Drang in mir, mich mit einem Weibe zu lagern, wie ich ihn später nie mehr erlebte. …

Ich erfuhr, daß ich es mit einer Operationsschwester zu tun hatte, erfuhr, daß sie traurig wäre, weil ihr Geliebter, mit dem sie bisher zusammen gearbeitet hätte, an die Front geschickt worden wäre. Die Front war an der Neiße. Ich neidete dem Arzt, daß er meinem Bossdom so nahe sein durfte. Sein Vorhandensein löste Rivalität in mir aus. … Ich breitete Unmengen von dem, was ich wußte oder was ich mir angelesen hatte, vor dem Mädchen aus, um es in Erstaunen zu versetzen und erkennen zu lassen, daß der Arzt, mit dem es oft und oft vor geöffneten Menschenleibern gestanden hatte, kein wunderweiser Mannsfisch gewesen wäre und daß es Männer gab, die nicht nur in das äußere Innere, sondern überdrauf in das innere Innere eines Menschen sehen konnten. …

Das Mädchen hieß Wilhelmine. Ein Name mit Grünspan, deshalb ließ es sich Wilma nennen. Ich nannte es Nona, weil es erst vor einem Jahr aus der Schule gütiger Nonnen gekommen war. …

Wenn ich mit Nona über den Himmel und über Gott redete, dann, ohne zu behaupten, daß ich gläubig wäre, denn ich glaubte niemals weniger an den Himmel und an Gott als in jener Zeit der Bomben, und ich wußte damals auch nicht, was die Gläubigen meinten, wenn sie von Gott und dem Himmel redeten. Aber mit Bibelkenntnissen konnte ich aufwarten wie Mephisto. Es war das einzige Mal, daß mir die von Dorflehrer Rumposch eingedroschenen altheiligen Texte auf Umwegen zu gewissen Genüssen verhalfen. Nona kannte als Katholikin die Bibel nur auszugsweise. …

Die Bibel ist Gottes Wort, das weißt du doch, Nona, sage ich.

Sie sagt, sie weiß es.

Aber, sage ich, man gibt euch Gottes Wort nur zu lesen, wo es nach dem Ermessen eurer Oberen sauber und rein ist, und die Stellen, die nach deren Ermessen nicht fleckenlos sind, behält man euch vor.

Mit solchen Andeutungen erweckte ich in Nona jene Gier, die man Neugier nennt. Sie begehrte zu wissen, wie das Wort Gottes aussähe, das nach meinem Dafürhalten nicht fleckenlos wäre. Ich möge es ihr zeigen. Ein wenig vielleicht nur. Ich ging aufs Ganze. Ich erzählte ihr die Geschichte von Lots Töchtern, und wie diese Töchter sich nach der Vernichtung von Sodom mit ihrem Vater ins Gebirge retteten, und wie sie dort zusammen eine Höhle bezogen, und daß Lot alt, aber nicht impotent war, wie man hier bei uns von Männern seines

Alters annimmt, und daß es nur darauf ankomme, aus einem alten Manne noch Feuer zu schlagen.

Und so heißt es direkt in der Bibel: Da sprach die Älteste zu der jüngsten (die Töchter Lots sind gemeint): Unser Vater ist alt, und ist kein Mann mehr auf Erden, der zu uns eingehen möge, nach aller Welt Weise. So komm, laß uns unserm Vater Wein zu trinken geben und bei ihm schlafen, daß wir Samen von unsrem Vater erhalten.

Nona errötete, als sie das hörte. Und sie sagte vorsichtig: Jetzt sagst du die Unwahrheit, wenn du nicht überhaupt lügst! So etwas ist unüblich, aber gelogen ist es nicht, verteidigte ich mich.

Aber nein, Nona wollte keine von den befleckten Geschichten aus der Bibel mehr hören. Sie wollte überhaupt nichts mehr hören, aber die Tür wies sie mir nicht. Ihr habt es gehört, daß wir uns duzten, und das heißt, wir hatten uns mehr als einmal geküßt. Und da sie mir nicht die Tür wies, begab sichs, daß ich in ihrer Schwesternstube aus und ein ging. Später lag ich Nona bei, um im biblischen Tone zu bleiben. …

Ich dachte: Weshalb sollst du dich nicht hintun, so wie es den Menschen gegeben ist, und ich dachte: die Bomben sehen nicht an, wen sie treffen, morgen bist du vielleicht tot. Ich dachte so, wie viele damals dachten.

Aber man soll nicht denken wie viele denken, oder man soll es nur dann tun, wenn es unumgänglich ist. Und hier schien es unumgänglich zu sein, oder war mehr Hoffnung auf Überleben in mir als bis in mein Bewußtsein vordrang?

Mehr nicht von der raschen Entwicklung jener Notstandsliebe.

*Christine*

Ich hatte Nona von meiner Heimat erzählt, von meiner Mutter zum Beispiel. Auch von dem Ort, an dem diese Mutter anzutreffen sei. Es hat also nichts mit Zufall oder Schicksal zu tun, wenn mich meine Mutter im Nachkriegs-Bossdom beiseite nimmt und sagt: Es scheint, als ob Frauen Kinder kriegen, wenn du sie berührst. Paß Obacht, daß Schwester Christine nicht dein viertes Kind zum Austragen kriegt. So und so, die Mutter will mich nicht beunruhigen, aber es sei schon ein dritter Brief von einer gewissen Wilma aus Thüringen eingetroffen und darin habe schließlich gestanden, daß sie ein weiteres Mal Großmutter geworden wäre.

Da hatte ich ihn, den vielzitierten Konflikt. Ich hatte, als ich anfing, es mit Schwester Christine zu treiben, den Ausschlag meiner Gewissens-Wasserwaage ignoriert. Meine Liebeslust war stärker als der Ausschlag der Waage. Ich gab dieser Lust mehr Recht als dem Hinweis meines Gewissens. Nun winde ich mich unter dem Konflikt, den ich mir hergestellt habe, und erwäge, ihn mir durch Geldzahlungen aus der Welt zu schaffen, Alimente genannt.

Aber jetzt fängt das Gewissen meiner Mutter an, das meine zu belasten: Du kannst das Mädel doch nicht sitzenlassen, sagt sie. Freilich könnte ich diese Mahnung mit der Bemerkung, sie sei ein Vorurteil, abtun, doch ich ziehe es vor, sie schweigend und nachdenklich hinzunehmen. ...

Eines Tages versetzt mich bei meiner Dichterei-Arbeit eine gelungene Stelle in gute Laune, und ich schreibe nach Thüringen, und ich kriege Antwort von dort: So und so, ich hätte den Anstoß für das Erdenleben eines Maikindes gegeben, und das wäre ein Sohn. Nona schreibt, es ginge ihr gut, sie lebe bei ihren Eltern. Ihr Vater, der Klempnermeister, besäße Blechreserven von vor dem Kriege und arbeite vor allem bei Bauern gegen Naturalien, wie damals alles genannt wurde, was gegessen werden konnte. Kein Hunger, keine Vorwürfe von den Eltern; die einzige Not, eine körperliche Not. Sie könne schwer ohne mich leben.

Schwester Christine und ich sind einander so nahe, wie meine Mutter es befürchtet. Was tun? Ich mache Christine zum Orakel! Ist auch sie der Ansicht, ohne mich in leibliche Not zu geraten? Ich gebe ihr Nonas Brief. Sie liest ihn, und ich kann sehen, wie ihre Gedanken hinter der blassen Stirn hin und her schießen, sich kräuseln, recken und wieder zusammenziehen. Das ist eben so bei Christine: Man kann durch sie hindurchsehen. Das Orakel Christine sagt: Es sind dort zwei, die nicht ohne dich sein können, und ich bin allein.

Soll ich gestehen, daß sie weinte? Ich habe mich stets gesträubt, liebesbekümmerte Szenen aufzuschreiben, weil ich fürchte, sentimental zu werden. Damals habe ich zudem die erste Geschichte von einem gewissen Hemingway gelesen. Das war ein männlicher Mann von einem Schriftsteller. Er schlug hart auf die große Trommel: Diese gottverdammte Liebe, was immer das sein mag. So oder ähnlich konnte man es bei ihm lesen. Später, als ich sein Buch vom *Anderen Land* gelesen hatte, wußte ich weshalb er sich oftmals bei Liebesszenen in die Härte flüchtete: Auch er war nicht frei von Sentimentalität.

Christine ist ein ehrliches Mädchen. Es ist ihr nicht gegeben, sich vor lauter Gefühl zu betrügen. Sie bittet um Aufschub: Ich soll Nona und den Sohn nicht gleich kommen lassen, nicht morgen oder übermorgen. Ich soll damit in den Frühling hineinwarten. Es wäre ein Geschenk für sie, wenn wir noch ein paar Tage miteinander hätten. Und jetzt denk von mir, was du willst, sagt sie, immerhin ists möglich, das Mädchen dort in Thüringen lernt, wenn der Frühling sie bedrängt, einen anderen kennen und nimmt den, obwohl mich das hinwiederum kränken würde, wenn sie dich nicht bevorzugte. Ich würde jedenfalls dich nehmen und keinen anderen. Sie ist wohl doch, mehr als ich wähne, Fleischhauerstochter, die blasse Christine, und das Kalkulieren ist ihr eingeboren!“

(Zitate aus: Erwin Strittmatter. Der Laden. Roman. Dritter Teil. © Aufbau Verlag GmbH & Co. KG, Berlin 1992)

Mit *Der Laden* hat Erwin Strittmatter einen Text über sich selbst geschrieben. Strittmatter ist in Bohsdorf aufgewachsen. Von dort ist es nicht weit zum fiktiven Bossdom. Er hat das Bäckerhandwerk gelernt und in Spremberg das Gymnasium besucht. Das ist Grodk auf Sorbisch. Der Laden der Mutter wurde 1999, fünf Jahre nach Strittmatters Tod, zur musealen Gedenkstätte ausgebaut. In den Regalfächern steht ein Persilkarton von einst. Ein paar haltbar gemachte Brote liegen daneben. Und auf der Verkaufstheke steht die alte Waage mit den Entenschnäbeln.

*Gerd Schrammen*

## Früher war mehr Lametta

Das Waldhaus
Loriot – Bernhard-Viktor Christoph-Carl von Bülow
2004

Sprüchelieferanten hat es viele gegeben. Wilhelm Busch und Goethe gehören dazu, um nur mal zwei der kreativen Herren zu nennen, die uns mit Spruchweisheiten versorgt haben: „Eins, zwei drei im Sauseschritt, geht die Zeit, wir gehen mit.“ „Das also ist des Pudels Kern.“ „Es irrt der Mensch, solang er strebt.“ „Zwei Seelen wohnen – ach! in meiner Brust.“ Schillers *Wilhelm Tell* liefert ähnlich Populäres: „Der Starke ist am mächtigsten allein.“ „Die Axt im Haus erspart den Zimmermann.“ „Früh übt sich, was ein Meister werden will.“

Während die Sentenzen der Klassiker zu Sprichwörtern versteinerten, sind die Loriot-Dialoge zu immer wieder gern zitierten Konversationsbausteinen geworden. Heutzutage weiß jeder Bescheid, wenn es heißt: „Wo laufen sie denn?“ „Ein Klavier, ein Klavier.“ „Dideldudeldadeldöööööö!“ Dann sind da die bizarren Szenen einer Ehe, die jeder schon aus seinem Privatleben kannte, bevor er sie in der Loriot-Version im Cartoon zu sehen bekam: *Das Frühstücksei*. Hier sitzt der antriebslose Ehemann im Sessel und „will einfach nur so sitttzen“, während die Ehefrau im Hintergrund wie ein aufgezogenes Spielzeugtier hin und her trabt und ihm mit Anweisungen und Androhungen den Blutdruck anheizt. In der nächsten Phase eskaliert die Morgenkonversation über das Frühstücksei bis zur Morddrohung. Die Frage: „Wie lange hat dieses Ei denn gekocht?“ beantwortet die Gekochthabende dem langsam Inskochengeratenden mit dem provozierenden Bescheid: „Ich weiß es nicht; ich bin kein Huhn.“ Das ist fein beobachtet und weckt sofort die eigenen Erinnerungen an entgegengenommene Antworten auf vorsichtig zu Speisen und Getränken vorgebrachte Rückfragen, die zunächst nur aus freundlichem Interesse gestellt, dann als Kritik aufgefasst und mit Hohn beantwortet werden, bis der Fragende schließlich halblaut durch die zusammengebissenen Zähne knurrt: „Morrrrgen bringe ich sie um!“ Und damit ein harmonisches Beisammensein zwecks einvernehmlicher Nahrungsaufnahme zu einem entschlossenen Ende fördert.

Anders als beim Sketch-Klamauk der sogenannten Comedy-Sendungen – im Unterhaltungsfernsehen meist mit Lachmaschinen-Beifall unterlegt – sind die Szenen bei Loriot meist streng nach einem Eskalationsmuster konstruiert: Eine alltägliche Szene, in oft spießigem Ambiente, beginnt leicht komisch und steigert sich immer mehr bis zum Eklat. Der Besuch des Staubsaugervertreters („Es bläst und saugt der Heinzelmann, wo Mutti sonst nur blasen kann“) und eines Weinverkäufers („Abgefüllt und frisch verkorkt von Pahlhuber und Söhne“) bei der alleinsaugenden Ehefrau in der Schrankwandwohnung beginnt mit Verkaufsgesprächen harmlosester Art und gerät durch die sich erwartungsgemäß anregende Weinverkostung zur Orgie.

In mancher Szene steigert Loriot die Zumutung an den Zuschauer so weit, dass die persönliche Toleranzschwelle überschritten wird. Es gibt durchaus mitfühlende Menschen, die eine Szene wie „Das Bild hängt schief“ oder das Abendessen mit der über das Gesicht des werbenden Jünglings wandernden Nudel – „Sagen Sie jetzt nichts, Hildegard!“ – kaum ertragen können, weil die immanente peinliche Spannung auf den Zuschauer überspringt, obwohl er selbst ja gar nicht der Handelnde ist.

Die beiden Herren im Bad spielen eine Szene, die im richtigen Alltagsleben eher selten vorkommen dürfte. Wer aber oft genug auf Reisen ist und in immer wieder anderen Hotels einkehrt, mag wohl irgendwann in eine ähnliche Lage kommen; es ist einfach eine Frage der Zeit, dass jemand ins falsche Zimmer gerät und dabei auch noch die Badewanne, die ohnehin nicht seine ist, schon besetzt findet. Die Komik eskaliert hier erst dann, wenn auch der Hinzugekommene ins Bad steigt, wenn sich die beiden nackten Herren in der Badewanne gegenüberstehen und sich mit entblößtem Gekröse die Wirklichkeit erläutern. Aber auch Herr Müller-Lüdenscheidt und Herr Dr. Klöbner finden nach einer Phase empörten Imponiergehabes im Dialog die einvernehmliche Lösung: „Noch ein paar Tropfen heißes Wasser, und man wird sich einigen können."

Viele, aber bei weitem nicht alle Szenen nehmen den Loriot-Lieblingskonflikt zum Anlass und Ausgang: die Kommunikationsstörung. Das ist so beim kaputten Fernseher, beim Frühstücksei, bei der Nudel, beim Anzugkauf oder dem Versuch, ein Bett mit Spannfedermuffen zu erwerben.

Immer wieder begegnen sich Menschen, die sich an jede Einzelheit einer Loriot-Szene erinnern und sich stundenlang in Zitaten unterhalten können. Loriot selbst war darüber erstaunt – oder gab vor, verblüfft zu sein: „Merkwürdig war es schon, als ich mal ein neues Bett benötigte und es ausprobieren musste. Da lag ich nun, der ganze Laden stand um mich rum, und jeder konnte den Text auswendig."

Für die Verleihung des *Jacob-Grimm-Preises 2004* bedankte sich Loriot mit Überlegungen zu den Ursprüngen von Sprache und Kommunikation. In seinem Exkurs zur Unzulänglichkeit aller Kommunikation schlägt er einen großen Bogen vom eigenen Spracherwerb über Grimms Märchen *Das Waldhaus* bis zu der „irrtümlichen Annahme, Frauen und Männer sprächen dieselbe Sprache". Hier folgt ein Auszug aus seiner Rede:

> *Ich war mehrere Jahre Analphabet*
>
> „Es ist nicht genau zu sagen, wann der Mensch zu sprechen begann. Mit Sicherheit war sein Leben als Lurch und der dadurch bedingte Aufenthalt von einigen Jahrmillionen unter Wasser sprachlich unergiebig. Auch nach Verlassen der Ozeane, Ablegen der Schwimmhäute, Betreten des Festlandes und Beginn einer zweckmäßigen Fortbewegung auf Händen und Füßen ist von Sprechen keine Rede. Erst als sich der Mensch – zu früh, wie man weiß – in den aufrechten Gang erhob, entstand der allgemeine Wunsch, sich nun auch verbal

gehobener auszudrücken. Begünstigt wurde dieser Bildungsschub von Seiten der Schöpfung durch eine Vergrößerung von Kopf und Hirn.

Schon nach 250.000 Übungsjahren hatte der Frühmensch die dumpfe, stoßweise Lautgebung seiner sogenannten Blökphase durch fünf verschiedene Selbstlaute bereichert. [...] Und doch gingen weitere Jahrtausende ins Land, bis der inzwischen zum Sapiens avancierte Homo verständlich zu sprechen begann. Er beherrschte alle Wörter, die er zur Beleidigung seiner Feinde, Belehrung der Gattin sowie auf der Jagd und beim Spiel benötigte. Es waren 48.

Damit sind wir auf dem Wege zu uns. Ich bin mir sicher, dass mein Urgroßvater aufrecht ging. Ob er mehr als 48 Wörter beherrschte, weiß ich nicht, denn er sprach nicht viel. Aber seine Äußerungen scheinen genügt zu haben. Es wurde ihm nie widersprochen... Ich war ab 1923 mehrere Jahre Analphabet, wohl als Folge meines postnatalen Aufenthalts in einer Infanteriekaserne. [...] Etwa fünf Jahre später berührte mich dank der Brüder Grimm ein geheimnisvolles Wort. Fernab, in einem alten Haus am Rande eines dunklen Waldes war es zu hören und beschäftigt bis heute meine Phantasie.

Es war einmal ein armer Holzbauer, der bat seine Frau: ‚Lass mir das Mittagbrot von unserer ältesten Tochter in den Wald bringen.‘ Zur gegebenen Zeit macht sich das Mädchen auf den Weg. Von aufgepickten Hirsekörnern ist die Rede, von Feld- und Waldsperlingen, Lerchen, Finken, Amseln und Zeisigen. Kurz, das gute Kind verirrt sich gründlich, trifft tief in Wald und Nacht auf eine Hütte, klopft an und wird hereingebeten.

Am Tisch sitzt ein Greis, um den Ofen gruppieren sich die übrigen Mitglieder der Wohngemeinschaft: ein Hühnchen, ein Hähnchen und eine buntscheckige Kuh. Das ist zunächst noch nichts Ungewöhnliches. Jetzt aber erzählt die verwirrte Holzhauertochter ihre Geschichte und schließt mit der Bitte um ein Nachtlager. Da wendet sich der angesprochene Greis nun nicht an das späte Mädchen, sondern an seine teils gefiederten, teils gescheckten Freunde, um sie nach ihrer Meinung zu fragen: ‚Schön Hühnchen, schön Hähnchen, und Du, schöne bunte Kuh, was sagst Du dazu?‘‚Duks‘, antworten die Tiere.

Sie sagen ‚Duks‘. Sie krähen nicht, sie muhen nicht: [...] sie sagen es, weil sie sprechen können, wie alle Tiere in der wahren Märchenwelt. Aber wenn sie sprechen können, warum sprechen sie dann ein so rätselhaftes Wort? Wer weiter liest, erhält zwar den fragwürdigen Hinweis, ‚das musste wohl heißen, wir sind es zufrieden‘, aber warum sagen sie das nicht?

Ich glaube es zu wissen. Hühnchen, Hähnchen und die bunte Kuh sind mit der Frage ‚Was meinst Du dazu?‘ mental überfordert, wollen dies aber nicht zugeben. Und antworten mit einer Wortschöpfung, die in ihrer Mehrdeutigkeit einen intelligenten Eindruck macht und keine weiteren Fragen zulässt: ‚Duks‘. Da wird nichts vorgetäuscht, nichts verheimlicht und niemand verliert sein Gesicht. Sonderbar ist, dass zeitgenössische Politiker diese Art der Argumentation nicht längst übernommen haben: Und Du, Herr Bundeskanzler, was sagst Du dazu? ‚Duks‘, sagt der Kanzler.

Ein großes Wort. Leider liegt seine Herkunft im Dunkeln. Das Lebenswerk der Brüder Grimm enthält nicht den leisesten Hinweis, vergeblich forscht man in Jacob und Wilhelms sonst so zuverlässigem Wörterbuch der deutschen Sprache. Auch unter den Fremd- und Lehnwörtern findet sich nichts. Nur in den „Kinder- und Hausmärchen“ von 1840, im „Alten Waldhaus“ sagen die Tiere „Duks“.

Erst Jahre später verstand ich die Sprache als wichtiges Kennzeichen menschlicher Besonderheit und bewunderte die Fähigkeit meines Vaters, durch Veränderung der Stimme scheinbar auch seinen Charakter zu verändern. Auf diese Weise vorbereitet, sah ich das erste Drama auf der Bühne. [...] Es war die Sprache der Schauspieler und mit ihr ein Gefühl von Betroffenheit und Theaterglück. Ein Phänomen, das gegenwärtig gern vermieden wird. Doch abgesehen von den Gefilden sprachlicher Hochkultur ist jedermann zur Vervollkommnung der deutschen Sprache aufgerufen.

Ein erster Blick lässt hoffen: „Auslegeware", „Sitzgruppe", „Frischmilch" und „Früchtedialog" bereichern schon seit Jahren unseren zwischenmenschlichen Austausch. Relativ neu dagegen ist das Machtwort „Zahnzusatzversicherung". Ein linguistischer Höhepunkt deutscher Verwaltungslust.

Jede Sorge um die Weiterentwicklung der Sprache ist unbegründet, solange sich der Bürger seiner Mitverantwortung für das wichtigste Kommunikationsmittel nicht entzieht. Große Verdienste hat zweifellos das führende Management in Politik, Wirtschaft, Industrie und Banken, das mit Hilfe einer eigenen, weitgehend unverständlichen Geschäftssprache Ziele und Folgen seines Tuns geheimnisvoll verhüllt. Nur eine intellektuelle Minderheit beherrscht diese noble Form der Kommunikation.

Ganz andere Ausmaße hat dagegen ein Thema, das nicht nur Minderheiten, sondern die Bevölkerung als ganzes einbezieht. Ein Thema, dem ich Jahrzehnte meines Privat- und Berufslebens erfolglos geopfert habe, ohne ein Ende abzusehen. Es geht um das Kapitel „Mann und Frau". Entschuldigung, „Frau und Mann".

Sie hören es: Schon mit der ersten Formulierung kommt man in Schwierigkeiten. Bis heute stehen wir ratlos vor der Spaltung der Menschheit in zwei ungleiche sogenannte Geschlechter. Die äußerlichen Unterschiede sind klein und bedürfen nicht der kritischen Betrachtung. Vielmehr geht es um die irrtümliche Annahme, Frauen und Männer sprächen dieselbe Sprache.

Das ist glücklicherweise nicht der Fall. Die in zahllosen Generationen unterschiedlich entwickelten Denkweisen und Sprachen lassen eine simple Verständigung nicht zu. Der hohe Reiz dieses Systems liegt in seiner Unerschöpflichkeit. Oft reichen Jahrzehnte des Zusammenlebens nicht aus, um alle Varianten einer sprachlichen Auseinandersetzung aufzuspüren.

Der Lebensgefährte betritt gegen Abend die Wohnung und fragt durch die geöffnete Küchentür: „Wann gibt es Abendessen?“ Darauf die Lebensgefährtin: „Mein Gott, ich kann doch nicht hexen!“ Bis zu diesem Zeitpunkt des Gesprächs sind fünf Sekunden vergangen. Fünf Sekunden, für deren automatischen Ablauf die Kräfte des Universums Hunderttausende von Jahren Vorarbeit geleistet haben. Auf die Frage des Mannes reagiert die Gattin sicherheitshalber mit der Anrufung des Allmächtigen: „Mein Gott“, sagt sie und fügt hinzu, dass sie nicht hexen könne.

Die Entgegnung des Partners, er habe nur gefragt, wann es Abendessen gebe, kommentiert seine Lebensgefährtin mit der Beobachtung, das sei eine Fangfrage zur Auslösung eines zeitraubenden Gesprächs, an dem sie nicht teilzunehmen gedenke.

Worauf der Lebensgefährte sich auf das versteift, was man unter „männlicher Logik“ versteht: ein veraltetes, stark vereinfachtes Denkschema ohne Berücksichtigung wesentlicher Begleitumstände. Dagegen hat die häufig kritisierte weibliche Logik schon immer wichtige Faktoren in ihren Denkprozess miteinbezogen: Gewicht, Frisur, Migräne, Alter, Hass und Liebe.

Folglich ist eine unerwartete Verständigung zwischen Mann und Frau wohl nicht zu befürchten. Auch in Zukunft werden wir als mitwirkendes Ensemble die unterhaltsame Sprache der Missverständnisse genießen, denn wir wissen es nun; die Frau denkt analog, der Gatte digital. Ich weiß nicht, was das heißt, aber ich behaupte es einfach mal.

Mit nur zwei Wörtern – gleichermaßen schön, zeitgemäß und rätselhaft – erklärt die Sprache das Unbegreifliche.“

Nach dem Tod des Autors druckte die *Süddeutsche Zeitung* ein Interview nach, in dem sich Loriot neun Jahre zuvor über Leben und Tod geäußert hatte. Auf die etwas dürftige Frage, ob es so etwas wie Altersweisheit gebe, antwortete er: „Kaum. Die Jahre vergehen fast zu schnell, um aus Erfahrungen zu lernen. Wenn man jung ist, teilt man die Menschen in zwei unveränderliche Gruppen: Alte und Junge. Und wenn man alt ist, teilt man sie in Kranke und Gesunde. Erst sehr spät lehrt die Erfahrung, dass man keiner Gruppe entkommt.“

Loriot hat es in bisher unübertroffener Weise verstanden, die extremen Banalitäten menschlicher Kommunikation aus ihrem Umfeld herauszusezieren und so zusammenzufügen, dass dem Leser, Hörer und Zuschauer die peinliche Betroffenheit den Atem stocken lässt. Da gibt es nur noch eine Lösung: das befreiende Lachen.

*Spiegel Online* überschrieb am 23. August 2011 den Nachruf mit der Zeile: „Das wäre jetzt wirklich nicht nötig gewesen.“ Loriot hätte das sicher gefallen.

*Max Behland*

## Musik in Worten

Keine Angst vor neuen Tönen
Ingo Metzmacher
2005

„Als ich beim Heeresmusikkorps die Trommel schlug, lernte ich Christhard Zimpel kennen.“ Schöner kann ein Kapitel, das von John Cage, von seiner Musik erzählen soll, gar nicht beginnen. Der Satz verblüfft, macht Spaß. Das soll er auch, denn das Kapitel an dessen Anfang er steht, heißt „Spiel“. Es ist das letzte in Ingo Metzmachers Buch *Keine Angst vor neuen Tönen*, und John Cage ist gewiss der Komponist mit neuesten Tönen, vor denen Metzmacher uns in seinem Buch die Angst nehmen will. Kann einer mit Worten Musik so beschreiben, dass sie zu klingen beginnt, dass man ihr gebannt folgt wie in einem Konzertsaal?

Metzmacher ist 1957 in Hannover geboren. Dort, in Köln und in Salzburg hat er Musik studiert: Klavier, Musiktheorie und Dirigieren. Ab 1997 war er Generalmusikdirektor der Hamburgischen Staatsoper. 2007 wurde er der erste deutsche Chefdirigent und Künstlerischer Leiter des Deutschen Symphonie-Orchesters Berlin. Salzburg, Amsterdam, Zürich, Madrid sind nur einige weitere Stationen, meistens Opernhäuser.

Gelingt es dem Dirigenten Metzmacher, uns mit Worten zu begeistern für das, was die meisten unter uns von vornherein ablehnen als zu modern, abfällig als Kakophonie bezeichnen oder gar nicht erst anhören? Wenden wir uns noch einmal dem Heeresmusikkorps zu, in dem Metzmacher die Trommel schlug und Christhard Zimpel kennenlernte:

„Christhard kam aus Bremervörde und war ein Sonderling, denn er interessierte sich für moderne Musik. Er lud mich manchmal auf eine Tasse Tee in seine Stube ein und erzählte mir so dies und das. Er hatte viel zu erzählen. Er beschaffte mir auch Stoff zum Lesen, und schließlich fuhren wir gemeinsam zur Frühjahrstagung der Gesellschaft für Neue Musik in Darmstadt. Also ins Mekka der Avantgarde.“ Metzmacher berichtet davon, wie beeindruckt er war von der Musik dort und von denen, die die Musik machten, von der Kunst der Improvisation. „Und alles ohne Noten. Es kam mir vor wie Zauberei. Das wollte ich auch können", schwärmt der Trommler aus dem Heeresmusikkorps. Und wir glauben es ihm aufs Wort, wenn er fortfährt: „Nicht umsonst heißt es ja: ein Instrument spielen. Die Sprache verrät uns sehr genau den ursprünglichen Charakter einer Tätigkeit." Spielerisch solle der Umgang sein. „Erfinderisch, voller Lust an möglichen Varianten, mal links herum, mal rechts herum." Von Mozart erzählt er, der auf dem Kopf stehend glänzend Klavier spielen konnte. „Wenn die Materie beherrscht wird, kann sich wahres Spiel voll entfalten". „Darum ist das Spielerische eine hohe Form der Kunst. Meistens hart erarbeitet."

Während Metzmacher vom Experimentieren mit Tönen und Geräuschen in seiner Studentenzeit erzählt, erfahren wir eine Menge über die vermeintlichen Geheimnisse zeitgenössischer Musik. Das Blubbern mit dem Strohhalm im Wasserglas, das Geräusch, das entsteht, wenn man mit den Fingern an den Zähnen eines Kammes entlangfährt, oder das ein kreiselnder Gegenstand macht, das werden mit einem Mal „Klangereignisse". Jeder kenne solche aus dem Alltag, Tausende davon gebe es. Von John Cage sagt Metzmacher, er habe „ein ganzes Universum von Klängen" entdeckt, „die in der Musik bisher nicht vorkommen: die Welt der Geräusche, die uns in tausendfacher Zahl an jedem Tag begegnen, ohne dass wir sie wirklich wahrnehmen. Denn sie gehören nicht zu dem, was wir Musik nennen. Weil das so ist, hören wir nicht auf sie".

Wir sollen das ausprobieren, lädt uns Metzmacher ein, durch irgendein Zimmer gehen und die Gegenstände berühren, mit dem Knöchel des Zeigefingers anklopfen, über die Oberflächen streichen. Unweigerlich lässt man bei der Lektüre die Seiten des Buches durch die Finger gleiten und nimmt deren leises Rascheln wahr. Mit Vergnügen klopft man auf den Buchdeckel, bemerkt plötzlich, dass der Sessel leise knarrt, in dem man sitzt. Es geht einem wie dem Autor, der in die Töne hineinhört, die aus der Umgebung und von der Straße herauf schallen: Vogelzwitschern und Polizeisirenen, Klimaanlagen. Der lässt uns wissen, dass für Cage alles Musik gewesen sei. Dass der weder Radio noch Plattenspieler besaß, erfahren wir scheinbar ganz nebenbei, zum Spaß sozusagen. Aber das ist es gerade, was uns Laien so fesselt an dem Buch. Metzmacher nimmt uns mit in die Moderne der Musik, tut das nicht wortgewaltig, nicht akademisch. Er lässt uns mitspielen, erklärt uns die Regeln, verrät uns Tricks, plaudert Geheimnisse aus. Er macht uns zu Mitwissern. Schön zu wissen, dass die Titanen der modernen Musik so ganz normale Menschen waren. Wenn wir uns ihnen nahe fühlen, können wir uns auch eher ihrer Musik nähern. Weit, weit weg scheint uns John Cage von unserem Musikgeschmack, bis wir erfahren, dass sein Vater Erfinder war und „Tante Phoebe ihm ein bisschen Klavierspielen" beigebracht hat. Bei Arnold Schönberg hat er studiert, von dem wir erfahren, dass er „ein großer Spieler war", dass er ein Trampolin im Garten hatte und leidenschaftlich Tennis spielte – mit George Gershwin zu Beispiel. „Er erfand das Koalitionsschach für vier Personen, entwickelte sein eigenes Kartenspiel. Das Schreckgespenst der Zwölftonreihe gehört auch in diesen Zusammenhang". Zwei Jahre hat Cage bei Schönberg studiert.

Einen Tag lang hat Metzmacher bei John Cage gelernt, als der in Frankfurt Gast des *Ensemble Modern* war. Sie probten sein *Konzert für präpariertes Klavier und kleines Orchester* und anschließend von Eric Satie das Stück *Socrate*.

Man muss weder Cage kennen noch Satie, nicht einmal Sokrates, um mit Freude zu lesen, was Metzmacher darüber schreibt und wie – so leicht, so spannend: „Wer die Materie beherrscht..." Mit der Komposition, deren Aufführung für 639 Jahre geplant ist, endet das Kapitel von den Klangwelten. Ein letztes Mal nimmt er uns mit in sein Musikgeräusch: schickt uns in die altehrwürdige Burchardi-Kirche in Halberstadt. Dort wurde 1361 die erste Großorgel der Welt gebaut – im Dom St. Stephanus und St. Sixtus, 639 Jahre also vor unserer Jahrtausendwende. Seit 2000 läuft in Halberstadts Burchardi-Kirche das Stück, das der Amerikaner „As slow as possible“ genannt hat. „Ein gewaltiges Vorhaben, ein unüberhörbares Zeichen des Vertrauens in die Zukunft. Wer jemals dort vorbeikommt, sollte dringend lauschen. Hinein in eine Langsamkeit, die immer noch viel schneller ist als all das, was im Universum vor sich geht. Offene Ohren sind dafür die besten Voraussetzungen. Die kann jeder haben.“ So einfach klingt das, wenn ein Meister, der die Trommel schlug beim Heeresmusikcorps, einlädt zu einem der meistdiskutierten Musikprojekte. Lasst uns die Ohren und die Sinne ganz weit aufmachen. Hören wir auf ihn.“ Gemeint ist Cage: „Es wird uns verändern“.

Lesen wir ihn, auch er kann uns verändern, Ingo Metzmacher. Er kann uns von Vorurteilen befreien, von Ignoranz und Aversion: von dem ängstlichen „Das verstehe ich sowieso nicht, da kann man ja keine Melodie behalten, das ist ja keine Musik.“ In verständlicher Sprache, in schöner Sprache zugleich erzählt uns der Autor von seinen Musikerkollegen, von deren Kompositionen, erzählt Anekdotisches und erklärt mit scheinbar leichter Hand, wie moderne Musik funktioniert. Wir lernen eine Menge Theoretisches, dabei lesen wir eigentlich nur höchst Unterhaltsames. Von Charles Ives etwa, der für viele von uns schon einer ist, bei dessen Musik wir die Nase rümpfen, hören wir ganz nebenbei, dass sein Vater Bandleader in der amerikanischen Armee war und dass Abraham Lincoln ihn für einen der besten hielt. Da verblüffen allein die zeitlichen Zusammenhänge so, dass man neugierig weiterliest, was denn wohl die Experimentierlust dieses Vaters mit der Orchestersuite seines Sohnes Charles zu tun hat.

Bei Gustav Mahler scheint Metzmacher vordringlich die Rolle des Dirigenten einzunehmen: „Meine erste Mahlersymphonie dirigierte ich in Wien. Es war die Fünfte. Mit dem Trauermarsch am Ende und seinen seligen Erinnerungen. Mit dem heftigen Ausbruch im zweiten Satz und seiner unzähmbaren Wut. Mit dem ausufernden Scherzo, das so schwer hinzukriegen ist. Dem Adagietto, dem berühmten Liebeslied. Und einem Finale, das in seinem Übermut kein Ende nehmen will.

Ich erinnere mich gut. Nicht alles klappte. Nicht jeder Stein stand auf dem anderen. Bisweilen dachte ich, sie gerät mir völlig aus den Fugen. Ich war am Ende meiner Kraft. Aber sie hatte Erfolg, weil sie oft am Rande des Scheiterns stand." Und dann folgt ein großartiges Kapitel über Mahlers Symphonien.

Das verführt zu doppeltem Vergnügen: lesen, im Kopf nachhören, CD anhören, wieder lesen. Bei Mahler mag das klappen, auch bei Debussy oder Strawinsky, die Metzmacher sich vorgenommen hat; deren Musik mögen viele zur Hand haben. Schwieriger wird es vielleicht bei Olivier Messiaen, Edgar Varèse, Stockhausen und Karl Amadeus Hartmann – Komponisten, von denen nicht jedermann Musik im Hause hat. Muss man auch nicht. Aber Lust kriegt man schon, wenn man Metzmachers Beschreibungen liest.

Keinesfalls lustig, vielmehr sehr persönlich schreibt er über den Komponisten Karl Amadeus Hartmann. Er habe „nach allem, was wir wissen", als einziger deutscher Komponist den Mut gehabt, sich nicht mit dem Nazi-Regime zu arrangieren. Und nach genau einem solchen Leitbild habe sich Metzmacher als junger Mensch gesehnt. „Ich suchte nach etwas, das mich stolz machen konnte, ein Deutscher zu sein." Hartmann, schreibt er, „war ein großer deutscher Komponist. Seine Musik bilde die „Brücke zwischen Gustav Mahler und Wolfgang Rihm, zwischen Alban Berg und Hans Werner Henze". Er habe entscheidende Bedeutung für die Entwicklung der Musik in Deutschland, die ohne ihn einen ganz anderen Verlauf genommen hätte. „Er hat in den dunkelsten Jahren unserer Geschichte die Werte der großen deutschen Musiktradition hochgehalten und so für die Nachwelt bewahrt. Darum ist er mir auch als Mensch ein Vorbild", erklärt Metzmacher in seinem Kapitel über Karl Amadeus Hartmann.

1935, am 1. September, wurde in Prag seine Symphonische Dichtung *Miserae* uraufgeführt. 1933/34 hatte er sie komponiert und ihr mutig eine Widmung für die ersten Opfer des Konzentrationslagers Dachau vorangestellt: „Meinen Freunden, die hundertfach sterben mussten, die für die Ewigkeit schlafen – wir vergessen Euch nicht. (Dachau, 1933-1934).“

Umgehend verboten die Nazis Hartmanns Musik. Damit wurde der Komponist, der gerade mal 28 Jahre alt war, als Hitler an die Macht kam, vollkommen isoliert vom geistigen öffentlichen Leben. 12 Jahre totale innere Emigration bis zum Ende des Krieges und der Nazi-Herrschaft folgten. „Und konnte während dieser ganzen Zeit doch nicht wissen, wie lange es dauern würde“, lesen wir, und: „Er überlebte, weil er gegen diesen Zustand ankomponierte, Stücke schrieb wie: ‚Sinfonia tragica‘, ‚Klagegesang‘, ‚Versuch eines Requiems‘ oder ‚Concerto funèbre‘ für Sologeige und Streichorchester, bis heute sein meistgespieltes Werk. Es entsteht 1939 unter dem Eindruck des Überfalls deutscher Truppen auf Polen. Es trauert und klagt an, unmissverständlich. Und das zu einer Zeit, als ganz Deutschland im Siegestaumel liegt. Bezeichnend ist das Ende des Stückes. Fast ist der abschließende Choral in Resignation verklungen, als plötzlich der letzte Akkord mit der härtesten Dissonanz, die möglich ist zwischen zwei Tönen, seine ganze Wut herausschreit.“

Die Empathie, die Metzmacher in diesem Kapitel dem Komponisten entgegenbringt, hat mit der deutschen Geschichte im 20. Jahrhundert zu tun, mit dem Mut und der Tapferkeit dieses „deutschen Komponisten“. Er bewundert dann Hartmanns enthusiastisches Engagement für die zeitgenössische Musik im frühen Nachkriegs-Deutschland. Für seine Konzertreihe *musica viva* gelang es dem Komponisten, Strawinsky, Hindemith und Milhaud zum Dirigieren nach Deutschland einzuladen; er machte die deutschen Hörer mit Bartók und Schönberg, Debussy, Benjamin Britten bis hin zu Luigi Dallapiccola bekannt. „Die Säle sind überfüllt“, schreibt Metzmacher. „Das Wichtigste aber: Hartmann gibt der jungen Komponistengeneration eine Chance.“ Er zählt sie auf, vor deren „neuen Tönen“ er uns in diesem Buch die Angst nehmen will: Stockhausen und Hans Werner Henze, Bruno Maderna. „Sie alle haben sich erste Sporen bei der musica viva verdient.“ *Musica viva*, die Hartmann in den verbliebenen freien 18 Jahren seines Künstlerlebens „zu beispiellosen künstlerischen Höhen“ führte. „Er hilft den jungen Kollegen in einer Weise, wie er sie selbst nie erfahren hat. Ich ziehe davor meinen Hut.“ Zu diesen jungen Musikertalenten gehörte damals auch Luigi Nono. Ihm widmet Metzmacher ein anderes Kapitel.

Luigi Nono – ein bewegender Bericht über diesen musikalischen Kämpfer, ein sehr persönlicher. Aus jeder Zeile beinahe klingt die gleiche Bewunderung wie aus dem ersten Kapitel, das Metzmacher dem Cellisten Metzmacher widmet, seinem Vater. Das ist das Besondere an diesem Buch: Den Beschreibungen von Komponisten setzt Metzmacher ganz persönliche Kapitel voran. Eines heißt sogar Bekenntnis. Die anderen nennt er Farbe, Natur, Geräusch, Stille – das ist das vor dem Aufsatz zu Luigi Nono – und Spiel. Spiel, ihm folgt der Text zu John Cage, mit dem Metzmacher sein Buch über die Komponisten der modernen Töne beendet. Zum Schluss berichtet er uns von seinem eigenen Weg vom Pianisten zum Dirigenten, von der klassischen Musik hinein in die Welt der neuen Töne. „Unterwegs“ nennt er das Kapitel; es beginnt so schön und schlicht ist wie das vom Trommler im Heeresmusikcorps: „Ich bin also abgehauen. Habe mich aufgemacht.“

Das klingt alles nach Begabung, Glück und Leichtigkeit, nach Lust und Leidenschaft. So kann den Dirigenten auch erleben, wer vor den Konzerten an seinen Einführungen teilnimmt. Da sitzt er am Flügel, in offener Frackweste schon, aber ohne Jacke, und erzählt seinem Publikum, als wäre es in kleiner privater Runde, von dem großen Konzert, das er anschließend dirigieren wird. Am Ende unseres Buches aber verrät uns der Autor „Ich hätte nie gedacht, dass Schreiben so viel Zeit und so viel Kraft verlangt. Aber ich bin dankbar für eine unvergessliche Erfahrung.“

Ingo Metzmachers Buch *Keine Angst vor neuen Tönen. Eine Reise in die Welt der Musik* ist erschienen im Rowohlt Verlag. Berlin 2005.

*Roswitha Behland-Wördehoff*

## Rohlingsspindel

QQ
Max Goldt
2007

Es ist kaum auszuhalten, einen Familienfilm aus den fünfziger Jahren anzusehen. Einen von denen, die vom Deutschen Fernsehen immer wieder an Feiertagen ins Nachmittagsprogramm geleimt werden. Ansehen geht nicht. Aber Lesen! Lesen, nacherzählt von Max Goldt. Ein riesiges Vergnügen ist sein Sonntagskino mit dem Witwer und seinen „drei süßen Witwerfratzen“, die noch „oh Vati“ rufen „mit ihren glockenhellen Frätzchenschnuten“.

Auf vier Seiten lässt Goldt uns sehen und hören, was Deutschlands Familien in den Jahren von Wiederaufbau und Wirtschaftswunder begehrenswert fanden oder wenigstens finden sollten:

> „Glücklicherweise bringen sämtliche Fernsehsender von mittags bis früh abends westdeutsche Spielfilme aus den fünfziger Jahren, z.B. diesen: Ein Witwer zieht mit drei bildhübschen Töchtern in eine kleine Stadt. Zwar gab es während der Zeit der Filmentstehung so gut wie keine Witwer, dafür aber umso mehr Witwen, aber so hart wollte man die Zuschauer damals nicht an die Realität ranknallen lassen. Die Leute wollten doch vergessen und sich mal anderthalb Stunden milde betäubt zurücklehnen! Also Witwer statt Witwe.“

Die ganze Filmschmonzette, die natürlich mitsamt „der stimmungsvollen Bergserenade ‚La Montanara‘“ in Liebesglück und Heirat kumuliert, lesen wir in Goldts genrezusammenfassender Nacherzählung in dem Stück *Nein zum Masermontag*.

Das ist Max Goldt! Am besten ist es, den Text getrost zum zweiten Mal zu lesen: Dann ist spätestens zu erkennen, dass das „nicht ranknallen lassen“ fein kontrapunktisch komponiert ist zu dem „milde betäubt zurücklehnen“. Sprachwitz und Ironie verstecken die Moral – auf den ersten Blick.

Vier Seiten fünfziger Jahre von sieben, in denen es um einen fiktiven Feiertag geht, den sich der Autor ausmalt in der festarmen Zeit des Frühherbstes. Wohl gemerkt! Der Aufsatz heißt *Nein zum Masermontag*. Ein Montag sollte es sein, weil doch „im Frühherbst eines völlig fehlt, nämlich ein richtig schöner gesellschaftslähmender und wirtschaftsschädigender Doppel- bis Dreifachfeiertag“. Aber wieso „Maser*montag*“? „Masern“ soll er heißen, „nicht etwa, um eine Verwechslungsgefahr mit der gleichlautenden Kinderkrankheit zu konstruieren, sondern weil das eben so ist in kultivierten alten Sprachen: Unterschiedliche Dinge haben den gleichen Namen, und sollte ein Kind zu Masern die Masern bekommen, würde sich die gleiche Heiterkeit einstellen wie an einem feuchten Tag, an dem man von Gießen nach Regensburg reist“. Den Beweis, dass das so stimmt mit den gleichen Namen für unterschiedliche Dinge in kultivierten alten Sprachen, tritt unser Autor nicht an, das blöde Witzchen von Gießen und Regensburg bloßzustellen ist ihm die bessere Pointe. Goldt beschreibt dann, wie ein solcher Tag aussehen könnte, heute, im 21. Jahrhundert: Nach dem Frühstück mit „Feiertagsklassik aus dem Radio folgt ein Spaziergang in blaßlila oder beigen pflegeleichten Übergangparkas aus atmungsaktivem Mikrofasermaterial durch außerordentlich unquirlige Straßen“. Um sich allein darüber zu amüsieren, darf man natürlich nicht gerade selbst so oder ähnlich gewandet seinen Sonntagmorgen verbringen. Ein bisschen Snob ist er schon, der gute Max Goldt! Aber lustig macht er sich auch über Snobs; man lese nur den Aufsatz über das *Staunen*.

Bei der Beschreibung des Mittagessens („was mit Pfifferlingen“) – wir befinden uns ja im Frühherbst – „rühren die Frauen mit Messern die Kohlensäure aus dem Selterswasser und die Kellnerin kann beim Kinderteller die Pommes nicht durch Püree ersetzen, weil sie nicht weiß, wie sie das bongen soll. Vorletztes Masern wußte der Kellner nicht, wie er Cola-Bier bongen sollte!“ Sprachkritik ohne Nörgelei!

An anderer Stelle schmäht Goldt den nachlässigen Umgang mit unserer Sprache unverhohlener: im Artikel *Staunen*. Da geht es auch um die Kohlensäure im Mineralwasser. „Scheint es Ihnen nicht auch traurig, daß man infolge der Sprachglobalisierung beim Wasserbestellen jetzt immer gefragt wird: ‚Mit Gas oder ohne Gas?' Wo ist unsere gute alte Kohlensäure geblieben?" Sprachkritik spielt beinahe immer eine Rolle in Goldts Texten; sie kommt oft unterschwellig daher: Krethi und Plethi als Bezeichnung für jedermann und Allerweltstypen zu benutzen ist gleichermaßen schlicht wie die weitverbreitete Alternative Hinz und Kunz. Goldt tippt mit dem Finger drauf, und wir können lachen: dazu der Anfang der Erzählung von Jessica, ihrer Mutter und dem Bag-Charm-Teddybären Bobo. Der geht so: „Repräsentative Bildbände – Coffee Table Books – gibt es zwar auch heute noch nicht über Krethi, Hinz, Plethi und Kunz, doch erstaunlich vielem anderen wendet man sich umfangreich zu, Harfen aus der DDR, kieferchirurgischen Instrumenten des Biedermeier, philippinischer Hochzeitsfotografie..." Die ganze Erzählung heißt übrigens *Die Verbesserung von Jessicas Mutter mit Hilfe eines Mülleimers.* Die zitierte Einleitung führt nicht geradewegs zum Miniatur-Teddybären am Rucksack von Jessicas Mutter, sondern lässt sich Zeit für einen Umweg über Friede Springer und Gesine Schwan, denen wir in der „Lese-Nische einer unserer Rolltreppenbuchhandlungen" begegnen.

Noch deutlicher, unumwunden und umweglos packt Goldt Sprachthemen an in dem Essay *Hannah Arendt hat recht.* Da geht es um „Schonungslos Verknapptes", um „Die alltägliche Gewalt", um die „Radikale Bestandsaufnahme" und „Das Lebensgefühl einer Generation".

Und wer nicht gelesen hat, was es mit der „Rohlingsspindel" auf sich hat, kann gar nicht wissen, was eigentlich ein besonders schönes deutsches Wort ist und warum. Nachzulesen ist es unter der Überschrift *So machen es die klugen Sprachen.*

Mann oder Frau mögen auch platzen – und zwar vor Lachen, wenn sie im Buch die Seite 121 aufschlagen, wo die komische nachdenkliche Geschichte beginnt mit dem Titel *Preisung der grotesken Dame,* und zwar so:

> „Nachdem ich mich unlängst so liebäugelnd wie fachsimpelnd zum Thema „Dame" geäußert habe, möchte ich mich heute keineswegs dem Herrn zuwenden, sondern schon wieder der Dame, und zwar einer ihrer besten und nachdenkenswertesten Erscheinungsformen: der grotesken Dame."

Wer hätte nicht gedacht, dass nun tatsächlich der „Herr" dran gewesen wäre? Nicht so der gewiefte Max-Goldt-Leser, der ahnt, dass es ganz anders kommt, freut sich umso mehr übers wie. So nämlich:

> „Vor etwa zehn Jahren konnte man, sofern man sich im zentralen Bereich von Berlin-Charlottenburg aufhielt, einem der letzten, inzwischen aber auch austrocknenden Refugien für auffällige alte Menschen [man beachte die Wortnähe von Austrocknen und alten Menschen], die optische Bekanntschaft von zwei miteinander konkurrierenden Affenbesitzerinnen machen, zumindest standen sie in Konkurrenz, was die Aufmerksamkeit der Passanten anbetraf; ob sie einander kannten oder auch nur wahrnahmen, ist keineswegs sicher. Beide waren sehr alt und so umfeldprägend wie kleine wendige Kathedralen. Sie strotzten vor Vergangenheit; einer jeden von ihnen hätte man zugetraut, daß sie früher einmal Thereminspielerin, Ausdruckstänzerin am Hofe Kurt Georg Kiesingers oder Chefin eines als Getreidesuppenausschank getarnten präfeministischen Orakelbordells in Damaskus gewesen war."

Das ist zum Lachen. Witzig. Phantasievoll. Zugleich aber steckt schon dieser kleine Einleitungstext voller Poesie und Originalität. Ist es etwa nicht ganz besonders, zwei alte Damen als „kleine wendige Kathedralen" zu beschreiben, klingt da nicht Musik, geht sie uns nicht schon gleich ans Herz, die Vorstellung von den beiden Affenbesitzerinnen? Nur nicht rührselig werden, schon holt uns der Meister zurück aus unseren Träumen, weckt uns mit dem „Hofe Kurt Georg Kiesingers" und macht's noch ärger, schickt die beiden ins „Orakelbordell". Wir erfahren, dass die eine ihr Äffchen in geschmücktem Kinderwagen durch die Kantstraße fuhr, die andere ihres auf der Schulter trug oder an der Leine führte. Die eine sang beim Ausführen des Äffchens „in mürbem Sopran osteuropäisch klingende Lieder". Beide schienen unnahbar, duldeten aber, von Kindern angesprochen zu werden, „die Gräfin schmerzhaft lächelnd", die andere, die Goldt als Typ „altes Mädchen" beschreibt, „mit morschem, doch fröhlichem Gekeif".

„Daß sich die Damen keinerlei Zurückhaltung auferlegten, was den Einsatz dekorativer Kosmetik und schwersten Geschmeides betraf, versteht sich von selbst." Weiter beschreibt Goldt die Gräfin mit ihren Handschuhen, von denen er sagt, man könne sie als Etui oder Futteral bezeichnen, „weil Handschuhe für diese Art von Kleidungsstück ein entschieden zu klangloser Ausdruck wäre." Die Gräfin, erzählt er, habe er lange nicht gesehen, befürchtet, dass es sie nicht mehr gebe, und lässt uns dann teilhaben an seiner Vorstellung von einer, nun ja leider nicht mehr realistischen, Begegnung der beiden Damen: „Ich könnte jedoch schwören, sie würden sich tapfer ignoriert haben, die Mädchenhafte stoisch weitersingend, die andere mit jenem ‚heroisch gefaßten' Blick, den man Magda Goebbels für den Augenblick zuschrieb, da sie das Zimmer verließ, in welchem sie soeben ihre Kinder vergiftet hatte."

Leser, lass dich nicht aufs Glatteis führen von diesem Schreiber, im Zweifel meint er's ernst. Er beobachtet sehr genau – und ist kritisch, messerscharf manchmal, wenn etwas *„zugeschrieben"* wird zum Beispiel. Schließlich auch wenn er sich gleich nach dieser Szene auf die Suche macht nach grotesken Damen unserer Tage, nach echten, nicht nach denen aus der Pop-Industrie, erst recht nicht nach ihren Epigonen, die glauben „grotesk“ sein zu sollen. „Ich wiederhole an dieser Stelle gern meine Feststellung, daß einen solchen Wunsch empfinden kann, der der Masse ‚angehört‘. Die echten Grotesken tun das an keinem Punkt ihres Lebens, ihre Auffälligkeit ist nichts wunschgemäß Herbeifabriziertes, sondern ergibt sich aus ihrer ureigenen Natur.“

Weiter unten im Text heißt es: „Unerbittlich graziös nehmen sie die Nachteile ihrer Lebensform auf sich, das Ausgelachtwerden durch die Dumpfen ebenso wie die Mühen, die für die Takelage notwendig sind.“ Und dann spricht Goldt noch einmal direkt von den Affendamen:

> „Nicht alle haben Geld. Mit einem kreischenden Tier auf der Schulter in einem Laden ‚ein Landbrot und zwei mittelgroße Eier‘ zu verlangen, um nach einem Blick ins Portemonnaie die Frage nachzuschicken: ‚Hätten Sie vielleicht auch ein Landbrot von gestern und nur ein Ei, und zwar ein kleines?‘ Erfordert mehr Lebenskraft und Stolz, als das gleiche ohne ein Tier auf der Schulter zu tun. Unter Schmerzen toupieren sie ihr Haar, mit zitternder Hand kleben sie sich falsche Wimpern auf die Lider oder zwängen geschwollene Füße in flamboyantes Schuhwerk, und niemand versteht, warum sie das tun, und wie soll man ihre Haltung, mit der sie all das Unverständnis hinzunehmen bereit sind, anders nennen als Majestät? Man sollte sie nicht nur achten wie andere alte Leute, sondern obendrein verehren. Sie zählen zu den großen Helden unserer Städte.“

Max Goldt ist auch ein Moralist. Er zählt zu den guten Autoren unserer Zeit. Wer Max Goldt schätzt, versucht immer auf dem aktuellen Stand seiner Neuerscheinungen zu sein, sucht nach Veröffentlichungen in Zeitungen und Magazinen, achtet sogar auf seine Lesereisen, denn es ist höchst amüsant zu hören, wie dieser Beobachtungshumorist unsere alltäglichen Gewohnheiten und Lebensäußerungen unter die Lupe nimmt, seziert und uns feinstens zerlegt vor Augen hält. Und dabei geht es keinesfalls nur um die sprachlichen Pointen. Aus dem

Buch *QQ* stammen die zitierten Beispiele; es enthält eine Sammlung von 22 Texten, die zuvor, teilweise unter anderen Titeln, in der Zeitschrift *Titanic* erschienen sind. Um Lust auf das ganze Buch zu machen, sind Köstlichkeiten aus verschiedenen Stücken zusammengetragen. Wer die Intelligenz, ihre Poesie und Moral der Goldt-Texte genießen will, muss wenigstens mehr in diesem Buch *QQ* lesen als nur den Schlussartikel *Was schön ist und was häßlich ist*, woraus in dieser Lobeshymne ganz nebenbei überhaupt nichts zitiert ist. Schade eigentlich. *QQ* ist aber nicht das neueste Buch von Max Goldt. Hinter den beiden Buchstaben verbirgt sich „quiet quality – stille Güte. Ein neues Schlagwort aus den USA, für alles, was nicht schreit...“. An sich klingt das vielversprechend – manchen Zeitgenossen betreffend, nicht aber bitte Max Goldt selbst. Von dem möchten wir gern noch eine ganze Menge Qualität hören, lesen in neuen Büchern. Umso bedenklicher ist es, dass die fünf Jahre um sind, von denen es im Zitat aus einem Interview in der Marginalie am Beginn des Textes heißt, die wolle sich der Autor von *QQ* noch Zeit nehmen, um Geld zu verdienen „für eines dieser Altersheime für gutsituierte Leute mit ein bisschen Hirn, erst danach kann's losgehen mit QQ.“ Vielleicht müssen wir zum Glück auch das nicht ganz so ernst nehmen.

*Roswitha Behland-Wördehoff*

## Ein Bild der Welt

Atlas eines ängstlichen Mannes
Christoph Ransmayr
2012

„Parlamentsbesucher" überschreibt Christoph Ransmayr die fünf Seiten in seinem Buch *Atlas eines ängstlichen Mannes*, auf denen er nichts anderes schildert als eine Warteschlange von Besuchern vor dem Reichstagsgebäude in Berlin. Scheinbar nichts anderes! Gleich zu Beginn ahnen wir, dass es hier um mehr geht: „Ich sah einen barfüßigen Mann in einer langen Schlange winterlich vermummter Menschen vor dem Reichstag in Berlin." Zwischen mehr als zweihundert Wartenden muss dieser Mann ohne Schuhe und Strümpfe gestanden haben, schweigend, im hinteren Drittel der langen Reihe; Wind und Kälte ertrugen sie alle, bevor sie hineindurften in „das Parlament eines der reichsten und mächtigsten Länder Europas". Das wollten sie besichtigen. Und ein paar von ihnen lernen wir genauer kennen. Winzig kleine Episoden dienen uns Lesern, uns ein Bild zu machen von der vorlauten kleinen Miriam und ihrer Mutter, von dem Mann mit der Pelzmütze, der seiner zierlichen Frau vorschlägt, die lästige Warterei im Kalten abzubrechen und lieber ins warme Hotel zurückzukehren. Von den Neugierigen lesen wir, die sich angeblich unauffällig umherschlendernd dem Barfüßigen nähern. Ransmayr selbst gibt zu, sich ähnlich verhalten zu haben wie die anderen, die vor und hinter dem seltsamen Mann in der Schlange warten.

„Ich sah einen barfüßigen Mann", sagt er am Anfang. Irritiert und interessiert einerseits ist er, was es wohl mit den nackten Füßen auf sich habe, greift sogar zum Mobiltelefon, um heimlich zu fotografieren, dezent zwar und auch möglichst unauffällig. Ängstlich! „...und schielte dabei doch und ebenso verstohlen wie dieser und jener aus der Warteschlange auf den Mann mit den nackten Füßen." Schamgefühl kommt auf – beim Erzähler, beim Leser. Wegsehen. Den Blick himmelwärts richten. „Hoch in der Reichstagskuppel, himmelhoch oben, auf einem umlaufenden Steg oder einer Plattform, erschienen jetzt winzige, schwarze Gestalten vor den grauen Wolken. Die hatten es geschafft. Die sahen, wenn sie in die Tiefe blickten, die Schlange, aus der sie gekommen waren, als dunkles, unregelmäßiges Band in der Leere."

Unser Autor steht nicht in der Schlange; er betrachtet sie von außen – reiht sich nicht ein. Er nimmt die Rolle des Berichterstatters ein für seine Leser, distanziert zwar, aber engagiert zugleich.

Auf dem Wege zu einer Verabredung am Brandenburger Tor kommt er zufällig vorüber an den vielen Menschen, „die hier unter freiem Himmel über Pflaster, Treppenstufen und durch viel leere Weite Schritt für Schritt gegen die Sicherheitsschleusen am Eingang des Reichstags vorrückten."

Von den Handgepäckkontrollen spricht er, die die Besucher über sich ergehen lassen müssten, sogar von Leibesvisitationen, bevor sie Zutritt bekämen zum Parlamentsgebäude.

„Unter einer riesigen Kuppel aus Stahl und Glas, die nicht nur den Regierungspalast, sondern die ganze Stadt zu überwölben und den grauen Himmel über Spiegelflächen ins Innere des Gebäudes zu zwingen schien, berieten Volksvertreter in diesen Tagen neben ungelösten Fragen zur empörend ungerechten Verteilung des Reichtums auch darüber, ob Deutschland seine Soldaten in einen Krieg befehlen sollte, der fernab der Landesgrenzen auf Schlachtfeldern des Mittleren Ostens tobte, wo es wenig zu gewinnen und viel zu verlieren gab."

Finstere Themen für die Parlamentarier und nicht weniger düstere Atmosphäre da draußen jenseits der sie abschirmenden Wände um ihren Plenarsaal herum. In der Luft riecht es nach Rauch. Es schneit. Es ist kalt. Der Himmel ist grau. Die Wartezeit ist lang: Eineinhalb bis zwei Stunden werden die Menschen frieren müssen, bevor sie ins Warme gelangen. Aber die meisten Wartenden haben sich gut geschützt gegen die Unbilden des Wetters: mit Anoraks und Daunenjacken oder Regenmänteln. „Auffallend elegant gekleidet" unter all den salopp und typisch touristisch Ausstaffierten ist dagegen der Herr in einem grauen Kammgarnmantel, grauer Flanellhose, mit grauem Hut, Schal und grauen Lederhandschuhen.

Ganz jung ist der Mann in Grau nicht mehr, „längst über das Alter eines Soldaten hinaus und vielleicht sogar alt genug, um schon im vorläufig letzten Weltkrieg Helm und Uniform getragen zu haben“. Das sind Überlegungen, an denen er uns teilhaben lässt, während das Parlament über die Teilnahme wohl am Irak-Krieg debattiert. „Selbst seine nackten Füße schienen in der Kälte etwas vom regenfeuchten Grau der Pflastersteine angenommen zu haben.“

Keine ganzen sechs Buchseiten braucht der Autor und diesen einen grauen schweigsamen Mann, um uns soviel über Typisches an uns Deutschen zu sagen, dass uns der Atem stockt. Dabei beschreibt er nur, was er sah – „einen barfüßigen Mann in einer langen Schlange winterlich vermummter Menschen vor dem Reichstag in Berlin.“

Alle siebzig Episoden, von denen Christoph Ransmayr in seinem Buch *Atlas eines ängstlichen Mannes* berichtet, beginnt er mit den Worten „Ich sah“. Siebzig Begebenheiten aus Ländern rund um die Welt sind der Erzählhintergrund für den *Atlas eines ängstlichen Mannes*.

Die Lava-Wüste im Hochland Islands, der Mekong in Laos, ein offenes Grab in Brasilien, eine leere Parkbank in der Gemeinde Lambach in Österreich, ein russischer Eisbrecher am Nordpol, ein Haus in San Felipe de Puerto Plata oder das Warschauer Stadion des Zehnten Jahrestages sind nur ein paar Beispiele, die Abenteuer erwarten lassen, manchmal sogar nach atemberaubendem Geschehen klingen.

Kein Wunder, wenn zum Beispiel eine der Geschichten „Gespenster“ heißt, eine andere „Der Untote“ oder diese: „Ein Weltuntergang“. Die beginnt so:

> „Ich sah den blauen Turm der *Bank of China* in Flammen. Er ragte wie der Zeiger einer Feueruhr aus einer rotglühenden Wolke, neigte sich dann dem Meer entgegen, brach auseinander und versank lodernd in der Flut.

Nach der Bank of China stürzt auch die von Rauch und tropischem Nebel umwehte Festung der *Hong Kong & Shanghai Banking Corporation* unter einem Funkenschwarm ins Südchinesische Meer. Und schon sprang das Feuer auf die *Standard Chartered Bank* über, auf die *Citibank*, das *Hopewell Centre*, den *Wan Chai Tower* und schließlich selbst auf den seidig schimmernden Wolkenkratzer der Bank of America. Hongkong brannte. Ein Wahrzeichen der Insel nach dem anderen ging in Flammen auf und fuhr brennend in die Tiefe der Joss House Bay."

Die Welt geht unter. Das ist die Apokalypse, die da beschrieben wird. Und am Anfang der Schilderung steht: „Ich sah". Und spätestens hier taucht ein anderer Text auf in der Erinnerung. „Und ich sah", so beginnt in der *Offenbarung des Johannes* das Buch der Sieben Siegel.

„Und ich sah in der rechten Hand dessen, der auf dem Thron saß, ein Buch, beschrieben innen und außen, versiegelt mit sieben Siegeln." Viele der Kapitel und Abschnitte beginnen dann so in der Offenbarung des Johannes „Ich sah". „Und ich sah einen starken Engel, der rief mit großer Stimme…", „Und ich sah, als das Lamm das erste Siegel zerbrach...". Im Lied der Überwinder" heißt es am Anfang: „Und ich sah ein anderes Zeichen am Himmel".

Wer nach einer Erklärung sucht, warum Ransmayrs *Atlas eines ängstlichen Mannes* heißt, mag einen Hinweis in diesen Anfängen der einzelnen Kapitel sehen: Ich sah. Genug andere Überlegungen treffen aber gewiss ebenso zu. Und uns Lesern mag es vielleicht auch einfach ein ungelöstes Rätsel bleiben. Dazu sei noch einmal auf das Vorwort von Ransmayr verwiesen, in dem er sagt, es sei in dem Buch ausschließlich von Orten die Rede, in denen er selbst gewesen sei. „Mit einer Ausnahme", sagt er. „Ein einziges Mal kommt hier auch ein Ort zur Sprache, an dem ich niemals war, der mir aber durch Beschreibungen meiner Frau vertraut geworden ist. Daß ich den Namen dieses Ortes für mich behalte, soll daran erinnern, daß wir vieles, was wir von *unserer* Welt zu wissen glauben, nur aus Erzählungen kennen und: daß (fast) jede Episode dieses Buches auch von einem anderen Menschen, der sich ins Freie, in die Weite oder auch nur in die engste Nachbarschaft und dort in die Nähe des Fremden gewagt hat, erzählt worden sein könnte." Erzählt schon, aber wie? Und wer wagte sich schon so in die Nähe des Fremden?

Die Geschichte von den Meuterern auf der *Bounty* heißt „Die Regeln des Paradieses" und beginnt so: „Ich sah eine schwarze Ziege am Rand eines von Schilfgras überwucherten Tennisplatzes in Adamstown, der einzigen Siedlung der Südseeinsel Pitcairn." Was folgt, ist grandios erzählt und verdient allein gelesen zu werden. „Durchnäßt von der Gischt, war ich den steilen Weg von der Mole hinauf zum Dorfplatz und zum *Post Office* gegangen, in dem ein Brief manchmal Monate auf seine Weiterbeförderung warten mußte, und wollte unterwegs in *Christian's Café* nach der panoramareichsten Route für eine Umwanderung der Insel fragen". Wie schön: nicht von der einsamen Insel zu sprechen, sondern stattdessen von den Briefen auf dem Postamt zu erzählen, die oft monatelang auf ihre Beförderung warten müssen! Die Wirtin des Cafés ist Mrs. Christian.

„Mrs. Christian, auch sie eine der vielen Nachkommen des Anführers der Meuterer, waren Gäste, die von Schiffen kamen, manchmal lieber als einheimische Kundschaft, mit der sie erstens oft verwandt war und die ihr zweitens nur wenig erzählen konnte, was sie nicht schon längst wußte." Nun erfahren wir zwar im weiteren Text nicht, was der durchnässte Schiffsgast Ransmayr Mrs. Christian zu erzählen hatte, wohl aber hört er von ihr die abenteuerliche Geschichte von den Meuterern der *Bounty* und mindestens ebenso Aufregendes von deren Nachkommen. Wer hätte zum Beispiel gewusst, dass ihr Städtchen „Adamstown der erste Ort der Welt gewesen, auf dem das uneingeschränkte Frauenwahlrecht eingeführt worden sei – im Jahre 1838!". Zu unserem Vergnügen hat Ransmayr auch diese Geschichte nicht für sich behalten als amüsante

Episode von einer seiner vielen Reisen, gibt sie stattdessen spannend geschrieben weiter an seine Leser. Und wie es mit der schwarzen Ziege weitergeht, erfahren wir natürlich auch – jedenfalls begegnen wir ihr am Ende noch einmal. Sogar wenn es um Sterne am nächtlichen Himmel geht über „einer weiten Lichtung des Hochwaldes am Rand des oberösterreichischen Höllengebirges", hat es den Anschein, der Autor mache sie zu lebendigen Wesen, denen wir eine Geschichte verdanken voller Schicksal. Manchmal lösen sich anfangs verstörende Eindrücke auf wie Rätsel mit Schalk und Witz, übrigens auch die von den brennenden Banken in Hongkong.

Aber nach der versöhnlichen Auflösung folgt wieder eine Menschengeschichte, die uns den Atem stocken lässt und uns tief hineinzieht in die Beschreibung eines ganzen Weltbildes voller Trauer und Liebe und Begeisterung und Staunen; Verehrung und Demut und Angst. Der „ängstliche Mann", der sich als Kind in der Dunkelheit der Nacht panisch fürchtete, erzählt uns nicht nur davon; seine Geschichten von sich und den Menschen in seinem *Atlas* machen uns zu Teilhabenden. Wir begegnen uns selbst zwischen den Seiten dieses Buches: bei den Gespenstern in Island vielleicht oder auf dem Flur in der Psychiatrie, vor Lenins Mausoleum in Moskau oder in der Warteschlange am Reichstagsgebäude in Berlin.

Ganz so, wie es Christoph Ransmayr in seinem Vorwort zu diesem Buch sagt, erleben wir es auch: „Vieles, was wir von unserer Welt zu wissen glauben", kennen „wir nur aus Erzählungen". Und tatsächlich hätten wir auch manches auf die eine oder andere Weise selbst erfahren können. So ähnlich oder ganz anders. „Der Tenor" hätte jedem von uns überall auf der Welt begegnen können – im Fernsehen: „Der rundliche Mann, ein in Wales geborener Opernfreund, hatte Philosophie studiert, in einem Supermarkt als Regalpacker gearbeitet, als Vertreter Mobiltelefone verkauft, jahrelang Gesangsstunden genommen und, von Krankheiten und Operationsfolgen geplagt, schon viel Hoffnung verloren, als er mit seiner Bewerbung für eine Casting-Show die letzte Chance nützen wollte, seinen Traum von einem Leben als Tenor zu verwirklichen. Und er hatte den Wettbewerb gewonnen."

Zwar heißt das Kapitel, in dem Ransmayr von dem armen Sänger erzählt, wirklich „Der Tenor", und tatsächlich sieht und hört er den Mann auch nur im Fernsehen, und jeder von uns berichtet ja auch einmal über das, was er kürzlich gesehen hat in diesem oder jenem Programm. Hier jedoch, wie auch in den anderen Geschichten, ist es das Erleben des Autors, das er mit dem des Anderen verwebt zu einem Stoff, der uns beim Lesen einhüllt, uns erwärmt, selbst wenn uns die einzelnen Episoden erschauern lassen.

Wenn er die Fernsehsendung in einem „zentral überheizten Zimmer im fünften Stock eines Hotels in Murmansk auf der russischen Halbinsel Kola", sieht und davon erzählt, dann ist das eine nicht nur Rahmenhandlung und das andere Kern der Geschichte, dann ist die Flotte abgewrackter „Kreuzer, Fregatten, Torpedoboote", die unten im Hafen „rostend, gekentert oder halbversunken im Wasser" liegt, nicht nur Kulisse. Schon wenn wir das lesen, ahnen wir zugleich, dass es mit dem Tenor, dem rundlichen „Mann mit den schiefen Zähnen" keinen guten Ausgang nehmen wird, obwohl der den Wettbewerb mit der Arie des Prinzen aus der Oper Turandot gewonnen hat. Und wir spüren das Mitleid des Autors, seine Empathie für die Menschen.

Wer Christoph Ransmayrs Bücher gelesen hat, weiß diese Eigenschaft des Autors seit langem zu schätzen und ist fasziniert von seiner Kunst, Menschenschicksal, Naturgewalt und Weltgeschichte ineinander verschränkt zu erzählen, wie wir es auch in diesen kleinen Stücken gewahr werden. Mit der deutschen Sprache geht Ransmayr so sorgfältig um wie mit den geschichtlichen Fakten. Seine Wortspiele sind subtil und so phantasiereich wie seine Erzählideen. So groß wie seine Sprachgewalt, so leicht lesbar sind seine Sätze. Die Länder sind fern, die Menschen nah, das Geschehen gigantisch, und der Ort ist in der Nachbarschaft, in Wien zum Beispiel. Vom „Mädchen im Wintergewitter" lesen wir die Erzählung, die

„auf einem verschneiten Feld unweit der Auen des Grenzflusses Inn, der inmitten einer winterlichen Hügellandschaft Österreich und Deutschland über sechzig dunkle Stromkilometer von einander trennte“. Eine tieftraurige und doch so versöhnliche Geschichte.

Wie gut ist es, dass der Inn zwar Grenzfluss zwischen unseren beiden Ländern ist, nicht aber unsere gemeinsame Sprache trennt. Christoph Ransmayr ist unser Nachbar – so und so. 1954 wurde er in Wels geboren, in Oberösterreich. Seine Bücher sind bisher in dreißig Sprachen übersetzt worden. Wir können uns glücklich schätzen, alles, was er geschrieben hat, im Original lesen zu können, in seinem wunderbaren Deutsch.

*Roswitha Behland-Wördehoff*

## Hier knackt es

Wie klingt eigentlich Deutsch?
Nora Gomringer
2014

Wie konnte es dazu kommen, dass Gedichte stumm wurden und aus vielen Köpfen verschwanden? In Schriftform konserviert ist Sprache zwar länger haltbar, aber nicht mehr hörbar. So hat es die Lyrik im schriftlichen Literaturbetrieb schwer, sie ist in gedruckter Form ihrer wirkmächtigen Mittel beraubt. (In vielen Buchhandlungen widmet man der Lyrik bezeichnenderweise eine kleine „Lyrik-Ecke".) Es fehlen Vortragsstimme, Rhythmik, Gestus, Dynamik und Melodie. Diese müssen vom Leser erst erschlossen und intoniert werden, bevor eine vom Dichter intendierte Weise (Ja, auch im Sinne von Lied!) wieder ersteht.

Zum Glück gibt es heute jenseits von „Lyrik-Ecken" in Bücherregalen den Poetry-Slam, er gibt den Vokalen ihren Laut, den Frikativen ihre Reibung und den Plosiven ihr Stakkato zurück. Dass die Lyrik jetzt wieder tanzt, seitdem sie sich von Bleisatz und Bindung befreit hat, liegt in ihrer musikalischen Natur und im lebendigen Wesen ihrer Verfasser, Sprecher und Hörer. Das Schwingen gedichteter Schallwellen erreicht sein Publikum nun ganz direkt vom Sprecher zum Hörer oder – zeitversetzt – über akustische Medien.

Viele Akteure dieser neuen Bewegung von reisenden Bühnendichtern nennen sich *Slam-Poeten*. Außer Poeten im engeren Sinne finden sich auf ihren Bühnen aber auch Vertreter anderer Genres von Satire über Kurzgeschichte bis zum Kabarett. Der geneigte Zuhörer sollte hier unbedingt differenzieren. *Slam-Poeten* arbeiten mit der Akustik von Sprache. Sie treten auf Lesebühnen, Literaturfestivals, in Universitäten und in Schulen auf. Durch rhythmische Finessen, Gesang oder szenische Umsetzung verschwimmen bei diesen Dichtern Text und Vortragskunst zu einem Gesamteindruck, bei dem sich Form und Inhalt nicht mehr trennen lassen. Es umtanzen sich Signifikat und Signifikant, so dass sie – wie im folgenden Text von Nora Gomringer – im Rausch der Rezitation ihre Konturen verlieren und aufeinander abfärben. Im Archiv von DeutschlandradioKultur ist er wunderbar zu hören:

„Hier knackt es, gähnt es, jault und hängt etwas. Eine konsonantische Liaison versperrt einem den Rachen und unaufhörlich bellt es. Man wiehert und knattert, klemmt, krächzt, hustet und blökt. Man surrt, summt, schleckt und prustet-pustet. Ein ständiges Streitgespräch zweier Halskranker. So klingt Deutsch. In den Ohren französischer Partisanen in Tarantino Filmen allemal. Wenn ich aber mein Ohr ganz fest an Heines Winterreise presse, dann klingeln Schlittenglocken heraus und ein Wanderstab, der auf dem noch nicht geteerten Feldweg aufsetzt. Regelmäßig, vom Schnee gedämpft, ist das Geräusch. Das Wispern von Liebesschwüren weht aus abertausenden von Schriften, original und übersetzt und im Deutschen klingt ich liebe dich genauso schön (bedrohlich) wie in jeder anderen Sprache. Das dialektale I mog di (Bayerisch) oder das fremdsprachliche Ich ha di gern (Schwiizerdütsch) aus den Liedtexten von La Brasbanda oder des Holsturner Music Big Band Club, den Schriften Pedro Lenz' oder Beat Sterchis lassen Seufzer zu. Die gehören auch ins deutsche Sound-Vokabular. Wir Deutschen seufzen gerne. Bei Kleist noch bis zur Ohnmacht, heute bevor wir ansetzen und Reden schwingen. Offizielles passt zu unserer Sprache. Wir wissen ja, dass man sie mit Pferden sprechen kann, während Französisch, Spanisch und Italienisch bei Gott, Männern, und den Frauen angewendet wird. Nun sind Pferde ja durchaus geduldige Zuhörer und seit Monty Roberts uns auch die non-verbalen Dialekte der Pferde gelehrt hat, muss man sich nicht mehr verstecken, wenn einer wiehert, wir wären einfach zu deutsch in Ton und Gebaren. Dass das harte Deutsch vor allem aus dem einen Munde die Massen verführen, belügen konnte, das war die weltweit unerwartete Folge abgestumpfter Akustik. Die Ohren waren noch taub vom Lärm der ersten Bomben. Eine ganze Sprache, um vieles schrecklicher als das Phänomen, das aus dem Klemperer'schen Buche wie aus dem Weltempfänger schnarrt. Es ist der zarten Selma, der klugen Nelly, der weltumspannenden Rose zu danken, dass wir das Deutsche wieder zum Denken urbar machen konnten. Das Deutsche ist elastisch – Gottlob! Hat uns fast verziehen nach zwei Kriegen und ein paar Dudenausgaben. Die Reparation war lediglich der Verlust besonders entfremdeter Abstrakta à la Blut, Boden, Erde, Volk. Das Deutsche behalf sich, fand den Durchgang durch die eigenen Antwortlosigkeiten, die Celan ihm zusprach, lässt aber seit jeher Einflüsse zu, schwappt stets weiter, wird ein Sprachfluss mitreißender Qualität. Modern ist es dadurch, nützlich und charmant-verquer, für manchen kaum erlernbar: die Rübe und das Fräulein! Es schenkt uns irre Silben wie das Him- der Beere und den -ling, der schmettert. Die Schönheit der Summe, des Herzens, das Legato des aufgegangenen Mondes, das rollende Rrrrr des Brotes, das Abendrot, das Spitze der spitzen Steine des Nordens und die Schnauze der Berliner. Wir sind so herrlich aufgeplustert, wir deutschen Deutschsprecher. Und gackern dabei zu selten. Deutsch klingt manchmal nach allem, was es sein kann: Sprache und Aufbewahrungsort und Musensang. Das sagen auch meine Eltern und die sprechen es länger als ich."

Auch wenn Nora Gomringer sich selber nicht mehr als *Slam-Poetin* bezeichnet, zählt sie weiter zu denen, die das wieder erschlossene Feld der Klanglichkeit von Lyrik durchmessen und erforschen. Ihr Schauspiel- und Gesangsvermögen erweitert das Spektrum beim Vortrag um Oktaven, Typen, Stimmungen und Takt. Ihren Gedichtbänden liegt immer eine CD bei. So wird ihre Stimme selbst zum dichterischen Instrument, mit dem sie ihr Publikum erreicht.

*Bas Böttcher*

## Aus Liebe zum Sofa

Auf dem Philosopha liegend
Günter Kunert
2015

Nach 1900 wird die Lyrik zunehmend unlyrisch. Das gilt auch für Günter Kunert (Jahrgang 1929), dem es nicht um Harmonie und Schönheit, sondern um eine zeitgemäße und realitätsbezogene Poesie geht. Im vorliegenden Text ist die Aktualität des Sommers 2015 unschwer wiederzuerkennen („Balkanroute"). Die Diktion ist lakonisch, keck, flapsig, eben unlyrisch, unschön, mit Fremdwörtern gespickt („Vérité"; „Dead or alive"...), voller Ungenauigkeiten in der Rechtschreibung und Satzzeichensetzung, aber eine virtuose Montage aus Wortspielereien („Aller Platz Für die Katz"...), Zitaten („Kindlein lasset sie Zu mir kommen"...) und Neubildungen („Philosopha"; „Egalitänzchen"; „Humanitätlichkeiten"...):

AUF DEM PHILOSOPHA LIEGEND UND SICH
Geistig verbiegend wie eh und jeh vor der
Splitternackten Verité: Nimm mich hin falsch wie
Ich bin. Schluß mit den Egalitänzchen beim
Intellektuellen Kaffekränzchen. Schluß mit den
Humanitätlichkeiten! Rette keinen mehr beizeiten
Sonst hast du was in der Not und nichts mehr
Auf dem Brot. Laß die Hoffnung und Sonstige
Schwimmen. Sollen doch auf dem Wasser laufen
Wie Old Inri oder einfach ersaufen. Aller Platz
Für die Katz. Sonst wird es zu enge mit Masse
Und Menge im hautnahen Gedränge. Home ist best
Aber nicht für den Rest streunender Ethniden
Stets unzufrieden wie welcher Herr sie auch immer
Geschaffen behaupten die Pfaffen sind eben
Keine Darwiener sondern des Chaos vergebende
Diener Verwalter Himmelspächter Jenseitswächter
Keine Kostverächter der Kindlein lasset sie
Zu mir kommen über die Balkanroute oder

Übers Meer geschwommen Hauptsache Glauben
Wie hoch hängen in Europa die Trauben? Trost
Braucht jeder Erectrusker nach diesem oder jenem
Göttlichen Muster. Völker verhören sich
An Signalen müssen dafür die Zeche zahlen
Sind eben alle in seiner Hand und kommen
Dead or alive an Land.

Das Reimschema, das oberflächliche Wohlgeformtheit verbürgen sollte, wird Vers für Vers durch Binnen-, Mittel- und Stabreime überspielt und entkräftet. Man entzieht sich nicht dem Eindruck, dass hier einer lallt.

Wer? Der, „falsch wie Ich bin“, verbeugt sich nicht, sondern verbiegt, also verrenkt, sich vor der Wahrheit, die er wohl auch verbiegt und die er nicht zur Kenntnis nehmen möchte. Denken ist ihm „Philosopha“, Siesta und Heilschläfchen. Urheber dieses verlogenen Sinnens sind erstens die „Intellektuellen“, die einerseits unter dem elitären Gesellschaftsspiel („Tänzchen“) des Egalismusdenkens der ehemaligen DDR, wo Kunert bis 1979 lebte, den Schlussstrich gezogen haben, andererseits aber aus egoistischen Gründen („nichts mehr auf dem Brot“) auch nicht zu humanitären Hilfeleistungen der gegenwärtigen Flüchtlingswelle gegenüber finden, im Gegenteil, Humanität mausert sich zur „Tätlichkeit“. Unser Gedicht ist ein Spott- und Hohngedicht auf das Versagen der EU, kritisiert diese allerdings scheinbar nicht, sondern lässt sie von ihrer Schlafstätte aus reflektieren, was einem lallenden Nachplappern dessen gleichkommt, was sie selbst unter Wahrheit verstehen möchte. Daher auch der Zitatcharakter vieler Sätze. Das Gedicht, ein Aufruf zur Humanität, liest sich schizophren und ironisch als das Gegenteil von dem, was es meint.

Die zweite Gruppe der Scheinheiligen ist die der Prediger aller Religionen („welcher Herr sie auch immer Geschaffen“; „nach diesem oder jenem Göttlichen Muster“), die in ihrer Weltfremdheit Ergebenheit verkündigen: „Sind eben alle in seiner Hand“. In Wirklichkeit bilden sie einen Haufen von Kinderschändern („Keine Kostverächter der Kindlein“) und

Onanisten („Darwiener“). Kunerts Kirchenattacke streift das Sakrilegische: „Old Inri“ für Jesus.

Die Asylbewerber (auch die Etrusker, vorwiegend männlichen Geschlechts, „Erectrusker“ eben, tauchten aus der unbestimmten Fremde auf) sollten jeden Hoffnungsschimmer, jeden „Trost“, fahren lassen („Lass die Hoffnung... Schwimmen“). Im Abendland hängen die Trauben hoch, zu hoch, bleiben trotz positiver aber missverständlicher „Signale“ aus Deutschland unerreichbar, aussichtslos.

*Roland Duhamel*

## Gott, das Abendland und die Musik

Dankrede anlässlich der Verleihung der Ehrendoktorwürde der Krakauer Musikhochschule
Papst Benedikt XVI.
2015

Kurz nachdem Papst Benedikt an jenem denkwürdigen 13. Februar 2013 seinen Rücktritt vom Amt des höchsten katholischen Würdenträgers angekündigt hatte, schlug ein Blitz in den römischen Petersdom. Ob Gott der Herr persönlich damit sein Missfallen zum Ausdruck bringen wollte, sei hier dahingestellt. Benedikt selbst zumindest schwieg daraufhin mehr als zwei Jahre lang (keine öffentlichen Stellungnahmen mehr), bis er am 4. Juli 2015 erstmals wieder ausführlich das Wort ergriff. Und diese Rede „hatte es in sich", so die Berliner *Welt*.

Anlass war die Verleihung der Ehrendoktorwürde der Krakauer Musikhochschule; sie fand in den Räumen der päpstlichen Sommerresidenz in Castel Gandolfo statt. Er freue sich, sagte Benedikt, dass mit dieser Ehrendoktorwürde seine Verbindung mit Polen, mit Krakau, mit „der Heimat unseres großen heiligen Johannes Paul II." noch tiefer geworden sei. „Denn ohne ihn ist mein geistlicher und theologischer Weg nicht denkbar." Und dann nutzte der emeritierte Papst, der 23 Jahre lang einer der engsten Mitarbeiter von Johannes Paul II. gewesen war, diesen Anlass zu einer fulminanten Rede über das Christentum und die Musik, und wie Musik zusammen mit dem Christentum das Abendland bestimmt und sozusagen definiert; sie schließt – gemeinsam mit dem folgenden Text zu Christentum und Malerei - den in diesem Buch mit einem gotischen „Vaterunser" begonnenen Reigen großer Texte in deutscher Sprache (denn Bendedikt hielt seine Ansprache auf Deutsch) mit Eleganz und Würde ab.

„Ich ...bin im Traditionsraum von Salzburg aufgewachsen", sagte Benedikt. „Die festlichen Messen mit Chor und Orchester gehörten ganz selbstverständlich zu unserem gläubigen Erleben der Liturgie. Es bleibt mir unvergessen, wie zum Beispiel mit den ersten Klängen der Krönungsmesse von Mozart irgendwie der Himmel aufging und die Gegenwart des Herrn ganz tief zu erleben war." Und dann, nach einer kurzen Würdigung der Kirchenmusik in der katholischen Liturgie, kommt er zur Musik ganz allgemein:

> „Was ist das überhaupt – Musik? Was ist ihr Woher und was ist ihr Wozu? Ich denke, man könne drei Ursprungsorte der Musik ausmachen.
>
> Ein erster Ursprung ist die Erfahrung der Liebe. Wenn Menschen von der Liebe ergriffen wurden, ging eine andere Dimension des Seins auf, eine neue Größe und Weite der Wirklichkeit. Und die drängte auch zu einer neuen Weise sich auszudrücken. Poesie, Gesang und Musik überhaupt sind ganz von selbst durch dieses Getroffensein, durch dieses Eröffnetsein einer neuen Dimension des Lebens entstanden.
>
> Ein zweiter Ursprungort der Musik ist die Erfahrung der Trauer, die Berührung durch den Tod, durch Leid und die Abgründe des Daseins. Auch hier eröffnen sich, nach der anderen Seite hin, neue Dimensionen der Wirklichkeit, die mit dem Reden allein nicht mehr beantwortet werden können.
>
> Endlich der dritte Ursprungsort der Musik ist die Begegnung mit dem Göttlichen, die von Anfang an zum Menschsein gehört. Hier erst recht ist das ganz Andere und Große da, das im Menschen neue Weisen hervorruft sich auszudrücken. Vielleicht kann man sagen, daß in Wirklichkeit auch in den beiden anderen Bereichen – Liebe und Tod – uns das göttliche Geheimnis berührt und in diesem Sinn insgesamt das Angerührtwerden von Gott Ursprung der Musik ist. Ich finde es bewegend zu sehen, wie etwa in den Psalmen den Menschen auch das Singen nicht mehr ausreicht, sondern alle Instrumente aufgerufen werden – die verborgene Musik der Schöpfung, ihre geheimnisvolle Sprache geweckt wird. Mit dem Psalterium, in dem ja auch die beiden Motive Liebe

und Tod immer wirksam sind, stehen wir direkt am Ursprung der Musik der Kirche Gottes. Man kann wohl sagen, daß die Qualität der Musik an der Reinheit und Größe der Begegnung mit dem Göttlichen, mit der Erfahrung der Liebe und des Schmerzes steht. Je reiner und je wahrer diese Erfahrung ist, desto reiner und größer wird auch die Musik sein, die daraus hervorwächst.

An dieser Stelle möchte ich einen Gedanken vorbringen, der mich in letzter Zeit immer mehr beschäftigt, je mehr die verschiedenen Kulturen und Religionen miteinander in Beziehung treten. Es gibt große Literatur, große Architektur, große Malerei, große Skulpturen in den verschiedensten kulturellen und religiösen Räumen. Überall gibt es auch Musik. Aber Musik von der Größenordnung, wie sie im Raum des christlichen Glaubens entstanden ist – von Palestrina, Bach, Händel zu Mozart, zu Beethoven und zu Bruckner – gibt es in keinem anderen Kulturraum. Die abendländische Musik ist etwas Einzigartiges, ohne Entsprechung in anderen Kulturen. Dies muß uns zu denken geben.

Natürlich reicht die abendländische Musik weit über den Bereich des Kirchlichen und Religiösen hinaus. Aber ihren inneren Quellort hat sie doch in der Liturgie. Bei Bach, für den die Herrlichkeit Gottes letztlich Ziel aller Musik war, ist dies ganz deutlich. In der Begegnung mit dem Gott, der uns in der Liturgie in Jesus Christus begegnet, ist die große und reine Antwort der abendländischen Musik gewachsen. Sie ist für mich ein Wahrheitsbeweis des Christentums. Wo solche Antwort wächst, ist Begegnung mit der Wahrheit, mit dem wahren Schöpfer der Welt geschehen."

Benedikt verlas seine Rede im Stehen, das fiel dem 88-Jährigen nicht leicht. Aber „so aufgeräumt, entspannt und hellwach" habe er Benedikt XVI. als Papst nur selten gesehen, berichtete ein Teilnehmer der Zeremonie.

*Walter Krämer*

## Ungläubiges Staunen

Über das Christentum
Navid Kermani
2016

Einer der besten Kenner zugleich der christlichen und der muslimischen Kultur, der Orientalist Navid Kermani, zeigt sich von ungläubigem Staunen erfasst beim Anblick abendländischer Malerei. Vom Mosaik im Mausoleum der Galla Placidia über Bilder von Leonardo, Bellini, Perugino, Botticelli, Veronese, Caravaggio, El Greco, Zurbarán bis zu Dürer, Lochner und Rembrandt spannt er einen Bogen von Interpretationen und kulturellen Verknüpfungen, mit denen er die Urgründe und Abgründe von Glauben und Religiosität erkundet und verbal beleuchtet, um einmal im Bilde zu bleiben.

Das Christentum, dessen beide Testamente er anscheinend lückenlos verinnerlicht hat und in allen Nuancen für die überraschendsten Assoziationen bei der Betrachtung von Bildern zu zitieren weiß, ist ihm für den intellektuellen Zugriff ebenso präsent wie der Koran und die philosophischen Schriften des Islam. Daraus ergeben sich immer wieder verblüffende Erkenntnisse für den bibelfesten Christen, der die Tragweite bisher unterschätzt haben sollte, die sich aus den nichtchristlichen Texten ergibt: die Rolle des Christentums und seines biblischen Personals in den islamischen Schriften, darunter auch die der großen mittelalterlichen Philosophen, deren arabische Namen normalerweise nicht von Kirchenkanzeln aus erwähnt werden.

Kermani beschreibt ein Kreuz aus Stahl, das auf seinem Schreibtisch steht, als Modell 2005 gefertigt von Karl Schlamminger für den katholischen Kirchentag in Köln:

> „Und nun steht seit Tagen ein Kreuz auf meinem Schreibtisch, links neben dem Computerbildschirm, schräg über dem Gebetsteppich, und ist so berückend, so voller Segen, daß ich es am liebsten selbst ankaufen und für immer behalten würde, koste es, was es wolle.

> [...] Es steht nicht für die Inkarnation in nur einem Menschen, es steht für die Inkarnation als ein Prinzip."

Kermani notiert die Wirkung, die es auf ihn ausübt, spürt „seit Tagen, wie es erst den Tisch, dann den Raum verwandelt."

Das ist nun nicht der Anfang einer Bekehrung, denn Kermani distanziert sich zugleich von dem Symbol des Kreuzes; er findet „die Hypostasierung des Schmerzes barbarisch, körperfeindlich, ein Undank gegenüber der Schöpfung, über die wir uns freuen, die wir genießen sollen, auf dass wir den Schöpfer erkennen." Solche Ansichten, 2009 in einem Essay der *Neuen Zürcher Zeitung* zuerst veröffentlicht, boten den Anlass zu einer Auseinandersetung mit Kardinal Lehmann bei der Verleihung des Hessischen Kulturpreises, die aber bald in Einvernehmen und Versöhnung endete.

Im Kapitel über die Dornenkrönung Christi, 1602 von Caravaggio gemalt, analysiert der Autor die Nebenhandlung der Gefangenenfolter durch die Kriegsknechte: Sie

> „machen sich einen Spaß, den womöglich nicht einmal das göttliche Urteil vorsah. Die Dornenkrone etwa, die sie ihm auf den Kopf setzen, hat weder die Anklage gefordert noch Pilatus angeordnet, sondern ist genauso wie das Rohr, das sie Jesus in die rechte Hand geben, und der Purpurmantel, den sie ihm anziehen, ihr eigener Einfall, ein bloßer Zeitvertreib... [...] Allein aus Zweigen eine Krone zu flechten und mit Stöcken so fest in den Schädel zu drehen, daß sich die Dornen in die Schädeldecke bohren, Blut auf die Wangen und den Rücken spritzt und die Krone bei heftigem Kopfschütteln dennoch feststeckt – das geht nicht in ein paar Minuten, das ist ein ausgedehntes, handwerklich übrigens auch kunstvolles Spektakel, dem die Schar der Kriegsknechte grölend, applaudierend, anfeuernd zuschaut, eine Stunde vielleicht oder noch länger."

Die Kriegsknechte als Hooligans, sie gehören nicht dem Volk des Jesus von Nazareth an, sie kennen ihn nicht, haben keine Ressentiments gegen ihn. Sie treiben nur ihr brutales Spiel. Sie

„geben ihm ‚Essig zu trinken in meinem großen Durst', wie es Psalm 69,22 vorausnimmt. Jesus erkennt, dass es nur ein Spaß ist, [...] über den auch die Kriegsknechte lachen würden, die heute in Syrien oder im Irak Aufwiegler kreuzigen."

Navid Kermani, 1967 in Deutschland geboren, Wissenschaftler, Forscher, Bestsellerautor, ist seit vielen Jahren Mitglied der Deutschen Akademie für Sprache und Dichtung und Korrespondierendes Mitglied der Akademie der Wissenschaften; er hat 2015 den Friedenspreis des Deutschen Buchhandels erhalten und in der Paulskirche eine der großen und richtungweisenden Reden unserer Zeit gehalten, auch die Festrede in der Feierstunde des Deutschen Bundestages zum 65. Jahrestag des Grundgesetzes, in der er dessen Sprache mit der „Wirkmächtigkeit" der Sprache der Luther-Bibel verglich. Er spricht sich für die weltanschauliche Neutralität des Staates aus, zugleich aber kritisiert er die Verdrängung des Religiösen. Er nennt es den „religiösen Analphabetismus", der zur Verarmung der Gesellschaft führt – und das besonders in der sogenannten westlichen Welt, der christlichen. Der internationalen Presse gilt er als „einer der letzten deutschen Intellektuellen".

Bestechend sind kleine Anekdoten, mit denen Navid Kermani seine philosophischen und exegetischen Ausführungen auflockert. Beispielsweise wenn er beschreibt, wie er seine Lieblingsbilder in den Kirchen Roms besucht: ein bibelfester Orientalistikprofessor, der irrtümlich eine Haltestelle zu früh den Bus verlässt und dabei in der Kirche *San Lorenzo in Lucina* eher zufällig auf die *Kreuzigung* stößt, die Guido Reni geschaffen hat; er zieht seinen Laptop aus dem Rucksack, seinen Reiseführer, dazu einen Hölderlin-Gedichtband. Angeregt durch die Zeilen „Wenn aber stirbt alsdenn, / An dem am meisten / Die Schönheit hing", entwickelt er ganz eigene, verblüffenden Gedanken zur „Rede an den toten Christus zum Kreuz hinauf", zu der unterschiedlichen Sichtweise: Hölderlin und Jean Paul führt er als die beiden an, „die den Menschen von Gott verlassen sehen"; Reni und Caravaggio, „die an Gott der Mensch interessiert."

Seit fast drei Jahrzehnten lebt Navid Kermani in Köln, im multikulturellen, buntesten Ambiente am Eigelstein, sozusagen in der erogenen Zone der Domstadt. Hier hat er seit 30 Jahren seine Literatur in der Buchhandlung von „Herrn Ömer" gekauft, hier schreibt er auch seine Bücher, hier sind seine Töchter aufgewachsen und hierher kehrt er zurück nach seinen Expeditionen in die Regionen des Schreckens und des Terrors. Früher war er fester Autor im Feuilleton der *FAZ;* ab 2014 hat er für den *Spiegel* eine Serie von Reportagen aus den Krisengebieten im Irak geschrieben, dazu auch die Kurdengebiete besucht. Seine Erfahrungen und Erkenntnisse sind in seinem Buch „Zwischen Koran und Kafka" zusammengefasst. Sein Dialog mit dem deutschen Erzbischof und Sekretär Papst Benedikts XVI., dem Präfekten des Päpstlichen Hauses, Georg Gänswein, hat ebenso prägende Eindrücke auf sein transreligiöses und transkulturelles Denken hinterlassen wie das Treffen mit dem schiitischen Großajatollah Ali al-Sistani in Nadschaf, dem Zentrum der Schia.

Es ist aber sicher nicht adaptierter kölnischer Lokalpatriotismus, wenn ihn *Ungläubiges Staunen* erfasst vor der *Muttergottes in der Rosenlaube* von Stefan Lochner, dem, wie er sagt, „herrlichsten Bild, das je in Köln gemalt worden ist". Er mag sich an dieser Stelle auch nicht den Hinweis auf die so kostbare Farbe – „teurer war nur das Blattgold" – versagen: „Das Ultramarin, in dem das Kleid gemalt ist, gewann man aus Lapislazuli, einem Halbedelstein, der einzig in den Minen von Badachschan abgebaut wurde: in Afghanistan!" Ausgehend von der islamischen Lehre, die zwar Jesus nicht als Sohn Gottes auffasst, wohl aber die Mutterschaft Mariens anerkennt und mit der jungfräulichen Geburt weniger Probleme hat als manche Christen, empfiehlt Kermani: „Dabei tun die Katholiken so gut daran, dass sie die Schöpfung mit beiden Elternteilen assoziieren – schon weil Gott alle Menschen nach Seinem Ebenbild geschaffen hat, muss er zugleich Mann und Frau sein." Und er verweist auf die Feststellung von Johannes Paul I. in seiner Angelus-Ansprache: „Gott ist Vater und Mutter", wofür der Papst der Ketzerei bezichtigt wurde. Vielleicht wegen der Nähe dieser Aussage zu Ibn Arabi, der als Größter Meister der Islamischen Mystik lehrte, „dass die Anschauung Gottes, die sich für den Menschen notwendig in konkreten irdischen Erfahrungen vermittele, ... in der Frau die vollkommenste sei. Denn in der Frau verkörperten sich beide Aspekte des Göttlichen, das Passive und das Schöpferische...".

Wer kunstliebend Italien bereist und die italienische Malerei des 15. und 16. Jahrhunderts im Original sehen möchte, wird von Brixen bis Brindisi, von Padua bis Palermo immer wieder demselben Motiv begegnen: Madonna col bambino, die Muttergottes und der noch Ungekreuzigte, der als Baby eher selten im Mittelpunkt der Darstellung sitzt. Hauptsache ist immer die Mutter. Auch die Kirchen Roms, gern in allen Varianten nach Maria benannt, hüten das beherrschende Motiv in fast unendlichen Abwandlungen vom Altarbild bis zur Pietà. Da nimmt es nicht Wunder, dass Kermani immer wieder von der wichtigsten Mutter des Christentums und ihren Darstellungen fasziniert ist: von der Mädchenhaftigkeit der in den meisten Gemälden noch sehr jungen Frau, die uns an alte Fotos der eigenen Mutter erinnert – die war, wenn wir, selbst schon in fortgeschrittenem Alter, diese Bilder betrachten, damals viel jünger als wir jetzt. Die byzantinische Theologie erfasste das religiöse Erleben im Paradox: Gregor Palamas, der berühmte Mystiker der Ostkirche, sprach der Gottesmutter eine Art vorzeitlicher Existenz zu. „Es war diese östliche, orientalische und dem Ursprung nach gnostische Mariologie, die auf die Sufis wirkte: ‚Ich bin die Mutter meines Vaters', wie es in der sogenannten Bronté heißt, die in Nag Hammadi gefunden wurde...".

Manche Darstellung geht nicht nur für den Geschmack ihrer Entstehungszeit ein wenig zu weit, wenn nämlich die Madonna so anreizend auftritt, dass es vor 400 Jahren ähnlich gewirkt haben muss wie heutzutage ein textilarm dekoriertes Covergirl. In Florenz vergleicht Kermani Mariotto Albertinellis Verkündigung in den Uffizien mit der im Nachbarsaal hängenden Verkündigung von Sandro Botticelli,

„auf der sich Gabriel gleich einem Lustmolch anpirscht, worauf die lilienhafte Gottesmutter ihren Unterleib mit einer so koketten Drehung abwendet, als posiere sie für ein Männermagazin."

Kermani scheut sich aber, auch das Bild „Die Jungfrau züchtigt das Jesuskind vor drei Zeugen" von Max Ernst aufzunehmen, das im Kölner Museum Ludwig hängt.

2008, sein Jahr in Rom in der Villa Massimo, hat Kermani intensiv genutzt, um sich mit der bildlichen Darstellung religiöser Themen auseinanderzusetzen. Unter Caravaggios Gemälden in Rom beeindruckten ihn „zuerst die Kreuzigungen, Verbrennungen, Ermordungen und Martyrien, am tiefsten die Grablegung Christi, Judith und Holofernes sowie die Kreuzigung Petri" in der Kirche Santa Maria del Popolo, gleich neben dem Campo dei Fiori, dem Blumenmarkt. Hier ist 1600, im Jahr, als das Petrus-Bild entstand, Giordano Bruno öffentlich verbrannt worden. „Öffentliche Hinrichtungen von Mördern, Häretikern, Lutheranern und Juden waren unter Papst Clemens VIII. ein beinah wöchentliches Spektakel in Rom." Ohne darauf hinzuweisen, dass „clemens" mildtätig bedeutet, und noch bevor sich der Leser über solch barbarische Zeiten empören kann, springt Kermani über zur Gegenwart: „Im Internet kann heutzutage jeder beobachten, welche Gesichter Menschen machen, wenn sie hingerichtet werden."

Wer Kermanis großes Buch zur abendländischen Malerei liest, verspürt selbst *Ungläubiges Staunen*. Es ist nicht nur ein Meilenstein, sondern vielmehr eine Reihe von Wegweisern: Es kann jeden, ob er christlichem Gedankengut distanziert gegenübersteht oder strenggläubige Kirchentreue praktiziert, zu ernsthaftem Nachdenken *Über das Christentum* anregen.

*Max Behland*

## Die Autoren

Joachim Abicht, *1948, ist niedergelassener Arzt.

Petra Anders, *1972, ist Juniorprofessorin für Schulpädagogik an der Universität Leipzig.

Andreas Baumert, *1953, ist Sprachwissenschaftler und Professor für Text und Recherche an der Fachhochschule Hannover.

Max Behland, *1937, ist Sprachwissenschafler, war der deutsche Generalsekretär des World University Service, später verantwortlich für Kommunikation und Publikationen einer Großbank. 2000-2004 Kolumnist der Financial Times Deutschland.

Roswitha Behland-Wördehoff, *1943, ist Mitglied im Expertinnen-Beratungsnetz der Universität Hamburg, war zuvor Marketingleiterin und Pressesprecherin in einem Lebensmittelkonzern.

Katrin Bibiella, *1964, ist Kirchenmusikerin mit internationaler Konzerttätigkeit als Organistin. Daneben literarhistorische und poetische Arbeiten.

Bas Böttcher, *1974, ist Schriftsteller und Slam-Poet; lehrt am Deutschen Literaturinstitut Leipzig.

Andreas Dahme, *1956, ist Physiker mit Interesse für die sprachliche Vermittlung von Wissenschaft..

Martin Decking, *1965, ist Germanist und Literaturwissenschaftler. Arbeitet in der Verwaltung des katholischen Dekanats Herford-Minden.

Hermann H. Dieter, *1945, ist Biochemiker und stellvertretender Vorsitzender des Arbeitskreises Deutsch als Wissenschaftssprache e.V. (www.adawis.de).

Roland Duhamel, *1943, war Ordinarius für deutsche Literaturgeschichte an der Universität Antwerpen sowie von 1977 bis 2012 Präsident des Belgischen Germanisten- und Deutschlehrerverbandes.

Monika Elias, *1980, ist Literaturwissenschaftlerin (M.A.) und in der Erwachsenenbildung tätig.

Manfred Fuhrmann, *1925, † 2005, war einer der wohl bedeutendsten Altphilologen seiner Generation. Autor bekannter Biographien (unter anderem von Horaz und Seneca).

Kurt Gawlitta, *1941, ist Jurist und Erziehungswissenschaftler. Arbeitet aktuell als freier Autor und schreibt Belletristik sowie Fachliteratur zur Sprachpolitik.

Myriam Grobe, *1970, ist Verlagskauffrau.

Wolfgang A. Halang, *1951, ist Inhaber des Lehrstuhls für Informationstechnik an der FernUniversität Hagen

Ullrich Heilemann, *1944, war Professor für Empirische Wirtschaftsforschung in Leipzig.

Gabriele Hensel, *1951, unterrichtet Geschichte und Sozialwissenschaft an einem Gymnasium in Rheda-Wiedenbrück.

Horst Hensel, *1947, ist Pädagoge und Autor zahlreicher wissenschaftlicher wie belletristischer Bücher und Aufsätze zu Pädagogik, Geschichte und Kultur.

Thorsten Herda, *1969, ist Informatiker und arbeitet in einem Datenverarbeitungskonzern.

Ines Hoischen, *1990, ist Linguistin mit einer hohen Affinität zu technischen Erfindungen.

Harald Holz, *1930, war Inhaber des Lehrstuhls für Philosophie an der Ruhr-Universität Bochum. Autor zahlreicher Bücher u.a. zur Erkenntnistheorie und Kultur- sowie Naturphilosophie.

Nikki Hübner, *1965, ist Germanistin und Bildschirmdesignerin für eine Anlageberatungsgesellschaft.

Gerhard Illgner, *1928, war Kulturredakteur bei der Westdeutschen Allgemeinen Zeitung und Redaktionsleiter für das norwegischsprachige Programm des Deutschlandfunks in Köln.

Dirk Käser, *1971, ist Literaturwissenschaftler und Kommunikationstrainer in Paderborn.

Bernulf Kanitscheider, *1939, war Inhaber des Lehrstuhls für Philosophie der Naturwissenschaft an der Universität Gießen.

Ernst Kausen, *1948, ist Professor für Mathematik und Theoretische Informatik an der TH Mittelhessen sowie Autor zahlreicher Bücher und Fachaufsätze zur indogermanischen Sprachfamilie.

Friedrich Kirchhoff, *1930, war Professor für Geschichte und ihre Didaktik an der TU Dortmund.

Holger Klatte, *1973, ist Sprachwissenschaftler und Geschäftsführer des Vereins Deutsche Sprache.

Walter Krämer, *1948, ist Professor für Wirtschafts- und Sozialstatistik an der TU Dortmund sowie Gründer und Vorsitzender des Vereins Deutsche Sprache.

Kai Kramosta, *1984, ist Germanist mit einer Magisterarbeit über Karl May. Auch bekannt durch seine Auftritte im Kölner Karneval.

Josef Kraus, *1949, ist Psychologe und Germanist und leitete das Maximilian-von-Montgelas-Gymnasium in Vilsbiburg bei Landshut. Autor zahlreicher Bücher zu pädagogischen Fragen und Präsident des Deutschen Lehrerverbandes.

Norbert Lammert, *1948, ist Präsident des Deutschen Bundestages.

Petra Lettermann, *1967, ist Linguistin und Kommunikationstrainerin.

Burkhard Meischein, *1966, ist Wissenschaftlicher Assistent am Staatlichen Institut für Musikforschung Preußischer Kulturbesitz.

Lothar Milde, *1954, ist als Germanist und Pädagoge Personalentwickler in einem großen Automobilkonzern.

Alexander Mühlen, *1942, ist Jurist und war Diplomat im Auswärtigen Amt, u.a. deutscher Botschafter in Abu Dhabi, Uganda und den Vereinten Arabischen Emiraten.

Götz Neuneck, *1954, ist Physiker und stellvertretender wissenschaftlicher Direktor des Instituts für Friedensforschung und Sicherheitspolitik an der Universität Hamburg.

Reiner Pogarell, *1951, ist Linguist und Autor sowie Gründer und Leiter des Instituts für Betriebslinguistik in Paderborn.

Sascha Pogarell, *1969, ist Linguist und Personalberater.

Vera Pogarell, *1950, ist Germanistin und arbeitete lange Jahre bei den Westfälischen Kammerspielen in Paderborn.

Friedhelm Rabe, *1959, ist Lehrer für Mathematik und Physik an einem Gymnasium in Holzwickede.

Alfred Reber, *1932, war Rektor einer Mittelschule in Bern.

Wolfgang Sauer, *1944, war ordentlicher Professor für Deutsche Sprachwissenschaft an der Universität Hannover.

Helmut Schäfer, *1933, ist Germanist. Von 1979 bis 1987 war er außenpolitischer Sprecher der FDP-Bundestagsfraktion und von 1987 bis 1998 Staatsminister im Auswärtigen Amt.

Wolf Schneider, *1925, ist der wohl einflussreichste deutsche Journalist; seine in großen Auflagen verkauften Anleitungen für gutes Deutsch fehlen auf keinem Bücherregal eines deutschen Medienmenschen.

Gerd Schrammen, *1935, war Dozent für französische Literaturwissenschaft an der Universität Göttingen.

Markus Schröder, *1970, ist Amerikanist und Lehrer für Englisch, Politik und Geschichte an einem Berufskolleg.

Waltraud Schwab, *1956, ist Autorin und Redakteurin bei der taz.

Uta Seewald-Heeg, *1962, ist Professorin für Computerlinguistik und Softwarelokalisierung am Fachbereich Informatik und Sprachen der Hochschule Anhalt sowie Vorsitzende der Neuen Fruchtbringenden Gesellschaft.

Bastian Sick, *1965, ist Journalist und Autor und insbesondere durch seine sprachpflegerische Spiegel-Kolumne „Zwiebelfisch“ und die daraus entstandene Buchreihe „Der Dativ ist dem Genitiv sein Tod“ bekannt.

Cornelius Sommer, *1940, † 2011, war Professor für Deutsche Literatur an der University of California in Davies, USA, danach Diplomat und von 2001 bis 2003 deutscher Botschafter in Finnland.

Franz Stark, *1938, war politischer Redakteur und Fernsehmoderator sowie von 1995 bis 2003 Chefkorrespondent Fernsehen des Bayerischen Rundfunks.

Jutta Steinmetz, *1966, ist Linguistin und Journalistin und schreibt u. a. Gerichtsreportagen.

Gert Ueding, *1942, war Nachfolger von Walter Jens an der Eberhard Karls Universität Tübingen als Inhaber des bislang einzigen Lehrstuhls für Rhetorik in Deutschland.

Melitta Weiss Adamson, *1957, ist Professorin für Germanistik und Komparatistik an der University of Western Ontario in Kanada.

Astrid Wigge, *1964, ist Germanistin und freiberufliche Texterin.

Daniela Worm, *1981, ist Lektorin für Sprach- und Literaturwissenschaft.

Hermann Zabel, *1935, war Professor am Institut für Deutsche Sprache und Literatur der TU Dortmund.